【新装版】日本古代氏族事典

佐伯有清 編

はしがき

本事典は、六国史のあつかう九世紀末ころまでを範囲とした氏族事典である。九世紀初めに成立した『新撰姓氏録』には、一、一八二氏が収録されているが、ここでは、そこに収録されていない氏族も含め、九世紀末ころまでの文献に登場する氏族を網羅的に取り上げている。

これまでこの種の事典（辞典）としては、太田亮『姓氏家系大辞典』（全三巻、角川書店）、竹内理三・山田英雄・平野邦雄編『日本古代人名辞典』（全七巻、吉川弘文館）、坂本太郎・平野邦雄監修『日本古代氏族人名辞典』（全一巻、吉川弘文館）などがあり、『新撰姓氏録』の研究としては、佐伯有清『新撰姓氏録の研究』（全九巻、吉川弘文館）がある。本事典は、これらの研究成果を踏まえ、さらにその後の氏族研究を取り入れ、近年めざましく増加しつつある考古学上の新知見も加えて、古代氏族について一冊の事典にまとめたものである。

各項目には、氏族の定義的説明にはじまり、カバネの変遷、祖先伝承、本拠地、職掌、改氏姓の経緯、おもな氏人の動向、分布地域、同系氏族、氏族に関係する遺跡などを記述してある。右のすべてを記述し得る氏族はそれほど多くはないが、本事典の特色として、とくに古墳・寺院跡など、氏族に関係する遺跡の推定される場合は、必ずそれに言及するよう努めた。各項目の読み（氏族名の読み）については、通例の読みに従ったが、他の読みも広く行なわれている場合は、その読みを本文に記すこととした。また、各項目ごとに参考文献を掲げ、より詳しい知識を求める読者の便に供するよう配慮してある。

近年の歴史研究において、その専門分化の著しい進展と、それにともなう全体像の把握の困難化が指摘されてすでに久しい。今日、日本古代史の研究は、隣接諸科学との交流による新しい研究方法・研究分野の開拓、および木簡・墨書土器など新しい史料の発見により、ますます研究テーマの多様化・細分化が進み、その多様化・細分化したテーマごとに緻密な研究が積み重ねられている状況である。このような状況のなかで、日本古代史の全体像を見失わないためには、今日の研究水準にもとづいた各種の事典（辞典）の整備される必要があろう。

本事典が企画された理由の一つも、この点にあるといってよい。したがって、今後の研究の進展、新史料の発見などにより、本事典の項目に補正を加える必要が生じた場合は、すみやかにその機会を得、それを実現していきたいと考えている。そのためにも、読者諸賢のご批正を賜われば幸いである。

最後に、本事典もまた、多くの執筆者の協力を得てはじめて完成したものであることを明記し、執筆者諸氏に謝意を表するとともに、多くの読者に本事典の利用されることを願って、はしがきとしたい。

一九九四年八月一日

編　者

目次

はしがき

【あ】

会津〔あいづ〕……3
阿閉〔あえ〕……3
青海〔あおみ〕……4
赤染〔あかそめ〕……4
県〔あがた〕……5
英多〔あがた〕……5
県使〔あがたつかい〕……5
県主〔あがたぬし〕……6
県犬養〔あがたのいぬかい〕……7
安吉〔あき〕……8
商長〔あきおさ〕……9
秋篠〔あきしの〕……9
阿支奈〔あきな〕……10
秋原〔あきはら〕……11
飽波〔あくなみ〕……11
浅井〔あさい〕……11
朝倉〔あさくら〕……12
朝明〔あさけ〕……12
朝来〔あさこ〕……12
麻田〔あさた〕……13
朝妻〔あさつま〕……13
朝野〔あさの〕……13
朝原〔あさはら〕……14
朝戸〔あさべ〕……14
朝宗〔あさむね〕……14
安墀〔あじ〕……14
葦占〔あしうら〕……15
葦北〔あしきた〕……15
葦田〔あしだ〕……15
味真〔あじま〕……16
葦屋〔あしや〕……16
飛鳥〔あすか〕……16

飛鳥戸［あすかべ］……17
小豆［あずき］……17
阿曇［あずみ］……18
阿曇犬養［あずみのいぬかい］……19
足羽［あすわ］……19
阿蘇［あそ］……20
阿多［あた］……21
直［あたい］……21
阿多隼人［あたのはやと］……21
阿多御手犬養［あたのみてのいぬかい］……22
安勅［あちき］……22
厚見［あつみ］……23
阿刀［あと］……23
阿刀部［あとべ］……24
穴［あな］……24
安那［あな］……25
穴師神主［あなしのかんぬし］……25
穴門［あなと］……25
穴太［あなほ］……26
孔王部［あなほべ］……26
安努［あぬ］……27
安濃［あの］……27
網引［あびき］……27
我孫［あびこ］……27
阿倍［あべ］……28
安倍［あべ］……30
英保［あほ］……30
阿保［あほ］……31
安幕［あまか］……32
天語［あまかたり］……32
海犬養［あまのいぬかい］……32
海部［あまべ］……33
阿牟［あむ］……34
漢［あや］……34
綾［あや］……35
漢人［あやひと］……36
漢部［あやべ］……36
荒木［あらき］……37
荒木田［あらきだ］……37
荒田井［あらたい］……38
荒山［あらやま］……38
荒々［あらら］……38
有沢［ありさわ］……38
在原［ありはら］……39

有道〔ありみち〕……39
有宗〔ありむね〕……40
有良〔ありよし〕……40
阿礼〔あれ〕……40
粟〔あわ〕……41
粟田〔あわた〕……41
奄智〔あんち〕……43

【い】

飯高〔いいたか〕……43
家原〔いえはら〕……43
五百井〔いおい〕……44
伊福部〔いおきべ〕……44
廬原〔いおはら〕……45
伊香〔いか〕……46
伊賀〔いが〕……46
猪甘〔いかい〕……47
伊我水取〔いがのもいとり〕……47
壱岐〔いき〕……47
生江〔いくえ〕……48
生田〔いくた〕……48
的〔いくは〕……49
池上椋人〔いけがみのくらひと〕……49
池後〔いけしり〕……50
池田〔いけだ〕……50
池上〔いけのえ〕……51
池原〔いけはら〕……51
池辺〔いけべ〕……52
勇山〔いさやま〕……52
胆沢〔いさわ〕……52
伊治〔いじ〕……53
石占〔いしうら〕……53
石川〔いしかわ〕……53
石津〔いしつ〕……55
石作〔いしつくり〕……55
石野〔いしの〕……56
石原〔いしはら〕……56
伊豆〔いず〕……56
出石〔いずし〕……57
出水〔いずみ〕……57
出雲〔いずも〕……57
伊勢〔いせ〕……59
伊蘇志〔いそし〕……59
石上〔いそのかみ〕……60

磯部［いそべ］……61
石辺［いそべ］……61
板茂［いたもち］……62
櫟井［いちいい］……62
市往［いちき］……63
壱志［いちし］……63
壱呂比［いちろい］……63
猪使［いつかい］……63
井代［いて］……64
出庭［いでわ］……64
糸井［いとい］……64
為奈［いな］……65
因支［いなき］……65
稲城壬生［いなきのみぶ］……66
因幡［いなば］……67
稲蜂間［いなはちま］……67
猪名部［いなべ］……68
印南野［いなみの］……68
犬養［いぬかい］……69
犬上［いぬかみ］……69
井上［いのうえ］……70
井於［いのえ］……70
伊部［いべ］……70
今木［いまき］……71
伊弥頭［いみず］……71
伊予別［いよのわけ］……72
伊与部［いよべ］……72
入間［いるま］……72
石城［いわき］……73
石瀬［いわせ］……73
石生別［いわなすわけ］……73
石村［いわれ］……74
斎部［いんべ］……74

【う】

於［うえ］……76
鵜甘部［うかいべ］……76
宇漢米［うかめ］……77
浮穴［うきあな］……77
宇佐［うさ］……77
宇治［うじ］……78
宇自可［うじか］……78
牛守部［うしもりべ］……79
太秦［うずまさ］……79

菟田〔うだ〕……80
内〔うち〕……80
内田〔うちた〕……81
内原〔うちはら〕……81
台〔うてな〕……81
海上〔うなかみ〕……82
雲梯〔うなて〕……82
海原〔うなはら〕……83
宇努〔うぬ〕……83
畝火〔うねび〕……83
采女〔うねめ〕……84
茨木〔うばらき〕……85
馬〔うま〕……85
馬養〔うまかい〕……86
味酒〔うまさけ〕……86
馬工〔うまみくい〕……87
浦上〔うらかみ〕……87
浦田〔うらた〕……87
卜部〔うらべ〕……88
漆島〔うるしじま〕……89

【え】

江〔え〕……89
衣〔え〕……89
会加〔えが〕……90
殖栗〔えぐり〕……90
依知秦〔えちのはた〕……90
江沼〔えぬま〕……91
榎井〔えのい〕……91
榎本〔えのもと〕……92
榎原〔えはら〕……93
恵美〔えみ〕……93
榎室〔えむろ〕……94
役〔えん〕……94

【お】

王〔おう〕……94
淡海〔おうみ〕……95
多〔おお〕……95
大県〔おおあがた〕……96
大県主〔おおあがたぬし〕……97
大荒木〔おおあらき〕……97
大石〔おおいし〕……97
大市〔おおいち〕……98

大炊刑部［おおいのおさかべ］……98
大江［おおえ］……98
大崗［おおおか］……100
大麻続部［おおおみべ］……100
大鹿［おおか］……101
大春日［おおかすが］……101
大辛［おおから］……102
大私部［おおきさきべ］……103
大分［おおきた］……103
大国［おおくに］……103
大窪［おおくぼ］……104
大蔵［おおくら］……104
巨椋［おおくら］……105
大椋置始［おおくらのおきそめ］……105
大狛［おおこま］……106
大坂［おおさか］……106
大貞［おおさだ］……106
大里［おおさと］……107
凡［おおし］……107
凡海［おおしうみ］……107
凡河内［おおしこうち］……108
凡人［おおしひと］……108
大隅［おおすみ］……109
大角隼人［おおすみのはやと］……109
大田［おおた］……109
大田祝山［おおたのはふりやま］……110
大津［おおつ］……110
大伴［おおとも］……110
大友［おおとも］……112
大伴大田［おおとものおおた］……113
大伴山前［おおとものやまさき］……113
大鳥［おおとり］……113
大中臣［おおなかとみ］……114
大庭［おおにわ］……115
大野［おおの］……115
大原［おおはら］……116
大戸［おおべ］……117
大神［おおみわ］……118
大村［おおむら］……119
大宅［おおやけ］……120
大山［おおやま］……121
大網［おおよさみ］……121
岡［おか］……121
岡田［おかだ］……122

岡上［おかのえ］……122
岡屋［おかのや］……122
岡原［おかはら］……123
岡本［おかもと］……123
雄儀［おぎ］……123
置始［おきそめ］……123
息長［おきなが］……123
息長竹原［おきながのたけはら］……125
息長丹生［おきながのにう］……125
興野［おきの］……125
興原［おきはら］……126
興道［おきみち］……126
興統［おきむね］……126
興世［おきよ］……126
小倉［おぐら］……126
憶頼［おくらい］……126
曰佐［おさ］……127
刑部［おさかべ］……127
他田［おさだ］……128
他田広瀬［おさだのひろせ］……129
意薩［おさつ］……129
他戸［おさべ］……129
牡鹿［おしか］……129
忍坂［おしさか］……130
忍海［おしぬみ］……130
忍海上［おしぬみのかみ］……131
忍海原［おしぬみはら］……131
小田［おだ］……132
小高［おたか］……132
越智［おち］……132
尾津［おつ］……133
小槻［おづき］……133
小槻山［おづきのやま］……134
音太部［おとほべ］……134
小野［おの］……134
小橋［おばし］……136
小長谷［おはつせ］……136
小治田［おはりた］……137
麻績［おみ］……138
小家［おやけ］……138
小山［おやま］……138
男球［おゆか］……139
尾張［おわり］……139
恩智神主［おんちのかんぬし］……140

【か】

楓［かえで］……141
各務［かがみ］……141
柿本［かきのもと］……141
香山［かぐやま］……142
賀祜［かこ］……143
蓋［かさ］……143
笠［かさ］……143
笠取［かさとり］……144
風早［かざはや］……144
笠原［かさはら］……145
加志［かし］……145
賈氏［かし］……145
加志伎［かしき］……145
柏原［かしはら］……146
膳［かしわで］……146
膳大伴部［かしわでのおおともべ］……147
春日［かすが］……148
春日部［かすがべ］……149
上総［かずさ］……149
縵［かずら］……150
堅井［かたい］……150
肩野［かたの］……150
語［かたり］……151
語部［かたりべ］……151
勝［かち］……152
葛木［かづらき］……153
葛城［かづらき］……153
葛野［かどの］……155
門部［かどべ］……155
香取［かとり］……156
金刺［かなさし］……157
金刺舎人［かなさしのとねり］……157
金作［かなつくり］……158
綺［かにはた］……158
掃守［かにもり］……158
鍛冶［かぬち］……159
賀禰［かね］……159
下部［かほう］……160
上［かみ］……160
神社［かみこそ］……161
上毛野［かみつけの］……161
上道［かみつみち］……163

神野〔かみの〕……164
神松〔かみまつ〕……164
賀茂〔かも〕……164
鴨〔かも〕……165
鴨部祝〔かもべのはふり〕……167
蚊屋〔かや〕……167
賀陽〔かや〕……167
賀羅〔から〕……168
辛犬甘〔からいぬかい〕……168
韓鍛冶〔からかぬち〕……168
韓国〔からくに〕……169
加羅氏〔からし〕……169
韓嶋〔からしま〕……170
韓海部〔からのあまべ〕……170
韓矢田部〔からのやたべ〕……170
韓人〔からひと〕……170
韓部〔からべ〕……171
苅田〔かりた〕……171
鴈高〔かりたか〕……171
軽我孫〔かるのあびこ〕……172
軽部〔かるべ〕……172
軽間〔かるま〕……173
川合〔かわい〕……173
川上〔かわかみ〕……173
川枯〔かわかれ〕……174
川瀬〔かわせ〕……174
河内〔かわち〕……175
川内漢人〔かわちのあやひと〕……175
河内民〔かわちのたみ〕……176
河内手人〔かわちのてひと〕……176
西泥土部〔かわちのはにしべ〕……176
西文〔かわちのふみ〕……177
河原〔かわはら〕……177
川人部〔かわひとべ〕……178
川辺〔かわべ〕……178
川部〔かわべ〕……179
川俣〔かわまた〕……179
神麻績〔かんおみ〕……179
神前〔かんざき〕……180
神門〔かんど〕……180
巫部〔かんなぎべ〕……181
甘南備〔かんなび〕……181
神主〔かんぬし〕……181
神服〔かんはとり〕……182

神宮部［かんみやべ］……182
神奴［かんやつこ］……183

【き】

紀［き］……183
木［き］……185
私部［きさいべ］……185
吉志［きし］……186
岸田［きしだ］……186
鬼室［きしつ］……187
城篠［きしの］……187
吉田［きちだ］……187
木津［きつ］……188
衣縫［きぬぬい］……188
紀辛梶［きのからかじ］……189
紀祝［きのはふり］……189
城原［きはら］……189
吉備［きび］……189
黄文［きぶみ］……191
紀部［きべ］……191
吉弥侯部［きみこべ］……192
清井［きよい］……193
清内［きようち］……193
清海［きようみ］……193
清江［きよえ］……194
浄岡［きよおか］……194
浄上［きよかみ］……194
清川［きよかわ］……194
清科［きよしな］……194
清篠［きよしの］……195
清住［きよずみ］……195
清滝［きよたき］……195
清友［きよとも］……195
清額［きよぬか］……195
清根［きよね］……195
浄野［きよの］……195
清原［きよはら］……196
清春［きよはる］……196
清水［きよみず］……197
清道［きよみち］……197
清峯［きよみね］……197
清宗［きよむね］……197
浄村［きよむら］……197
浄山［きよやま］……197

【く】

久々智〔くくち〕……198
日下〔くさか〕……198
日下部〔くさかべ〕……198
櫛代〔くしろ〕……199
国栖〔くず〕……199
葛原部〔くずはらべ〕……199
百済〔くだら〕……200
百済王〔くだらのこにきし〕……201
百済伎〔くだらのてひと〕……202
国前〔くにさき〕……202
国背完人〔くにせのししひと〕……202
国中〔くになか〕……202
国造〔くにのみやつこ〕……203
国覔〔くにまぎ〕……203
国見〔くにみ〕……204
久努〔くぬ〕……204
熊凝〔くまこり〕……205
熊野〔くまの〕……205
久米〔くめ〕……205
椋〔くら〕……207
内蔵〔くら〕……207
蔵垣〔くらかき〕……208
鞍作〔くらつくり〕……208
椋椅部〔くらはしべ〕……209
椋人〔くらひと〕……209
椋部〔くらべ〕……210
栗前〔くりくま〕……210
栗栖〔くりす〕……211
栗原〔くりはら〕……211
車持〔くるまもち〕……212
呉〔くれ〕……213
呉服〔くれはとり〕……213
桑田〔くわた〕……213
桑名〔くわな〕……214
桑原〔くわはら〕……214

【け】

卦婁〔けいろ〕……215
気太〔けた〕……216
堅祖氏〔けんそし〕……216

【こ】

高［こう］……216
甲賀［こうか］……216
甲能［こうの］……217
後部［こうほう］……217
郡［こおり］……217
久賀［こが］……218
古志［こし］……218
呉氏［ごし］……219
高志壬生［こしのみぶ］……219
踰部大炊［こしべのおおい］……219
古衆［こす］……220
巨勢［こせ］……220
巨勢械田［こせのひた］……221
許曾倍［こそべ］……222
己智［こち］……222
子部［こべ］……222
高麗［こま］……223
狛［こま］……224
狛染部［こまそめべ］……225
狛人［こまひと］……225
薦口［こもく］……225
薦集［こもつめ］……225
己汶氏［こもんし］……226
古頼［こらい］……226
惟岳［これおか］……226
惟原［これはら］……226
惟道［これみち］……226
惟宗［これむね］……227
惟良［これよし］……228
近義［こんぎ］……228
紺口［こんく］……228
昆解［こんけ］……228

【さ】

佐為［さい］……229
佐伯［さえき］……229
佐伯日奉［さえきのひまつり］……231
栄井［さかい］……231
酒井［さかい］……231
坂合部［さかいべ］……231
坂田［さかた］……232
坂田酒人［さかたのさかひと］……233
坂戸物部［さかとのもののべ］……234
坂名井［さかない］……234

坂上［さかのうえ］……234
酒人［さかひと］……235
酒人小川［さかひとのおがわ］……236
酒部［さかべ］……236
相模［さがみ］……237
坂本［さかもと］……237
栄山［さかやま］……238
前［さき］……239
三枝部［さきくさべ］……239
辟秦［さくはた］……239
桜井［さくらい］……239
桜井田部［さくらいのたべ］……240
桜嶋［さくらしま］……241
桜田［さくらだ］……241
桜野［さくらの］……241
雀部［さざきべ］……241
佐々貴山［さささきやま］……242
楽浪［さざなみ］……243
佐自努［さじぬ］……243
佐須岐［さすき］……243
佐太［さた］……243
貞［さだ］……244
沙宅［さたく］……244
薩摩［さつま］……244
佐代［さて］……245
讃岐［さぬき］……245
佐波多［さはた］……245
佐婆部［さばべ］……246
佐味［さみ］……246
佐夜部［さやべ］……246
狭山［さやま］……247
佐良々［さらら］……247
猿女［さるめ］……247
早良［さわら］……248

【し】

椎田［しいだ］……248
椎野［しいの］……248
塩屋［しおや］……249
志賀［しが］……249
志賀穴太［しがのあなほ］……250
志我閉［しがへ］……250
志紀［しき］……250
滋生［しげお］……251

滋岳［しげおか］……251
滋野［しげの］……251
滋原［しげはら］……252
滋水［しげみず］……252
滋世［しげよ］……253
滋善［しげよし］……253
宍人［ししひと］……253
志太［しだ］……254
委文［しとり］……254
科野［しなの］……255
信太［しのだ］……255
柴垣［しばがき］……255
柴原［しばはら］……256
四比［しひ］……256
志斐［しひ］……256
嶋［しま］……257
島岐［しまき］……257
島田［しまだ］……257
島根［しまね］……258
嶋野［しまの］……258
島本［しまもと］……258
下［しも］……258
下養［しもかい］……259
下毛野［しもつけの］……259
下道［しもつみち］……260
下神［しもつみわ］……261
楉田［しもとだ］……261
下家［しものや］……261
肖奈［しょうな］……261
上部［じょうほう］……262
白猪［しらい］……262
白髪部［しらかべ］……263
新良貴［しらぎ］……264
白鳥［しらとり］……264
白石［しろいし］……265
白堤［しろつつみ］……265
白原［しろはら］……265

【す】

末［すえ］……266
須賀［すが］……266
菅生［すがお］……267
菅田［すがた］……267
菅野［すがの］……267

菅原［すがわら］……268
吹田［すきた］……269
枌谷［すぎたに］……269
足奈［すくな］……269
村主［すぐり］……270
勝部［すぐりべ］……270
習宜［すげ］……271
嵩山［すせ］……271
簀秦［すはた］……272
周敷［すふ］……272
住吉［すみよし］……272
住道［すむじ］……273

【せ】

前部［ぜんほう］……273

【そ】

均田［そいた］……273
匝瑳［そうさ］……274
添［そお］……274
曾［そお］……274
蘇我［そが］……275
曾禰［そね］……276
薗人［そのひと］……277
薗部［そのべ］……277

【た】

当麻［たいま］……277
平［たいら］……278
多可［たか］……279
高井［たかい］……279
高尾［たかお］……279
高生［たかお］……279
高丘［たかおか］……280
高尾張［たかおわり］……280
高賀茂［たかかも］……281
高狩［たかかり］……281
高城［たかき］……281
高倉［たかくら］……281
高里［たかさと］……282
高階［たかしな］……282
高篠［たかしの］……282
高代［たかしろ］……283
高田［たかだ］……283

高槻〔たかつき〕……284
鷹取戸〔たかとりべ〕……284
高額〔たかぬか〕……284
高根〔たかね〕……284
高野〔たかの〕……285
高橋〔たかはし〕……285
高原〔たかはら〕……286
高円〔たかまど〕……286
高道〔たかみち〕……287
高岑〔たかみね〕……287
高宮〔たかみや〕……287
高向〔たかむこ〕……287
高村〔たかむら〕……288
高家〔たかや〕……288
高安〔たかやす〕……289
高安下〔たかやすのしも〕……289
財〔たから〕……290
財田〔たからだ〕……290
多芸〔たぎ〕……290
田口〔たぐち〕……291
工〔たくみ〕……292
竹〔たけ〕……292
武丘〔たけおか〕……293
竹田〔たけだ〕……293
猛田〔たけだ〕……293
竹田川辺〔たけだのかわべ〕……293
高市〔たけち〕……294
竹原〔たけはら〕……294
武生〔たけふ〕……295
建部〔たけるべ〕……295
多治比〔たじひ〕……296
蝮王部〔たじひのみぶべ〕……297
但馬海〔たじまのあま〕……298
襷多治比〔たすきのたじひ〕……298
田々内〔ただうち〕……299
忠宗〔ただむね〕……299
忠世〔ただよ〕……299
多々良〔たたら〕……299
刀佩〔たちはき〕……299
橘〔たちばな〕……300
橘守〔たちばなもり〕……301
竜田〔たつた〕……301
立野〔たての〕……301
蓼原〔たではら〕……301

竪部［たてべ］……302
田中［たなか］……302
田辺［たなべ］……303
谷［たに］……304
多褹［たね］……305
田部［たべ］……305
玉作［たまつくり］……305
玉手［たまて］……306
玉祖［たまのや］……307
民使［たみのつかい］……307
田村［たむら］……307
多米［ため］……308
帯［たらし］……309
垂水［たるみ］……309
丹波［たんば］……309

【ち】

小子部［ちいさこべ］……310
税部［ちからべ］……311
珍［ちぬ］……311
道守［ちもり］……311

【つ】

津［つ］……312
調［つき］……313
舂米［つきしね］……314
坏作［つきつくり］……314
調使［つきのつかい］……314
槻本［つきもと］……314
筑紫［つくし］……315
津島［つしま］……316
津門［つと］……316
角鹿［つぬが］……316
常澄［つねすみ］……317
常道［つねみち］……317
恒世［つねよ］……317
角［つの］……317
角山［つのやま］……318
椿戸［つばきべ］……318
津夫江［つぶえ］……318
積組［つぶくみ］……319
都保［つほ］……319
津守［つもり］……319

豊島［てしま］……320
手人［てひと］……320
弖良［てら］……320

【と】

荅他［とうた］……321
東部［とうほう］……321
荅本［とうほん］……322
遠田［とおだ］……322
十市［とおち］……322
兎寸［とき］……323
刀岐［とき］……323
時原［ときはら］……323
時統［ときむね］……323
常世［とこよ］……324
刀西［とせ］……324
鳥取［ととり］……324
利波［となみ］……325
等禰［とね］……326
舎人［とねり］……326
殿来［とのく］……327
登美［とみ］……327
伴［とも］……328
伴大田［とものおおた］……329
豊井［とよい］……330
豊岡［とよおか］……330
豊国［とよくに］……330
豊階［とよしな］……330
豊住［とよすみ］……331
豊田［とよた］……331
豊滝［とよたき］……331
豊津［とよつ］……331
豊野［とよの］……331
豊原［とよはら］……332
豊峯［とよみね］……332
豊宗［とよむね］……332
豊村［とよむら］……333
豊山［とよやま］……333
刀利［とり］……333
鳥井［とりい］……333
取石［とろし］……334

【な】

直尻家［なおしりのや］……334
直道［なおみち］……334
仲［なか］……335
長［ながい］……335
長井［ながい］……336
長尾［ながお］……336
長丘［ながおか］……336
長岡［ながおか］……336
中麻績［なかおみ］……337
長国［ながくに］……337
長倉［ながくら］……338
中科［なかしな］……338
中篠［なかしの］……338
中島［なかじま］……339
長背［ながせ］……339
長田［ながた］……339
中臣［なかとみ］……340
中臣藍［なかとみのあい］……341
中臣伊勢［なかとみのいせ］……341
中臣表［なかとみのうえ］……341
中臣殖栗［なかとみのえぐり］……342
中臣大田［なかとみのおおた］……342
中臣大家［なかとみのおおやけ］……342
中臣方岳［なかとみのかたおか］……342
中臣葛野［なかとみのかどの］……343
中臣熊凝［なかとみのくまこり］……343
中臣栗原［なかとみのくりはら］……343
中臣酒人［なかとみのさかひと］……344
中臣酒屋［なかとみのさかや］……344
中臣志斐［なかとみのしひ］……344
中臣習宜［なかとみのすげ］……345
中臣高良比［なかとみのたからひ］……345
中臣東［なかとみのひがし］……346
中臣宮処［なかとみのみやところ］……346
中野［なかの］……346
永野［ながの］……346
長我孫［ながのあびこ］……347
仲丸子［なかのまるこ］……348
長幡部［ながはたべ］……348
中原［なかはら］……349
永原［ながはら］……349
永道［ながみち］……350

長岑［ながみね］……350
長宗［ながむね］……350
長統［ながむね］……350
中村［なかむら］……351
永世［ながよ］……351
長柄［ながら］……351
奈癸［なき］……352
奈癸私［なきのきさき］……352
名草［なぐさ］……352
那須［なす］……352
夏身［なつみ］……353
名取［なとり］……353
難波［なにわ］……353
名張［なばり］……354
並槻［なみつき］……354
相槻物部［なみつきのもののべ］……354
奈良［なら］……354
楢原［ならはら］……355
成相［なりあい］……355

【に】

新生［にいお］……355
新長［にいおさ］……356
新木［にいき］……356
新田部［にいたべ］……356
新家［にいのみ］……356
新治［にいはり］……356
丹生［にう］……357
贄［にえ］……357
贄土師［にえのはじ］……357
和田［にぎた］……358
和山守［にぎのやまもり］……358
爾散南［にさな］……358
錦部［にしごり］……358
丹羽［にわ］……359
邇波県［にわのあがた］……359

【ぬ】

額田［ぬかた］……360
額田部［ぬかたべ］……360
額田部甦玉［ぬかたべのみかたま］……361
額田部湯坐［ぬかたべのゆえ］……362
布忍［ぬのし］……362
漆部［ぬりべ］……362

【ね】
根［ね］……363
念林［ねんりん］……363
【の】
野上［のがみ］……363
濃宜［のげ］……363
能登［のと］……363
野中［のなか］……363
野間［のま］……364
野実［のみ］……364
【は】
伯太首神人［はかたのおびとみわひと］……364
羽咋［はくい］……364
伯禰［はくね］……364
葉栗［はくり］……365
土師［はじ］……365
間人［はしひと］……366
長谷［はせ］……367
丈部［はせつかべ］……367
長谷置始［はせのおきそめ］……368
長谷部［はせべ］……368
秦［はた］……369
八多［はた］……371
羽田［はた］……371
爪工［はたくみ］……371
幡文［はたのあや］……372
波多門部［はたのかどべ］……372
秦人［はたひと］……372
甚目［はため］……373
蜂田［はちだ］……373
羽束［はつかし］……374
服部［はとり］……374
祝部［はふりべ］……374
食［はみ］……375
林［はやし］……375
原［はら］……376
蕃良［はら］……376
原井［はらい］……376
治田［はりた］……376
蓁原［はりはら］……376
播磨［はりま］……377

春［はる］……377
春井［はるい］……377
春江［はるえ］……377
春岳［はるおか］……378
春科［はるしな］……378
春澄［はるずみ］……379
春苑［はるその］……379
春滝［はるたき］……380
春永［はるなが］……380
春庭［はるにわ］……380
春野［はるの］……380
春原［はるはら］……380
春淵［はるぶち］……381
春海［はるみ］……381
春道［はるみち］……381
春岑［はるみね］……382
春宗［はるむね］……382
春世［はるよ］……382
春良［はるよし］……382
半毗氏［はんびし］……383

【ひ】

氷［ひ］……383
火［ひ］……383
稗田［ひえだ］……384
俾加［ひか］……384
氷上［ひかみ］……384
引田［ひきた］……385
土形［ひじかた］……385
槭田［ひた］……385
飛驒［ひだ］……386
飛多［ひだ］……386
火撫［ひなつ］……386
日根［ひね］……386
檜前［ひのくま］……386
檜前舎人［ひのくまのとねり］……387
檜原［ひはら］……388
日奉［ひまつり］……388
日向［ひむか］……388
平岡［ひらおか］……389
平方［ひらかた］……389
辟田［ひらた］……389
平田［ひらた］……389
平松［ひらまつ］……389

広井［ひろい］……389
廣海［ひろうみ］……390
広江［ひろえ］……390
広岡［ひろおか］……390
広来津［ひろきつ］……390
広篠［ひろしの］……391
広澄［ひろすみ］……391
広田［ひろた］……391
広根［ひろね］……391
広野［ひろの］……391
広階［ひろはし］……392
広幡［ひろはた］……392
広原［ひろはら］……392
廣宗［ひろむね］……392
弘村［ひろむら］……393
弘世［ひろよ］……393

【ふ】

笛吹［ふえふき］……393
深根［ふかね］……394
伏丸［ふかわ］……394
福地［ふくち］……394
葛井［ふじい］……394
葛江我孫［ふじえのあびこ］……395
葛津［ふじつ］……395
藤野［ふじの］……395
藤原［ふじわら］……396
布勢［ふせ］……397
福當［ふたぎ］……398
二田物部［ふたたのもののべ］……398
二見［ふたみ］……399
筆［ふで］……399
船木［ふなき］……399
船子［ふなこ］……400
道祖［ふなど］……400
船［ふね］……400
史戸［ふひとべ］……401
文［ふみ］……401
文部［ふみべ］……402
文室［ふみや］……402
布留［ふる］……403
古市［ふるいち］……403
不破［ふわ］……404

【へ】
日置［へき］……404
平群［へぐり］……405
【ほ】
穂［ほ］……406
星川［ほしかわ］……406
細川［ほそかわ］……407
穂積［ほづみ］……407
品治［ほむち］……408
【ま】
前田［まえだ］……408
真神［まかみ］……408
真髪部［まかみべ］……408
勾［まがり］……409
真神田［まかんだ］……409
真城［まき］……410
纒向［まきむく］……410
莫位［まくい］……410
良［まこと］……410
万昆［まこん］……411
当野［まさの］……411
当道［まさみち］……411
当宗［まさむね］……411
当世［まさよ］……411
目色部真時［ましこべのまさとき］……411
沙田［ますた］……412
益田［ますだ］……412
真苑［まその］……412
松井［まつい］……413
松浦［まつうら］……413
松川［まつかわ］……413
松津［まっつ］……413
松野［まつの］……414
松原［まつばら］……414
真野［まの］……414
真春［まはる］……414
鋺師［まりし］……415
丸子［まるこ］……415
客［まろうど］……415
茨田［まんだ］……416

【み】

御井［みい］…… 416
御池［みいけ］…… 417
御井原［みいはら］…… 417
三尾［みお］…… 417
御笠［みかさ］…… 418
蓋山［みかさやま］…… 418
御炊［みかしき］…… 418
御方［みかた］…… 418
瑶玉［みかたま］…… 418
瑶取［みかとり］…… 419
三河［みかわ］…… 419
御清［みきよ］…… 419
三国［みくに］…… 420
御坂［みさか］…… 420
三島［みしま］…… 421
水海［みずうみ］…… 421
三園［みその］…… 421
三始［みそめ］…… 422
三田［みた］…… 422
御高［みたか］…… 422
三財部［みたからべ］…… 422
御立［みたち］…… 423
民［みたみ］…… 423
道［みち］…… 424
路［みち］…… 425
道嶋［みちしま］…… 425
道田［みちた］…… 426
三津［みつ］…… 426
御杖［みつえ］…… 427
御使［みつかい］…… 427
御常［みつね］…… 428
三林［みつはやし］…… 428
御手代［みてしろ］…… 428
三歳［みとし］…… 428
三富部［みとべ］…… 429
御長［みなが］…… 429
三長［みなが］…… 429
南淵［みなぶち］…… 429
蜷淵［みなぶち］…… 430
源［みなもと］…… 430
水主［みぬし］…… 432
水沼［みぬま］…… 432

三野［みの］……433
陵辺［みはかべ］……433
陵戸［みはかべ］……434
御林［みはやし］……434
三原［みはら］……434
御原［みはら］……435
御春［みはる］……435
御輔［みふ］……435
壬生［みぶ］……436
御船［みふね］……437
美作［みまさか］……437
美麻那［みまな］……437
三棟［みむね］……438
三統［みむね］……438
御村別［みむらのわけ］……438
御室［みむろ］……439
三諸［みもろ］……439
宮［みや］……439
三宅［みやけ］……439
都［みやこ］……441
宮処［みやところ］……441
宮能売［みやのめ］……441
宮原［みやはら］……442
宮部［みやべ］……442
三山［みやま］……442
宮道［みやみち］……442
三善［みよし］……443
三輪［みわ］……443
神［みわ］……444
美和［みわ］……445
神人部［みわひとべ］……445
神部［みわべ］……445

【む】

牟義都［むげつ］……446
牟古［むこ］……446
聟本［むこもと］……447
牟佐［むさ］……447
武蔵［むさし］……447
席田［むしろだ］……448
陸奥［むつ］……448
六人部［むとべ］……448
宗形［むなかた］……449
宗高［むねたか］……450

村［むら］……450
村上［むらかみ］……450
村国［むらくに］……451
村挙［むらげ］……451
村山［むらやま］……451
室原［むろはら］……452

【め】

米多［めた］……452
面［めん］……452

【も】

水取［もいとり］……453
木［もく］……453
裳咋［もくい］……454
物集［もづめ］……454
物忌［ものいみ］……454
物部［もののべ］……454
守［もり］……456
守部［もりべ］……456
守山［もりやま］……457
諸［もろ］……457
諸県［もろあがた］……457
諸井［もろい］……458
汶斯氏［もんしし］……458

【や】

屋［や］……458
家部［やかべ］……458
八木［やぎ］……459
八清水［やきよみず］……459
箭口［やぐち］……459
楊侯［やこ］……460
八坂［やさか］……460
安野［やすの］……460
安原［やすはら］……461
安峯［やすみね］……461
矢田部［やたべ］……461
矢集［やつめ］……462
楊津［やなぎつ］……462
家内［やぬち］……462
矢作［やはぎ］……462
八戸［やべ］……463
山［やま］……463

山川［やまかわ］……464
山口［やまぐち］……464
山道［やまじ］……464
山科［やましな］……465
山背［やましろ］……465
山田［やまだ］……465
八俣部［やまたべ］……466
大倭［やまと］……466
和［やまと］……467
和安部［やまとのあべ］……467
東漢［やまとのあや］……468
倭馬飼［やまとのうまかい］……469
倭画師［やまとのえし］……469
倭太［やまとのおお］……470
倭川原［やまとのかわら］……470
和薬［やまとのくすし］……470
山上［やまのうえ］……470
山於［やまのえ］……471
山辺［やまのべ］……471
山部［やまべ］……471
山村［やまむら］……472
山守［やまもり］……472

【ゆ】

湯［ゆ］……473
湯坐［ゆえ］……473
湯母竹田［ゆおものたけだ］……474
靫［ゆき］……474
靫編［ゆきあみ］……475
弓削［ゆげ］……475
靫負［ゆげい］……476
靫負大伴［ゆげいのおおとも］……476
靫負多治比［ゆげいのたじひ］……477
湯原［ゆはら］……478

【よ】

余［よ］……478
横江［よこえ］……478
依羅［よさみ］……478
網部［よさみべ］……479
吉井［よしい］……479
良枝［よしえ］……479
良階［よししな］……480
善友［よしとも］……480

善根〔よしね〕……481
吉野〔よしの〕……481
吉原〔よしはら〕……481
善淵〔よしぶち〕……481
美海〔よしみ〕……482
美見〔よしみ〕……482
吉水〔よしみず〕……482
善道〔よしみち〕……483
良岑〔よしみね〕……483
良棟〔よしむね〕……483
令宗〔よしむね〕……484
善世〔よしよ〕……484
与等〔よど〕……484
与努〔よの〕……484
丁〔よぼろ〕……485
夜良〔よら〕……485
鎧作〔よろいつくり〕……485

【り】

李〔り〕……485

【ろ】

盧〔ろ〕……485
角〔ろく〕……485

【わ】

若犬養〔わかいぬかい〕……486
若江〔わかえ〕……486
若麻続部〔わかおみべ〕……486
若日下部〔わかくさかべ〕……487
若狭〔わかさ〕……487
若狭遠敷〔わかさおにゅう〕……487
若桜部〔わかさくらべ〕……487
若帯部〔わかたらしべ〕……488
若舎人〔わかとねり〕……488
若宮〔わかみや〕……488
若倭部〔わかやまとべ〕……488
若湯坐〔わかゆえ〕……489
和気〔わけ〕……489
渡守〔わたしもり〕……490
渡相〔わたらい〕……490
和徳〔わとこ〕……491
和珥〔わに〕……491
和仁古〔わにこ〕……492

日本古代氏族事典

凡例

一、本事典は日本古代史に登場する約一、二〇〇の氏族を取り上げ、その出自、姓の変遷、発祥の由来、祖先伝承、職掌、改氏姓の経緯、おもな氏人の動向、同系氏族とその分布、および同氏族に関係する遺跡など、古代氏族の実態を鮮明・詳細に浮き彫りにすることに努めた。

二、表記は現代かなづかいを原則とし、氏族名は五十音順に配列した。

三、漢字は新字体・常用漢字を原則とした。

四、解説文の次に、同氏族を知るうえには欠かせない主要参考文献を掲げ、研究者の便に供した。

五、地名はできうるかぎり現地名と比定して掲げたが、その現地名は平成六年現在のものである。

六、年次の表記は継体天皇以前は世紀を使用し、同天皇以後は左の〈例〉に示したように、年次のあとの（　）内に西暦を付し、年代が容易に把握できるようにした。

〈例〉継体天皇三年（五〇九）
天武天皇十三年（六八四）
養老二年（七一八）

七、『和名類聚抄』『日本国現報善悪霊異記』『日本文徳天皇実録』は、それぞれの通称・略称である『和名抄』『霊異記』『文徳実録』とした。また、文中に『記』『紀』とあるのは『古事記』『日本書紀』の略である。

八、各項目の最後尾の〔　〕内に、当該項目の執筆者名を記した。

九、巻末に解説文中の人名を網羅し、各人の氏姓の変遷が一目で分かる〈人名索引〉を付し、人名より検索できる便宜を図った。その際、人名は一族の係累の者に限り、かつ実在した者もしくはその可能性の高い者に限り、実在性の乏しい者は省いた。

なお〈人名索引〉の表記法その他に関しては、その冒頭に付した「凡例」を参照されたい。

あ

会津 あいづ　陸奥国会津郡（福島県会津若松市）の氏族。無姓。一族には『続日本紀』延暦八年（七八九）六月甲戌条にみえる会津壮麻呂がいる。壮麻呂は、延暦八年の征討に進士（志願兵か）として参加し戦死している。『続日本紀』の神護景雲三年（七六九）三月辛巳条にみえる安倍会津臣との関係は未詳。〔関口〕

阿閉 あえ　大彦命後裔氏族の一つ。大彦命の子、彦背立大稲腰（ひこせたつおおいなこし）命を祖とする。伊賀国阿拝郡（三重県阿山郡阿山町・伊賀町・島ヶ原村と上野市北部）を本拠とした地方豪族であるが、その一部は早くから中央豪族化した。氏名を阿閇・敢にも作る。姓は初め臣、天武天皇十三年（六八四）に朝臣姓を賜わったが、そのまま旧姓に止まる者もあった。伊賀国にはやはり大彦命の後裔と称する氏に、伊賀臣・伊賀水取がある。大和における大彦命後裔氏の拠点は、磐余地方とその周辺部に集中するが、これらの地と伊賀地方を結ぶ中間点の大和国宇陀郡（奈良県宇陀郡）にも大彦命の後裔氏が存する（宇太臣ら）から、阿倍・膳氏らの勢力が東国へ伸張する過程で、宇陀地方や伊賀地方の豪族が擬制的にその同族とされたものとみられる。ただ阿倍・阿閉の「倍」「閉」はどちらも乙類の「へ」で全くの同音であるから、この両者が本来同一の氏である可能性、もしくはきわめて近い関係の氏であった可能性も否定できない。『日本書紀』には、国見（雄略天皇三年）、事代（顕宗天皇三年）、大籠（推古天皇十八年）の三名の阿閉氏の氏人の活動を掲げ、事代が任那へ派遣され、大籠が来日した任那使の導者となったと記しており、この氏は阿倍氏や膳氏と同様に対朝鮮関係で活躍した氏族と推察される。ただ内容的には国見と事代のそれは多分に伝承的で信用できず、阿閉氏が中央政界に登場する時期は六世紀以降とすべきであろう。阿閉氏配下の部民には磯部の一種である敢磯部（敢石部）が存した。磯部は伊勢部とも記し、度会氏・磯部氏の管掌下に海産物を貢納した漁撈民とみられるが、宝亀六年（七七五）、伊勢国多気郡人の敢磯部忍国ら五人が敢臣に改姓していることから、敢磯部の場合は、阿閉氏を伴造とする部民と推測できる。敢磯部の分布地域は伊勢・美濃・尾張・遠江・駿河に及び、阿倍氏や膳氏が丈部・膳大伴部の設置を通して東国進出を果したのとほぼ同一の経緯で、この氏の進出もすすめられたのであろう。なお尾張国中嶋郡の裳咋

(もくい)臣船主らが天応元年(七八一)に敢臣に改氏姓し、大宝二年(七〇二)の「御野国加毛郡半布里戸籍」には、敢臣族岸臣の氏姓をもつ者が若干名存在する。伊賀国阿拝郡の阿閉氏のなかには、天平勝宝年間(七四九〜七五七)ごろに阿拝郡大領であった敢朝臣安麻呂があり、本拠地に残留した阿閉氏の勢力は、奈良朝においても依然強固であった。『新撰姓氏録』は阿閉朝臣一氏(河内国皇別)、阿閉臣四氏(左京・右京・山城・河内各皇別)の計五氏の阿閉氏の名を掲げており、また阿閉間人臣の複姓をもつ氏(右京皇別)も存する。

【参考文献】前川明久『日本古代氏族と王権の研究』　(加藤)

青海　あおみ　神別系氏族。氏名はのちの三河国碧海郡碧海郷(愛知県岡崎市六ッ美付近か)もしくは越後国蒲原郡青海郷(新潟県加茂市加茂付近か)の地名にもとづくとみられる。姓は首。『新撰姓氏録』右京神別下に「青海首。椎根津彦命之後也」とある。『日本書紀』欽明天皇元年九月己卯条にみえる青海夫人勾子はこの氏から出た人物か。　(星野良史)

赤染　あかそめ　新羅・加羅系の赤色呪術によって舟・桙・軍衣などを赤く染める職掌に携わった氏族。姓は造。『新撰姓氏録』に「不レ載二姓氏録一姓」として記されている。一族には『日本書紀』天武天皇元年(六七二)六月甲申条にみえる壬申の乱で高市皇子の従者であった赤染造徳足のほか、無姓には天平勝宝四年(七五二)閏三月十八日始「充厨子彩色帳」に東大寺厨子の彩色に従った画師の赤染佐弥麻呂・赤染古万呂がいた。『続日本紀』天平十九年(七四七)八月丙寅条には、正六位上赤染造広足・赤染高麻呂ら九人に(天平勝宝二年〈七五〇〉にも賜姓か)、同宝亀八年(七七七)四月乙未条に右京人従六位上赤染国持ら四人、河内国大県郡人正六位上赤染人足ら十三人、遠江国蓁原郡人外従八位下赤染長浜、因幡国八上郡人外従六位下赤染帯縄ら十九人に常世連と賜姓された。この改氏姓は赤染氏のもつ常世神信仰にもとづくものとみられ、神仙思想によって常世の氏名を選んだのである。なおこれらの記事によって、赤染氏は河内・遠江・因幡などの諸国にも居住し、神亀三年(七二六)「山背国愛宕郡出雲郷雲上里計帳」に赤染依売の名がみえるので、山背にも居住していた。河内国大県郡(大阪府八尾市・柏原市)は赤染氏の本拠地とみられ、『延喜式』神名帳にはこの地に常世岐姫神社(八尾市神宮寺二八三)の鎮座を記している。

【参考文献】平野邦雄「秦氏の研究」(一)(二)(『史学雑誌』七〇―三・四)、

古田実「常世岐姫神社」（谷川健一編『日本の神々』三所収）、前川明久「土師氏と渡来系氏族」（『日本古代氏族と王権の研究』所収）　〔前川〕

県　あがた　神武天皇の第三皇子神八井耳命の後裔と伝える氏族。姓は連。『続日本後紀』承和八年（八四一）四月乙巳条に「右京人勘解由主典正六位上県主前利連氏益賜二姓県連一」とある。この条にみえる県主前利連・県連の県主・県は、『先代旧事本紀』天孫本紀に「十二世孫建稲種命。此命。邇波県君祖大荒田女子玉姫為レ妻」とある邇波県（のちの尾張国丹羽郡丹羽郷〈愛知県一宮市丹羽〉）の地に当たり、県主前利連の前利は同郡前刀郷（愛知県丹羽郡扶桑町斎藤）の地名にもとづいている。邇波県君氏は県連・県主前利連氏と同じ氏族とみられる。『新撰姓氏録』右京皇別下に「島田臣。多朝臣同祖。神八井耳命之後也。五世孫武恵賀前命孫仲臣子上。稚足彦天皇〈諡成務。〉御代。尾張国島田上下二県有二悪神一。遣二子上一平二服之一。復命之日賜二号島田臣一也」とあるが、『阿蘇家略系譜』には那珂乃子上命の子に大荒男命をあげ、その尻付に「是県連、県主前利連、島田臣、伊勢船木直、丹羽臣等祖也」とみえる。大荒男命は『先代旧事本紀』天孫本紀の邇波県君の祖大荒田と同一人物とみてよく、系譜の大荒男命は大荒田命の誤記とみられる。『延喜式』神名帳には尾張国丹羽郡に前利神社の鎮座を記している。なお先掲の県連氏益は承和十三年（八四六）正月に外従五位下、同年五月勘解由使次官、同十五年播磨権介、天安元年（八五七）左京亮、同年十月右京亮となったが、これ以外一族の名は史上にみえない。ただ無姓の県氏の人名が大宝二年（七〇二）御野国加毛郡半布里の戸籍にみえ（県咋麻呂）、平城宮出土木簡にも県馬養・県志己等理・県広刀自・県若虫などみえる。『日本霊異記』下巻第三十一話に美濃国方県郡水野郷楠見村の女人に県（名欠）がみえる。　〔前川〕

英多　あがた　英多の氏名は河内国河内郡英多郷（大阪府東大阪市英田）の地名にもとづくものか。姓は真人。『新撰姓氏録』左京皇別に「英多真人。路真人同祖」とある。賜姓・一族名ともに他の史料にみえない。　〔前川〕

県使　あがたつかい　氏名の県は菟田県（『日本書紀』神武天皇即位前紀戊午年八月乙未条〈奈良県宇陀郡〉）または猛田県（同神武天皇二年二月乙巳条〈奈良県宇陀郡室生村・榛原町一帯〉）の県にもとづき、使は田使（田令）と同じく朝命を受けて県を支配する職名による。『新撰姓氏録』大和国神別に「県使首。宇麻志摩遅命之後也」とみえ、姓は首。一族には延長六年（九二八）三月十七日「安倍弟町子家地売券案」にみえる県使首今主・県使首利貞・県使首扶実は、大和国宇陀郡浪坂郷（奈良県宇陀郡榛原町荷坂・檜牧）に住み、今主は同郷戸主で正六位上（右の文書では今主の名を消し利貞に、位を従七位上と改めている）、利貞は郷戸主、その戸口の扶実は内竪で従八位上であった。彼らは県利貞（延喜十四年三月二十五日「民安占子家地処分状」）・県扶実（延喜九年十一月十五日「同」）とも記す。彼らの名の記されている文書にみえる「上県」には、貞元三年（九七八）三月一日「県某檜牧地充行状案」によれば檜牧の地があり、建久九年（一一九八）十月「七条院（藤原殖子）庁下文案」には檜牧荘を開発領主の県清理が県仲子に譲り、子孫が処分したと伝えている。この県氏は県使首氏の後裔か同族の子孫とみられる。無姓には天平二十年（七四八）から天平勝宝二年（七五〇）にかけて写経所校生に県使乙麻呂がおり（『大日本古文書』十・十一）、藤原宮跡からは、「大伯郡長沼里県使ア加比俵」と県使部と記した木簡が出土している（奈良国立文化財研究所『藤原宮出土木簡』四）。　（前川）

県主　あがたぬし　かつて県主であったため、職名がそのまま氏名となった。県主は大化前代の地方首長で、西日本に多く分布するが、その性格については国造の下部機構とする説と、国造制が布かれる以前の大和朝廷の地方官という説などがある。『新撰姓氏録』和泉国神別に「県主。和気公同祖。日本武尊之後也」とあるが、これは茅渟県（のちの和泉国）の県主であろう。『続日本後紀』承和三年（八三六）二月戊寅条に「和泉国人遣唐使准録事県主益雄。父散位文貞等賜二姓和気宿禰一。又改二本居一貫二附右京二条二坊一」とあるように、その本宗家は和気宿禰と改姓した。『日本書紀』安閑天皇元年（五三一）閏十二月壬午条にみえる県主飯粒は摂津の三嶋県主の後裔で、同氏はのちに三嶋県主を氏名とし、さらに神護景雲三年（七六九）二月に三嶋県主広調、宝亀元年（七七〇）に三嶋県主宗麻呂がそれぞれ宿禰姓を賜わっている。建日穂命の後とする。『続日本紀』天平神護元年（七六五）二月癸亥条にみえる県主石前は大和の添県主の出身で、このとき添県主の姓を賜わっている。武乳遺命の後裔とする。大宝二年（七〇二）の「御野国加毛郡半布里戸籍」にみえる県主安麻呂・弟麻呂は美濃の鴨県主の出で、同国賀茂郡の県主神社は同氏の氏社であろう。天櫛玉命を祖とする。「多度神宮寺伽藍縁起資財帳」に美濃国の近士（近事）である県主新麿の名がみえるが、これは美濃県主の一族と思われる。『続日本後紀』承和八年（八四一）四月乙巳条に「右京人勘解由主典正六位上県主前利連氏益賜二県連一。神倭磐余彦天皇第三皇子神八井耳命之後也」とあって、県主前利連という複姓をもった氏族の存在が知られる。前利は尾張国丹羽郡前刀郷の地名に因み、同郡には大県神社があるので、同氏は丹羽郡を本拠とした県主（「丹羽県主」と仮称される）の一族で、同郷の前利神社を祀っていたのであろう。このほか、地名を冠する県主姓も多く、大和の山辺県主・高市県主・磯城県主・河内の三野県主・紺口県主、大県主・志紀県主、山城の鴨（賀茂）県主・中島県主、近江の犬上県主などが知られる。なお、伊勢の県主は特別に県造と称し、のちの郡に相当する地域を管掌していた。その性格は県主から国造への過渡的形態を示し、祭祀的機能を濃厚に帯びた職と考えられており、川俣・阿野・市志・飯高・佐奈の県造が知られている。『続日本紀』宝亀三年（七七二）四月庚午条に県造久太良、『三代実録』貞観九年（八六七）九月十二日戊申条などに県造富世の名が記されるほか、「御野国加毛郡半布里戸籍」にも県造を姓とする人名が多数みえる。伊勢国鈴鹿郡には県主神社があるが、同地を本拠とする川俣県造の奉斎した神社であろう。

【参考文献】　井上光貞「国造制の研究」（『史学雑誌』六〇―一一）、上田正昭「古代国家の政治構造」（『日本古代国家成立史の研究』所収）、新野直吉『国造と県主』、佐伯有清・高嶋弘志『国造・県主関係史料集』　（高嶋）

県犬養　あがたのいぬかい　県犬甘にも作る。犬を使って県の守衛に当たった犬養部の伴造氏族。県犬養氏の本貫はその氏名から茅渟県（のちの和泉国一帯）とみられるが、ほかに同氏の分布が濃密な河内国古市郡（大阪府羽曳野市）説もある。姓は初め連、天武天皇十三年（六八四）に宿禰を賜わった。『新撰姓氏録』左京神別中に「県犬養宿禰。神魂命八世孫阿居太都命之後也」とある。『日本書紀』安閑天皇二年九月丙午条には県犬養連が桜井田部連・難波吉士らとともに屯倉の税を掌ったとみえ、また『新撰姓氏録』によれば同祖と伝える氏族に大椋置始（おおくらのおきそめ）連や巨椋（おおくら）連がいることから、県犬養氏は屯倉や大蔵の守衛に当たっていたことが窺われる。一族の県犬養連（宿禰）大伴（大侶にも作る）は壬申の乱の功臣で、のちに天武天皇の殯宮に供奉して宮内の事を誄した。県犬養宿禰三千代が草壁皇子の子軽皇子（のちの文武天皇）の乳母となったのも、この縁からであろう。三千代は初め美努王に嫁して葛城王（のちの橘宿禰諸兄）らを生んだが、やがて藤原朝臣不比等の妻となって安宿媛（のちの光明皇后）をもうけ、藤原氏隆盛の基を築いた。和銅元年（七〇八）、三千代は天武朝以来の宮廷に仕えた忠誠を賞され、橘宿禰の氏姓を賜わっている。天平五年（七三三）内命婦正三位で没したが、その葬儀は散一位に准じて行なわれた。一方霊亀二年（七一六）安宿媛が首皇太子（のちの聖武天皇）の妃になったのとほぼ同じころ、県犬養宿禰広刀自（父は讃岐守従五位下の唐）も入内しており、これまた三千代の推挙によるものと考えられる。広刀自は聖武との間に安積親王・不破内親王・井上内親王をもうけ、天平宝字六年（七六二）に夫人正三位で没した。このほか、奈良朝の県犬養氏には神亀元年（七二四）従四位下で没した筑紫、同年従五位上となった石足、参議従四位下に昇って天平十四年に没した石次、天平宝字四年に没した命婦従四位下の八重、天平勝宝九歳（七五七）に橘朝臣奈良麻呂の謀議を密告して従五位下に叙せられた沙弥麻呂らがおり、また天平宝字八年には県犬養宿禰内麻呂ら十五人が大宿禰の姓を賜わっている。神護景雲三年（七六九）、県犬養大宿禰姉女が不破内親王と通じて内親王の子氷上志計志麻呂の即位を謀ったとの罪で、姓を犬部と貶し遠流に処せられるという事件が起こった。これは宝亀二年（七七一）に至って冤罪であったことが判明し、姉女の罪は許され本姓に復したが、以後県犬養氏一族はその勢力を減じたらしい。平安前期には従五位下で『続日本後紀』編纂に加わった県犬養大宿禰貞守、貞観十一年（八六九）に無位から従五位下を授けられた県犬養大宿禰阿野子らがいるが、いずれも五位に止まった。なお『続日本紀』大宝元年（七〇一）七月壬辰条において、前記の県犬養連大伴（大侶）の氏名がほとんどの写本で「郡犬養」と表記されていることから、県犬養の氏名は本来「コホリノイヌカヒ」と訓まれていたとする見解がある。

【参考文献】　黛弘道「犬養氏および犬養部の研究」（『律令国家成立史の研究』所収）、岸俊男「県犬養橘宿禰三千代をめぐる臆説」（『宮都と木簡』所収）、鎌田元一「評制施行の歴史的前提―所謂大化前代の『コホリ』について―」（『史林』六三―四）、高島正人「奈良時代における県犬養氏」（『立正大学大学院紀要』一所収）、林陸朗「奈良朝後期宮廷の暗雲―県犬養家の姉妹を中心として―」（『上代政治社会の研究』所収）　（星野良史）

安吉　あき　阿伎にも作るか。渡来系氏族。姓は勝。近江国蒲生郡安吉郷（滋賀県蒲生郡竜王町）が本拠であろう。一族には『続日本後紀』承和七年（八四〇）九月壬辰条にみえる近江国の人で美濃国大掾正六位上の安吉勝真道がおり、真道とその子沢雄ら五人はこのとき平安右京三条に貫附された。また平城宮出土木簡のなかに「近江国蒲生郡阿伎里人大初位上阿□勝足石」の名がみえる。〔星野良史〕

商長　あきおさ　氏名は交易に携わる職掌の長にもとづくものか。姓は首。『新撰姓氏録』左京皇別下にみえる商長首条には上毛野氏と同祖とするが、以下の伝承から渡来系氏族であったとみられる。すなわち、三世孫の久比は泊瀬部天皇（諡は崇峻）の代に呉国に遣わされ、雑々の宝物を天皇に献ったが、そのなかに呉権（くれのはかり）があったので、天皇がこの物はと尋ねると、久比は呉国では万物を懸け定めて交易させ、その名を波賀理（はかり）というと答えたため、天皇は他人をして同じことをさせないように勅した。久比の男、宗麿は舒明天皇の代に商長の姓を負ったが、この賜姓記事は『日本書紀』にみえないと記されている。この一族には天平十八年（七四六）三月二十五日付「商長首智麿粟田船守手実」に校生として名のみえる商長首智麿や『万葉集』巻二十―四三四四に歌一首を残した駿河国人・防人の商長首麻呂がいる。〔前川〕

秋篠　あきしの　土師連の後裔の土師宿禰が改姓した氏族の一つ。同様の氏族として他に菅原氏・大枝（大江）氏がある。姓は初め宿禰、のちに朝臣。天穂日命を祖とする。秋篠の氏名は大和国添下郡秋篠（奈良県奈良市秋篠町）の地名にもとづく。『続日本紀』延暦元年（七八二）五月癸卯条に「少内記正八位上土師宿禰安人等言。臣等遠祖野見宿禰。造二作物象一。以代二殉人一。垂二裕後昆一。生民頼レ之。而其後子孫。動預二凶儀一。尋二念祖業一。意不レ在レ玆。……望請。土師之字改為二秋篠一。詔許レ之。於レ是。安人兄弟男女六人賜二姓秋篠一」とあるように、このときに土師宿禰安人ら兄弟男女六人が秋篠宿禰となった。また延暦四年八月朔条に「右京人土師宿禰淡海。其姉諸主等。改二本姓一賜二秋篠宿禰一」とある。その後、同書の延暦九年十二月辛酉条に「勅二外従五位下菅原宿禰道長。秋篠宿禰安人等一。並賜二姓朝臣一。又正六位上土師宿禰諸士等賜二姓大枝朝臣一。其土師氏惣有二四腹一。中宮母家者是毛受腹也。故毛受腹者賜二大枝朝臣一。自余三腹者。或従二秋篠朝臣一。或属二菅原朝臣一矣」とあるように、このときに秋篠宿禰安人らが朝臣の姓を賜わった。また右の記事からは、四腹（四つの支族）があった土師氏のうち、毛受（もず）腹が大枝氏となり、他の三腹が秋篠氏と菅原氏になったことが知られるが、毛受腹というのは、土師氏が葬礼・陵墓の管理などをおもな職掌としたと考えられることからも、百舌鳥（もず）古墳群の営まれた和泉国大鳥郡百舌鳥（大阪府堺市）を本拠とした支族と推定される。同様に、秋篠氏・菅原氏の氏名の由来となった大和国添下郡秋篠・菅原（奈良市秋篠町・菅原町）の地には、佐紀古墳群と宝来山古墳（垂仁天皇陵）が営まれており、この地を本拠とした支族が、それぞれ秋篠氏と菅原氏になったと考えられる。『新撰姓氏録』右京神別下に「秋篠朝臣。同レ上（土師宿禰同祖。乾飯根命七世孫大保度連之後也）」とみえる。一方、『日本後紀』延暦十五年七月戊申条に「河内国人……従七位上秋篠朝臣全継等十一人貫二付右京一」とみえ、弘仁二年（八一一）三月丙申条に「河内国人従七位下土師宿禰常磐賜二姓秋篠朝臣一」とみえるように、河内国を本貫とした秋篠氏もあった。秋篠朝臣全継・常磐らは、同書の延暦十五年十一月己丑条に「河内国志紀郡荒田一町賜二正七位下秋篠朝臣清野一」とあることからすると、河内国の志紀郡を本貫としていた可能性が高いが、同郡には土師郷（大阪府藤井寺市道明寺町）があり、そこはまた古市古墳群の存在する地域でもある。一族の人物のうち、その活躍のもっとも多く伝えられるのは初めて秋篠朝臣を賜わった上記の安人であり、安人の極官は参議・近江守。位は従三位。弘仁十二年正月に七十歳で没した。なお、一族のなかには、『日本後紀』弘仁三年六月壬子条に「左京人従五位下秋篠朝臣上子。秋篠朝臣清子。右京人従五位下秋篠朝臣室成。従七位上秋篠朝臣宅成等賜二姓御井朝臣一」とあるように、御井朝臣の氏姓を賜わった者もあり、『続日本後紀』天長十年（八三三）二月庚午条に「左京人図書頭従五位上秋篠朝臣雄継。右京人散位従七位上秋篠朝臣吉雄。賜二姓菅原朝臣一」とあるように、菅原朝臣に改姓した者もあった。

【参考文献】直木孝次郎「土師氏の研究」（『日本古代の氏族と天皇』所収）、小島俊次「土師四腹と古墳」（『末永先生古稀記念古代学論叢』所収）　〔篠川〕

阿支奈　あきな　氏名は阿祇奈・阿芸那・阿岐名とも書き、『万葉集』巻十四―三四三一の譬喩歌にみえる「足柄の安伎奈の山」（位置不明）に関係する地名にもとづくものか未詳。姓は臣。『古事記』孝元天皇段に「葛城長江曾都毘古者、〈玉手臣、……阿芸那臣等祖也〉」とみえ、『新撰姓氏録』摂津国皇別にも「阿支奈臣。玉手朝臣同祖。武内宿禰男葛城曾豆比古命之後也」とあり、武内宿禰後裔氏族の一つ。一族に『三代実録』貞観八年（八六六）十月二十五日丙申条にみえる正七位上行少目阿岐奈臣安継がおり、貞観九年（八六七）二月十六日付「讃岐国司解」に署判の正六位下行目阿岐奈臣（欠名）は安継と同一人物とみられる。阿支奈氏には『新撰姓氏録』大和国皇別に「阿祇奈君。玉手朝臣同祖。彦太忍信命孫武内宿禰之後也」とあって、君姓の同族がいた。この一族には天平宝字六年（七六二）十月七日「弥勒菩薩所問経論跋語」に阿祇奈君小万がみえる。（前川）

秋原　あきはら　崇神天皇の皇子豊城入彦命の後裔氏族。姓は朝臣。秋原朝臣氏の旧氏姓は我孫公（阿比古）で、承和三年（八三六）十一月、河内国の人故従七位下我孫公諸成、散位阿比古道成らが秋原朝臣の氏姓を賜わった。我孫（我孫公）氏は『新撰姓氏録』未定雑姓、摂津国および和泉国に、豊城入彦命の男八綱多（田）命の後裔と伝えている。秋原の氏名は諸成らの居地であった河内国の地名にもとづくとみられる。（星野良史）

飽波　あくなみ　氏名はのちの大和国平群郡飽波郷（奈良県生駒郡安堵町）の地名にもとづく。『新撰姓氏録』右京諸蕃上の坂上大宿禰条の逸文（『坂上系図』阿智王条所引）には、大鷦鷯天皇（諡は仁徳）の代に渡来した多くの漢人村主の一氏としてみえる。姓は村主。一族の名は他の史料にみえない。『続日本紀』養老六年（七二二）三月辛亥条に飽波村主の管掌した飽波漢人伊太須の名がみえ、近江国人であり伊賀・伊勢の金作部、丹波・紀伊の韓鍛冶ら七十一戸とともに雑戸を免ぜられ公戸となったとある。無姓者として宝亀二年（七七一）三月十七日東大寺写経所の優婆塞として貢進された近江国犬上郡野波郷戸主飽波男成とその戸口飽波飯成（「凡海連豊成経師貢進文」）、天平宝字六年（七六二）「造石山院銭用帳」に使人としてみえる飽波主人などがいる。渡来系ではないが右の氏名を名のる氏族として、昭和五十一年（一九七六）正倉院所蔵の染織品のなかから発見された法隆寺系在銘幡である黄絁単身二重縁幡の残片に「阿久奈弥評君為父母作幡□」とみえ、また東京国立博物館所蔵の法隆寺伝来の平絹幡に「壬午年二月飽波書刀自入奉者田也」（壬午年は天武十一年〈六八二〉）と「飽波書刀自」の名がみえる。

【参考文献】関晃『帰化人』（日本歴史新書）、浅井和春「東京国立博物館保管上代裂の銘文について」（『MUSEUM』三九〇）、狩野久「額田部連と飽波評」（岸俊男教授退官記念会編『日本政治社会史研究』上所収）（前川）

浅井　あさい　近江国浅井郡（滋賀県東浅井郡・伊香郡西浅井町）の豪族か。姓は直。一族には『類聚国史』巻九十九、叙位四、弘仁十一年（八二〇）正月庚辰条にみえる浅井直年継、『三代実録』元慶三年（八七九）正月七日条にみえる浅井直筑紫雄がいる。年継はこのとき外正六位上から外従五位下に昇り、筑紫雄は左近衛将監で正六位上から外従五位下に進んだ。
（星野良史）

朝倉　あさくら　のちの上野国那波郡朝倉郷（群馬県前橋市朝倉町）の豪族。姓は君（公）で、上毛野君氏の一族と考えられる。大化二年（六四六）三月、前年に派遣された東国国司に対する二回目の功過評定の際、国司のひとり紀麻利耆拕臣は朝倉君・井上君の馬を見るために牽いてこさせ、また朝倉君に刀を作らせたりその弓・布を奪ったとして譴責を受けている。一方、朝倉君は天皇の命に従ったことを褒せられた（『日本書紀』）。『続日本紀』延暦六年（七八七）十二月庚辰条には、外正七位下朝倉公家長が陸奥国に軍粮を進めた功によって外従五位下を授けられたとある。同じく天平九年（七三七）二月戊午条ほかにみえる正七位上朝倉君時（外従五位下を経て、のちに外正五位下）、『万葉集』（巻二十―四四〇五）にみえる上野国人朝倉益人も、朝倉君氏の同族であろう。朝倉郷の地には七世紀中ごろの築造とされる二子山古墳があり、朝倉君氏との関連が考えられる。
【参考文献】井上光貞「大化改新と東国」（『日本古代国家の研究』所収）
（星野良史）

朝明　あさけ　朝気にも作る。渡来系氏族。姓は史。氏名はのちの伊勢国朝明郡（三重県四日市市・三重郡の一部）の地名にもとづく。『新撰姓氏録』未定雑姓、右京に「朝明史。高麗帯方国主氏韓法史之後也」とある。一族には天平十年（七三八）「周防国正税帳」にみえる大宰少典従七位上の朝明史老人、また同じころ経師であった朝明（朝気）史人君（人公）がいる。
（星野良史）

朝来　あさこ　『和名抄』但馬国朝来郡朝来郷（兵庫県朝来郡山東町の旧与布土集落）の地を本拠とした豪族。姓は直。火明（ほあかり）命を祖神とする。『新撰姓氏録』右京神別下に、朝来直は大炊刑部造と同じく、火明命の三（四か）世孫天礪目（あまとめ）の後とみえ、『先代旧事本紀』天孫本紀に火明命の四世孫天戸目命の孫「建田背命。……但馬国造等祖」とある。また『播磨国風土記』飾磨郡安相（あさこ）里条に、但馬国造阿胡尼命が同国朝来の一部の人を移住させて水田を耕作させたことが里名の起こりであるとみえる。これらの伝承は、その直姓とともに朝来氏がかつて但馬国造、あるいはその一族であったことを示すのであろう。一族には養老元年（七一七）正月に従六位上から従五位下に昇叙し、同五年正月に退朝後、首皇太子の宮に伺候を命じられた朝来直賀須夜がいる。賀須夜は優れた学者・文人と考えられるが、彼のほかの氏人の名は伝わらない。

〔星野良作〕

麻田　あさた　浅田にも作る。百済系渡来氏族。のちの摂津国豊島郡麻田村（大阪府豊中市麻田）の地名にもとづく氏名か。姓は連。麻田連氏の旧姓は答本（とうほん）で、神亀元年（七二四）五月、答本陽春が麻田連の氏姓を賜わった。『新撰姓氏録』右京諸蕃下に「麻田連。出㆑自㆓百済国朝鮮王淮㆒也」とあり、前記の陽春は百済滅亡直後に渡来したとみられる答㶱春初の子孫であろう。麻田連氏の一族には、大学寮関係の官職を歴任した麻田連真浄、典薬頭であった麻田狎賦らがいる。

〔星野良史〕

朝妻　あさつま　渡来系氏族。氏名は大和国葛上郡朝妻（奈良県御所市朝妻）の地名にもとづく。姓は造。『新撰姓氏録』大和国諸蕃に「朝妻造。出㆑自㆓韓国人都留使主㆒也」とあり、一族には神護景雲二年（七六八）十月に従五位下に叙せられた朝妻造綿売、承和元年（八三四）正月に外従五位下となった朝妻造清主がいる。ほかに無姓の朝妻氏として、天平勝宝二年（七五〇）ころ内匠寮の銅鉄工であった朝妻望万呂がおり、これも朝妻造氏の一族であろう。また「元興寺伽藍縁起并流記資財帳」に引く「塔露盤銘」には、推古天皇四年（五九六）に完成した飛鳥寺の塔の「作金人」であった阿沙都麻首未沙乃の名がみえる。これを朝妻造氏の祖先の一人とすれば、同氏の旧姓は首だったことになる。

〔星野良史〕

朝野　あさの　葛城襲津彦の後裔氏族。氏名の朝野は大和国の地名とみられるが未詳。姓は宿禰、のち朝臣を賜わる。朝野宿禰氏の旧氏姓は忍海原連。延暦十年（七九一）正月、忍海原連魚養らが居地の名をとって朝野宿禰の氏姓を賜わったが、そのときの奏言に「謹㆓検古牒㆒云。葛木襲津彦之第六子曰㆓熊道足禰㆒。是魚養等之祖也」とみえる。承和九年（八四二）十二月には参議従三位兼越中守勲六等朝野宿禰鹿取らが朝臣姓を賜わった。『新撰姓氏録』左京皇別下にみえる「葛城朝臣」はこの朝野宿禰（朝臣）氏の後身と考えられる。なお斉衡二年（八五五）八月には忍海上連浄永が朝野宿禰と改氏姓しており、上記の忍海原連とは若干系統を異にする朝野宿禰氏もあったことが知られる。

〔星野良史〕

朝原　あさはら　渡来系豪族秦氏の一族。『三代実録』元慶五年八月二十三日条にみえる山城国葛野郡の朝原山（京都府京都市北嵯峨朝原山）の地名による氏名か。姓は忌寸、のち宿禰。ほかに首姓の朝原氏もいた。忌寸・宿禰姓の朝原氏の旧氏姓は秦忌寸で、宝亀七年（七七六）十二月、山背国葛野郡の人秦忌寸箕造ら九十七人が朝原忌寸の氏姓を賜わり、弘仁二年（八一一）七月には正六位上朝原忌寸諸坂、大初位下朝原忌寸三上らが宿禰賜姓を受けている。また承和二年（八三五）十月に正六位上秦忌寸（欠名）、翌三年閏五月には右京少属秦忌寸安麻呂と造檀林寺使主の同姓家継、さらに同十五年三月には河内国河内郡の人、大初位下秦宿禰世智雄がそれぞれ朝原宿禰の氏姓を賜わった。首姓の朝原氏には天応元年（七八一）十月に無位から外従五位下に昇った朝原首真糸女がいるが、忌寸・宿禰姓の朝原氏との関係は明らかでない。（星野良史）

朝戸　あさべ　百済系渡来氏族。朝の地（未詳）において編戸されたことにもとづく氏名とみられる。『新撰姓氏録』未定雑姓、左京に「朝戸。百済国人智広使主朝戸之後也」とある。一族には天平八年（七三六）三月十二日付「岡本宅請経帳」ほかにみえる朝戸諸公（衆公）、天平勝宝二年（七五〇）八月二十八日付「造東大寺司解」にみえる朝戸小津がおり、また弘仁十年（八一九）十一月に没した僧慈宝は俗姓朝戸氏で、大和国平群郡の人であったという（『元亨釈書』一二）。なお『播磨国風土記』賀毛郡猪養野条には、仁徳朝に日向の肥人朝戸君が天照大神の坐す舟に猪を進上し、この地に放ち飼ったため猪飼野の地名がおこったという説話がある。この朝戸君は肥人とあるところからのちの肥後国益城郡麻部郷（熊本県上益城郡甲佐町）を本居とする氏族だったとみられるが、朝戸を「アサト」と読んでのちの薩摩国鹿児島郡安薩郷（鹿児島県、未詳）との関連を考える説もある。

【参考文献】岸俊男「日本における『戸』の源流」（『日本古代籍帳の研究』所収）、井上辰雄『隼人と大和政権』（星野良史）

朝宗　あさむね　出自未詳。姓は宿禰。一族には『続日本後紀』承和十二年（八四五）正月乙卯条にみえる朝宗宿禰厨子、『文徳実録』仁寿元年（八五一）十一月甲午条および同三年正月丁未条にみえる朝宗宿禰吉継らがいる。厨子は従八位下より外従五位下に叙せられ、吉継は正六位上から外従五位下となり、のちに下総介に任ぜられた。（星野良史）

安墀　あじ　渡来系豪族倭漢氏の一族。姓は宿禰。安墀宿爾の旧氏姓は槻本連で、『続日本後紀』承和四年（八三七）三月戊辰条に「右京人遣唐知乗船事槻本連良棟。民部少録同姓豊額等。賜二姓安墀宿禰一。其先。出レ自二後漢献帝後一也」とみえる。良棟は同六年八月に唐から帰国し（ここにも槻本連良棟とある）、嘉祥三年（八五〇）十一月に正六位上より外従五位下に叙せられた。また豊額は承和十五年正月正六位上より外従五位下に叙せられ、同月、越中介に任ぜられている。ほかに貞観四年（八六二）正月には右大史安墀宿禰雄継という者が外従五位下を授けられている。（星野良史）

葦占　あしうら　葦浦にも作る。和爾氏の一族。備後国葦田郡葦浦郷（広島県府中市協和）もしくは『日本書紀』安閑天皇二年五月甲寅条にみえる近江国葦浦屯倉（滋賀県草津市葦浦）の地名による氏名か。姓は臣。『新撰姓氏録』和泉国皇別に「葦占臣。大春日同祖。天足彦国押人命之後也」とある。一族には山背国宇治郡賀美郷の戸主であった葦占臣東人とその戸口の人主がおり、東人は天平十二年（七四〇）正月付「山城国宇治郡家地売買券」に相見聞保長とみえている。また無姓の葦浦氏には、宝亀三年（七七二）ころから東大寺写経所に経師として出仕していた葦浦（葦占）継手らがいる。（星野良史）

葦北　あしきた　のちの肥後国葦北郡葦北郷（熊本県葦北郡芦北町）の豪族。火葦北国造。姓は君。『日本書紀』敏達天皇十二年条に、任那復興を議するため百済から召還された達率（百済の官位で十六階の第二）日羅が、天皇に「於二檜隈宮御寓天皇之世一。我君大伴金村大連奉二為国家一使二於海表一火葦北国造刑部靫部阿利斯登之子」であると述べたとある。これによれば火葦北国造家は刑部靫部として大連大伴氏の配下に入り、日羅の父阿利斯登は宣化朝の朝鮮遠征軍に加わったことが知られる。日羅はその後、百済人徳爾らに殺害されたが、徳爾らの処刑は葦北君一族に委ねられ、また日羅の遺体は葦北の地に葬られたという。なお、火葦北国造については『先代旧事本紀』国造本紀に「葦分国造。纒向日代朝御代。吉備津彦命児三井根子命定二賜国造一」とみえる。

【参考文献】平野邦雄「九州における古代豪族と大陸」（福岡ユネスコ協会編『古代アジアと九州』所収）、鬼頭清明「日本民族の形成と国際的契機」（原秀三郎ほか編『大系日本国家史』一所収）（星野良史）

葦田　あしだ　のちの大和国葛下郡葦田（奈良県北葛城郡王寺町）の豪族か。姓は首および臣。『新撰姓氏録』未定雑姓、大和国に「葦田首。天麻比止津乃命之後也」とみえ、同じく河内国に「葦田臣。都早古乃命之後也」とある。首・臣姓の葦田氏の一族は他の史料にみえない。なお『古事記』履中天皇段には、葛城之曾都比古の子「葦田宿禰」の名がみえ、履中妃の黒比売命の父と伝えている。ただし『日本書紀』履中天皇巻では、黒媛（黒比売）の父を即位前紀では羽田矢代宿禰、元年七月壬子条では葦田宿禰と伝え、伝承に混乱がみられる。（星野良史）

味真　あじま　越前国今立郡味真郷（福井県武生市の東部、味真野一帯）の豪族。姓は公。一族には承和六年（八三九）四月、越前国から平安左京五条二坊に貫附された造兵司正正六位上の味真公御助麻呂がいる。御助麻呂は同九年正月に外従五位下に叙せられ、翌十年二月には越中守に任ぜられた。さらに貞観二年（八六〇）十一月には従五位下に昇っており、時に散位とある。（星野良史）

葦屋　あしや　氏名は摂津国菟原郡葦屋郷（兵庫県芦屋市）の地名にもとづき、葦屋漢人を管掌した渡来系氏族。姓は村主。『新撰姓氏録』和泉国諸蕃に「葦屋村主。出㆑自㆓百済意宝荷羅支王㆒」とある。一族には天平七年（七三五）「山背国綴喜郡計帳」にみえる葦屋主寸浄売、『続日本紀』天平神護元年（七六五）正月己亥条に外従五位上より従五位上に叙せられた葦屋村主刀自売がいた。葦屋村主が管掌した葦屋漢人は『新撰姓氏録』摂津国諸蕃に「葦屋漢人。石占忌寸同祖。阿智王之後也」とあるが、一族の名は他の史料にみえない。また摂津国には菟原郡葦屋郷を本拠とした葦屋倉人がいた。倉人はかつて朝廷の財政を司る倉に関係した官職名が姓化したものであり、その一族には内竪従八位上勲七等葦屋倉人嶋麻呂の名が、天平神護元年（七六五）五月九日付「検仲麻呂田村家物使請経文」にみえる。（前川）

飛鳥　あすか　のちの大和国高市郡飛鳥（奈良県高市郡明日香村）を本拠とした氏族か。皇別系の飛鳥君氏と神別系の飛鳥直氏がおり、史料には無姓の飛鳥氏もみえる。飛鳥君氏は『古事記』垂仁天皇段に大中津日子命（景行天皇の同母弟。父は垂仁天皇、母は氷羽州比売命）の後裔と伝え、また飛鳥直氏については『新撰姓氏録』大和国神別に「飛鳥直。天事代主命之後也」とあるのみでともに詳細は不明。無姓の飛鳥氏の一族には天平年間前後に経師であった飛鳥虎（刀良）・飛鳥稀万呂・飛鳥種麻呂がいる。ただし種麻呂は安宿種万呂にも作るので、渡来系の飛鳥戸（あすかべ）氏の人であったかもしれない。ほかに宝亀七年（七七六）正月に飛鳥真人御井という者が従五位下より従五位上に叙せられているが、これは天平宝字五年（七六一）ころの人である「飛鳥命婦」と同一人か。 〔星野良史〕

飛鳥戸 あすかべ　氏名は飛鳥部・安宿戸・安宿にも作り、のちの河内国飛鳥戸（安宿）郡（大阪府南河内郡の一部）の地名にもとづき、この地を本拠とした渡来系氏族。姓は公・造。本宗の公姓氏族に安宿公奈杼麻呂がおり、『万葉集』（巻二十―四四七二〜四四七三）に歌二首を載せる。奈杼麻呂は、飛鳥部奈止丸にも作り、桓武天皇に寵愛されて安世王（良岑朝臣安世）を生んだ百済宿禰永継の父。造姓の飛鳥戸は、『新撰姓氏録』右京諸蕃下に「飛鳥戸造。出レ自二百済国比有王一也」とみえ、同河内国諸蕃に「飛鳥戸造。出レ自二百済国主比有王男琨伎王一也」と「百済国末多王之後也」とを記す。一族は多く河内国飛鳥戸郡を本拠とするが、『三代実録』貞観五年（八六三）十月十一日庚午条にみえる飛鳥戸造有雄は隣郡の高安郡を居地としており、飛鳥戸造氏は隣郡の高安郡にも居住していた。『日本後紀』弘仁三年（八一二）正月辛未条には右京人正六位上飛鳥戸造善宗・河内国人正六位上飛鳥戸造名継は百済宿禰と賜姓されたが、これ以後、飛鳥戸造氏の一族は百済宿禰と賜姓され、『三代実録』貞観四年（八六二）七月二十八日乙未条には左京人飛鳥戸造弥道が、同貞観五年（八六三）十月十一日庚午条には四名の飛鳥戸造氏に百済宿禰賜姓の記事がみえる。また『続日本後紀』承和六年（八三九）十一月癸未条に「左京人正六位上御春宿禰春長等十一人。改二宿禰一賜二朝臣一是百済王之種。飛鳥戸等後也」とみえ、飛鳥戸造氏のなかには御春宿禰から御春朝臣と改氏姓した者もあった。無姓の飛鳥（安宿）戸（部）氏は武蔵・豊前に、造姓者は越中に居住していた。『延喜式』神名帳にみえる飛鳥戸神社（大阪府羽曳野市飛鳥）は氏神社で、元慶四年（八八〇）八月春秋祭祀の費として田一町を賜わった。

【参考文献】 岸俊男「日本における『戸』の源流」（『日本古代籍帳の研究』所収）、佐伯有清「古代史の魅力―飛鳥部奈止丸という男―」（『朝日ジャーナル』二一―四〇）、古田実「飛鳥戸神社」（谷川健一編『日本の神々』三所収） 〔前川〕

小豆 あずき　備前国児嶋郡小豆郷（香川県小豆郡小豆島）の豪族か。姓は首。『新撰姓氏録』未定雑姓、和泉国に「小豆首。呉国人、現養臣之後也」とある。首姓の小豆氏一族の人は他の史料にみえないが、天平宝字四年（七六〇）ころ東大寺写経所に出仕し西市にて雑物を購入している小豆公万呂は、この一族の人であろう。 〔大山〕

阿曇　あずみ　海部を管掌した伴造氏族。氏名は安曇とも記す。姓は初め連。天武天皇十三年（六八四）、本流の一族は宿禰姓を賜わった。発祥地は『和名抄』の筑前国糟屋郡志珂郷（福岡市東区志賀島）から阿曇郷（福岡県糟屋郡新宮町）にかけての一帯とみられ、志珂郷には底津綿津見神・仲津綿津見神・表津綿津見神の三神を祭る志賀海神社がある。摂津国西成郡には安曇江の地名がある（大阪市南区安堂寺町）が、阿曇氏は初め九州地方の海人の長であり、大和政権の支配下に編入された段階で、摂津の安曇江に拠点を移し、海部を統率する伴造の地位に就いたのであろう。阿曇氏の祖を、『古事記』は伊邪那伎神の日向での御祓の際に化生した右の綿津見三神の子宇都志日金拆命とし、『新撰姓氏録』は地祇系の海神綿積豊玉彦神の子穂高見命とする。氏名の阿曇の名義については諸説あるが、「海積（あまつみ）」の約と解するのが妥当であろう。『日本書紀』によれば、応神朝に阿曇連の祖の大浜宿禰が「海人之宰（みこともち）」となり、履中朝に住吉仲皇子の反乱に加わった阿曇連浜子が処罰されているが、その後しばらく姿を消し、推古朝以後再び氏人の活発な活動が記されるようになる。これを阿曇氏の長期的な勢力衰退とみる説があるが、むしろ応神紀や履中紀の所伝はこの氏の家記に発した所伝にすぎず、推古朝に近い時期に阿曇氏の政治的台頭を求めるべきであろう。七世紀代のこの氏は蘇我氏と親しく、議政官たる大夫を出す有力氏であったが、一方で比羅夫・頰垂ら大和政権の渉外・外征に重要な役割を果たした者がいる。これは阿曇氏が海部の貢納する海産物の管理の任に当たるとともに、海部を梶取（かじとり）・水手（かこ）とすることで、航海技術に秀で、水軍を率いることが可能であったことにもとづくと思われる。阿曇氏の台頭は、おそらくこの水軍力の掌握という点と無関係ではあるまい。この氏はまた海産物貢納の職務を通して、膳氏とともに御食の調理に従う膳職の伴造となり、令制下においても高橋氏（膳氏後裔）と並び、内膳司の長官たる内膳奉膳の地位に就くことが慣例となった。そのためやがて高橋氏と神事の際の行立の前後をめぐって争うようになったが、延暦十年（七九一）の新嘗の日の神事に、安曇宿禰継成が勅旨に背き、翌年佐渡に配流されて、この氏は内膳司の職を失った。阿曇氏の同族には凡海・阿曇犬養・海犬養・八木の諸氏があり、凡海氏は阿曇氏と同じく海部の伴造、阿曇犬養・海犬養の両氏は、阿曇氏・海部氏から犬養部の伴造に任ぜられた一族とみられる。阿曇氏の勢力分布は西国に偏り、大和政権の朝鮮出兵コースや海部の分布地域と重複する場合が少なくなく、この氏の性格をよく示している。東国では近江・信濃に勢力が及んでいるが、美濃や参河の厚見・渥美の郡名を阿曇氏の氏名と関連づけて、その進出を説く見解もある。なお阿曇氏配下の海人に「阿曇目」と呼ばれる黥面の風習の存したことが、『日本書紀』によって知られる。

【参考文献】　宮地直一『安曇族文化の信仰的象徴』、後藤四郎「大化前後における阿曇氏の活動」(『日本歴史』一二六)、同「内膳奉膳について」(『書陵部紀要』一一所収)、松原弘宣『日本古代水上交通史の研究』、佐伯有清『新撰姓氏録の研究』考証篇第三　(加藤)

阿曇犬養　あずみの いぬかい　阿曇氏の一族で、犬養(犬甘)部の伴造となった氏族。姓は連。同族に海犬養氏が存する。犬養部は犬を飼育して、屯倉の守衛、あるいは朝廷のクラ・宮城の諸門の守衛などに当たった部とみられ、『日本書紀』安閑天皇二年八月条に「詔して国々の犬養部を置く」とあり、六世紀前半の設置と思われる。『新撰姓氏録』は摂津国神別条に海神大和多羅(おおわたつみ)命の三世孫、穂己都久(ほこつく)命の後裔とする阿曇犬養連の名を掲げ、阿曇氏の畿内における拠点が摂津国西成郡阿曇江(大阪市南区安堂寺町)とみられるので、この氏もまたその近傍に居住したのであろう。しかし阿曇氏は本来九州の海人の長で、その発祥地は綿津見三神を祭る志賀海神社の所在地の筑前国糟屋郡志珂郷(福岡市東区志賀島)から阿曇郷(福岡県糟屋郡新宮町)の一帯と推測される。すると、犬養部の職掌と結びつけて、阿曇犬養氏も当初は六世紀前半に設置された糟屋屯倉や那珂郡の那津官家の守衛の任に当たった氏族とみることができる。昭和五十九年に発掘調査された「那津官家」の遺跡と推定される福岡市博多区博多駅南の比恵遺跡周辺に、「三宅田」「官田」と並び「犬飼」の小字名が存することは、これを傍証しよう。『和名抄』によれば、那珂郡には海部郷があり、同族の海犬養氏もまたこの地を拠点に、那津官家の守衛を職分としたと推察される。阿曇氏の中央進出に伴い、阿曇犬養・海犬養両氏も畿内に移住し、朝廷に出仕するようになって、その守衛職の範囲も拡大多様化したものであろう。阿曇犬養氏の氏人の名は史料にみえない。

【参考文献】　黛弘道「犬養氏および犬養部の研究」(『律令国家成立史の研究』所収)　(加藤)

足羽　あすわ　越前国足羽郡足羽郷(福井県福井市足羽)を拠点とした地方豪族。氏名を阿須波にも作る。出自は明らかでない。姓は臣。ほかに無姓の足羽氏がいる。足羽氏の氏名は郡名と一致し、阿須波臣真虫（天平三年〈七三一〉）、阿須波臣束麻呂（天平神護二年〈七六八〉）が同郡の少領であり、平安期にも天暦五年（九五一）の擬大領に足羽（欠名）二人があるから、足羽郡地方の伝統的名門であり、郡司譜第の家柄であったと思われる。ただ足羽郡には同郡の生江の地（福井市の旧社村地区）を拠点とした生江氏（臣）があり、奈良朝に大領の金弓・安麻呂・東人、少領国立を出し、足羽氏よりも優勢であった。生江氏は、『古事記』孝元天皇段の建（武）内宿禰後裔氏族二十七氏中にも名を連ね、奈良朝以前から足羽氏を上回る勢力を有したと推測されるが、一方座摩（いかすり）神五柱中の一神で、『古事記』にも名のみえる阿須波神の名義が、足羽地方の地名に由来し、座摩神五柱を主神とする当地の式内社足羽神社の祭祀が、足羽氏による阿須波神奉斎を本源的な形態としたとみることが許されるならば、氏名と郡名の一致という点と合わせて、足羽氏のほうがかつては生江氏よりも足羽郡で優位に立つ豪族であったとみることができよう。氏人は足羽郡のほか丹生郡・坂井郡にも分布し、女孺の足羽臣黒葛のように従五位下（宝亀八年〈七七七〉）に叙せられた者もいる。福井市の足羽山古墳群はこの氏の奥津城であろう。（加藤）

阿蘇　あそ　肥後国阿蘇郡を本拠とする氏族で、阿蘇国造を世襲し、同郡の阿蘇神社（建磐竜命神社・阿蘇比売神社・国造神社の総称）の祭祀に当たった。姓は君（公）。『古事記』神武天皇段に「神八井耳命者。……阿蘇君……等之祖也」とあるように、神武天皇皇子神八井耳命を祖とする。また、『先代旧事本紀』国造本紀には「阿蘇国造。瑞籬朝御世。火国造同祖。神八井耳命孫速瓶玉命。定賜国造」とある。同氏に関する系図として、『阿蘇家家系』『阿蘇三社大宮司系図』『阿蘇家略系譜』などが伝存するが、速瓶玉命十世孫の真里子以降に「真里子〈阿蘇評督〉—角足〈阿蘇評督。朱鳥二年二月為評督〉—平田麻呂〈阿蘇郡擬大領〉」とあるように、同氏は阿蘇郡の郡領家であった。平田麻呂の系統はのち阿蘇神社の神主家として続き、郡領は平田麻呂の弟阿伎良の系統に移る。ここに阿蘇氏は二流に分かれ、奈良時代初頭における阿蘇国造の政事と祭事の分化の過程をたどることができる。『政事要略』承平五年（九三五）六月十三日太政官符に讃岐国大内郡白鳥郷戸主阿蘇君豊成の戸口としてみえる阿蘇君広遠は、『類聚符宣抄』天暦三年（九四九）七月二十五日宣旨に「右大史阿蘇広遠」、『政事要略』天暦五年十月一日「考選公文」に「左大史正六位上阿蘇宿禰広遠」とあるから、阿蘇氏は承平から天暦の間に宿禰と改姓したことがわかる。この広遠は讃岐国に移住した阿蘇氏の一族であろう。「美濃国栗栖太里大宝二年戸籍」にみえる阿蘇君族刀自売は、美濃国に居住していた阿蘇氏の族姓をもつ者であろう。

【参考文献】田中卓「古代阿蘇氏の一考察」（『日本国家成立の研究』所収）〔高嶋〕

阿多　あた　薩摩国阿多郡（鹿児島県日置郡金峰町、加世田市）の豪族。姓は君。『日本書紀』神代下第十段本文に、阿多を吾田に作り「其火闌降命、即吾田君小橋等之本祖也」とあり、『古事記』神武天皇段には「坐日向時、娶阿多之小椅君妹、名阿比良比売」とみえる。『日本書紀』天武天皇十一年（六八二）七月壬辰条に「隼人多来、貢方物。是日、大隅隼人与阿多隼人相撲於朝廷」とみえ、このころにも多くの隼人が畿内に移住したと思われるが、阿多氏はこの阿多隼人の本宗氏族とも考えられる。畿内の阿多隼人の分布は山城国や近江国にみられるが、阿多氏については「山背国隼人計帳」に「阿多君吉売、年拾陸歳、小女」とみえるのみである。〔大山〕

直　あたい　氏名は姓の直にもとづく。紀伊国名草郡（和歌山県和歌山市・海南市）・壱岐嶋（長崎県壱岐郡）・対馬嶋（長崎県上県郡・下県郡）に分布する。紀伊の直氏は紀直氏と同族と思われる。一族の人に『続日本紀』宝亀八年（七七七）三月壬戌条にみえる直乙麻呂・直諸弟・直秋人らがおり、乙麻呂ら二十八人は紀神直、諸弟ら二十三人は紀名草直、秋人ら百九人は紀忌垣直の氏姓を賜わっている。壱岐嶋の直氏は壱岐直氏の同族と考えられ、一族に『続日本紀』宝亀三年（七七二）十二月壬子条の直玉主売、『三代実録』貞観九年（八六七）正月七日戊申条の直千世麿らがいる。対馬嶋の直氏は『新撰姓氏録』未定雑姓、摂津国にみえる津嶋直氏と同族であろう。一族の人に『文徳実録』天安元年（八五七）六月庚寅条にみえる下県郡擬大領の直浦主や『三代実録』天安二年（八五八）十二月八日乙未条にみえる上県郡の擬少領无位の直仁徳らがいる。〔大山〕

阿多隼人　あたのはやと　阿多の名はかつての吾田国（鹿児島県西部）、のちの薩摩国阿多郡阿多郷（鹿児島県日置郡阿多・加世田市一帯）の地名に因む。畿内に移住した一族もおり、『新撰姓氏録』山城国神別に「阿多隼人。富乃須佐利乃命之後也」とある。『日本書紀』天武天皇十一年（六八二）七月甲午条に、来貢した大隅隼人と阿多隼人とが朝廷で相撲をとったという記事を載せているが、隼人には定期的な朝貢が義務づけられており、しばしば饗宴が行なわれている。令制下では隼人司に属し、朝儀に吠声を発し、風俗の歌舞を奏するなどのことに従事した。阿多隼人の氏人に、山城国の阿多隼人逆足がおり、承和三年（八三六）六月に忌寸と改姓している。近江国にも同族が分布し、天平十四年（七四二）の「近江国滋賀郡古市郷計帳」に、戸主大友但波史某の戸口として寄口阿多隼人乙麻呂・東人・加都伎・刀自売の名がみえる。山城国にはまた阿多君の姓をもつ一族がいたが、これは阿多隼人の本宗家と考えられ、「山背国隼人計帳」に阿多君古売の名がみえる。その祖については、『日本書紀』神代下に「其火闌降命。即吾田君小橋等之本祖也」、『古事記』神武天皇段に「坐二日向一時、娶二阿多之小椅君妹、名阿比良比売一」とある。

【参考文献】井上辰雄「隼人と宮廷」（『古代の日本』三九州所収）、中村明蔵「大隅と阿多」（『隼人の研究』所収）〔高嶋〕

阿多御手犬養　あたのみて　いぬかい　犬養部の伴造となった隼人氏族。氏名の阿多はのちの薩摩国阿多郡（鹿児島県日置郡を中心とする一帯）の地名にもとづき、畿内移住後は大和国宇智郡阿陀郷（奈良県五條市阿田）を本拠としたのであろう。また御手は「天皇に直属する」の意か。『新撰姓氏録』右京神別下には「阿多御手犬養。同神（火闌降命）六世孫薩摩若相楽之後也」とあり、阿多隼人氏の同族とされる。阿多御手犬養氏は、これを統属すべき上級伴造をもたない特殊な下級伴造だったらしく、天皇に近侍して守衛に当たったと考えられる。

【参考文献】黛弘道「犬養氏および犬養部の研究」（『律令国家成立史の研究』所収）〔星野良史〕

安勅　あちき　応神朝に百済王の使者として渡来したと伝える阿直岐（阿知吉師）の後裔氏族。氏名を阿直岐・阿直にも作り、氏名と始祖名が一致するが、阿直（阿知）は東漢氏の始祖阿知使主の名に通じ、朝鮮の人名にもこれと共通するものが多い。おそらく安勅氏一族の族長に継承された通称が、一方で始祖伝承の形成に伴い始祖を表わす名となり、一方では氏名として定着したのであろう。姓は史。天武天皇十二年（六八三）に連姓を賜わったが、そのまま史姓に止まる者もあった。史の姓から窺えるように、この氏の職務は朝廷での文筆・記録に携わった史部（ふひとべ）であり、その始祖伝承が西文氏の始祖王仁の招聘と結びつくことから、西文氏のもとに配せられた史部であった可能性が強い。『新撰姓氏録』右京諸蕃下に「安勅連。出レ自二百済国魯王一也」とある。承和元年（八三四）には阿直史福吉ら三名が清根宿禰の氏姓を賜わった。（加藤）

厚見　あつみ　王仁後裔の西文氏系の氏族の一つ。氏名は河内国古市郡厚見荘（大阪府羽曳野市川向）の地名にもとづく。厚見連の旧氏姓は馬毗登（史）。『続日本紀』によれば、天平神護元年（七六五）九月に、古市郡人の馬毗登夷人、右京人の馬毗登中成らが厚見連の氏姓を賜わった。西文氏系の諸氏は古市郡を本拠とし、氏寺西琳寺を営んでいたが、馬毗登の場合も同様で、羽曳野市蔵之内に残る馬谷の地名は、この氏の居住と係わりがあろう。なお夷人らの厚見連賜姓四カ月後の天平神護元年十二月には、右京人馬毗登国人、古市郡人同益人ら四十四人が武生連の氏姓を賜わり、延暦十年（七九一）には武生連真象が文忌寸最弟らとともに宿禰に改姓しているので、武生氏の系統が馬毗登の本流で、厚見氏は傍流の立場にあったと思われる。夷人・中成ののち、厚見氏の氏人の名は史料に表われない。（加藤）

阿刀　あと　安斗・阿斗・安刀・安都・迹とも作る。物部氏の枝族。姓は宿禰・連。氏名は物部氏の本拠地でもある河内国渋河郡の跡部郷（大阪府八尾市植松町一帯）の地名にもとづく。阿刀宿禰氏は『新撰姓氏録』左京神別上に、石上朝臣と同祖で神饒速日命の後裔と説明されている。この阿刀氏の旧姓は連であったが、天武天皇十三年（六八四）十二月に宿禰姓を賜わっている。連姓時代の人として安斗連智徳・阿加布、阿斗連薬がおり、宿禰姓を賜わって以後の人として、阿刀宿禰智徳（安斗連智徳に同じ）・田主・与佐弥、安刀宿禰祐万呂、安都宿禰雄足・豊嶋らがいる。なお、玄昉の息の善珠の俗姓は安都宿禰といい（『扶桑略記』延暦十六年四月丙子条など）、阿刀宿禰大足は空海の舅であり（『続日本後紀』承和二年三月庚午条）、空海の母も阿刀氏と伝え（『御遺告』）、また竜蓋寺（岡寺）の開祖で玄昉・行基・良弁らの師に当たる法相宗の義淵の俗姓は阿刀氏とも伝えられており（『今昔物語集』巻十一―三十八）、阿刀氏と宗教界の結びつきは注目してよい。山城にも阿刀宿禰氏は居住しており（『新撰姓氏録』山城国神別）、平安遷都に当たり河内国の本拠地から移住してきたと考えられる。山城・摂津両国には連姓の阿刀氏が居住していた。迹連刀自売は山城国愛宕郡の人であり、阿刀連人万呂は同国相楽郡祝薗郷の郷長であった。その他、経師・校生・舎人として写疏所関係の仕事に携わっていた人として阿刀連月足・足嶋・宅足・酒主・満主・難毛売・乙麻呂などがいた。摂津国の阿刀連氏に関しては、『続日本後紀』承和十年（八四三）十二月戊午条に「摂津国豊嶋郡人左衛門府門部正八位上迹連継麻呂。式部位子従八位下勲八等迹連成人。武散位正六位上迹連浄足。式部位子少初位下迹連浄永等七十人。除二迹字一賜二阿刀連姓一。高祖従七位上阿刀連生羽也。祖父従七位上乙浄。天平年中誤以二迹一字一為レ姓矣。検二庚午年籍一。復二本姓一焉」とあり、摂津国豊嶋郡（大阪府豊能郡）を本拠としていたことが知られる。この阿刀連氏の同族に阿刀物部氏がおり、貞観六年（八六四）八月に良階宿禰姓を賜わっている。また、摂津国には阿刀氏の部曲であったことにもとづく阿刀部（阿斗部）氏がおり（『新撰姓氏録』未定雑姓、摂津国）、その氏族は伊勢・美濃などの諸国に分布していた。河内から山城に移住した阿刀氏の氏神社と考えられる神社に『延喜式』神名帳に掲載されている阿刀神社（京都市右京区嵯峨広沢南野町）がある。『日本後紀』延暦二十三年二月庚戌条に、阿刀・石上両氏の祖神を祀る大和国石上社の器杖を山城国葛野郡に遷座したことがみえるが、その社は阿刀神社の西北、油掛地蔵の北（嵯峨新宮町）に明治維新まであった小祠、新宮の社であると伝える。

【参考文献】佐伯有清『新撰姓氏録の研究』考証篇第三・四・六　（追塩）

阿刀部　あとべ　阿斗部にも作る。阿刀部の氏名は、阿刀氏の部民であったことにもとづく。阿刀部（阿斗部）を氏名とする氏族は諸国に分布しており、摂津国の阿刀部氏は、『新撰姓氏録』未定雑姓、摂津国に「阿刀部。山都多祁流比女命四世孫毛能志乃和気命之後也」とある。伊勢国には、川曲郡中止里の人に阿斗部小殿万呂・阿斗部□万呂（『平城宮発掘調査出土木簡概報』八―四）がおり、美濃国には、肩県郡肩々里の人に阿刀部麻呂・阿刀部安倍（大宝二年「御野国肩県郡肩々里戸籍」）、山方郡三井田里の人に阿刀部安豆・阿斗部古都売（同「山方郡三井田里戸籍」）、加毛郡半布里の人に阿刀部井手売・阿刀部弥奈利売・阿刀部加比売（同「加毛郡半布里戸籍」）がいた。なお『和名抄』には、河内国渋川郡・伊勢国安濃郡・美濃国武芸郡・信濃国小県郡・豊後国大分郡に跡部郷の名がみえ、武蔵国入間郡に安刀郷、美濃国本巣郡に安堵郷の名がみえる。　（篠川）

穴　あな　氏名は備後国葦田郡屋穴国郷（所在地未詳）の穴にもとづくか。姓は君。『日本霊異記』下巻第二十七話には、この地に住む穴君秋丸は、宝亀八年（七七七）十二月朔の穴君弟公とともに深津市に向かう途中、竹原に泊って弟公を殺し、所持品を奪い馬は讃岐の人に売って平然としていた賊盗であったが、翌年同郡大山里の品知牧人は弟公の霊の告によって、秋丸の悪事を発覚させたという話がみえる。〔前川〕

安那　あな　氏名の安那は穴にも作り、『日本書紀』景行天皇二十七年十二月にみえる吉備「穴海」、同二十八年二月乙丑朔条の「吉備穴済神」、同安閑天皇二年五月甲寅条の「婀娜国、のちの備後国安那郡（広島県深安郡・福山市一帯）の地名にもとづき、この地が本貫。『新撰姓氏録』右京皇別下に、安那公は「同上」（天足彦国押人命三世孫彦国葺命之後也）とみえ、『先代旧事本紀』国造本紀には彦国葺命の後裔という安那公氏の祖は吉備穴国造とある。一族には『日本霊異記』下巻第二十七話の穴君弟公・同秋丸のほか『続日本紀』天応元年（七八一）三月庚申朔条の安那公御室がおり、姓は公（君）。『三代実録』貞観十四年（八七二）八月八日丙午条に無姓の安那豊吉売の名がみえる。『古事記』孝昭天皇段に「天押帯日子命者、〈春日臣、……阿那臣……之祖也。〉」とあり、平城宮出土木簡に穴臣石弓・穴臣百嶋などの付札がみられ、阿（安）那氏には臣姓もいた。〔前川〕

穴師神主　あなしの　かんぬし　古佐麻豆智命の後裔氏族。穴師は大和国城上郡の地名。『日本書紀』垂仁天皇二十五年条に穴磯邑（奈良県桜井市纒向町穴師）とある。穴師神主は同地の相嘗祭班幣社穴師坐兵主神社の神主家で、「神主」は職名が姓に転化した例。『令集解』神祇令相嘗祭条の令釈に「穴師〈神主〉……已上神主等。請受官幣帛祭」とあるが、注記の「神主」は穴師神主の略名とみられる。『新撰姓氏録』和泉国神別に「穴師神主。天富貴命五世孫。古佐麻豆智命之後也」、また『斎部宿禰本系帳』に「古佐麻豆知命。此者泉穴師神主祖也」とあるように、和泉国にも同氏が存在していた。これは和泉国和泉郡にある泉穴師神社（大阪府泉大津市穴師町）の神主家で、大和の穴師神主の一族であろう。神主姓以外の穴師氏に『拾芥抄』にみえる穴師使主や、無姓の穴師氏がいる。『日本書紀』垂仁天皇三十九年十月条に五十瓊敷皇子が賜わった「十箇品部」の一つとして大穴磯部がみえるが、大和穴師神社の部民か。

【参考文献】高嶋弘志「神祇令集解相嘗祭条の検討」（『続日本紀研究』二三四）〔高嶋〕

穴門　あなと　氏名は穴戸とも書き、のちの長門国西南部の古地名にもとづく。『古事記』仲哀天皇段に「穴門之豊浦宮」、『日本書紀』神功皇后摂政元年二月条に

「穴門豊浦宮」、欽明天皇二十二年（五六一）是歳条に「穴門」「穴門館」、白雉元年（六五〇）年二月戊寅条に「穴戸国司」などとみえる。また『先代旧事本紀』国造本紀に穴門国造とみえ、『日本書紀』仲哀天皇八年九月己卯条に「穴門直践立」とあって、姓は直。践立は『日本書紀』仲哀天皇八年条によれば、筑紫征討に向かう天皇に水田を献じ、また同神功皇后摂政前紀・仲哀天皇九年十二月辛亥条には、皇后の新羅征討において神主となり、軍神の荒魂を穴門山田邑に祠をたてて祭祀した伝承を記す。前掲の白雉元年二月条にみえる献上の白雉を獲えた「国造首之同族贄」も、穴門直氏の一族とみられる。（前川）

穴太　あなほ　近江国滋賀郡穴太村に居住した倭漢氏系の渡来氏族で、姓は村主。『新撰姓氏録』未定雑姓、右京の部に「志賀穴太村主。後漢孝献帝男。美波夜王之後也」とみえる。同書の未定雑姓、山城国の部に「穴太村主。曹氏宝徳公之後也」とあるのは、近江の穴太氏の一族であろう。『続日本紀』延暦六年（七八七）七月条に「坂田郡人大初位下穴太村主真広等、並改二本姓一賜二志賀忌寸一」、同十八年三月条に「近江国浅井郡人従七位下穴太村主真杖、賜二姓志賀忌寸一」とあり、氏人のなかには志賀忌寸に改姓する者があった。『朝野群載』や『続左丞抄』などに引く太政官符に「正六位上行右少史穴太宿禰」の署名があるので、平安中期には宿禰に改姓したものと思われる。『令集解』に引かれる「穴記」の作者は穴太氏の一族の人物とみられ、穴太内人に比定する説が有力である。近江国には他に穴太曰佐・穴太史を称する氏族がいるが、これらはともに穴太村主の一族で、曰佐（訳語）や史の職にあったものであろう。『竹生島縁起』には「人皇第十三代稚足彦尊（成務天皇）御宇、件神現二島乾一……乃有二穴太古麻呂一、造二酒大瓶一載レ舟過レ海時、件神従レ空取二彼瓶一……故穴太氏為二祝部一、累代奉仕之」とあり、『三代実録』貞観五年（八六三）三月条に近江国坂田郡の穴太氏と息長坂田酒人の両氏に譜図帳の提出が命じられているが、この穴太氏と穴太村主との関係は定かではない。（高嶋）

孔王部　あなほべ　安康天皇（穴穂天皇・宮は石上穴穂宮）の名代とその伴造氏族。穴穂部・穴太部とも書く。『日本書紀』雄略天皇十九年三月戊寅条に「詔置二穴穂部一」と設置記事がある。姓は造であったが、天武天皇十二年（六八三）九月に連となる。養老五年（七二一）の「下総国葛飾郡大島郷戸籍」（『正倉院文書』）には、郷長の孔王部志己夫・里正孔王部荒馬をはじめ五百四十六人の孔王部氏が記載されており、甲和里の戸主・房戸主は三例を除いてすべて孔王部氏である。名代の設置状況を知る上で重要な史料である。下総国にはこれ以外にも、穴太部阿古売（『続日本紀』天平勝宝四年〈七五二〉）、葛飾郡に孔王部美努久咩（同天応元年〈七八一〉）、猨嶋郡主帳の孔王部山麻呂（同延暦九年〈七九〇〉）などがいる。『新撰姓氏録』未定雑姓、河内国に「孔王部首。穴穂天皇諡安康。之後也」とあり、河内国に首姓の伴造氏族がいたのがわかるほか、平城京右京に穴太部大宅（『正倉院文書』天平五年〈七三三〉）がおり、また造東大寺司の経師などになっていた者もあったことが知られる。河内国では若江郡穴太邑（現在の大阪府八尾市穴太）が、その居地であったとみられる。これ以外にも近江国甲可郡に穴太史、同坂田郡に穴太村主がおり、『和名抄』（高山寺本）には同国内に「穴太駅」がある。近年滋賀県大津市坂本町穴太で、七世紀代に創建された大規模な寺院跡が調査されている。

【参考文献】直木孝次郎「部民制の一考察―下総国大島郷孔王部を中心として―」（『日本古代国家の構造』所収）（前沢）

安努　あぬ　氏名は阿努にも作り、のちの越中国射水郡阿努郷（『和名抄』、富山県射水郡）の地名にもとづく。姓は君。一族には『万葉集』巻十九―四二五一に、天平勝宝三年（七五一）八月越中国司大伴家持は少納言となり、大帳使として早朝上道するとき、国司の次官以下諸僚らが見送り、このなかに門前の林中で饗餞の宴を設けた射水郡大領安努君広島がいた。また天平宝字三年（七五九）十一月の東大寺領射水郡鳴戸野開田地図に、射水郡古江郷戸阿努君具足の名がみえる。

【参考文献】米沢康『越中古代史の研究』（前川）

安濃　あの　氏名はのちの伊勢国安濃郡（『和名抄』、三重県安芸郡安濃町）の地名にもとづく。『三代実録』貞観四年（八六二）七月二十八日乙未条に「伊勢国安濃郡人右弁官史生正七位上爪工仲業賜㆓姓安濃宿禰㆒。神魂命之後也」とみえ、もと爪工連氏（『新撰姓氏録』和泉国神別）の同族で安濃宿禰と改氏姓された。（前川）

網引　あびき　氏名の根拠は未詳。姓は公。『続日本紀』神護景雲二年（七六八）二月壬辰条に、備後国葦田郡人網引公金村の名がみえる。金村は年八歳にして父を喪い、ついで母の艱に当たって追遠の念が深かったので、その孝節をほめ爵二級を賜い、その田租を免ぜられた。（前川）

我孫　あびこ　朝廷内部に関係する職掌および朝廷と特

別な関係にある地方官の名称に由来する氏族。阿比古・阿弭古・吾孫とも書く。『新撰姓氏録』の摂津国神別に「我孫。大己貴命孫天八現津彦命之後也」、未定雑姓、摂津国には「我孫。豊城入彦命男八綱多命之後也」、同和泉国には「我孫公。豊城入彦命男倭日向健日向八綱田命之後也」とあり、畿内には大己貴命系と崇神天皇の皇子である豊城入彦命系がいた。後者は上毛野氏を中核とする同祖関係氏族群の一つであり、摂津国には韓矢田部造・車持公、和泉国には佐代公・珍県主・登美首・葛原部・茨木造・丹比部・軽部らの関連氏族があった。このうち、登美首・軽部氏は八綱田命の後裔とされる。我孫氏の分布は、阿比古汗志売（大宝二年〈七〇二〉「御野国各牟郡中里戸籍」）・阿比古麻呂（同「御野国肩県郡肩々里戸籍」）・吾孫石村（天平神護二年〈七六六〉十月二十一日「越前国司解」坂井郡）・吾孫人主（天平十年〈七三八〉十二月「写経司啓」）などがみられる。公姓の者に天平十二年（七四〇）十一月に「遠江国浜名郡輸租帳」を注進した同国少目の我孫君嶋道、河内国人で同姓阿比古道成らとともに秋原朝臣に改賜姓された我孫公諸成（『続日本後紀』承和三年〈八三六〉十一月壬辰条）がいるほか、阿比古部塩売（大宝二年「御野国各牟郡中里戸籍」）のように部姓の者、依羅我孫・山部阿弭古など地名を冠する者も知られる。畿内とその周辺に分布がみられる。

【参考文献】直木孝次郎「阿比古考」（『日本古代国家の構造』所収）〔前沢〕

阿倍　あべ　大彦命後裔氏族中の最有力氏。建沼河別命（大彦命の子）を祖とし、氏名を安倍にも作る。本拠地は大和国十市郡安倍（奈良県桜井市阿部）。姓は初め臣、天武天皇十三年（六八四）の八色の姓制定に際し朝臣を賜わる。崇神朝に四道将軍として大彦命を北陸（高志道）へ、建沼河別命を東海（東方十二道）へ派遣したとの伝承が『古事記』『日本書紀』にみえるが、阿倍氏の管掌した丈部（はせっかべ）の分布が広く東国・北陸にみられ、同族の膳・阿閉・宍人等諸氏の勢力もこの地方に及んでいるので、大和政権の東国・北陸経営に、阿倍氏を中心とする大彦命後裔氏が深く関与していた事実が推察される。ただその時期は阿倍氏や膳氏が台頭する六世紀以降であろう。阿倍氏は同族の膳氏や宍人氏同様に臣姓ではあるが、伴造としての体質をもつ。阿倍氏管掌下の丈部は令制使部（しぶ）ないし駈使丁（くしちょう）の前身とみられるもので、それを率いる阿倍氏が大王近侍的な性格をもつ氏族であったことが知られるが、膳・宍人両氏が大王の食膳・調理を担当した伴造であること、阿倍氏の複姓に内廷との係わりを示す「阿倍内臣」が存すること、大嘗会の儀式でこの氏が重要な役割を果たし、それが大化前代からの伝統にもとづくとみられることなどを総合すると、この氏は宮廷儀礼を主導し、とくに御酒・御饌などの供進を統轄する立場にあったと推察され、阿倍の氏名も「饗（アエ）」に由来する可能性がある。阿倍氏は軍事・外交面でも活躍しており、対蝦夷・対朝鮮の軍事行動に従事した武将に、欽明朝の阿倍臣（欠名）、斉明・天智朝の阿倍引田臣比羅夫、奈良朝の阿倍朝臣駿河・同家麻呂らがあり、遣外使節に任ぜられた者や外交使節の接待に当たった者も存在する。海外交渉を家職とした渡来系の吉士集団が、大彦命の後裔と称し、大嘗会における吉士舞で、阿倍氏が吉士系諸氏を率いてこれを奏したのも、阿倍氏のかかる伝統的職務に負うものである。『日本書紀』には宣化元年、阿倍臣大麻呂を大夫（まえつきみ）に任じたとあり、このとき大臣に初任された蘇我氏とともに六世紀前半に急速に政界に進出したものとみられる。その後も目（敏達朝）、人（用明・崇峻朝）、鳥（推古朝）、摩侶（推古～皇極朝）と継続的に大夫を輩出し、しかも宣化紀元年条や舒明即位前紀の記事を参照すると、この氏は複数の氏から選任される大夫の筆頭的地位を占めていたらしい。蘇我大臣家滅亡後の大化の新政府で阿倍倉梯麻呂（摩侶）が左大臣の要職に就任したのも、大化前代のこの高い政治的地位によるものと思われる。阿倍氏は大化期のころまでに、阿倍内・阿倍引田・阿倍布勢（普勢）・阿倍久努・阿倍狛・阿倍渠曾倍ら複姓を名のるいくつかの系統の枝氏に分裂しており、このうち鳥―倉梯麻呂の阿倍内臣の系統が本宗の地位を占めていたが、阿倍内臣断絶後は、阿倍引田・阿倍布勢の二氏を中心に、複姓諸氏によって連合的に阿倍氏の同族団が構成され、天武天皇十三年（六八四）の朝臣賜姓もこの同族団を対象とするものであった。阿倍氏の氏上の地位も引田系と布勢系に交互に継承され、この両氏の間には対立も存在したらしいが、奈良朝初期までに氏上とその近親、および他の複姓氏の有力者が単姓の阿倍朝臣に復帰し、氏族組織の再編が図られた。七世紀後半から八世紀にかけて比羅夫（大錦上・筑紫大宰帥）、御主人（従二位右大臣）、宿奈麻呂（正三位大納言）、広庭（従三位中納言）らの高官が出たが、奈良時代中期以降は断続的に議政官に登用される者が存したものの、政界での地位は衰退の一途をたどった。

【参考文献】大塚徳郎「阿倍氏について」（『続日本紀研究』三―一〇・一一）、

志田諄一『古代氏族の性格と伝承』、加藤謙吉『大和政権と古代氏族』　（加藤）

安倍　あべ　㈠大彦命後裔の中央豪族阿倍（安倍）氏に対し、奈良朝後期以降、賜姓によって阿倍（安倍）のウジを名のった陸奥の在地土豪。賜姓の対象となったのは、白河・磐城・磐瀬・安積・標葉・会津・信夫・伊具・柴田・色麻・賀美の陸奥南半諸郡の郡領級有力者で、賜姓は神護景雲三年（七六九）、宝亀三年（七七二）、承和七年（八四〇）、同十一年、同十五年、貞観十二年（八七〇）の六度にわたり、阿倍陸奥臣・阿倍安積臣・阿倍信夫臣・安倍柴田臣・阿倍会津臣・阿倍磐城臣の複姓が与えられている。旧氏姓は丈部・大田部・矢田部・丈部臣・丈部直・陸奥・陸奥臣・陸奥標葉臣・奈須直・磐城臣で、丈部がもっとも多く、初期の賜姓は部姓者に限定される。複姓下半部の氏名は、居住地に因むものが少なくない。阿倍氏はかつて丈部を管掌した伴造中の一氏であったから、右の賜姓は大化前代から存在した阿倍氏と陸奥南半部の土豪層の、部民制的支配関係を基礎として、辺境豪族の中央貴姓化がすすめられた事実を意味しよう。中央の貴族社会ではすでに複姓はその実態を失っており、複姓賜姓は、賜姓者の姓が朝臣ではなく臣であることから、中央阿倍氏との間に賜姓によって同族的結合関係が生ずることはなかったとみてよい。前九年の役の奥六郡の俘囚長安倍頼時の一族は、複姓賜姓者の子孫である可能性があるが、頼時の裔と称する安藤氏や藤崎氏の系図が、頼時らの安倍氏を中央阿倍氏の分かれとすることは、複姓賜姓者の間に、家系を中央阿倍氏の系譜に結びつける傾向があったことを示唆する。㈡平安中期の天文博士安倍晴明を始祖とする陰陽家。姓は朝臣。暦道の賀茂氏に対し、天文道を世襲し、この二氏で陰陽道を分掌した。『尊卑分脈』『安倍氏系図』などでは晴明を布勢（ふせ）氏系の阿倍朝臣御主人の子孫とし、御主人—広庭—嶋丸—粳虫—道守—兄雄—春材（春村）—益材（益村）—晴明と系譜をつなぐが、春材・益材の名は他にみえず、兄雄（没年は大同三年〈八〇八〉）と晴明（生年は延喜二十一年〈九二一〉）の間を、春材・益材の二代とするには、年に開きがありすぎる。また嶋丸と粳虫を父子とみることにも問題があろう。安倍晴明の出生に関しては、讃岐出身説など後世さまざまの異説があり、この氏は布勢氏系阿倍氏とも本来、別系の一族とみたほうが妥当である。

【参考文献】高橋富雄『古代蝦夷』（加藤）

英保　あほ　播磨国餝磨郡英保郷（兵庫県姫路市阿保）の

豪族か。姓は首。一族には宝亀二年（七七一）十月に西大寺の兜率天堂を設け造ったことにより正六位上から外従五位下に昇った英保首代作がいる。代作は翌年四月に周防員外掾となり、同五年（七七四）九月に修理次官に任ぜられている。なお英保郷の地については『播磨国風土記』餝磨郡英保里条に、伊予国英保村の人が来て居住したので英保村と名づけたとみえる。（佐伯）

阿保　あほ　垂仁天皇の後裔氏族。姓は阿保君（公）から建部君、ついで建部朝臣、さらに阿保朝臣へと改姓を重ねている。延暦三年（七八四）十一月に建部朝臣から阿保朝臣を賜わったときの建部朝臣人上の奏言によると、建部氏の祖は息速別皇子であるが、その皇子の四世孫須祢都斗王が允恭天皇の代に阿保君の姓を賜わり、須祢都斗王の子意保賀斯は武芸に秀でたため雄略天皇のときに建部君の姓を賜わったことが知られる。建部朝臣姓は淳仁天皇が廃された天平宝字八年（七六四）十月に建部君人上ら十五人が賜わっている。『新撰姓氏録』右京皇別下に「阿保朝臣。垂仁天皇皇子息速別命之後也。息速別命幼弱之時。天皇為二皇子一。築二宮室於伊賀国阿保村一。以為二封邑一。子孫因レ家之焉。允恭天皇御代。以二居地名一。賜二阿保君姓一。廃帝天平宝字八年。改レ公賜二朝臣姓一。」とみえる。阿保の氏名は伊賀国阿保村、のちの伊賀国伊賀郡阿保郷（三重県名賀郡青山町阿保一帯）の地名にもとづく。建部君時代の一族として建部公人上・建部君豊足・建部公文万呂などがいる。豊足・文万呂は犬上朝臣氏と同祖の建部君氏の可能性もあるので、のちに阿保朝臣になる建部君氏の同族であるとは断言できない。阿保朝臣氏の一族には阿保朝臣人上のほか、広成・氏丸・永善・今雄らがいる。人上は阿保朝臣姓を賜わった天平宝字八年の十月に、藤原仲麻呂の乱の功績により正六位上より外従五位下に叙せられている。今雄は『三代実録』貞観十七年十二月二十七日丙子条に「左京人右大史正六位上兼行竿博士小槻山公今雄。主計竿師大初位下小槻山公有緒。近江国栗本郡人前伊豆権目正六位上小槻山公良真等。並賜二姓阿保朝臣一。息速別命之後也」とあって、旧姓が小槻山公であった氏族である。『三代実録』の原本は「息速別命」ではなく意知別命（落別王、祖別命）である「意別命」となっていたらしい。そうであれば小槻山公から阿保朝臣となった氏族は息速別命の後裔と称する阿保朝臣氏とは別系になる。阿保村の西部に明治九年（一八七六）に息速別命の陵墓と治定された径三五メートルの古墳があるが、定かなことは不明である。同村にある『延喜式』神名帳にも記載されている大村神社の祭神は大村神・武甕槌神などであるが、本来の祭神は息速別命であったとも考えられている。

【参考文献】佐伯有清『新撰姓氏録の研究』考証篇第二　〔追塩〕

安幕　あまか　『日本書紀』崇峻天皇即位前紀に、物部守屋大連の資人捕鳥部万が大連の滅びるを聞き、騎馬で向かったという茅渟県有真香邑がみえ、同紀には「万族雙二起墓於有真香邑一、葬二万与一犬焉」とあるが、安幕の氏名はこの邑名にもとづき、有真香邑は『延喜式』神名帳の和泉国和泉郡にみえる阿理莫神社の鎮座地（大阪府貝塚市久保）である。『新撰姓氏録』和泉国神別に「安幕首。同神〈饒速日命〉七世孫十千尼大連之後也」とみえ、姓は首。一族の名は他の史料にみえない。〔前川〕

天語　あまかたり　天語とは宮廷祭儀の新嘗祭・大嘗祭などで歌われた儀礼歌で、伴造の天語連に率いられた天語部が奏上した。歌は天皇への讃辞を表し、臣従を誓う内容で、「事の語言も是をば」の句を末尾にもち、『古事記』雄略天皇段に伊勢国三重采女、大后、天皇の三者が歌う例がある。天語連については、『新撰姓氏録』右京神別に「天語連。県犬養宿禰同祖。神魂命七世孫。天日鷲命之後也」とあるが、氏人はみえない。このように古詞を語り伝える氏族には、他に海語連（部）や語連（部）があるが、これらとの関係も明らかではない。〔高嶋〕

海犬養　あまのいぬかい　海犬甘にも作る。
海部の一部を割いて設置された犬養部の伴造氏族。姓は初め連、天武天皇十三年（六八四）に宿禰を賜わった。ほかに無姓の海犬養氏もいる。『新撰姓氏録』右京神別下に「海犬養。海神綿積命之後也」とみえ、安曇（あずみ）連（宿禰）氏と同族関係にあることが知られる。おそらく海部を割いて犬養部が設置されたとき、海（海部）氏を統属していた安曇氏の一族をその伴造としたのであろう。海犬養氏の本拠地の一つにのちの筑前国那珂郡海部郷（福岡市犬飼）があり、この地が那津官家（のちの那珂郡三宅郷、現・福岡市三宅）に隣接することから、同氏は屯倉の守衛に当たっていたとみられる。また宮城十二門の一つに「海犬養門」があり（初見は『続日本紀』大宝二年六月甲子条にみえる藤原宮の海犬養門）、この氏が宮城門を守衛する門部の負名氏であったことを示している。連・宿禰姓の海犬養氏には乙巳の変（六四五年）に際して蘇我入鹿暗殺に加わった海犬養連勝麻呂、天平六年（七三四）詔に応じて「御民われ生ける験あり天地の栄ゆる時に遇へらく思へば」（『万葉集』巻六―九九六）の歌を作った海犬養宿禰岡麿、天平十二年の藤原広嗣の乱に征討軍の軍曹として出陣した海犬養宿禰五百依らがいる。右のうち五百依は天平勝宝三年（七五一）十一月十一日付「東大寺牒」に右大臣橘諸兄家の家令で正六位上勲十二等とみえ、のち摂津大進・右京少進となった。また天武天皇十三年以後も連姓であった者に、天平年間に経師であった海犬甘連広足（左京六条二坊の戸主海犬甘連万呂の戸口）、神護景雲二年（七六八）東大寺写経所廻使となった海犬甘連広主らがいる。さらに無姓の海犬養氏には天平八年七月二十九日付「内侍所牒」にみえる海犬養豊島、同九年「河内国大税負死亡人帳」にみえる同国の戸主海犬養麻呂らがおり、これら無姓の海犬養氏の祖先は海犬養連の下で犬養部の統括に当たった下級伴造であったと考えられる。

【参考文献】黛弘道「犬養氏および犬養部の研究」（『律令国家成立史の研究』所収）、佐伯有清「宮城十二門号と古代天皇近侍氏族」（『新撰姓氏録の研究』研究篇所収）　（星野良史）

海部　あまべ　海・海人部とも書く。海部の氏名は海産物を貢納したり航海に従事した海部の部民名や、その伴造氏族だったことにもとづく。姓は直が多いが、連・臣・首・公姓もみられる。『日本書紀』応神天皇三年十月条に阿曇連の祖である大浜宿禰が海人の宰になったとあり、同五年八月庚寅条には「令二諸国一、定二海人及山守部一」とみえる。また『古事記』応神天皇段には「此之御世、定二賜海部、山部、山守部、伊勢部一也」とある。海部氏は遠江（静岡県）以西に広く分布がみられる。遠江国には『伊場遺跡出土木簡』にみえる海部曾□がいる。尾張国（愛知県）には天平勝宝二年（七五〇）四月六日付仕丁送文にみえる海連津守・海連馬手らがいる。越前国（福井県）には天平三年（七三一）「越前国正税帳」に、坂井郡少領として海直大食の名がみえる。因幡国（鳥取県）には養老五年（七二一）類載「因幡国戸籍」に海部牛麻呂をはじめ多数の海部氏の名が記されている。出雲国（島根県）では天平五年二月三十日の『出雲国風土記』に意宇郡主帳として海臣の氏姓がみえる。また天平十一年「出雲国大税賑給歴名帳」には出雲郡漆沼郷深江里の戸主海部首目列をはじめ、首姓・無姓の海部氏の名が多くみえる。隠岐国（島根県隠岐郡）には天平元年「隠岐国正税帳」に海部郡の少領として外従八位上・勲十二等の海部直大伴がおり、天平五年「隠岐国正税帳」には智夫郡の大領として、外正八位上・勲十二等の海部諸石がみえる。

吉備国（岡山県）には大化前代に吉備海部直氏がおり、『日本書紀』雄略天皇七年是歳条、敏達天皇二年五月戊辰条、敏達天皇十二年七月丁酉朔条によると、この氏族は外交関係で活躍している。紀伊国（和歌山県）には『続日本紀』神亀元年（七二四）十月壬寅条に、名草郡の少領として海部直土形の名がみえる。また平城宮出土木簡には海部氏の名が多くみうけられる。阿波国（徳島県）には延喜二年（九〇二）の「阿波国板野郡田上郷戸籍」に海部氏の名が多く記載されている。豊後国（大分県）には『続日本紀』延暦四年（七八五）正月癸亥条に海部郡の大領として外正六位上海部公常山の名がみえる。また同国の某郡某郷には大宝ごろの「豊後国戸籍」によると海部君族平婆売という族姓の海部君氏もいた。丹後国には天平十年「但馬国正税帳」によると、与謝郡大領として海直忍立がいる。この一族と思われる者に『丹後国与謝郡籠神社海部系図』にみえる海部直氏がいる。この氏族は祝として歴代籠神社に奉仕している。以上の諸国のほかに、参河国（愛知県）・若狭国（福井県）・越中国（富山県）・播磨国（兵庫県）・但馬国（兵庫県）・備前国（岡山県）・長門国（山口県）・豊前国（福岡県）・肥前国（佐賀・長崎県）などに海・海部を名のる氏族は分布している。

【参考文献】黛弘道「海人族と神武東征物語」（『律令国家成立史の研究』所収）、後藤四郎「海部に関する若干の考察」（『続日本古代史論集』上巻所収）　（大山）

阿牟　あむ　氏名はのちの長門国阿武郡阿武郷（『和名抄』、山口県阿武郡福栄村付近）の地名にもとづく。『日本書紀』景行天皇四年二月甲子条に「次妃日向髪長大田根、生日向襲津彦皇子。是阿牟君之始祖也」とみえ、姓は君（公）。『日本後紀』弘仁二年（八一一）三月己未条に阿牟公人足は大安寺僧泰仙で漏刻を造り外従五位下に叙せられ、『文徳実録』天安元年（八五七）正月丙午条に阿牟公門継が外従五位下に叙せられたとある。　（前川）

漢　あや　四、五世紀以来の渡来系の氏族で、後漢の霊帝の後裔と称する。東漢（やまとのあや）氏と西漢（かわちのあや）氏とがおり、姓は直、のちに連・忌寸。祖先伝承は『日本書紀』応神天皇二十年九月条に「倭漢直祖阿知使主、其子都加使主、並率己之党類十七県、而来帰焉」と渡来を伝えている。阿知使主は『続日本紀』延暦四年（七八五）六月癸酉（十日）の坂上大忌寸苅田麻呂らの上表には「後漢霊帝之曾孫阿智王」と、また『坂上系図』には「漢高祖皇帝」の曾孫で「阿智王」、あるいは「霊帝」の曾孫で「阿智使主」とある。漢氏は雄略天皇十六年十月条に「詔、聚二漢部一定二其伴造一者、賜レ姓曰レ直」とあり、この注に「一云、賜、漢使主等賜レ姓曰レ直也」とあって、漢部の伴造となって直の姓を賜わった。以後、渡来系の技術者と漢部を統轄し、本拠地の大和国高市郡檜前（奈良県高市郡明日香村檜前）地方を中心に奈良盆地の南部に隆盛した。漢氏は六世紀には、書（ふみ、文にも作る）・坂上・民・長（なが）などの枝氏に分かれた。天武天皇六年（六七七）六月には、東漢直の党族が犯した七つの不可《あしきこと》の罪は東漢氏を根絶したくないということから恩赦された。これは、東漢氏が壬申の乱に参加して天武天皇の即位に功績をあげたこと、また、東漢氏が新都に近い高市郡に地盤を持ち、その勢力を軽視できなかったからであろう。東漢氏は七世紀には蘇我氏に接近した。一族の東漢直駒は崇峻天皇五年（五九二）十一月乙巳（三日）に蘇我馬子に与して天皇を殺害し、また、馬子の娘を妻にした。さらに、漢直らは皇極天皇三年（六四四）十一月に、甘檮岡に並び立つ蘇我蝦夷と入鹿父子の邸宅を警護し、ついで翌年六月の大化改新では蘇我入鹿が斬殺された後、族党を集めて武装し蝦夷の身辺を護った。倭漢直は天武天皇十一年（六八二）五月癸巳（十二日）に連の姓を賜わり、同月己未（二十七日）には賜姓のことを悦び拝朝した。また、同十四年（六八五）六月甲午（二十日）には倭漢直ら十一氏は忌寸の姓を賜わった。

【参考文献】関晃『帰化人』、同「倭漢氏の研究」（『史学雑誌』六二―九）（浜田）

綾　あや　讃岐国阿野郡（香川県綾歌郡東部および坂出市）を本拠とする氏族で、氏名は地名の阿野にもとづく。『日本書紀』景行天皇五十一年八月条にみえる日本武尊の子武卵王（建貝児王）を祖とする讃岐綾君に同じ。姓は君（公）。『日本書紀』天武天皇十三年（六八四）十一月戊申朔条に朝臣賜姓とある。一族には宝亀三年（七七二）十月八日付「造帙所造帙注文」などにみえる内竪大初位上の綾君船守、『続日本紀』延暦十年（七九一）九月戊寅条に朝臣賜姓を請願した讃岐国阿野人綾君菅麻呂の名がみえ、天平年間の「郡司牒」に署している讃岐国山田郡大領外正八位上の綾公人足（『図録東寺文書』）、『日本霊異記』中巻第十六話の同国香川郡坂田里の富者綾君のほか、『続日本後紀』嘉祥二年（八四九）二月戊午条に同国阿野郡人内膳掌膳外従五位下の綾公姑継、主計少属従八位上綾公武主の名が、姑継は『文徳実録』嘉祥三年七月辛丑条・仁寿元年（八五一）十一月乙未条にみえる。なお天平宝字二年（七五八）九月五日付「東寺写経所解」などにみえる経師の綾部忍国、天平宝字八年（七六四）「祝園郷地売買券」の戸主綾部毗登浄麻呂の部姓者もいた。

【参考文献】松原弘宣『古代の地方豪族』〔前川〕

漢人　あやひと　氏の名は朝鮮半島より渡来の技術者集団の漢部や漢人部を管掌したことにもとづく。姓は多くは村主（すぐり）。祖先伝承は、『日本書紀』神功皇后摂政五年三月条には、葛城襲津彦が新羅に行き、草羅城を破って得た捕虜が「桑原、佐糜、高宮、忍海、凡四邑」の漢人の始祖となったという。『坂上系図』には仁徳天皇代に「挙落随来」した三十の氏のなかに高宮村主・忍海村主・佐味村主・桑原村主などがみえる。桑原邑は大和国葛上郡桑原郷であり、高宮邑は大和国葛上郡高宮郷、また忍海邑は大和国忍海郡であろう。桑原村主氏は、『続日本紀』に天平宝字二年（七五八）六月乙丑（二十五日）に大和国葛上郡の桑原史年足ら九十六人と近江国神埼郡の桑原史人勝ら千百五十五人が改姓を請うて、桑原直の姓を賜わったことがみえているように、その姓は、村主・史・連・直・公と変遷して各地に分布した。また、『続日本紀』延暦四年（七八五）六月癸酉（十日）条には、坂上大忌寸が改姓を願った上奏にも、後漢の霊帝の曾孫の阿智王が帯方に残留する人民を招き寄せたのが諸国の漢人の祖先であると、漢人の祖先伝承を述べている。『坂上系図』所引の『新撰姓氏録』逸文にも、「而人衆巨多、居地隘狭、更分二置諸国一、摂津、参河、近江、播磨、阿波等漢人村主是也」と伝え、漢人氏は各地にみられる。『新撰姓氏録』右京諸蕃には「漢人、百済国人多夜加之後也」と漢人氏がみえ、同未定雑姓、大和国にも「漢人、漢人累之後也」と漢人氏がみえる。また、河内国では、天平勝宝八年（七五六）七月庚午（十八日）に山背忌寸の姓を賜わった同国石川郡の漢人広橋・漢人刀自売らがいる。この漢人氏は、『新撰姓氏録』左京諸蕃に「山代忌寸、出レ自二魯国白竜王一也」とある山代氏と同族であろう。一方、大宝二年（七〇二）の「御野国味蜂間郡春部里戸籍」には漢人意比止ら多くの漢人氏がみえ、同「本簀郡栗栖太里戸籍」や「加毛郡半布里戸籍」にも漢人氏がみえる。〔浜田〕

漢部　あやべ　漢人部にも作る。氏の名は漢氏の部民であったことにもとづく。『播磨国風土記』餝磨郡漢部里条には「称二漢部一者、讃芸国漢人等、到来居二於此処一、故号二漢部一」とある。姓は直。『日本書紀』雄略天皇十六年十月条に「詔、聚二漢部一、定二其伴造者一、賜レ姓曰レ直」とあり、注には「一云、賜、漢使主等賜レ姓曰レ直也」とある。のちに伊勢国飯高郡の漢人部乙理ら三人は神護景雲元年（七六七）十二月丁亥（十一日）に民忌寸の姓を賜わった。大宝二年（七〇二）の「御野国本簀郡栗栖太里戸籍」には戸主の漢部阿屋麻呂ら多くがみえ、また甲斐・備前など諸国にも漢部がみえる。〔浜田〕

荒木　あらき　荒城とも書き、また大荒城（木）とも称する。『延喜式』神名帳、大和国宇智郡条にみえる荒木神社の鎮座地（奈良県五条市今井町）の地名にもとづく氏名か。『新撰姓氏録』摂津国神別に「荒城朝臣。同レ上〈大中臣朝臣同祖。津速魂命三世孫天児屋根命之後也〉」とあるので、旧姓は臣でのちに朝臣を賜わった。賜姓年次は不明であるが、『日本後紀』延暦二十三年（八〇四）正月庚子条に大荒城臣忍国、『類聚国史』巻第九十九、叙位、弘仁八年（八一七）十二月丁丑条に荒城朝臣広野とあるので、延暦二十三年以降『新撰姓氏録』の第一次上進がなされた弘仁五年（八一四）六月以前の間と推定される。一族には天平七年（七三五）八月十四日「瑜伽師地論跋語」の荒城臣多都乎、『続日本紀』神護景雲元年（七六七）五月戊辰条にみえる左京人従八位上荒木臣道麻呂・忍国は西大寺に墾田・稲などを献じ叙位され、忍国は宝亀四年（七七三）八月には氏姓を大荒木臣としてみえ、遠江介・主馬助を歴任した。朝臣姓の者には、『類聚国史』巻第九十九、叙位、弘仁八年（八一七）十二月丁丑条の荒城朝臣広野がおり、貞観九年（八六七）三月二十六日付「高子内親王家庄牒案」にみえる荒城長人も朝臣姓であろう。また荒木臣氏は摂津・越前・出羽にも居住し、越前には無姓者もいた。〔前川〕

荒木田　あらきだ　伊勢神宮内宮の神主・禰宜を世襲した氏族で、職名の神主が姓化した。荒木田は「新墾田」で、成務朝に神田三千町を開墾したことに由来するという。天見通命の後裔と称し、延暦二十三年（八〇四）の『皇太神宮儀式帳』に「太神宮禰宜氏。荒木田神主等遠祖。国摩大鹿嶋命孫。天見通命乎禰宜定弖」とあって、荒木田神主公成が署名している。また『太神宮諸雑事記』に「禰宜荒木田遠祖天見通命神也」、『神宮雑例集』にも「天見通命〈天児屋根命十二世孫。荒木田神主遠祖〉」とあるが、その始祖を天児屋根命に結びつけたのは、祭主の地位にある中臣氏と擬制的同族関係にあることを示す。『三代実録』元慶三年（八七九）五月条に「伊勢国度会郡太神宮氏人神主姓二荒木田三字一。太神宮氏人有二三神主姓一。荒木田神主、根木神主、度会神主是也。自二進大肆荒木田神主首麻呂一以後、脱二漏荒木田三字一、今首麻呂裔孫向レ官披訴、故因レ旧加レ之」とあり、このとき荒木田神主の本姓に復している。『二所太神宮例文』の「荒木田遠祖奉仕次第」は荒木田氏の系譜を伝えているが、天見通命の五世孫荒木田最上に「始賜二荒木田姓一成務天皇御代奉仕」、十六世孫の荒木田神主首麿に「賜二神主姓一斉明天皇御代奉仕」とあり、その子石敷から神主を姓としており、『三代実録』の記事の内容を裏づける。〔高嶋〕

荒田井　あらたい　　氏名はのちの尾張国愛智郡荒大郷（愛知県名古屋市緑区鳴海町付近か）の地名にもとづく。『新撰姓氏録』第二十三巻、右京諸蕃上の坂上大宿禰条逸文（『坂上系図』刀禰直条所引）に荒田井忌寸とみえる。旧姓は直。『日本書紀』天武天皇十一年（六八二）五月甲辰条に倭漢直氏とともに連姓を賜わり、さらに同天武天皇十四年（六八五）六月甲午条に忌寸の姓を賜わったとある。一族には『日本書紀』大化元年（六四五）七月庚辰条にみえる倭漢直比羅夫は、同大化三年（六四七）是歳条に工人大山位倭漢直荒田井比羅夫とみえ、同白雉元年（六五〇）十月条には将作大匠荒田井直比羅夫とある技術者のほか、天平十七年（七四五）四月二十六日付「安都年足状」の荒田井伊美吉乙麻呂、延暦六年（七八七）六月二十六日「珍財帳」にみえる荒田井忌寸紀巨理がいる。尾張国愛智郡成海郷には、無姓および直族姓の荒田井氏がいた。〔前川〕

荒山　あらやま　　氏名の典拠は未詳。『日本後紀』弘仁三年（八一二）九月戊午条によれば、陸奥国遠田郡人勲七等竹城公金弓ら三百九十六人の奏言に「己等未レ脱二田夷之姓一、永貽二子孫之恥一、伏請改二本姓一為二公民一、被レ停レ給禄、永奉二課役一者」といい、多くの田夷が賜姓されたなかに、勲八等荒山花麻呂ら八十八人は陸奥高城連の氏姓を賜わった。〔前川〕

荒々　あらら　　氏名はのちの摂津国西成郡安良郷（大阪市天王寺区天王寺一帯）の地名にもとづく。『新撰姓氏録』摂津国諸蕃に「荒々公。任那国豊貴王之後也」とあり、姓は公。一族の人名は史料にみえない。『日本紀略』延喜三年（九〇三）五月十九日条に「摂津国三宅門神。荒々神並従五位下」とみえる荒々神はこの氏の氏神社とみられる。なお荒々の地名は『万葉集』巻一―六五の歌にみえる「安良礼」、天平勝宝九歳（七五七）四月七日付「西南角領解」の「津国西郡安良里」に比定されている。〔前川〕

有沢　ありさわ　　『続日本後紀』承和八年（八四一）七月己卯条に、この氏名がみえる。すなわち「右京人六世御津井王。是雄王。真雄王。国雄王。本吉王。浄道王。稲雄王。多積王。安富王。伊賀雄王。三輪女王。坂子女王。七世新男王。春男王。三守王。並雄王等十六人。賜㆓姓有沢真人㆒。一品長親王五世孫。正六位上乙雄王男孫也」とあって、有沢真人の賜姓がみえる。なお『三代実録』貞観十四年（八七二）十二月十五日辛亥条に「右京人有沢真人春則等男女九人賜㆓文室真人㆒」とみえ、文室真人と賜姓された。〔前川〕

在原　ありはら　平城天皇皇子高岳親王および阿保親王を祖とする皇親賜姓の一つ。姓は朝臣。高岳親王流への賜姓は弘仁年間（八一〇〜八二三）と推定される。親王の子善淵・安貞らが賜わった。阿保親王の男女が在原朝臣姓を賜わるのは天長三年（八二六）である。『三代実録』元慶四年五月二十八日条に「天長三年親王（阿保）上表曰。无品高岳親王之男女。先停㆓王号㆒。賜㆓朝臣姓㆒。臣之子息未㆑預㆓改姓㆒。既為㆓昆弟之子㆒。寧異㆓歯列之差㆒。於㆑是。詔㆓仲平行平守平等㆒。賜㆓姓在原朝臣㆒」とある。仲平・行平・守平らが、このときに在原朝臣姓を賜わっている。一族のうち在原朝臣善淵は『三代実録』貞観十七年（八七五）二月二日条の卒伝によれば、嘉祥三年（八五〇）に従五位下、斉衡三年（八五六）に従五位上・大舎人頭、天安二年（八五八）に紀伊守、貞観元年（八五九）に正五位下・大和守、貞観二年内匠頭、貞観四年大蔵大輔、貞観六年従四位下・山城権守、貞観九年神祇伯・河内権守、貞観十年従四位上・近江守・大和権守、貞観十四年（八七二）大和守に任じている。在原朝臣行平は参議・大宰権帥・中納言などを歴任し、元慶五年（八八一）王氏のための大学別曹である奨学院を創設した。行平の弟業平は右馬頭・右近衛権中将・美濃権守などに任じ従四位上を極位とした。『三代実録』元慶四年五月二十八日条の卒伝には「業平体貌閑麗。放縦不拘。略無㆓才学㆒。善作㆓倭歌㆒」と評されている。歌人として知られ『伊勢物語』の主人公は業平に想を得ていると考えられる。

【参考文献】佐伯有清『新撰姓氏録の研究』考証篇第六、目崎徳衛『平安文化史論』、同『在原業平・小野小町』〔小原〕

有道　ありみち　丈部氏の後裔氏族。姓は宿禰。『続日本後紀』天長十年二月丙子条に「常陸国筑波郡人散位正六位上丈部長道。一品式部卿親王家令外従五位下丈部氏道。下総少目従七位下丈部継道。左近衛大初位下丈部福道四人。賜㆓姓有道宿禰㆒」とある。このことから有道宿禰の氏姓を賜わったのは天長十年（八三三）二月であること、有道宿禰氏は常陸国(茨城県)や下総国(千葉県)と関係の深い氏族であったことなどが知られる。このうち氏道は常陸国の本居を改め左京七条に貫附されていることが『続日本後紀』承和元年(八三四)十一月甲寅条に、また外従五位下を改めて従五位下を授位されていることが『続日本後紀』承和十三年(八四六)正月己酉条にみえる。『三代実録』元慶五年(八八一)十月十六日条に無姓有道今出麿の名がみえるが、何らかの関係があるか否かは不詳である。(小原)

有宗　ありむね　大窪氏の後裔氏族。姓は宿禰。有宗宿禰の賜姓は貞観六年(八六四)八月十七日である。『三代実録』同日条に「右京人主計算師正八位上大窪峯雄。主水権令史正六位上大窪清年等。賜二姓有宗宿禰一」とある。一族の人としては有宗宿禰益門の名が国史に散見する。『文徳実録』仁寿三年(八五三)正月戊戌条(外従五位下)、斉衡元年(八五四)正月辛丑条(主計助・算博士)、斉衡三年二月辛巳条(主計頭)、天安元年(八五七)正月癸丑条(木工権助・主計頭・算博士)、同年十二月丁丑条(従五位下)、天安二年(八五八)戊辰条(木工助・主計頭・算博士)、『三代実録』天安二年八月二十七日条(山作司)、貞観二年(八六〇)十一月十六日条(従五位上)、貞観三年(八六一)二月十六日条(木工権頭)、貞観七年(八六五)正月二十七日条(信濃権守)などにそれぞれ授位任官したことがみえている。(小原)

有良　ありよし　姓は朝臣。有良朝臣の賜姓の事情については『三代実録』貞観五年八月十七日丁丑条にみえる。貞観五年(八六三)八月十七日、無姓百姓安岑・春岑の二人が有良朝臣の姓を賜わり左京に貫附された。安岑らがいうところによれば、安岑と春岑は故従四位上橘朝臣清野男安雄の子であるが、安雄が剃髪して沙門となったため伯父従五位下橘朝臣広雄の戸籍に編入された。しかるに承和十二年(八四五)に氏人らは嫌疑ありと称して籍を削り橘朝臣氏から彼らを除外してしまった。そのため安岑と春岑は姓を賜わり居を定めんことを請願し、貞観五年にこれが認められて有良朝臣姓を与えられたのである。なお『平安遺文』(一―一五七)貞観十年(八六八)二月二十三日付「筑前国牒案」に筑前権掾有良朝臣の署名がみえるが、安岑・春岑との関係は不明である。(小原)

阿礼　あれ　景行天皇の皇子大碓命の後裔氏族の一つ。姓は首。氏名は河内国(大阪府)の地名にもとづくものであろうが不詳。『新撰姓氏録』河内国皇別に「阿礼首。守公同祖。大碓命之後也」とある。阿礼首氏の一族の人名は他書にみえない。『日本書紀』雄略天皇二年七月条に引く『百済新撰』には阿礼奴跪の名がみえるが、おそらく阿礼首氏とは関係がないであろう。大碓命の後裔氏族としてはこのほかに、『新撰姓氏録』左京皇別下の守公、河内国皇別の大田宿禰・守公、和泉国皇別の池田首などがある。

【参考文献】佐伯有清『新撰姓氏録の研究』考証篇第二　〔小原〕

粟　あわ　天日鷲神の神裔氏族。職業的部。『日本書紀』神代に「粟国忌部祖。天日鷲神」とある。『古語拾遺』によると、天富命が天日鷲（神魂命の五ないし七世の孫といわれる）の子孫を率いて、まず阿波国で木綿を作り、ついで阿波斎部を率いて東国に往き、上総・下総の地方で木綿を作り、太玉命を祀り安房神社を建てた。阿波斎部が住んだところを安房郡、のちに安房国といった、と伝える。粟の氏名は阿波（徳島県）の地名にもとづき、阿波忌部が移住した地を安房といった。粟氏は粟国（阿波国）忌部の首長の系譜を引くものと考えられる。本拠地は阿波国麻殖郡（徳島県麻植郡）と考えられ、『和名抄』麻殖郡に忌部郷がみえる。だが、『続日本紀』神護景雲元年（七六七）三月乙酉条に、阿波国板野・名方（現、名西郡）・阿波郡の百姓らが粟凡直の氏姓を賜わっているように、実際の本拠地は板野・名方・阿波の三郡であったとも考えられる。粟氏には阿波忌部の部分的伴造とされる粟忌部首氏がおり、忌部首真貞子・多夜須子などの名がみられる。粟忌部首氏のなかには連姓を賜わった者もおり、『続日本紀』神護景雲二年七月乙酉条に、忌部連方麻呂・須美ら十一人が忌部宿禰を賜わった記事のあるところから、首から連への改姓は神護景雲二年（七六六）以前に行なわれたと考えられる。粟凡直氏には、天平十七年（七四五）に正六位下から外従五位下に昇叙した粟凡直若子、延暦二年（七八三）に国造となった粟凡直豊穂などがいる。粟凡直鱒麻呂・貞宗ら同族男女十二人は貞観四年（八六二）に粟宿禰の姓を賜わっている。『延喜式』神名帳にみえる忌部神社（徳島市二軒屋町）の祭神は天日鷲命で粟忌部氏の氏神社とされる。　〔追塩〕

粟田　あわた　禾田にも作る。和珥氏の後裔氏族。姓は臣。天武天皇十三年（六八四）十一月に朝臣の姓を賜わる。『新撰姓氏録』右京皇別下に、「粟田朝臣。大春日朝臣同祖。天足彦国忍人命之後也。日本紀合」とみえる。春日氏をはじめ大宅・小野・柿本氏などとともに、孝昭天皇の皇子とされる天足彦国忍人命を始祖とする。当初、和珥氏の一族として大和国添上郡に住し、山城では愛宕郡上粟田・下粟田郷（京都市伏見区粟田口一帯）を中心に分布していた。和珥氏は欽明朝ころの春日氏への改氏姓に続いて、敏達朝ころから大宅・粟田・小野・柿本氏などに分かれはじめたといわれる。粟田氏の氏名は粟田郷の地名にもとづく。山城国のほか、近江国にも分布しており、『続日本後紀』承和四年（八三七）二月癸卯条に、粟田氏が大春日・布瑠氏とともに近江国滋賀郡にある氏神社である小野神社（滋賀県滋賀郡志賀町）に春秋二回の祭祀に官符を待たないで向かうことが許されている。天平神護元年（七六五）三月に朝臣の姓を賜わった粟田臣乙瀬ら四人は近江国坂田郡の人であり、粟田家継は近江国（権）博士であった。また、越前国足羽郡・若狭国三方郡能登・越中国には、無姓の粟田氏が分布していたことが知られる。粟田朝臣氏の一族は、臣姓時代の人としてもっとも早く活躍の知られるのは粟田細目臣である。『日本書紀』によると、細目は推古天皇十九年（六一一）に菟田野の薬猟に際して部領使を務め、皇極天皇元年（六四二）十二月、舒明天皇の喪に際し、軽皇子に代わって誄している。このとき、巨勢臣徳太と大伴連馬飼も同時に誄していることから、細目は朝廷においては巨勢・大伴氏と並ぶ重要な位置を占めていたと考えられる。朝臣時代の粟田氏として、迎新羅使右副将軍に任ぜられた粟田朝臣必登、訳語養成のための漢語教授になった粟田朝臣馬養、天平宝字三年（七五九）七月に臣姓から朝臣姓を賜わり問新羅使に任ぜられた粟田朝臣道麻呂、入唐留学生でのちに送唐人入京使に任ぜられた粟田朝臣飽田麻呂などがおり、粟田氏は学問の分野や対外関係において活躍する人物が多く出たことを特色とする氏族であることが窺える。なかでも著名なのが粟田朝臣真人である。彼は少年のころ、道観と名のって僧籍にあったようで、藤原鎌足の子定恵らとともに入唐し、のち大宝二年（七〇二）六月遣唐執節使として渡唐し、唐においては好学の人で文章も巧みであると評された。慶雲二年（七〇五）中納言、同年従三位、和銅元年（七〇八）大宰帥を兼ね、霊亀元年（七一五）正三位に進んだ。明法の学にも長じており、文武天皇四年（七〇〇）、『大宝律令』撰定の功により禄を給されている。粟田朝臣諸姉は藤原仲麻呂の長男真従の婦となり、夫の死後は大炊王（淳仁天皇）の妻となっている。なお、粟田朝臣道麻呂は、天平神護元年（七六五）和気王謀叛事件に関係したが道鏡のとりなしで飛騨員外介に移された。しかし、怨みをもつ上道朝臣斐太都が飛騨守に着任し、妻とともに一院に幽閉されそのまま死亡している。山城国愛宕郡には粟田忌寸宅売・粟田直族伊毛売など忌寸および直族の姓を帯びた粟田氏が居住している。この粟田氏は渡来系の氏族であり、粟田（臣）朝臣氏と同様、山城国愛宕郡上粟田・下粟田郷を本拠とした氏族で、粟田（臣）朝臣氏とは地縁関係にあり、同族と称していた可能性が考えられる。

【参考文献】岸俊男「ワニ氏に関する基礎的考察」（『日本古代政治史研究』所収）、佐伯有清『新撰姓氏録の研究』考証篇第二、同『日本古代氏族の研究』、高島正人『奈良時代諸氏族の研究』〔追塩〕

奄智　あんち　　天津彦根命の後裔と称する氏族で、姓は造。奄智は大和国十市郡奄知村の地名に因む。『新撰姓氏録』左京神別に「奄智造。額田部湯坐連同祖（天津彦根命之後也）」、大和神別に「奄智造。同神（天津彦根命）十四世孫建凝命之後也」とある。『古事記』天安河誓約段は天津日子根命を倭淹知造の祖とする。天平五年（七三三）の「山背国愛宕郡計帳」にみえる奄智連橘売は、奄智造の連に改姓した者であろう。他に首姓の奄智氏がおり、『先代旧事本紀』天皇本紀、景行天皇条に「豊門別命〈奄智首……祖〉」とある。なお同条に「日向襲津彦命。奄智君祖」とあるが、これは『日本書紀』景行天皇四年条の「日向襲津彦皇子。是阿牟君之始祖也」からみて、阿牟君の誤写であろう。〔高嶋〕

い

飯高　いいたか　　伊勢国飯高郡（三重県飯南郡南部）を本拠とした氏族。『古事記』孝昭天皇段にみえる天押帯日子命の後裔氏族。姓は君。『続日本紀』天平十四年（七四二）四月甲申条に、伊勢飯高郡采女飯高君笠目の親族県造に飯高君を賜わったとある。『倭姫命世紀』『皇太神宮儀式帳』に飯高県造の祖乙加豆知命とみえる。『続日本紀』神護景雲三年（七六九）二月辛酉条に飯高公家継ら三人に宿禰を賜わったとあり、同宝亀元年（七七〇）十月癸丑条には采女の飯高宿禰諸高の名がみえる。一族は多いが『新撰姓氏録』左京皇別上に「源朝臣。……弟源朝臣常。年四。弟源朝臣明。年二。〈已上二人腹飯高氏。〉……」とみえ、常と明の母が飯高氏であった。『纂輯御系図』の源朝臣常の尻付には宅刀自とある。『続日本後紀』承和三年（八三六）三月丙午条には左京人飯高宿禰全雄らに、同承和九年（八四二）六月丙寅条には伊勢国人飯高公常比麻呂らに朝臣を賜姓とみえる。

【参考文献】横田健一「天平の采女・飯高宿禰諸高とその一族」（『古代王権と女性たち』所収）〔前川〕

家原　いえはら　　この氏名は『続日本紀』和銅五年

（七一二）九月己巳条にみえ、貞節を嘉せられ邑五十戸を与えられた左大臣多治比真人嶋の妻に家原音那とある。家原音那は無姓から連姓を賜わった。新姓は連。同和銅六年（七一三）六月庚戌条に家原河内ら三人は連を賜わった。『文徳実録』斉衡二年（八五五）八月辛卯条に家原連氏主は宿禰を賜姓とみえ、『三代実録』貞観十四年（八七二）八月十三日辛亥条には家原宿禰氏主らは朝臣を賜わったが、氏主の父の富依は自分の系を後漢光武帝より出たといい、子の氏主は宣化天皇第二皇子より出たといい「延暦十八年進二本系一之日、以二後漢光武皇帝一為レ祖者誤也、父子所レ称、始称〈祖〉之所レ出、先後不レ同、未レ知二誰是一矣、但姓氏録所レ記、可レ謂得二実正一焉」とみえる。（前川）

五百井　いおい　氏名は盧井とも書き、のちの近江国栗太郡盧井邑（滋賀県草津市志津・栗太郡栗東町治田一帯）の地名にもとづく。『新撰姓氏録』には「不レ載二姓氏録一姓」にみえる。『日本書紀』天武天皇元年（六七二）七月壬子条に盧井造鯨とみえるので、姓は造。一族には大宝二年（七〇二）「御野国味蜂間郡春部里戸籍」に五百井造豊国ほか、天平十一年（七三九）四月三十日付「写経所大般若経検納啓」の五百井小宗、天平宝字六年（七六二）十二月二十日付「売料綿下帳」の五百井君など、無姓・君姓の同族もいた。（前川）

伊福部　いおきべ　伊福吉部・五（伍）百木部・盧城部にも作り、「イフキベ」「イフクベ」ともいう。大化前代の部民の一つ。東は陸奥・武蔵から西は薩摩にまで及んで広く分布し、美濃を中心とした地域と中国地方に濃密であることを特徴とし、宮城十二門の門号にもその名を残す。伊福部の性格について、『三代実録』貞観四年六月十五日壬子条に「播磨国揖保郡人雅楽寮笛笙生無位伊福貞。復二本姓五百木部連一」とあるのにもとづいて、かつては笛を吹くことを掌った部民すなわち吹部とみなす説が有力であったが、吹部としては別に笛吹部が設定されているため説得力をもたず、現在、㈠名代・子代部、㈡息吹（いぶき）部、㈢火吹（ひふき）部とみる三説が併存する。㈠では景行天皇の皇子五百木之入日子命の名代または子代と推定されるが、伊福部設定の時期と係わって、五百木之入日子命を実在性の強い人物とみるか、伝承上の人物とみなすかが焦点である。㈡は伊福部を息を吹く息吹部と解釈して、製鉄の際に踏鞴を担当した製鉄関係部民と想定する。『因幡国伊福部臣古志』第二十代若子臣の譜文に「若子臣、遠飛鳥宮御宇雄朝津間若子宿禰（允恭）天皇朝庭仕奉支。……

便以二禱祈一気変二化飄風之一。書賜二姓気吹部臣一。之始二於若子宿禰命一也」とみえ、この説に有利なような伝承がある。だがこれは、伊福（気吹）の名称から逆に「気（いふき）を飄風（はやて）に変化」させたという話を作ったものとみなされ、『古志』が成立したと思われる延暦三年ころに伊福が気吹と考えられていたことを示すのにとどまるのであろうし、伊福部と製鉄関係遺跡との関係もまだ確認されていない。(二)は『日本書紀』雄略天皇三年四月条に「湯人廬城部連武彦」とみえる「湯人（ゆえ）」が湯に関する下級官職の一種と考えられることから、伊福部は火吹を掌ったとみなす。しかし、伊福部連（廬城部連）が火吹を職とする下級官人であったとしたら、それが、もと国造級の地方豪族で、伊福部の伴造氏族であったに違いなかろうが、伊福部の分布からみて下級官人所有の部にしては大規模にすぎるであろう。伊福部連は天武天皇十三年に宿禰姓を賜わり、『新撰姓氏録』左京神別下に「伊福部宿禰。尾張連同祖。火明命之後也」とみえるが、河内国神別に「五百木部連。火明命之後也」とあるように、連姓も存続していた。なお伊福部の伴造氏族は、連のほかに臣・君（公）姓を称し、一族に直・首・君族姓の者がいた。

【参考文献】佐伯有清「宮城十二門号と古代天皇近侍氏族」（『新撰姓氏録の研究』研究篇所収）、同「『因幡国伊福部臣古志』の研究」（森克己博士古稀記念会編『史学論集　対外関係と政治文化』二所収）、同『新撰姓氏録の研究』考証篇第三、直木孝次郎『日本古代兵制史の研究』、前川明久「壬申の乱と湯沐邑」（『日本歴史』二三〇）、村山光一「伊福部について」（『史学』四三―一・二）（星野良作）

廬原　いおはら　五百原にも作る。吉備氏の後裔氏族。姓は君。承和二年（八三五）十月に廬原公有子らが朝臣の姓を賜わっている。氏名は駿河国廬原郡廬原郷（静岡県清水市）の地名にもとづく。『新撰姓氏録』右京皇別下には「廬原公。笠朝臣同祖。稚武彦命之後也。孫吉備建彦命。景行天皇御世也。被レ遣二東方一。伐二毛人及凶鬼神一。到二于阿倍廬原国一。復命之日以二廬原国一給レ之」とみえる。吉備建彦命が景行天皇のときに蝦夷などを討った功績により廬原国を賜わったことになる。一族には廬原君臣・五百原君虫麻呂・廬原君足礒らがいる。廬原氏は『先代旧事本紀』国造本紀廬原国造条にも記されているように、廬原国の国造として栄えた。令制以後の活動は定かではないが、『続日本後紀』承和二年二月丁丑条にみえる廬原公有守は遣唐訳語に任ぜられており、前述の朝臣姓を賜わった廬原公有子も遣唐訳語であった。彼らは第十七回目に当たる遣唐使派遣のために任命されたのであろうが、令制期の廬原氏は主として外交関係の仕事に従事していたことを窺わせる。庵原郡にある三池平古墳、その西方の谷津山古墳や神明山古墳、ひょうたん塚古墳などの前方後円墳は廬原氏に属する有力首長の墳墓と考えられている。

【参考文献】佐伯有清『新撰姓氏録の研究』考証篇第二、内藤晃『日本原始古代文化の研究』　（追塩）

伊香　いか　氏名はのちの近江国伊香郡伊香郷（滋賀県伊香郡余呉町一帯）の地名にもとづく。『帝王編年記』養老七年（七二三）癸亥条に、伊香郡与胡湖伊香小江に天女が降りたのを見て、伊香刀美は羽衣を盗み取り、その天女を娶って意美志留・那志登美・伊是理比咩・奈是理比売の二男二女を生んだといい、「此伊香連等之先祖是也」とある。この伊香連氏の祖先伝承は『近江国風土記』の逸文とみられる。『新撰姓氏録』左京神別上に「伊香連。大中臣同祖。天児屋命七世孫臣知人命之後也」とある。姓は連。一族には天平宝字五年（七六一）ごろの「奉写一切経所上日帳」にみえる伊香連田次麻呂のほか、天平十年（七三八）二月八日始「経師等行事手実」に伊香馬養がみえ、無姓の伊香氏もいた。また『日本書紀』天武天皇元年（六七二）七月辛卯条にみえる膽香瓦臣安倍を伊香郡の豪族とみる説もある。

【参考文献】岡田精司「天女の水浴」（岡田精司編『古代の近江』所収）、畑井弘「古代豪族伊香氏に関する二、三の考察」（『甲南大学紀要』文学編一六所収）　（前川）

伊賀　いが　伊賀国伊賀郡（三重県名賀郡東半部・上野市中・南部、名張市の一部）の豪族。姓は臣。天武天皇十三年（六八四）十一月に朝臣を賜姓。『新撰姓氏録』右京皇別上に「伊賀臣。大稲輿命男彦屋主田心命之後也」とみえ、『日本書紀』宣化天皇元年（五三六）五月辛丑条に「阿倍臣、宜下遣二伊賀臣一運中伊賀国屯倉之穀上」とある。一族には天平三年（七三一）「伊賀国正税帳」に名張郡々領正八位下伊賀朝臣果安、『三代実録』貞観五年（八六三）五月二日甲子条に名張郡節婦伊賀朝臣道虫女、同六年八月十一日乙丑条に名張郡人左史生従六位下伊賀朝臣春野の名がみえ、伊賀臣氏は名張郡をも勢力圏としていた。また天平十五年（七四三）九月「摂津職移」にみえる奴の伊賀臣大麻呂、天平宝字四年（七六〇）「東寺奉写経所解」にみえる伊賀臣石足、『続日本後紀』承和十三年（八四六）正月庚戌条の伊賀臣真広のほか、天平十一年（七三九）四月十五日「写経司啓」にみえる伊賀宜嶋など無姓の伊賀氏もいた。

【参考文献】 井上辰雄「伊賀国正税帳をめぐる諸問題」(『法文論叢』一二三)〔前川〕

猪甘 いかい 猪養とも書き、猪を飼養していた伴造氏族。『新撰姓氏録』未定雑姓、和泉国に、天足彦国押人命の後裔とあり、姓は首。一族の名は他の史料にみえず、天平十六年(七四四)七月十二日付「皇后宮職移」に猪養得足がみえるなど、無姓の猪甘(養)氏が多い。平城宮出土木簡に猪甘部君(欠名)とある。『古事記』安康天皇段・顕宗天皇段に山代猪甘の伝承がみえる。

【参考文献】 佐伯有清「猪養と猪使氏」(『日本古代氏族の研究』所収)〔前川〕

伊我水取 いがのもいとり 伊賀国(三重県)に設置された水取部の伴造氏族。『新撰姓氏録』摂津国皇別に「伊我水取。阿倍朝臣同祖。大彦命之後也」とあるが、一族の名は史料にみえない。天平宝字七年(七六三)当時、伊勢国多度郡主帳で「多度神宮寺伽藍縁起資財帳」にみえる水取月足や延暦二年(七八三)「伊勢国計会帳」にみえる水取少嶋のように、人名に伊賀を冠していないが、ともに伊勢国人であり伊我水取氏と同じく阿倍朝臣氏と同祖と称していたとみられる。水取は令制の水部に継承され、『職員令』主水司条にみえる水部は、弘仁七年(八一六)九月二十三日の太政官符に「応レ増二加水部十三人一事〈並名負雑色人〉」とあって、負名氏で構成されているが、水部の負名氏には鴨県主氏のほか伊我水取氏もその一員であったと推測できる。〔前川〕

壱岐 いき 壱は伊、岐は伎・吉にも作る。漢の渡来系氏族。姓は史。天武天皇十二年(六八三)十月に連の姓を賜わる。氏名は壱岐国(長崎県壱岐郡)の地名にもとづく。『新撰姓氏録』左京諸蕃上には、「伊吉連。出レ自二長安人劉家楊雍一也」とみえる。大化前後の伊吉氏として、史姓の伊吉氏には伊岐史乙等がおり、引唐客使を務めている。伊吉史博徳は告唐客使、連姓以後は遣唐使・送百済使使・遣新羅使などを歴任している。一時大津皇子謀叛事件に連坐したりしたが赦され、『大宝律令』の選定などに従事し禄を与えられている。八世紀に入って、伊吉連古麻呂は遣唐使、雪(伊伎・伊吉にも作る)連宅満は遣新羅使、伊吉連益麻呂は遣高麗副使に任ぜられており、伊吉連氏は伊吉史乙等以来、遣外使などの外交の実務に従事した者を多く出していることを特色とする氏族であることが知られる。伊吉連氏の同族と考えられる氏族の一族には壱岐史山守がおり、天平宝字三年(七五九)十二月に造の姓を賜わっている。河内国には伊吉連氏の枝族とみられる伊吉史氏がおり、承和二年（八三五）九月に伊吉史豊宗および同族十二人が滋生宿禰の氏姓を賜わっている。『新撰姓氏録』右京神別上にみえる天児屋根命の九世孫雷大臣の後裔と称する壱岐直氏は、神祇の中臣氏と関係の深い山城松尾社家卜部伊岐氏の系統に属すると考えられる。一族に壱岐直才麻呂・壱岐直氏成などがいる。

【参考文献】佐伯有清『新撰姓氏録の研究』考証篇第三・四、坂本太郎「日本書紀と伊吉連博徳」（『日本古代史の基礎的研究』上所収）、北村文治「伊吉連博徳書考」（坂本太郎博士還暦記念会編『日本古代史論集』上所収）　（追塩）

生江　いくえ　武内宿禰の後裔氏族。葛城臣族。姓は臣。氏名は生江川・生江庄のある越前国足羽郡生江（福井県足羽郡社村一帯、現在は福井市に合併）の地名にもとづく。生江の地は江上郷・江下郷の両郷に相当すると考えられる。『古事記』孝元天皇段に、武内宿禰の子葛城襲津彦は生江臣の祖であることが記され、『新撰姓氏録』左京皇別上に「生江臣。石川朝臣同祖。武内宿禰之後也。日本紀漏」とみえる。足羽郡の生江臣氏の一族には、生江臣東人・金弓・国立・安麻呂などがおり、いずれも大領あるいは少領となっており、足羽郡を本拠とした豪族であることが知られる。なかでも東人は越前国の東大寺領荘園の経営に密接な関係をもちながら、同時に多くの墾田を有していた。越前国丹生郡の主政として生江臣積多、弘仁十四年（八二三）に丹生郡より分置された今立郡の大領に生江臣氏緒がおり、丹生・今立両郡にも生江臣氏がいたことが知られる。越前国以外では、尾張国山田郡に生江臣安久多がおり、天平勝宝五年（七四九）に尾張国分寺に知識物を献じた功により、外従七位下より外従五位下に叙せられている。臣姓を記されていない生江氏も足羽郡に数多くみられ、生江民麻呂・生江広生・生江佐弓・生江大国などがいる。前述の生江臣東人などは生江東人と臣姓を省略して記される場合があるので、これらの無姓の生江氏にも臣姓を有していた生江氏がいた可能性はある。福井市篠尾町には、酒生古墳群と呼ばれる四〜七世紀にかけての三百余基にわたる古墳群があり、その南西には白鳳期に創建され奈良時代まで存続していたことが確認されている篠尾廃寺跡がある。これらは生江氏が造営したものであろうという説がある。

【参考文献】佐伯有清『新撰姓氏録の研究』考証篇第一　（追塩）

生田　いくた　氏名は『日本書紀』神功皇后摂政元年二月条の活田長峡国、天武天皇九年（六八〇）正月丙申条の活田村、のちの摂津国八部郡生田郷（兵庫県神戸市中央区）の地名にもとづく。『新撰姓氏録』摂津国神別に「生田首。同神九世孫雷大臣命之後也」（同神＝天児屋根命）とあり、姓は首。一族の名は史料にみえず、天平十一年（七三九）七月「校生等啓」に生田（欠名）とある。『延喜式』神名帳、八部郡条にみえる生田神社はこの氏神社である。〔前川〕

的 いくは　武内宿禰の後裔氏族。姓は臣。『日本書紀』仁徳天皇十二年条に、的臣の祖盾人宿禰が高麗所献の鉄の盾・的を射通した功績により的戸田宿禰の氏姓を賜わったという的姓の起源説話がみられる。しかし、この話は的の氏名にもとづいた六世紀前半ころの造作と考えられ、事実は、的の製作や的を射通す武芸、広くは軍事的な職掌に携わる的部の伴造氏族であったことにもとづくとされる。『新撰姓氏録』山城国皇別に「的臣。石川朝臣同祖。彦太忍信命三世孫葛城襲津彦命之後也」とみえる。的氏は武内宿禰の子襲津彦出身の地と信じられていた葛城地方と関係の深い地域に栄えた豪族なので、とくに襲津彦を祖と称するようになる。的氏は河内・和泉・山城の畿内を中心に分布し、その他近江・播磨にも及んでいる。的氏はその起源説話から窺われるように軍事をもって朝廷に仕えることを特色とした氏族で、大化以前には天皇近侍の氏族として天皇の側近や朝廷の警衛に当たっていた。そのころの的臣氏として、任那日本府卿であった的臣（名欠）、穴穂部皇子殺害に加わった的臣真嚙などがいる。令制以後は衛門府門部の員にそなわり、宮門の守衛に任じた。平城・平安宮の宮城十二門中の郁芳門の名称は的門であったことに由来する。山城国的臣の一族には伝灯大法師法縁がいる。同国には的臣氏の同族と称していた的臣族氏がおり、的臣族稲積売の名が伝えられる。

【参考文献】 佐伯有清『新撰姓氏録の研究』考証篇第二、同「宮城十二門号と古代天皇近侍氏族」（『新撰姓氏録の研究』研究篇所収）、同「宮城十二門号についての研究」（『日本古代の政治と社会』所収）、井上薫「宮城十二門の門号と乙巳の変」（『日本古代の政治と宗教』所収）、直木孝次郎「的氏の地位と系譜」（『日本古代の氏族と天皇』所収）〔追塩〕

池上椋人 いけがみのくらひと　池上椋人の氏名のうち、池上は「イケノエ」とも読み、のちの大和国十市郡池上郷（奈良県桜井市阿部付近）の地名にもとづき、椋人は倉人・蔵人にも作り、かつての朝廷の倉に関係した職名にもとづく。『新撰姓氏録』未定雑姓、左京に池上椋人を載せ、「池上椋人。渟中倉太珠敷天皇諡敏達。孫百済王之後也」とある。太田亮『姓氏家系大辞典』では、この系譜を池上真人の系を冒したものであるとし、百済王の後というのは百済人であったことによるかとする。椋人の呼称からすると、渡来系の氏族であった可能性は高い。池上椋人氏の一族には、天平宝字五年（七六一）九月十七日付の「大法炬陀羅尼経巻六跋語」に名のみえる池上椋人大成・池上椋人浄浜古がいる。

【参考文献】直木孝次郎「人制の研究」（『日本古代国家の構造』所収）〔篠川〕

池後　いけしり　この氏族は『新撰姓氏録』には大和国皇別に「建内宿禰之後也。日本紀不レ見」とするものと、未定雑姓、河内国に「天彦麻須命之後也」とするものとがある。大和の池後氏の氏名は『延喜式』諸陵寮条に「狭城盾列池後陵〈志賀高穴穂宮御宇成務天皇。在二大和国添下郡一〉」とみえる陵名の池後（奈良市山陵町山陵前）にもとづくものとみられ、河内のそれはのちの河内国丹比郡池尻村（大阪府大阪狭山市池尻）にもとづく。姓は臣。一族の名は史料にみえず、平城宮出土木簡に名を残す池後小東人は無姓である。〔前川〕

池田　いけだ　上毛野氏同祖氏族の一つ。姓は君で、天武天皇十三年（六八四）に朝臣となる。『新撰姓氏録』左京皇別に「池田朝臣。上毛野朝臣同祖。豊城入彦命十世孫佐太公之後也」とみえ、崇神天皇の皇子である豊城入彦命の後裔とされる。佐太公は上毛野坂本朝臣の祖ともされるが、他の史料にはみえない。また「十世孫」は豊城入彦命の孫としては最後出の者である。『三代実録』元慶元年（八七七）十二月二十五日条の都宿禰御酉の賜姓記事のなかに「其先。御間城入彦五十瓊殖天皇之後。与二上毛野・大野・池田・佐味・車持朝臣一同祖也」とあるように、上毛野氏らとともに後裔氏族群の中核をなしていた。『続日本紀』延暦十年（七九一）四月乙未条に「其入彦命子孫。東国六腹朝臣。各因二居地一。賜レ姓命レ氏」と、これらの朝臣姓氏族はそれぞれの居地名をとって名としていたとみえることから、上野国那波郡池田郷（現在の群馬県伊勢崎市南部付近）や同邑楽郡池田郷（同館林市から大泉町付近）にも居住していたとみられる。神亀三年（七二六）二月二十九日の年号をもつ金井沢碑（高崎市山名町所在・特別史跡）の銘文中に、上野国群馬郡下賛郷高田里の三家子孫の一人として「池田朝臣目頬刀自」があり、関連氏族とみられるが、「池」は不明瞭で「他」の可能性もある。一族の池田朝臣真枚は、宝亀元年（七七〇）十月に従五位下で上野介、同五年（七七四）三月に少納言、延暦六年（七八七）二月に鎮守副将軍に任ぜられたが、用

兵を誤ったため任を解かれた。朝臣姓以外に『新撰姓氏録』和泉国皇別には池田首がある。〔前沢〕

池上　いけのえ　氏名は大和国十市郡池上郷（奈良県桜井市安倍・香久山一帯）の地名にもとづくものか。『続日本紀』天平宝字二年（七五八）二月辛亥条に「左大舎人広野王賜二池上真人姓一」とある。しかし天平勝宝二年（七五〇）八月ごろの「造東大寺司解」に池上真人広成の名がみえ、広野王の賜姓以前に同族が池上真人を賜姓されていた。『新撰姓氏録』左京皇別に「池上真人。大原真人同祖」とみえる。なお別系であるが、『続日本紀』養老四年（七二〇）十二月己亥条に、春宮坊少属朝妻金作大歳に雑戸籍を除き池上君の姓を賜わったとある。また無姓の池上智恵万呂は、天平勝宝四年（七五二）六月東大寺写経所の請経使として橘寺善心尼公所へ派遣された（『大日本古文書』十六―四五八頁）。〔前川〕

池原　いけはら　上毛野氏同祖氏族の一つ。姓は公で、のちに朝臣。『新撰姓氏録』左京皇別に「池原朝臣。住吉同氏。多奇波世君之後也」とみえ、豊城入彦命（崇神天皇の皇子）の五世孫である多奇波世君の後裔を名のる住吉朝臣氏と同祖関係にあったとされる。『正倉院文書』をみると、天平勝宝六年（七五四）二月二十七から同七歳（七五五）二月九日までは上毛野君「粟守」と署名しているのが、同年三月二十三日以降は池原君「粟（禾）守」となっていることから、この間に上毛野君を池原君に改めたことがわかる。この時期には、本来の上毛野氏は上毛野「朝臣」であることから、池原君の前身である上毛野「君」は、天平勝宝二年（七五〇）三月に上毛野君姓を賜わった田辺史難波の系統に属する渡来氏族であったとみられる。多奇波世は『日本書紀』仁徳天皇五十三年五月条にみえる、新羅に派遣されて闕貢の理由を糺した「上毛野君祖竹葉瀬」に当たり、『日本書紀私記』弘仁式序にも田辺史・上毛野公・池原朝臣・住吉朝臣らの祖思須美・和徳は、仁徳天皇のときに百済国より化来し、「己等祖是貴国将軍上野公竹合也」とみえている。『続日本紀』延暦十年（七九一）四月乙未条によると、池原公綱主兄弟二人が居地の名によって住吉朝臣と改名している。また『類聚符宣抄』承平七年（九三七）四月十一日付の上喚使池原安房の言上によれば、上野国に居住する老母を訪ねるため休暇を乞い許されている。池原氏の名の由来が、上野国または摂津国・河内国のいずれであったかは不明であるが、上野国内にも一族のいたことがわかる。〔前沢〕

池辺　いけべ　氏名は大和国十市郡池上郷（奈良県桜井市安倍・香久山一帯）の地名にもとづく。『新撰姓氏録』大和国諸蕃に「池辺直。坂上大宿禰同祖。阿智王之後也」とあり、姓は直。一族には『日本書紀』欽明天皇十四年（五五三）戊辰朔条にみえる溝（池）辺直、同敏達天皇十三年（五八四）是歳条や『日本霊異記』上巻第七話にみえる日本最初の仏工として説話を残す池辺直氷田や、『大同類聚方』に池辺直遍見の名がみえる。なお史姓もいて某年「官人考試帳」に名を残す漏刻博士池辺史大嶋や藤原宮出土木簡に池辺史石斛のほか、平城宮出土木簡には讃岐国三木郡人の池辺秦囗の無姓の名もみえる。〔前川〕

勇山　いさやま　氏名は豊前国下毛郡諫山郷（大分県下毛郡三光村田口・成恒一帯）の地名にもとづく。『新撰姓氏録』河内国神別に「勇山連。神饒速日命三世孫出雲醜大使主命之後也」とあり姓は連とみえるが、『日本後紀』弘仁元年（八一〇）十月戊子条には河内国人従七位下勇山国嶋らに連姓を賜わったとあるので、旧姓は無姓。一族には『続日本紀』天平十二年（七四〇）九月己酉条にみえる下毛郡擬少領の勇山伎美麻呂がおり、京都郡にも諫山郷（福岡県京都郡勝山町諫山）があり、この地を本拠とした不知山（勇山）氏がいた。『日本書紀』安閑天皇元年（五三四）閏十二月是月条に「筑紫国胆狭山部」とある。『日本後紀』弘仁二年（八一一）二月戊寅条にみえる勇山連文継は紀伝博士であり、『凌雲集』序や『文華秀麗集』に詩、『経国集』序に名を遺した。天長四年（八二七）成立の『経国集』序に東宮学士安野宿禰文継とみえ、氏姓を安野宿禰と改めた。〔前川〕

胆沢　いさわ　陸奥国胆沢郡（岩手県水沢市・胆沢町）の蝦夷系豪族。姓は公。『続日本後紀』承和八年（八四一）三月癸酉条にみえる江刺郡擬大領外従八位下勲八等上毛野胆沢公毛人は、胆沢公が上毛野胆沢公を賜わったとみられる。一族は、『類聚国史』巻百九十、延暦十一年（七九二）正月丙寅条にみえる斯波村夷胆沢公阿奴志己が確認できる。胆沢公は二例から推すと、江刺郡や斯波村にも一族が分布したと思われ、蝦夷と共同体のつながりを示唆するものとして興味深い。『類聚国史』巻百九十、弘仁五年（八一六）二月戊子条にみえる遠胆沢公母志、『三代実録』元慶四年（八八〇）十一月癸丑条にみえる遠胆沢公秋雄などとは住地が接していたとみられる。

【参考文献】　関口明『蝦夷と古代国家』〔関口〕

伊治　いじ　「コレハル」と読むか。陸奥国栗原郡（宮城県栗原郡）の蝦夷系豪族。姓は公。一族には宝亀十一年（七八〇）に反乱を起こし、按察使紀広純・牡鹿郡大領道嶋大楯を殺害した伊（上）治郡大領伊治公呰麻呂がいる。『続日本紀』同年三月丁亥条には、反乱は道嶋大楯が呰麻呂をあなどり夷俘を以って遇したため、呰麻呂がうらみ、紀広純が覚鱉城を建てようとしたのに乗じて俘軍を唱誘して起こしたとある。呰麻呂は伊治城造営の神護景雲三年（七六九）前後に服属し、宝亀九年（七七八）には征戦に功ありと外従五位下を授けられている。乱後の呰麻呂、および他の一族の動向は不明である。なお、宝亀十一年三月丁亥条に上治郡とみえるが、昭和五十三年（一九七八）に解読された多賀城出土漆紙文書に「此治城」とある。『続日本紀』神護景雲元年（七六七）十一月乙巳条に「置二陸奥国栗原郡一。本是伊治城也」とあることを想起すれば、伊治をイジではなく、「コレハル」と訓んで、上治を此治の誤記と考えることができる。

【参考文献】宮城県多賀城跡調査研究所『多賀城漆紙文書』　〔関口〕

石占　いしうら　『新撰姓氏録』摂津国諸蕃に「石占忌寸。坂上大宿禰同祖。阿智王之後也」とみえ、坂上氏の祖である阿智王（使主）の後裔氏族。阿智王は倭漢直の祖で、応神天皇二十年に党類十七県を率いて来朝し、同三十七年には呉に派遣され縫織工女を連れ帰り、また仁徳天皇の死の際には謀反から履中天皇を救出したとされる（以上『日本書紀』）。石占氏の活動としては、日本武尊が熊襲を撃つに際して善射者を求めたとき、美濃国の弟彦公が率いて従った三名の中に石占横立の名がみえる（『日本書紀』景行天皇二十七年十月己酉条）ほか、弘仁十四年（八二三）十一月に外従五位上に叙せられた石占忌寸水直（『類聚国史』職官四―叙位四）が知られる。氏族名は、伊勢国桑名郡石占頓宮（『続日本紀』天平十二年〈七四〇〉十一月戊申条）の石占の地名に由来するものとみられる。檜前忌寸・蔵人・葦屋漢人氏らと同祖関係にある。

【参考文献】佐伯有清『新撰姓氏録の研究』考証篇第五　〔前沢〕

石川　いしかわ　石河にも作る。蘇我臣氏の後裔氏族。姓は臣、のちに朝臣。蘇我石川宿禰を祖とする。氏名は河内国石川（のちの石川・錦部郡の地域、今の大阪府富田林市を中心とした石川の中流域一帯）の地名による。氏人は七世紀末から官人として活躍、八世紀中ごろを最盛期として衰退の途を辿ったが、九世紀後半までの消息が知られる。蘇我臣氏は乙巳の変（大化改新）

で本宗が滅び、その後に栄えた傍系も天武天皇元年（六七二）の壬申の乱によって大打撃を受けた。天智天皇三年（六六四）に没した大臣大紫蘇我臣連子の弟赤兄は時に近江朝廷の左大臣であったが、乱後、配流に処された。同族の果安は同じく御史大夫、朝廷軍の将であったが、乱中に内紛のため自殺し、彼の子は赤兄とともに配流され、蘇我臣氏は崩壊の危機に見舞われた。その収拾に努め、やがて一族を率いたのは連子の子安麻呂である。大海人皇子（天武天皇）の信頼を受けた人物で、没年は不明だが、天武朝後まで生存した可能性が強い。安麻呂は壬申の乱の前年十月に蘇賀臣の氏姓を称していたが、氏上の選定命令が重ねて出された天武天皇十年九月、同十一年十二月ごろ、名族として生きながらえるため、ついに蘇我（賀）の氏名を捨てて石川と改め、自ら氏上になったと考えられる。天武天皇十三年十一月、石川臣氏は朝臣を賜姓され、『新撰姓氏録』左京皇別上に「石川朝臣。孝元天皇皇子彦太忍信命之後也」とみえる。氏名が石川とされたのは、天喜五年四月三日付の「竜泉寺氏人等解案」に河内国石川郡の竜泉寺は宗岡朝臣の「氏人先祖宗我大臣建立」の寺で、寺の敷地など同国の三か所の「領地氏人等先祖宗我大臣所領也。仍自二往古一于レ今未レ無二他妨一」と、『上宮太子拾遺記』巻三に「島大臣私起二竜泉寺於石川神奈傍山一」と、また『日本書紀』敏達天皇十三年是歳条に「馬子宿禰、亦於二石川宅一、修二治仏殿一」とみえるように、馬子（宗我大臣・島大臣）の時代ころからの蘇我臣氏と石川の地との関係にもとづく。石川氏はこれを継承して本拠地とし、竜泉寺を氏寺としたのであろう。竜泉寺はかつての姿を殆んどとどめないが、存続して富田林市竜泉の地にある。また、この寺の氏人であった宗岡朝臣氏は、元慶元年（八七七）に石川朝臣らが賜氏姓されて生じた宗岳朝臣氏の後裔とみなされているが、ともに蘇我・石川両氏の末裔に相違ないものの、両氏は別系統であったかもしれない。石川朝臣氏出身の官人は数多く、高位高官に進んだ者も少なくないが、中核は安麻呂の子孫であった。安麻呂の子石足は従三位左大弁、孫年足は正三位御史大夫、曾孫名足は従三位中納言の地位で没した。年足の弟豊成は正三位中納言に昇ったが、豊成の子河主は正四位上武蔵守、孫長津は正五位下木工頭を極位極官とし、河主のころから一族は急速に中級貴族に転落し、名足・長津の子孫も明らかにできない。一族中の偉材は年足で、天性勤勉、仏心厚く、公務の間には書籍を友とした。彼が編纂した『別式』二十巻は伝わらないが、文政三年（一八二〇）に摂津国嶋上郡真上光徳寺（今の大阪府高槻市真上）で出土した彼の「墓誌」は現存する。なお、名足は『続日本紀』、一族の国助は『新撰姓氏録』の編集に参画した。『文徳実録』斉衡元年十二月甲寅条の長津の卒伝に「先父所二貯積一文書数千巻、秘二蔵一舎一、不二曾借一レ他。不レ知三死後灰二滅何処一」とあり、没落氏族の命運を暗示するかのように、河主が貯積した大量の書籍は灰滅に帰した。

【参考文献】 滝川政次郎「石川年足とその法律的事蹟」（『歴史と地理』二三―六）、星野良作「蘇我石川両氏系図成立の時期について」（『法政史学』一七）、同「蘇我氏の改姓」（『法政大学工業高等学校紀要』二所収）、角田文衞「石川朝臣長津」（『紫式部とその時代』所収）、大谷女子大学資料館『竜泉寺坊院跡および瓦窯跡群の発掘調査報告書』、佐伯有清『新撰姓氏録の研究』考証篇第一、高島正人『奈良時代氏族の研究』、加藤謙吉『蘇我氏と大和王権』 〔星野良作〕

石津　いしつ　氏名は『日本書紀』仁徳天皇六十七年十月甲申条にみえる「河内石津原」、のちの和泉国大鳥郡石津郷（大阪府堺市石津町一帯）の地名にもとづく。延喜二十二年（九二二）四月五日付「和泉国大鳥神社流記帳」にもこの地名伝承がみえる。『新撰姓氏録』和泉国神別に「石津連。天穂日命十四世孫野見宿禰之後也」とみえ、姓は連。一族に天平二年（七三〇）九月「瑜伽師地論」巻二十六跋語に和泉監大鳥郡日下部郷の人であった石津連大足などがいた。 〔前川〕

石作　いしつくり　石棺・石室の製作、石材の調達に従事した部とその伴造氏族。『新撰姓氏録』左京神別下に「石作連。火明命六世孫建真利根命之後也。垂仁天皇御世。奉二為皇后日葉酢媛命一。作二石棺一献レ之。仍賜二姓石作大連公一」とあり、また『播磨国風土記』印南郡大国里条には仲哀天皇の死に際して、神功皇后が石作連大来を率いて讃岐国に石材を求めたことが記されているように、氏族名はその職掌に由来する。火明命は瓊瓊杵尊の子で、尾張連氏らの始祖とされ（『日本書紀』神代下）、石作連は播磨国餝磨郡安相里（『播磨国風土記』）、山背国久世郡奈美郷（『大日本古文書』四）、摂津国（『新撰姓氏録』摂津国神別）、和泉国（同和泉国神別）などにもみられる。このほかに石作首が播磨国宍禾郡石作里（『播磨国風土記』）、石作が山城国（『新撰姓氏録』山城国神別）、石作部が美濃国（大宝二年〈七〇二〉「御野国味蜂間郡春部里戸籍」）にいた。また『和名抄』には、山城国乙訓郡・尾張国中嶋郡・同山田郡・播磨国宍粟郡に石作郷があり、畿内とその周辺に多く分布がみられる。〔前沢〕

石野　いしの　氏名は伊予国宇和郡石野の地名にもとづくとみる説もあるが、美称とみられる。『新撰姓氏録』左京諸蕃下に「石野連。出㆑自㆓百済国人近速王孫憶頼福留㆒也」とあり、旧姓は憶頼。『続日本紀』天平宝字五年（七六一）三月庚子条によれば、憶頼子老ら四十一人は石野連を賜わった。一族には右の『続日本紀』の記事にみえる石野連子老のほか見当たらない。〔前川〕

石原　いしはら　氏名の典拠は未詳。『日本後紀』弘仁三年（八一二）九月戊午条によれば、陸奥国遠田郡人勲七等竹城公金弓ら三百九十六人の奏言に「己等未㆑脱㆓田夷之姓㆒、永貽㆓子孫之恥㆒、伏請改㆓本姓㆒為㆓公民㆒、被㆑停㆑給㆑禄、永奉㆓課役㆒者」といい、多くの田夷が賜姓されたなかに、勲八等石原公多気志ら十五人は陸奥石原連の氏姓を賜わった。〔前川〕

伊豆　いず　伊豆国に居住した氏族。初め日下部直と称した。伊豆国造の後裔と称し、『先代旧事本紀』国造本紀に「伊豆国造。神功皇后御代、物部連祖天蕤桙命八世孫若建命、定㆓賜国造㆒」とある。『続日本紀』天平十四年（七四二）四月甲申条に日下部直益人が伊豆国造伊豆直の姓を賜わり、宝亀二年（七七一）閏三月己酉条には伊豆国造伊豆直乎美奈が従五位下を授けられているが、この伊豆国造伊豆直は特殊な複姓とみられる。これらの氏人はすべて『矢田部文書』に収める「伊豆国造伊豆宿禰系譜」に詳しい。同系譜は、天足別命（別名、天見通命）を初祖とし、九世孫に若多祁命を置いて「磐余宮御宇。息長帯姫皇后摂政時六年四月定㆓賜伊豆国造㆒。奉㆑斎㆓天神地祇㆒矣」と記す。さらに、若多祁命の子田狭乃直に「難波朝庭為㆓大日下部㆒」、八世孫の御立に「庚午年籍負㆓日下部直姓㆒」の注記を施す。御立の子が先掲の益人で、以下「少万呂〈大舎人従八位下・田方郡司大領・伊豆国造〉―田万呂〈田方郡少領司・外正七位上・伊豆国造〉―古麿〈田方郡大領司・外従六位下・大同二年正月補㆓国造㆒、賜㆓伊豆宿禰姓㆒〉」と続き、同氏が代々田方郡の郡領を世襲していたことと、大同二年（八〇七）に伊豆宿禰の姓を賜わったことが知られる。『類聚符宣抄』の永延二年（九八八）閏五月十九日の任官符に「田方郡少領外従七位上」とみえる伊豆直厚正は、同系譜に田方郡擬大領厚明の子とあり、少領補任ののち、大領になったと伝える。『矢田部文書』嘉承三年（一一〇八）正月二十五日庁宣に「散位伊豆宿禰国盛。右人補㆓三島大社司職㆒畢」とあるように、同氏はまた三島大社の祭祀に奉仕していた。〔高嶋〕

出石　いずし　氏名は伊頭志にも作り、但馬国出石郡出石郷（『和名抄』、兵庫県出石郡）の地名にもとづき、この地を本拠とした氏族。姓は君。『播磨国風土記』揖保郡麻打山条に「昔、但馬国人伊頭志君麻良比、家二居此山一、二女、夜打レ麻、即麻置二於己胸一死、故号二麻打山一、于レ今、居二此辺一者至レ夜不レ打レ麻矣」とみえる伊頭志麻良比以外、一族の名は史料にみえない。なお天平宝字五年（七六一）二月二十二日付「奉写一切経所解」に「但馬国出石郡牟呂郷戸主出石部得嶋」の部姓者名がみえる。〔前川〕

出水　いずみ　氏名は『続日本紀』宝亀元年（七七〇）十二月乙未条にみえる山背国相楽郡出水（水泉）郷（京都府相楽郡木津町一帯）の地名にもとづく。『新撰姓氏録』左京諸蕃下に「出水連。出レ自二高麗国人後部能鼓兄一也」とあり、旧姓は後部。『続日本紀』宝亀七年（七七六）五月庚子条に後部石嶋ら六人に出水連と賜姓された。一族の人名は他にみえない。〔前川〕

出雲　いずも　天穂日命を祖とする氏族。出雲国の大豪族で、同国の国造として絶大な勢力を有していた。『先代旧事本紀』国造本紀には「出雲国造。瑞籬朝。以二天穂日命十一世孫宇迦都久怒一、定二賜国造一」とある。姓は臣。同国東部の意宇郡（松江市南部および八束郡）を本拠とし、熊野大社（祭神は櫛御気野命）を祭っていたが、西部を併合するに伴い、出雲郡（出雲市および簸川郡）の杵築大社（出雲大社。祭神は大穴持命）の祭祀権をも掌握するようになった。『日本書紀』斉明天皇五年（六五九）是歳条に「命二出雲国造一〈闕名〉。修二厳神之宮一」とみえる「厳神之宮」を熊野大社と解する説もあるが、むしろこのとき朝廷から杵築大社の祭祀権が認可され、社殿の修築を命じられたとみるべきであろう。始祖の天穂日命は天孫降臨に先立って派遣されたが、『記』『紀』によれば、出雲に土着して復命しなかったと伝える。出雲国造は就任すると、一定期間の潔斎を経て朝廷の新任の儀に参じ、一年間の潔斎ののち再び上京して「出雲国造神賀詞」を奏上する習慣があった。「神賀詞」は天皇の盛世と国造としての従属を誓う祝詞で、その次第は『延喜式』に詳しい。『続日本紀』以下の正史には、果安・広嶋・弟山・益方・国上・国成・人長・門起・旅人・豊持の十名の国造がみえ、任命や「神賀詞」の奏上について記している。「神賀詞」の奏上は、霊亀二年（七一六）を初見とし、天長三年（八二六）を最後として正史における記載はとだえている。出雲国造にはまた、『類聚三代格』延暦十七年（七九八）三月二十九日太政官符に知られるように、慶雲三年（七〇六）以来、就任と同時に意宇郡大領を兼帯する慣行があったが、政務の停滞を理由に禁止された。しかし、『出雲国造系図』によれば、第二十四代に当たる七世紀後半の人物に「帯許督」という名がみえる。これは本来、第二十三代国造叡屋臣の注記で、「帯評督」とあったものが伝写の過程で一代に数えられたものと思われ、叡屋が「意宇評」の評督を兼ねていた証拠であろう。広嶋は、天平五年（七三三）勘造の『出雲国風土記』撰進者の一人で、同『風土記』や翌年の「出雲国計会帳」に「国造帯二意宇郡大領一外正六位上勲十二等出雲臣広嶋」と記されている。弟山は同『風土記』には飯石郡少領とあり、意宇郡山代郷に新造院一所を建立したと伝える。広嶋の死後、国造就任と同時に意宇郡大領に転任したのであろう。その他、同国の郡司には楯縫郡大領・仁多郡少領をはじめとして、出雲臣氏が多数名を連ねている。同族は各地に移住しており、『新撰姓氏録』左京神別に「出雲臣。天穂日命五世孫。久志和都命之後也」とある。また山城国に移住して中央官人化した出雲氏があり、『新撰姓氏録』山城国神別には「出雲臣。同神（天穂日命）子。天日名鳥命之後也」「出雲臣。同天穂日命之後也」と記される。愛宕郡の出雲郷は同氏の居住によって命名された地であろう。神亀三年（七二六）に作成された同郷の「雲上里計帳」には紙市戸主の出雲臣冠ら百二十三名、同「雲下里計帳」には出雲臣阿麻爾売ら百二十五名、また「愛宕郡某郷計帳」にも出雲臣智麻留売ら六名がみえ、出雲臣族と称する氏族も同地に存在していた。『新撰姓氏録』河内国神別にも「出雲臣。天穂日命十二世孫。宇賀都久野命之後也」とあり、河内国にも同氏が居住していた。臣姓から宿禰に改姓した一族もあり、延暦十年（七九一）九月に近衛将監であった出雲臣祖人が宿禰姓を賜わっている。『新撰姓氏録』左京神別に「出雲宿禰。天穂日命子。天夷鳥命之後也」とあるのは、祖人の一族であろう。これらとは別に、摂津国には連姓の出雲氏がいたが、弘仁三年（八一二）六月に出雲連広貞、天長十年（八三三）二月に出雲連男山・雄君ら二十二人、同年三月に出雲連永嗣が、相ついで宿禰姓を賜わった。このうち、広貞は医術家で、平城天皇の命を受けて『大同類聚方』百巻を編纂したことで知られる。のち朝臣姓となり、貞観十年（八六八）にはその子峯嗣が氏名を菅原と改めている。無姓の出雲氏もいたが、大宝二年（七〇二）九月に出雲狛、天平十九年（七四七）六月に出雲屋麻呂がそれぞれ臣姓を賜わっている。出雲氏の部曲と考えられる出雲部は、京師をはじめ出雲・山城・備中・筑前などの諸国に分布していた。

【参考文献】 井上光貞「国造制の成立」（『史学雑誌』六〇―一一）、門脇禎二『出雲の古代史』、水野祐『古代の出雲』、新野直吉「古代出雲の国造」（神道学会『出雲学論攷』所収）、三谷栄一「古代出雲の氏族的背景」（『国学院雑誌』七一―一二）、高嶋弘志「『出雲国造系図』成立考」（『日本海地域史研究』七所収）、同「出雲国造系図編纂の背景」（佐伯有清編『日本古代中世史論考』所収）、同「出雲国造の成立と展開」（『古代王権と交流』所収）（高嶋）

伊勢　いせ　伊勢国（三重県）の豪族。『続日本紀』天平十九年（七四七）十月丙辰条に「伊勢国人従六位上伊勢直大津等七人。賜二中臣伊勢連姓一」とみえ、旧姓は直、のちに連。天平宝字八年（七六四）九月乙巳条には、中臣伊勢連老人に中臣伊勢朝臣を賜わったとあり、天平神護三年（七六五）十一月丁巳条に中臣伊勢朝臣子老とみえ、天平神護二年（七六六）十二月癸卯条に「外従五位下中臣伊勢連大津賜二姓伊勢朝臣一」とあって、大津が伊勢朝臣を賜わって以後、老人・子老も伊勢朝臣の氏姓を称した。『新撰姓氏録』左京神別下に「伊勢朝臣。天底立命之孫天日別命之後也」とある。一族の名は『続日本紀』に伊勢朝臣諸人（宝亀元年八月）・清刀自（宝亀九年五月）・水通（天応元年四月）、『日本後紀』に継子（大同三年十一月）・継麻呂（大同三年十二月）・徳継（弘仁元年九月）・徳成（弘仁元年十月）、『類聚国史』に菊池麿・福人・永嗣・武良吉志（巻第九十九、叙位）、『続日本後紀』に与子（嘉祥三年正月）、『文徳実録』に諸継（斉衡二年三月）、『三代実録』に興房（貞観十四年五月）とみえる。伊勢直大津は平城宮出土木簡にもみえ（『平城宮出土木簡概報』五―六）、伊勢直者（カ）人（『平城宮木簡』一―一〇〇）・伊勢直藤麻呂（『類聚国史』巻第百六十五、雀）・伊勢直族大江（『続日本紀』天平十年〈七三八〉九月甲寅条）のほか、無姓の伊勢人麻呂（天平宝字四年〈七六〇〉七月二十二日付「校生歴名」）がいた。なお『古事記』景行天皇段に、倭建命の子、建貝児王は伊勢之別の祖とみえ、伊勢にも別姓氏族がいたが実態は未詳である。（前川）

伊蘇志　いそし　氏名は「勤」にも作り、よく勤めるの意にもとづく。『続日本紀』天平勝宝二年（七五〇）三月戊戌（十日）条に「駿河守従五位下楢原造東人等。於二部内廬原郡多胡浦浜一。獲二黄金一献レ之。〈練金一分。沙金一分。〉於レ是。東人等賜二勤臣姓一」とあり、『文徳実録』仁寿二年（八五二）二月乙巳条の滋野朝臣貞主の卒伝にも「帝美二其功一曰。勤哉臣也。遂取二勤臣之義一。賜二姓伊蘇志臣一」とみえる。姓は臣。また天平勝宝二年五月には伊蘇志臣東人の親族三十四人に伊蘇志臣族と賜姓された。『新撰姓氏録』大和国神別には「伊蘇志臣。滋野宿禰同祖。天道根命之後也」とある。また『三代実録』貞観元年（八五九）十二月二十二日癸卯条の滋野朝臣貞雄の卒伝に「父従五位上家訳。延暦十七年改二伊蘇志臣一。賜二滋野宿禰一」とみえ、延暦十七年（七九八）伊蘇志臣は滋野宿禰と改氏姓した。一族には天平勝宝元年（七四九）八月以来「経師上日帳」にみえる楢原内万呂は、天平勝宝二年十一月四日「経師筆墨紙充帳」には伊蘇志臣内麻呂とみえ、同三年「経疏出納帳」断簡にもその名がみえる。内万呂は楢原造東人とともに同二年三月十日に勤（伊蘇志）臣と賜姓されたとみられる。『続日本後紀』承和二年（八三五）三月癸丑条によると、伊蘇志臣広成・伊蘇志臣人麻呂は、紀伊国人外正八位上紀直継成らとともに紀宿禰を賜姓されたとある。　〔前川〕

石上　いそのかみ　大和朝廷の軍事部門を担当した物部氏の本宗家。饒速日命の後裔氏族。物部時代の姓は連であったが、天武天皇十三年（六八四）十一月に朝臣姓を賜わり、その直後に氏名を石上に改めた。石上の氏名は、大和国山辺郡石上郷（奈良県天理市一帯）に居住したことに由来する。氏社である石上神宮は『延喜式』神名帳に「石上坐布都御魂神社〈名神大。月次相嘗新嘗〉」と記載され、布都御魂剣を神体とする。各氏族から献上された宝物を納めるとともに、武器庫としての機能をもち、百済から伝来した七支刀が保存されていたことでも知られる。『新撰姓氏録』は左京神別に載せ、「石上朝臣。神饒速日命之後也」とある。さらに『先代旧事本紀』天孫本紀末節にも「〈饒速日命〉十七世孫物部連公万侶〈馬古連公之子〉。此連公。浄御原朝御世。天下万姓改定二八色一之日。改二連公一。賜二物部朝臣姓一。同朝御世。改賜二石上朝臣姓一」とあるが、この万侶は『日本書紀』天武天皇元年（六七二）七月壬子条に物部連麻呂、朱鳥元年（六八六）九月乙丑条には石上朝臣麻呂とあって、天武天皇の殯宮で法官の事を誄している。なお、持統天皇四年（六九〇）正月戊寅朔条は物部麻呂朝臣と表記するが、これは持統天皇の即位式に際し大盾を立てた記事で、伝統的儀式であるがゆえに旧氏名を負って奉仕したことによる。このように物部氏は負名氏として、即位式ならびに大嘗祭などの儀式において神楯を立てる職務に従事していたが、石上氏になってからも神亀元年（七二四）十一月の聖武天皇の大嘗祭に石上朝臣勝男・乙麻呂・諸男ら、また宝亀二年（七七一）十一月の光仁天皇の大嘗祭にも石上朝臣宅嗣・奥継・家成らが、斎宮の門に神楯桙を立てている。『延喜式』践祚大嘗祭条には「石上。榎井二氏各二人一。皆朝服率二内物部卌人一〈着二紺布衫一〉。立二大嘗宮南北門神楯戟一」と規定される。麻呂が慶雲元年（七〇四）に右大臣、和銅三年（七一〇）に左大臣となり、養老元年（七一七）に死去したのちは、麻呂の第三子乙麻呂が天平二十一年（七四九）に中納言に昇っている。漢詩人として知られ、淡海三船とともに「文人之首」と称された石上朝臣宅嗣は、右の乙麻呂の子である。私邸内に公開図書館の芸亭を設けたことは有名。宅嗣は藤原仲麻呂を除こうとして失敗し、失脚したが、すぐに復官し、称徳天皇の崩御が迫った宝亀元年（七七〇）八月には白壁王（光仁天皇）の立太子擁立に参画した。宝亀六年十二月に、請願により本姓の物部朝臣に戻ったが、同十年十一月に石上大朝臣と改姓し、天応元年（七八一）六月に大納言正三位兼式部卿をもって薨じている。その後、同氏からは議定官に列する有力者は現われず、勢力は衰えた。

【参考文献】高島正人「奈良時代の石上朝臣氏」（『奈良時代諸氏族の研究』所収）

（高嶋）

磯部　いそべ　礒・石・伊蘇・伊西部とも書く。漁撈・航海に従事し、海産物を貢納する職掌をもつ部の伴造氏族。姓は臣（『類聚符宣抄』七、寛和二年〈九八六〉九月二十九日「補抄符庁直文殿等史生使部事」）のほか君・連・直姓もいる。磯部は『古事記』応神天皇段にみえる伊勢部と同一とされ、『新撰姓氏録』河内国皇別に磯部氏が応神天皇の兄の誉屋別命を祖とするのは、応神朝の伊勢部設置の伝えと関連があると考えられる。一族は伊勢に多く、礒連（『皇太神宮儀式帳』）・磯部直（『伊勢国風土記逸文』）などの有姓者もみえ、『続日本紀』和銅四年（七一一）三月辛亥条には磯部祖父・高志が渡相神主の氏姓を賜わったとある。磯部は伊賀・志摩・尾張・参河・遠江・駿河・相模・下総・常陸・近江・美濃・信濃・上野・越前・越中・越後・丹波・丹後・但馬・隠岐・播磨などに分布し、郷名もみえる。上野には礒部君、隠岐には磯部直などの有姓者がいた。

（前川）

石辺　いそべ　氏名は『延喜式』神名帳、近江国愛智郡条にみえる天日方奇日方命（久斯比賀多命）を祭神とする石部神社（滋賀県愛知郡愛知川町）の地名にもとづく。『新撰姓氏録』左京神別下に「石辺公。大国主〈古記一云。大物主。〉命男久斯比賀多命之後也」とみえるが、同山城国神別に「石辺公。大物主命子久斯比賀多命之後也」とあ

る。姓は公。一族の人名は他の史料にみえない。〔前川〕

板茂　いたもち　板持にも作る。氏名はのちの河内国錦部郡板持村（大阪府河内長野市千代田）の地名にもとづく。『新撰姓氏録』河内国諸蕃に「板茂連。伊吉連同祖。楊雍之後也」とある。『続日本紀』養老三年（七一九）五月癸卯条に板持史内麻呂ら十九人に連を賜うとみえ、旧姓は史。一族には神亀二年（七二五）三月十四日付「太政官処分」、『令集解』学令学生条にみえる板茂連安麻呂がいる。『河内国西琳寺縁起』に「板茂翁連」や檀越に板茂の氏名がみえる。〔前川〕

櫟井　いちいい　壱比韋・柞井にも作る。和珥氏の同族。のちの大和国添上郡櫟井（奈良県天理市櫟本町付近）の地を本拠とした豪族。姓は臣、のちに朝臣。孝昭天皇の皇子天足彦国押人命の後裔と伝える。『日本書紀』孝昭天皇六十八年正月庚子条に「天足彦国押人命、此和珥臣等始祖也」、『古事記』孝昭天皇段に「天押帯日子命者、〈春日臣、……小野臣、……壱比韋臣、……之祖也。〉」とみえる。『和邇系図』には春日朝臣氏の祖である人華臣の孫津幡臣（小野朝臣の祖野依臣の弟）の尻付に「櫟井臣祖」とある。天武天皇十三年十一月に朝臣を賜姓されたが、『新撰姓氏録』左京皇別下に「櫟井臣。和安部同祖、彦姥津命五世孫、米餅舂大使主命之後也」「和爾部宿禰。和安部朝臣同祖」「和安部朝臣。大春日朝臣同祖」「小野朝臣。大春日朝臣同祖」「大春日朝臣。出㆑自㆓孝昭天皇皇子天帯彦国押人命㆒也」とあるように、なお臣姓の一族が有力であった。臣姓の一族には、天平勝宝二年八月付「経師上日帳」に右大舎人「少初位上櫟井臣馬養」とみえる櫟（柞）井臣馬養（甘）がいる。彼は天平期に二十余年にわたって東大寺写経所に経師として出仕したが、その所伝には姓が多く略されているから、天平十八年五月付「後一切経校帳」にみえる経師の櫟井君万呂、天平宝字六年十二月付「二部般若銭用帳」にみえる瓶原園領の櫟井男公も臣姓か。朝臣姓の一族には、天平五年「山背国愛宕郡計帳」に櫟井朝臣牛甘・同刀自売・同奈等売らがみえる。彼らは山背国愛宕郡某郷戸主呉原忌寸五百足の戸口で、戸主の姉呉原忌寸刀自売の男女である。ほかに無姓の櫟井氏として、延暦十一年四月十一日付「東大寺上座慶賛愁状」に櫟井石雄、承保元年三月二日付「近江国奥嶋庄司解」に櫟井某が知られる。櫟井石雄は当該文書に署印を加えた刀禰十人のうちに、和邇部福富・同貞心とともに名を連ねており、櫟井氏が和邇部氏とともに大和国添上郡東五条の春日里辺で勢力を保持していたことを物語る。また櫟井某は当該文書に僧某とともに加判しており、櫟井氏が近江国蒲生郡船木郷辺でも勢力をもったことを伝えている。

〔星野良作〕

【参考文献】 岸俊男「ワニ氏に関する基礎的考察」（『日本古代政治史研究』所収）

市往 いちき　市往の氏名は、大和国高市郡市往岡（奈良県高市郡明香村岡）の地名にもとづく。『新撰姓氏録』右京諸蕃下には、「市往公。出レ自二百済国明王一也」とある。『続日本紀』神亀四年（七二七）十二月丁丑条によれば、「勅曰、僧正義淵法師。俗姓市往氏也。……宜下改二市往氏一賜二岡連姓一伝中其兄弟上」と、僧正義淵の兄弟が岡連を賜わったといい、天平十九年（七四七）十月には、市往泉麻呂も岡連となっている。天平五年の「右京計帳」には、市往伊毛売・市往刀自売の名がみえる。また、『日本霊異記』下巻第二には、「禅師永興者　諸楽左京興福寺沙門矣　俗姓葦屋君氏　一云二市往氏一　摂津国手嶋郡人也」とある。

〔佐久間〕

壱志 いちし　伊勢国の壱志の地（三重県一志郡）を本拠とした氏族。『古事記』孝昭天皇段には、「兄天押帯日子命者、〈春日臣・大宅臣……壱師君・近淡海国造之祖也〉」とあり、『倭姫命世紀』には市師県造祖建呰古命、『皇太神宮儀式帳』には壱志県造祖建呰子の名がみえる。その後、壱志に関する史料はきわめて少ないが、『続日本後紀』嘉祥二年（八四九）正月条に壱志公吉野の記載があり、『文徳実録』斉衡二年（八五五）正月条には壱志宿禰吉野となっている。この間に壱志公から壱志宿禰への改姓が行なわれたようである。また、『正倉院文書』には、天平勝宝五年（七五三）ころの写経所請経使として壱志豊人、天平勝宝末年ころの人として壱志郡嶋抜郷の戸主壱志君族祖父、さらに『続日本紀』天平十二年（七四〇）十一月条には、外少初位上より外従五位下となった壱師君族古麻呂の名がみえる。

〔佐久間〕

壱呂比 いちろい　壱礼比・一呂比にも作る。『続日本紀』延暦元年（七八二）四月癸亥条には、「右京人少初位下壱礼比福麻呂等一十五人賜二姓豊原連一」とあり、『新撰姓氏録』右京諸蕃下には、「豊原連。新羅国人壱呂比麻呂之後也」と記す。この福万呂と麻呂は同一人と思われるが、豊原連氏の一族には、昌泰三年（九〇〇）八月二十日付「河内国某田地売券」（『平安遺文』九―三四七〇）に、一呂比春日の名がみえる。

〔佐久間〕

猪使 いつかい　猪養（甘）部の伴造氏族。『日本書紀』安寧天皇十一年春正月壬戌朔条に「弟磯城津彦命、是猪使連之始祖也」とみえ、同天武天皇十三年（六八四）十二月己卯条には宿禰を賜わった氏族に猪使連がみえるので、旧姓は連。『新撰姓氏録』右京皇別上に「猪使宿禰。安寧天皇皇子。志紀都比古命之後也。日本紀合」とある。一族には『日本書紀』天武天皇十三年十二月癸未条に百済役に従軍し唐軍の捕虜となり奴婢とされたが、留学生土師甥らとともに新羅国使に送られ帰国した猪使連子首が、天平宝字六年（七六二）三月十日付「羽栗大山等解」には、造石山院所雇夫として檜皮を採取進上した猪使宿禰広成の名がみえる。

【参考文献】佐伯有清「猪養と猪使氏」（『日本古代氏族の研究』所収）〔前川〕

井代　いて　井手・井出とも書く。『新撰姓氏録』摂津国皇別に「井代臣。大春日朝臣同祖。米餅搗大使主命之後也。居二大和国添上郡井手村一因負二姓井手臣一。」とあるので、氏名は大和国の居地名（現在位置未詳）にもとづく。摂津国豊嶋郡井手邑（大阪府池田市北豊島一帯）はのちに井手臣氏が居住したことに由来するものか。一族には『大同類聚方』巻七十四に「添上郡井出臣広峰」、同巻七十六に「大和之井出臣」とある。〔前川〕

出庭　いでわ　氏名は出羽国田川郡伊氏波神社の鎮座地にもとづくとみる説があるが未詳。山城国内の地名かとみられる。『新撰姓氏録』山城国皇別に「出庭臣。孝元天皇皇子彦太忍信命之後也」とあり、姓は臣。一族の名は、天平五年（七三三）「右京計帳」に出庭臣乙麻呂をはじめとして多くみえ、出庭徳麻呂など無姓もおり、天平宝字二年（七五八）十月七日「後金剛般若経料雑物収納帳」にみえる出羽乙麻呂も出羽は出庭に通ずるので同族とみられ、『日本後紀』弘仁六年（八一五）八月丁卯条にみえる春岑朝臣を賜わった出□臣広津麻呂も、出庭臣と推察できる。〔前川〕

糸井　いとい　氏名は『延喜式』神名帳、大和国城下郡条にみえる糸井神社の鎮座地、のちの城下郡糸井庄（奈良県磯城郡川西町一帯）の地名にもとづく。『新撰姓氏録』大和国諸蕃に「糸井造。三宅連同祖。新羅国人天日槍命之後也」とあり、姓は造。一族には仁和三年（八八七）七月七日付「永原利行家地売券案」に大和国城上郡擬大領の糸井造継貞がみえる。他に天平感宝元年（七四九）四月より多くの写経を行なった経師の糸井造市人（『大日本古文書』三・十など、糸井市人ともみえる）、天平勝宝二年（七五〇）から同四年にかけて請経使となった糸井谷万呂（『大日本古文書』九・十一）などの無姓もいた。『続日本紀』神護景雲三年（七六九）四月甲子条には上野国邑楽郡人に糸井部袁胡の名がみえ、大伴部を賜姓されたとある。〔前川〕

為奈　いな　猪名・韋那・威奈とも書く。氏名は摂津国河辺郡為奈郷（兵庫県尼崎市東北部）の地名にもとづくが、この地方に設置されていた猪名部の伴造氏族の為奈部首氏より出た乳母の氏名に由来するとみられる。旧姓は公。『日本書紀』天武天皇十三年（六八四）十二月己卯朔条に真人を賜姓とある。『新撰姓氏録』右京皇別に「為奈真人。宣化天皇皇子火焔王之後也。日本紀合」とみえ、摂津国皇別にも同様の系譜がみえる。一族には『日本書紀』白雉元年（六五〇）二月甲申条の猪名公高見、同天武天皇元年（六七二）六月丙戌条の韋那公磐鍬、『続日本紀』大宝三年（七〇三）七月甲午条の猪名真人石前などがみえる。なお奈良県北葛城郡香芝町穴虫山から明和年間（一七六四～七二）に出土した威奈真人大村の墓誌銘がある。『古事記』宣化天皇段に「恵波王者、〈韋那公・多治比君之祖也。〉」と異伝を記し、『三代実録』貞観五年（八六三）十月二十七日丙戌条には為奈真人菅雄ら五人の戸に、火焔王の後裔のゆえに「未レ可レ徴ニ課役一也」とある。

【参考文献】長山泰孝「猪名県と猪名真人」（『地域史研究』二―二）、加藤謙吉「猪名県に関する二、三の問題」（竹内理三編『古代天皇制と社会構造』所収）〔前川〕

因支　いなき　大化前代の地方官職であった稲置（いなき）の系統を受け継ぐ豪族。官職名が氏名化して因支・稲置となった。㈠因支首と㈡稲置代首、㈢稲置（無姓）の三氏がある。㈠の因支首は讃岐国那珂郡（香川県丸亀市・善通寺市・仲多度郡南部にかけての一帯）と多度郡（善通寺市の西半と仲多度郡多度津町）を本拠とした豪族。貞観八年（八六六）十月、那珂郡人の因支首秋主らの改氏姓の請願により、那珂郡の三烟十五名、多度郡の三烟二十八名の因支首の一族が和気公の氏姓を賜わった。『三代実録』によると、因支首氏は武国凝別皇子（景行天皇の皇子）の苗裔とあり、貞観九年二月十六日付の「讃岐国司解」には伊予別公と同宗とする。伊予別公は、『日本書紀』によれば、日本武尊の子十城別王の後裔であるが、『和気系図』は武国凝別皇子の後裔として、伊予国の御村別君と讃岐国の因支首の名をあげ、その系譜を掲げており、御村別君氏の忍尾別君が伊予国より讃岐国へ来て、因支首の長女を娶り、その子の思波と与呂豆の二人が、母方の因支首の氏姓を負ったとある。これによれば、伊予の御村別君氏とは本来系統を異にする因支首の一族が讃岐に存したことになるが、『和気系図』は、伊予別公・伊予国御村別君・因支首の各系図を接合して作られた形跡があり、しかも数次にわたる複雑な形成過程を経て成立した系図と推測されるので、その出自・系統についてはなお不分明の点が少なくない。『和気系図』には、因支首身が孝徳朝に主帳に任ぜられ、小乙上の冠位を有していたとし、「讃岐国司解」には身を「忍尾（忍尾別君）五世孫少初位上」とするが、身以外の因支氏の氏人で、位階を帯する者や郡司に就任した者は皆無である。令制下の讃岐でのこの氏の政治的地位は低かったとみるべきであろう。ただ天台宗寺門派の祖、円珍がこの氏の出身（那珂郡金倉郷〈善通寺市金蔵寺町〉の人、因支首宅成の子広雄）であったことが注目される。円珍の叔父仁徳（那珂郡人、因支首宅麻呂）も比叡山僧であり、また円珍の母は、多度郡の佐伯直氏の出身で、空海の姪であった。多度郡出身で貞観十年（八六八）ごろ左大史に任ぜられた刑部造真鯨も、円珍の一族の姻戚と推定されている。因支首氏は宗教的・学問的分野と係わりの深い氏族であったと考えられる。「讃岐国司解」によれば、因支首氏は大同二年（八〇七）にも改氏姓の申請を行なっており、貞観八年に至ってようやくその悲願を達成したことになるが、これは和気公への改氏姓が、在地社会において低迷する因支首氏にとって、氏族的発展の契機として強く意識せられたことを示すものと思われる。㈡の稲置代首氏には、天平感宝元年（七四九）から天平勝宝三年（七五一）ごろの伊賀国阿拝郡の擬主帳に稲置代首宮足がおり、同国伊賀郡の依那具（いなぐ）村（三重県上野市依那具）を本拠とした豪族とみられるが、詳細は不明。㈢の稲置（無姓）も、稲置山守の名が正倉院南倉の御物白布袍の左右衽の銘にみえるだけで、同じく詳細は不明である。

【参考文献】佐伯有清『古代氏族の系図』、義江明子『日本古代の氏の構造』
（加藤）

稲城壬生　いなきのみぶ　氏名の稲城はのちの尾張国丹羽郡稲木郷（愛知県江南市周辺）の地名、壬生は壬生部の伴造氏族であったことにもとづく。『新撰姓氏録』左京皇別下に「稲城壬生公。出レ自二垂仁天皇皇子鐸石別命一也」とある。この旧氏姓は稲木之別。『古事記』垂仁天皇段に稲木之別は大中津日子命の後裔氏族とするが、『日本書紀』に大中津日子命の名はみえない。『古事記』が大中津日子命の後裔として稲木之別とともにあげている山辺之別・吉備之石旡別に相当する山辺公・吉備磐梨別公（和気朝臣）は『新撰姓氏録』に山辺公を大鐸石和居命（摂津国皇別）、和気朝臣を鐸石別命ののちとし（右京皇別下）、稲城壬生公を鐸石別命に出自するのと一致する。一族に承和八年（八四一）十月九日付「石川宗益家地売券」にみえる左京六条三坊の戸主の稲城壬生公徳継のほか、『三代実録』元慶八年（八八四）二月二十六日丁巳条の稲城丹生公真秀はその同族である。〔前川〕

因幡　いなば　因幡国高草郡（鳥取県鳥取市西半部）と八上郡（鳥取県八頭郡東部と北部）を本拠とした豪族。旧氏姓は国造で、のち因幡国造に改氏姓。『先代旧事本紀』国造本紀には、成務朝に彦坐王の児彦多都彦命が稲葉国造に任ぜられたとあり、この国造家の流れをくむ一族であろう。令制下には高草郡と八上郡の郡領を務めた。宝亀二年（七七一）二月に高草郡の采女、国造浄成女が因幡国造の氏姓を賜わり、同年十二月、因幡国国造（律令国造）に就任。同五年二月には、八上郡の員外少領で、従八位上であった国造宝頭が因幡国造の氏姓を賜わっている。浄成女は『日本後紀』に「天皇特加二寵愛一、終至二顕位一」と記すように、のちに正四位上にまで昇進した有力者であり、宝頭は浄成女の一族の者で、その斡旋により因幡国造の氏姓を得たのであろう。延暦十年（七九一）六月に正六位上から外従五位下に昇叙された因幡国造国富も浄成女・宝頭の親縁の者と推測される。このほか高草郡には、国造難磐・国造勝磐・国（造）古丸（天平勝宝七年〈七五五〉、天平神護元年〈七六五〉）、因幡（〈欠名〉、天慶三年〈九四〇〉）ら国造・因幡の氏を名のる者が史料に散見するが、これらはいずれも国造・因幡国造の一族と考えられる。なお高草・八上両郡に隣接する邑美郡と法美郡の郡領家であった臣姓の伊福部氏の系図、『因幡国伊福部臣古志』によると、成務朝に伊其和斯彦宿禰が稲葉国の国造に任ぜられ、以後この氏が国造職を歴任したとあるが、大己貴の後裔と称する伊福部氏と国造・因幡国造氏とは別系の氏であり、伊福部氏が稲葉国造であったとする同書の所伝は、伊福部氏による作為の疑いが濃い。〔加藤〕

【参考文献】佐伯有清『古代氏族の系図』

稲蜂間　いなはちま　氏名は因八万・因八麻にも作る。京都府相楽郡精華町稲八間（妻）の地名に由来するとみる説もあるが未詳。『続日本紀』天平宝字五年（七六一）正月戊子条に「従七位上稲蜂間連仲村女、並外従五位下」とみえ、同年四月乙亥条に「外従五位下稲蜂間連仲村売。親族稲蜂間首醜麻呂等八人。賜二姓稲蜂間連一」とあり、旧姓は首、新姓は連。一族の名は右の二名しかみえず、仲村売は因幡中村にも作り、天平十九年（七四七）十一月十九日「間写経目録」に名がみえ、天平勝宝六年（七五四）九月八日内侍として写経を宣し、天平宝字六年（七六二）三月廿五日付「石山院牒」には因八麻命婦とみえ孝謙上皇の勅により鏡鋳造のため鋳工を召し、同年十二月十四日に欧陽詢真跡屛風を借り出し、『続日本紀』には翌七年正月に従五位下、同年十月に従五位上、天平宝字八年（七六四）九月丁巳条には仲村売は醜麻呂と宿禰を賜姓、正五位上に、翌年正月勲四等を授けられた。

【参考文献】　斉藤孝「孝謙太上天皇勅願鏡について」（『日本古代と唐風美術』所収）、奥田裕之「稲蜂間仲村女について」（『桃山歴史・地理』一六・一七）（前川）

猪名部　いなべ　韋那部・為奈部にも作る。渡来系の土木技術者である猪名部とその伴造の後裔氏族。かつての猪名県（のちの摂津国河辺郡為奈郷、今の兵庫県尼崎市東北部）の地が本拠。姓は造・首、無姓の猪奈部氏もいた。『日本書紀』に、応神朝に新羅王が貢上した匠者（たくみ）を「是猪名部等之始祖也」とあるが、『新撰姓氏録』に猪名部造は「伊香我色男（いかがしこお）命之後」（左京神別上）、為奈部首は「伊香我色乎命六世孫金連之後」（未定雑姓・摂津国①）・「出レ自二百済国人中津波手（なかつはて）一」（摂津国諸蕃②）とみえ、物部氏系（造姓・首姓①）と百済系（首姓②）の猪名部氏が伝わる。造姓の一族は八世紀中ごろから知られるが、そのうち猪名部造善縄は天長五年（八二八）に兄弟姉妹五人とともに春澄宿禰と改氏姓し、のちに朝臣姓となり、貞観十二年（八七〇）二月に参議従三位で没している。首姓・無姓の猪名部氏は八世紀の史料にみえる。

【参考文献】　加藤謙吉「猪名部に関する基礎的考察」（『民衆史研究』一七）、佐伯有清『新撰姓氏録の研究』考証篇第三・五・六（星野良作）

印南野　いなみの　氏名は播磨国賀古郡印南野（兵庫県加古川市、加古川以西一帯。『播磨国風土記』『和名抄』に印南郡とみえる）の地名にもとづく。『続日本紀』天平神護元年（七六五）五月庚戌条には、国司の奏言として賀古郡人馬養造人上の先祖吉備都彦の苗裔上道臣息長借鎌は、仁徳天皇の代播磨国賀古郡印南野に家居し、その六世孫牟射志はよく馬を養ったので上宮太子に仕え馬司に任ぜられたが、『庚午年籍』造籍の日に誤って馬養造に編せられたので、居地名をとり印南野臣の改氏姓を請願し許されたとある。『三代実録』元慶三年（八七九）十月二十二日戊寅条によれば、左京人印南野臣宗雄は「其先。出レ自二吉備武彦命一也」とし「吉備武彦命第二男。御友別命十一世孫人上。天平神護元年取二居地之名一。賜二印南野臣姓一。第三男鴨別命。是笠朝臣之祖也。兄弟之後。宜二同姓一也」といい、男三人、女一人、妹一人に笠朝臣の氏姓を賜わった。（前川）

犬養 いぬかい　犬甘にも作る。犬を使って屯倉などの守衛に当たった犬養部およびその下級伴造の後裔氏族。無姓・部姓の犬養氏のほか犬甘部首氏がいる。犬養部については『日本書紀』安閑天皇二年八月乙亥条に「詔置国国犬養部」とあって、実際これをあまり隔たらない五世紀末〜六世紀初頭ころの創設とみられる。犬養部とその下級伴造の犬養氏を統属する上級伴造として中央には県犬養連・若犬養連・阿曇犬養連・海犬養連の四氏があったが、地方では一般にこれら上級伴造は少なく、犬養氏が直接犬養部を統率していたらしい。『新撰姓氏録』摂津国神別に「犬養。同神（神魂命）十九世孫田根連之後也」とみえるほか、史料やイヌカイの遺存地名からは広く諸国に分布が知られる。とくに「山背国愛宕郡計帳」は同郡居住の多数の犬養氏の人名を載せている。犬甘部首に関しては天平十一年（七三九）「備中国大税負死亡人帳」に同国賀夜郡多気郷田次里の戸主犬甘部首土方がみえるのみであるが、無姓の犬養氏と同様に下級の伴造であろう。なお『日本書紀』には大化の東国国司紀臣麻利耆拕の配下に加わり、のち壬申の乱（六七二年）に際し近江朝廷側の将として斬られた犬養連五十君がみえ、また『日本霊異記』下巻十五話には奈良京佐伎村の人犬養宿禰真老の名がみえるが、これらは前記の某犬養の某字を脱したものか。

【参考文献】黛弘道「犬養氏および犬養部の研究」（『律令国家成立史の研究』所収）（星野良史）

犬上 いぬかみ　のちの近江国犬上郡（滋賀県犬上郡）の豪族。姓は君、のちに朝臣。また県主姓の犬上氏もいた。君・朝臣姓の犬上氏は、日本武尊の子、稲依別王の後裔と伝える。『古事記』景行天皇段に「稲依別王者。〈犬上君。建部君等之祖。〉」とみえ、『日本書紀』景行天皇五十一年八月壬子条に「稲依別王。是犬上君。武部君。凡二族之始祖也」、『先代旧事本紀』天皇本紀、成務天皇四十八年三月庚辰朔条に「稲依別王。〈犬上君。武部君等祖。〉」とある。このように犬上君氏は、建部（武部）君氏と同族と称していた。天武天皇十三年（六八四）十一月に朝臣を賜姓され、『新撰姓氏録』左京皇別上に「犬上朝臣。出レ自二諡景行皇子日本武尊一也」とみえる。神功皇后摂政紀に犬上君の祖、倉見別という人物がみえ、忍熊王の叛に加わった伝承を遺す。犬上氏の一族で犬上君御田鍬は遣隋使・遣唐使となり、犬上君白麻呂は遣高麗大判官になるなど、対外交渉に関係した人物が目につく。天平感宝元年（七四九）六月一日付の「奴婢売券」には、平城左京六条一坊の戸主として犬上朝臣真人、その戸口に犬上朝臣都可比女という人物の名が記されており、犬上朝臣氏は、はやく近江国犬上郡を出て中央に移住したらしい。なお『三代実録』仁和元年七月十九日辛丑条には近江国検非違使権主典前犬上郡大領従七位上の犬上春吉という人物がみえるので、近江国犬上郡の在地豪族として犬上氏が存続していたことが知られる。『百家系図稿』建部系図では、犬上君の祖、倉見別を稲依別王の子とし、犬上君御田鍬を倉見別の六世の孫とし、犬上君白麻呂を御田鍬の子に作ってある。県主姓の犬上氏については、『新撰姓氏録』未定雑姓、大和国に「犬上県主。天津彦根命之後也」とみえるだけである。なお『百家系図』三上系図に天津彦根命の八世の孫として大加賀美命をあげ、その譜文に「御間城入彦五十瓊殖天皇六年己丑秋九月於二近淡海国御上嶽麓一自二神代一伝留神鏡乎鋳移志給」とあり、三上祝・川上舎人氏などとともに犬上県主の祖と注している。（佐伯）

井上 いのうえ　井於と通じ用いられる。阿智使主の後裔伝承をもつ。井上の氏名については、河内国志紀郡井於郷（大阪府藤井寺市道明寺町付近）の地名にもとづくという。一族には、皇后宮少進となった井上伊美吉（名欠）、天平十七年（七四五）九月に紀伊守となった井上忌寸麻呂、経師であった井上忌寸岡万呂らがいる。また、井上忌寸蜂麻呂は、『続日本紀』神護景雲三年（七六九）十月甲子条に、「詔以二由義宮一為二西京一。河内国為二河内職一。……仍賜二弓削御浄朝臣清人等、并供レ事国郡司軍毅爵一級一」とあるなかで、外従五位下に叙せられているが、これは彼が河内国某郡の郡司であるとともに、井上忌寸氏の本貫が河内国にあったことを示しているものと思われる。（佐久間）

井於 いのえ　氏名はのちの河内国志紀郡井於郷（『和名抄』、大阪府藤井寺市道明寺付近）の地名にもとづく。『続日本紀』天平神護二年（七六五）四月丁未条に、摂津国人正七位下甘尾雪麻呂に井於連を賜姓とある。また『続日本後紀』承和十年（八四三）十二月癸未条に、無姓の井於枚麻呂の名がみえる。（前川）

伊部 いべ　百済系渡来氏族。姓は造。伊部の氏名は、子代部と考えられる伊部の伴造氏族であったことにもとづく。『新撰姓氏録』山城国諸蕃に「伊部造。出レ自二百済国人乃里使主一也」とみえる。一族には、八世紀中ころに造東大寺司に仕えた伊部造子水通、天平宝字三年（七五九）当時正六位上で大宰府大典の職にあった伊部造社麻呂がおり、天平勝宝七歳（七五五）九月二十八日付「班田司歴名」に山代国班田司史生として名のみえる伊部禰万呂も、伊部造子水通が無姓で表記される例の多いことからすると、造の姓を有していたであろう。また伊部造氏は越前国にも分布し、『三代実録』貞観十五年（八七三）十二月二日条に「越前国敦賀郡人右大史正六位上伊部造豊持賜二姓飯高朝臣一。即改二本居一貫二左京五条三坊一。其先。出レ自二孝昭天皇皇子天足彦国押人命一也」とみえ、山城国の伊部造氏とは系譜を異にする。越前国の伊部造氏は、同国敦賀郡の伊部郷（福井県丹生郡織田町岩倉付近）を本貫としていたと推定される。（篠川）

今木　いまき　氏名は『万葉集』巻九―一七九五の「宇治若郎子宮所謌一首」にみえる「今木乃嶺」の所在地、山城国宇治郡今木（京都府宇治市朝日山付近）の地名にもとづく。『新撰姓氏録』山城国皇別に「今木。道守同祖。建豊羽頬別命之後也」とし、山城国神別に「今木連。同上〈神饒速日命七世孫大売大布刀命之後也〉」とする一族と、「今木連。神魂命五世孫阿麻乃西乎命之後也」とする者とがある。無姓の今木氏は天平五年（七三三）ごろ「山背国愛宕郡某郷計帳」に今木稲売がみえ、連姓の人名には天平二十年（七四八）八月二十六日付「山背国宇治郡加美郷家地売買券文」にみえる山背国宇治郡主帳の今木連安万呂、主帳の今木連（欠名）がみえるが、神饒速日命系か神魂命系か不明。先掲の「某郷計帳」に今木直粳ら直姓の今木氏もみえ、愛宕郡人で無姓の今木氏とともに居住していた。両氏は同族とみられる。（前川）

伊弥頭　いみず　射水とも書き、氏名は越中国射水郡（富山県射水郡・高岡市）の地名にもとづく。『先代旧事本紀』国造本紀に伊弥頭国造とみえる。一族の名は、天平勝宝四年（七五二）十月十八日付「越中国牒」に越中国射水郡三嶋郷戸主として射水臣（欠名）とあり、姓は臣。『三代実録』仁和二年（八八六）十二月十八日壬戌条に、越中国新川郡擬大領正七位上伊弥頭臣真益とみえ、また延喜十年（九一〇）「越中国官倉納穀交替帳」（『平安遺文』一所収）に擬大領従八位上射水臣常行とある。『延喜式』神名帳には射水郡に射水神社の鎮座（高岡市二上）がみえ、伊弥頭臣氏の氏神社である。

【参考文献】米沢康『越中古代史の研究』、佐伯有清『古代氏族の系図』（前川）

伊予別　いよのわけ　伊予国和気郡（愛媛県松山市）の豪族。姓は君。『日本書紀』景行天皇五十一年八月壬子条に「十城別王、是伊予別君之始祖也」とある。貞観九年（八六七）二月十六日付の「讃岐国司解」には讃岐因支首秋主らは伊予別公氏とともに同宗であることを記した本系帳を進上したことがみえる。讃岐因支首氏の由来を語るものに『和気系図』があるが、この系図から伊予別君氏についてもいくつか知ることができる。系図の水別命の系統の佐久□□別命のもとに又名として十城別命の名が記されている。さらにその子の□尼古乃別命のもとには「此れ別君の祖」と復原できる文がみえる。これらのことからこの部分の系譜は伊予別君氏の系統を記載していると考えられ、その子孫として評造宮手古別君・評督大別君・郡大領足国乃別君の名があり、伊予別君氏一族は伊予国和気評（郡）の郡領の家柄だったことがわかる。

【参考文献】　佐伯有清「和気公氏の系図」（『古代氏族の系図』所収）〔大山〕

伊与部　いよべ　伊預部・伊余部とも記す。氏名は伊与部の伴造氏族だったことによる。姓は連および無姓。連姓の伊与部氏は伊与部一族の本宗氏族とも考えられ、『三代実録』貞観四年（八六二）五月十三日庚辰条によると火明命を祖としている。一族の人に伊余部連馬飼がいる。馬飼は馬養とも書き、持統天皇三年六月に撰善言司に任命され、文武天皇四年（七〇〇）、大宝元年（七〇一）には『大宝律令』撰定の功により禄を賜わった。『丹後国風土記』逸文によると丹後国司のとき「浦島子伝」を書き、『懐風藻』には一首を載せている。このほかに一族の人に『続日本紀』延暦十年（七九一）正月戊辰条の伊与部連家守などがいる。無姓の伊与部氏については『新撰姓氏録』右京神別下、天神の条に「伊与部。高媚牟須比命三世孫、天辞代主命之後也」とあり、同じく天孫の条には「伊与部。同上〈火明命五世孫、武礪目命之後也〉」とある。〔大山〕

入間　いるま　氏名は武蔵国入間郡（埼玉県入間郡）の地名にもとづく。『続日本紀』神護景雲二年（七六八）七月壬午条に、武蔵国入間郡人正六位上勲五等物部直広成ら六人に入間宿禰の氏姓を賜わったとある。入間宿禰の旧氏姓は物部直。『新撰姓氏録』左京神別中に「入間宿禰。同神十七世孫天日古曾乃己呂命之後也」（同神＝天穂日命）とある。一族は『続日本紀』天応元年（七八一）九月丁丑条などの入間宿禰広成のほか、他の史料にみえない。〔前川〕

石城　いわき　磐城にも作る。陸奥国磐城郡（福島県いわき市）の国造系豪族。姓は臣。『先代旧事本紀』国造本紀では石城国造の祖を建許呂命とする。一族は『続日本紀』神護景雲三年（七六九）三月辛巳条に磐城郡人外正六位上丈部山際に於保磐城臣を賜わったとみえるのを初めとする。多賀城から「宝亀十一年九月十七日磐城郡司解文」と呼称することができる漆紙文書がみつかっているが、この史料は磐城郡の大領または少領と考えられる「磐城臣千□」の自署がある。また『続日本後紀』承和七年（八四〇）三月戊子にみえる磐城郡大領外正六位上勲八等磐城臣雄公が一族の性格を示している。雄公は大橋二十四処、溝池堰二十六処、官舎正倉一百九十宇を修すなど勧農事業を行ない外従五位下を仮授されているが、そこに共同体的首長としての性格が看取できる。雄公は、この後承和十年（八四三）十一月己亥条で従五位下を授けられ、さらに承和十一年（八四四）正月辛卯条で、貞道・弟成などとともに阿倍磐城臣を賜わっている。このほか、一族に『類聚国史』巻九十九、天長三年（八二六）正月庚寅条にみえる外従六位上磐城臣藤成がいる。藤成も郡司クラスの人物であろう。

【参考文献】　宮城県多賀城跡調査研究所『多賀城漆紙文書』　（関口）

石瀬　いわせ　磐瀬・石背とも書き、氏名は陸奥国磐瀬郡磐瀬（『和名抄』、福島県岩瀬郡岩瀬）の地名にもとづく。『先代旧事本紀』国造本紀に石背国造とみえる。『続日本紀』神護景雲三年（七六九）三月辛巳条には、磐瀬郡人外正六位上吉弥侯部人上に磐瀬朝臣の氏姓を賜わったとあり、磐瀬朝臣氏の旧姓は吉弥侯部。一族に『三代実録』貞観三年（八六一）十月十六日丙辰条には陸奥国石瀬郡大領外従五位下石瀬朝臣富主の名がみえ（同貞観七年〈八六五〉十一月二日己卯条にもみえ、借外従五位下から外従五位下に昇叙）、同貞観六年（八六四）七月十五日己亥条に磐瀬郡権大領外正六位上磐瀬朝臣長宗の名がみえる。　（前川）

石生別　いわなすわけ　備前国磐梨郡・邑久郡・御野郡など（岡山県東南部）に分布した氏族。姓は公。『続日本紀』神護景雲三年（七六九）六月壬戌条に「備前国藤野郡人別部大原。少初位上忍海部興志。財部黒士。邑久郡人別部比治。御野郡人物部麻呂等六十四人賜二姓石生別公一」（藤野郡はのちに和気郡と磐梨郡に分かれた）とある。和気朝臣氏の旧氏姓も磐梨（石无・石生）別公と称したが、右の別部・忍海部・財部・物部の諸氏は、かつてはその磐梨別公氏に従属した部民であったと考えられる。その後の一族の人には、『続日本後紀』承和三年（八三六）九月丙申条に「備前国人外従八位上石生別公諸上等改二本居一。貫二附右京八条三坊一」とみえる石生別公諸上、『文徳実録』嘉祥三年（八五〇）八月丙辰条に「磐梨郡少領外従八位上石生別公長貞。於二郡下石生郷雄神河一。獲二白亀一枚一」とみえる石生別公長貞がいる。

【参考文献】横田健一「上代地方豪族存在形態の一考察」（『史林』三三—二、のち『白鳳天平の世界』所収）、平野邦雄『和気清麻呂』　（篠川）

石村　いわれ　氏名は磐余とも書き、のちの大和国十市郡磐余村（奈良県桜井市中部・橿原市東南部一帯）の地名にもとづく。『新撰姓氏録』第二十三巻、右京諸蕃上の坂上大宿禰条の逸文（『坂上系図』阿智王条所引）にみえる。姓は村主。一族に『続日本紀』天平宝字八年（七六四）九月壬子条の石村村主石楯や同天平神護元年（七六五）四月丁亥条の石村村主押縄らがおり、天平神護元年四月に坂上忌寸の氏姓を賜わった。なおこの氏名には天平十一年（七三九）「経師手実帳」の石村乙万呂、造東大寺司鋳工の石村宿奈麻呂（『大日本古文書』十三・十六）、天平十五年（七四三）写疏所校生の石村鷹万呂（『大日本古文書』二・八・二十四）、石村布勢麻呂（『大日本古文書』二・七）、平城宮出土木簡にみえる石村角などの無姓もおり、校生で春宮坊舎人の石村部熊鷹（『大日本古文書』二・八など）の部姓もいた。　（前川）

斎部　いんべ　高皇産霊尊の子天太玉命を祖とする氏族。もと氏名を忌部と表記した。姓は首であったが、壬申の乱の功臣であった忌部首子人（首・子首）と弟の忌部首色弗（色夫知・色布知）は、天武天皇九年（六八〇）正月に連姓を賜わっている。さらに本宗家は、天武天皇十三年十二月に宿禰姓となり、延暦二十二年（八〇三）三月には、忌部宿禰浜成らの申請により氏名の忌部を斎部と改めた。これは忌の字が凶事を連想させるためといわれている。『新撰姓氏録』は右京神別に載せ、「斎部宿禰。高皇産霊尊子。天太玉命之後也」と記す。しかし、なお忌部連の姓に止まった支族も多く、また忌部宿禰高善のように、貞観十一年（八六九）十月に至って斎部と改めた例もある。斎部（忌部）氏は、祭祀に必要な物資を貢納する忌部を統率した伴造氏族で、宮廷内の神事に携わり、神物を納める斎蔵を管理したとも伝えられる。『本朝月令』に引く『古語拾遺』逸文に「至二于難波長柄豊前朝白鳳四年一。以二小花下諱部首作斯一拝二祠官頭一。令レ掌下叙二王族一。宮内礼儀。婚姻。卜巫上。夏冬二季御卜之式。始起二此時一」とあって、孝徳朝に諱部（忌部）首作斯が祠官頭という官職についたという。祠官はその職掌からみて内廷的性格が強く、宮廷儀礼を専門とする官司で、神祇官の先行官司とみなすことには疑問も出されている。神祇官が成立したのちは、神祇少副以下の職員に任ぜられた。神祇令には、「其祈年・月次祭者。百官集二神祇官一。中臣宣二祝詞一。忌部班二幣帛一」「凡践祚之日。中臣奏二天神之寿詞一。忌部上二神璽之鏡剣一」と規定され、神祇官や諸司から選任された忌部の氏人が、幣帛を班給したり、大嘗祭において新天皇に神器を奏上する任を帯びていた。このように、斎部（忌部）氏は中臣氏とともに祭祀を分掌していたが、中臣氏から出た藤原氏が隆盛するに伴い、中臣氏が祭祀権を独占する傾向が強まった。伊勢神宮などへの奉幣使（幣帛使）も本来は両氏が平等に選任されていたが、奈良時代初めには、忌部氏がその任から排除されるようになった。そこで忌部宿禰虫名・鳥麻呂らが天平七年（七三五）に朝廷に訴え、忌部氏が幣帛使になることが許されたが、天平宝字元年（七五七）には、幣帛使は中臣氏のみを差し他姓の人は用いないことになって、忌部氏の主張は退けられた。その後も両氏の争いは続き、大同二年（八〇七）二月、斎部宿禰広成は平城天皇に『古語拾遺』を撰上し、斎部氏の祭祀における伝統を論じ、中臣氏の専権化を詳細に批判した。部民である忌部は諸国に設定され、『古語拾遺』には「太玉命所レ率神名。曰二天日鷲命〈阿波国忌部等祖也〉・手置帆負命〈讃岐国忌部祖也〉・彦狭知命〈紀伊国忌部祖也〉・櫛明玉命〈出雲国玉作祖也〉・天目一箇命〈筑紫・伊勢両国忌部祖也〉」と記されている。このうち阿波国の忌部は、『日本書紀』神代巻に「粟国忌部遠祖天日鷲」、『古語拾遺』に「天日鷲命之孫。造木綿及麻并織布〈古語阿良多倍〉。仍令下天富命。率二日鷲命之孫一。求二肥饒地一。遣二阿波国一。殖中穀麻種上。其裔今在二彼国一。当二大嘗之年一。貢二木綿・麻布及種々物一。所以郡名為二麻殖一之縁也」という伝承を載せる。同国には首（毘登）姓と無姓の忌部氏がいたが、無姓であった忌部毘登隅（須美）は連と改姓し、神護景雲二年（七六八）七月には忌部連方麻呂・須美ら十一人が宿禰姓、忌部越麻呂ら十四人が連姓をそれぞれ賜わっている。同国の麻殖郡には忌部神社がある。紀伊国の忌部は『日本書紀』神代巻に「紀国忌部遠祖手置帆負神」とあって『古語拾遺』にいう祖神と異にするが、名草郡忌部郷（和歌山県岡崎町大字井辺）を本拠とした。同国の忌部は、『延喜式』践祚大嘗祭・神楯戟条に「凡大嘗宮南北門所レ建……戟八竿……〈戟紀伊国忌部氏造之〉」とあるように、大嘗祭に立てる戟を貢上した。出雲国には意宇郡に忌部郷があり、『出雲国風土記』同郡条によれば忌部神戸が置かれていた。また、上総・下総・安房などの東国にも存在し、『古語拾遺』には「天富命。更求二沃壌一。分二阿波斎部一。率二往東土一。播二殖麻穀一。好麻所レ生。故謂二之総国一。穀木所レ生。故謂二之結城郡一。〈古語。麻謂二之総一。今為二上総・下総二国一。是也〉阿波忌部所レ居。便名二安房郡一。〈今安房国。是也〉天富命。即於二其地一立二太玉命社一。今謂二之安房社一。故其神戸有二斎部氏一」とある。

【参考文献】　上田正昭「忌部の機能」（『日本古代国家論究』所収）、維方惟精「日本神話と斎部氏・中臣氏」（『講座日本の神話八　日本神話と氏族』所収）、東野治之「大化以前の官制と律令中央官制」（『日本歴史』三六二）、西宮一民校注『古語拾遺』、井上辰雄「忌部の研究」（『古代王権と宗教的部民』所収）〔高嶋〕

う

於　うえ　氏名は宇閉・上にも作り、『延喜式』神名帳、大和国広瀬郡条にみえる於神社の鎮座地（奈良県北葛城郡広陵町大塚）の地名にもとづく。『新撰姓氏録』第二十三巻、右京諸蕃上の坂上大宿禰条逸文（『坂上系図』志多直条所引）にみえる。『日本書紀』天武天皇十四年（六八五）六月甲午条に倭漢連氏が忌寸姓を賜わったとあるが、これと同時かそれに近い時期に、旧姓の直から忌寸となったとみられる。一族には『日本書紀』天武天皇十三年（六八四）三月庚寅条に宇閉直弓、天平五年（七三三）「右京計帳」の於伊美吉子首らがいるが、『続日本紀』延暦六年（七八七）六月辛丑条に従八位上於忌寸弟麻呂ら四人に宿禰を賜姓された。同延暦十年（七九一）三月壬午条に於宿禰乙女の名がみえる。なお『三代実録』貞観四年（八六二）五月十日丁丑条に「右京人左弁官史生従六位下於公浦雄、弟菅雄、主雄等三人、賜二姓滋世宿禰一」とあって、出自未詳の公姓もいた。〔前川〕

鵜甘部　うかいべ　『新撰姓氏録』未定雑姓、和泉国に、「鵜甘部首。武内宿禰己西男柄宿禰之後也」とある。鵜養部とも書き、鵜を飼養して魚を採ることに携わる鵜甘部の伴造氏族であったことを示す。『日本書紀』には神武天皇の吉野行幸に際し、阿太養鸕部の始祖である苞苴担の子が梁を作って魚を取っていたとあり、『古事記』にはこれを阿陀之鵜養之祖贄持之子としている。また、『万葉集』にも「安太人の梁うち渡す……」（巻十一―二六九九）とあるのは、阿陀（阿太）の鵜養部を指すものであり、柿本人麻呂も、「吉野川……川の神も　大御食に　仕へ奉ると　上つ瀬に　鵜川を立ち　下つ瀬に　小網さし渡す……」（巻一―三八）と吉野の鵜飼を歌っている。鵜甘・鵜甘部氏の人には、『正倉院文書』や平城京出土木簡の鵜甘子君や鵜甘部乙麻呂、大宝二年（七〇二）「御野国各牟郡中里戸籍」には鵜養部目都良売らの名がみえる。美濃国方県郡には鵜養郷があるが、これはここに、鵜養部が設置されていたことによる地名であろう。〔佐久間〕

宇漢米　うかめ　宇漢迷にも作る。蝦夷の氏名で典拠未詳。一族には『続日本紀』宝亀元年（七七〇）八月己亥条に、徒族を率い蝦夷地に逃げ帰り来帰せず、同族を率いて城柵を侵すと揚言した宇漢迷公宇屈波宇の名がみえ、姓は公。『日本後紀』弘仁三年（八一二）正月乙酉条に夷外従五位上宇漢米公色男、『続日本後紀』承和二年（八三五）六月辛丑条に俘囚第二等宇漢米公何毛伊、同承和五年（八三八）十一月丁卯条に征戦に勲功があったので外□五位下を授位された外従六位下宇漢米公毛志、同承和十四年（八四七）四月癸卯条に外従八位下宇漢米公阿多奈麿の名がみえる。〔前川〕

浮穴　うきあな　氏名はのちの伊予国浮穴郡（愛媛県上浮穴郡）の地名にもとづく。『新撰姓氏録』左京神別中に「浮穴直。移受牟受吒命五世孫弟意孫連之後也」とみえ、河内国神別にも「移牟受比命之後也」とある。姓は直。一族には『続日本後紀』承和五年（八三八）五月丙子条に、浮穴直千継・浮穴直真徳らがみえるが、この両名は右の条によれば伊予国人であり、春江宿禰の氏姓を賜わり、この先祖を大久米命とする。また承和元年（八三四）十一月丁巳条にみえる女孺の河内国若江郡人浮穴直永子も春江宿禰を賜姓されているので、浮穴直千継らと同族である。〔前川〕

宇佐　うさ　豊前国に居住した氏族で、宇佐国造の後裔と伝える。『先代旧事本紀』国造本紀に「宇佐国造。橿原朝。高魂尊孫宇佐都彦命。定㆓賜国造㆒」とある。『類聚国史』に「弘仁二年八月。以㆓大神宇佐二氏㆒為㆓八幡大菩薩宮司㆒」とあるように、大神氏とともに代々宇佐八幡宮に奉仕した。『八幡本紀』には「大宮司。宇佐公姓。宇佐津彦命之後也」とある。姓は初め公（君）、のち宿禰を賜わった。『東大寺要録』に引く弘仁十二年（八二一）八月十五日太政官符によれば、宇佐公池守が天平十八年（七四六）神宮司、宝亀二年（七七一）に少宮司に任じられ、「（大神朝臣）田麿之族。為祝神主大宮司。宇佐公池守之胤。為少宮司。嗣門地相承云々」とある。しかし、応和二年（九六二）には宇佐君貴文が権大宮司に、寛弘六年（一〇〇六）に宇佐宿禰相規が大宮司になっているから、平安中期に至って祭祀権を独占したものとみられる。平安末期に朝臣姓を賜わっている。

【参考文献】中野幡能『八幡信仰史の研究』（高嶋）

宇治　うじ　山城国宇治郡（京都府宇治市と京都市の各一部）一帯を本拠とした豪族。氏名を菟道にも作る。饒速日命の六世孫、伊香（我）色雄命の後裔。姓は初め連。天武天皇十三年（六八四）に宿禰姓を賜わった。ただしそののちも連姓に止まる一族が存した。同族に宇治部連・宇遅部連がおり、この両氏は応神天皇の皇子、菟道稚郎子（宇遅能和紀郎子）の名代部とされる宇治部の伴造氏族であるので、この氏もまた宇治部を管掌した伴造であったか。宇治氏一族中、六国史に名のみえる氏人は、承和十一年（八四四）に正六位上から外従五位下に昇叙された宇治宿禰丹生麻呂（『続日本後紀』）と、元慶元年（八七七）に山城国宇治郡から左京三条に貫附された従六位下の宇治宿禰常永、従八位上の同春宗の三名に限られ、中央政界におけるこの氏の活動はほとんどみるべきものがない。一方、山城国宇治郡には加美郷（宇治市木幡付近）を中心として、広く郡内一円に宇治氏の分布が認められ、八、九世紀の同郡の郡司の大半はこの一族の者で占められているので、きわめて在地色の強いことが、この氏の特徴としてあげられよう。『播磨国風土記』揖保郡条には、宇治天皇の世に宇治連らの遠祖、兄太加奈志、弟太加奈志の二人が、大田村の与富等の地（兵庫県姫路市勝原区丁）を開墾したとの話を伝え、また越前国足羽郡草原郷（福井県福井市の一部）にも、天平神護二年（七六六）ごろに連姓と無姓の宇治氏が存した。『風土記』の宇治天皇は菟道稚郎子を指し、越前国には宇治部の分布が認められるから、これらは宇治部の設置に伴い、宇治氏の勢力が地方に及んだケースとみるべきであろう。宇治氏には、ほかに宇治宿禰・連の支流の一族に当たるとみられる宇治山守連が存し、また族姓の宇治連氏も認められる。宇治真人の氏姓をもつ氏族もいるが、これは別系統の皇族出自氏族であろう。

【参考文献】佐伯有清『新撰姓氏録の研究』考証篇第三（加藤）

宇自可　うじか　氏名は宇自賀・宇自加・牛鹿とも書き、『日本書紀』安閑天皇二年（五三五）五月甲寅条にみえる播磨国牛鹿屯倉（兵庫県姫路市市之郷付近か）の地名にもとづく。『古事記』孝霊天皇段に「日子寤間命者、〈針間牛鹿臣之祖也〉」とみえ、『先代旧事本紀』天皇本紀、孝霊天皇条には稚武彦命を祖とする異伝を載せる。『新撰姓氏録』右京皇別下に「宇自可臣。孝霊天皇皇子彦狭島命之後也」とあり、姓は臣。一族には『続日本紀』天平宝字二年（七六四）八月庚子朔条の宇自賀（可）臣山道をはじめ、天平宝字五年（七六一）ごろ「奉写一切経所解案」の牛鹿小道は無姓で、同四年（七六〇）閏三月十八日「充厨子彩色帳」にみえる牛鹿恵師足嶋は恵（画）師の姓を称した。『続日本後紀』承和二年（八三五）九月乙巳条に宇自可臣良宗は春庭宿禰と賜姓され、『文徳実録』斉衡二年（八五五）八月癸巳条に宇自可臣武雄は笠朝臣を賜わったとあり、九世紀半ば以降に宇自可臣氏が相ついで笠朝臣を賜わったことに注目される。〔前川〕

牛守部　うしもりべ　屯倉で牛の飼養に従っていた部民の後裔氏族。備前国児嶋郡三宅郷を本貫とする。平城宮跡出土の木簡に、備前国児嶋郡三宅郷の人、牛守部小成が輸した調塩のことが記されている。三宅郷は、『日本書紀』欽明天皇十七年七月条にみえる児島屯倉が置かれていた地であるから、牛守部は、この屯倉に関係があった部民であったと思われる。

【参考文献】佐伯有清『牛と古代人の生活』〔佐伯〕

太秦　うずまさ　山城国葛野郡太秦邑（京都市右京区太秦）を拠点とした秦氏の一族。氏名を大秦にも作る。旧氏姓は秦下（はたのしも）。天平十四年（七四二）八月、造宮録正八位下秦下嶋麻呂が恭仁宮の大宮垣を築いた功で従四位下に特進し、太秦公の氏姓を賜わった。秦下は秦氏の複姓の一つで、もと河内国茨田郡の幡多郷、あるいは摂津国豊嶋郡秦下郷辺りを本拠とした秦氏の支族とみられる。「うずまさ」の語は、本来秦氏の族長を意味する称号で、『日本書紀』雄略天皇十五年八月条に、秦酒公が「百八十種勝」を領率したと記すように、勝（マサ、スグリ）、秦人・秦部の支配伴造である秦氏の族長を、「マサ」の上に「高貴」「尊貴」を意味する古語の「ウズ」を冠して、「ウズマサ」と呼んだものであろう。山城国葛野郡の「太秦」の地名は、族長の居住地であったことにもとづく名である。『日本書紀』や『古語拾遺』『新撰姓氏録』によれば、秦酒公や秦造川勝に「ウズマサ」の称号が付されている。嶋麻呂に対する太秦公賜姓は、秦氏一族内の勢力交替を意味し、これまで主流であった『新撰姓氏録』山城国諸蕃条の筆頭に掲げる秦忌寸などに代わって、卑姓出身の嶋麻呂が秦氏の族長の地位につき、その一族に族長を表わす太秦公の氏姓が与えられたものとみられる。太秦公はその後、忌寸・宿禰と改姓するが、忌寸への改姓は天平十七年、宿禰への改姓は延暦八年（七八九）から同二十三年（八〇四）までの間と推察される。この間、嶋麻呂を秦公嶋麻呂・秦伊美吉（忌寸）嶋麻呂と記す例があり、太秦と並び秦の氏名も通用されていたことが知られる。『新撰姓氏録』は太秦公宿禰の本系を左京諸蕃上の筆頭に掲げており、『新撰姓氏録』成立の弘仁六年（八一五）の段階でも、依然この氏は秦氏中でもっとも優勢であった。嶋麻呂は造宮録から造宮輔、さらには長門守となったが、一族の氏人には延暦年間に主計助・左兵庫助・因幡介などを歴任した従五位下の宅守、承和十三年（八四六）と嘉祥二年（八四九）にそれぞれ外従五位下に叙せられた眉刀自・是雄、延喜九年（九〇九）に右京三条四坊の戸主であった前豊後大目従六位上の相益とその戸口の行康らがある。また嶋麻呂の女は、桓武朝の大納言藤原朝臣小黒麻呂の妻となって葛野麻呂（嵯峨朝の中納言）を生み、延暦十年（七九一）、賀美能宿禰の氏姓を賜わった大秦公忌寸浜刀自女が賀美能親王（嵯峨天皇）の乳母であったように、天皇家・藤原氏との関係も深い。宅守は延暦四年に長岡宮の太政官院の垣を築いており、他の秦氏とともに長岡京・平安京への遷都に伴う造宮・造京事業にも主導的な役割を果たしたと推察される。なお天安元年（八五七）には傍系の一族とみられる秦忌寸永岑が、大秦公宿禰の氏姓を賜わっている。

【参考文献】 三品彰英『日本書紀朝鮮関係記事考証』上巻、和田萃「山背秦氏の一考察」（京都大学考古学研究会編『嵯峨野の古墳時代』所収）、佐伯有清『新撰姓氏録の研究』考証篇第四　（加藤）

菟田　うだ　大和国宇陀郡の豪族の一つ。姓は首。現在の奈良県宇陀郡菟田野町辺りを本拠とする。『古事記』清寧天皇段に、「其娘子者。菟田首等之女。名大魚也」とみえる以外に所見するところがない。菟田首は猛田県主の氏姓とみる説がある。（佐伯）

内　うち　内臣と内真人の二流がある。臣姓の内氏は味師内宿禰の後裔氏族の一つ。『新撰姓氏録』大和国皇別に「内臣。孝元天皇皇子彦太忍信命之後也」、『古事記』孝元天皇段には「比古布都押之信命娶二尾張連等之祖意富那毘之妹。葛城之高千那毘売一生子。味師内宿禰（此者山代内臣之祖也）」とあり、氏名のウチはのちの山城国綴喜郡有智郷（京都府八幡市内里）の地名にもとづく。一族には欽明天皇十五年（五五四）新羅攻撃のため百済に渡った内臣（欠名。『日本書紀』同年十二月条には有至臣とある）、天平十七年（か）『正倉院文書』にみえる山背国綴喜郡内郷の戸主内臣咋麻呂とその戸口内臣東人、某年「山背国綴喜郡大住郷隼人計帳」にみえる内臣田次・石敷らがいる。真人姓の内氏はもと皇族で、天平勝宝三年（七五一）正月に無位の等美王（系譜未詳）が内真人の氏姓を賜わった。一族には天平宝字二年（七五八）、宝亀十一年（七八〇）にそれぞれ従五位下に昇った内真人糸井・内真人石田らがいる。

【参考文献】岸俊男「たまきはる内の朝臣―建内宿禰伝承成立試論―」（『日本古代政治史研究』所収）　（星野良史）

内田　うちた　　伊勢国安濃郡内田郷（三重県安芸郡安濃町内多）の豪族か。姓は臣。『新撰姓氏録』右京神別上に「内田臣。同上（神饒速日命六世孫伊香我色雄命之後也）」とあるように、物部氏の同族と称していた。内田臣氏の一族の人名は他の史料にみえない。　（星野良史）

内原　うちはら　　のちの紀伊国日高郡内原郷（和歌山県日高郡日高町内原）の豪族。紀伊国造であった紀直氏の同族か。姓は直。『新撰姓氏録』未定雑姓、河内国に「内原直。狭山命之後也」とある。一族には『続日本紀』天平宝字八年（七六四）七月丁未条にみえる内原直牟羅がいる。右の記事によれば、紀袁祁臣の女粳売が木国氷高評の人内原直牟羅に嫁して身売・狛売を生み、彼女らは紀寺（紀氏の氏寺）に住んでいたが、持統天皇四年（六九〇）の『庚寅年籍』作成に際し誤って婢とされてしまったとして、その子孫である紀寺の奴益人らが良民への復帰を求めた。実は粳売らは天智天皇九年（六七〇）の『庚午年籍』の段階ですでに婢であったにも係わらず、この訴えは容れられて益人ら十二人に紀朝臣、真玉売ら五十九人には内原直の氏姓が授けられたという。しかし宝亀四年（七七三）七月に至って、宝字八年に解放された紀寺の奴婢は益人を除いて旧身分に戻された。　（星野良史）

台　うてな　　漢の孝献帝の男、白竜王の後裔と称する渡来氏族。台（うてな）は、四方を観望するための土壇、あるいは高殿を指す言葉で、この氏の氏名は、台の建造を職掌としたことにもとづくか。姓は忌寸。旧姓は直であるが、忌寸への改姓期は不明。ただ『日本書紀』持統天皇八年三月条には台忌寸八嶋の名がみえるので、持統天皇八年（六九四）以前に改姓しており、同族とされる河内忌寸らとともに天武天皇十四年（六八五）に忌寸姓を賜わったものと思われる。天武天皇十四年の忌寸賜姓氏族のなかに台・河内両氏の名はないが、河内漢連の名がみえるので、台氏・河内氏らは河内漢（西漢・川内漢）氏の枝氏であり、天武天皇十二年に直から連へ、同十四年にさらに忌寸へと改姓した可能性がある。なお『新撰姓氏録』摂津国諸蕃には漢の釈吉王の後裔とする台直の名を載せており、白竜王と釈吉王の関係が明らかでないが、この氏は台忌寸の傍系の一族で、旧姓の直に止まった氏と推察される。台氏の一族には、大化二年（六四六）の東国国司台直須弥をはじめとして、上掲の八嶋、宿奈麻呂・国依・麻呂・家継・善氏・助範・是真らの人名が十世紀前半まで継続的に史料に表われるが、八嶋（従五位下）宿奈麻呂（従五位上）のほかは、いずれも下級官人に止まっている。宿奈麻呂は、養老元年（七一七）、居地によって氏名を岡本に改めることを請い許されたが、さらに嘉祥二年（八四九）、善氏が清江宿禰の氏姓を賜わった。清江宿禰の氏姓はすでに弘仁二年（八一一）以降に認められ、台忌寸と密接な関係にあったことが窺えるので、あるいは弘仁二年以前に、台忌寸の一族で、清江宿禰に改氏姓した者が存したとみるべきかもしれない。〔加藤〕

【参考文献】佐伯有清『新撰姓氏録の研究』考証篇第五、加藤謙吉「西漢氏の存在形態」（黛弘道編『古代王権と祭儀』所収）

海上　うなかみ　大原真人と同祖で、敏達天皇の孫である百済王の後裔氏族（『新撰姓氏録』左京皇別）。天平勝宝三年（七五一）正月に、无位清水王とその男子の三狩王が海上真人を賜姓されたことに始まる（『続日本紀』）。氏名は下総国海上郡を本拠とする海上国造他田日奉直氏から出た乳母によるものと推定される。改賜姓後の海上真人清（浄）水は、天平宝字八年（七六四）十月に藤原仲麻呂を追討した功により従五位下に叙せられ、天平神護二年（七六六）三月には豊前守に任ぜられている。また海上真人三狩は遣唐判官に任ぜられ、帰国途中に耽羅嶋に漂着したが、宝亀十年（七七九）七月に大宰府に帰着した。のちに大宰少弐・兵部大輔・右中弁・造長岡宮使を歴任した。その男子である海上真人真直は、延暦十三年（七九四）十一月に宿怨をもって父の妾婢一人を殺害したため、入獄し死亡している（『類聚国史』刑法）。〔前沢〕

雲梯　うなて　渡来系氏族。姓は連および造。氏名は大和国高市郡雲梯郷（奈良県橿原市雲梯）の地名にもとづく。雲梯氏の旧姓は伯徳で、天平宝字五年（七六一）三月、漢人伯徳広足ら六人に雲梯連、伯徳諸足ら二人に雲梯造の氏姓を賜わった。また同七年八月、漢人伯徳広道が雲梯連を賜氏姓されている。『新撰姓氏録』右京諸蕃下に「雲梯連。高向村主同祖。宗宝徳公之後也」とあるように、雲梯連氏は東漢

氏配下の漢人の後裔である高向村主と同族と称していた。〔星野良史〕

海原　うなはら　新羅系渡来氏族。姓は連および造。氏名の海原は美称か。海原氏の旧姓は金で、『続日本紀』延暦二年（七八三）七月癸巳条に、左京の人で散位従六位上の金肆順が海原連、右京の人で正六位上の金五百依が海原造の氏姓を賜わったとあり、両者はおそらく同族であろう。『新撰姓氏録』右京諸蕃下には「海原造。新羅国人進広肆金加志毛礼之後也」とみえる。金加志毛礼は進広肆という位階をもつところから、天武・持統朝ころの渡来と考えられる。なお奈良朝の史料には金姓の者が散見するが、これは改姓前の海原氏の一族ともみられる。〔星野良史〕

宇努　うぬ　宇奴・菟野とも書く。宇奴首は百済系渡来氏族。『新撰姓氏録』大和国諸蕃に「宇奴首。出レ自二百済国君男弥奈曾富意弥一也」とある。『万葉集』巻六に豊前守宇奴首男人の歌として「往還常爾我見之香椎滷従明日後爾波見縁母奈思」（九五九）とあり、「広幡八幡大神大託宣并公家定記」（『石清水文書』）や『政事要略』巻二十三、年中行事八月下、石清水宮放生会事条所引旧記には養老四年（七二〇）に豊前守宇奴首男人が将軍として宇佐大神を奉請して隼人の征討を行なったことを伝える。さらに『古葉略類聚鈔』所引の『新撰姓氏録』逸文には「出二百済国一。応神天皇御代初帰化。七世孫。衣古之裔孫。中石男。斉明天皇御代。賜二宇奴首一。男正六位上男人。云々」とある。宇奴首とは別に宇奴造があり、同じく河内国諸蕃に「宇奴造。宇奴首同祖。百済国人弥那子富意弥之後也」とある。また新羅系の宇奴連があり、『新撰姓氏録』未定雑姓、河内国に「宇奴連。新羅皇子金庭興之後也」とある。これについては『日本書紀』欽明天皇二十三年（五六二）七月己巳朔条にみえる「河内国更荒郡鸕鷀野邑新羅人」との関連が注目されよう。〔石附〕

畝火　うねび　渡来系氏族。東漢氏の枝氏。氏名を雲飛にも作り、大和国高市郡の畝火の地（奈良県橿原市畝傍町）を本拠とした。姓は宿禰。東漢氏は天武天皇十一年（六八二）に直から連へと改姓し、同十四年には忌寸の姓を賜わったが、畝火氏も東漢氏を構成する枝氏の一つとして、同様に直から連・忌寸と改姓したものと思われる。宿禰姓を与えられた年次は不詳であるが、『続日本紀』延暦十年正月条に畝火宿禰清永（浄永）が、正六位上から外従五位下に昇叙された記事がみえるので、賜姓の時期は延暦十年（七九一）以前、おそらくは坂上・内蔵・平田ら同族十氏が宿禰姓を賜わった延暦四年（七八五）に近いころとみられる。『新撰姓氏録』右京諸蕃上の畝火宿禰条によれば、都賀直の三世孫、大父直の後裔とあり、『坂上系図』所引『新撰姓氏録』逸文には、都賀使主（都賀直）の仲子で、中腹の祖である志努直の第四子刀禰直を、畝火宿禰・荒田井忌寸・蔵垣忌寸ら三姓の祖と記すので、これらをあわせると刀禰直の子が大父直となろう。『類聚国史』によると、延暦十二年（七九三）に、上掲の清永は内位に進んで従五位下に叙せられたが、その理由は高津内親王（桓武天皇第十二皇女）の外親であったためとする。高津内親王の母は坂上大宿禰苅田麻呂の女又子であるから、又子の母が清永の肉親であったと推測され、八世紀後半期に、畝火氏は東漢氏枝氏中最有力氏の坂上氏と婚姻関係を結んでいたことが知られる。天平勝宝七年（七五五）に右京班田司の算師であった無姓の畝火豊足も畝火氏の一族の者とみられるが、清永・豊足以外の氏人の名は史料にみえない。この氏は東漢氏の枝氏のなかでも弱小勢力であり、坂上氏との婚姻、高津内親王の外戚化という過程を経て、八世紀後半以降、一時的に政治的地位を向上させたものと推察される。畝火氏にはほかに皇族出自氏族とみられる畝火真人、無姓の宇禰備があるが、いずれも詳細は不明。

【参考文献】佐伯有清『新撰姓氏録の研究』考証篇第五・六　（加藤）

采女　うねめ　物部氏系の氏族。采女は地方豪族から貢上される子女で、同氏はその統轄に当たった伴造氏族。律令制下においても、采女司の采部の負名氏であった。臣姓と、その同族の造姓の采女氏がいた。臣姓の采女氏は、天武天皇十三年（六八四）十一月に朝臣と改姓された。『古事記』神武天皇段は邇芸速日命の子宇摩志麻遅命を氏祖と伝え、『先代旧事本紀』天孫本紀は「大水口宿禰命。穂積臣。采女臣等祖」とする。『新撰姓氏録』右京神別にも「采女朝臣。石上朝臣同祖。神饒速日命六世孫。大水口宿禰之後也」とある。氏人として、『日本書紀』舒明天皇即位前紀に、田村皇子（舒明皇子）の擁立に賛成した采女臣摩礼志がいる。天武天皇十年（六八一）七月辛未条にみえる采女臣竹羅は、同十四年九月辛酉条に采女朝臣竹羅、朱鳥元年（六八六）九月の天武天皇の殯宮においても「直大肆采女朝臣竺羅。誄二内命婦事一」とみえ、さらに己丑年（持統天皇三年、六八九）の『采女氏塋域碑』に「飛鳥浄原大朝廷大弁官直大弐采女竹良卿所請造墓所、形浦山地四千代、他人莫上毀木犯穢傍地也」と記される。また、『続日本紀』天平十八年四月癸卯条にみえる采女朝臣人は、同十七年四月十七日付「内膳司解」に「奉膳正六位上兼行采女正采女朝臣比等」と署名している。同氏は持統天皇五年(六九一)八月に「墓(纂)記」の提出が命じられている。摂津職嶋下郡の人采女臣家麻呂・家足ら四人は遅れて天平神護元年(七六五)二月に朝臣姓を賜わったが、臣姓のままの采女氏もおり、『新撰姓氏録』和泉国神別に「采女臣。神饒速日命六世孫。伊香我色雄之後也」とある。造姓の采女氏は、天武天皇十二年(六八三)十月に連姓を賜わったが、氏人は他にみえない。無姓の采女氏も多く知られる。『正倉院文書』天平勝宝二年(七五〇)八月「経師上日帳」にみえる采女臣国嶋は、天平十八年(七四六)五月七日「阿刀足嶋注文」に采女国嶋とあるので、もとは無姓であったかもしれない。但馬国には直姓の采女氏がおり、天平勝宝二年正月八日「但馬国司解」に采女直真嶋・玉手売の名がみえる。その他、丹後・因幡などの国にも無姓ないし部姓の采女氏が分布していた。

【参考文献】倉塚曄子「日本神話と采女」(『講座日本の神話八　日本神話と氏族』所収)　〔高嶋〕

茨木　うばらき　茨城にも作る。姓は造。ほかに公(のち真人)姓の茨木氏もあった。造姓の茨木氏はのちの摂津国嶋下郡茨木(大阪府茨木市)の豪族か。『新撰姓氏録』未定雑姓、和泉国に「茨木造。天津彦(根脱か)命之後也」とある。一方『古事記』天安河誓約段および『日本書紀』神代巻上の一書には、天津日子根命(天津彦根命)の後裔として茨木(茨城)国造の名がみえており、茨木造氏と常陸国茨城郡(茨城県石岡市を中心とする一帯)との関連も考えられる。なお『新撰姓氏録』和泉国皇別には崇神天皇の皇子豊城入彦命の後裔という茨木造氏もみえる。天平五年(七三三)から天平感宝元年(七四九)ころにかけて写経所経師であった無姓の茨木(茨城)角万呂は、これらの茨木造氏の一族であろう。公姓の茨木氏については、天武天皇十三年(六八四)、八色の姓制定に際して真人を賜わったとあるのみで、詳細を知ることができない。〔星野良史〕

馬　うま　渡来系氏族。王仁の後裔と伝える西文氏の枝氏の一つ。姓は史、天平勝宝九年(七五七)に藤原不比等の諱を避けて毗登と書くようになった。氏名はこの氏が大和朝廷の馬匹関係の職掌についていたことにもとづき、令制下では左右馬寮の馬部の負名氏であったとみられる。霊亀二年(七一六)六月に馬史伊麻呂が新羅国の紫驃馬二匹を献じているのは、その伝統を示すものであろう。馬毗登氏は天平神護元年(七六五)九月に馬毗登夷人・中成らが厚見連の氏姓を賜わり、同年十二月には馬毗登国人・益人らが武生連を賜わった。武生連（のち宿禰）については『新撰姓氏録』左京諸蕃上に「武生宿禰。文宿禰同祖。王仁孫阿浪古首之後也」とあるように、文宿禰（もと西文首）氏の同族であることが知られる。馬氏の本拠地は先の夷人や益人の居地と記される河内国古市郡（大阪府羽曳野市ほか一帯）で、この地はまた西文氏の本拠でもあった。

【参考文献】井上光貞「王仁の後裔氏族と其の仏教―上代仏教と帰化人の関係に就ての一考察―」（『日本古代思想史の研究』所収）、佐伯有清「馬の伝承と馬飼の成立」（『古代史への道』所収）（星野良史）

馬養　うまかい　馬飼にも作る。かつて馬の飼養・調教に従事した馬飼部の㈠伴造の一つ、㈡その後裔と考えられる氏族。㈠姓は⑴首、⑵造。『日本書紀』に⑴馬飼首歌依・守石・名瀬氷（欽明二十三年〈五六二〉六月条）、⑵馬飼造某（大化元年〈六四五〉七月丙子条）が伝わる。なお雄略天皇二十三年条に「筑紫安致臣・馬飼臣」とみえ、臣姓の伴造も存在したようであるが、この「臣」は敬称であろう（氏名を筑紫馬飼とみることもできる）。㈡姓は造⑵との関係は不明）、のちに印南野臣と改氏姓。播磨国賀古郡（兵庫県加古郡と加古川・高砂両市の各一部）内の地を本拠とした。『続日本紀』天平神護元年（七六五）五月庚戌条の上記賀古郡の人で外従五位下の馬養造人上の欵に、吉備都彦（稚武彦命か）の苗裔で人上の先祖である上道臣息長借鎌が仁徳朝に賀古郡印南野（比定地未詳。ただし印南野は明石・加古両川間の台地に当たるから、賀古郡の南方か）に居住し、その六世の孫牟射志が馬をよく養い、上宮太子（聖徳太子）に仕えて馬司に任じられたため、誤って『庚午年籍』に馬養造として編附されたとある。ここで人上は居地名によって印南臣への改氏姓を願い、許されたのであるが、彼のほかに氏人の名は伝わらない。また馬養部の後身氏族も確かめられないが、同種の伴造とその後裔氏族には河内馬飼・倭馬飼など複姓の諸氏があり、かつて馬養造は馬養の中央伴造であったか。

【参考文献】佐伯有清「馬の伝承と馬飼の成立」（森浩一編『日本古代文化の探究　馬』所収）、同『新撰姓氏録の研究』考証篇第一　（星野良作）

味酒　うまさけ　味淳（醇か）にも作るか。かつて造酒に従事した㈠味酒部の伴造の後裔、㈡味酒部の後身の氏族。『日本書紀』の崇神天皇八年四月乙卯条に「大神（おおみわ）の掌酒（さかびと）」、同年十二月乙卯条の歌謡に「味酒、三輪の殿の」とあるのによると、味酒部は酒人（部）の一種で、神酒の醸造を主務とした部民と考えられる。㈠平群氏の枝氏。姓は首（初めは臣と称す）。貞観三年（八六一）九月、武内宿禰の子平群木兎（つく）宿禰の後裔と称し、これを支持する同族の巨勢朝臣河守らの奏言によって左京の人で大内記従七位上の味酒首文雄ら一族三人が巨勢朝臣の氏姓を賜わった。巨勢朝臣氏となった文雄は以後、約二十年にわたって大学頭ほか諸官を歴任し、従四位下にまで昇っている。㈡⑴伊予国温泉郡味酒郷（愛媛県松山市味酒町付近）の地の豪族。旧氏姓は味酒部。姓は臣。神護景雲三年（七六九）四月に伊予国温泉郡の人で正八位上の味酒部稲依ら三人が平群味酒臣の氏姓を賜わっている。⑵延喜八年（九〇八）の「周防国玖珂郡玖珂郷戸籍公文」に部姓者が集中的にみえるほか、八世紀の史料に無姓・部姓の人が見出される。

（星野良作）

馬工　うまみくい　馬御樴にも作る。大和朝廷の馬匹関係の職掌にあった氏族。氏名からすれば馬をつなぐ樴（くい）の製作に当たったことが考えられる。姓は連。『古事記』孝元天皇段に平群都久宿禰が馬御樴連の祖であるとあり、『新撰姓氏録』大和国皇別や『紀氏家牒』『越中石黒系図』などにも馬工連を平群木兎宿禰の後裔とするように、馬工氏は平群氏の同族と称していた。馬工連氏の一族の人名は他の史料にみえないが、無姓の馬工氏は平安期の文書などに散見する。

（星野良史）

浦上　うらかみ　播磨国揖保郡浦上郷（兵庫県揖保郡揖保川町浦部）の地に移住せられた蝦夷の後裔氏族。姓は臣。浦上臣氏の旧氏姓は去返（さるがえし）公で、『日本後紀』延暦二十四年（八〇五）三月乙亥条に「播磨国夷第二等去返公嶋子賜二姓浦上臣一」とある。去返については詳細は不明だが、現在の岩手県の中央部、北上山地中のサルカイシという地名にもとづく氏名か。なお浦上郷の地名の由来として『播磨国風土記』には、難波の浦上を本居とする阿曇連百足が来住したことによるとある。

【参考文献】大塚徳郎『みちのくの古代史―都人と現地人―』

（星野良史）

浦田　うらた　夷俘（服属した蝦夷）の豪族。姓は臣。『日本後紀』延暦二十三年（八〇四）正月辛卯条に夷第一等浦田臣史閫儺（しこな）が外従五位下を授けられたとみえ、また弘仁三年（八一二）正月乙酉条には夷の宇漢米公（うかめのきみ）色男・爾散南公（にさなのきみ）独伎と並んで播磨国印南郡権少領外従五位下浦田臣山人が節会に入京を許されたとある。夷俘の全国移配は延暦中期から史料に散見するが、山人が播磨国で郡司にまでなっていることからすると、浦田臣氏の移住はかなり早い時期に行なわれたと考えられる。

【参考文献】大塚徳郎『みちのくの古代史』　（星野良史）

卜部　うらべ　占部にも作る。神社に属し、卜兆のことに従事した氏族。系統を異にする卜部氏が諸国に居住し、その一部は朝廷に出仕して神祇官の下級職員を構成した。神祇令によれば、六月・十二月晦日の大祓には中臣が祓詞を宣し、卜部が解除（祓）を執行することになっていた。『令集解』神祇令に引く官員令古記別記に「津嶋上県国造一口。京卜部八口。断三口。下県国造一口。京卜部九口。京断三口。伊伎国造一口。京卜部七口。断三口。伊豆国嶋直一口。卜部二口。断三口。斎宮卜部四口。断二口」などと記されているが、養老職員令は「卜部廿人」と規定し、延喜神祇式臨時祭条によれば、その内訳は「伊豆五人・壱岐五人・対馬（上県・下県）十人」であった。伊豆国の卜部氏には卜部宿禰平麿がおり、『三代実録』元慶五年（八八一）十二月五日己卯条の卒伝記事に「平麿者伊豆国人也。幼而習二亀卜之道一。為二神祇官之卜部一。揚レ火作レ亀。決二義疑一多レ功。承和之初。遣レ使聘レ唐。平麿以レ善二卜術一。備二於使下一。使還之後。為二神祇大史一。……」とある。壱岐島の卜部氏は伊吉島造・壱岐直の同族で、貞観五年（八六三）九月に卜部是雄・業孝らが伊伎宿禰と改姓している。その氏祖を雷大臣命とする。『三代実録』貞観十四年四月二十四日癸亥条には是雄の卒伝記事があり、「是雄者。壱伎島人也。本姓卜部。改為二伊伎一。始祖忍見足尼命。始レ自二神代一。供二亀卜事一。厥後子孫伝二習祖業一。備二於卜部一」と記す。是雄の兄雄貞は、斉衡三年（八五六）九月に占部宿禰の姓を賜わっている。山城国の松尾神社に伝わる『松尾社家系図』には、上記の是雄・雄貞など伊伎氏と改姓した一族を載せているが、この系図は同社の神官であった壱岐（卜部）氏の系図に加上したもので信憑性に欠ける。対馬島の卜部氏は国造に当たる津島県直の同族で、上県・下県両郡に居住し、『文徳実録』天安元年（八五七）六月庚寅条に上県郡擬主帳として卜部川知麻呂、『三代実録』貞観十二年二月十二日甲午条に下県郡の人として卜部乙屎麻呂の名がみえる。筑前国には首姓と無姓の卜部氏がおり、大宝二年（七〇二）の「筑前国嶋郡川辺里戸籍」には、卜部首羊、卜部乃母曾・久良麻呂・赤男・恵比・志都麻呂を戸主とする戸が掲載されており、戸口に多数の卜部氏がみえる。『常陸国風土記』香島郡条には鹿島神社の周辺に卜部氏が居住していたことが記され、『続日本紀』天平十八年（七四六）三月丙子条に「常陸国鹿島郡中臣部二十烟。占部五烟。賜二中臣鹿島連之姓一」とある。その他、武蔵・下総・陸奥・因幡などの諸国にも卜部（占部）氏が存在していた。

【参考文献】横田健一「中臣氏と卜部」（『日本古代神話と氏族伝承』所収）、岩橋小弥太「卜部考」（『神道学』四二）、平野博之「対馬・壱岐の卜部について」（『古代文化』一七―三）、井上辰雄「卜部の研究」（『古代王権と宗教的部民』所収）（高嶋）

漆島　うるしじま　漆嶋にも作る。のちの肥後国託麻郡漆嶋郷（熊本県熊本市本庄漆島）の地の豪族。漆島氏には無姓のほか宿禰姓の氏族もあった。無姓の漆島氏については『新撰姓氏録』不載姓氏録姓のなかに「漆島」があり、一族には天平十年（七三八）「周防国正税帳」にみえる対馬国史生正八位上の漆島大名、嘉祥二年（八四九）二月十七日「下姓者叙内階例勘文」（『朝野群載』巻十二所引）にみえる漆島清貞らがいる。清貞は宇佐八幡宮の神人であったが、ほかに宿禰姓の漆島氏の者が宇佐宮の祠官として多くみえている。（星野良史）

え

江　え　大化前代に江で漁業に従事し、朝廷に上番して捕らえた魚の管理に当たった江人（えひと）の伴造氏族。姓は首。『新撰姓氏録』河内国皇別に「江首。江人附二彦八井耳命七世孫来目津彦命之後一也」とあるように、多朝臣氏の同族と伝える。江人は令制では大膳職に属する雑供戸の江人に引き継がれ、『令義解』職員令大膳職条に「雑供戸（謂。鵜飼。江人。網引等之類也）」とあり、『令集解』同条所引の別記によれば江人には八十七戸が定められていた。また『東大寺要録』巻八所引の天平勝宝八歳（七五六）五月二十二日勅によって江人は近江・若狭・紀伊・淡路・志摩などの国にいたことがわかる。

【参考文献】直木孝次郎「人制の研究」（『日本古代国家の構造』所収）（星野良史）

衣　え　のちの薩摩国頴娃（えい）郡頴娃郷（鹿児島県揖宿郡頴娃町）を本拠とした隼人の豪族。姓は君。『続日本紀』文武天皇四年（七〇〇）六月庚辰条に衣評督衣君県・助督衣君弖自美が薩末比売・久売・波豆や肝属難波とともに肥人らを従えて国覓使（くにまぎのつかい）刑部真木を剽却し、処罰されたという記事がみえる。この国覓使（文武天皇二年四月に派遣）は南嶋を内属化するための調査を目的とし、かつ武器を携行していたため、衣君氏らはこれに危機感を覚えたのであろう。
〔星野良史〕

会加　えが　会賀にも作る。大彦命の後裔氏族。氏名はのちの河内国志紀郡恵賀（大阪府藤井寺市）の地名にもとづく。姓は臣。会加臣氏の旧姓は私（きさい）で、天平神護二年（七六六）二月、右京の人で従六位下の私真縄、河内国の人で少初位上の私吉備人ら六人が会賀臣の氏姓を賜わった。真縄（真綱）は宝亀四年（七七三）二月十一日付太政官符に「会賀臣真綱」と署し、時に左大史正六位上であった。『新撰姓氏録』右京皇別上には「会加臣。孝元天皇皇子大彦命之後也」とみえている。
〔星野良史〕

殖栗　えぐり　氏名がのちの山城国久世郡殖栗郷（京都府宇治市白川付近か）の地名にもとづく氏族。姓は連。㈠旧氏名が殖栗物部である物部氏系、㈡旧氏姓が殖栗占連である占部氏系、㈢旧身分が賤民である者の三系統の殖栗氏があった。㈠は和銅二年（七〇九）六月に従七位下の殖栗物部名代が殖栗連の氏姓を賜わったのに、㈡は天平宝字八年（七六四）七月に大学大允で従六位上の殖栗占連咋麻呂が占の字を除いて殖栗連の称を許されたのに、㈢は神護景雲元年（七六七）三月に奴の息麻呂が解放されて殖栗連の氏姓を賜わったのに、それぞれ始まる。『新撰姓氏録』左京神別に殖栗連は「大中臣同祖」とみえ、天児屋（あめのこやね）命を祖としたことが知られるが、この氏族はおそらく㈡の系統に属し、延暦二十三年（八〇四）二月に外従五位下で美濃権介に任じた殖栗連宗継、弘仁十三年（八二二）正月に正六位下から外従五位下に昇叙した殖栗連浄成らはその一族であろう。
〔星野良作〕

依知秦　えちのはた　依智秦・朴市秦・依市秦にも作る。秦氏の枝氏。のちの近江国愛智郡（滋賀県愛知郡と犬上郡・神崎郡・彦根市の各一部を含む地域）内に蟠踞した秦氏のうちの一族が、山背国葛野（京都市右京区太秦・西京極一帯）の地の本宗家から独立し、居住地の地名によって依知秦を氏名として琵琶湖東の秦氏一族の中心になろうとしたのであろう。依知秦氏の一族は愛知郡秦荘町に比定される八木郷・蚊野郷、比定地未詳の養父郷にも居住したことが確かめられるが、集住し、郡領・郷長などを出して本拠とみなされるのは同郡愛知川町・湖東町辺に比定される大国郷の地である。姓は初め造、ついで公。無姓の依知秦氏もおり、愛智郡外にはのちに宿禰姓の氏人も認められる。また大国郷には同族と考えられる公姓・無姓の依知秦前氏もいた。史料上、氏人の初見で唯一の造姓者は朴市秦造田来津である。田来津は大化元年（六四五）九月の古人大兄皇子の謀反に参画したが、のちに小山下の冠位をもって百済救援軍の将として渡海し、白村江の戦いで戦死している。次に知られる氏人は天平宝字六年（七六二）四月に従七位上の位階を帯びて愛智郡の大領として登場した依智秦公門守である。この門守以降、依知秦公氏は十世紀初頭まで、同郡の郡領家として在地に勢力を保持した。なお湖東町の勝堂古墳群、秦荘町の金剛寺野古墳群など後期群集墳は一族の先祖の墓域、七世紀末の建立で平安前期まで存続した愛知川の畑田廃寺は一族の氏寺と推定されている。

【参考文献】水野正好編『古代を考える近江』

〔星野良作〕

江沼　えぬま　江渟・江野にも作る。古訓は「エヌ」か。姓は臣。武内宿禰後裔氏族の一つ。のちの越前国江沼郡（のちの加賀国江沼郡・能美郡、今の石川県江沼郡・加賀市、能美郡・小松市）の地を本拠とした豪族。武内宿禰男若子宿禰を祖とする。『古事記』孝元天皇段にみえる「若子宿禰、〈江野財臣之祖。〉」の江野財臣は、江野（沼）地方の財臣の意で、越前江沼地方の財臣氏の一部が江沼氏に吸収されていった過程を示すのであろう。『越中石黒系図』と『先代旧事本紀』国造本紀の所伝を勘案すると、若子宿禰の長子若長宿禰は成務朝に三国国造、次子大河音宿禰も成務朝に伊弥頭国造、末子真猪宿禰の孫志波勝足尼は反正朝に江沼国造に任じられたことになる。また上記系図に真猪宿禰は「江沼臣、坂名井臣祖」とみえ、江沼臣氏がかつて江沼国造であったことを伝えるから、『釈日本紀』所引上宮記逸文に継体天皇の母の出身地を三国の「坂井県（さかないのあがた）」、母の母を「余奴臣祖」とあるのも上述と関連し、余奴臣は江沼臣であろう。氏人には、欽明朝に越人江渟臣裾代、天平期に越前国江沼郡の郡司に任じた江沼臣大海・同入鹿・同武良士などがいたが、いつのころか一部が大和へ移った。『新撰姓氏録』大和国皇別に「江沼臣。石川同氏。建内宿禰男若子宿禰之後也」とみえ、『紀氏家牒』は江沼の氏名の由来を大和国高市県江沼里（所在地未詳）としている。なお、族姓・無姓の江沼氏もいた。

【参考文献】星野良作「武内宿禰系譜の成立と江沼氏の伝承」（『法政大学第二工業高等学校紀要』一）、佐伯有清「利波臣氏の系図」（『古代氏族の系図』所収）、同『新撰姓氏録の研究』考証篇第二

〔星野良作〕

榎井　えのい　朝臣姓と忌寸姓の榎井氏がいた。朝臣姓

の榎井氏は朴井にも作る。物部連氏の同系氏族。榎井の氏名はのちの大和国高市郡朴井邑（奈良市西木辻町エノハイ）の地名に由来する。旧姓は連。朝臣を賜姓された年次は明らかではないが、『続日本紀』文武天皇二年（六九八）十一月己卯条に「直広肆榎井朝臣倭麻呂竪二大楯一」と榎井倭麻呂が朝臣姓でみえ、同族の物部連氏が天武天皇十三年（六八四）十一月に朝臣姓を賜わっていることから、榎井連氏も天武天皇十三年に朝臣姓を賜わったものと考えられる。一族の人として榎井朝臣大嶋は神亀元年（七二四）十一月に大嘗会において斎宮南北二門に神楯を立て、榎井朝臣種人は宝亀二年（七七一）十一月に大嘗会で石上朝臣家成とともに神楯桙を立てた。このように榎井朝臣氏は大嘗会において石上朝臣氏とともに神楯桙を立てることに関与していたが、また『続日本紀』天平十四年（七四二）正月丁未朔条に「石上榎井両氏始樹二大楯槍一」とあり、同書延暦四年（七八五）正月丁酉朔条にも「石上。榎井二氏。各竪二桙楯一焉」とあることから、元日儀にも楯槍を立てたことが知られる。なお、榎井連挊麻呂は養老三年（七一九）五月に朝臣を賜姓されているように枝族の者もいた。また承和十二年（八四五）二月に春世宿禰嶋人が榎井朝臣を賜わっているが、春世宿禰氏の旧姓は榎井連氏の部曲であったことに由来する氏名をもつ榎井部であった可能性が考えられる。忌寸姓の榎井氏は渡来系氏族と考えられる。氏名の由来は榎井朝臣氏に同じ。『坂上系図』阿良直条所引の『新撰姓氏録』逸文に「志努直之第三子。阿良直。是郡忌寸。榎井忌寸〈大和国吉野郡〉……長尾忌寸等七姓之祖也」とみえる。榎井忌寸氏の一族は他史料にみえない。なお『先代旧事本紀』天孫本紀に「十六世孫物部耳連公……孫物部荒猪連公〈榎井臣等祖。恵佐古大連之子。〉此連公。同（難波）朝御世賜二大華上位一。弟物部弓梓連公〈榎井臣等祖。〉弟物部加佐夫連公〈榎井臣等祖。〉弟物部多都彦連公〈榎井臣等祖。〉此連公。淡海朝（天智）御世レ。為二大連一奉レ斎二神宮一」とあり、ここに榎井臣とみえるが、これは栗田寛の指摘のように榎井連の誤りか。

【参考文献】直木孝次郎「石上と榎井」（『続日本紀研究』一―一二）、佐伯有清『新撰姓氏録の研究』考証篇第四・六、阿部武彦『日本古代の氏族と祭祀』（荻）

榎本　えのもと　のちの大和国葛上郡榎本庄（奈良県御所市柏原小字榎ノ本）もしくは山城国乙訓郡榎本郷（未詳、京都府京都市）の地名にもとづく氏名か。姓は連・勝・直などがある。連姓の榎本氏は大伴氏の同族。『新撰姓氏録』左京神別中に「榎本連。同レ上（道臣命十世孫佐弖彦之後也）」とあり、『日本書紀』天武天皇元年（六七二）六月甲申条には大伴朴本連としてみえている。一族は紀伊国名草郡・安芸国佐伯郡および豊後国などに分布する。勝姓の榎本氏は渡来系氏族で、一族には大宝二年（七〇二）「豊前国上三毛郡塔里戸籍」にみえる榎本勝牟久提売がいる。同戸籍には秦部の人名が多く、榎本勝氏はそれらを管掌した氏族の一つと考えられる。直姓の榎本氏は、天平十年（七三八）「淡路国正税帳」にみえる同国史生であった榎本直虫麻呂の名が知られるのみで、他に所見がない。（星野良史）

榎原　えはら　出自未詳。渡来系氏族か。氏名はのちの丹波国天田郡榎原荘（京都府福知山市榎原）の地名にもとづくとみられる。姓は忌寸。一族には、貞観二年（八六〇）八月、伊勢斎内親王行禊後次第司主典に任ぜられた兵部大録従六位下榎原忌寸全吉、同十四年九月、本居を摂津国豊嶋郡から平安左京に移した式部少録正六位上の榎原忌寸良員がいる。（星野良史）

恵美　えみ　天平宝字二年（七五八）八月、藤原朝臣仲麻呂が孝謙上皇の寵を得て賜わった氏姓。藤原恵美朝臣という。『続日本紀』天平宝字二年八月甲子条に「況自二乃祖近江大津宮内大臣一已来。世有二明徳一。翼二輔皇室一。君歴二十帝一。年殆一百。朝廷無事。海内清平者哉。因レ此論レ之。准レ古無レ匹。汎恵之美。莫レ美二於斯一。自レ今以後。宜三姓中加二恵美二字一。禁レ暴勝レ強。止レ戈静レ乱。故名曰二押勝一。朕舅之中。汝卿良尚。故字称二尚舅一」とみえる。藤原朝臣仲麻呂は武智麻呂の第二子。天平十五年（七四三）五月に従四位上に叙せられ参議に任ぜられる。天平勝宝元年（七四九）七月には大納言となり、同二年正月に従二位に叙せられた。天平宝字元年（七五七）四月に大炊王を田村第に迎えて皇太子に立て、同年五月に紫微内相に任ぜられ、その禄賜・職分などは大臣に准ぜられた。同年七月に橘奈良麻呂の変を鎮圧、同二年八月には大保に任ぜられ、このとき、氏姓中に恵美の二字を加え、名を押勝と称し、字を尚舅とすることが許された。しかし、同八年九月に道鏡が孝謙太上天皇に寵愛されたのを患い謀反を起こすが、捕らえられて斬罪に処せられ、藤原姓字を除かれる。仲麻呂の子の訓儒麻呂（久須麻呂）・執弓（真光あるいは真先か）・朝狩・刷雄（薩雄、ただし別人とする説もある）・辛加知らも同氏姓を賜わった。訓儒麻呂・執弓・朝狩・辛加知らは仲麻呂の乱のときに戦死。刷雄は若いころから禅行を修していたことによって死を免ぜられ隠岐に流されたが、宝亀三年（七七二）四月に本位従五位下に復した。同三年七月には刷雄ら二十一人は恵美姓より藤原姓に復された。ほかに、「正倉院蔵東大寺墾田図」に恵美比多の名がみえ、神護景雲元年（七六七）十二月に東大寺領越中国礪波郡伊加留岐村に野地を有していたとあるが、詳細は不明。

【参考文献】岸俊男『藤原仲麻呂』（人物叢書）　（荻）

榎室　えむろ　火明命の後裔氏族の一つ。のちの山城国久世郡水主郷（京都府城陽市水主町）の豪族か。姓は連。『新撰姓氏録』左京神別下に「榎室連。火明命十七世孫呉足尼之後也。山猪子連等。仕㆓奉上宮豊聡耳皇太子御杖代㆒。爾時太子巡㆓行山代国㆒。于㆑時古麻呂家在㆓山城国久世郡水主村㆒。其門有㆓大榎樹㆒。太子曰。是樹如㆑室。大雨不㆑漏。仍賜㆓榎室連㆒」とみえる。なお水主村には、やはり火明命の後裔と称する水主直氏が居住していた。（星野良史）

役　えん　役とも書く。『新撰姓氏録』河内国神別には、「役直。高御魂尊孫天神立命之後也」とある。役の名の由来について、『続日本後紀』承和十年（八四三）正月丙辰条には、役民の長であったので氏名としたという伝承を伝える。役直の一族の人名は他の史料にみえないが、前記承和十年正月の記載にみえる役連豊足は、一族かもしれない。また、『続日本紀』文武天皇三年（六九九）五月条には、役君小角の名がみられる。それが、『日本霊異記』上巻第二十八では、「役優婆塞者　賀茂役公　今高賀茂朝臣者也　大和国葛木上郡茅原村人也」とある。『続日本紀』養老三年（七一九）七月庚子条には、「従六位上賀茂役首石穂、正六位下千羽三千石等一百六十人、賜㆓賀茂役君姓㆒」、さらに同神護景雲三年（七六九）五月庚辰条には、「大和国葛上郡人正六位上賀茂朝臣清浜賜㆓姓高賀茂朝臣㆒」とある。なお、葛木上郡茅原村は、現在の奈良県御所市茅原である。（佐久間）

お

王　おう　六六八年に滅亡した高句麗からの亡命者の後裔氏族。『新撰姓氏録』左京諸蕃下に「王。出㆑自㆓高麗国人従五位下王仲文（法名東楼）㆒也」とある。ここにみえるように仲文（中文にも作る）はもと東楼と号する僧侶であったが、陰陽道の才をかわれて大宝元年（七〇一）八月に還俗し、本姓の王に復した。のち天文博士となり、養老二年（七一八）正月、従五位下に叙せられた。同五年正月にはその学業を賞して禄を賜わり、また『家伝』下には神亀五年（七二八）ころの代表的知識人の一人として陰陽家の王仲文の名があげられている。なお仲文流以外

にも、のちに新城連・楊津連（造）・蓋山連・豊原連（造）などの氏姓を賜わる多くの王氏が存在した。〔星野良史〕

淡海　おうみ　近江にも作る。氏名は近江国（滋賀県）の地名にもとづく。天智天皇皇子大友皇子の後裔氏族。姓は真人、のちに朝臣。大友皇子の曾孫に当たる御船王が、天平勝宝三年（七五一）正月に淡海真人の氏姓を賜わったのに始まる。その後も皇族が多く淡海真人氏を賜わっており、貞観十五年（八七三）五月にはやはり大友皇子の後裔の、淡海真人浜成・永世真人志我・永世朝臣有守らが淡海朝臣の氏姓を賜わっている。『新撰姓氏録』左京皇別には、「淡海真人。出レ自二諡天智皇子大友王一也。続日本紀合」とある。また、天智天皇皇子河島（川嶋）皇子の後裔の淡海氏もある。姓は朝臣。『新撰姓氏録』左京皇別に、「淡海朝臣。春原朝臣同祖。河島親王之後也」とみえる。さらに、美作真人氏から弘仁三年（八一二）六月に改姓された淡海朝臣氏もある。『古事記』孝昭天皇段に近淡海国造、開化天皇段に近淡海安直、景行天皇段に近淡海安国造がみえ、『先代旧事本紀』国造本紀にも淡海国造がみえる。〔外池〕

多　おお　大和国十市郡飫富郷（奈良県磯城郡田原本町）を本拠とした中央豪族。神武天皇の皇子神八井耳命の後裔と称し、氏名を太・大・意富・於保にも作る。天武天皇十三年（六八四）、本流の一族は朝臣姓を賜わった。『日本書紀』景行天皇十二年九月条には、天皇の筑紫巡幸の陪従者に多臣の祖、武諸木の名を記し、豊前国の賊を計略によって討ちとったとする。九州の火君・大分君・阿蘇君・筑紫三宅連は、『古事記』神武天皇段に神八井耳命の後裔とし、多氏と同祖関係にあるから、武諸木の所伝は、これら九州の豪族が多氏の同族系譜に編入された段階で成立したものであろう。多氏の氏人が史料に表われるのは『日本書紀』天智即位前紀の多臣蔣敷（こもしき）が最初で、その妹が百済王子豊璋の妻になったとある。壬申の乱で吉野側の武将として活躍した多臣品治（ほんち）は、久安五年（一一四九）の「多神宮注進状」草案によると、蔣敷の子で、さらに品治の子を『古事記』の編者太朝臣安麻呂とする。養老七年（七二三）、従四位下で卒した安麻呂は、『古事記』の上表文や近年出土の墓誌に「勲五等」とあり、勲位を帯したことが知られ、奈良朝末期の多朝臣犬養も征夷副使として赴任し、天応元年（七八一）、その労により従五位上勲五等に叙せられている。これは多氏が代々武を尚ぶ家柄であったことを示唆するが、同時にこの氏は学問との係わりが深く、右の安麻呂は『弘仁私記』序によれば、『日本書紀』の編者でもあった。しかも『弘仁私記』は、弘仁四年（八一三）、多朝臣人長が博士となって行なわれた『日本書紀』講書の講義録であり、安麻呂も『日本紀竟宴和歌』奥書に、養老五年（七二一）の『日本書紀』講書の博士であったと記している。なお多氏からは、大同四年（八〇九）、従四位下の多朝臣入鹿が山陽道観察使となり、翌年この氏としては初めて参議に列している。多氏には九世紀後半に雅楽の第一人者であった多臣自然麻呂（じねんまろ）があり、のちの伶官多氏の祖となった。『多氏系図』には、自然麻呂を入鹿の孫とするが、朝臣姓の入鹿に対し、彼は貞観五年（八六三）に臣から宿禰に改姓しているので、本来は別系の多氏とみられる。自然麻呂の改姓とあわせて、このとき信濃国諏訪郡人の金刺舎人貞長が大朝臣の氏姓を賜わっているが、『古事記』の神八井耳命後裔氏のなかには科野国造の名がみえる。金刺舎人氏は科野国造の一族であり、そのため大朝臣への改氏姓が認められたのであろう。このほかの地方では、『出雲国風土記』に出雲郡少領大臣（欠名）、『常陸国風土記』に大臣の族・黒坂命の名がみえ、『続日本紀』によれば、神護景雲三年（七六九）に陸奥国磐城郡人の丈部山際が於保磐城臣の氏姓を賜わっている。このうち常陸の黒坂命・陸奥国磐城郡の丈部は、『古事記』に常道仲（ひたちのなか）国造・道奥石城（みちのくのいわき）国造を神八井耳命の後裔と記すことと関係し、同じく神八井耳命後裔氏の尾張丹羽臣（尾張国丹羽郡）・嶋田臣（同国海部郡嶋田郷）に関しても同国中嶋郡に式内社の太神社（多天神・多名神）があり、長狭国造（安房国長狭郡）・印波国造（下総国印幡郡印幡郷）に関連するものに上総国望陁郡飫富郷の式内社飫富神社（飫富神）が存する。これらはいずれも多氏の地方進出を前提として、在地土豪との同族化が進展した事実を示すものであろう。なお奈良朝の平城右京の住人に臣族の姓をもつ太氏があり、また無姓の氏も認められるが、後者は姓が省略されたものとみられる。

【参考文献】佐伯有清『新撰姓氏録の研究』考証篇第一
（加藤）

大県　おおあがた　「オオガタ」とも読み、氏名はのちの河内国大県郡（大阪府柏原市）の地名にもとづく。姓は史および連。史姓の大県氏は百済系渡来氏族で、旧姓は和徳史。『新撰姓氏録』右京諸蕃下に「大県史。百済国人和徳之後也」とあり、神亀二年（七二五）六月、和徳史竜麻呂ら三十八人が大県史の氏姓を賜わった。一族の人には平城宮木簡にみえる大県史末呂がいる。連姓の大県氏は、神護景雲二年（七六八）七月に正六位下より外従五位下に叙せられた大県連百枚女の名が知られるのみで、系譜などは未詳である。また天平宝字四年（七六〇）六月十一日付「東寺写経所移案」にみえる大県道継は、これらの大県氏の一族であろう。（星野良史）

大県主　おおあがたぬし　大県はもと凡河内国日下県と称した地域で、『多神宮注進状裏書』に「凡河内国日下県可レ為二今大県・高安・河内・讃良四郡一也乎哉。……蓋日下県者大県。仍此名遺二于今一存歟」とみえる。大県主は同地を管掌した県主の後裔氏族で、『新撰姓氏録』河内国神別は天津彦根命の後裔としている。氏人は『大同類聚方』に「河内国大県主黒海」の名がみえる。『続日本紀』神護景雲二年（七六八）七月条に大県連百枝女、『除目大成抄』に大県宿禰安永の名がみえるが、これらは大県主の連・宿禰を賜わった者か。（高嶋）

大荒木　おおあらき　大荒城にも作る。天児屋根命の後裔氏族の一つである荒木（城）氏の同族。氏名の大は美称、荒木は『延喜神名式』にみえる大和国宇智郡の荒木神社（奈良県五条市今井町）の鎮座地の地名にもとづくものか。姓は臣。『続日本紀』宝亀四年（七七三）八月辛亥条に「左兵庫助外従五位下荒木臣忍国。養老五年以往籍。為二大荒木臣一。神亀四年以来。不レ着二大字一。至レ是復着二大字一」とある。忍国は神護景雲元年（七六七）五月戊辰条によれば左京の人荒木臣道麻呂の子で、西大寺に対する献物で叙位に与った。のち延暦二十三年（八〇四）には遠江守従五位下。大荒木臣氏の一族はほかに『続日本紀』宝亀十一年八月丙午条にみえる越前国の人大荒木臣忍山、弘仁九年三月十日付「近江国大国郷墾田売券」にみえる同郷戸主の大荒木臣浄川、『三代実録』貞観十三年二月十四日条にみえる出羽国田川郡の人大荒木臣玉刀自らがいる。なお「荒木」の項を参照。（星野良史）

大石　おおいし　渡来系氏族。のちの近江国栗太郡大石（滋賀県大津市大石中）の地名にもとづく氏名か。姓は村主および忌寸。村主姓の大石氏は『坂上系図』所引の『新撰姓氏録』逸文に、仁徳朝に渡来した、阿智使主の本郷の人民の後裔である村主の一つにあげられており、一族の者は多く下級官人として奈良朝以降の史料に散見する。延暦二年（七八三）四月に従八位上大石村主男足らが大山忌寸の氏姓を賜わったが、『新撰姓氏録』右京諸蕃下に大山忌寸は「高丘宿禰同祖。広陵高穆之後也」とある（左京諸蕃下の「大石」条も同じ)。また忌寸姓の大石氏は大石村主が忌寸賜姓を受けたものと考えられ、一族には仁和元年(八八五)十二月、官符を偽造して罪せられた散位従七位下の大石忌寸福麻呂がいる。　（星野良史）

大市　おおいち　のちの大和国城上郡大市郷（奈良県天理市柳本町辺りから桜井市箸中にかけての一帯）の地を本拠とした。㈠連（大化の東国国司に大市連某）、㈡造（用明朝に大市造小坂）、㈢首姓、㈣無姓、㈤部姓の大市氏がいた。㈢は渡来系氏族。任那国の人都怒賀阿羅斯止（つぬがあらしと）を祖とする（『新撰姓氏録』左京諸蕃下）。『日本書紀』推古天皇二十年（六一二）是歳条に、真野首弟子が大市首の祖であるとみえるが、真野首氏と大市首は連結しない。一族は大養徳国城下郡黒田郷の戸主で、天平十四年（七四二）十一月に正八位下であった大市首益山など、八世紀の史料にみえる。㈣は八世紀から十一世紀中ごろまで散見するが、㈢の一族とは限らず、同十一年に八十二歳であった出雲国の大市部歳女のような㈤も含んだであろう。『和名抄』の諸国の大市郷が、かっての大市部（性格未詳）に由来したのであれば、大市氏の姓は大市部の管掌形態を推定させる。　（星野良作）

大炊刑部　おおいのおさかべ　宮内省大炊寮の大炊部の負名氏。姓は造。尾張氏の同系氏族で、火明命を祖と伝える。『新撰姓氏録』左京神別下と右京神別下に大炊刑部造を載せ、前者には「火明命四世孫阿麻刀禰命之後也」、後者には「同神（火明命）三世孫天礪目命之後也」とある。大炊刑部造氏の一族には、天平十七年（七四五）四月十七日付の「大炊寮解」に、大炊少属正七位下として大炊刑部造蓑麿の名がみえる。なお、八世紀中ごろの経師に大炊刑部縄万呂（単に刑部縄万呂とも表記される）がいたが、縄万呂も造の姓を有していたかもしれない。　（篠川）

大江　おおえ　旧氏姓は土師宿禰。のち大枝朝臣を称し、さらに大江朝臣と称す。姓は朝臣。大江（枝）の氏名は山城国乙訓郡大江郷（京都市右京区沓掛町一帯）の地名にもとづく。大枝氏の旧姓である土師宿禰からは秋篠朝臣・菅原朝臣の両氏を出しているから、土師宿禰は大枝・秋篠・菅原三氏共通の祖である。大枝朝臣氏への賜氏姓は延暦九年（七九〇）十二月である。『続日本紀』同年十二月壬辰朔条によれば、桓武天皇は即位十年に当たって外祖父高野朝臣（乙継）と外祖母土師宿禰（真妹）に正一位を追贈し、外祖母土師氏を改めて大枝朝臣とするとともに、菅原真仲と土師菅麻呂らにも大枝朝臣の氏姓を賜わっている。大枝朝臣氏の一族には、このほか諸上（土カ）・長人・氏麻呂・万麻呂・継吉・永山・総成・福成・乙枚・直臣・氏子・音人・氏雄らがいる。大枝朝臣氏が枝の字を江に改めて大江朝臣氏を称するのは貞観八年（八六六）十月十五日からである。『三代実録』同日条によれば「参議正四位下行右大弁兼播磨権守大枝朝臣音人。散位従五位下大枝朝臣氏雄等上表曰。（略）謹案。春秋曰。国家之立也。本大而末小。漢書曰。枝大二於幹一。不レ折必披。是知。枝条已大。根幹由レ其摧残。譬猶二子孫暫栄。祖統従レ此窮尽一。（略）望請不三敢改二称謂一。但将下以二枝字一為上レ江」とあり、末が本より大であれば国家成り立ちがたく、枝の幹より大なるは子孫繁栄のゆえんではないとの理由で大江朝臣と改めることを上表して許されている。なおこの大江音人を平城天皇皇子阿保親王の孫とする所伝が『尊卑分脈』や『群書類従』所収「大江氏系図」にあるが、これは大江氏が自家の家系を尊く見せようとした作為と考えられる。大江朝臣氏は代々文章道の学者を輩出し、大学寮の文章院東曹の管理に任じて西曹の菅原氏と並ぶ学統を誇った。音人はその薨伝に「内性沈静。外似二質訥一。為レ人広眉大目。儀容魁偉。音声美大。甚有二風度一」と評され、『群籍要覧』を撰『弘帝範』を撰び、『貞観格式』を撰進し、その上表文と序を書いたとされている（『三代実録』元慶元年十一月三日条）。音人の孫朝綱は文章博士・参議に任じ、撰国史所別当として『新国史』を編纂した。詩句に長じ『和漢朗詠集』や『本朝文粋』に多くの詩文を残している。祖父音人が江相公と呼ばれるのに対し後江相公と呼ばれる。音人の孫維時は文章博士・大学頭・東宮学士などを歴任し、朝綱の後を継いで撰国史所別当となり『新国史』の編纂に従事した。仁明朝から醍醐朝に至る十人の詩を集めた『日観集』の編著があるが現存しない。維時の孫匡衡は文章博士・東宮学士・一条天皇侍読などを歴任し、長保三年（一〇〇一）尾張権守に任じては郷士のために善政を行ない学校院を興した。『江吏部集』『匡衡朝臣集』がある。妻は歌人赤染衛門。匡衡の孫匡房は後三条・白河・堀河三天皇の帝師となり、後三条朝の蔵人・左衛門権佐・右少弁に任じ、参議・左大弁・勘解由長官・権中納言・大宰権帥・大蔵卿を歴任した。一代の碩学として内外の典籍や故実に通じ、『江家次第』『江都督納言願文集』『谷阿闍梨伝』『続本朝往生伝』『本朝神仙伝』などのほか自伝としての『暮年記』、家集としての『江帥集』、日乗『江記』など多数ある。匡房の曾孫広元は元暦元年（一一八四）源頼朝に招かれて鎌倉に下向し、政所別当として幕政の推進に尽力した。地頭設置は彼の進言によるものとされる。創業期の鎌倉幕府に果たした広元の役割はきわめて大きい。

【参考文献】 佐伯有清『新撰姓氏録の研究』考証篇第三、川口久雄『大江匡房』、桃裕行『上代学制の研究』、川口久雄『平安朝日本漢文学史の研究』、松村博司「尾張国における大江匡衡と赤染衛門」（古代学協会編『摂関時代史の研究』所収）

〔小原〕

大崗　おおおか　大岡にも作る。漢氏系渡来氏族。大崗の氏名は大和国添上郡大岡郷（奈良県天理市櫟之本付近）の地名による。姓は忌寸、のちに宿禰。旧姓は、『続日本紀』神護景雲三年五月甲午条に「左京人正六位上倭画師種麻呂等十八人賜二姓大岡忌寸一」とあるように倭画師で、神護景雲三年（七六九）五月に倭画師種麻呂らが大岡忌寸の氏姓を賜わった。『新撰姓氏録』左京諸蕃上に「大崗忌寸。出レ自二魏文帝之後安貴公一也。大泊瀬幼武天皇〈諡雄略。〉御世。率二四部衆一帰化。男龍〈一名辰貴。〉善二絵工一。小泊瀬稚鷦鷯天皇〈諡武烈。〉美二其能一賜二姓首一。五世孫勤大壹恵尊。亦工二絵才一。天命開別天皇〈諡天智。〉御世。賜二姓倭画師一。亦高野天皇神護景雲三年。依二居地一。改賜二大崗忌寸姓一」とみえる。大崗忌寸氏が宿禰姓を賜わった年次については、一族の大崗忌寸豊継が天長三年（八二六）正月に大崗忌寸豊継として外従五位下に叙せられ、承和六年（八三九）二月に外従五位下大岡宿禰豊継として木工助に任ぜられていることから、天長三年正月より承和六年二月までの間のことと考えられる。一族の人に上記のほかに倭画師姓の倭画師音檮、養徳画師楯戸弁麻呂（養徳画師楯とする説もある）らの名がみえる。なお『新撰姓氏録』左京諸蕃下にみえる大丘宿禰氏は、旧姓が造で別族。

【参考文献】 佐伯有清『新撰姓氏録の研究』考証篇第四

〔荻〕

大麻続部　おおおみべ　大麻部にも作り、大麻続は大麻績とも書く。大麻続部の氏名は、麻を績ぎ麻布を織ることを職掌とした部、もしくはその伴造氏族であったことにもとづく。大麻続部氏は下野国に分布し、一族には、下野国河内郡上神主（かみこうぬし）廃寺（栃木県河内郡上三川町）出土の古瓦銘に、大麻部古万呂・大麻部鳥万呂・大麻部猪万呂らの名がみえる。また、『続日本後紀』承和十二年（八四五）九月壬申条に「下野国芳賀郡人大麻続部総持。男足利郡少領外従八位下大麻続部嗣吉。改二本姓一賜二下毛野公姓一」とみえ、大麻続部総持・嗣吉父子は、このときに下毛野公の氏姓を賜わっている。下野国の大麻続部氏は、同国河内郡に大続郷

(宇都宮市上横倉町・徳次郎町付近)のあることから、その地を本拠としていたと推定される。（篠川）

大鹿　おおか　天児屋根命の後裔氏族。姓は首。氏名は伊勢国河曲郡の式内社大鹿三宅神社鎮座地(三重県鈴鹿市国分町)の地名にもとづく。『新撰姓氏録』未定雑姓、右京に「大鹿首。津速魂命三世孫天児屋根命之後也」とあり、一族には『日本書紀』敏達天皇四年(五七五)正月是月条にみえる伊勢大鹿首小熊がいる。小熊の女菟名子夫人は敏達妃となり、太姫・糠手姫の二人の皇女をもうけた(『古事記』敏達天皇段は敏達妃の名を「伊勢大鹿首之女、小熊子郎女」とする)。また『続日本紀』天平勝宝元年(七四九)四月甲午条の宣命には「可二治賜一人」として伊勢大鹿首ら四人があげられている。このほか、天平勝宝四年十一月十八日付「大乗阿毗達摩雑集論」巻十六の跋語にみえる大鹿石別は大鹿首氏の一族とみられ、平城宮出土木簡によれば大鹿を名のる者は三河国にも分布していた。『続日本紀』天平宝字五年(七六一)六月己卯条には大鹿臣子虫の名がみえ、臣姓の氏族があったことも知られる。（星野良史）

大春日　おおかすが　孝昭天皇の皇子、天帯彦国押人(天押帯日子)命の後裔と称する氏族。大和国添上郡春日郷(奈良市春日野町から白毫寺町一帯)を本拠とした。姓は初め臣。天武天皇十三年(六八四)に朝臣姓を賜わる。氏名は初め春日であったが、朝臣賜姓以前に、その本宗の一族が大春日の氏名に改めた。天武天皇十三年以降も春日朝臣の氏姓を称する者もあるが、これは傍系氏とみられ、『新撰姓氏録』左京皇別下に掲げる大春日朝臣も、桓武天皇の延暦二十年(八〇一)に大春日朝臣の氏姓を賜わったと記すから、傍系氏の一つであろう。なお同書には、大春日氏の祖の仲臣のとき、家が豊かで酒糟を積んで堵(かき)としたため、仁徳天皇が糟堵(かすがき)臣と名づけたとの所伝を掲げるが、春日臣の前名を糟堵臣とすることは単なる付会にすぎない。大春日(春日)氏は和珥氏の一族で、大和国添上郡の和爾の地(奈良県天理市和爾町)を本拠としていた和珥氏の本流が、奈良盆地東北部一帯に広く勢力を確立するに及んで、春日の地に移り、欽明朝ごろ、氏名を春日に改めたものとみられている。そしてこの氏と同祖関係にある小野・粟田・大宅・柿本などの諸氏も、小野・粟田両氏が『日本書紀』に春日小野臣や春日粟田臣の複姓で表記される例があるので、春日氏からさらに分枝した氏と理解されている。これらの諸氏がすべて春日氏からの分枝によって成立した氏であるかどうかは検討の余地があるが、和珥から春日への改名の事実が存したことは疑いないと思われる。この氏は歴代の天皇家に后妃を納れ、天皇家の姻族としての地位を占めたことで著名である。『記』『紀』によれば、それは非常に古い時期からのように記しているが、歴史的現実性を帯びるのは、春日和珥臣深目の女の童女君（おみなぎみ）が雄略妃となり、のちの仁賢皇后の春日大郎皇女を生んだとする（『紀』）ころからであり、その後敏達天皇の時代まで継続的に后妃を納れている。しかしこの氏は、天皇家の外戚として権力を握った葛城氏や蘇我氏とは対照的に、中央政界でほとんど目立った活動をしておらず、七世紀には、粟田・大宅・小野らの同族のほうが、実質的に高い政治的地位を占めている。かかる特性にもとづき、この氏の立場を息長氏と共通するものとみて、天皇家との反覆する婚姻関係によって、皇親氏族的地位にあったと推測する説もある。八・九世紀にも小野氏から毛野（従三位中納言）・岑守（従四位上参議）・篁（正四位下参議）、粟田氏から真人（正三位中納言）・道麻呂（従四位下参議）ら議定の座に昇る者が出たのに対し、大春日氏の極位は通常従五位上で、わずかに旧姓春日部の大学博士大春日朝臣雄継が、貞観六年（八六四）に従四位下に叙せられたに止まる。平安朝初期に近江国滋賀郡の小野神社が、小野氏のみならず、大春日・布瑠（ふる）・粟田ら和珥・春日氏系諸氏の氏神であったことは、この氏の勢力の低下を如実に示すものといえよう。大春日氏からは平安朝に穎雄・良棟・真野麻呂・雄継・安永・善道らの学者が輩出し、また渉外関係の任に当たった者も多い。天平神護二年（七六六）には春日倉毗登（首）の一族が春日朝臣に、承和十四年（八四七）には越前国丹生郡人であった上記春日部雄継らが春日臣、ついで斉衡三年（八五六）に大春日朝臣に、貞観四年（八六二）には壹志宿禰吉野が大春日朝臣に、それぞれ改姓しており、右の学者や渉外関係者のなかには、このような本来異流の大春日氏が少なくなかったとみられる。

【参考文献】岸俊男「ワニ氏に関する基礎的考察」（『日本古代政治史研究』所収）、佐伯有清「山上氏の出自と性格」（『古代東アジア史論集』下巻所収）、同『新撰姓氏録の研究』考証篇第二、平野邦雄『大化前代政治過程の研究』　（加藤）

大辛　おおから　渡来系氏族。大賀良にも作るか。氏名は『日本書紀』垂仁天皇二年是歳条の一云にみえる「意富加羅国」（金海加羅）の地名にもとづく。『新撰姓氏録』未定雑姓、右京に「大辛。天押立命四世孫剣根命之後也」とあるが、仮冒であろう。大賀良氏のほうは同じく未定雑姓、河内国に「大賀良。新羅国郎子王之後也」とみえる。一族には天平十八年（七四六）正月、三女を一産して正税四百束を給せられた、右京の人上部乙麻呂の妻大辛刀自売がいる。（星野良史）

大私部　おおきさきべ　「オオキサイベ」「オオキサイチベ」とも読み、大私にも作る。大私部の氏名は、后妃のために設置された部民である大私部、ないしはその伴造であったことにもとづく。大私部（大私）を氏名とする氏族は、下総・美濃・越前・丹後・因幡・出雲・隠岐の諸国に分布し、直姓・造姓・首姓・無姓の氏族があった。下総国には千葉国造大私部直善人（『日本後紀』延暦二十四年十月癸卯条など）の名がみえ、越前国には加賀郡の主政であった大私造上麻呂（天平三年「越前国正税帳」）、出雲国には飯石郡の大領であった大私造（欠名、天平五年『出雲国風土記』飯石郡条巻末）、同郡熊谷軍団百長であった大私部首足国（天平六年「出雲国計会帳」）、隠岐国には周吉（すき）郡の大領であった大私直真継（天平五年「隠伎国正税帳」）がいた。また『新撰姓氏録』には、右京皇別下に無姓の大私部氏を載せ、「開化天皇皇子彦坐命之後也」とある。

【参考文献】岸俊男「光明立后の史的意義」（『日本古代政治史研究』所収）（篠川）

大分　おおきた　のちの豊後国大分郡（大分県大分市一帯）を本拠とした大分国造の後裔氏族。『古事記』神武天皇段に、大分君は神八井耳命の子孫で意富（多）臣や火君・阿蘇君などの同族と伝える。一族には壬申の乱における大海人皇子側の将軍であった大分君恵尺、同じくトネリであった大分君稚見（稚臣）がいる。恵尺は大海人の挙兵に際して倭京留守司に駅鈴を請い（不成功）、また近江に赴いて大津皇子を救出した。天武天皇四年（六七五）六月、死に臨んで外小紫を叙せられている。稚見は大津・恵尺らとともに伊勢で大海人に合流し、さらに村国連男依の軍にあって瀬田橋の戦いで活躍した。天武天皇八年三月に没し、壬申年の功で外小錦上を追贈された。（星野良史）

大国　おおくに　出自未詳。姓は忌寸。のちの河内国石川郡大国郷（大阪府羽曳野市大黒）の地名にもとづく氏名か。一族には『類聚国史』巻百八十七（仏道十四、還俗僧）にみえる大国忌寸木主、『三代実録』貞観十年（八六八）正月七日条などにみえる大国忌寸福雄らがいる。木主はもと摂津国西成郡の人で、出家して薬師寺僧景国と称していたが、このとき還俗を願って許された。福雄は貞観十年正月に式部大録で外従五位下に昇叙し、翌年正月、散位のとき安房守に任ぜられている。なお『日本書紀』垂仁天皇三十四年三月丙寅条には「山背大国不遅」という人名がみえ（『古事記』垂仁天皇段には「山代大国之淵」とある）、のちの山背国宇治郡大国郷（未詳。京都府宇治市・京都市）と関係のある名と考えられる。（星野良史）

大窪　おおくぼ　出自未詳。渡来系氏族と考えられる。姓は史。氏名は『日本書紀』朱鳥元年（六八六）八月己丑条にみえる大窪寺の所在地（奈良県橿原市大久保町）の地名にもとづく。一族の人には、和銅七年（七一四）十二月の年紀をもつ法隆寺幡銘（『法隆寺記補忘集』所引）にみえる大窪史阿古、『続日本紀』養老五年（七二一）正月甲戌条にみえる唱歌師正七位下大窪史五百足がいる。また貞観六年（八六四）八月、有宗宿禰の氏姓を賜わった右京の人で主計算師正八位上大窪峯雄・主水権令史正六位上大窪清年らも、大窪史氏の同族であろう。なお前記の大窪寺は大窪史氏の氏寺か。

【参考文献】福山敏男「大窪寺」（『奈良朝寺院の研究』所収）（星野良史）

大蔵　おおくら　朝廷内の大蔵の管理・出納の任に当たった渡来系の伴造氏族。渡来系以外にも神魂命の裔とする神別の巨椋（おおくら）連と大椋置始（おおくらのおきそめ）連があるが、前者は山城国久世郡巨椋神社（京都府宇治市小倉町）の地に本拠をもつ氏族、後者も同国紀伊郡大椋神社（京都市伏見区住吉町）の地を拠点とした置始部（染職関係の部）の伴造の可能性が強く、直接大蔵に出仕した氏族であるかどうかは疑問である。渡来系の伴造氏には㈠秦氏系の秦大蔵氏と、㈡東漢氏系の大蔵氏の二氏がある。㈠は『日本書紀』斉明天皇四年（六五八）十月条に秦大蔵造万里の名がみえ、天平十四年（七四二）から同十六年にかけて、平城右京の住人や玄蕃寮の少属に連姓の秦大蔵氏があった。また天平宝字七年（七六三）ごろの近江国愛智郡少領に忌寸姓の秦大蔵氏がある。秦氏は『古語拾遺』長谷朝倉（雄略）朝条や『日本書紀』欽明即位前紀・同元年八月条、および『新撰姓氏録』山城国諸蕃・秦忌寸条の所伝によれば、大蔵の設置・経営に深く関与していたことが窺え、奈良朝以降の氏人にも、大蔵省の下級役人となった者が多い。したがって秦氏のなかで大蔵の職を専当する一族が、秦大蔵の氏名を名のり、本宗の秦氏の改姓に合わせて、天武天皇十二年（六八三）に造から連へ改姓し、さらにそのなかの一部が天武天皇十四年かそれ以降の時期に忌寸姓を賜わったものと思われる。㈡の大蔵氏の旧姓は直。東漢氏（直）が天武天皇十一年に連、同十四年に忌寸と改姓した際に、この氏も東漢氏の一族として賜姓に与ったものとみられる。延暦四年（七八五）、坂上大忌寸苅田麻呂の奏請により、東漢氏の枝族十氏十六人が宿禰を賜姓されているが、そのなかに大蔵忌寸の名も存する。このとき忌寸姓に止まった一族のなかには、その後天長十年（八三三）と貞観四年（八六二）に宿禰に改姓した者があり、承和六年（八三九）には大蔵宿禰雄継・大蔵忌寸継長らが内蔵朝臣の氏姓を賜わった。また大蔵伊美吉（忌寸）善行は仁和三年（八八七）以降、昌泰二年（八九九）以前に朝臣に改姓している。『古語拾遺』によれば、雄略朝に斎蔵・内蔵に加えて大蔵を立て、漢氏には氏姓を賜いて内蔵・大蔵と為すとあり、大蔵氏は東漢氏の一族中から、大蔵の管理に任ぜられた伴造である。『日本書紀』の天武天皇元年（六七二）六月条に壬申の乱の吉野側の武将として、大蔵直広隅の名を記すのが、この氏の史料上の初見である。奈良・平安朝の氏人には、一部五位に叙せられる者も存したが、概して下級の官位に止まった。ただ九世紀後半から十世紀にかけて学者として著名であった上記の善行は、従四位下に昇り、『三代実録』『延喜格』『延喜式』の編纂に携わっている。なおこの氏は天慶三年（九四〇）、大蔵春実が藤原純友の反乱に際して、追捕凶賊使の主典に任命されて以来、大宰府の府官として九州に勢力を広げ、秋月氏ら九州諸豪族の祖となった。渡来系とみられる大蔵氏にはこのほか大蔵衣縫氏（造）がおり、衣縫部を率いて大蔵に出仕し、衣服の裁縫に当たった伴造と推察されるが、詳細は不明である。

【参考文献】佐伯有清『新撰姓氏録の研究』考証篇第六　（加藤）

巨椋　おおくら　のちの山城国久世郡巨椋（京都府宇治市小倉町）の豪族。姓は連。『新撰姓氏録』山城国神別に「巨椋連。今木連同祖。止与波知命之後也」とあり、神魂（かみむすひ）命の後裔氏族の一つと伝える。巨椋の地はかつて巨椋池のあったところで、ここには式内社巨椋神社も存在した。また巨椋連氏の氏名は大蔵に通じ、大化前代に大蔵関係の職掌にあったことも考えられる。　（星野良史）

大椋置始　おおくらのおきそめ　氏名の大椋は大蔵、置始は置染に通じるところから、大蔵で染色関係の職に従事した伴造氏族であったと考えられる。姓は連。『新撰姓氏録』左京神別中に「大椋置始連。県犬甘同祖」とあり、神魂命後裔の県犬養宿禰氏の同族と伝えている。大椋置始連氏の職掌は令制の大蔵省の被官、織部司の前身に当たるものとみられ、倉に関する事務が大化前代からかなり分化していたことを示す。またこの氏が県犬養氏の同族とされたのは、県犬養氏が大蔵の守衛に当たっていたことに由来するとみられる。

【参考文献】 直木孝次郎「人制の研究」（『日本古代国家の構造』所収）、黛弘道「大和国家の財政」（『律令国家成立史の研究』所収）　（星野良史）

大狛 おおこま　高句麗系渡来氏族。姓は初め造、のち連。氏名は大高麗の意で、式内社大狛神社のあった河内国大県郡巨麻郷（大阪府柏原市本堂）が本拠地であろう。『新撰姓氏録』河内国諸蕃には「大狛連。出レ自二高麗国人伊利斯沙礼斯一也」「大狛連。出レ自二高麗国溢士福貴王一也」という二流を伝えている。天武天皇十年（六八一）四月、大狛造百枝・足坏が連の姓を賜わり、さらに同十二年九月、大狛造氏は他の三十七氏とともに連姓となった。ただし霊亀元年（七一五）七月、授刀舎人狛造千金が大狛連の氏姓を賜わっており、この狛造氏流の大狛連氏が、先の二系統のいずれかに該当するのかもしれない。河内国には大県郡のほかに若江郡にも巨麻郷（大阪府東大阪市若江から八尾市久宝寺にかけての一帯）があった。　（星野良史）

大坂 おおさか　のちの大和国葛上郡大坂郷（奈良県御所市増）の豪族。姓は臣および直。大坂臣氏は『古事記』孝昭天皇段に、孝昭天皇の皇子天押帯日子命の後裔とあり、春日臣氏の同族と伝える。また大坂直氏は『新撰姓氏録』大和国神別に「大坂直。天道根命之後也」とみえ、紀伊国造であった紀直氏の同族とされている。八世紀末、宝亀年間ころ経師だった大坂広川・広成らは、臣姓または直姓の大坂氏の一族であろう。　（星野良史）

大貞 おおさだ　物部氏の同族。姓は連。大貞連氏はもと大俣連で、『新撰姓氏録』左京神別上に「大貞連。速日命十五世孫弥加利大連之後也。上宮太子摂政之年。任二大椋官一。于レ時家辺有二大俣楊樹一。太子巡二行巻向宮一之時。親指レ樹問レ之。即詔二阿比太連一。賜二大俣連一。四世孫正六位上千継等。天平神護元年。改レ字賜二大貞連一」とあるように、天平神護元年（七六五）好字をもって大貞連と改められた。ほかに延暦二十三年（八〇四）に大俣連三田次、弘仁二年（八一一）に大俣連福貴麻呂、承和四年（八三七）に大俣連福山が、それぞれ大貞連の姓を賜わっている（福貴麻呂は「大真連」とあるが、大貞連の誤りであろう）。なお寛平三年（八九一）四月十九日付「大神郷長解写」にみえる大員連貞岡が大貞連の誤写とすれば、大貞連氏は大

和国城上郡大神郷（奈良県桜井市三輪）を本拠としていたことが推測される、先の『新撰姓氏録』の文と符合する。（星野良史）

大里　おおさと　渡来系氏族。秦氏の同族と伝える。姓は史。氏名はのちの河内国大県郡大里郷（大阪府柏原市大県一帯）の地名にもとづく。『新撰姓氏録』河内国諸蕃に「大里史。太秦公宿禰同祖。秦始皇五世孫融通王之後也」とあり、『続日本紀』天平勝宝八歳（七五六）二月己酉条にみえる河内国の大里寺はこの氏の氏寺か。（星野良史）

凡　おおし　西国地方の国造の氏族。姓は直。凡直氏は山陽道・南海道に広く分布するが、凡直国造の設置に関しては、地域的小国造を併合したより広域の国造（二次的国造）とする見解と国造がまだ設置されていなかった地域の首長を擬制的同族関係の下に組織化したものとする見解がある。とくに讃岐国寒川郡を拠点とする豪族は重要で、『続日本紀』延暦十年（七九一）九月丙子条に「讃岐国寒川郡人正六位上凡直千継等言。千継等先。星直。訳語田朝庭御世。継二国造之業一。管二所部之堺一。於レ是因レ官命レ氏。賜二紗抜大押直之姓一。而庚午年籍。改二大押字一。仍注二凡直一。是以星直之裔。或為二讃岐直一。或為二凡直一。……請因二先祖之業一。賜二讃岐公之姓一。勅千継等戸廿一烟依レ請賜レ之」とある。これによると凡直氏の祖先は星直であり、敏達朝において国造に任ぜられるに際して紗抜大押直の姓を賜与されたが、『庚午年籍』には「大押直」を「凡直」と注したため讃岐直・凡直と氏名が一定しなくなったので、讃岐公姓を申請して許可されたことがわかる。改姓を申請した讃岐公千継はこののち大判事・刑部少輔を歴任、『延暦交替式』の編纂に携わるなど法曹官人として活躍している。この讃岐公については『新撰姓氏録』右京皇別下に大足彦忍代別天皇（景行天皇）皇子五十香彦命（神櫛別命）の後裔とし、「続日本紀合」と記す。

【参考文献】八木充「凡直国造と屯倉」（『古代の地方史』二所収）、吉田晶「凡河内氏と国造制」（『日本古代国家成立史論』所収）、松原弘宣『日本古代水上交通史の研究』、同『古代の地方豪族』（石附）

凡海　おおしうみ　海部を管掌する伴造氏族と考えられ、凡海連氏は穂高見命系と火明命系がある。前者に関しては『新撰姓氏録』右京神別下に海神綿積命（海神綿積豊玉彦神）の子穂高見命の後とし、同摂津国神別に安曇宿禰と同祖で綿積命六世孫の小栲梨命（他にみえない神名）の後とする。後者に関しては『新撰姓氏録』未定雑姓、右京に火明命の後とする。凡海連の本宗氏は凡海宿禰で、天武天皇十三年（六八四）十二月に宿禰の姓を賜与された。凡海宿禰の一族には大海（凡海）宿禰蒭浦がみえる（『日本書紀』朱鳥元年〈六八六〉九月甲子条、『続日本紀』大宝元年〈七〇一〉三月戊子条）。また凡海連氏の氏人としては凡海連興志（『続日本紀』養老五年〈七二一〉正月甲戌条）・凡海連豊成（宝亀二年〈七七一〉三月「優婆塞貢進文」）がみえる。また天平期の諸史料において、直姓・無姓・部姓の凡海氏がみえる（平城宮木簡、『正倉院文書』など）。〔石附〕

凡河内　おおしこうち　天津彦根命の後裔氏族。『新撰姓氏録』摂津国神別に「凡河内忌寸。額田部湯坐連同祖」とあり、『古事記』神代上第六段本文に「天津彦根命」の分注として「是凡川内国造。額田部湯坐連……等之祖也」とある。これに関しては『先代旧事本紀』国造本紀に「以二彦己蘇根命一。為二凡河内国造一。即凡河内忌寸祖」とあり、また凡河内国造条に「橿原朝御世。以二彦己曾保理命一。為二凡河内国造一」とある。凡河内直氏の氏族としての本拠地は摂津国菟原郡を中心とする西摂地方であったが、大王家にとって政治的・軍事的に重要な務古水門を掌握していたことによって河内・摂津・和泉を含んだ広い領域を統轄する国造に任命され、支配領域下の渡来氏族や県・屯倉に対する編戸制的な人民支配を行なったとされている。本来の姓は凡河内直で、天武天皇十二年（六八三）九月に凡河内連、さらに同十四年六月に凡河内忌寸と賜姓された。雄略天皇九年、凡河内直香賜が采女を姦したために三嶋郡藍原で捕えられて殺害されたとあるが、この地はのちの摂津国嶋下郡安威郷で凡河内氏の根拠地に近いと考えられる。これに関しては安閑天皇元年（五三四）の大河内直味張をめぐる三嶋竹村屯倉の伝承が参考となる。また『続日本紀』慶雲三年（七〇六）十月壬午条には「摂津国造従七位上凡河内忌寸石麻呂……進二位一階一」とあり、令制国造としての凡河内忌寸の名が確認できる。なお『新撰姓氏録』摂津神別には天穂日命の十三世孫、可美乾飯根命の後裔として凡河内忌寸を載せる。

【参考文献】　吉田晶「凡河内直氏と国造制」（『日本古代国家成立史論』所収）〔石附〕

凡人　おおしひと　神別系氏族。氏名は凡直氏との間に支配統属関係があったことにもとづき、『新撰姓氏録』未定雑姓、和泉国に「凡人。神汙久宿禰之後也」とある。凡人氏の一族の人名は所見がないが、これに隷属したらしい凡人部については、天平勝宝二年（七五〇）四月七日付「仕丁送文」にみえる尾張国山田郡石作郷の人凡人部万呂、某年「貢進仕丁歴名」にみえる尾張国丹羽郡上春郷の戸主凡人部安麻呂とその戸口大足がいる。ほかに渡来系の凡人中家という氏族もあり、『新撰姓氏録』和泉国諸蕃に「凡人中家。山代忌寸同祖。白竜王之後也」とみえている。

【参考文献】　直木孝次郎「人制の研究」(『日本古代国家の構造』所収)　(星野良史)

大隅　おおすみ　大住・大角にも作る。のちの大隅国大隅郡大隅郷(鹿児島県肝属郡東串良町・高山町一帯)の豪族。姓は直、のち一部が忌寸を賜わった。『新撰姓氏録』大和国神別には「大角隼人。出レ自二火闌降命一也」という記述がみえ、大隅直・忌寸氏はこの大角隼人の本宗氏族に当たる。大隅直氏の一部は畿内に移住させられたが、その中心となったのがのちの山城国綴喜郡大住郷(京都府綴喜郡田辺町)の地で、天武天皇十四年(六八五)六月に忌寸姓を賜わったのは、これら畿内在住の大隅直氏であったと考えられる。一族の人には、天平十年(七三八)「周防国正税帳」にみえる大隅国左大舎人大隅直坂麻呂、八世紀後半ころ左大舎人・図書寮属を歴任した大隅忌寸公足(君足)、宝亀六年(七七五)隼人正となった大住忌寸三行らがおり、また某年「山背国隼人計帳」(前記の大住郷のものか)にも大住忌寸・大住隼人氏の人々の名がみえている。

【参考文献】　中村明蔵「大隅と阿多」(『隼人の研究』所収)　(星野良史)

大角隼人　おおすみのはやと　大住隼人にも作る。大隅直(忌寸)氏の枝氏。のちの大隅国大隅郡(大隅半島中部)の地の隼人のうちで畿内周辺に移配された一族。彼らを率いたとみられる大隅直氏が天武天皇十四年(六八五)六月に忌寸を賜姓(大隅郡の地にとどまった大隅直氏は対象外)されているから、移配はこの以前、天武朝の隼人分断支配政策によるものであろう。無姓。『新撰姓氏録』大和国神別に、海幸・山幸神話の火闌降(ほのすそり)命を祖神とすることがみえる。大和国の大角隼人氏の本拠はのちの同国宇智郡阿太村大字原おほすみ(奈良県五条市原町おおすみ)の地であるが、ここを本拠とした氏人の名は未詳。ほかにのちの山城国綴喜郡大住郷(京都府綴喜郡田辺町大住一帯)の地を大隅直(忌寸)氏とともに本拠とした一族もおり、上記大住郷の隼人の計帳とみなされる「山背国隼人計帳」(年月未詳)に大住隼人縵売・黒売が伝わる。

【参考文献】　大林太良編『日本文化の探究　隼人』、中村明蔵『隼人の研究』　(星野良作)

大田　おおた　景行天皇の皇子大碓命の後裔氏族。氏名はのちの美濃国安八郡大田郷（岐阜県安八郡神戸町から揖斐郡池田町にかけての地域か）もしくは同国大野郡大田郷（揖斐郡大野町の一部か）の地名にもとづく。姓は君、のちに宿禰となったがその時期は未詳。『古事記』景行天皇段に大碓命を守君・大田君・島田君の祖と伝え、『新撰姓氏録』河内国皇別にも「大田宿禰。大碓命之後也」とある。『記』『紀』によれば大碓命は三野（美濃）国造のもとに赴いて二人の娘を妻としたとされ、景行天皇紀四十年七月戊戌条には大碓が美濃に分封されて身毛津君・守君の祖となったという伝承がみえている。（星野良史）

大田祝山　おおたのはふりやま　神別系氏族。氏名のうち大田祝は『延喜式』神名帳にみえる大和国葛上郡の多太神社（奈良県御所市大字多田）の神職であったことにもとづき、また山はこの一族が山部を管掌したことによる。姓は直。大田祝山直の旧氏姓はおそらく大田祝山部直で、延暦四年（七八五）五月、桓武天皇の名を避けて山部を山と改めた際に大田祝山直となったと考えられる。『新撰姓氏録』大和国神別に「大田祝山直。天杖命子天爾支命之後也」とあり、同書左京神別中の爪工（はたくみ）連条によれば、天爾支（天仁木）命は神魂命の後裔であるという。一族の人には『新撰姓氏録』巻末の署名にみえる散位正七位下の大田祝山直男足がいる。（星野良史）

大津　おおつ　姓は造から連、さらに宿禰。『続日本紀』大宝元年（七〇一）四月十日条に遣唐大通事大津造広人の名がみえ、和銅七年（七一四）六月には大津造元休・船人が連姓を賜わっている。そして天平宝字八年（七六四）九月には大津造大浦が宿禰姓を賜わっているが、この宿禰賜姓は、陰陽に通じた大浦を信じた藤原仲麻呂（恵美押勝）の謀反の意を見抜いて大浦が密告した功による。しかし、天平神護元年（七六五）の和気王の謀反に組したとして、同年大浦は宿禰姓を除かれている。（外池）

大伴　おおとも　大化前代から平安初期にかけて活躍した有力伴造氏族・名門貴族。姓はもと連、天武十三年（六八四）に宿禰。氏名は朝廷に直属する伴（とも）を率いたことによる。その故地は『日本書紀』雄略紀、欽明紀から摂津・和泉地方（今の大阪府南部）の沿岸地域であったと思われる。一方、神武紀に遠祖が東征の功により大和の築坂邑（高市郡、奈良県橿原市鳥屋町）に宅地を賜わったとあり、また城上郡の跡見荘（桜井市大字外山）が大伴氏の別業であったことなどから、のち大和の磯城・高市地方（橿原・桜井両市周辺）に根拠を構えたようである。祖先伝承は『古事記』『日本書紀』『新撰姓氏録』など諸文献にみえ、始祖は高皇産霊尊の後裔で、天孫降臨の際に武装して先導した天忍日命という。他に、道臣命が神武東征に随行して大和への道を先導し、武日が日本武尊の蝦夷征討に随い、さらに武以は四大夫の一人として仲哀天皇の崩後、宮中の警衛に当たったという。朝廷での職掌は、氏名の大伴が朝廷に直属する伴に由来していることや祖先伝承などから、来目部や靫負部など軍事的部民を率いていたことが察せられるので、宮廷を警護することにあったと思われる。これは大伴氏がもっとも有力な門号氏族として宮城正門に名を残した（大伴門、のちの朱雀門）ことからも確かめられよう。大伴氏の台頭は五世紀後半と考えられている。その経緯は、この時期にそれまで国政に参与して強勢を誇った大和の大豪族葛城氏が没落し、一方この時期に当たる雄略朝に、大伴氏のうち実在した最初の人物とされる室屋が大連となっていることを関連づけて推定されている。室屋はその後、雄略朝の星川皇子の乱を鎮めるとともに、藤原部・白髪部の設定にも係わり、その孫の金村（談の子）は専権を振るった大臣平群氏を滅したのち、武烈から欽明まで五代の大連を務め、その間、越前から継体天皇を迎えたほか、役丁の徴発、屯倉の設置にも係わるなどして勢力を伸ばし、朝廷内に確固たる地位を築いた。その後、金村が朝鮮に関する失政を同じ大連の物部氏に非難されて故郷の難波の住吉（大阪市住吉区）に引退したのち、物部・蘇我両氏の時代となり家運は衰えたといわれるが、金村の子、磐・咋・狭手彦らは大将軍や議政官たる大夫などに任ぜられ、咋の子長徳（馬飼）は蘇我入鹿暗殺事件後、孝徳天皇の即位に際して金の靫を帯びて高御座の右に立つなど、金村以後も朝廷内の一定の地位は保たれたようである。その後、長徳は右大臣になり、その弟の馬来田・吹負は壬申の乱で活躍した。律令施行後も、長徳の子孫、御行・安麻呂・旅人・家持らが大納言・中納言となったほかに、軍事・外交などの職掌につく氏人も多く出て、政治全般に重きをなすとともに律令貴族への脱皮を図った。しかし、一族中に橘奈良麻呂の変、藤原種継暗殺事件、承和の変などに縁座する者も多く、それにつれて藤原氏との軋轢も強まり、やがて貞観八年（八六六）の応天門の変に坐して大納言伴善男が失脚するに及びようやく衰えた。なお、大伴氏は弘仁十四年（八二三）淳和天皇の諱大伴を避けて伴氏に改氏した。大伴宿禰氏の同族と称する者には、大伴氏とよく並称される佐伯宿禰をはじめとして『新撰姓氏録』に十四氏の氏族がみえる。氏寺は、『東大寺要録』に養老年中に大伴安麻呂が建立したとある、伴寺とも呼ばれた永隆寺（奈良市川上町に伴寺跡）。大伴氏に関連する古墳については、確証はないが五世紀後半以降の築造と推定される橿原市の現宣化陵のミサンザイ古墳、現倭彦命陵の桝山古墳およびその近くの新沢千塚との関係が注目されている。別系の大伴（部）氏には、連・造・君・直・首などの姓の者があるが、これらのうち造・直・首は東国に多く分布し、その多くは、大伴宿禰氏とは直接関係がなく、膳臣に率いられた膳大伴部の後裔氏族であると考えられている。

【参考文献】直木孝次郎『日本古代兵制史の研究』、尾山篤二郎『大伴家持の研究』、佐伯有清『伴善男』（人物叢書一五六）、志田諄一「大伴連」（『古代氏族の性格と伝承』所収）、竹内理三「八世紀に於ける大伴的と藤原的」（『律令制と貴族政権』一所収）、八木充「大伴氏とヤマト政権」（『季刊明日風』一八）、白石太一郎「大型古墳と群集墳」（橿原考古学研究所紀要『考古学論攷』二所収）　〔平野〕

大友　おおとも　近江国滋賀郡大友郷（滋賀県大津市穴太・南滋賀・滋賀里）を本拠とする渡来氏族。姓は、村主・曰佐・漢人・史を称する者がある。また複姓では、大友民曰佐・大友但波史（族）・大友桑原史などもみえる。これらのうち、大友村主・大友民曰佐は『続日本紀』延暦六年（七八七）七月条に穴太村主や錦曰佐とともに志賀忌寸を賜姓され、『続日本後紀』承和四年（八三七）十二月条には、大友村主が錦部村主・志賀史らとともに春良宿禰を賜姓されたとある。後者には、後漢献帝の後とあり、『新撰姓氏録』摂津国諸蕃、志賀忌寸条にも後漢孝献帝より出自とあって、同じく近江国滋賀郡に本拠を置く穴太村主・穴太史・錦部村主・錦曰佐などとともに東漢氏系の渡来氏族であったことが知られる。大友史も『新撰姓氏録』河内国諸蕃に百済国人白猪奈世の後とあり、『続日本紀』天平宝字二年（七五八）六月条に大友桑原史・大友部史とともに桑原直を賜わったとある。また、大友但波史についても、『新撰姓氏録』左京諸蕃上に後漢霊帝七世孫孝日王の後とある。大友を称する氏族は、滋賀郡のほか野洲郡・栗太郡・蒲生郡・愛智郡などにも広く進出していたことが知られている。滋賀郡内には、穴太古墳群・百穴古墳群・滋賀里古墳群など朝鮮系の横穴式石室をもつ後期群集墳が濃密に分布するほか、穴太廃寺・南滋賀廃寺・園城寺跡など白鳳寺院の存在も知られ、その一端を示している。

【参考文献】水野正好「帰化人の墳墓」（『月刊文化財』四四―一〇）〔大橋〕

大伴大田　おおとものおおた　大伴氏の同族。複姓の下半部をなす大田は地名とみられるが不詳。あるいは大伴氏と関係が深い、のちの紀伊国名草郡大田郷（和歌山県和歌山市太田）の地名にもとづくものか。姓は初め連、神護景雲元年（七六七）二月に正六位上大伴大田連沙弥麻呂が宿禰姓を賜わった。また弘仁十四年（八二三）四月、触諱によって大伴を伴と改めた際に大伴大田宿禰も伴大田宿禰となり、さらに貞観三年（八六一）八月には散位外従五位下であった伴大田宿禰常雄が伴宿禰の姓を賜わっている。『新撰姓氏録』右京神別上には「大伴大田宿禰。高魂命六世孫天押日命之後也」とあり、前掲の伴大田宿禰常雄が改姓を願った款状によれば、伴大田氏は大伴狭手彦の子孫であるという。しかし、かかる系譜関係は事実とは考えられず、大伴大田氏は本来大伴氏に対して隷属していたものが、いつしか同族とされるようになったのであろう。

【参考文献】佐伯有清『伴善男』〔星野良史〕

大伴山前　おおとものやまさき　大伴氏の枝氏の一つ。甲斐国山梨評山前之邑（山梨県東八代郡石和町山崎）の地を本拠とした。姓は連。日臣（道臣）命を祖とする。『古屋家家譜』に、道臣命の後裔大伴金の子磐（いわ）が継体朝に上記の山前之邑に移住し、磐の孫・曾孫の時代に一族が大伴山前連の氏姓を称したことがみえ、玄孫大伴山前連方麻呂（文武朝の丁酉年〈六九七〉八月卒）の譜文に「庚午年籍一族八人同負二姓大伴山前連一」とある。そして、この方麻呂は天武朝の甲申年（六八四）三月に大伴直と改氏姓し、彼の子孫は山梨・八代の郡領として在地に根を張り、天長元年（八二四）に一族は氏名を伴と改めている。また方麻呂の弟清滝の譜文に「負二同姓一任二近衛舎人一」とみえ、清滝は大伴連氏として中央で任官したと考えられ、その子高樹の譜文には「采女令史貫二于京一」とある。『新撰姓氏録』和泉国神別の大伴山前連は前記清滝の系統か。なお山前連氏も一族とみなされる。

【参考文献】鎌田純一『甲斐国一之宮浅間神社誌』、佐伯有清『新撰姓氏録の研究』考証篇第四〔星野良作〕

大鳥　おおとり　『新撰姓氏録』和泉国神別には、「大鳥連。大中臣朝臣同祖。天児屋命之後也」とある。大鳥の氏名は、和泉国大鳥郡大鳥町（大阪府堺市鳳町一帯）の地名にもとづく。一族には、『行基年譜』によれば、和泉国大鳥郡日下部郷日下部里戸主従七位上大鳥連史麻呂戸口大鳥連夜志久爾の名がみえ、天平九年（七三七）の「和泉監正税帳」の大鳥連大麻呂は、『続日本紀』天平十八年四月癸卯条によると正六位上から外従五位下、天平勝宝四年（七五二）五月には従五位下を授けられている。また、神護景雲三年（七六九）九月十一日付の「香山薬師寺鎮三綱牒」によれば、摂津大属正七位上大鳥連高の名がみえ、『正倉院文書』によれば、大鳥国益・大鳥倉人・大鳥連祖足・大鳥連高人・大鳥連千足・大鳥足・大鳥連春人・大鳥真高・大鳥道足らが経師として活躍している。（佐久間）

大中臣　おおなかとみ　中臣氏の後裔氏族で、天児屋（根）命を始祖とする。中臣氏は、中臣常磐大連公の子可多能祜に御食子・国子・糠手子の三子があり、分かれて三門となった。第一門の御食子の子が天智天皇八年（六六九）十月に藤原姓を賜わった鎌足で、第二門の国子の系統からは神祇伯の意美麻呂・清麻呂らが出ている。中臣氏は本姓連で、天武天皇十三年（六八四）十一月に朝臣姓を賜わったが、一族は鎌足の子孫にならって藤原（葛原）朝臣を称するようになった。しかし、『続日本紀』文武天皇二年（六九八）八月丙午条に「詔曰。藤原朝臣所レ賜之姓。宜レ令二其子不比等承一レ之。但意美麻呂等者。縁レ供二神事一。宜レ復二旧姓一焉」とあるように、藤原姓は不比等の系統だけに許され、その他はすべて旧姓の中臣に復することになった。その後、意美麻呂の子清麻呂が中納言であった神護景雲三年（七六九）六月に、神祇伯を再度兼任した功により、優詔によって大中臣朝臣の姓を賜わった。『続日本紀』には「詔曰。神語有レ言二大中臣一。而中臣朝臣清麻呂。両度任二神祇伯一。供奉无レ失。是以賜二姓大中臣朝臣一」とある。大中臣の姓について、『藤氏家伝』は「世掌二天地之祭一。相二和人神之間一。仍命二其氏一曰二大中臣一」と記しているが、「大」の字は大膳や大炊などと同様、天皇への奉仕を明示する冠辞とみるべきであろう。大中臣氏は現行の『新撰姓氏録』には左京神別に「大中臣朝臣。藤原朝臣同祖」と記されるに過ぎないが、『東大寺要録』に引く逸文には「神護景雲三年。右大臣中臣朝臣清麻呂加二賜大字一。厥後延暦十六年。定成等四十八人。同賜二大字一。同十七年船長等卅七人。加二賜大字一。自余猶留為二中臣朝臣一」とある。ただし、『続群書類従』の「大中臣氏系図」に引用される斉衡三年（八五六）十一月二十日太政官符は、延暦十六年（七九七）十月と翌十七年六月の二度にわたる勅符によって大中臣と改姓した氏人を、中臣朝臣宅成・鷹主ら五百十五人と記す。その後も、貞観四年（八六二）二月に中臣朝臣坂田麻呂、元慶元年（八七七）十二月に中臣朝臣伊度人ら十九人が大中臣朝臣の姓を賜わっている。大中臣と改姓した清麻呂の後も、神祇伯には子老・諸魚・淵魚が就任している。同職はしだいに皇族出身公卿の兼職という性格を帯びるが、大中臣氏は神祇大副以下の要職を占めて、神祇官の実権を握り、伊勢神宮祭主・大宮司に任ぜられ、さらに伊勢神宮など有力神社への奉幣使（班幣使）は大中臣氏が独占するようになった。このような事情から、神祇少副以下の神祇官の下級官人に止められ、奉幣使の任命から排除される傾向のあった忌部（斎部）氏との間で対立が生じ、忌部氏は再三にわたり中臣氏（大中臣氏）の専権化を批判した。大同二年（八〇七）には、斎部宿禰広成が『古語拾遺』を撰上している。延喜六年（九〇六）六月、神祇大副であった大中臣朝臣安則、少副であった大中臣朝臣良臣らは、同氏の系譜を編纂し、「新撰氏族本系帳」として政府に提出した。

【参考文献】高島正人「奈良時代の中臣朝臣氏」（『奈良時代諸氏族の研究』所収）、三宅和朗「神祇官の周辺—神祇伯の兼任を通して—」（『続日本紀研究』二〇六）、同「平安初期の神祇伯について」（『中部女子短期大学社会文化研究所研究年報』二所収）　（高嶋）

大庭　おおにわ　造姓と臣姓の氏族がある。大庭造氏は神別系氏族。氏名は『行基年譜』にみえる和泉国大鳥郡上神郷大庭村（大阪府堺市大庭寺）の地名にもとづく。『新撰姓氏録』和泉国神別に「大庭造。神魂命八世孫天津麻良命之後也」とあり、天平宝字六年（七六二）四月八日付「説一切有部発智大毘婆沙論」巻百十六の跋語にみえる大庭由布足はこの同族か。一方、大庭臣氏はのちの美作国大庭郡大庭郷（岡山県真庭郡落合町大庭）の豪族で、旧姓は白猪臣。天平神護二年（七六六）十二月に美作国人従八位下白猪臣大足が、また神護景雲二年（七六八）五月にも美作国大庭郡人従八位下白猪臣證人ら四人が大庭臣の氏姓を賜わった。このことから、『日本書紀』欽明天皇十六年七月壬午条ほかにみえる白猪屯倉の所在地をのちの大庭郡地域とする説があるが疑問。　（星野良史）

大野　おおの　上毛野氏同祖氏族の一つ。姓は君で、天武天皇十三年（六八四）に朝臣となる。『新撰姓氏録』右京皇別に「大野朝臣。同（上毛野朝臣同祖）豊城入彦命四世孫大荒田別命之後也」とあり、崇神天皇の皇子で東国統治を命じられた豊城入彦命の四世孫で、将軍として新羅・百済に派遣されたとされる荒田別の後裔を称する。『三代実録』元慶元年（八七七）十二月二十五日条の都宿禰御酉の賜姓記事のなかに「其先。御間城入彦五十瓊殖天皇之後。与二上毛野・大野・池田・佐味・車持朝臣一同祖也」とあるように、上毛野氏などとともに豊城入彦命を祖とする氏族群の中核をなしていた。『続日本紀』延暦十年（七九一）四月乙未条に「池原・上毛野二氏之先。出レ自二豊城入彦命一。其入彦命子孫。東国六腹朝臣。各因二居地一。賜レ姓命レ氏」と、これらの朝臣姓氏族は居地名をとって氏族名としていたとあることから、上野国山田郡大野郷（現在の群馬県山田郡大間々町付近）が居住地の一つと考えられる。しかし在地での活動を示す史料はみられず、早い時期にこの地を離れていたと推定される。一族の活動をみると、壬申の乱で大友皇子側の将となった大野果安は、乃楽山の戦いで大海人皇子側の大伴吹負の軍を打ち敗り、飛鳥京まで迫っている。果安はその後天武天皇に仕え、糺職大夫（のちの弾正尹）となっている。その子である東人は、和銅七年（七一四）十二月に騎兵を率いて入京の新羅使を迎え、神亀二年（七二五）閏正月には征夷の功により従四位下勲四等を与えられている。天平元年（七二九）九月には陸奥鎮守将軍として鎮兵の勤行のことを奏請し、同九年正月には陸奥按察使として出羽柵に至る直通路を建設するため男勝村を征討することを奏言している。同年四月の持節大使藤原朝臣麻呂の奏言によれば、上野国などの騎兵を使ってこの事業に当たると同時に、田夷を使って鎮撫工作を進めたが、久しく辺要の将として策の適中しないものは少なく、また自ら賊境に臨んでその形勢を察すなどと讃えられた。同年十一月に参議で陸奥国按察使兼鎮守府将軍大養徳守、同十二年の大宰府における藤原広嗣の乱では大将軍としてこれを撃破し、同十四年十一月に参議従三位で薨じた。大野氏は軍事面での活躍が顕著であり、蝦夷経営に際しての活動は東国の騎兵を使い、その地勢に通暁した方策をとっているなど、その地の風土・情勢に明るく、東国にも拠点をもっていたことを窺わせる。

【参考文献】志田諄一「毛野氏と同祖と称する氏族らの性格について」（『茨城キリスト教短大研究紀要』四）、茜史朗『古代東国の王者　上毛野氏の研究』〈前沢〉

大原　おおはら　天武天皇の曾孫高安王らに出自する皇族氏族。『続日本紀』天平十一年（七三九）四月条に高安王らに大原真人の氏姓を賜わったことがみえる。このとき、門部王・桜井王・今城王らも同時に大原真人を賜姓されたことは『万葉集』の割注や『続日本紀』の表記の変遷などから確認されている。また、これとは別に忍坂王も大原真人赤麻呂を賜姓されたことが『万葉集』巻第八「仏前唱歌一首」の左注から知られる。『新撰姓氏録』左京皇別にみえる大原真人は敏達天皇の孫百済王に出自するとあり、『日本高僧伝要文抄』所引の『音石山大僧都伝』に桜井王が彦人皇子の後とあって、『本朝皇胤紹運録』は天武天皇の皇子長親王の孫に高安王・桜井王・門部王の名をあげており、敏達天皇の皇子彦人大兄を皇祖と仰ぐ天武天皇に出自する皇族氏族であるとみられる。大原真人の一族としては、『続日本紀』天平十二年（七四〇）十一月条に初見する大原真人高安（高安王）をはじめ、同天平十四年四月条に初見する大原真人門部（門部王）、同天平十六年二月条の大原真人桜井（桜井王）、同天平宝字元年（七五七）五月条以下にみえる大原真人今木（今城王）のほか、『続日本紀』延暦元年（七八二）閏正月条に氷上川継の叛に坐した大原真人美気など多くの名が知られる。なお、同じく大原を氏名とする氏族に、『新撰姓氏録』左京諸蕃上などに漢人木姓阿留素西姓令貴より出自とみえる大原史氏や『続日本紀』天平宝字八年（七六四）十月条などにみえる大原連家主などが知られる。このうち大原史氏については『正倉院文書』に、写経所経師大原史魚次や官人大原史国持・画工司画師大原祖父万呂など多数の名がみえ、下級官人として活躍していた渡来系氏族であることが知られている。（大橋）

大戸　おおべ　渡来系氏族。河内国日下大戸村、のちの河内国河内郡大戸郷（大阪府東大阪市日下町付近）を本拠とした豪族。姓は首。『続日本後紀』承和元年（八三四）十二月に大戸首清上らが良枝宿禰の氏姓を賜わったところに「安倍氏之枝別也」とみえ、『新撰姓氏録』河内国皇別に「大戸首。阿閇朝臣同祖。大彦命男比毛由比命之後也。謚安閑御世。河内国日下大戸村造㆓立御宅㆒。為㆑首仕㆓奉行㆒。仍賜㆓大戸首姓㆒」とあり、阿倍（安倍）朝臣氏の同族と伝えるが、実は渡来系氏族で、のちに阿倍氏の同族系譜に組み込まれたものと考えられる。すなわち、阿倍氏は孝元天皇皇子の大彦命の子孫と称し、その一族のなかには外交で活躍する者が多く、その対外関係の仕事を通して渡来系氏族との関係を深めていった。その現われの一つは大嘗祭で行なわれた朝鮮系の吉志舞を、渡来系氏族である吉志・三宅・日下部・難波氏などを率いて奉仕したことにみられる。大戸首氏の本拠地の日下大戸村は日下連氏の本拠地でもあり、上記の『新撰姓氏録』河内国皇別にみえる大戸首氏の本系は日下連と難波忌寸との間に載せられており、このことは大戸首が吉志舞を奏する一員であったことを推測せしめる。一族の大戸首清上は『続日本後紀』承和元年正月辛未条に「清上能吹二横笛一」とあり、『三代実録』貞観七年（八六五）十月二十六日甲戌条にも「清上特善吹レ笛」とあり雅楽権少属に任ぜられ、大戸首朝生も『続日本後紀』承和元年十二月乙未条に雅楽寮の笞（合か）笙師としてみえるなど、音楽関係に携さわる者が多かったのもそれを示していよう。なお、大戸首清上・大戸首朝生ら十三人は、承和元年十二月に良枝宿禰の氏姓を賜わっている。

【参考文献】佐伯有清『新撰姓氏録の研究』考証篇第二、同「承和の遣唐使をめぐる賜姓と移貫」（『日本古代氏族の研究』所収、初出原題「承和の遣唐使をめぐる諸問題」佐伯有清編『日本古代政治史論考』所収）、志田諄一『古代氏族の性格と伝承』　〔荻〕

大神　おおみわ　もと氏名を三輪と称した。のちの大和国城上郡大神郷（奈良県桜井市三輪町）の三輪山山麓を本拠とした。姓は君で三輪君と称していたが、天武朝に大三輪君と改称し、天武天皇十三年（六八四）十一月に朝臣姓を賜わった。奈良時代には一般に大神朝臣と表記する。氏社である同地の大神神社（祭神は大物主神）を奉斎したことで知られ、『続日本紀』天平十九年（七四七）四月丁卯条に「大神神主従六位上大神朝臣伊可保」などとみえる。その起源はいわゆる三輪山伝承として名高い。『記』『紀』によれば、崇神朝に疫病が流行したとき、三輪山の大物主神が天皇の夢に現われ、子孫である大田田根子（意富多多泥古）をして創祀させるよう命じたことに始まる。『日本書紀』崇神天皇八年条に「大田々根子。今三輪君等之始祖也」とあり、また大田田根子の孫に大友主命をあげ、垂仁天皇三年三月条の「一云」に「三輪君祖大友主」、仲哀天皇九年二月丁未条に「大三輪大友主君」と記す。さらに『粟鹿大神元記』の大友主命の項に「此大神朝臣等祖」、『先代旧事本紀』地祇本紀に「大友主命。此命。同朝（磯城瑞籬朝）御世。賜二大神君姓一」などとみえる。『新撰姓氏録』は大和国神別に載せ、「素佐能雄命六世孫大国主之後也。初大国主神娶二三島溝杭耳之女玉櫛姫一。夜未レ曙去。来曾不二昼到一。於レ是玉櫛姫績レ苧係レ衣。至レ明随レ苧尋覓。経二於茅渟県陶邑一。直指二大和国真穂御諸山一。還視二苧遺一。唯有二三縈一。因レ之号二姓大三縈一」とある。大国主神（大物主神の別名）の衣にかけた苧が三縈（みわ）残ったというのは、『記』『紀』の地名起源説話と同工異曲で、三輪山周辺に残る伝承を題材にしたものであろう。大神（大三輪）朝臣になってからの氏人に高市麻呂がおり、朱鳥元年（六八六）九月の天武天皇殯宮の儀に理官のことを誄している。その他、六国史には多数の氏人がみえるが、氏上任命の記事として『続日本紀』慶雲四年（七〇七）九月丁未条に「大神朝臣安麻呂為二氏長一」、霊亀元年（七一五）二月丙寅条に「従五位下大神朝臣忍人為二氏上一」がある。大神氏の庶流は広く分布し、のちに大神朝臣の姓を賜わった者ははなはだ多い。神護景雲二年（七六八）二月には、大和国の人大神引田公足人・大神私部公猪養・大神波多公石持ら二十人が大神朝臣の姓を賜わっている。さらに承和元年（八三四）七月には右京の人和邇子真麻呂ら十二人、斉衡元年（八五四）十月には神直虎主・木並・己井ら、また貞観四年（八六二）三月には真神田朝臣全雄らが、それぞれ大神朝臣と改姓している。豊前国宇佐郡にある宇佐八幡宮の神官も大神氏を称し、『続日本紀』天平二十年八月乙卯条に「八幡大神祝部従八位下大神宅女。従八位上大神杜女並授二外従五位下一」とあり、天平勝宝元年（七四九）十一月には禰宜の大神杜女、主神司の大神田麻呂が大神朝臣の姓を賜わっている。神（三輪）氏の部曲の後裔で、大神部と称する氏族は、筑前・豊前などの国に分布する。なお、遠江国浜名郡・筑後国山門郡・豊後国速見郡・播磨国賀茂郡・摂津国河辺郡・同有馬郡に大神郷があるのは、大神部が居住した名残りであろう。『先代旧事本紀』地祇本紀に「田田彦命。此命。同朝（磯城瑞籬朝）。賜二神部直・大神部直一」とあるから、大神部の地方伴造として大神部直と称する氏族のいたことが知られる。

【参考文献】　阿部武彦「大神氏と三輪神」（『日本古代の氏族と祭祀』所収）、樋口清之「三輪と大神氏」（『国学院雑誌』六二―一二）　（高嶋）

大村　おおむら　神別系氏族で紀直氏の同族。氏名はのちの和泉国大鳥郡大村郷（大阪府堺市高倉台一帯）の地名にもとづく。姓は直。『新撰姓氏録』和泉国神別に「大村直。紀直同祖。大名草彦命男枳弥都弥命之後也」と伝え（右京神別下の大村直条には「天道根命六世孫君積命之後也」とある）、一族には中下級の官人となった者が散見される。ほかに皇別と称する大村直氏もあって、『続日本後紀』承和二年（八三五）十月乙亥条などにみえる丹波国の人大村直福吉（福善）は「武内宿禰之支別也」として紀宿禰の氏姓を賜わっている。大村直氏の本拠地である前記の和泉国大村郷は須恵器生産の中心地で、同氏はこれと何らかの関係をもっていた可能性がある。またこの地には行基四十九院の一つ大修恵院（高蔵寺）があり、その建立に当たっては大村直氏の援助があったと考えられる。

【参考文献】　吉田晶「和泉地方の氏族分布に関する予備的考察」(小葉田淳教授退官記念事業会編『国史論集』所収)、吉田靖雄『行基と律令国家』　(星野良史)

大宅　おおやけ　　和珥氏の後裔氏族。本宗氏族の旧姓は臣。天武天皇十三年(六八四)十一月に朝臣の姓を賜わっている。氏名は本来は祖の和珥氏の本拠地であった大和国添上郡の大宅郷(奈良市古市町付近)の地名にもとづく。和珥氏は欽明朝ころの春日氏への改氏姓に続いて、敏達朝ころから大宅・粟田・小野・柿本氏などに分かれはじめたといわれる。『新撰姓氏録』山城国皇別には、小野朝臣と同祖であり、天足彦国押人命の後裔とされる大宅氏が掲載されており、この大宅氏は山城国宇治郡山科郷大宅(京都市山科区大宅)の地を本拠としていた。大宅氏の一族には宇治山科郷の人として大宅豊宗・大宅恒行がおり、同郡小栗栖郷の人に大宅広門がいた。宇治郡には臣姓の大宅も居住し、同郡の主政で少初位下の大宅臣園継がいる。紀伊郡の大宅氏として臣姓にも記されている大宅(臣)広足、遣唐史生で承和三年(八三六)五月に朝臣姓を賜わった大宅臣福主がいる。臣姓時代の人として推古天皇三十一年(六二三)の新羅遠征のとき、副将軍であった大宅臣軍、天智天皇二年(六六三)阿倍比羅夫とともに征新羅後将軍となり新羅を討った大宅臣鎌柄がいる。朝臣になってからの一族には七〜八世紀の人として大宅朝臣麻呂・金弓・大国・小国・兼麻呂・諸姉・広麻呂・君子・馬長・賀是麻呂・家長・人成・宅女など多数いる。彼らの多くは位は五〜六位、せいぜい四位どまりで、国司などに任官した者もいた。九世紀の人として、大宅朝臣年雄・宗永・近直・浄統などがいるが、宗永・近直らは天慶七年(八八三)六月に筑後国司都御酉の館を襲った群盗の一員として加わり、仁和元年(八八五)に宗永は贖銅百斤、近直は徒三年の処分を受けている。無姓の大宅氏には大宅広方・諸上・人上・立足・酒名・年足などがおり、経師・校生などを務めている。彼らのなかには朝臣・臣の姓をもっていた者もいたと考えられる。『新撰姓氏録』河内国皇別には、春日氏と同祖と伝える大宅臣が掲載されているが、この大宅氏は河内国河内郡大宅郷(大阪府東大阪市日根市辺り)の地を本拠としていたと考えられる。この一族には大宅臣美都良の名がみられる。春日氏らと同族関係にない大宅氏として大宅首・大宅真人氏がいる。『新撰姓氏録』左京神別上並びに右京神別上には「大宅首。大閇蘇杵命孫建新川命之後也」とあり、『太鏡底容鈔』巻第一の傍朱書に、雄略天皇の時代に大宅首の氏姓を賜わったことが伝えられている。大宅首氏の一族として大宅首童子・小万呂・佐波・鷹取などがいる。なかでも鷹取は伴善男と伴中庸が謀って応天門に火をつけたことを密告した人物である（『三代実録』貞観八年八月三日乙亥条）。大宅真人氏は『新撰姓氏録』左京皇別によると路真人氏と同祖（敏達天皇の皇子難波王）となっている。大宅真人氏の旧氏姓は国見真人であり、天平十九年（七四七）正月に国見真人真城が大宅真人の姓を賜わっている。大宅真人氏の一族に大宅真人姓を賜わった国見真人真城と同一人物と考えられる大宅真人真木がいる。山城国宇治郡には白鳳期に創建された大宅廃寺跡（京都市山科区大宅鳥井脇町）があり、大宅氏の氏寺ともされるが、中臣鎌足建立の山階精舎に比定する説もあり、確定的ではない。

【参考文献】　岸俊男「ワニ氏に関する基礎的考察」（『日本古代政治史研究』所収）、佐伯有清『新撰姓氏録の研究』考証篇第一・二　（追塩）

大山　おおやま　渡来系氏族。氏名の大山は美称か。姓は忌寸。大山忌寸氏の旧氏姓は大石村主で、延暦二年（七八三）四月、右京の人従八位上大石村主男足らが大山忌寸の氏姓を賜わった。『新撰姓氏録』右京諸蕃下に「大山忌寸。高丘宿禰同祖。広陵高穆之後也」とみえる。　（星野良史）

大網　おおよさみ　大羅・大編にも作る。渡来系氏族で、上毛野朝臣氏の同族。のちの摂津国住吉郡大羅郷（大阪市住吉区山之内・杉本・庭井・苅田・我孫子一帯）の地名にもとづく氏名か。姓は君・公。『新撰姓氏録』左京皇別下に「大網公。上毛野朝臣同祖。豊城入彦命六世孫下毛君奈良弟真若君之後也」とある。大網君（公）氏および無姓の大網氏の一族には八世紀後半ころ写経所の経師・校生となった者が多いが、なかで大網君広道は天平勝宝七歳（七五五）から天平宝字元年（七五七）にかけて、いくつかの経典で上毛野君・田辺史・池原君ら、渡来系の上毛野氏同族とともに校勘に当たっている。なお広道は宝亀九年（七七八）十二月、正六位上のとき送高麗客使となり、延暦八年（七八九）正月には外従五位下に昇り、同年三月、主計助に任ぜられた。（星野良史）

岡　おか　『新撰姓氏録』右京諸蕃下に「岡連市往公同祖。目図王男安貴之後也」とある。岡の氏名は、大和国高市郡岡村（奈良県高市郡明日香村岡）の地名にもとづく。『続日本紀』神亀四年（七二七）十二月丁丑条によると、俗姓が市往氏であった僧正義淵の兄弟が岡連の姓を賜わり、同天平十九年（七四七）十月辛亥条には、「正六位上市往泉麻呂賜㆓岡連姓㆒」とある。岡連氏の一族には、従五位下となった岡連君子や右京五条二坊戸主正六位上岡連泉麻呂らの名がみえる。一方、『新撰姓氏録』左京皇別には、「岡真人。出㆑自㆓諡天武皇子一品太政大臣舎人王㆒也。続日本紀合」ともあるが、この岡真人は、『続日本紀』天平勝宝七歳（七五五）六月壬子条に、和気王・細川王が岡真人の姓を賜わったとあるのみで、他にはみあたらない。（佐久間）

岡田　おかだ　『続日本紀』延暦十年（七九一）十二月丙申条によると、讃岐国寒川郡人外従五位下佐婆部首牛養が、われらの先祖は紀田島宿禰であるが、仁徳天皇の時代に周芳国より讃岐国へ移り、佐婆部首となった。今これを改めて、現在住んでいる岡田村に因み、岡田臣の姓を賜わりたいと申請して許されたという。その上、大学博士にもなり、空海に『春秋左氏伝』を教えたと伝える。ところが、これとは別に、より以前の大野寺出土の文字瓦には、岡田臣姓の名がみられる。また、『続日本紀』神護景雲三年（七六九）九月辛巳条には、姓吉備臣を賜わった河内国志紀郡人従七位下岡田毗登稲城の記載がある。このほか、『正倉院文書』には、仕丁として活躍の岡田秋麻呂、『日本霊異記』には、紀伊国名草郡三上村の岡田村主石人・岡田村主姑女らの名をみることができる。（佐久間）

岡上　おかのえ　丘上にも作る。百済系渡来氏族。姓は連。旧姓は刀利で、天平宝字五年（七六一）三月、百済人の刀利甲斐麻呂ら七人が丘上連の氏姓を賜わった。一族の人には正六位上から外従五位下を経て延暦八年（七八九）正月、従五位下となった岡上連綱、弘仁六年（八一五）正月に正六位上から外従五位下に昇叙した岡上連弟継らがいる。（星野良史）

岡屋　おかのや　渡来系氏族。ただし皇別と称する者もあった。氏名はのちの山城国宇治郡岡屋郷（京都府宇治市五ヶ庄）の地名にもとづく。姓は君・公。ほかに首姓の氏族もある。渡来系の岡屋君（公）氏は『新撰姓氏録』山城国諸蕃に「岡屋公。百済国比流王之後也」とみえ、八世紀後半ころ経師であった岡屋公麻呂や岡屋君石足、石足の戸主で平城右京の人岡屋君大津万呂らは、その一族であろう。なお、この石足はのちに連の姓を賜わったらしい。一方、皇別の岡屋公氏は武内宿禰の子八太屋代宿禰の後裔と伝えるもので、貞観六年（八六四）八月に岡屋公祖代が、また同十一年十二月に岡屋公貞介・貞幹が八多朝臣の氏姓を賜わっている。しかしこれは仮冒とも考えられ、本来はやはり渡来系であったか。首姓の岡屋氏については、承和八年（八四一）十月九日付「石川宗益家地売券」に岡屋首今麿の名がみえるのみで不詳。〔星野良史〕

岡原　おかはら　真人姓と連姓の氏族がある。岡原真人氏はもと皇族。延暦二十四年（八〇五）二月、岡山女王・広岡女王ら四人に岡原真人の氏姓を賜わった。岡原連氏は百済系渡来氏族で『新撰姓氏録』河内国諸蕃に「岡原連。出レ自二百済国辰斯王子知宗一也」とみえる。〔星野良史〕

岡本　おかもと　丘基にも作る。姓は忌寸・真人。忌寸姓の岡本氏は、河内国交野郡岡本郷（大阪府交野市）を本拠とし、氏名はその地名による。養老元年（七一七）九月に台忌寸小麻呂は、諸子弟を率いて岡本姓を名のることを願って許されている。ただし、台氏がすべて岡本氏となったのではない。また、皇別の真人姓の岡本氏は、大和国高市郡丘基（奈良県高市郡小山村大字小山）から起こり、天平勝宝六年（七五四）閏十月に、秋篠王、その子継成王、姪浜名王、船城王、愛智王五人が丘基（岡本）真人の氏姓を賜わっている。そして、岡本真人秋篠は翌天平勝宝七年四月に豊国真人の氏姓を賜わっている。〔外池〕

雄儀　おぎ　神別氏族。氏名の雄儀は地名か。姓は連。雄儀連氏の旧氏姓は手人（てひと）造で、天平神護元年（七六五）四月、左京人従七位下の手人造石勝が雄儀連の氏姓を賜わった。『新撰姓氏録』左京神別中に「雄儀連。角凝命十五世孫平伏連之後也」とみえる。〔星野良史〕

置始　おきそめ　置染にも作り、染色関係を職掌とした伴造氏族と考えられる。姓は連。ほかに臣姓の氏族もあった。置始連氏の一族は、白雉五年（六五四）の遣唐使に判官として随行した置始連大伯（多久）、壬申の乱で活躍した将軍の置始連菟、神亀三年（七二六）正月に従五位上に昇叙した置始連秋山をはじめ史料に散見する。置始連氏の出自は未詳だが、置始を複姓の下半部とする者に県犬養氏系の大椋置始連（『新撰姓氏録』左京神別中）、物部氏系の長谷置始連（同、右京神別上）があることは参考となる。また『延喜式』神名帳によれば伊勢国安濃郡に置染神社（三重県津市産品）があり、この地が置始氏の本拠の一つであろう。臣姓の置始氏の人には、『日本霊異記』中巻八話にみえる置始臣鯛女がいる。〔星野良史〕

息長　おきなが　近江国坂田郡（滋賀県坂田郡近江町）を本拠とする豪族。姓は真人。旧姓は君（公）。『古事記』応神天皇段に、息長君が応神皇子若野毛二俣王の子意富富杼王を祖とするとみえ、『新撰姓氏録』左京皇別にも誉田天皇（応神）の皇子稚渟毛二俣王の後とみえる。『日本書紀』天武天皇十三年（六八四）十月条に息長公ら十三氏に真人を賜姓したとある。息長氏の一族としては、『日本書紀』皇極天皇元年（六四二）十二月条に、舒明天皇の殯宮において「日継之事」を誄した息長山田公をはじめ、多くの人名が知られるが、舒明朝以前にも息長某王を称する「王族」が多くみえ、これらの人々も息長氏の一族とみられている。たとえば、『古事記』開化天皇段には、日子坐王の後裔に息長宿禰王や仲哀后で応神を生んだ息長帯比売命がみえ、また景行天皇段の倭建命と一妻の間に所生した息長田別王の後裔に、応神妃として若野毛二俣王を生んだ息長真若中比売がみえる。そして、応神天皇段には、若野毛二俣王の子に、継体天皇の曾祖父に当たる意富富杼王をはじめ、允恭后で安康・雄略の母忍坂大中比売命などがみえる。そして継体天皇段・敏達天皇段などに、継体妃の麻組郎女と、舒明天皇の父彦人大兄の母で敏達后の広姫の父として、息長真手王の名がみえる。これらの所伝が史実とするなら、息長氏は、応神から敏達、さらには舒明・天智・天武に至る王統と深い関係にある皇親的氏族となり、そこから継体天皇の出自を息長氏に求める見解も出されているが、これらの系譜の大半が天武朝以降、息長氏によって架上されたとする見解も有力である。息長氏の本拠は、近江国坂田郡南部とみられるが、天武朝以降、その本宗は中央に本拠を移し、『日本書紀』持統天皇六年（六九二）十一月条以下に、遣新羅使・兵部卿などを歴任した息長真人老をはじめ、『続日本紀』和銅七年（七一四）正月条以下に、出雲守などを歴任したとみえる息長真人臣足など中・下級官人として多くの名がみえる。一方、本宗が中央へ移ったのちも坂田郡内で依然として息長真人氏が居住していたことは、『正倉院文書』天平十九年（七四七）「近江国坂田郡司解婢売買券」に坂田郡上丹郷（滋賀県坂田郡米原町上丹生）の人、息長真人真野売や息長真人刀禰麻呂・息長真人忍麻呂がみえるほか、天長九年（八三二）と天長十年の「近江国大原郷長解写」に副擬大領息長真人福麿・副擬少領息長真人（欠名）がみえる（『平安遺文』）。息長氏の本拠とみられる近江国坂田郡南部の天野川（息長横河）流域には、金銅製装身具をはじめ豊富な遺物を出土した全長四五メートルの山津照神社古墳をはじめ、全長四六メートルの塚の越古墳、全長三五メートルの後別当古墳、全長五一メートルの人塚山古墳などの前方後円墳が五世紀末葉から六世紀後半にかけて相ついで築造されており、息長氏に係わる一系列の首長墓とみられている。

【参考文献】薗田香融「皇祖大兄御名入部について」(『日本古代財政史の研究』所収)、岡田精司「継体天皇の出自とその背景」(『日本史研究』一二八)、大橋信弥『日本古代国家の成立と息長氏』〔大橋〕

息長竹原　おきながのたけはら　山城国久世郡麻倉郷竹原里(京都府久世郡久御山町)を本拠とする豪族か。姓は公。『新撰姓氏録』山城皇別に「応神天皇三世孫阿居川王之後也」とあり、同じく応神天皇三世孫意富富杼王を祖とする息長君(公)と共通した出自であることが判明する。近江国坂田郡朝妻郷(滋賀県坂田郡近江町)を本拠とする息長氏の山城南部に進出した一族か。同じく息長を複姓とする氏族には、息長丹生・息長山田などが知られる。〔大橋〕

息長丹生　おきながのにう　近江国坂田郡上丹郷(滋賀県坂田郡米原町丹生)を本拠とする豪族。姓は真人。旧姓はおそらく君(公)。『新撰姓氏録』右京皇別に「息長真人同祖」とあり、同じく坂田郡朝妻郷(滋賀県坂田郡近江町朝妻)に本拠を置く息長氏の一族であることが判明する。ただし、息長丹生氏で坂田郡上丹生郷に居住する例はなく、中央の画工司や造東大寺司の画師・仏工とみえる者が多く、その大半が京貫の者である。たとえば、天平十七年(七四五)八月画工令史少初位下とみえる息長丹生真人大国は、天平宝字八年(七六四)正月外従五位下に叙せられ、同年十月には大和介に任ぜられているが、その後も順調に昇進し、天平神護二年(七六六)正月には従五位上に、神護景雲元年(七六七)七月には播磨員外介、同二年十一月には美作員外介、宝亀二年(七七一)九月には造宮少輔に任ぜられている(『正倉院文書』『続日本紀』など)。これらの点より、息長丹生氏が、同じく近江国犬上郡に本拠を置く簀秦氏などとともに伝統的な画師集団として中央に進出し、息長氏本宗とは異なる独自の性格をもっていたことが窺える。なお、米原町下丹生には、朝倉古墳群・塚原古墳群・片山古墳群など後期古墳がみられるほか、白鳳時代の寺院跡、三大寺遺跡が所在しており注目される。

【参考文献】平野邦雄『大化前代社会組織の研究』、村山光一「大化改新前夜における息長氏の政治的役割」(『史学』四四―三)〔大橋〕

興野　おきの　仁徳天皇の皇后八田若郎女(八田皇女)の名代部の伴造氏族であった八田部氏の後裔氏族。姓は宿禰。摂津国を本

拠とする。承和二年（八三五）十月に摂津国の人矢田部聡耳・貞成らが、興野宿禰の氏姓を賜わったのに始まる。〔外池〕

興原　おきはら　姓は宿禰。旧氏名は物部。参河の人物部敏久は弘仁四年（八一三）正月に姓を物部中原宿禰と賜わり、弘仁十一年四月に完成した『弘仁格式』の編纂に携わった。その後、天長十年（八三三）二月の『令集解』の序には興原宿禰敏久とあり、この間に興原氏を称するようになったことがわかる。〔外池〕

興道　おきみち　かつて衛門の任についた門部の伴造氏族の門部連氏の後裔氏族の一つ。姓は宿禰。氏名は美称にもとづくと思われる。斉衡三年（八五六）十一月に門部連名継らが興道宿禰の氏姓を賜わったのに始まる。ただし門部連氏はこれ以降も続いている。〔外池〕

興統　おきむね　小槻氏の同族と思われる小槻山公氏の後裔氏族の一つ。姓は公。氏名は美称にもとづくものと思われる。近江国栗太郡の人小槻山公家嶋が、嘉祥二年（八四九）七月、興統公の氏姓を賜わり、本居を改めて左京五条三坊に貫附されたのに始まる。〔外池〕

興世　おきよ　吉田宿禰の後裔氏族の一つ。姓は朝臣。氏名は美称によるものと思われる。吉田宿禰書主（ふみぬし）・高世らが、承和四年（八三七）六月に興世朝臣の氏姓を賜わったのに始まる。その祖先については、始祖の塩乗津を大倭の人とし、のちに任那・百済に住してから渡来したとする『続日本後紀』の賜姓記事（承和四年六月二十八日条）と、単に祖先は百済より出るとする『文徳実録』の書主の卒伝（嘉祥三年十一月六日条）の内容が一致しない。興世氏は医術・文芸に通じたといい、書主（七七八～八五〇）は儒門・武芸・和琴に優れ治部大輔となっている。〔外池〕

小倉　おぐら　「コクラ」とも読む。姓は公、のちに連。弘仁三年（八一二）九月に、陸奥国遠田郡の人竹城公金弓ら三百九十六人が、改姓を乞うて許されたのに伴い、小倉公真禰麻呂ら十七人が陸奥小倉連の氏姓を賜わっている。〔外池〕

憶頼　おくらい　憶礼にも作る。渡来系氏族で、百済からの亡命者憶礼福留の後裔。氏名は百済の聖地をさす呼称、もしくは百済の雅称である意流・尉礼・意呂に通じる地名に由来するものか。憶礼福留は白村江敗戦後の天智天皇二年（六六三）九月、百済の高官や人民とともに日本に亡命した。百済での官位は達率（十六階の第二）。兵法に優れ、天智天皇四年八月には筑紫国に遣わされて大野・椽の二城を築いた。同十年正月、大山下の位を授けられている。一族の人にはほかに天平宝字五年（七六一）三月に石野連の氏姓を賜わった憶頼子老がおり、この石野連氏については『新撰姓氏録』左京諸蕃下に「石野連。出レ自二百済国人近速王孫憶頼福留一也」とみえている。なお、憶頼（憶礼）の姓と山上憶良の名が似ていることから山上憶良を渡来人とする説があるが、成立しがたい。

【参考文献】佐伯有清「山上氏の出自と性格」（『日本古代氏族の研究』所収）

〔星野良史〕

日佐 おさ　海外交渉で通訳（訳語）に当たった渡来系氏族。近江国野洲郡・山代国相楽郡・大和国添上郡などを本拠としていた。『新撰姓氏録』山城国皇別に紀朝臣同祖で、武内宿禰の後とあって皇別の氏となっているが、その後文に欽明天皇の御世、同族四人が民三十五人を率いて「帰化」したところ、遠くより来日したことを喜んだ天皇は、三十九人を朝廷の通訳としたので、「訳氏」と称するようになったこと、その子孫が近江国野洲郡の曰佐、山代国相楽郡の山村曰佐、大和国添上郡の曰佐であることが記されている。「曰佐」は、百済の姓に起源する古代朝鮮語とみられており、海外交渉と深い係わりのある紀氏の同族になったのであろう。『日本後紀』延暦二十四年（八〇五）二月条に近江国人曰佐人上と大和国人曰佐方麻呂に紀野朝臣を賜姓したとあり、それぞれ近江国野洲郡と大和国添上郡の曰佐で紀朝臣氏に係わる氏姓を得たことが知られる。山代の山村曰佐については、天平宝字五年（七六一）「山背国宇治郡矢田部造麻呂家地売券」（『正倉院文書』）に山村曰佐豊国が、『日本後紀』延暦二十三年（八〇四）四月条に山村曰佐駒養などがみえ、その一族とみられる。なお、『日本書紀』欽明天皇元年（五四〇）二月条に百済人己知部が渡来したので、倭国の添上郡山村に配置したが、これが現在の山村の己知部の祖先とあることや、同二十六年（五八五）五月条に、高句麗人・頭霧唎耶陛らが筑紫に渡来したので、山背国に配置したが、これが現在の畝原・奈羅・山村の高麗人の先祖とあるのは、曰佐氏にかかわる所伝か。

〔大橋〕

刑部 おさかべ　允恭后忍坂大中姫の名代刑部の伴造氏族か。姓は首。『新撰姓氏録』摂津国神別に、火明命の十七世孫屋主宿禰の後とあり、摂津国有馬郡忍壁郷（兵庫県三田市小野・中野）を本拠としていたとみられる。同じく刑部首を称する氏族に『三代実録』貞観六年（八六四）三月条に丹波国何鹿郡人刑部首夏継や刑部首弟宮子がみえるが、同条に彦坐命の後とあり別系統とみられる。また、『新撰姓氏録』右京諸蕃下に百済国酒王より出自するとみえる刑部氏や、河内諸蕃に呉国の人李牟意弥より出自するとある刑部造氏、『坂上系図』阿智王条所引『新撰姓氏録』逸文の刑部史氏なども刑部の伴造氏族の可能性をもつ。とくに刑部造については、『日本書紀』持統天皇八年（六九四）六月条に河内国更荒郡人刑部造韓国がみえ、同郡および若江郡刑部郷（大阪府八尾市刑部）を本拠としていたとみられる。名代の刑部については、『古事記』允恭天皇段と『日本書紀』允恭天皇二年二月条に忍坂大中姫の立后記事の後に、皇后のために刑部を定めるとあり、忍坂大中姫の名代であったことが知られる。刑部は、伊勢・尾張・駿河・武蔵・下総・美濃・越前・丹波・伯耆・出雲・備中・周防・讃岐・肥後など全国に分布し、その管掌者とみられる氏族に刑部直・刑部連・刑部君・刑部臣・刑部造・伊勢刑部君などがみえる。『日本書紀』敏達天皇十二年（五八三）七月条に百済の官人となっていた達率日羅の父火葦北国造刑部靫部阿利斯登が、宣化天皇の代に大伴金村大連の命により百済に派遣されたとあって、北九州の国造が刑部靫負として宣化天皇の朝廷に出仕し、対外交渉に当たっていたことが知られる。

【参考文献】奥野彦六『律令制古代法』、薗田香融「皇祖大兄御名入部について」（『日本古代財政史の研究』所収）（大橋）

他田　おさだ　敏達天皇の訳語田幸玉宮（他田宮）の宮号を冠した名代である他田部の伴造氏族。『新撰姓氏録』和泉国皇別に「他田。膳臣同祖」とみえ、膳臣が孝元天皇の皇子である大彦命の後裔を称していることから、同命につながる系譜であることが認められていたらしい。『続日本紀』養老元年（七一七）八月庚午条に大彦命を祖とする安倍朝臣宿奈麻呂が、他田臣万呂を「本系同族。実非二異姓一」として安倍他田朝臣姓を賜わることを要請していることからもそれが窺える。他田臣が中心であったとみられるが、他田君・他田舎人のほか、他田広瀬朝臣・安倍他田朝臣・他田日奉部直など複姓の者、他田臣族などのあったことが知られる。他田氏は美濃国山方郡に多く、他田部君は上野国、他田舎人は信濃・駿河国、他田日奉直は下総国海上郡と東国に多く分布していた。他田日奉部直神護が下総国海上郡大領（天平二十年〈七四八〉）、他田部君足人が上野国新田郡擬少領（天平勝宝四年〈七五二〉）、他田臣国足が相模国鎌倉郡少領（天平勝宝年間）、他田舎人国麻呂が信濃国筑摩郡大領（天平勝宝四年）であったことから、在地では有力氏族であったことがわかる。一方、他田水主・他田山足・他田豊足らのように造東大寺司、他田小豊らのように造石山院所に出仕していた者も多かった。なお神亀三年（七二六）の年号をもつ金井沢碑（高崎市山名町所在・特別史跡）の銘文にある「池田君目頬刀自」は「他田」の可能性がある。〔前沢〕

他田広瀬　おさだのひろせ　阿倍氏系氏族。本拠地未詳。姓は朝臣。旧姓は臣と考えられる。大彦命の孫彦屋主田心命を祖とする。『新撰姓氏録』右京皇別上に「他田広瀬朝臣。同氏（大稲腰命男彦屋主田心命之後也）。続日本紀。加二広瀬二字一不レ見」とあり、ここにみえるように他田に広瀬を加えた氏名をもつ人物は伝わらない。ただし同族とみなされる他田（長田）氏には、和銅五年（七一二）十一月に本姓阿倍朝臣に復した旧氏姓長田朝臣太麻呂・多祁留（たける）、養老元年（七一七）八月に安倍他田朝臣と改氏姓した旧氏姓他田臣麻呂がいる。時に太麻呂は少初位下、多祁留は無位、麻呂は正七位上。また広瀬氏には天平元年（七二九）正月に伊豆国史生で従七位下であった広瀬臣光がいる。なお他田広瀬朝臣氏のほかに彦屋主田心命の後裔と称したのは、伊賀臣・阿閉間人臣・道公・音太部の諸氏（いずれも『新撰姓氏録』右京皇別上）である。〔星野良作〕

意薩　おさつ　陸奥国の蝦夷の豪族。氏名の意薩は遠田郡の地名か。姓は公、のちに連。弘仁三年（八一二）九月、陸奥国遠田郡の人竹城公金弓ら三百九十六人が田夷の姓を脱して公民となることを願って許された際、勲八等意薩公持麻呂ら六人に意薩連、小田郡の人意薩公継麻呂・遠田公浄継ら六十六人に陸奥意薩連の氏姓を賜わった。また弘仁六年三月にも遠田郡の人意薩公広足ら十六人が連賜姓を受けている。〔星野良史〕

他戸　おさべ　出自未詳。あるいは渡来系氏族か。姓は首。『三代実録』元慶三年（八七九）六月二十六日条に雄勝城司正六位上行権大目であった他戸首千与本の名がみえる。また天平感宝元年（七四九）閏五月二十八日付「写経所牒」ほかにみえる仕丁の他戸平麻呂も同族であろう。なお光仁天皇皇子の他戸親王（母は井上内親王）は、他戸氏の者が乳母であったことによる命名か。〔星野良史〕

牡鹿　おしか　陸奥国牡鹿郡（宮城県牡鹿郡）の豪族。蝦夷系とみるか論が分かれる。姓は連。のちに宿禰。一族の基礎を築いた人に嶋足がいる。嶋足はもと丸子と称していたが、天平勝宝五年（七五三）に牡鹿連を賜わり、さらに天平宝字八年（七六四）、橘奈良麻呂の変の功により宿禰を賜わり、天平神護元年（七六五）には藤原仲麻呂の乱の功により道嶋宿禰を賜わった。嶋足は天平勝宝五年前後に中央に出仕し、しだいに武人としての地位を確立した（「道嶋」の項参照）。このほか、『続日本紀』宝亀二年（七七一）十一月癸巳条に牡鹿郡に隣接する桃生郡人牡鹿連猪手がみえる。また『類聚国史』巻百九十、弘仁五年（八一四）正月丁卯条に俘囚吉弥侯部奈伎宇らとともに外従六位下牡鹿連息継が外従五位下を授けられている。この地域に嶋足類縁の者が牡鹿連として分布していたことが窺える。（関口）

忍坂　おしさか　「オサカ」とも読み、押坂・刑坂にも作る。忍坂の氏名は、のちの大和国城上郡忍坂郷（奈良県桜井市忍阪）の地名にもとづく。連姓・直（のちに忌寸）姓・無姓の氏族があった。忍坂連氏は、尾張氏の同系氏族で、『新撰姓氏録』未定雑姓、左京に「忍坂連。火明命之後也」とみえる。一族には、大化の東国国司（介）の一人であった押坂連（欠名）、天平宝字五年（七六一）十月三日付の「賢劫経巻一跋語」に名のみえる忍坂連秋子がいる。忍坂直（忌寸）氏は、倭漢氏と同系の渡来氏族で、『坂上系図』阿良直条所引の『新撰姓氏録』逸文に「志努直之第三子。阿良直。是……忍坂忌寸〈大和。河内等国。〉……等七姓之祖也」とみえる。直から忌寸に改姓した時期は、倭漢直氏が天武天皇十一年（六八二）五月に連姓、次いで同十四年六月に忌寸姓を賜わっていることからすると、忍坂直氏の改姓も、このときであった可能性が考えられる。一族には、直姓の時代の人に、『日本書紀』皇極天皇三年（六四四）三月条に大和国菟田郡の人としてみえる押坂直（欠名）、壬申の乱の近江方の将軍であった忍坂直大摩侶がおり、忌寸を賜姓されてからの人には、天平二十年（七四八）四月当時、大倭国宇陁郡笠間郷の戸主であった忍坂忌寸乙万呂、八世紀中ころの経師であった忍坂忌寸成麻呂らがいる。無姓の忍坂氏については、八世紀の経師・校生・装潢として忍坂墨坂・万呂・古万呂・友依・冠・広浜らの名が知られるが、なかには忌寸の姓を有していた者もいたであろう。また神護景雲元年（七六七）三月に、婢であった清売が放たれて忍坂の氏名を賜わっている。なお、『三代実録』貞観十一年（八六九）三月十五日条に陸奥国名取団大毅として刑坂宿禰本継の名がみえるように、宿禰姓の刑坂氏もあった。（篠川）

忍海　おしぬみ　「オシノミ」とも読み、押海にも作る。忍海部の伴造氏族。忍海部については雑工部とみる説もあるが、忍海角刺宮（奈良県北葛城郡新庄町忍海）

に居住した飯豊青皇女（忍海郎女）の名代とすべきであろう。姓は初め造、天武天皇十年（六八一）および十二年に連を賜わる。ほかに首姓の氏族もあった。忍海造氏は忍海部造にも作り、『古事記』開化天皇段に開化天皇と鸇比売（父は葛城垂見宿禰）との子建豊波豆羅和気王が忍海部造・稲羽忍海部などの祖であると伝えている。一族には億計・弘計二王が身を寄せていた播磨の縮見屯倉の首であったという忍海部造細目、天智天皇の宮人色夫古娘の父忍海造小竜らがいる。なお『日本書紀』神功皇后五年条には葛城襲津彦が新羅から連れ帰った俘人が忍海など四邑の漢人の祖であると伝え、後代の史料には忍海手人の称もみえる。忍海漢人・手人はもと葛城氏支配下の金工集団であったと考えられ、その管掌者が首姓の忍海氏か。

【参考文献】小林敏男「忍海氏について―忍海部を通して―」（『鹿児島短大研究紀要』二八所収）、門脇禎二『葛城と古代国家』　〔星野良史〕

忍海上　おしぬみのかみ　葛城襲津彦の後裔と称する忍海原連氏と同族関係にあった氏族とみられる。氏名の忍海はのちの大和国忍海郡にあった忍海角刺宮（奈良県北葛城郡新庄町忍海）所在地の地名にもとづき、上は地勢によるものか。姓は連。一族には天平年間ころの人で忍海郡栗栖郷の戸主だった忍海上連薬、『文徳実録』斉衡二年（八五五）八月丁酉条にみえる忍海上連浄永がいる。薬は従七位下勲十二等を帯び、その戸口の秦伎美麻呂が優婆塞として貢進された。浄永は中務卿時康親王（のちの光孝天皇）家令で従六位下、このときに朝野宿禰の氏姓を賜わっている。〔星野良史〕

忍海原　おしぬみはら　単に忍海とも書く。葛城襲津彦の後裔と伝える氏族。氏名の忍海は忍海角刺宮所在地（奈良県北葛城郡新庄町忍海）の地名に由来し、原は美称か。姓は連。延暦十年（七九一）正月、典薬頭外従五位下忍海原連魚養らが居所の名によって朝野宿禰の氏姓を賜わったが、その際の奏言によれば魚養らの祖は葛城襲津彦の第六子熊道足禰で、熊道足禰の六世孫首麻呂が天武天皇十年（六八一）に連姓に貶されたという。一族にはほかに『日本後紀』弘仁三年（八一二）六月辛丑条にみえる忍海原連鷹取（のちの参議従三位朝野朝臣鹿取の父）、『続日本後紀』承和二年（八三五）二月庚辰条にみえる忍海原連嶋依・百吉らがおり、彼らはいずれも朝野宿禰賜姓に与っている。また八世紀後半の天平年間ころ写経所経師であった忍海原連広次は忍海連広次にも作り、忍海原連氏は忍海連氏のなかの有力な一支族であったと考

えられる。〔星野良史〕

小田　おだ　備中国小田郡小田郷（岡山県小田郡矢掛町小田）の豪族。姓は臣。一族には『続日本紀』天平勝宝元年（七四九）四月甲午条ほかにみえる小田臣根成、同五年二月辛卯条ほかにみえる小田臣枚床らがいる。根成は大仏に知識物を進めて外従八位上から外従五位下に昇っており、その献物は銭一千貫・車一両・鍬二百柄であったことが『東大寺要録』にみえる。枚床は正六位上から外従五位下に進み、天平宝字三年（七五九）十一月には采女正に任ぜられた。また『類聚符宣抄』第七の天暦八年（九五四）七月二十三日付式部省符には、備中国小田郡の人小田臣豊郷と同郡大領小田遂津の名がみえている。なお、物部建彦連の後裔と伝える小田連氏の存在が『先代旧事本紀』天孫本紀にみえ、こちらは摂津国河辺郡雄田郷（兵庫県尼崎市の南西部）と関係があるか。〔星野良史〕

小高　おたか　百済系渡来氏族。渡来・賜姓の経緯、氏名が地名によるものかどうかも未詳。姓は使主。『新撰姓氏録』左京諸蕃下に「小高使主。出レ自二百済国人毛甲姓加須流気（もこうせいかするけ）一也」とあり、百済人の毛甲姓加須流気を祖とする。この祖の名、および毛甲姓氏の氏人の名は他の史料にみえないが、旧氏名は毛甲姓であろう。また毛甲姓の氏名は上記書の右京諸蕃下・大原史条にみえる漢人・木（もく）姓阿留素の木姓と同じか。小高使主氏の一族の人名は伝わらない。〔星野良作〕

【参考文献】佐伯有清『新撰姓氏録の研究』考証篇第五

越智　おち　伊予国越智郡（愛媛県越智郡・今治市）の豪族。姓は直、のちに宿禰。『先代旧事本紀』天孫本紀は越智直を小市直に作り、「八世孫物部武諸隅連公。新河大連之子……弟物部大小市連公。〈小市直等祖〉」とあり、同書の国造本紀には小市国造の条に「軽嶋豊明朝御世。物部連同祖。大新川命孫子到命定二賜国造一」とみえ、越智直氏の祖が小市国の国造であったと伝えている。天平八年（七三六）の「伊予国正税帳」には越智郡大領従八位上越智直広国・越智郡主政越智直東人の名がみえる。また『続日本紀』神護景雲元年（七六七）二月庚子条には越智郡大領外正七位下越智直飛鳥麻呂の名がみえ、伊予国の越智直氏は越智郡司を務めた者が多い。『新撰姓氏録』左京神別上に「越智直。石上同祖。〈神饒速日命之後也〉」とあり、この一族の者に『続日本紀』養老五年（七二一）正月庚午条の越智直広江、神護景雲二年（七六八）三月甲子条の越智直蜷淵、宝亀六年（七七五）正月庚戌条の越智直入立らがいる。『続日本後紀』承和二年（八三五）十一月甲寅条によると越智直年足・広成ら七人は直から宿禰へ改姓しており、また『三代実録』貞観十五年（八七三）十二月二日癸巳条によると、左京人外従五位下行助教越智直広峯は善淵朝臣の氏姓を賜わっている。ところで『日本霊異記』上巻十七話には越智郡大領の先祖の越智直氏が寺院を建立したとあるが、この寺院跡については今治市桜井町郷の伊予国分尼寺塔跡がその比定地としてあげられている。〔大山〕

尾津　おつ　君姓と直姓の氏族がある。尾津君氏は伊勢国桑名郡尾津郷（三重県桑名郡多度町戸津一帯）の豪族。『先代旧事本紀』天皇本紀、成務天皇四十八年条に日本武尊と弟橘媛との子稚武彦王命が尾津君・揮田君・武部君の祖であると伝える。『古事記』景行天皇段に倭建命と山代之玖々麻毛理比売との子足鏡別王が小津石代之別（おつのいわしろのわけ）ほかの祖とみえるのも、これと関係があろう。一族には『正倉院文書』の某年「貢進仕丁歴名帳」にみえる参河国額田郡麻津郷の戸主尾津君阿久多とその戸口荒鷹がいる。一方、尾津直氏は渡来系で、『新撰姓氏録』未定雑姓、大和国に「尾津直。漢高祖五世孫大水命之後也」とある。〔星野良史〕

小槻　おづき　垂仁天皇皇子於知別命の後裔氏族。小槻の氏名はのちの近江国栗太郡小槻神社の鎮座地（滋賀県草津市青津町周辺）の地名にもとづく。姓は臣および宿禰。同族と考えられる氏族に小槻山君氏がある。小槻臣氏については『新撰姓氏録』左京皇別下に「小槻臣。同天皇（垂仁天皇）皇子於知別命之後也」とあるが他に所見がない。小槻山君氏については『続日本紀』天平九年（七三七）二月戊午条に小槻山君広虫の名がみえ、『続日本後紀』嘉祥二年（八四九）七月戊寅条に近江国栗太郡の人木工大允正七位下小槻山公家嶋が興統公を賜姓され、本居を改めて左京五条三坊に貫附されたことが記されている。また『三代実録』貞観十七年（八七五）十二月二十七日条には左京人右大史正六位上兼行算博士小槻山公今雄・主計算師大初位下小槻山公有緒・近江国栗太郡人前伊豆権目正六位上小槻山公良真らが阿保朝臣の氏姓を賜わったことが記されている。これ以前貞観十五年十二月二日条には今雄・有緒らが本居を改め左京四条三坊に貫附されている。阿保朝臣氏は今雄の子当平に至って再び小槻宿禰と改姓し、その後ながく宿禰姓を称した。小槻宿禰氏は今雄以後太政官の史と算博士を世襲し、当平曾孫奉親が大夫史に任じてからは官務を世襲して官務家と称された。奉親は右少史から右大史を歴任し長徳元年（九九五）外従五位下左大史になり、ついで大夫史に任じた。彼は官務家小槻宿禰氏の祖とされている。滋賀県大津市雄琴町の雄琴神社は小槻氏の氏社で延長四年（九二六）創建と伝える。

【参考文献】橋本義彦「官務家小槻氏の成立とその性格」（『平安貴族社会の研究』所収）、佐伯有清『新撰姓氏録の研究』考証篇第二、太田亮『姓氏家系大辞典』、曾我良成「官務家成立の歴史的背景」（『史学雑誌』九二―三）（小原）

小槻山　おづきのやま　小月之山にも作る。のちの近江国栗太郡の豪族。氏名の小槻は同郡の式内社小槻大社（滋賀県栗太郡栗東町下戸山）・小槻神社（草津市青地町）の地名にもとづき、また山は山部の伴造氏族であったことによるものか。姓は君（公）。『古事記』垂仁天皇段に落別王を小月之山君の祖と伝える。天平八年（七三六）「内侍司牒」にみえる小槻山君広虫は栗太郡から貢上された采女（栗太采女）で、小槻山君氏が当時同郡の郡司級の豪族であったことを示している。その後、一族の者は多く算道から出身して中央官人となったらしい。嘉祥二年（八四九）には小槻山公家嶋が興統公、また貞観十七年（八七五）には小槻山公今雄・有緒・良真らが阿保朝臣の氏姓を賜わった。このうち今雄は左少史兼算博士から右大史を経て元慶三年（八七九）勘解由次官兼行算博士但馬介で従五位下に進んでいる。今雄の子孫は小槻宿禰と改姓して官務を世襲し、「禰家（でいけ）」と称された。

【参考文献】橋本義彦「官務家小槻氏の成立とその性格」（『平安貴族社会の研究』所収）（星野良史）

音太部　おとほべ　「オトフトベ」とも読み、音部にも作る。大彦命の後裔氏族の一つ。『新撰姓氏録』右京皇別上と大和国皇別に音太部を載せ、前者には「高橋朝臣同祖。彦屋主田心命之後也」、後者には「高橋朝臣同祖。大日子命之後也」とみえる。音太部氏の一族には、天平勝宝二年（七五〇）当時、造東大寺司に奉仕していた音太部東人、八世紀後半の経師であった音太部乙嶋・音太部野上、野上の伯父で宝亀二年（七七一）に死去した音太部子虫らがいる。また天平宝字四年（七六〇）三月二十一日付「道守徳太理啓」には、音太部鳥万呂の名がみえるが、鳥万呂は越前国足羽郡（福井県福井市）の人であったと考えられる。（篠川）

小野　おの　孝昭天皇皇子、天足彦国押人命を祖とする氏族の一つ。近江国滋賀郡・山城国愛宕郡などを本拠とした豪族。氏名は『新撰姓氏録』左京皇別下、小野朝臣条に「大徳小野臣妹子。家二于近江国滋賀郡小野村一。因以為レ氏」とあるように、近江国滋賀郡小野村（滋賀県滋賀郡志賀町小野）の地名による。姓は臣、のちに朝臣。『古事記』孝昭天皇段に「兄天押帯日子命者。〈春日臣。大宅臣。粟田臣。小野臣。柿本臣。……壹師君。近淡海国造之祖也。〉」とみえ、『新撰姓氏録』同条に「大春日朝臣同祖。彦姥津命五世孫米餅搗大使主命之後也」とあり、大春日（春日）臣・大宅臣・粟田臣・柿本臣などと同族と称していた。天武天皇十三年（六八四）十一月に朝臣姓を賜わっている。臣姓の人として春日小野臣大樹と小野妹子がみえる。春日小野臣大樹は『日本書紀』雄略天皇十三年八月条に、播磨国御井隈の人、文石小麻呂が暴虐な行ないをし国の法に違いて租賦を納めなかったので、彼を天皇の命によって斬ったとある。小野臣妹子は遣隋大使として著名であり、その孫の小野朝臣毛野は同書持統天皇九年（六九五）七月辛未条に遣新羅使に擬せられ物を賜わっている。そのほか朝臣姓の小野氏として小野朝臣馬養は遣新羅使、小野朝臣田守は遣新羅大使ならびに遣渤海使、小野朝臣石根は遣唐副使、小野朝臣滋野は遣唐判官となり、小野朝臣篁は『続日本後紀』承和元年（八三四）正月己巳、同五年六月戊申、同年十二月己亥条によると、遣唐副使に任ぜられたが、病と称して進発せず、隠岐に配流された。このように小野氏は対外交渉に関係した人物が目につく。また、小野朝臣毛野は筑紫大弐、小野朝臣老は大宰少弐を経て同大弐、小野朝臣田守は大宰少弐、小野朝臣小贄は大宰少弐、小野朝臣岑守は大宰大弐、小野朝臣篁は大宰少弐にそれぞれ任ぜられていることなども、小野氏一族が対外交渉の任と深い係わりをもっていたことを示すものである。さらに小野朝臣馬養が南海道巡察使に任ぜられたり、朝賀に右副将軍として隼人や蝦夷を率いた例や、小野朝臣牛養が鎮狄将軍に任ぜられ出羽蝦夷を鎮定し、小野朝臣竹良が出羽守として荒夷を教導し、小野朝臣永見が征夷副将軍であったことなど、征夷などの軍事に関与する者が非常に多いのも、対外交渉の任に当たるという小野氏の特性の一環として考えることができる。小野の氏名の由来するとされる近江国滋賀郡小野付近には古墳が多く、同地にある終末期の円墳、唐臼山古墳は小野妹子の墳墓といわれており、『延喜式』神名帳、近江国滋賀郡条には同氏の氏神と思われる小野神社二座がみえる。このことから小野氏は同地を本拠地としたことが考えられるが、『三代実録』元慶二年（八七八）十二月二十五日丙戌条に「山城国愛宕郡小野郷人勘解由次官従五位下小野朝臣当岑。改二本居一貫二隷左京職一」とみえ、『和名抄』には山城国愛宕郡小野郷のほかに宇治郡にも小野郷を載せていることなどから、山城国愛宕郡小野郷（京都市左京区修学院町高野付近）や同国宇治郡小野郷（京都市東山区山科小野）にも居住していたことが知られる。愛宕郡小野郷の地からは小野朝臣毛人の墓誌が出土している。『新撰姓氏録』山城国皇別に「小野朝臣。孝昭天皇皇子天足彦国押人命之後也」とみえる。また小野氏は上記の春日小野臣大樹の存在からも窺われるように、大和国春日地方（大和国添上郡）にも進出していた。なお山城国愛宕郡小野郷や同国宇治郡小野郷には同族の小野臣氏が居住しており、『新撰姓氏録』山城国皇別に「小野臣。同命（天足彦国押人命）七世孫人花命之後也」とみえる。小野臣氏の一族として天平五年の「山背国愛宕郡某郷計帳」に小野臣袁射比売の名がみえ、『類聚国史』巻十九、猨女、弘仁四年（八一三）十月丁未条に、小野臣氏は氏女を猨女として貢し、山城国愛宕郡小野郷にある猨女の養田を貪っていたとある。

【参考文献】岸俊男「ワニ氏に関する基礎的考察」（『日本古代政治史研究』所収）、佐伯有清『新撰姓氏録の研究』考証篇第二、柴田實「小野神社と唐臼山古墳」（『滋賀県史蹟調査報告』八所収）、『日本思想大系　古事記』補注五四、梅原末治「小野毛人の墳墓とその墓誌」（『日本考古学論攷』所収）、東野治之「小野毛人墓誌」（『日本古代の墓誌』所収）、中村修也「小野氏と近江・山背国―推古朝の一断面―」（『古代文化』四四―五）〔荻〕

小橋　おばし　渡来系氏族。氏名は『日本書紀』仁徳天皇十四年十一月条にみえる難波の小橋（大阪府天王寺区小橋町）の地名にもとづく。姓は造。『新撰姓氏録』未定雑姓、河内国に「小橋造。新羅国人多弖使主之後也」とみえる。ほかに出自未詳の小橋公（君）氏があり、雄橋・雄椅にも作る。一族には八世紀中ごろ造東大寺司の官人であった小橋公石正がおり、同じころ経師だった小橋豊嶋もその同族であろう。〔星野良史〕

小長谷　おはつせ　小泊瀬にも作る。泊瀬列城宮（奈良県桜井市初瀬）に居住した小泊瀬稚鷦鷯天皇（武烈）の名代である小長谷部を管掌した氏族。小長谷部については『古事記』武烈天皇段に「定二小長谷部一」、『日本書紀』武烈天皇六年九月乙巳条に「置二小泊瀬舎人一」とみえる。姓は初め造、天武天皇十二年（六八三）九月に連を賜わった。小長谷造は神武天皇記に神八耳命の後裔とあり、仁徳天皇紀十二年八月己酉条には小泊瀬造の祖宿禰臣が賢遺（さかのこり）臣の名を与えられたとの伝承がみえる。『阿蘇家略系譜』は宿禰臣以下、武烈朝に小泊瀬舎人となったという阿具礼を経て天武朝に連姓を賜わった小泊瀬造粟麻呂に至る七代の系譜を伝えている。一族にはほかに天平十二年（七四〇）藤原広嗣の乱に加わって殺された大宰史生小長谷連常人などがおり、また無姓の小長谷氏や小長谷部氏は東国を中心に広く分布している。（星野良史）

小治田　おはりた　小墾田にも作る。朝臣姓と宿禰姓の小治田氏がいた。朝臣姓の小治田氏は武内宿禰後裔氏族の一つ。のちの大和国高市郡小治田邑（奈良県高市郡明日香村豊浦付近）の地を本拠とした豪族。旧姓は臣、天武天皇十三年（六八四）十一月に朝臣を賜姓された。『古事記』孝元天皇段に「次蘇賀石河宿禰者。〈蘇我臣。川辺臣。田中臣。高向臣。小治田臣。桜井臣。岸田臣等之祖也。〉」とあり、武内宿禰の子の蘇賀石河宿禰を祖と伝え、『新撰姓氏録』右京皇別上に「小治田朝臣。同上（武内宿禰五世孫稲目宿禰之後也）」とみえる。臣姓時代の人として天武天皇十年（六八一）七月に遣高麗小使とみえる小墾田臣麻呂がおり、同天皇元年六月に大津皇子に従って近江より伊勢に赴いた小墾田猪手も臣姓を称していないが同族と考えられる。舒明天皇即位前紀にみられる小墾田臣（欠名）は蘇我稲目宿禰の子と思われる。朝臣姓になってからは小治田朝臣安麻呂・小治田朝臣諸人・小治田朝臣水内・小治田朝臣諸成らがおり、小治田朝臣安麻呂には「右京三条二坊従四位下小治田朝臣安万侶大倭国山辺郡都家郷郡里岡安墓、神亀六年歳次己巳二月九日」と刻された墓誌銘と「左琴」「右書」などと刻された副誌二板がある。宿禰姓の小治田氏は神饒速日命の後裔とする氏族。旧姓は連。天武天皇十三年（六八四）十二月に宿禰姓を賜わった。『新撰姓氏録』左京神別上に「小治田宿禰。石上同祖。欽明天皇御代。依三墾二開小治田鮎田一。賜二小治田大連一」とあり、氏名の由来を伝えるが、実は『日本書紀』安閑天皇元年十月甲子条にみえる「小墾田屯倉」、同書欽明天皇十七年十月条にみえる「小墾田家」の地（奈良県高市郡明日香村一帯）にもとづくものであろう。小治田宿禰氏の一族に、経師などとして写経所・装潢所に出仕した小治田宿禰人君（人公）、造東大寺司の案主などとしてみえる小治田宿禰年足らがいる。小治田宿禰の同系氏族に小墾田連がおり、『新撰姓氏録』右京神別上に「小治田連。同レ上（神饒速日命六世孫伊香我色雄命之後也）」とみえる。『続日本紀』神護景雲二年（七六八）十二月甲子条には小治田連薬の名がみえるが、薬はこのときに尾張宿禰の氏姓を賜わっているように、火明命系で小治田連氏とは別氏。なお、『延喜式』神名帳、大和国高市郡条にみえる治田神社は小治田宿禰氏と関係のある神社であろう。

【参考文献】佐伯有清『新撰姓氏録の研究』考証篇第二・三、角田文衛「小治田朝臣安万侶の墓」(『古代文化』三一―七)、東野治之「小治田安万侶墓誌」(『日本古代の墓誌』所収)　〔荻〕

麻績　おみ　麻続にも作る。麻を績いで麻布を織る仕事に従事した麻績部の伴造の後裔㈠、麻績部の後身㈡氏族。㈠主流はのちの伊勢国多気郡(三重県多気郡)の地を本拠とした一族。姓は連。連公にも作り、無姓の麻績氏もいた。かつて伊勢地方の麻績氏を管掌した伝統によって在地に根を張る一方、伊勢神宮の祭祀にも携わった。長白羽(ながしらは)神を祖とする(『古語拾遺』など)。一族には孝徳朝に伊勢の竹村(竹評。のちの多気郡)の屯倉の督領に任じられた麻績連広背、元慶七年(八八三)十月に多気郡の擬大領であった麻績連公豊世らがおり、多気郡には麻続郷(『和名抄』)、麻続神社(『延喜式』神名帳)がある。なお同族であろうが、本拠地未詳の麻績連氏、祖先伝承を異にする神麻績連・麻績公氏がいた。㈡麻績部氏は伊勢・美濃・遠江国に分布するが、遠江・下野には神麻続部氏、上総国には若麻続部氏がいた。

【参考文献】佐伯有清『新撰姓氏録の研究』考証篇第三　〔星野良作〕

小家　おやけ　葛城氏系氏族。河内国(大阪府の一部)を本拠とするが、もとはのちの摂津国川辺郡雄家郷(兵庫県川西市小戸中心)の地を本拠としたか。姓は連。葛城襲津彦を祖とする。『新撰姓氏録』河内国皇別に「塩屋連同祖。武内宿禰男葛木襲津彦命之後也」とみえ、『越中石黒系図』の葛城長江襲津彦の譜文に「葛城朝臣、玉手朝臣、朝野宿禰、的臣、塩屋連、阿支那臣、小家連、生江臣祖」とある。後書の同祖氏族は前書で葛城襲津彦を祖とする氏族とほぼ共通している。小家連氏の一族の人名は伝わらない。　〔星野良作〕

小山　おやま　忌部(斎部)氏の同系氏族。姓は連。櫛玉命の後裔と伝える。『新撰姓氏録』左京神別中に「小山連。高御魂命子櫛玉命之後也」とみえ、摂津国神別にも「小山連。高魂命子櫛玉命之後也」とみえる。また『斎部宿禰本系帳』の古止禰の尻付に「此者小山連祖也」とある。小山連氏の一族の人名は史料にみえない。櫛玉命は、『新撰姓氏録』大和国神別の白堤首(しらつつみのおびと)条に「天櫛玉命八世孫大熊命之後也」、未定雑姓、和泉国の日置部条に「天櫛玉命男天櫛耳命之後也」とみえる天櫛玉命に同じで、『先代旧事本紀』天神本紀には「天櫛玉命。鴨県主等祖」とある。なお、部姓の小山部氏もあり、天平十年（七三八）当時の経師であった小山部真成の名が知られる。〔篠川〕

男球　おゆか　高句麗系渡来氏族。氏名の由来については未詳。姓は連。旧姓は高で、『続日本紀』神亀元年（七二四）五月辛未条に従八位上高益信が男球連の氏姓を賜わったとみえる。『新撰姓氏録』左京諸蕃下には「男球連。出レ自二高麗国人高道士一也」とある。〔星野良史〕

尾張　おわり　尾治にも作る。天火明命の後裔氏族の一つで、尾張国を本拠とする。古くは尾張国造として、熱田神宮の祭祀に与り、草薙剣を奉斎したことでも知られる。『古事記』景行天皇段に「尾張国造之祖。美夜受比売」とあり、『先代旧事本紀』国造本紀には「尾張国造。志賀高穴穂朝。以二天別天火明命十世孫小止与命一。定二賜国造一」とみえる。姓は連で、『日本書紀』神代巻に「火明命。是尾張連等始祖也」、その一書に「天火明命児。天香山。是尾張連等遠祖也」などとある。『日本書紀』允恭天皇五年七月己丑条に尾張連吾襲、継体天皇元年（五〇七）三月癸酉条に尾張連草香などがみえるが、その本宗家は天武天皇十三年（六八四）に宿禰姓を賜わっている。支流の者も、尾治連若子麻呂・牛麻呂が大宝二年（七〇二）十一月に宿禰姓を賜わり、壬申の功臣であった尾張連馬身の子孫は天平宝字二年（七五八）四月に宿禰姓となっている。また神護景雲二年（七六八）十二月には尾張国山田郡の人小治田連薬ら八人が尾張宿禰の姓を賜わっているように、同氏には系統の異なる一族が多数存在していた。一族の勢力は強大で、尾張国諸郡の郡司として多く名を残している。『続日本紀』和銅二年（七〇九）五月庚申条に愛智郡大領の尾張宿禰乎己志、天平二年（七三〇）の「尾張国正税帳」に春部郡大領の尾張宿禰人足、同主政の尾張連石弓、同六年の「尾張国正税帳」に中島郡郡領（大領か）の尾張連（欠名）、某郡主帳の尾張連田主、『日本後紀』延暦十八年（七九九）五月己巳条に海部郡少領の尾張連宮守、『三代実録』仁和元年（八八九）十二月二十九日己卯条に「春部郡大領外正六位上尾張宿禰弟広男安文、安郷二人」などがみえ、さらに『日本霊異記』中巻第二十七話には「尾張宿禰久玖利者。尾張国中嶋郡大領。聖武天皇食国之時人也」とある。その他の氏人に、壬申の乱の功臣で持統天皇十年（六九六）五月に功田四十町を賜わった尾張宿禰大隅、天平十九年（七四七）

三月に尾張国造に任ぜられた命婦の尾張宿禰小倉らがいる。小塞と表記した一族もいたが、延暦元年（七八二）十二月に、内命婦であった小塞宿禰弓張は請願により、『庚午年籍』に従って尾張の姓に復している。連姓に止まった一族も広く分布し、『新撰姓氏録』左京神別に「尾張連。尾張宿禰同祖。火明命之男天賀吾山命之後也」、右京神別に「尾張連。火明命五世孫。武礪目命之後也」とあり、大和国神別・山城国神別にも火明命の子天香山命の後裔とする尾張連氏が載せられている。このうち右京の尾張氏には尾張連牛養がおり、天平五年（七三三）の「右京計帳」に坊令としてみえる。また、尾張連年長は天長十年（八三三）二月、子の豊野・豊山らとともに忠宗宿禰と改姓している。無姓の尾張氏は大和・越前・備前・周防などの諸国に分布していたが、周防国佐波郡の人尾張豊国ら二人は天平神護元年（七六五）三月に尾張益城宿禰の姓を賜わっている。また神亀三年（七二六）の「山背国愛宕郡出雲郷雲上里・雲下里計帳」に尾張連族刀自売・酒虫売、大宝二年の「御野国加毛郡半布里戸籍」に尾治国造族伊加都知・意弥奈売の名がみえるように、尾張連族・尾張（治）国造族を姓とする氏族も存在していた。同氏の部曲に由来する尾張部は河内・美濃・備前に分布していたことが知られ、『新撰姓氏録』河内国皇別には「尾張部。彦八井耳命之後也」とある。河内国の尾張部氏は安宿郡尾張郷（大阪府柏原市国分）に居住していた氏族であろう。

【参考文献】　服部良男「尾張連始祖系譜成立に関する一試論」（『日本歴史』三〇七）、新井喜久夫「古代の尾張氏について」（『信濃』二〇―一～六）、松前健「尾張氏の系譜と天照御魂神」（『古代伝承と宮廷祭祀』所収）、田中巽「尾張氏系譜について」（『神戸商船大学紀要』文科論集五所収）、山田忠男「継体欽明朝における尾張氏の動向」（『史元』一）　〔高嶋〕

恩智神主　おんちのかんぬし　伊久魂命（生魂命）の後裔と称する氏族。『新撰姓氏録』河内国神別に「恩智神主。高魂命児伊久魂命之後也」とある。河内国高安郡にある恩智神社（大阪府柏原市恩地）の神主家で、「神主」は職名が姓に転化した例。『令集解』神祇令相嘗祭条の令釈に「恩智〈神主〉……已上神主等。請二受官幣帛一祭」とあるが、注記の「神主」は奉斎氏族である恩智神主の略名とみられる。氏人としては『続日本紀』神護景雲二年（七六八）十一月壬申条に恩地神主広人がおり、『三代実録』貞観元年（八五九）十二月二十七日条にみえる恩智貞吉は、恩智神主の一族であろう。

【参考文献】　高嶋弘志「神祇令集解相嘗祭条の検討」（『続日本紀研究』二一四）

〔高嶋〕

か

楓　かえで　但馬国美含郡（兵庫県城崎郡香住町・竹野町）の若倭部氏の後身。氏名の由来は未詳。姓は朝臣。『三代実録』元慶二年（八七八）九月二十二日条に但馬国美含郡の人従七位上若倭部氏世・貞氏・貞道の三人に楓朝臣の氏姓を賜わったことがみえ、「氏世等。楓朝臣広永男。文林之兄弟也。広永改レ姓之日。漏二脱名字一今追而賜レ之」とある。〔星野良史〕

各務　かがみ　各牟にも作る。のちの美濃国各務郡各務郷（今の岐阜県各務原市各務）の地を本拠とした豪族。渡来系氏族と考えられる。姓は勝、のちに宿禰。各務勝氏は壬申の乱を契機に有力化したらしく、大宝二年「御野国各牟郡中里戸籍」にみえる当郡の少領各牟勝小牧が帯びた務正七位上は壬申の乱の勲功による授位と推定される。小牧の以降、各務勝氏は十世紀後半に及んで各務郡の郡領氏としての地位を占めたが、貞観八年（八六六）の広野河（木曾川の一部）事件の際には各務郡の大領だけでなく、西隣の厚見郡の大領にも任じられていた。なお美濃国には大宝二年「御野国加毛郡半布里戸籍」に載る各牟勝族田弥売のように族姓の各務勝氏がいた。また『新撰姓氏録』には不載姓氏録姓のなかに「各務」とある。各務宿禰氏はその成立時期は未詳だが、在地豪族として地位を確保しながら、長徳二年「大間書」にみえる美濃国少掾各務宿禰隆成以降、国衙官人への地歩を進めた。

【参考文献】亀田隆之「用水をめぐる郡司の動向」（『日本古代用水史の研究』第三編第二章）、『岐阜県史』通史篇古代

〔星野良作〕

柿本　かきのもと　和珥氏の後裔氏族。姓は臣。天武天皇十三年（六八四）十一月、朝臣姓を賜わった。氏名は和珥氏の本拠地であった大和国添上郡の柿本寺付近（奈良県天理市櫟市町東方）の地名にもとづく。『新撰姓氏録』大和国皇別には「柿本朝臣。大春日朝臣同祖。天足彦国押人命之後也。敏達天皇御世。依三家門有二柿樹一。為二柿本朝臣一」と氏名起源が語られているが、この所伝は他にはみえない。ただ、柿本氏と同族の小野・大宅・粟田氏が和珥氏から分化したのは敏達朝ころであると考えられている。柿本朝臣氏の一族には、臣姓時代の人として柿本臣猨がいる。朝臣賜姓以後の人として八世紀には柿本臣猨と同一人の柿本朝臣佐留、『万葉集』の代表的歌人として名高い柿本朝臣人麻呂、柿本朝臣建石・浜名・市守・猪

養・弟足、九世紀には柿本朝臣弟兄・枝成・安吉らがいる。いずれも官人として活動していたが、位は極位でも従四位下位で、浜名（備前守）・市守（丹後守）・弟足（肥前守）などは国司を務めている。宮廷歌人として名高い人麻呂も著名なわりには経歴に不明なところが多く、せいぜい六位以下の下級官人であったとされる。柿本朝臣氏の同族には、臣姓の柿本氏として大養徳国添上郡大岡郷の戸頭である柿本臣佐賀志とその息子大足がいる。前述の柿本朝臣安吉は添上郡の郡老であり、柿本朝臣一族が大和国添上郡を本拠としていたことを物語っている。無姓の柿本氏として、八世紀では柿本小玉・船長・刀自女・若子、九世紀では柿本安永らの名がみられるが、彼らのうちにも朝臣か臣の姓を有していた者がいると考えられる。柿本寺は現在廃寺であるが、和邇下神社（天理市櫟本町小字宮山）境内に寺跡をとどめ、奈良時代の古瓦を出土するところから、創建は奈良時代と考えられる。『東大寺要録』巻六の「末寺章」に「柿本寺。在㆓大和国添上郡㆒」とあり、平安時代には東大寺の末寺となっていた。柿本寺跡にはもと柿本明神と称していた大已貴命を祭神とする柿本神社があるが、本来の祭神は柿本人麻呂であったと考えられている。和邇下神社古墳の東西に陪塚と思われる小古墳があり、西側のを歌塚と呼び、柿本人麻呂の墓であるという伝承を有している。

【参考文献】佐伯有清『新撰姓氏録の研究』考証篇第二　（追塩）

香山　かぐやま　「カゴヤマ」とも読む。連・宿禰姓の香山氏と、真人姓の香山氏があり、両者は系統を異にする。前者は百済からの渡来系氏族荊氏の後裔氏族で、姓は連、のちに宿禰。連・宿禰姓の香山氏の氏名は大和国十市郡の天香山（奈良県桜井市香久山）によるという説もあるが、美称によるものであろう。神亀元年（七二四）五月に荊軌武が香山連の氏姓を賜わったのに始まる。ただし、香山連賜姓以降も荊氏は続いている。また、連姓から宿禰姓に改められたのは承和二年（八三五）十一月で、香山連清貞とその兄二人が宿禰姓を賜わっている。『新撰姓氏録』左京諸蕃下に「香山連。出㆑自㆓百済国人達率荊員常㆒也」とある。さらに以上の連・宿禰姓の香山氏とは別に、敏達天皇の皇子春日王から出た真人姓の香山氏がある。真人姓の香山氏の氏名は、右の大和国の天香山から出たもの、あるいは香山連氏から出た乳母の氏名によるものと考えられる。『新撰姓氏録』は、この真人姓の香山姓の香山氏を左京皇別の条に「香山真人。出㆑自㆓諡敏達皇子春日王㆒也」とし

ている。香山真人氏の一族の名は他の史料にみえず、賜姓の年月などは不詳。（外池）

賀祜　かこ　氏名は高山寺本『和名抄』播磨国賀古郡賀古郷（賀古郷の比定地は未詳。ただし賀古郡は今の兵庫県加古郡と加古川・高砂両市の各一部を含む地域）の地名にもとづく。姓は臣。賜姓の由来、祖先伝承ともに未詳。あるいは下道臣氏系氏族の枝氏か。氏人は貞観九年（八六七）正月に正六位上から外従五位下に昇叙した賀祐（祜）臣祖継が知られるだけである。時に祖継は内匠寮の大允の職にあった。（星野良作）

蓋　かさ　出自未詳。渡来系氏族か。無姓。氏人として明確なのは天平十七年（七四五）八月に内薬司の佑兼侍医であった蓋高麻呂のみで、高麻呂は時に正六位の位階を帯びていたが、天平感宝元年（七四九）四月に外従五位下に叙されている。八世紀中ごろの東大寺写経所校生に蓋人成がいるが、人成は史料に氏名を笠に作る例のほうが多いから、笠氏の一族の可能性が強い。『続日本紀』天応元年（七八一）九月癸亥条に、平城左京の人で正七位下の善麻呂ら三人に吉水連の氏姓を、従七位下の善三野麻呂ら三人に吉水造の氏姓をそれぞれ賜わったことがみえるが、この善麻呂・善三野麻呂の「善」を「蓋」の誤写とみる説が有力である。誤写説が当たっていれば、一族の動向がより豊かに知られるだけでなく、『新撰姓氏録』左京諸蕃下に「吉水連。出㆑自㆓前漢魏郡人蓋寛饒（がいかんじょう）㆒也」とあることによって、蓋（あるいは「がい」か）氏は中国系渡来氏族となる。

【参考文献】佐伯有清『新撰姓氏録の研究』考証篇第三　（星野良作）

笠　かさ　吉備氏の一支族。笠の氏名は、のちの備中国小田郡笠岡（岡山県笠岡市）付近の地名にもとづくと考えられる。姓は臣、のちに朝臣。孝霊天皇の皇子稚武彦命を祖と伝える。『古事記』孝霊天皇段に「若日子建吉備津日子命者。〈吉備下道臣。笠臣祖。〉」とあり、『日本書紀』孝霊天皇条には「稚武彦命。是吉備臣之始祖也」とある。また応神天皇二十二年条には、吉備臣の祖の御友別の兄弟子孫を、吉備国を割いた五県に封じたとする伝えを載せ、波区芸県に封ぜられた鴨別（御友別の弟）を笠臣の始祖とする。『先代旧事本紀』国造本紀に笠臣国造がみえ、「軽嶋豊明朝御世。元封㆓鴨別命八世孫笠三枝臣㆒定㆓賜国造㆒」とある。『日本書紀』仁徳天皇六十七年条には、笠臣の祖の県守が、吉備中国の川嶋河（今の高梁川か）で大虬を退治した説話を載せる。笠臣氏は、天武天皇十三年（六八四）に八色の姓制定に際し朝臣の姓を賜わったが、臣姓の時代の人には、大化元年（六四五）九月に古人皇子の謀反を密告した笠臣垂、天智天皇六年（六六七）十一月に司馬法聡らの送使となった笠臣諸石がおり、朝臣を賜姓されてからの人には、養老四年（七二〇）十月に右大弁に任ぜられた笠朝臣麻呂をはじめとして、八、九世紀の中央官人の名が数多く知られる。万葉歌人として名高い笠朝臣金村も一族の一人であった。『新撰姓氏録』右京皇別下に笠朝臣氏を載せ、「孝霊天皇皇子稚武彦命之後也。応神天皇巡二幸吉備国一。登二加佐米山一之時。飄風吹二放御笠一。天皇恠レ之。鴨別命言。神祇欲レ奉二天皇一。故其状爾。天皇欲レ知二其真偽一。令レ猟二其山一。所レ得甚多。天皇大悦。賜二名賀佐一」とみえる。また、出雲国・山城国にも笠朝臣氏がおり、天平十一年（七三九）の「出雲国大税賑給歴名帳」に笠朝臣吉備麻呂の名がみえ、『続日本紀』天平神護元年（七六五）六月己巳条に「山背国宇治郡少領外従五位下笠臣気多麻呂賜二姓朝臣一」とある。さらに九世紀には、三尾臣氏・宇自可臣氏・印南野臣氏の一族も笠朝臣の氏姓を賜わっている。なお、『新撰姓氏録』右京皇別下には笠臣氏を載せており、「笠朝臣同祖。稚武彦命孫鴨別命之後也」とあるが、この笠臣氏は、『続日本紀』天平神護二年十月丁未条に「備前国人外少初位下三財部毗登方麻呂等九烟賜二姓笠臣一」とあることからすると、三財部毗登氏の一族が改姓した氏族と考えられる。

【参考文献】岩本次郎「古代吉備氏に関する一考察―特に記紀系譜形成過程を中心として―」（『ヒストリア』二六）、中山薫「笠氏についての一考察」（『岡山史学』一五）、平野邦雄「吉備氏と和気氏」（『古代の日本』四中国・四国所収）〔篠川〕

笠取　かさとり　主殿寮の伴部である殿部の負名氏の一つ。氏名は行幸などに用いられる「蓋笠」のことに供奉した職掌にもとづく。姓は直。『三代実録』元慶六年（八八二）十二月二十五日条に「検二職員令一。殿部卌人以二日置。子部。車持。笠取。鴨五姓人一為レ之」とあり、「践祚大嘗祭式」油以下事条には「主殿官人二人執レ燭奉レ迎。車持朝臣一人執二管蓋一。子部宿禰一人。笠取直一人。並執二蓋綱一膝行各供二其職一」とみえる。

【参考文献】佐伯有清「ヤタガラス伝説と鴨氏」（『新撰姓氏録の研究』研究篇所収）〔星野良史〕

風早　かざはや　風速・風隼にも作る。のちの伊予国風早郡（愛媛県松山市の北部と北条市）の豪族で、風速国造の後裔。姓は直。『続日本後紀』承和六年（八三九）十一月癸未条に伊予国人外従五位下風早直豊宗らが善友朝臣の氏姓を賜わり左京に貫附されたことがみえ、そこには「天神饒速日命之後也」とある（『先代旧事本紀』国造本紀にも風速国造について「軽嶋豊明朝。物部連祖伊香色男命四世孫阿佐利定二賜国造一」とする）。一族にはほかに天平勝宝二年（七五〇）八月十九日付「作礎功食奉請注文」にみえる従八位上風速直乙虫、『類聚国史』巻五十四、節婦、天長七年（八三〇）六月乙丑条にみえる伊予国人風早直益吉女らがいる。

（星野良史）

笠原　かさはら　天武天皇の皇子磯城親王の後裔氏族。氏名の笠原は地名か。姓は真人。『新撰姓氏録』左京皇別下に「笠原真人。三園真人同祖。磯城親王之後也」とみえる。なお『日本書紀』安閑天皇元年閏十二月是月条に武蔵国造笠原直使主と同族小杵が国造の地位を争ったという記事がみえ、この笠原はのちの武蔵国埼玉郡笠原郷（埼玉県鴻巣市笠原）の地名にもとづく。武蔵（旡邪志）国造については『古事記』天安河之宇気比段や『日本書紀』神代巻（宝鏡開始章）の一書などに天菩比（天穂日）命の後裔、すなわち出雲国造と同祖と伝えている。

（星野良史）

加志　かし　大隅国（鹿児島県の東半）に居住した隼人の豪族。姓は君（公）。一族には『続日本紀』天平元年（七二九）七月己酉条にみえる加志君和多利、神護景雲三年（七六九）十一月庚寅条にみえる加志公嶋麻呂がいる。和多利は大隅国姶孋郡少領外従七位下勲七等で、調物を貢したことによって外従五位下を授けられた。また嶋麻呂は外従五位下で、隼人の俗伎を奏して外従五位上に進んだ。

（星野良史）

賈氏　かし　百済系渡来氏族。『新撰姓氏録』右京諸蕃下に「賈氏。出レ自二百済国人賈義持一也」とみえる。また左京諸蕃下の神前連条に「出レ自二百済国人正六位上賈受君一也」とあるように、神前連の氏姓を賜わった賈氏もいた。上記の賈受君は養老五年（七二一）正月、諸道に優れた者を選んで賞賜を加えたとき解工として絁十疋・糸十絇・布二十端・鍬二十口を賜わり、神亀元年（七二四）五月に神前連賜姓を受けている。時に正六位下。なお『続日本紀』和銅元年（七〇八）正月乙巳条にみえる買文会は、あるいは賈文会の誤りか。

（星野良史）

加志伎　かしき　隼人の豪族。氏名は建久八年（一一九七）「大隅国建久図田帳」にみえる加治木郷（鹿児島県姶良郡加治木町）の地名にもとづく。姓は県主。一族には天平八年（七三六）「薩摩国正税帳」にみえる阿多郡主政外少初位上勲十等の加志伎県主都麻理がいる。加志伎県主氏はその本拠地からみて、隼人の大豪族曾君氏、曾県主氏と深いつながりのあったことが推測される。

【参考文献】中村明蔵「隼人の豪族、曾君についての考察」(『隼人の研究』所収)

〔星野良史〕

柏原　かしはら　姓は連・村主・造・公。氏名は河内国交野郡柏原(大阪府枚方市牧野付近)の地名にもとづくものと思われる。欠名の柏原連が『令集解』(巻十六「考満応叙条」)にみえる。また、物部柏原連とも称したらしく、物部伯(柏)原連阿古の名が天平宝字六年四月八日付「説一切有部発智大毘婆沙論」跋語にみえる。『日本書紀』持統天皇三年(六八九)七月二十日条にみえる河内国渋川郡の人の無姓の柏原広山も、柏原連氏の一族の人であろう。『新撰姓氏録』左京神別上に「柏原連。同レ上。(伊香我色乎命之後也)」とある。また別に村主姓の柏原氏がある。これは栢原にも作り、和銅六年(七一三)十一月に渡来系氏族である桉作氏の一族桉作磨心が、栢原村主の氏姓を賜わっている。この村主姓の柏原氏の氏名は、大和国葛上郡柏原郷(奈良県御所市柏原一帯)の地名にもとづくものであろう。そして、造姓の柏原氏もみえ、天平勝宝三年(七五一)三月の「東大寺奴婢帳」に大和国葛上郡柏原郷の人柏原造種麻呂・奈兄佐とある。さらに、公姓の柏原氏もあり、柏原公広足は陸奥国の人で、弘仁三年(八一二)九月に広足ら十三人は椋椅(崎)連の氏姓を賜わっている。

〔外池〕

膳　かしわで　大化前代に天皇・朝廷の食膳に奉仕した膳部の伴造氏族。『古事記』孝元天皇段に「比古伊那許士別命。〈……此者膳臣之祖也〉」とみえ、『日本書紀』孝元天皇七年春二月丁卯条に、兄大彦命は阿倍臣・膳臣ら七族の始祖とある。姓は臣。同天武天皇十三年(六八四)十一月に朝臣を賜う。『日本書紀』景行天皇五十三年冬十月条に、景行天皇が上総国行幸の際膳臣の遠祖磐鹿六雁が供膳の功により膳大伴部を賜わったという祖先伝承がみえる。本拠は大和国十市郡(奈良県橿原市膳夫町)が考えられる。『新撰姓氏録』左京皇別上に「高橋朝臣。……天渟中原瀛真人天皇〈諡天武。〉十二年改二膳臣一賜二高橋朝臣一」とあり、同様の賜姓記事は『高橋氏文』にもみえているが、『日本書紀』には見当たらない。右の賜姓の時期は膳臣が朝臣となったときと同時か、それとあまり隔たらないころと考えられ、高橋朝臣氏は膳臣氏の支流ではなく、もともと本宗であったとみられている。また『新撰姓氏録』和泉国皇別に「膳臣。宇太臣。松原臣。阿倍朝臣同祖。大鳥膳臣等。付二大彦命之後一」とある。一族には『日本書紀』履中天皇三年十一月辛未条の膳臣余磯は若桜部臣氏の、同雄略天皇二年十月丙子条の膳臣長野は完人臣氏の始祖であり、同安閑天皇元年（五三四）四月条に内膳卿の膳臣大麻呂がみえ供膳と関係が深い。しかし『日本書紀』には、雄略天皇八年二月条の任那派遣軍の将となった膳臣斑鳩、欽明天皇六年（五四五）三月条の遣百済使となった膳臣巴提便、同天皇三十一年（五七〇）五月条の饗高麗使使・聖徳太子妃菩岐々美郎女の父の膳臣傾子、推古天皇十八年（六一〇）十月丙申条の迎任那客荘馬之長の膳臣大伴など外交の職務についた者も多い。このほか『続日本紀』神護景雲二年（七六八）七月辛丑条にみえる入唐の大学助教の膳臣大丘や『三代実録』元慶五年（八八一）四月二十八日乙巳条の膳臣常道は畿内人であるが、地方にも分布し、若狭国造は『先代旧事本紀』国造本紀に「若狭国造。遠飛鳥朝御代。膳臣祖佐白米命児荒礪命定二賜国造一」とみえ、『続日本後紀』承和十四年（八四七）五月丙戌条に若狭国百姓で窮民に代わり塩・米を輸した膳臣立岡、平城宮木簡の調塩貢進付札に膳臣（欠名）がみえる。豊前国にも『日本霊異記』に宮子郡少領の膳臣広国、大宝二年（七〇二）同国三毛郡戸籍に膳臣広売、同仲津郡戸籍に膳臣百手売がみえ、仲津郡には擬少領で無姓の膳東人の名が『続日本紀』天平十二年（七四〇）九月己酉条にみえ、天平三年（七三一）「越前国正税帳」には膳長屋、天平十年（七三八）四月「上階官人歴名」には膳石別など無姓者もいた。

【参考文献】狩野久「御食国と膳氏」（『古代の日本』五近畿所収）、日野昭「膳氏の伝承と性格」（『日本古代氏族伝承の研究』所収）、前之園亮一「淡水門と景行記食膳奉仕伝承と国造」（黛弘道編『古代王権と祭儀』所収）　（前川）

膳大伴部　かしわでのおおともべ　大化前代に膳大伴部を率いた伴造氏族、および部民である膳大伴部の後裔の氏名。膳大伴部は、宮廷に出仕し、御食の調理に当たった伴（トモ）の膳夫（膳部）を資養し、また食料品を貢納するために設けられた部（べ）で、中央膳氏の統轄下に置かれた。『高橋氏文』には「諸国人乎割移天、大伴部止号天」とあり、全国に設置されたとするが、志摩・参河・遠江・駿河・甲斐・相模・武蔵・安房・下総・常陸（A）、石見・筑前・筑後・豊前・豊後・肥後（B）などに膳大伴部・大伴部を氏の名とする者、膳大伴（膳伴）・大伴（大部・伴）を氏の名とし姓（カバネ）をもつ者の分布が認められる。このうち（A）は、『高橋氏文』に「東方諸国造十二氏乃枕子、各一人令レ進天平次比例給天依賜支」と記す東方十二国の膳大伴部に該当し、国造支配下の民が膳大伴部に編入され、国造がその管理者として（膳）大伴＋カバネの氏姓を帯するとともに、国造の子弟が膳夫（トモ）として中央に出仕したことを意味するのであろう。武蔵国造や阿波（安房）国造が大伴（大部）直を名のり、武蔵（無邪志）国造や秩父（知々夫）国造の祖が膳夫として御食の調理に従った伝承（『高橋氏文』）が存するのはそのためである。『新撰姓氏録』左京皇別上には、磐鹿六雁命（いわかむつかりのみこと）の後裔とする膳氏同族の膳大伴部の名を掲げるが、膳大伴部の管掌者の多くは、地方の国造級の豪族で、職掌面で中央膳氏と結びつくものの、本来それとの同族関係はなかったとみてよい。（加藤）

春日　かすが　真人姓と臣姓の春日氏がある。真人姓の春日氏は『新撰姓氏録』右京皇別に載せられ、「春日真人。敏達天皇皇子春日王之後也」とある。春日王は『古事記』敏達天皇段に「娶二春日中若子之女。老女子郎女一。生御子。難波王。次桑田王。次春日王。次大俣王」、『日本書紀』敏達天皇四年（五七五）正月是月条に「立二一夫人一。春日臣仲君女曰二老女子夫人一〈更名。薬君娘〉。生二三男一女一。其一曰二難波皇子一。其二曰二春日皇子一。其三曰二桑田皇女一。其四曰二大派王一」とみえる。すなわち、春日の氏名は母后の氏名もしくは出身地の地名に因んだものである。春日王は、用明天皇二年（五八六）七月に、兄の難波王らとともに物部守屋大連を討伐する軍に加わった。春日真人の氏姓は、天平勝宝三年（七五一）正月に田部王が賜わったことに始まるが、氏人の名はみえない。臣姓の春日氏は和珥氏の枝族で、のちの大和国添上郡春日郷（奈良市春日野町）に移住し、地名を帯びたものと考えられている。孝昭天皇の皇子天帯彦国押人命を始祖とする。氏名はやがて大春日と改称され、天武天皇十三年（六八四）十一月には朝臣姓を賜わっている。『新撰姓氏録』には左京皇別に載せ、仁徳朝に糟垣臣と号していたが、のちに春日臣と改め、延暦二十年（八〇一）に大春日朝臣の姓を賜わったという。これを信ずれば、天武天皇十三年に朝臣姓を賜わった春日氏の本宗氏族は本系帳の提出時には衰微し、本系帳は別の枝族が提出したことになろう。氏人に春日和珥臣深目がおり、その女で采女の童女君は雄略天皇の妃となり春日大娘皇女（一名。高橋皇女）を生んだと伝える。また『日本書紀』欽明天皇二年（五四〇）三月条に春日日抓臣とその女である糠子がみえるが、この二人は仁賢天皇元年二月壬子条に「和珥臣日抓女糠君娘」とあるから、和珥氏の祖でもあった。大春日朝臣となってからの氏人に、『続日本紀』和銅二年（七〇九）正月丙寅条に大春日朝臣赤兄、養老七年（七二三）正月丙子条などに大春日朝臣家主らがみえる。さらに大春日朝臣清足は延暦十一年（七九二）五月に遣唐使として入唐し、唐の女性李自然を娶って帰国したとある。また大春日朝臣穎雄は弘仁三年（八一二）の『日本書紀』講書の受業者に選ばれるなど、氏人のなかには対外交渉や学問に係わる職務に就いた者が少なくない。

【参考文献】岸俊男「ワニ氏に関する基礎的考察」（『日本古代政治史研究』所収）、佐伯有清「山上氏の出自と性格―憶良帰化人説によせて―」（末松保和博士古稀記念会編『古代東アジア史論集』下所収）　　（高嶋）

春日部　かすがべ　　春部・春日戸・春戸にも作る。

㈠大化前代に設定された部民の後裔氏族の一つ。『日本書紀』継体天皇八年正月条に、太子の勾大兄皇子（のちの宣化天皇）の妃（のちの宣化皇后）の春日山田皇女が嗣がなく妾の名も絶えると悲しんだため、天皇は「宜賜二匝布（さほ）屯倉一、表二妃名於万代一」と詔したとあり、同安閑天皇元年閏十二月是月条に、廬城部連枳莒喩（きこゆ）の女幡媛が物部大連尾輿の瓔珞（くびたま）を偸んで皇后に献じたが、「事至二発覚一、枳莒喩、以二女幡媛一、献二采女丁一、＜是春日部采女也。＞」とみえる。これらの伝えによれば、春日部は春日山田皇女の御名代であるが、皇女の母家の春日臣氏が五世紀から六世紀にかけて多くの天皇に后妃を出していることから、同氏が出身の后妃のために設定、管理した部曲とみる説もある。大宝二年「御野国味蜂間郡春部里戸籍」に集住してみられるのをはじめ広く分布し、かなり全国的に設定されたことが窺われる。神護景雲三年に陸奥国牡鹿郡の外正八位下春日部奥麻呂ら三人の氏人が武射臣を賜氏姓された。㈡渡来系氏族の一つ。姓は村主。のちの河内国高安郡（今の大阪府八尾市東部）の地を本拠としたらしく、『延喜式』神名帳、河内国高安郡条に「天照大神高座神社二座＜並大。月次新嘗。元名二春日戸神一。＞」「春日戸社坐御子神社」がある。『新撰姓氏録』には、未定雑姓、山城国に「春日部主寸。津速魂命三世孫大田諸命之後也」とみえる。

【参考文献】岸俊男「ワニ氏に関する基礎的考察」（『日本古代政治史研究』所収）、同「日本における『戸』の源流」（『日本古代籍帳の研究』所収）、平野邦雄『大化前代社会組織の研究』、佐伯有清『新撰姓氏録の研究』考証篇第六　　（星野良作）

上総　かずさ　　上総国海上郡（千葉県市原市）の豪族。姓は宿禰。旧氏姓は檜前舎人直で、『続日本紀』神護景雲元年（七六七）九月己巳条に上総国海上郡人外従五位下檜前舎人直建麻呂に上総宿禰の氏姓を賜わったとある。檜前舎人直氏は直姓をもつところから、かつて海上郡地域を支配した上海上国造の後裔とみられる。上海上（上菟上）国造については『先代旧事本紀』国造本紀および『古事記』天安河之宇気比段に天穂日（天菩比）命の後裔と伝えており、その本拠地は市原市の姉崎古墳群付近と考えられる。〔星野良史〕

縵　かずら　百済系渡来氏族。氏名は頭を飾る縵の製作に当たる縵部の伴造氏族であったことにもとづくものか。姓は初め造、天武天皇十二年（六八三）九月に連を賜わった。『新撰姓氏録』大和国諸蕃に「縵連。出レ自二百済人狛一也」とある。一族の人には天武天皇八年八月に嘉禾を献じた縵造忍勝、宝亀十一年（七八〇）正月に正六位上から外従五位下に昇った縵連宇陀麻呂、大膳亮から典薬助を経て弘仁四年（八一三）二月に越中権介となった外従五位下縵連家継、承和八年（八四一）五月に私稲四万束を輸して正六位上から外従五位下に進んだ大和国の人縵連道継らがいる。なお『先代旧事本紀』天孫本紀には奄智蘰連（物部竺志連公の後裔）、三川蘰連（物部竹古連公の後裔）、城蘰連・比尼蘰連（物部椋垣連公の後裔）という氏族名がみえ、これらはかつて物部氏が縵氏を統轄していたことを示すものであろう。〔星野良史〕

堅井　かたい　開化天皇の皇子彦坐命の後裔と伝える氏族。氏名は天平二十年四月二十五日付「造寺所公文」にみえる山背国紀伊郡堅井郷（京都市伏見区の一部か）の地名にもとづくとみられる。姓は公。『新撰姓氏録』山城国皇別に「堅井公。彦坐命之後也。日本紀合」とあるが、この「日本紀に合へり」が具体的にどの記事を指すのかは明らかでない。一族の人には天平神護二年（七六六）九月に諸井公の氏姓を賜わった山背国人堅井公三立がおり（『続日本紀』）、また天平十九年（七四七）十二月二十二日付「坂田郡司解」にみえる近江国坂田郡上丹郷の戸主堅井国足も同族であろう。〔星野良史〕

肩野　かたの　交野・片野にも作る。氏名はのちの河内国交野郡（今の大阪府交野市・枚方市）の地名による。連・忌寸・朝臣姓、無姓の肩野氏がいた。連姓の肩野氏は饒速日命あるいはその子孫の後裔と伝える。『三代実録』元慶元年十二月二十七日癸巳条に「出レ自二神饒速日命一也」とみえるが、『新撰姓氏録』右京神別上は饒速日命六世孫の伊香色雄命の後裔とし、『先代旧事本紀』天孫本紀は伊香色雄命の子の多弁宿禰、および饒速日命十二世孫の物部木蓮子連公の孫の物部臣竹連公を祖とする。堺市土塔町の大野寺出土の文字瓦から、片野連足島が行基の大野寺建立に協力したこと、上記『三代実録』によると、氏人の道主と乙守が元慶元年に氏姓を良棟宿禰と改めたことが知られる。また同族に、交野の地の物部を管理し、物部氏の同族団を構成したとみられる物部肩野連氏がいた。忌寸姓の肩野氏は、『新撰姓氏録』河内国諸蕃に「交野忌寸。出レ自二漢人庄員一也」とみえ、交野の地に居住した渡来氏族である。朝臣姓の肩野氏は、『尊卑分脈』に藤原房前の子清河の母を「異母妹従四下片野朝臣『女』」、『公卿補任』『尊卑分脈』に清河の弟魚名の母を「異母姉従四下片野朝臣」とみえることから、その存在が確かめられる。無姓の肩野氏としては、永承元年十月二十八日付「長仁紛失状裏書」に肩野文主の名がみえ、文主が大和国平群郡八条九里三十坪二段の地の南辺に接して土地を所有していたことが知られる。

【参考文献】森浩一「大野寺の土塔と人名瓦について」(『文化史学』一三)

（星野良作）

語　かたり　大嘗祭などの宮廷祭祀に古詞を奏上する語部を率いた伴造氏族。姓は初め造、天武天皇十二年(六八三)に連と改姓した。語部は美濃・丹波・丹後・但馬・因幡・出雲・淡路などの諸国に分布しているが、出雲国には語臣を称する氏族がおり、『出雲国風土記』意宇郡安来郷条に「飛鳥浄御原宮御宇天皇御代、甲戌七月十三日語臣猪麻呂之女子。……安来郷人語臣等之父也」とある。これは出雲国造であった出雲臣と同族関係にある氏族であろう。また「出雲国大税賑給歴名帳」に語君小村という人物がいるが、語部君の部を脱した者かもしれない。備中国には語直がおり、「備中国大税負死亡人帳」に御簀郷勝部里戸主として語直蓑の名がみえる。

（高嶋）

語部　かたりべ　宮廷の祭儀に古詞を奏上する部民で、各地に置かれ、伴造の語連に管掌された。『貞観儀式』大嘗祭条に「語部。美濃八人、丹波二人、丹後二人、但馬七人、因幡三人、出雲四人、淡路二人、伴宿禰一人、佐伯宿禰一人、各引二語部十五人一、……就レ位奏二古詞一」、また太政官大嘗会条に「吉野国栖奏二古風一。悠紀国司引二歌人一奏二国風一。語部奏二古詞一」と規定されていた。この古詞は大和朝廷に服属した地方豪族が、その服属の確認と誓約を表わし、あわせて天皇の御代を寿ぐ政治的な寿詞で、『北山抄』や『江家次第』は「其音似レ祝。又渉二歌声一。出雲、美濃、但馬語部各奏レ之」と注記する。右の諸国には語部が濃密に分布していたと推定され、天平六年（七三四）の「出雲国計会帳」には意宇郡人語部広麻呂が雇民として名を連ねている。天平勝宝七年（七五五）五月の年紀をもつ平城宮出土木簡には但馬国養父郡遠左郷の村長として語部麻呂の名がみえる。また宝亀四年（七七三）の「因幡国高庭荘検田帳」には語部弘足・弘主・成主の名が散見する。遠江国では「浜名郡輸租帳」に新居郷の人として語部首木がみえ、浜名郡の伊場遺跡からは「語部山麻呂」「語部□支□」「語部三山」「語部□古」「語部小衣」「語部小君」の名を墨書した木簡（二一号木簡）が出土している。阿波国では、延喜二年（九〇二）の「田上郷戸籍」に語部刀自売がみえる。なお「出雲国大税賑給歴名帳」によれば、波如里に語部君瓔・語部君族猪手・語部首などのように、君姓・族姓・首姓の語部氏が存在したが、これらは出雲の語部集団の本宗に当たるものと考えられ、国造と同族関係にある語臣に統率されたのであろう。

【参考文献】岩橋小弥太「語部」（『上代史籍の研究』所収）、倉野憲司「語部と古事記・風土記」（『国文学　解釈と鑑賞』二九―一）、上田正昭「語部の機能と実態」（『日本古代国家論究』所収）、松前健「語り物の源流と吟唱伶人」（『古代伝承と宮廷祭祀』所収）、井上辰雄『古代王権と語部』、佐伯有清「大化前代の濃飛地方」（『岐阜県史』通史篇古代所収）〔高嶋〕

勝　かち　百済系渡来氏族。氏名の訓については「スグリ」「マサ」など諸説があり、「スグリ」であれば古代朝鮮語で村落の首長を意味する「スクリ」に由来することになる。『新撰姓氏録』山城国諸蕃に「勝。上勝同祖。百済国人多利須々之後也」とみえ（摂津国諸蕃も同内容）、一族には写経所などの下級官人となった者が多い。また畿内以外では近江・美濃・備前に分布し、なかには『続日本紀』延暦四年（七八五）十二月辛未条にみえる近江国人従七位下勝首益麻呂のように首姓を有する者もある。なお勝にはウジのほかに上勝・茨田勝のごとくカバネとしての用法もあった。かかる二面性から、勝はもと大和朝廷の地方官の称であったものがその職が世襲されていくうちにカバネ的に用いられるようになり、やがて氏名と見なされるに至ったという過程が指摘されている。また勝部（造・君・臣・首など）と称する氏族がおもに出雲国にみられるが、勝氏および勝姓氏族とは一応別個のものと考えられる。

【参考文献】八木充「カバネ勝とその集団」（『ヒストリア』一九）、直木孝次郎「阿比古考」（『日本古代国家の構造』所収）〔星野良史〕

葛木　かづらき　葛城にも作る。氏名はのちの大和国葛上・葛下郡の地名に因む。この地域はもと葛城県と称し、葛木氏はその県主であったが、のちに葛城国造となった。『先代旧事本紀』国造本紀序文に「以㆓剣根命㆒。為㆓葛城国造㆒。即葛城直祖」、本文に「葛城国造。以㆓剣根命㆒。初為㆓葛城国造㆒」とあるように、剣根命を祖とし、直を姓としていた。『新撰姓氏録』は河内国神別に載せ、「葛木直。高魂命五世孫。剣根命之後也」、未定雑姓、摂津国部に「葛城直。天神立命之後也」とある。その本宗氏族は天武天皇十二年（六八三）に連姓となり、さらに同十四年六月に忌寸姓を賜わった。『新撰姓氏録』大和国神別には「葛木忌寸。高御魂命五世孫。剣根命之後也」と記される。直姓のままの葛木氏には、宝亀五年（七七四）五月十日「大和国添上郡京北三条班田図」に葛城直歳足の名がみえ、『三代実録』貞観五年（八六三）九月十三日壬寅条に摂津国豊島郡の人葛木直貞岑が右京職に貫附されたとある。連姓のままの葛木氏には、葛木連戸主がいる。天平勝宝八年（七五六）十二月、戸主の妻和気広虫の献言によって恩勅が降り、京中の孤児に葛木連の姓を与え、戸主の戸に編入したという。戸主は『続日本紀』天平宝字元年（七五七）五月丁卯条に葛木宿禰戸主とあるから、のちに宿禰姓を賜わったことがわかる。なお、広虫は恵美押勝の乱で飢疾した棄子八十三児を収養し、彼らに葛木首の姓を賜わったという。葛木首（毘登）を姓とする者に、『続日本紀』天平神護元年（七六五）三月丁未条の葛木毘登立人らがいるが、のちに宿禰姓となった。

【参考文献】門脇禎二『葛城と古代国家』、井上光貞「帝紀からみた葛城氏」（『日本古代国家の研究』所収）〔高嶋〕

葛城　かづらき　武内宿禰後裔氏族の一つ。大和国葛城（のちの葛上・葛下郡、今の奈良県南葛城・北葛城郡の一部）を本拠とした豪族。葛城襲津彦命を祖とする。『古事記』『日本書紀』によると、葛城襲津彦の女、磐之媛（石之比売）命は、仁徳天皇の后妃となったと伝え、また『古事記』では、葛城襲津彦の子、葦田宿禰の女、黒比売命を履中天皇の妃とし、『日本書紀』にも葦田宿禰の女、黒媛が皇妃となったことを伝えている。履中天皇と黒比売命（黒媛）との間に生まれた市辺忍歯王（磐坂市辺押羽皇子）は、葦田宿禰の子である蟻臣の女、荑媛（はえひめ）を妃としたことが『日本書紀』顕宗天皇即位前紀の分注に引用されている譜第（かばねついでのふみ）に記されている。これらの伝えによれば、葛城氏の女子は、仁徳天皇以降、后妃、あるいは王妃となって、履中・反正・允恭、そして顕宗・仁賢を生み、五世紀代に葛城氏は大王家の外戚として威を振ったことが窺われる。ところが、葛城襲津彦の孫、もしくは子と伝えられている玉田宿禰が、反正天皇の殯（みもがり）を担当する役目を放棄して葛城の家に籠り、様子を見にきた使者を殺すなどの行為があったため誅されたという伝承、また安康天皇を殺した眉輪王を囲まったため家を包囲され攻め殺された葛城円（つぶら）大臣をめぐる伝承によって、葛城氏は、五世紀後半に没落する結果となったことが暗示されている。葛城円大臣は、履中天皇朝に平群木菟宿禰・蘇我満智宿禰らとともに国政を執っていたと伝えられ、また円大臣が家を包囲され焼き殺される前に、女の韓媛と葛城の宅七区（『古事記』安康天皇段には五処の屯宅とあり、その注に五村の屯宅は、今の葛城の五村の苑人であると記す）を奉献し、罪を贖うことを請うたという伝承から推すと、没落前の葛城氏は、国政に大きく関与し、また巨大な財力を持っていたと考えられる。さらに『日本書紀』神功皇后摂政五年三月条に葛城襲津彦が新羅で俘人（とりこ）にしてきたのが、今の桑原・佐糜・高宮・忍海の四つの邑の漢人らの始祖であるとみえる伝承によって察すると、葛城氏はこれらの漢人を掌握し、彼らの進んだ技術を吸収して、その権勢の基盤としていた可能性が強い。桑原・佐糜・高宮・忍海の地、いずれも葛城の中心部であったからである。しかし葛城氏が五世紀後半の雄略天皇朝に没落すると、葛城の宅七区とともに、それら四邑の漢人も没収され、東漢氏（やまとのあやうじ）の管理下に移され、同時に蘇我氏がそれらを総括的に掌握するようになったとみられる。ここに葛城氏に代わって蘇我氏が強大になってくる。蘇我馬子が物部守屋を討ったとき、その討伐軍に加わった葛城臣烏那羅（烏奈良・小楢とも）は、『皇胤志』にみえる系図によると葦田宿禰の四世の孫となっている。なお『新撰姓氏録』左京皇別下に葛城襲津彦の後という葛城朝臣を載せているが、この系統は葛城臣烏那羅の後裔ではなく忍海原連から朝野宿禰に改氏姓した傍系の葛城系氏族であったと考えられる。葛城氏一族の墳墓としてあげられているのは、古く武内宿禰の墓と考えられていた奈良県御所市大字室字宮山にある中期の前方後円墳である宮山古墳（室の大墓）であり、最近ではこの古墳は葛城襲津彦の墓と推定する説がある。また宮山古墳の東北に位置する掖上鑵子塚古墳、南の丘陵地にある巨勢山古墳群も葛城氏の墳墓とみられている。これら葛城南部の葛上郡にある古墳と並び北部の葛下郡の馬見丘陵のいくつかの大形古墳も葛城氏関係のものとされている。

【参考文献】 井上光貞「帝紀からみた葛城氏」(『日本古代国家の研究』所収)、和田萃「紀路と曾我川—建内宿禰後裔同族系譜の成立基盤—」(『古代の地方史』三畿内編所収)、直木孝次郎「葛城氏とヤマト政権と天皇」(『藤沢一夫先生古稀記念古文化論叢』所収)、門脇禎二『葛城と古代国家』、奈良県文化財保存対策連絡会『巨勢山古墳群を守るために』 〔佐伯〕

葛野 かどの　葛野の氏名はのちの山城国葛野郡葛野郷(京都市右京区西京極葛野町付近)の地名に因む。物部氏の同族で、伊香我色雄命の後裔と称する氏族。『新撰姓氏録』左京神別に「葛野連。同上(饒速日命六世孫。伊香我色乎命之後也)」、『先代旧事本紀』天孫本紀に「物部奈西連公。葛野連等祖。押甲大連之子」とあり、天平五年(七三三)ころの「山背国愛宕郡計帳」に葛野連古麻呂・乙麻呂・古売・古刀自売・伊良売・古良売の名がみえる。これらは従八位下の位階をもつ葛野大連菟麻呂の房戸であるが、葛野大連は葛野連氏の本宗家と考えられ、菟麻呂の戸口には少初位下で右大舎人の葛野大連馬甘・縄売・夫人売・古刀自売・玉売・小虫売・虫麻呂・継人・継足売・真虫売がいる。このほかに、臣姓の葛野氏がおり、『新撰姓氏録』未定雑姓、左京部に「葛野臣。大倭根子彦国牽天皇〈諡孝元〉皇子。彦布都意斯麻己止命之後也」とあり、『続日本紀』神亀五年(七二八)五月丙申条に葛野臣広麻呂がみえる。『除目大成抄』には葛野公維隻とあり、公姓の葛野氏のいたことが知られる。無姓の葛野氏もおり、『日本書紀』持統天皇八年(六九四)三月己亥条に葛野羽衝、『東寺文書』嘉祥四年(八五一)「高田郷長解」に葛野飯刀自売・真咋女がみえる。大宝二年(七〇二)の「筑前国嶋郡川辺里戸籍」に葛野部伊志売など葛野部を称する氏人が四十一名記されているが、筑前国上妻郡に葛野郷があり、ここを本拠とする一族であろう。 〔高嶋〕

門部 かどべ　大化前代に伴造を務めた中央豪族の後裔。姓はもと直、天武天皇十年(六八一)に門部直大嶋が、同十二年に門部直すべてが連を賜わった。門部は、令制衛門府の門部の前身であり、朝廷の儀式の際などに宮城諸門を守ることを任務としたと考えられる。門部氏は安牟須比命の後裔とするが、『古事記』『日本書紀』に伝承はない。門部氏と門部の関係については、門部氏は久米氏の同族であり、門部はおもに久米部からとられたとする説。大化改新以前、宮廷を守衛するしくみのなかに、大伴・佐伯・建部氏などのいわゆる門号氏族らとは別に、とくに上記の任務を遂行する門部の組織があり、その伴造が門部直であったとする説。さらに、門部は七世紀の推古朝に百八十部の一つとして、門号氏族らを組織して成立したもので、その資養に当たった部の伴造が門部直であったとする説などがある。しかしいずれも確証はない。このように発祥については議論が分かれるが、門部氏がのちに門号氏族とともに令制門部の負名氏となったとすることは諸説一致するようである。門部氏の一族には、孝徳朝に遣唐使の一員として渡航中遭難したが、漂着した島で筏を作り仲間五人と無事帰国して賞された門部金、元明朝に美濃少掾として吉蘇（木曾）路の開削に当たり位階を進められた門部連御立らがいる。また、門部連名継は斉衡三年（八五六）に興道宿禰を賜わった。門部氏の分布ははっきりしないが、『延喜式』に大嘗祭のとき、左右京・大和・山城・伊勢・紀伊から門部となる人々を集めたとあるから、これらの地域に居住した可能性はある。なお、その由来は不明だが中世以来常陸国那珂郡に門部郷ないし門部村の名がみえる（今の茨城県那珂郡那珂町門部）。門部を氏名に含む氏族には、大和国高市郡波多（奈良県高市郡明日香村畑）を本拠とする別系の波多門部造氏がある。門部氏の氏社は『延喜式』神名帳にある大和国宇陀郡の門僕神社（奈良県宇陀郡曾爾村大字今井小字見山）といわれる。

【参考文献】直木孝次郎『日本古代兵制史の研究』、笹山晴生『日本古代衛府制度の研究』、佐伯有清「宮城十二門号と古代天皇近侍氏族」（『新撰姓氏録の研究』研究篇所収）、同『国史大辞典』、太田亮『姓氏家系大辞典』　〔平野〕

香取　かとり　のちの下総国香取郡香取郷の香取神宮鎮座地（千葉県佐原市香取）を本拠とした豪族。姓は連。『続日本紀』神亀元年（七二四）二月壬子条に香取連五百嶋の名がみえ、私穀を陸奥鎮所に献じた功により外従七位上から外従五位下に進められている。また『香取大宮司系図』（『続群書類従』七下）には「社伝云」として経津主尊から右の五百嶋に至る系譜がみえ、敏達天皇のとき豊佐登連が香取連の号を賜わったと伝える。この系図には疑問が多いが、五百嶋の尻付に「匝嵯郡居住」とあるのは香取連氏と下総国匝瑳郡に勢力をもっていた物部連氏との関係を示すものとも考えうる。香取連氏は古く香取神宮の社家であった氏族で、香取郡は同神宮の神郡であったから、郡領をも兼ねていたとみられる。〔星野良史〕

金刺　かなさし　欽明天皇の磯城嶋金刺宮（奈良県桜井市金屋付近）に出仕した金刺舎人に由来する氏族。金刺舎人および無姓の金刺氏がある。金刺舎人氏は駿河国・信濃国に分布し、前者には駿河郡主政の金刺舎人祖父麻呂、益頭郡の人だった金刺舎人麻自、駿河郡大領の金刺舎人広名がおり、後者には信濃国牧主当・伊那郡大領の金刺舎人八麻呂、水内郡の人だった金刺舎人若嶋がいる。右のうち麻自は天平勝宝九歳（七五七）八月、「五月八日開下帝釈標知天皇命百年息」の字を自然に成した蚕児を献じ、これをきっかけに天平宝字と改元された。また女孺だった若嶋は宝亀三年（七七二）正月に連姓を賜わり、同八年正月には従五位下に昇った。一方、無姓の金刺氏では、天平宝字年間ころ東大寺写経所に仕えていた金刺公成・金刺辰万呂（竜万呂）の名が知れている。〔星野良史〕

金刺舎人　かなさしのとねり　大化前代の国造的豪族の後裔。金刺は欽明天皇の磯城島金刺宮（今の奈良県桜井市金屋付近）の名による。舎人は、令制以前の職名で天皇の側近に仕え、その護衛に当たったもの。したがって金刺舎人は『古事記』『日本書紀』にその名はみえないが、欽明天皇の名代として設定された舎人であったと考えられ、それに採用された豪族がのちに金刺舎人氏を称したのである。その豪族とは、信濃国小県郡（長野県小県郡・上田市）を本拠とする科野国造と駿河国駿河郡駿河郷（静岡県沼津市）を本拠とする珠流河国造の親族およびその一族と考えられる。それゆえ、金刺舎人氏の分布はとくに信濃・駿河両国に集中している。金刺氏を含めると他に伊豆・遠江・越中・紀伊などにもみえるが、これらは信濃・駿河両国の金刺舎人氏が移住したものであろう。金刺舎人氏の姓と身分組織について、六世紀の舎人に対していわれる一般的特徴を当てはめれば、金刺舎人直—金刺舎人—金刺舎人部となり、『阿蘇家略系譜』にも科野国造家の金弓君が金刺舎人直姓を負ったとある。しかし、史料にあらわれる金刺舎人氏のなかで姓をもった人物はみられない。ただしのち、宝亀元年（七七〇）に信濃国水内郡の女孺金刺舎人若嶋ら八人が連を賜姓され、貞観五年（八六三）には同国諏訪郡の右近衛将監金刺舎人貞長が同祖を理由に太（多）朝臣を賜わっている。信濃の金刺舎人氏には上記のほかに、藤原仲麻呂の乱後の行賞で外従五位下、勲六等を得た牧主当伊那郡大領金刺舎人八麻呂らがいる。この氏族は、諏訪大社下社の大祝を戦国時代まで務めたことでも知られ、現在、長野県諏訪郡下諏訪町上馬場に金刺大祝居館跡がある。駿河の金刺舎人氏には、橘奈良麻呂の変終結直後、文字を成す蚕児を献じ、それが瑞祥をなして天平宝字改元のきっかけをつくったことで賞された益頭郡の金刺舎人麻自、延暦十年（七九一）に駿河国造となった駿河郡大領金刺舎人広名らがいる。

【参考文献】直木孝次郎『日本古代兵制史の研究』、新野直吉「国造の世界」（『古代の日本』六所収）　（平野）

金作　かなつくり　倭漢氏系氏族。㈠かつて金工技術者の漢人集団である金作部の統率者の後裔氏族。姓は村主。『坂上系図』阿智王条に引く『新撰姓氏録』逸文に、仁徳朝に高句麗・百済・新羅などから渡来した人々の後裔氏族中に金作村主がみえるが、氏人の名は伝わらない。㈡金作部の後身氏族。姓は部。一族には『続日本紀』養老六年（七二二）三月辛亥条にみえる伊賀国の人金作部東人、伊勢国の人金作部牟良（むら）がいる。　（星野良作）

綺　かにはた　「カムハタ」とも読む。神別系氏族。氏名は山城国相楽郡蟹幡郷に所在する式内社綺原坐健伊那太比売神社の鎮座地（京都府相楽郡山城町綺田）の地名にもとづくものか。また「神機」の意で神に献る服の紡織にあたったことによるとする説もある。『新撰姓氏録』和泉国神別に「綺連。津守連同祖。天香山命之後也」とみえ、これによれば尾張氏などと同じく火明命の後裔氏族となる。　（星野良史）

掃守　かにもり　掃部にも作る。宮廷の清掃・鋪設を職とする品部の掃守部を率いた伴造氏族。姓は初め造で、『新撰姓氏録』河内国神別に「掃守造。同神（振魂命）四世孫。天忍人命之後也」とあるが、のちに連姓となり、『新撰姓氏録』左京神別・河内国神別に「掃守連。振魂命四世孫。天忍人命之後也」とある。『古語拾遺』に「彦瀲尊。誕育之日。海浜立レ室。于レ時掃守連遠祖天忍人命。供奉陪侍。作レ箒掃レ蟹。仍掌二鋪設一。遂以為レ職。号曰二蟹守一」、『先代旧事本紀』神代本紀に「振魂命。児前玉命〈掃守連等祖〉」などとみえる。河内国の掃守氏は高安郡掃守郷（大阪府八尾市南高安町一帯）を本拠としていたと思われるが、同国の掃守連豊永・豊上らは承和二年（八三五）二月に善世宿禰と改姓している。摂津国には掃守連族と称する氏族があったが、神亀二年（七二五）十月、天皇の難波宮行幸の際に掃守連族広山が族の字を除かれている。掃守連の本宗家は天武天皇十三年（六八四）十二月に宿禰姓を賜わった。『新撰姓氏録』河内国神別に「掃守宿禰。振魂命之後也」とある。連姓時代の氏人に、大化五年（六四九）四月に新羅に派遣された掃守連角麻呂、白雉四年（六五三）五月に遣唐副使として発遣された掃守連小麻呂らがおり、この氏族が対外交渉に重用されたことが知られる。さらに宿禰姓の者として、大宝元年（七〇一）正月に「山代国相楽郡令」の掃守宿禰阿賀流が遣唐少佑となっている。この阿賀流は『大同類聚方』にも「山背国相楽郡令追広肆掃守宿禰乃家世々爾所レ伝乃方也」と記されている。和泉国には首姓の掃守氏がおり、『新撰姓氏録』和泉国神別に「掃守首。振魂命四世孫。天忍人命之後也。雄略天皇御代監二掃除事一。賜二姓掃守連一」とみえ、和泉郡に掃守郷があるが、同国の氏人はみえない。ただし、出雲国には天平十一年（七三九）の「出雲国大税賑給歴名帳」にみえ、出雲郡健部郷波如里に掃守首弟身・和爾太理・飯主女、漆沼郷深江里に掃守首国勝・女足女の名が知られる。大和国に無姓の掃守氏のいたことが『新撰姓氏録』より知られるが、氏人はみえない。掃守部は、大宝二年（七〇二）の「御野国各務郡某里戸籍」に掃守部夜和、天平六年（七三四）の「出雲国計会帳」に伯耆国の人として掃守部麻呂などが知られる。（高嶋）

鍛冶　かぬち　鍛・鍛師にも作る。神別系氏族。氏名は金属の加工生産に従事した鍛冶部の伴造氏族であったことにもとづく。姓は造。神亀五年（七二八）二月に一族の鍛冶造大隅が守部連の氏姓を賜わっており、『新撰姓氏録』河内国神別には「守部連。振魂命之後也」とみえている。右の大隅（大角とも書く）は文武天皇四年（七〇〇）六月、追大壱のとき『大宝律令』撰定の功により禄を賜わり、養老四年（七二〇）十月には従五位上で刑部少輔に任ぜられた。翌五年正月、明経第一博士として賞賜に与り、神亀三年正月には正五位下に叙せられている（『続日本紀』）。また『令集解』賦役令舎人史生条に引く神亀三年十一月十五日付に「令師正五位下」とみえており、さらに守部連姓となってからも学識者としての声望が高かったことが記録に散見される。（星野良史）

賀禰　かね　出自未詳。姓は公。一族の人には『続日本紀』宝亀二年（七七一）五月己亥条ほかにみえる賀禰公雄津麻呂（小津麻呂）がいる。彼は宝亀二年五月、正六位上より外従五位下に昇り、同年九月に大学員外助、さらに同十年二月には筑後介に任ぜられた。なお、賀禰の氏名を『和名抄』越後国魚沼郡賀禰郷の地名にもとづくものとする見解もあるが、同郷は「賀弥（かみ）」の誤記とみる説が有力である。また史料に多く散見する金（こん）氏との関係は未詳。（星野良史）

下部　かほう　　高句麗系渡来氏族。氏名は高句麗の五部の一つである下部に由来する。『日本後紀』延暦十八年（七九九）十二月甲戌条に、信濃国人下部奈弖麻呂・下部文代が改姓を願い、清岡の姓を賜わったことがみえる。このとき奈弖麻呂・文代が卦婁・後部・前部・高麗・上部氏の者とともに提出した奏言には「己等先高麗人也。小治田。飛鳥二朝廷（推古・舒明朝）時節。帰化来朝。自レ爾以還。累世平民。未レ改二本号一。伏望依二去天平勝宝九歳四月四日勅一。改二大姓一」と述べられている。（星野良史）

上　かみ　　渡来系の氏族で、出自からみると、上村主（連）・上日佐・上勝の三氏族がある。上は賀美（上）郷の地名に因む。上村主は本貫が河内国なので、安宿・大県・渋川の三郡に所在する賀美郷の、いずれかに由来するであろう。上日佐・上勝は特定できない。上村主は『新撰姓氏録』に、広階連と同祖で魏の太祖、武帝の子陳思王曹植の後とされ、左京・右京・摂津国・和泉国に記載がある。上村主からは百済が慶雲元年（七〇四）、通が霊亀元年（七一五）に、阿刀連の改氏姓を得ている。神護景雲三年（七六九）に、五百（五十）公は連の姓を賜与される。しかし上連はこれより先、天平勝宝二年（七五〇）に美濃国加茂郡小山郷の戸主上連稲実が所見するが、これは別系とみられ、五百公以降はみあたらない。また上村主からは、広階連も出ている。すなわちもと広階連であった高根朝臣真象は、上村主虫麻呂の子であり、この改氏姓は延暦五年（七八六）以降であろう。真象は天長元年（八二四）に、朝臣の姓を得るが、これにならい斉衡二年（八五五）に、宮雄および河原連貞雄、貞観八年（八六六）に八釣・貞成が、広階宿禰の改氏姓をなしている。以上のように阿刀連、上連、広階連・宿禰は、上村主と同族であった。ただし阿刀連は、物部系の系譜を語り別氏となっていく。氏人は多数知られているが、渡来系氏族として知識・文化が重用された者が多い。たとえば先の百済は、大学博士で儒道に優れていた。東大寺写経所で校生・案主として活躍した馬養、画師の牛養・楯万呂・宮麻呂なども おり、下級官人も多く輩出している。また律師光栄、初期浄土教の大成者で、智光曼荼羅で名高い智光など僧侶も出ている。なお馬養は河内国大県郡津積郷、牛養は平城右京九条四坊、楯麻呂は近江国滋賀郡が本貫地である。上日佐は『新撰姓氏録』（河内国諸蕃）に、百済国の人久爾能古使主より出るとされ、百済系の渡来氏族である。氏人には天平五年（七三三）ころ、山背国愛宕郡某郷の戸主川造石弓の戸口であった、玉売ほか五人がいる。上勝は『新撰姓氏録』（右京諸蕃）に、百済国の人多利須須より出るとされ、百済系の渡来氏族である。工（たくみ）造・祝部（右京・山城国）・勝（山城・摂津国）も、同じ出自をもつ。氏人には長元六年（一〇三一）、山城国紀伊郡司（欠名）がいる。

【参考文献】佐伯有清「新羅の村主と日本古代の村主」（『日本古代の政治と社会』所収）　〔中村〕

神社　かみこそ　系譜未詳の氏族。『新撰姓氏録』左京神別に「神松造。道臣八世孫。金村大連公之後也」とある神松造を神社造の誤写とする説もあるが疑問。神社氏の氏人には、大化元年（六四五）八月に東国国司として発遣された神社福草がいる。福草は翌年三月、違勅なく帰還したことにより、天皇に褒賞されている。のちに忌寸と改姓したと考えられ、『続日本紀』和銅三年（七一〇）正月戊午条に、神社忌寸河内が従六位上から従五位下に叙されている。『万葉集』巻六には、天平五年（七三三）のころに、神社忌寸老麿が草香山を越えるときの歌二首が載録されている。また、天平勝宝二年（七五〇）三月二十二日の勘籍断簡（『大日本古文書』二五）にも氏人がみえ、「養老五年籍同郷戸主神社忌寸石嶋戸同部祖父麻呂年弐拾参」とある。　〔高嶋〕

上毛野　かみつけの　崇神天皇の皇子豊城入彦命後裔氏族の一つ。上毛野国（のちに上野国。現在の群馬県）の名を冠する氏族。姓は君で、天武天皇十三年（六八四）に朝臣となる。『日本書紀』の崇神天皇四十八年正月戊子条に、後嗣を決めるに際して、東に向かって槍や刀を撃ち振るう夢を見た豊城命が東国を治めることを命じられ、これが上毛野君・下毛野君の始祖とみえる。景行天皇五十五年二月壬辰条には、豊城命の孫である彦狭嶋王が「東山道十五国都督」を命じられたが、任所に向かう途中で病没し、それを悲しんだ東国の百姓が尸を盗んで上野国に葬ったこと、同五十六年八月条には、その子である御諸別王が「専領㆓東国㆒」ことを命じられ、現地に行って善政を行ない、騒動を起こした蝦夷を平定したこと、それによりその子孫が今も東国にあると記されている。また垂仁天皇五年十月条には、狭穂彦の謀反に際して上毛野君の遠祖である八綱田が命を受けてこれを撃ったこと、神功皇后四十九年三月条に、上毛野君の祖である荒田別らが将軍として新羅と戦ったこと、仁徳天皇五十三年五月条には上毛野君の祖である竹葉瀬らが新羅に遣わされて貢物を欠いた理由を問い糺したことなどの祖先伝承も載せられている。こうした系譜と伝承とが公認されていた背景には、古くから上毛野地域に居住する有力豪族がヤマト政権と緊密な関係をもっていたこともあるが、直接的には七世紀に活発化した蝦夷地経略に伴い、関東平野と日本海側を結ぶ交通上の要衝に位置し、人的資源と物資供給の拠点となるこの地域の掌握が緊要となったことがあげられる。それにつれてこの地域に大きな影響力をもつ上毛野氏の政権内における立場も強まっていったのであろう。この時期の上毛野氏の動きをみると、舒明天皇九年（六三七）の蝦夷の反抗に対して大仁上毛野君形名が将軍となり、軍衆を率いて征討に当たった。天智天皇二年（六六三）には上毛野君稚子が前将軍となり新羅を攻め、天武天皇十年（六八一）の帝紀・上古諸事の記定に際して大錦下上毛野君三千がこれを担当した。藤原宮跡出土木簡からは上毛野阿曾美某が舎人官となっていたことがわかる。また文武天皇四年（七〇〇）に直広参上毛野朝臣小足が吉備総領に任ぜられたなど、多くの人材が中央官人として活躍していたことがわかる。天武天皇十三年十一月に上毛野地域の君姓をもつ五氏に朝臣が与えられているのも、このような事情によるものであろう。その一方、在地での動向を記す史料はほとんどなく、天平感宝元年（七四九）に勢多郡少領であった上毛野朝臣足人が国分寺に知識物を献納して外従五位下を授けられたこと、正倉院宝物白布の墨書銘により多胡郡八田郷に上毛野朝臣甥がいたことが知られる程度である。律令地方支配が整備されて征夷軍や柵戸の編成が軌道にのり、多賀城の設置など蝦夷地経営の拠点が北進し確立されるにしたがって、上毛野地域の重要度は次第に減退していった。天平勝宝二年（七五〇）には河内国に本拠をもつ渡来系氏族である田辺史難波らが上毛野君を名のるようになったが、このころを境に、本来の上毛野氏の政権内における活動も低調となっている。上毛野氏は、赤城山南麓で六世紀代の大型前方後円墳からなる大室古墳群の所在する勢多郡域を居住地の一つとしていたが、利根川を挟んでその西に当たり七世紀代に大型方墳が継続的に築造され、のちに国府・国分二寺も設置された現在の前橋市総社町周辺もその一つであったとみられる。

【参考文献】　井上光貞「国造制の成立」（『史学雑誌』六〇ノ一一）、佐伯有清「上毛野氏の性格によせて」（『日本歴史』一一六）、志田諄一「上毛野君」（『古代氏族の性格と伝承』所収）、原島礼二「上毛野伝承採用の条件」（『日本歴史』一五四）、尾崎喜左雄「毛野の国」（『古代の日本関東篇』所収）、『群馬県史　通史編二原始古代二』、前沢和之「豊城入彦命系譜と

上毛野地域」（『国立歴史民俗博物館研究報告』四四）　〔前沢〕

上道　かみつみち　吉備氏の一支族。のちの備前国上道郡（岡山県岡山市東部）を本拠とした豪族で、上道国造氏。姓は臣、のちに朝臣。上道氏の系譜は、『古事記』孝霊天皇段によれば孝霊天皇の皇子の比古伊佐勢理毗古命（大吉備津日子命）を祖とするが、『日本書紀』応神天皇二十二年条には、吉備臣の祖の御友別の兄弟子孫を、吉備国を割いた五県に封じたとする伝えを載せ、上道県に封ぜられた仲彦（御友別の子）を上道臣と香屋臣の始祖とする。また『先代旧事本紀』国造本紀の上道国造条に「軽嶋豊明朝御世。元封㆓中彦命児多佐臣㆒始国造」とある。『日本書紀』雄略天皇七年是歳条には、吉備上道臣田狭が妻の稚媛を雄略に奪われたため、子の弟君とともに朝鮮半島にて反逆したとあり、清寧天皇即位前紀には、雄略と稚媛との間に生まれた星川皇子の反乱伝承を載せ、吉備上道臣らは星川皇子救援のため船師四十艘を率いて海を進んだが、星川皇子・稚媛・兄君（田狭の子）らがすでに殺されたことを聞いて引き返したとある。またこのとき清寧は、上道臣らを責めて、その領する山部を奪ったという。その後しばらく上道氏は史料にみえないが、八世紀には、天平十年（七三八）の「周防国正税帳」に防人部領使として上道臣千代、天平十一年の「備中国大税負死亡人帳」に同国都宇部撫川郷鳥羽里の戸主として上道臣意穂の名がみえ、次いで『続日本紀』天平宝字元年（七五七）七月戊申条以降に上道臣斐太都（正道）の活躍が伝えられる。斐太都は天平宝字元年七月当時、中衛舎人、従八位上であったが、藤原仲麻呂に橘奈良麻呂らの謀叛を告げたことにより、従四位下を授けられ、朝臣の姓を賜わった。上道朝臣氏はこのときに始まる。斐太都は同年閏八月に吉備国造に任ぜられ、その後美濃・備前・播磨・備後・飛騨の国守などを歴任し、神護景雲元年（七六七）九月に、備前国国造、従四位下にて卒した。上道朝臣氏の一族には、斐太都のほかに延暦十六年（七九七）二月に玄蕃助に任ぜられた上道朝臣広成、延暦二十四年八月に正五位下を授かった上道朝臣千若らがいる。なお、八世紀の河内国丹比郡には、無姓の上道氏の存在していたことが知られる。上道氏の同系氏族には、香屋（賀陽）氏のほかに播磨国賀古郡の馬養造（印南野臣）氏があり、『続日本紀』天平神護元年（七六五）五月庚戌条に「賀古郡人外従七位下馬養造人上欵云。人上先祖吉備都彦之苗裔。上道臣息長借鎌。於㆓難波高津朝庭㆒。家㆓居播磨国賀古郡印南野㆒焉」

とみえる。岡山市の唐人塚（かろうとづか）古墳、および賞田廃寺・幡多廃寺・居都（こず）廃寺などは、上道臣（朝臣）氏のものとみられている。

【参考文献】 平野邦雄「吉備氏と和気氏」（『古代の日本』四中国・四国所収）、志田諄一『古代氏族の性格と伝承』、吉田晶「吉備地方における国造制の成立」（『日本古代国家成立史論』所収）、西川宏『吉備の国』、近藤義郎編『岡山県の考古学』 （篠川）

神野 かみの　冒名（他人の氏族名を冒すこと）による氏名。姓は真人。冒名した氏族はかつての宍人（部）の後身で本姓は完（宍）人。無姓。神野真人の氏姓は『続日本紀』延暦元年（七八二）六月乙丑条にみえる。本条によると、完人建麻呂の男女の浄主・真依女ら十四人が神野真人と称し、弟の豊公が宇智真人と冒名したことが発覚して本姓に戻され、建麻呂自身も以前に仲江王と冒称したことが発覚して自殺している。神野真人氏・仲江王は他の史料にみえないが、冒名や冒称はより高貴な名や氏姓を望んだからでなく、課役を免れるなどの切実な経済的問題から生じて当時、盛行した社会現象である。

【参考文献】 佐伯有清『新撰姓氏録の研究』研究篇 （星野良作）

神松 かみまつ　大伴氏の支族。姓は造。『新撰姓氏録』左京神別中に「神松造。道臣八世孫金村大連公之後也」とあるが、神松造の氏姓は誤記である可能性が大きく、正しくは神私連（かみのきさいちのむらじ）か。神私とは、神氏のうちで私部の伴造となったことにもとづく氏名とみられる。『古屋家家譜』宇遅古連公（大伴金村の子）尻付に「是宇治大伴連、神私連、大伴櫟津連等祖也」とみえ、宇治大伴連・大伴櫟津連がともに紀伊国名草郡を本拠としていたことから、神私連も同様に名草郡の豪族であったと考えられる。

【参考文献】 佐伯有清『新撰姓氏録の研究』考証篇第三 （星野良史）

賀茂 かも　甘茂・加茂・鴨にも作る。賀茂の氏名はのちの大和国葛上郡上鳧・下鳧郷（奈良県御所市櫛羅・小林・三室・竹田一帯）の地名に因む。大国主命の後裔氏族。姓は初め君で、『古事記』崇神天皇段に「意富多多泥古命者。神君。鴨君之祖」とあるが、天武天皇十三年（六八四）十一月に朝臣姓を賜わった。鴨脚家本『新撰姓氏録残簡』に引く「賀茂朝臣本系」には、千禰足尼四世孫の黒彦が天武天皇十三年に朝臣姓を賜わったという。『新撰姓氏録』は大和国神別に載せ、「賀茂朝臣。大神朝臣同祖。大国主神之後也。大田田禰古孫。大賀茂都美命〈一名。大賀茂足尼〉奉レ斎二賀茂神社一」

とある。賀茂神社とは大和国葛上郡の葛木鴨神社のことで、『延喜式』神名帳に「鴨都波八重事代主命神社二座〈並名神大。月次相嘗新嘗〉」とみえる。大化前代までは有力な氏人を出していなかったが、鴨君蝦夷（賀茂朝臣蝦夷）が壬申の乱で功績をあげたことにより、勢力を伸ばした。蝦夷は、持統天皇九年（六九五）四月に勤大壱で死去し、直広参を贈られている。それ以後、『続日本紀』大宝元年（七〇一）正月丁酉条などに鴨朝臣吉備麻呂、和銅五年（七一二）正月戊子条に鴨朝臣堅麿、神亀元年（七二四）二月壬子条に鴨朝臣治田など多数みえ、承和十四年（八四七）六月二十七日「山城国宇治郡司解」には「大和国葛上郡下鳧郷戸主賀茂朝臣真継戸口同姓成継」とある。同氏から出た円興は、天平宝字八年（七六四）十一月、弟の田守らと高鴨神を大和国葛上郡に祀ったが、田守は神護景雲二年（七六八）十一月に諸雄・萱草とともに高賀茂の氏名を賜わっている。翌年五月には、賀茂朝臣清浜も高賀茂と改姓している。同族に宿禰を姓とする賀茂氏があったが、賀茂宿禰河守と弟の関守、甥の春成ら七人は弘仁二年（八一一）閏十二月に朝臣姓を賜わっている。なお、天平勝宝四年（七五二）五月には官奴であった根足、また承和三年（八三六）五月には鴨部船主・氏成らがそれぞれ賀茂朝臣の姓を賜わっている。「賀茂朝臣本系」によれば、このほか同族として、賀茂宿禰氏が大和・阿波・讃岐・遠江・土佐に分布し、伊予国には賀茂首と称する一族があった。無姓の賀茂氏として、寛弘元年（一〇〇四）の「讃岐国大内郡入野郷戸籍」に賀茂貞子・賀茂刀自女がいるが、これらは讃岐の賀茂宿禰氏の一族であろう。伊予国には直姓の賀茂氏がおり、天平勝宝二年（七五〇）正月八日「但馬国司解」に賀茂直秋麻呂の名がみえるが、神野郡の賀茂直馬主らは天平宝字二年（七五八）三月に、また同郡の賀茂直人主ら四人は神護景雲二年（七六八）四月に賀茂伊予朝臣の姓を賜わっている。

【参考文献】今谷文雄「賀茂朝臣と下鳧郷」（『日本歴史』一二五）　（高嶋）

鴨　かも　賀茂にも作る。神皇産霊尊（神魂命）を祖とする氏族。鴨・賀茂の氏名は、のちの山城国愛宕郡賀茂郷（京都市北区上賀茂・左京区下賀茂一帯）の地名に因む。同地域はもと葛野県といい、鴨氏が県主を世襲したことにより、職名の県主がそのまま姓となった。『新撰姓氏録』には山城国神別に載せるが、その原本である「鴨県主本系」が鴨脚家本『新撰姓氏録残簡』として残存している。それには、鴨県主は神魂命の孫武津之身命（鴨建耳津身命・

鴨建角身命）の後裔と称し、東征してきた神武天皇が山中で道に迷ったとき、鴨建耳津身命が大きな鳥となって天皇を導き、その功によって頭八咫烏の称号と葛野県を賜わったという伝承を載せる。この伝承は同氏が古くは葛野主殿県主（『日本書紀』神武天皇二年二月乙巳条）と称されたように、御輿のことや薪炭の貢納などに奉仕する伴造氏族で、松明を灯して天皇を送迎する職務に由来する。さらに「鴨県主本系」には、鴨建耳津身命の男玉依彦命の十一世孫に大伊乃伎命の名をあげ、その男の大屋奈世が「若帯彦天皇〈諡成務〉御世。定ㇾ賜鴨県主二」という所伝を載せている。祖先伝承としては他に、『先代旧事本紀』天神本紀が「天神魂命〈亦云ニ三統彦命一〉葛野鴨県主等祖」と記すほか、神代本紀・皇孫本紀は神皇産霊尊の子孫に天神玉命の名をあげ、「天神玉命。葛野鴨県主等祖」と記している。同地の鴨神社（上賀茂神社。奈良時代後半に下鴨神社が分立）は鴨県主の氏社で、本宗氏族が神官を世襲した。『賀茂神社鴨氏系図』『河合神職鴨県主系図』などの数種類の系図が伝えられており、県主の存在形態や古代における祭祀形態を窺わせる貴重な史料となっている。それによれば、大伊乃伎命の孫に当たる大二目命には「子孫等鴨建津身命社斎奉。又主殿寮主水司為ニ名負一仕奉」という譜文が記され、鴨県主が前代以来の負名氏として主殿寮に出仕していたことを示す。また大伊乃伎命の曽孫に当たる鴨県主賀弓には「此人五世孫鴨県主宇志。大津朝祝仕奉。而庚午年籍負ニ祝部姓一」とあって、『庚午年籍』作成のとき祝部の姓を賜わったと伝えている。氏人は右の系図のほか、六国史に多数の名が知られ、天平五年（七三三）の「山背国愛宕郡計帳」にも鴨県主・鴨県主族を姓とする人名が掲載されている。この同族に賀茂県主と表記する一族がおり、『新撰姓氏録』山城国神別に載せられているが、これは『続日本紀』宝亀十一年（七八〇）四月庚申条に「山背国愛宕郡人正六位上鴨禰宜真髪部津守等一十人賜ニ姓賀茂県主一」とあるように、鴨禰宜真髪部（もと鴨禰宜白髪部）を本姓としていた。これらとは別氏族の鴨県主がおり、『新撰姓氏録』左京皇別に「鴨県主。治田連同祖。彦坐命之後也」とみえるが、これは大和国高市郡の高市御県坐鴨事代主神社の神官であったか。

【参考文献】佐伯有清「ヤタガラス伝説と鴨氏―いわゆる『負名氏』研究の一端として―」（『日本歴史』九九）、同「鴨県主氏の系図」（『古代氏族の系図』所収）、井上光貞「カモ県主の研究」（『日本古代国家の研究』所収）

〔高嶋〕

鴨部祝　かもべのはふり　賀茂（鴨）氏の同族。『新撰姓氏録』摂津国神別に「鴨部祝。賀茂朝臣同祖。大国主神之後也」とある。同国嶋下郡に三島鴨神社、河辺郡に鴨部神社があり、これらの祝として祭祀を担当していた氏族であろう。氏人は史料にみえない。なお、摂津国に事代主命の末裔とする鴨君がおり、『新撰姓氏録』摂津国皇別に「鴨君。同二前氏一（日下部宿禰同祖彦坐命之後也）」と記されているが、この氏も三島鴨神社から出たと考えられ、鴨部祝との密接な関係が想定される。（高嶋）

蚊屋　かや　蚊野・草にも作る。渡来系氏族東漢直氏の同族。氏名は近江国愛智郡蚊野郷（滋賀県愛知郡秦荘町上蚊野・北蚊野一帯）の地名にもとづく。姓は直、のちに連から忌寸、さらに宿禰。直姓のころの人として東漢草直足嶋（『日本書紀』斉明天皇七年五月丁巳条所引「伊吉博得書」）がいるが、天武天皇十一年（六八二）五月に倭漢直氏が連姓を賜わったのとともに連姓となり、さらに天武天皇十四年（六八五）六月に倭漢連氏が忌寸姓を賜わったのとともに忌寸姓になったと思われる。さらに延暦六年（七八七）六月に蚊屋忌寸浄足らは宿禰の姓を賜わっている。忌寸姓のころの一族に蚊屋忌寸木間がいるが、木間は壬申の乱の功臣であり、持統天皇七年（六七八）九月に賻物を賜わっている。『坂上系図』所引の『新撰姓氏録』逸文には「姓氏録曰。駒子直之第二子。糠手直。是蚊屋宿禰。蚊屋忌寸等二姓之祖也」とある。

【参考文献】岸俊男「山代忌寸真作と蚊屋忌寸秋庭―墓誌の史料的一考察―」（『日本古代籍帳の研究』所収）（外池）

賀陽　かや　香屋・加夜にも作る。のちの備中国賀陽郡（岡山県総社市・岡山市の一部）を本拠とした豪族で、加夜国造氏。姓は臣、のちに朝臣。上道氏の同系氏族。『日本書紀』応神天皇二十二年九月庚寅条に「以二上道県一封二中子仲彦一。是上道臣。香屋臣之始祖也」（仲彦は御友別の子）とみえ、『先代旧事本紀』国造本紀の加夜国造条に「軽嶋豊明朝御世。上道国造同祖。元封二中彦命一改定二賜国造一」とある。『続日本紀』天平神護元年（七六五）六月朔条に「備中国賀陽郡人外従五位下賀陽臣小玉女等十二人賜二姓朝臣一」とあるように、このときに賀陽臣小玉女ら十二人が、朝臣の姓を賜わった。一族は、在地においては賀陽郡の郡司、および同郡の吉備津神社（『延喜式』神名帳には吉備津彦神社）の神官として勢力を有し、一方では弘仁六年（八一五）六月に播磨守にて卒した賀陽朝臣豊年（右京の人、贈正四位下）のように、中央官人となった者もいた。岡山市の三上山（さんじょうさん）古墳群、および同市の大崎廃寺・総社市の加夜（栢寺）廃寺は、賀陽氏のものとみられている。

【参考文献】藤井駿「加夜国造の系譜と賀陽氏」（『吉備地方史の研究』所収）、平野邦雄「吉備氏と和気氏」（『古代の日本』四中国・四国所収）、近藤義郎編『岡山県の考古学』〔篠川〕

賀羅　から　加羅国（大韓民国慶尚北道高霊付近）からの渡来人の後裔氏族。美濃国席田郡（岐阜県本巣郡糸貫町郡府中心）の地を本拠とした。旧無氏姓。姓は造。天平宝字二年（七五八）十月に上記席田郡大領外正七位上の子人、中衛・無位の吾志らが氏姓を賜わって賀羅造氏が成立した。時に子人らは、自分たちの「六世祖父乎留和斯知（おるわしち）。自㆓賀羅国㆒慕㆑化来朝。当時未㆑練㆓風俗㆒。不㆑著㆓姓字㆒。望随㆓国号㆒。蒙㆓賜姓字㆒」と上言して認められている。賀羅造氏になってからの氏人の名は、上記の子人・吾志のほかに伝わらない。〔星野良作〕

辛犬甘　からいぬかい　犬養（甘）部の下級伴造の後裔氏族の一つ。『和名抄』信濃国筑摩郡辛犬郷（長野県松本市北部一帯）の地が本拠と推定される。無姓。氏名から渡来系氏族と考えられるが、祖先伝承は史料にみえない。氏名・氏人の名も、『三代実録』仁和元年（八八五）四月五日己未・十二月二十二日壬申の両条にみえる信濃国筑摩郡の百姓辛犬甘秋子によって知られるのみである。ここで秋子は坂名井子縄麻呂・大原経佐らによって家人男女八人が焼殺された事件について太政官に訴え、その主張を認められている。

【参考文献】黛弘道「犬養氏および犬養部の研究」（『律令国家成立史の研究』所収）〔星野良作〕

韓鍛冶　からかぬち　韓鍛師・韓鍛・辛鉄冶・辛鍛にも作る。かつて朝鮮から渡来した鍛冶技術者集団である韓鍛冶部の㈠伴造の後裔、㈡鍛冶部の後身の氏族。『古事記』応神天皇段に百済から韓鍛の手人（てひと。技術者）・卓素（たくそ）の渡来が伝わる。姓は㈠首（毘登）、㈡部・無姓。養老六年（七二二）三月、その姓が雑工と類似しているが、本来は雑戸身分ではないので、その呼称を除いて公戸とされた七十一戸中に、近江国の韓鍛冶百嶋、丹波国の韓鍛冶首法麻呂、播磨国の韓鍛冶百依、紀伊国の韓鍛冶杭田らがいる。また神護景雲二年（七六八）二月には讃岐国寒川郡の人で外正八位下の韓鉄師毗登毛人・韓鉄師部牛養ら百二十七人が坂本臣の氏姓を賜わり、延暦八年（七八九）十二月には播磨国美嚢郡の大領で正六位下の韓鍛首広富が外従五位下を授かっている。これらは韓鍛冶部のいた国で、その国ごとに伴造の置かれたらしいことを伝えるものであるが、それらを統轄する中央伴造は『新撰姓氏録』和泉国皇別条にみえる紀辛梶臣氏であったか。この氏族は紀臣氏の一族で、坂本臣氏となった前記の韓鍛師毘登・韓鍛師部氏とは同族と考えられる。

【参考文献】岸俊男「紀氏に関する一試考」(『日本古代政治史研究』所収)　〔星野良作〕

韓国　からくに　辛国にも作る。物部氏の枝氏の一つ。姓は連。本拠地は和泉国和泉郡唐国(大阪府和泉市北松尾町唐国)の地か。氏の名の由来は、『続日本紀』延暦九年(七九〇)十一月壬申(十日)条に一族の韓国連源らが「源等是物部大連等之苗裔也、……源等先祖塩児、以二父祖奉レ使国名一故改二物部連一為二韓国連一」と上奏し、また『新撰姓氏録』和泉国神別にも「韓国連、采女臣同祖、武烈天皇御世、被レ遣二韓国一、復命之日、賜二姓韓国連一」とあるように物部氏の一族が韓国に派遣されたことにあるという。韓国連源らは、先の上奏を続けて「然則大連苗裔、是日本旧民、今号二韓国一、還似二三韓之新来一、至二於唱導一、毎驚二人聴一、因レ地賜レ姓、古今通典、伏望、改二韓国二字一、蒙レ賜二高原一、依レ請許レ之」とあるように、韓国の名が朝鮮半島からの渡来人の氏族かと訝られることを嫌い、氏の居住地名に因って高原と改姓されんことを願って許されている。韓国連源は、これより先の宝亀八年(七七七)六月に副使の小野石村を大使代行として出帆した遣唐使に録事として加わり、入朝を終え、帰路、済州島に漂着したが、同九年十一月に帰国した。また、韓国連広足は文武天皇三年(六九九)五月丁丑(二十四日)に伊豆嶋に流配された役君小角に師事したことがあったが、のち天平四年(七三二)十月丁亥(十七日)に典薬頭に任ぜられた。なお、『新撰姓氏録』摂津国神別に「物部韓国連、伊香我色雄命之後也」とあるように物部韓国連にも作られ、韓国連広足は天平三年(七三一)正月以降、物部韓国連広足と記された。　〔浜田〕

加羅氏　からし　百済系渡来氏族。氏名は加羅か、加羅氏かは未詳であるが、加羅は加羅国(大韓民国慶尚北道高霊付近)の国名に由来する。無姓。『新撰姓氏録』未定雑姓、右京に「加羅氏。百済国人都久(つく)君之後也」とあり、百済人の都久君を祖とするが、この祖の名は他の史料にみえない。また加羅氏を氏名とする一族の人名も伝わらないが、氏名が加羅なら、関係の氏族として、賀羅・加良・辛氏が知られる。　〔星野良作〕

韓嶋　からしま　辛嶋（島）にも作る。のちの豊前国宇佐郡辛島郷（大分県宇佐市辛島）の地を本拠とした渡来系氏族。姓は勝。『日本書紀』天智天皇十年（六七一）十一月癸卯条に、韓嶋勝娑婆ら四人が唐から対馬に帰って唐使郭務悰の来日の意を伝えたとある。娑婆は百済救援の役で唐の捕虜となっていたものであろう。また辛嶋勝氏は大神氏・宇佐氏とともに宇佐八幡の神職団を形成しており、『八幡宇佐御託宣集』には禰宜や祝となった辛嶋勝氏の一族の人名が多く見い出される。なお前記の辛島郷の地には百済系の軒丸瓦を出土する法鏡寺跡（七世紀末の創建）が存在し、この氏の氏寺であったとみられる。

【参考文献】『大分県史』古代篇I、田村圓澄「宇佐八幡と道教」（井上薫教授退官記念会編『日本古代の国家と宗教』上巻所収）、小田富士雄「宇佐地方の初期寺院跡」（『九州考古学研究』歴史時代各論篇所収）〔星野良史〕

韓海部　からのあまべ　武内宿禰の後裔氏族の一つ。姓は首。氏の名は朝鮮系の海部を統率する伴造氏族であったことにもとづく。『新撰姓氏録』未定雑姓、摂津国には「韓海部首、武内宿禰男平群木菟宿禰之後也」とある。『日本書紀』仁賢天皇六年是秋条には、祖先とみられる韓白水郎暵の名がみえ、天平勝宝二年（七五〇）四月三日始の「仁王疏紙筆墨充帳」には一族とみられる辛海倭万呂の名がみえる。〔浜田〕

韓矢田部　からのやたべ　崇神天皇の皇子の豊城入彦命の後裔氏族で、下毛野朝臣・上毛野朝臣と同祖。辛矢田部にも作り、姓は造。矢田部は仁徳天皇の皇后・八田若郎女の名代部であるが、氏の名は朝鮮より渡来の人々を編成した矢田部の伴造氏族であったことにもとづく。『新撰姓氏録』摂津国皇別には、「韓矢田部造、上毛野朝臣同祖、豊城入彦命之後也」とあり、神功皇后が筑紫の橿冰宮にいたとき、海中に浮有物があって、現古君がそこへ遣わされて韓蘇使主らを率いて復命したから、現古君は韓矢田部造の姓を賜わった、とある。一族の本拠地は摂津国八部郡八部郷（兵庫県神戸市兵庫区矢部町一帯）であろう。氏人には寛平八年（八九六）二月十日の「長谷寺縁起文」に僧徳道の俗名として辛矢田部造米麻呂がみえる。また摂津には同族とみられる君姓の韓矢田部君氏がおり、天平十五年（七四三）九月一日付「摂津職移」に摂津国嶋上郡野身郷の戸主辛矢田部君弓張らがみえる。〔浜田〕

韓人　からひと　韓人氏の名は朝鮮より渡来した韓人の管掌者であったことにもとづく。

『新撰姓氏録』摂津国諸蕃に「韓人、豊津造同祖。左李金亦名佐利己牟之後也」とある。同じく「豊津造、出レ自二任那国人左李金一亦名佐利己牟也」とある任那の左李金を祖とする豊津造氏は宝亀十一年（七八〇）五月甲戌（十一日）に摂津国豊嶋郡の韓人稲村ら十八人が豊津造の姓を賜わったことに由来し、韓人氏はこの豊津造の傍流氏族に当たる。一族には、天平五年（七三三）の「右京計帳」に韓人智努女らが、また大宝二年（七〇二）の「御野国味蜂間郡春部里戸籍」にも韓人足奈売らがみえ、『播磨国風土記』餝磨郡にも韓人山村がみえる。また、周防国には、辛人氏がいた。一族の韓人真貞は貞観九年（八六七）四月甲午（二十五日）に豊滝宿禰の姓を賜わった。なお、韓人は一般名称としても使われ、『日本書紀』応神天皇七年九月条に「高麗人、百済人、任那人、新羅人、並来朝。時命二武内宿禰一、領二諸韓人等一作レ池。因以、名レ池号二韓人池一」などとみえる。〔浜田〕

韓部　からべ　辛部にも作る。朝鮮半島から渡来の氏族。氏の名は朝鮮から渡来の人々を編成した部にもとづく。この一族の人には韓部広公がみえる。『続日本後紀』天長十年（八三三）八月戊戌（十五日）条に「備前国人直講博士正六位上韓部広公、賜二姓直道宿禰一也。広公之先、百済国人也」とあって、備前国の韓部氏は百済人の後裔であり、一族の韓部広公が天長十年に直道宿禰と改姓された。韓部氏は他に史料をみない。〔浜田〕

苅田　かりた　刈田にも作る。のちの讃岐国刈田郡（香川県観音寺市と三豊郡の南部）の豪族。姓は首。『三代実録』貞観九年（八六七）十一月二十日条に左京人従五位下行直講苅田首安雄が「武内宿禰之裔」であることを理由に紀朝臣の氏姓を賜わったとあり、また『越中石黒系図』紀角宿禰の尻付に「苅田首祖」とみえるように、苅田首氏は武内宿禰の後裔である紀朝臣氏の同族と称していた。前記の安雄は貞観四年五月、従六位上のとき散位従七位上刈田首氏雄・阿波博士従八位上刈田首今雄とともに本居を讃岐国刈田郡から左京に移している。のちに助教・勘解由次官兼下野介・主計頭・武蔵守・鋳銭長官兼周防守などを歴任し、この間には『貞観格式』の編纂にも当たった。仁和二年（八八六）五月、従五位上で没し、卒伝には助教従五位下苅田首種継の子とある。

【参考文献】松原弘宣「讃岐国西部地域における地方豪族」（『古代の地方豪族』所収）〔星野良史〕

鴈高　かりたか　百済系渡来氏族。氏名は『万葉集』巻六―九八一に「猟高の高円山」、巻七―一〇七〇に「猟高の野辺」とみえる獦高（奈良市鹿野園町付近）の地名にもとづく。姓は宿禰。『新撰姓氏録』右京諸蕃下に「鴈高宿禰。出レ自二百済国貴首王一也」とある。旧姓は昆解（こんけ）宿禰で、延暦四年（七八五）五月に右京人従五位下昆解宿禰沙弥麻呂が鴈高宿禰の氏姓を賜わった。沙弥麻呂はもと無姓の昆解氏で、宝亀六年（七七五）八月に宿禰姓を賜わっていた。ほかに鴈高宿禰氏の一族には、弘仁三年（八一二）三月に近江権大目に任ぜられた外従五位下鴈高宿禰氏成、同七年十二月に外従五位下から従五位下に進んだ鴈高宿禰笠継、貞観十二年（八七〇）五月に新置の弩師に任ぜられた権史生従八位下鴈高宿禰松雄らがいる。なお鴈高宿禰氏とは別氏だが、天平宝字五年（七六一）三月に新羅人須布呂比満麻呂ら十三人が狩高造という氏姓を賜わっている。（星野良史）

軽我孫　かるのあびこ　開化天皇の皇子、彦坐王の後裔と伝える氏族。氏名の軽は大和国高市郡の軽（奈良県橿原市大軽町）の地名にもとづく。我孫は阿比古・阿毗古・吾孫などにも作り、大和朝廷の古い官職名であったとみられる。軽我孫氏は『新撰姓氏録』左京皇別下に「軽我孫。治田連同氏。彦坐命之後也。四世孫白髪王。初彦坐分来賜二阿比古姓一。成務天皇御世。賜二軽地卅千代一。是負二軽我孫姓一之由也」とある。また山城国皇別には「軽我孫公。治田連同祖。彦今簀命之後也」とみえ、公姓の氏族もあったことが知られる。一族の人には藤原宮出土木簡にみえる軽阿比古果安、弘仁十四年（八二三）十二月九日付「近江国坂田郡長岡郷長解」に署名した同郷戸主軽我孫継人および軽我孫吉長・広吉、延喜二年（九〇二）「阿波国板野郡田上郷戸籍」にみえる同郷戸主の軽我孫福貴成らがいる。

【参考文献】直木孝次郎「阿比古考」（『日本古代国家の構造』所収）（星野良史）

軽部　かるべ　允恭天皇の皇子木梨軽太子の名代、およびその伴造。軽部を称する人名は山城・摂津・下野・備中に分布し、軽部郷は『和名抄』によると和泉国和泉郡・下総国海上郡・下野国河内郡・但馬国養父郡・備前国赤坂郡・備中国窪屋郡にある。そのうち和泉国和泉郡軽部郷の軽部は『新撰姓氏録』和泉国皇別に「軽部。倭日向建日向八綱田命之後也」とみえ、上毛野朝臣と同祖と称している。これは下野国河内郡に軽部郷があるのと関係があろう。軽部の中央伴造軽部造は左京神別に「軽部造。石上同祖」とあり、石上朝臣（旧姓物部連）の同族という。軽部造は山城・摂津にも分布する。軽部造のように五世紀に設置されたと伝える名代の伴造は、造の姓を帯びるものが少なくない。軽部臣は武内宿禰後裔氏族の一つで、『古事記』孝元天皇段に「許勢小柄宿禰、……軽部臣之祖也」とみえ、大和の古豪許勢（巨勢）臣の同族であり、軽部の総領的伴造であるとする見解も存する。軽部臣は天武天皇十三年（六八四）に朝臣を賜姓され、軽部を称する諸氏のなかでもっとも有力な氏であった。軽部首は備中国窪屋郡軽部郷にあり、出自は未詳だが軽部郷の軽部集団を支配した地方伴造として中央の軽部造の統率下にあったのであろう。軽部を称する氏は上毛野氏系、物部氏系、許勢氏系など系統を異にしており、また軽部を名代とみる通説のほかに製銅・鋳銅に従事したとする説、葬儀を職としたとする説もある。〔前之園〕

軽間　かるま　出自未詳。軽馬・借馬・苅間などと同じとすれば物部氏系の氏族と考えられる。姓は連。『先代旧事本紀』天孫本紀に物部麻作連公および金連公を借馬連の祖と伝え、また物部長目連公が軽馬連の祖であるとみえる。軽間氏の一族には神護景雲元年（七六七）三月に正六位上から外従五位下に進み、宝亀三年（七七二）十一月に修理次官となった軽間連鳥麻呂がいる。また借馬氏については無姓だが「山背国愛宕郡計帳」にみえる借馬乎治米売、天平勝宝二年（七五〇）とされる「浄清所解」にみえる土器作手の借馬秋庭女、寛弘元年（一〇〇四）の「讃岐国大内郡入野郷戸籍」にみえる借馬虫子・時虫女らがおり、また讃岐国には物部借馬連という氏族がいた（「讃岐国戸籍」断簡）。苅間連氏の人としては天平十年（七三八）「周防国正税帳」にみえる刑部少解部従六位下苅間連養徳の名が知られる。〔星野良史〕

川合　かわい　河合・川相にも作る。上毛野氏と同祖と伝える氏族。氏名は大和国広瀬郡に所在する式内社広瀬神社（広瀬川合神）の鎮座地（奈良県北葛城郡河合町大字川合）の地名にもとづくものか。姓は君（公）。旧姓は朝妻金作で、養老四年（七二〇）十二月に朝妻金作大歳と同族の河麻呂が雑戸籍から除かれ、大歳は池上君、河麻呂は河合君の氏姓を賜わった。ほかに一族には天平七年（七三五）四月十五日「大般若波羅蜜多経」巻三一九の跋語にみえる川相君溝麻呂がいる。『新撰姓氏録』左京皇別下には「川合公。上毛野同氏。多奇波世君之後也」とあるが、川合公氏の旧姓が朝妻金作であったことからすれば、本来は渡来系氏族であったと考えられる。〔星野良史〕

川上　かわかみ　川上部の伴造氏族。『古事記』垂仁天皇段に垂仁天皇の皇子印色入日子命は和泉国の鳥取の河上宮（大阪府泉南郡阪南町鳥取）で太刀一千口を作って石上神宮に納め、河上部を定めたとある。『日本書紀』垂仁天皇三十九年条にも同様な記事を載せるが、作られた一千口の剣を川上部と名づけたとする。川上部は河上宮に因む部で、刀剣の製造に従事したので彼らの製造した刀剣も川上部と呼ばれたか。川上部の伴造は石上神宮を奉斎した物部氏と同祖と称する川上造であろう。川上部を率いて石上神宮（大和政権の武器庫でもあった）に奉仕し、製作した刀剣を石上神宮に奉納したか。川上造は承和元年（八三四）に春道宿禰を賜姓された。『新撰姓氏録』右京神別の川上首（尾張氏同祖）も川上部の伴造であろう。下野の川上臣（『万葉集』、出自未詳）も川上部と関係あるか。皇親系の河上真人（延暦二十四年〈八〇五〉、永嗣王に賜姓）、渡来系の河上朝臣（貞観四年〈八六二〉、錦部浄刀自子に賜姓）、河上忌寸（神亀元年〈七二四〉、薩妙観に賜姓）は川上部・刀剣製造とのつながりは不明。『日本書紀』雄略天皇二年条に川上舎人部を設置したとある。川上舎人部は雄略天皇に仕えたと推察される川上舎人を資養する部民であろう。川上舎人の名称の由来、設置事情は不明であり、近江国犬上郡に分布するだけである（『三代実録』貞観四年条）。熊襲の川上梟帥の川上は氏の名ではなく、地名である（大隅国肝属郡川上郷か）。〔前之園〕

川枯　かわかれ　神別系氏族。氏名は近江国甲賀郡に所在した式内社川枯神社の鎮座地（不詳。滋賀県甲賀郡）の地名にもとづくものか。姓は首。『新撰姓氏録』和泉国神別に「川枯首。阿目加伎表命四世孫阿目夷沙比止命之後也」とある。一族には『令義解』編纂に携わった川枯首勝成、『三代実録』貞観四年（八六二）八月十五日条にみえる川枯首吉守がいる。勝成は天長十年（八三三）の『令義解』序に従八位上守判事少属とあり、承和十三年（八四六）には勘解由主典として、法隆寺僧善愷の訴状を受理した弁官に対する断文を提出した。また吉守は和泉国和泉郡の白丁で、力田を奨めた功により位一階を叙せられている。〔星野良史〕

川瀬　かわせ　河瀬・川背にも作る。雄略天皇のときに置かれたという川瀬舎人の伴造であった氏族。川瀬舎人造（のちに連）氏と川瀬造氏がある。川瀬舎人については『古事記』雄略天皇段に「定二河瀬舎人一也」、『日本書紀』雄略天皇十一年五月辛亥朔条に「近江国栗太郡言。白鸕鷀居二于谷上浜一。因詔置二川瀬舎人一」と伝え、この川瀬は近江国犬上郡の地名（滋賀県彦根市川瀬馬場町)。川瀬舎人造氏は天武天皇十二年(六八三)九月に連姓を賜わっており、一方、川瀬造氏は『新撰姓氏録』和泉国神別に「川瀬造。神魂命五世孫天道根命之後也」とみえる。両者はおそらく同族で、川瀬造氏は川瀬舎人造氏のうち連賜姓に与らなかった者の後裔であろう。天平十二年(七四〇)二月六日解に河瀬少村、また同十七年九月二十一日「智識優婆塞貢進文」には川背舎人立人・高市の名がみえ、この川背舎人立人と高市は近江国犬上郡河原郷の人であった。 〔星野良史〕

河内 かわち　川内とも書き、その名は河内国にもとづく。『新撰姓氏録』河内国諸蕃によれば、まず河内忌寸について、「山代忌寸同祖、魯国白竜王之後也」とある。河内忌寸の旧姓は川内漢直、天武天皇十二年(六八三)九月には連の姓を、同十四年六月には忌寸の姓を賜わった。また河内造については、「春井連同祖。慎近王之後也」と記し、さらに河内連については、「出レ自二百済国都慕王男陰太貴首王一也」とある。この河内連の旧姓は直、天武天皇十年(六八一)四月、川内直県が連の姓を与えられている。この一族には、直姓時代では、『日本書紀』舒明天皇二年(六三〇)七月条にある安羅日本府の河内直や、天智天皇八年(六六九)唐に使した河内直鯨らがみえ、連姓になってからは、『続日本紀』神護景雲三年(七六九)十月条に、称徳天皇の河内由義宮行幸記事に河内連三立麻呂、『三代実録』貞観四年(八六二)三月条によれば、河内国河内郡大領河内連田村麻呂の名がみえる。また、昌泰二年(八九九)六月十三日付の「河内国某田地売券」(『平安遺文』九―三四七〇)によれば、河内郡某郷の刀禰であった河内連広生・広継、おそらくは河内郡の大領であった河内連清利らの名があり、これらのことから河内連氏は、河内国の有力土豪の一つであったと思われる。 〔佐久間〕

川内漢人 かわちのあやひと　『新撰姓氏録』未定雑姓、摂津国には、「火明命九世孫否井命之後也」とある。西漢人とも書き、主として朝鮮半島より渡来の技術者集団で、河内国に置かれた漢人部・漢部の管掌者であったことによるという。川内漢人氏の一族には、藤原京木簡に川内漢人衆万呂の名がみえるが、備中国にも西漢人・西漢人部氏が分布し、都宇郡建部郷岡本里の西漢人志卑売、賀夜郡阿蘇郷宗部里に西漢人部麻呂、同郷磐原里に西漢人部事无売がいた(天平十一年「備中国大税負死亡人帳」)。また、西漢人宗人は備中国下道郡の人で、嘉祥三年(八五〇)正月には外従五位下となり、『文徳実録』仁寿二年(八五二)十月庚午条によれば、大学助教で、姓滋善宿禰を賜わっている。なお、川内漢人氏に類する川内（西）漢部氏には、天平宝字二年九月の「造東寺司解案」に河内漢部隅田の名がみられるほか、「豊後国戸籍」には、川内漢部佐美・川内漢部伊提志ら、多くの人々の名が記されている。〔佐久間〕

河内民　かわちのたみ　『新撰姓氏録』左京諸蕃下には、「河内民首。出レ自二高麗国人安劉王一也」とある。川内民とも書き、そのうち河内は河内国の地名にもとづき、民は『延喜式』神名帳、和泉国大鳥郡美多弥神社の鎮座地（大阪府堺市美木多町）の地名によるとされている。『正倉院文書』には、従六位上中宮少進河内民首安古麻呂や経師の川内民首長万呂の名があり、河内民首古刀自は、天平宝字六年（七六二）の「大悲経四童子三昧経跋語」や、「光覚願経」の知識として名を連ねている。〔佐久間〕

河内手人　かわちのてひと　『続日本紀』養老三年（七一九）十一月戊寅条によれば、「少初位下河内手人大足賜二下訳姓一除二雑戸号一」とあり、同じく養老四年六月戊申条には、「河内国若江郡人正八位上河内手人刀子作広麻呂、改賜二下村主姓一免二雑戸号一」とある。下訳は下曰佐・下訳語にも作り、『新撰姓氏録』河内国諸蕃には、「出レ自二漢高祖男斉悼恵王肥之後一也」とある。一方の下村主については左京諸蕃上に、「出レ自二後漢光武帝七世孫慎近王一也」と記す。その一族には、「経典跋語」にその名を記している下村主通勢部麿や下村主弟村売ら、『正倉院文書』中に経師らとしてみられる下村主人長・下村主道主・下村主浄足ら、さらには『続日本後紀』承和三年（八三六）閏五月癸巳条に、河内国人で、姓春滝宿禰を賜わった美濃国少目下村主氏成、散位同姓三仲らがいる。なお、下の氏名は、河内国安宿郡資母郷（大阪府柏原市国分町玉手）の地名にもとづくという。〔佐久間〕

西泥土部　かわちのはにしべ　『新撰姓氏録』山城国神別には、「鴨県主同祖。鴨建玉依彦命之後也」とある。西とは河内の意であり、泥土部は泥部とも書き、土器や瓦などを造る部の伴造氏族であったことにもとづくと思われる。その本拠地は、山城国乙訓郡羽束郷（京都市伏見区羽束師一帯）の地と考えられる。西泥土部一族の氏名は他の史料にはみられないが、『日本書紀』天武天皇十二年（六八三）九月丁未条には、泥部造と羽束造が連の姓を賜わっている。また、令制の泥部は土工司に所属し、職員令土工司条には泥部廿人と記されている。〔佐久間〕

西文　かわちのふみ　河内（川内）書とも書く。天武天皇改姓以前の姓は首。『古事記』『日本書紀』応神天皇条にあるように、百済から招かれた王仁の後裔氏族という伝承をもち、文筆専門の氏として朝廷に仕えた。天武朝の改姓以前、すでに馬（武生）首・桜野首・栗栖首・高志（古志）史・蔵首らに分かれていたが、これらの氏は、河内国古市郡古市郷（大阪府羽曳野市古市）の西琳寺に近接する地域に居住し、密接な精神的・生活的関係を維持していたらしい。この西琳寺は、西文氏一族の氏寺であるが、「西琳寺縁起」によると、この寺には金銅の阿弥陀仏が安置されていた。しかも、その銘文によれば、この仏像は書首大阿斯高とその子支弥高が発願し、書首栴檀高・土師連長兄高・書首羊古・書首韓会古の四人が塔を造り、また斉明天皇五年（六五九）正月にこの仏像の造顕されたことが書かれていたという。これは、中国における浄土教流行の影響をいち早く受容したことを知る上に貴重であり、この氏の伝統的な大陸文化に対する鋭い反応を示すものであるが、氏の勢力は王辰爾一族に圧倒されがちであった。天武天皇十二年（六八三）九月には連姓を、同十四年六月には忌寸の姓を与えられているが、このころ活躍の一族のうちには、壬申の乱の功臣書首根摩呂（文忌寸禰麻呂）や、その子文忌寸馬養（甘）らがいる。馬養は、中宮少進・主税頭・筑後守・鋳銭長官などを歴任し、『万葉集』巻八には二首の歌が収められている。その後、延暦十年（七九一）四月には、文・武生両氏が、王仁の遠祖は漢の高帝の子孫と称して改姓を乞い、宿禰を与えられた。文宿禰の一部は、間もなく浄（清）野宿禰と改姓した。〔佐久間〕

河原　かわはら　川原とも書き、のちの河内国丹比郡丹比村大字河原城（大阪府羽曳野市河原城）の地名にもとづくと考えられる。『新撰姓氏録』によれば、河内国諸蕃に「河原連。広階連同祖。陳思王植之後也」と、「河原蔵人。上村主同祖。陳思王植之後也」との記載がある。河原連には、『日本書紀』天武天皇十三年（六八四）十月辛巳条に川原連加尼、天平宝字六年（七六二）十月八日の「光覚願経跋語」に川原連嶋古の名がみえる。蔵人は椋人とも書き、朝廷の財政を司る倉に関係した官職名に由来すると思われるが、『続日本紀』神亀二年（七二五）七月丙戌条には、河内国丹比郡人正八位下川原椋人子虫ら四十六人が、河原史姓を賜わったと記す。史姓の人には、周防目であった川原史石庭（『続日本紀』神亀四年十二月条）や、川原史継麻呂（天平勝宝二年八月始「経師上日帳」）らがいる。一方、『続日本紀』神護景雲三年（七六九）九月丙戌条によれば、右京人従八位下河原毗登（史）堅魚ら十人と河内国人河原蔵人人成ら五人が、いずれも河原連の姓を与えられている。これ以後、宝亀四年（七七三）の「豊前国司解」には従六位上豊前国目河原連渡津、正六位上豊前国員外目河原連犬養、さらに『文徳実録』斉衡二年（八五五）八月辛卯条には、河原連貞雄らの名をみることができる。なお、川原連凡のように、天平十年ころには史姓、天平十七年（七四五）から天平勝宝八歳までは蔵人の姓を帯び、同年四月以降翌年五月までの間に連姓となっている例もみられる。〔佐久間〕

川人部　かわひとべ　川人部の氏名は、河川での漁獲またはその獲物の管理などを職掌としたと考えられる川人部であったことにもとづく。川人部を氏名とする氏族は、但馬国・備中国に分布していたことが知られる。但馬国の川人部氏の一族には、同国気多郡（兵庫県城崎郡南部・豊岡市の一部）の人であった川人部広井がおり、『続日本紀』延暦三年（七八四）十二月乙酉条に「但馬国気多団毅外従六位上川人部広井。進㆓私物㆒助㆓公用㆒授㆓外従五位下㆒」とみえる。また川人部広井は、延暦四年二月に高田臣の氏姓を賜わっている。備中国の川人部氏の一族には、天平十一年（七三九）の「備中国大税負死亡人帳」に、賀夜郡日羽郷宍粟里の人として川人部大伴の名がみえる。川人部大伴は川人麻呂の戸口であり、この川人麻呂は「部」が脱したものともみられるが、川人を氏名とする氏族もあり、天平五年ころの「山背国愛宕郡計帳」に川人秋売の名がみえる。

【参考文献】　直木孝次郎「人姓の研究」（『日本古代国家の構造』所収）〔篠川〕

川辺　かわべ　河辺にも作る。蘇我氏の支族。氏名はのちの河内国石川郡河野辺（大阪府南河内郡千早赤阪村大字川野辺）の地名にもとづく。姓は初め臣、天武天皇十三年（六八四）に朝臣を賜わった。『新撰姓氏録』右京皇別上に「川辺朝臣。武内宿禰四世孫宗我宿禰之後也。日本紀合」とみえ、他の蘇我の枝氏がいずれも蘇我大臣稲目（武内宿禰の五世孫）以降の分枝とされるのに比して異色である。一族には欽明朝の征新羅副将軍河辺臣瓊缶、推古天皇三十一年（六二三）征新羅副将軍に任ぜられた河辺臣禰受、白雉五年（六五四）の遣唐大使河辺臣麻呂、斉明天皇七年（六六一）百済救援の前将軍となった河辺臣百枝、天武天皇十年に筑紫に遣わされて新羅使を饗した河辺臣子首らのように対外関係で活躍した者が多く、また中央官人となった者の名が平安初期まで継続的に史料に表われる。なお大宝二年（七〇二）の「豊前国上三毛郡戸籍」（加自久也里・丁里）には渡来系とみられる川辺勝氏の人名を多く載せている。

【参考文献】阿部武彦「蘇我氏とその同族についての一考察」（『日本古代の氏族と祭祀』所収）、加藤謙吉『蘇我氏と大和政権』　（星野良史）

川部　かわべ　川部の氏名は、『古事記』允恭天皇段に「為㆓太后之弟。田井中比売御名代㆒定㆓河部㆒」とある河部（川部）であったことにもとづく。川部を氏名とする氏族は、山背国・肥前国に分布していたことが知られる。山背国の川部氏の一族には、天平五年（七三三）ころの「山背国愛宕郡計帳」に川部牟酒売の名がみえる。なお同計帳には、川造石弓ら、川造を氏姓とする人名が数多くみえ、また近江国甲可郡・高嶋郡には川直を氏姓とする氏族があったが、川造氏・川直氏は、川部または川人部（川人）の伴造であった氏族と考えられる。肥前国の川部氏の一族には、同国松浦郡（九州西北部の玄界灘に面した地域）の人で、宝亀六年（七七五）四月に外従五位下を授かった川部酒麻呂がおり、酒麻呂は、天平勝宝四年（七五二）に入唐使船の柂師となり、帰朝の際に船中で火災にあったときの功によって十階を授けられ、松浦郡の員外主帳に補せられたという。　（篠川）

川俣　かわまた　㈠のちの河内国若江郡川俣郷（大阪府東大阪市川俣）を本拠とした豪族。皇別系の川俣（河俣）公と神別系の川跨（河俣）連がある。川俣公氏は『新撰姓氏録』大和国皇別および河内国皇別に「川俣公。日下部宿禰（河内国皇別では連）同祖。彦坐命之後也」と伝え、延暦十九年（八〇〇）に河俣公御影が豊階公と改姓したことが『三代実録』貞観三年九月二十四日条の豊階真人安人卒伝にみえる。また川跨連氏は『新撰姓氏録』河内国神別に「川跨連。同神（津速魂命）九世孫梨富命之後也」とあり、一族には天平十九年（七四七）九月、東大寺大仏に銭一千貫を寄進して外従五位下を授けられた河内国人大初位下河俣連人麻呂がいる。㈡伊勢国鈴鹿郡の式内社川俣神社鎮座地（三重県鈴鹿市平田町）を本拠とした豪族。姓は県造。『続日本後紀』承和十三年二月己卯条に鈴鹿郡枚田郷の戸主川俣県造継成とその戸口の妻川俣県造藤継女の名がみえる。『皇太神宮儀式帳』には川俣県造氏の祖を大比古命と伝える。　（星野良史）

神麻績　かんおみ　神社領で麻を績ぎ、麻布を織る品部である神麻績部の伴造氏族。姓は連。『新撰姓氏録』右京神別に「神麻績連。天物知命之後也」とある。

神護景雲三年（七六九）二月に、左京の人神麻績連足麻呂・子老、右京の人神麻績連広目ら二十六人が宿禰姓を賜わったが、同年十一月に再び連姓に復している。伊勢の神麻績氏は伊勢神宮に属した神麻績部の伴造と考えられるが、『先代旧事本紀』天神本紀に「八坂彦命。伊勢神麻績連等之祖」とみえる。同書にはまた「乳速日命。広湍神麻績連等之祖」とあって、大和国広瀬郡には乳速日命の後裔とする神麻績連がいた。（高嶋）

神前　かんざき　百済系渡来氏族。『日本書紀』天智天皇四年（六六五）の二月条に「復以㆓百済百姓男女四百余人㆒。居㆓于近江国神前郡（評）㆒」、三月条に「給㆓神前郡（評）百済人田㆒」とある百済人の後裔なら、氏名は『和名抄』近江国神埼郡神埼郷（滋賀県彦根市甲崎町一帯）の地名にもとづく。旧氏名は賈（か）。姓は連。養老五年（七二一）正月に優れた解工（げこう。工事技術者）として褒賞を賜わった正六位下賈受君が神亀元年（七二四）五月、神前連と改氏姓したのに始まる。受君はのち昇叙して正六位上を極位としたらしく、『新撰姓氏録』左京諸蕃下に「神前連。出㆑自㆓百済国人正六位上賈受君㆒也」とある。この受君のほかに神前連氏の氏人の名は伝わらないが、和銅元年（七〇八）正月に正六位上から従五位下に昇叙した買（賈か）文会、『新撰姓氏録』右京諸蕃下に賈氏の祖と伝える百済人の賈義持はあるいは同族か。（星野良作）

神門　かんど　出雲国神門郡（島根県簸川郡）に居住した氏族で、姓は臣。『出雲国風土記』神門郡条は「所㆔以号㆓神門㆒者。神門臣伊加曾然之時、神門貢之。故云㆓神門㆒。即神門臣等、自㆑古至㆑今、常居㆓此処㆒。故云㆓神門㆒」と、氏名の由来を説いている。「出雲国大税賑給歴名帳」によれば、神門臣は出雲国の神門郡朝山・日置・古志・滑狭・伊秩の各郷に分布し、出雲郡の河内・出雲郷には神門臣族を姓とする氏族が居住していた。すなわち、神門氏は簸川平野の神門川（神戸川）流域を本拠とした氏族と考えられる。同地域には、前方後円墳として有名な大念寺古墳・妙蓮寺山古墳、円墳の上塩冶築山古墳・地蔵山古墳などの大型古墳が六世紀後半に築造されており、神門氏との関係が想定される。『新撰姓氏録』は右京神別に載せ、国造の出雲臣と同じく天穂日命十二世孫鵜濡渟命の後裔とするが、これは出雲東部を本拠とする出雲臣に服属したのちに、同族関係を結んだことによるのであろう。『出雲国風土記』出雲郡健部郷条に「神門臣古禰定給健部」とあるが、この古禰を『日本書紀』崇神天皇六十年七月条に叙述される出雲神宝事件において、飯入根を殺害する出雲振根に比定し、この事件を出雲西部における首長連合の分裂と説く説もある。

【参考文献】門脇禎二『出雲の古代史』〔高嶋〕

巫部　かんなぎべ　巫部は神に仕え、神意を求める職掌をもった部民で、その伴造氏族に巫部連があった。饒速日命を始祖とする氏族で、『新撰姓氏録』山城国神別に「巫部連。同神（饒速日命）十世孫。伊己布都乃連公之後也」とある。また和泉国神別の巫部連条には、雄略天皇の不予に当たり筑紫の豊国の巫者を召し上げたときに、その巫者を引率した真椋なる者が巫部連の姓を賜わったという所伝を載せる。『続日本後紀』承和十二年（八四五）七月己未条にも「昔属二大長谷稚武天皇時一。公成始祖真椋大連迎二筑紫之奇巫一。奉レ救二御病之膏肓一。天皇寵レ之。賜二姓巫部一」とある。真椋は『先代旧事本紀』天孫本紀に物部直（真）椋連公に作り、伊莒弗宿禰の子で、巫部連の祖と記す。巫部連の本宗氏族は天武天皇十三年（六八四）十二月に宿禰と改姓した。『新撰姓氏録』右京神別・摂津国神別に巫部宿禰を載せ、ともに饒速日命の六世孫伊香我色雄命の後裔と伝える。氏人として、『続日本紀』大宝二年（七〇二）三月戊寅条に巫部宿禰博士の名がみえる。天平勝宝四年（七五二）五月には、官奴であった鎌取が免じられて、巫部宿禰の姓を賜わっている。また右京の人巫部宿禰公成、大和国山辺郡の人巫部宿禰諸成、和泉国大鳥郡の人巫部連継麻呂・継足・吉継らは承和十二年（八四五）七月に当世宿禰と改姓している。〔高嶋〕

甘南備　かんなび　敏達天皇の皇子難波王の後裔氏族。姓は真人。氏名は『万葉集』の「神（甘）南備の里」（巻七―一一二五、奈良県生駒郡三郷町神南付近）による。天平十二年（七四〇）九月に難波王の後裔神前王が甘南備真人の氏姓を賜わったことに始まる。さらに、天平勝宝三年（七五一）正月には文成王が、同年十月には伊香王・高城王・池上王が、やはり甘南備真人の氏姓を賜わっている。文成王・伊香王らも難波王の後裔であろう。一族の人甘南備真人清（浄）野は敏達天皇の六世の孫で、文章生から大内記となり、大学大允となり、さらに宝亀年中に遣唐判官となり、延暦十三年（七九四）に卒している。また、『新撰姓氏録』では甘南備真人を路真人と同祖とする。〔外池〕

神主　かんぬし　神社の神主職を世襲したことに由来する姓。祭祀職としての神主は、自然発生的な祝（部）に対して、大和朝廷の尊崇の深い神社に政治的・二次的に設定された職と考えられ、多くは畿内および畿内周辺の大社に分布する。『新撰姓氏録』大和国皇別には神主首と称する氏族が記されているが、これは物部首（のち布留宿禰と改姓）の始祖市川臣が石上布留（奈良県天理市布留）の高庭に布都努斯神社を祀り、神主となったことから、その子孫が皇極天皇の時代に神主首と名づけられたという所伝が載せられている。伊勢神宮では神主を姓とする氏族が奉仕していた。『三代実録』元慶三年（八七九）五月二十三日条に「大神氏人有二三神主姓一。荒木田神主・根木神主・度会神主是也」と記される。内宮の荒木田神主、外宮の度会神主とも神主の姓を用い、たとえば『続日本紀』天平勝宝五年（七五三）正月丁未条に「伊勢大神宮神主外従五位下神主首名」などのように記されるが、荒木田神主はこのとき本姓の荒木田神主に復している。なお、根木神主は荒木田神主の一支流で、根木は禰宜に由来するという。その他、神社名を冠する神主姓として、穴師神主・恩地神主・纏向神主などの例がある。

【参考文献】　熊田亮介「伊勢神宮と度会氏(上)」（『新潟大学教育学部長岡分校研究紀要』二六所収）、高嶋弘志「律令神祇祭祀と神主の成立」（『北大史学』二一）

（高嶋）

神服　かんはとり　尾張氏の同族で、姓は連。神服部の部を脱したものであろう。神服部は神社に属し、神衣を織る部民で、神服（部）連はその伴造氏族。本宗家は天武天皇十三年（六八四）に宿禰を賜わり、神服部宿禰を称した。『先代旧事本紀』天孫本紀に「建田背命。神服連……等祖」とみえ、承和三年（八六三）閏五月に大和の人神服連清継が右京に移貫している。『三代実録』元慶四年（八八〇）三月条には出羽国軍士として白丁神服連貞代の名がみえる。伊勢国には伊勢神宮の神部として奉仕した神服連がおり、『神宮雑例集』所収の嘉応二年（一一七〇）九月二十九日解状に「神部神服連公俊正・大神部神服連公道尚」の二人が署名し、「神部等遠祖天御桙命」と記している。摂津国島上郡の神服神社（大阪府高槻市服部）はこの一族の奉斎社か。

（高嶋）

神宮部　かんみやべ　大神神社に坐す大物主神の祭祀に与る氏族。神社の殿舎の建築に携わる部民ともいう。姓は造。『新撰姓氏録』山城国神別に「神宮部造。葛城瑞籬宮御宇天皇御世。天下有レ災。因遣二吉足日命一令レ斎二祭大物主神一。災異即止。天皇詔曰。消二天下災一。百姓得レ福。自今以後。可レ為二宮能売公一。然後庚午年籍。註二神宮部造一也」、また『大三輪三社鎮座次第』にも「掖上池心宮御宇天皇御世。……遣二吉足日命一令レ崇二斎大己貴命大物主命一。詔二吉足日命一。自今以後。可レ為二宮能売一。是神宮部造先祖也」とある。氏人として、天平宝字五年（七六一）十一月二日「山背国宇治郡大国郷家地売券」に宇治郡主政で正八位下の神宮部造安比等の名がみえる。〔高嶋〕

神奴　かんやつこ　神奴は神社に隷属する奴婢で、神賤とも称した。刑余の人とも蝦夷の俘虜ともいわれ、有力神社は多数の神奴・神賤を領有していた。常陸国の鹿島神宮では、天平宝字二年（七五八）に神奴二百十八人、宝亀十一年（七八〇）には神賤七百七十四人が神戸として編戸することが認められ、神護景雲元年にも神賤男八十人、女七十五人が解放されている。解放されたのちも神奴（部）を姓とする例が多かったが、天平勝宝二年（七五〇）八月に、摂津国住吉郡の神奴意志奈らが依羅物忌の姓を賜わっている。もとは住吉大社の神奴であったろう。出雲国にも神奴部を姓とする氏族がおり、「出雲国大税賑給歴名帳」に多数みえる。杵築大社の神奴であったか。宝亀十年六月、紀伊国名草郡の神奴百継は、居里の名により神奴となっていたのを訴え、祖父の本姓忌部と改正したが、もとは日前・国懸神社の神奴であった可能性がある。〔高嶋〕

【参考文献】瀧川政次郎「神賤考」（『日本奴隷経済史』所収）〔高嶋〕

き

紀　き　氏名は木国、のちの紀伊国（和歌山県）にもとづく説と、『延喜式』神名帳にみえる平群坐紀氏神社の鎮座地（奈良県生駒郡平群町上庄）の神社名および『紀氏家牒』にみえる大倭国平群県紀里の里名、紀にもとづく説がある。紀氏には『新撰姓氏録』左京皇別上に「石川朝臣同祖。建内宿禰男紀宿禰之後也」、右京皇別上に「石川朝臣同氏。屋主忍雄猪心命之後也」とする建内宿禰後裔氏族の一氏としての紀朝臣氏と、同じく河内国神別に「神魂命五世孫天道根命後也」、和泉国神別に「神魂命子御食持命之後也」とする紀直氏があり、紀朝臣氏の氏名には先掲両者の説があり、紀直氏のそれは前者の説に由来するという。紀朝臣氏は『日本書紀』天武天皇十三年（六八四）十一月戊申朔条に朝臣賜姓とみえ、旧姓は臣。一族には『日本書紀』欽明天皇二年（五三二）七月条にみえる紀臣奈率弥麻沙は、父が紀臣一族である日系韓人であったことから、五世紀後半に紀臣氏の祖先が朝鮮に渡り、大和朝廷の朝鮮経略に関与していたとみられる。氏人は紀伊国那賀・名草・有田・日高の諸郡に分布するが、中央貴族として活躍した者も多い。同族には『古事記』孝元天皇段に「木角宿禰者、〈木臣、都奴臣、坂本臣之祖〉」とあり、『新撰姓氏録』左京皇別上・和泉国皇別に角・坂本朝臣氏がみえる。角臣氏はのちの周防国都濃郡（山口県都濃郡）を、坂本臣氏は和泉国和泉郡坂本郷（大阪府和泉市阪本町）を本拠とするが、その同族は阿波・讃岐・伊予・豊前などの瀬戸内海の四国側沿岸に分布が稠密であり、紀臣氏一族の朝鮮進出航路を想定できる。他に『新撰姓氏録』河内国皇別に紀祝・紀部、和泉国皇別に紀辛梶臣・大家臣・掃守田首の諸氏も紀臣氏と同系である。和歌山市大谷にある馬甲・馬具を出土した大谷古墳は五世紀中葉から六世紀初めころの築造と推定され、被葬者は紀臣氏一門の武将と推定されている。紀直氏は『続日本紀』神亀元年（七二四）十月壬寅条に「名草郡大領外従八位上紀直摩祖為二国造一」とみえ、名草郡大領・国造であり、姓は直。また天平元年（七二九）三月丁巳条に国造となった紀直豊嶋、天平神護元年（七六五）十月庚辰条に名草郡大領の紀直国栖、延暦九年（七九〇）五月癸酉条に国造となった紀直五百友の名がみえ、『日本後紀』延暦二十三年（八〇四）十月癸丑条に紀伊国造の紀直豊成がみえ、『国造次第』には国造職の歴代継承を伝えている。祖と伝えられた人物は『古事記』崇神天皇段の木国造の荒河刀弁、『日本書紀』景行天皇三年二月庚寅条の紀直遠祖菟道彦、『古事記』孝元天皇段に「木国造之祖宇豆比古」、『日本書紀』神功皇后摂政元年二月条に紀直豊耳、同じく敏達天皇十二年（五八三）七月丁酉朔条に紀国造押勝の名がみえる。このうち紀国造押勝は朝命により百済にいた日羅を迎えるために朝鮮に派遣されたが、他に外交に活躍した者がいない。このことからも紀直氏は紀伊国名草郡一帯を本拠とし、紀伊国造として農耕神の日前宮（和歌山市秋月に鎮座）を祭祀した在地豪族であった。『続日本後紀』承和二年（八三五）三月癸丑条に紀直継成ら十三人に紀宿禰と賜姓されたとあり、嘉祥二年（八四九）閏十二月庚午条に国造紀宿禰高継・紀宿禰福雄の名がみえ、紀直氏の宿禰賜姓は承和二年三月か、それよりもやや早い時期とみられる。紀伊国に直姓の紀氏が宿禰姓と同時に居住し、貞観三年（八六一）「紀伊国真（直）川郷墾田売券」には紀直岑生などの人名もみえる。日前宮東方にある岩橋千塚は紀直一族の墳墓とみられている。

【参考文献】津田左右吉『日本古典の研究（下）』、岸俊男「紀氏に関する一試考」（『日本古代政治史研究』所収）、薗田香融「古代海上交通と紀伊の水軍」（『古代の日本』五近畿所収）、同「岩橋千塚と紀国造」(『岩橋千塚』所収)、大矢良哲「平群坐紀氏神社」(谷川健一編『日本の神々』四大和所収)栄原永遠男「紀朝臣と紀伊国」(『和歌山地方史研究』九)、同「紀氏の展開過程」(同一二)、同「紀氏再考」(『和歌山県史研究』一五)、中村修也「紀氏の性格に関する一考察—朝鮮出兵伝承の保有をめぐって—」(『地方史研究』二一〇)　〔前川〕

木　き　百済国人津留牙使主の後を称する渡来系氏族。山城国紀伊郡深草郷(京都市伏見区深草)を本拠とするとみられる。姓は曰佐。『新撰姓氏録』山城国諸蕃に末使主同祖津留牙使主の後とある。木曰佐氏の一族としては、『正倉院文書』天平十九年(七四七)「中臣寺僧慈蔵舎人等上日申送注文」に舎人とみえる木曰佐諸骨をはじめ、『平安遺文』所載延暦十九年(八〇〇)「山城国紀伊郡司解案」に山城国紀伊郡深草郷長とみえる木曰佐新足、貞観六年(八六四)「山城国紀伊郡司解案」に紀伊郡擬大領とみえる木曰佐継主などがある。紀伊郡には、木曰佐と同祖を主張する末使主の居住も知られるが、『新撰姓氏録』未定雑姓に津留木の後とみえる木勝氏も『平安遺文』所載弘仁八年(八一七)「山城国紀伊郡司解案」に山城国紀伊郡深草郷郷長木勝宇治麻呂・刀禰木勝浄麻呂とあり、木曰佐氏と同族で近隣に居住していたことが知られる。なお、木勝氏には族姓の者も知られ、『正倉院文書』神亀三年(七二六)「山背国愛宕郡出雲郷雲上里計帳」に戸主出雲臣冠の妻木勝族小玉売がみえる。　〔大橋〕

私部　きさいべ　后妃のために置かれた部で、古くは藤原部や忍坂部などのように、后妃の名を冠し、個々に名代部が設定されていた。ところが、宮廷組織の整備に伴い、后妃の地位が確立されるとともに、その私有部民として、普通名詞に統一されたのが私部であり、その時期は敏達—推古朝であろうとされる。私部は諸国に設定されたので、私部、もしくは私を称する氏族は諸国に分布する。東海道では尾張国海部郡三宅郷の私部男足、安房国には私部真鳥、下総国では養老五年(七二一)の「大嶋郷戸籍」に、私部真呰以下約三十名の名がみえる。東山道では、信濃国更級郡神郷の私部乙麻呂・私部知万呂、北陸道では、越前国足羽郡上家郷の私部弓手、越中国の私部真蔵、山陰道では、丹羽国船井郡船井里の私部継人・私部智国、但馬国では気多郡余部郷の人として私部酒主・私部意嶋・右大舎人少初位上私部得麻呂、因幡国では、高草郡高庭庄の人とみられる私部足国や、私部黒人・私部大富・私部弘道・私部知丸らがおり、出雲国では私部大嶋・私部諸石ら、山陽道では、播磨国に私部弓取・私部弓束、備中国では私部黒麻呂・私部首身売らがいた。このほか、天平宝字五年（七六一）九月の「光覚願経」の知識には、私部黒奈倍・私部米刀自・私部守刀自・私部飯虫・私部稲麻呂がおり、掃部寺造御塔所に知識優婆塞として奉仕した人に私部長麻呂がいた。（佐久間）

吉志　きし　吉志の氏名は、吉士・吉師とも書き、古代朝鮮における首長を意味する語に由来する。新羅では、官位十七等の第十四位に当たる。吉志の一族には、外交事務に関与するものが圧倒的に多く、『日本書紀』敏達天皇四年（五七五）四月庚寅条によれば、吉士金子を新羅へ、吉士木蓮子を任那に、吉士訳語彦を百済へ派遣し、崇峻天皇四年（五九一）十一月には吉士金が新羅へ、吉士木蓮子を再び任那に遣わしている。また推古天皇五年（五九七）十一月には、吉士磐金も新羅へ派遣されている。推古天皇十六年九月になると、吉士雄成を遣隋小使とし、舒明天皇五年（六三三）正月には、吉士雄摩呂・黒麻呂が唐使高表仁らの送使となり、白雉四年（六五三）五月には、吉士長丹が遣唐大使、吉士駒が遣唐副使になっている。天智天皇四年（六六五）是歳条にも、唐に派遣された吉士岐弥・吉士針間の名がみえ、天智天皇七年十一月には、吉士小鮪が新羅へ出かけている。このようにみてくると、吉志（士）氏は渡来系の一族と考えられるが、『新撰姓氏録』では摂津国皇別に分類され、「難波忌寸同祖。大彦命之後也」とある。なお、吉士磐金や吉士雄成らが、難波吉士磐金や難波吉士雄成とも書かれ、磐金は草壁吉士の姓でも呼ばれたりしているが、これは、河内国皇別にみられる難波忌寸や日下連と同族であることを示すものである。吉志（士）氏の本拠は、摂津国嶋下郡吉志部村（大阪府吹田市岸部町）とされている。（佐久間）

岸田　きしだ　『新撰姓氏録』右京皇別上によれば、「岸田朝臣。武内宿禰五世孫稲目宿禰之後也。男小祚臣孫耳高。家二居岸田村一。因負二岸田臣号一。日本紀合」とある。ここにいう岸田村は、おそらくは大和国山辺郡岸田（奈良県天理市朝和町）を指すのであろう。岸田朝臣の旧姓は臣、『日本書紀』天武天皇十三年（六八四）十一月戊申朔条によれば、「岸田臣……、賜レ姓曰二朝臣一」とある。この一族には、臣姓時代の人としては、『日本書紀』大化二年（六四六）三月条にみえる涯田臣（欠名）、播磨国司となった岸田臣麻呂（『日本書紀』天智天皇即位前紀）がおり、朝臣を賜わってからの人には、駿河国史生となり、天平宝字八年（七六四）十月には恵美押勝追討の功により従五位下に叙せられた岸田朝臣継手、『文徳実録』天安元年（八五七）八月辛未条に摂津国人とある岸田朝臣全継らがいる。〔佐久間〕

鬼室　きしつ　もと百済王の姻族で、百済滅亡に伴って渡来した氏族。鬼室は百済の姓で、のちに百済公（君）の氏姓を賜わったことが『新撰姓氏録』右京諸蕃下に「百済公。因二鬼神感和之義一命レ氏謂二鬼室一。廃帝天平宝字三年。改賜二百済公姓一」とあるところから知られる。ただし八世紀初頭の慶雲年間に百済君倭麻呂という人物が存在するので、賜姓の時期はこれ以前である。鬼室氏の一族には『日本書紀』斉明天皇六年（六六〇）九月癸卯条などにみえる鬼室福信、天智天皇四年（六六五）二月是月条などにみえる鬼室集斯、天智天皇十年正月是月条にみえる鬼室集信らがいる。このうち集斯は百済復興軍の将軍だった福信（百済の武王の従子）の子とみられ、小錦下で近江朝の学職頭を努めた。また百済の遺民七百余人とともに近江国蒲生郡に遷居したとあり、現在の滋賀県蒲生郡日野町の鬼室神社には朱鳥三年（六八八）銘をもつ集斯墓碑がある（鎌倉期ころの作か）。

【参考文献】胡口靖夫「鬼室集斯墓碑をめぐって」（横田健一編『日本書紀研究』第一一冊所収）、佐伯有清『新撰姓氏録の研究』考証篇第五　〔星野良史〕

城篠　きしの　百済系渡来氏族。氏名の由来については未詳。姓は連。旧姓は支母末（きもまつ）で、『続日本紀』天平神護二年（七六六）三月壬申条に右京の人大初位上支母末吉足ら五人が城篠連の氏姓を賜わったことがみえる。『新撰姓氏録』右京諸蕃下に「城篠連。出レ自二百済国人達率支母末恵遠一也」とある。この文中にみえる達率（百済の官位十六階の第二位）支母末恵遠とは、おそらく百済滅亡の際に日本に亡命した百済人の一人であろう。〔星野良史〕

吉田　きちだ　孝昭天皇の子孫である彦国葺命の後裔氏族。本姓は吉で、のちに吉田に改める。『新撰姓氏録』左京皇別下の吉田連には、彦国葺命の孫の塩垂津彦命が百済の己汶に遣わされ、その地で宰を吉と称していたことから、子孫の姓を吉氏としたとある。そして神亀元年（七二四）に平城京の田村里にいたことにより吉田連を賜姓され、弘仁二年（八一一）に宿禰の姓を賜わったとされている。『続日本紀』神亀元年五月辛未条に吉宜と吉智首が吉田連と改賜姓したこと、『日本後紀』弘仁二年九月乙未条に右京人吉田連宮麻呂らが宿禰の姓を賜わったことがみえる。また『続日本後紀』承和四年（八三七）六月己未条には、右京人左京亮吉田宿禰書主・越中介同姓高世らが興世朝臣と改賜姓されたが、始祖は塩垂津でその子孫の吉大尚・少尚らが百済から帰国し、医術を伝えかつ文芸にも通じていたことが記されている。吉姓の者には、学士で小山下となった吉大尚（『日本書紀』天智天皇十年〈六七一〉正月是月条）、文武天皇四年（七〇〇）八月にその芸を用いるために僧恵俊から還俗して吉宜となり、吉田連と改姓したのち天平五年（七三三）十二月に図書頭、同十年（七三八）閏七月に典薬頭に任ぜられ、詩をよくした（『懐風藻』）吉田宜がいる。吉田連には、宝亀二年（七七一）閏三月に内薬正に任ぜられ、伊勢介・相模介などを兼任した吉田連斐太麻呂、宜の子で宝亀九年（七七八）二月に内薬佑兼豊前介、延暦三年（七八四）四月に内薬正に任ぜられた吉田連古麻呂らがいる。医術に優れ、また文芸をよくした者が多い。〔前沢〕

木津　きつ　木津の氏名は、近江国高島郡木津郷（滋賀県高島郡新旭町木津一帯）の地名にもとづく。『新撰姓氏録』左京諸蕃上には、「木津忌寸。後漢霊帝三世孫阿智使主之後也」と記す。また、『続日本紀』延暦元年（七八二）十一月丁未条には、「式部史生正八位下倭漢忌寸木津吉人等八人言、吉人等、是阿智使主之後也、是以蒙二賜忌寸之姓一、可レ注二倭漢木津忌寸一、而誤記二倭漢忌寸木津一、姓字繁多、唱導不レ穏、望請、除二倭漢二字一、為二木津忌寸一、許レ之」と、木津忌寸を賜わった由来を記す。木津忌寸氏の一族の名は、この記事のほかにはみえない。『天台座主記』に、第十八権律師良源が、近江国浅井郡岳本郷人木津氏とあるのは、これと関係があるのかもしれない。〔佐久間〕

衣縫　きぬぬい　衣服の縫製を職掌とした衣縫部の伴造、またはその部民の後裔氏族。姓は造。一部は大宝三年（七〇三）二月に連を賜わった。『新撰姓氏録』には左京神別上に「衣縫造。石上同祖」、和泉国神別に「衣縫。同レ上（饒速日命六世孫伊香我色雄命之後也）」という物部氏系の衣縫造・衣縫氏がみえ、また和泉国諸蕃に「衣縫。出レ自二百済国神露命一也」と伝えるように渡来系の氏族もあった。さらに史料には飛鳥衣縫造・伊勢衣縫・蚊屋衣縫・来目衣縫・呉衣縫といった地名を複姓の上半部とする衣縫氏や、大蔵衣縫造・内蔵衣縫造のように所属する官司名を上半部にもつ衣縫氏の存在もみえており、衣縫氏やその複姓氏族にあっては衣縫の氏名を等しくすることが必ずしも同族を意味しなかったと考えられる。なお、物部氏系の衣縫造氏の本拠地とみられる大阪府藤井寺市大字惣社小字衣縫には飛鳥時代前期創建の衣縫廃寺が存在し、同氏との関連が推測される。

【参考文献】 直木孝次郎「複姓の研究」（『日本古代国家の構造』所収）、藤井利章「河内国府と衣縫廃寺」（『龍谷史壇』八五）　〔星野良史〕

紀辛梶　きのからかじ　建内宿禰の後裔と伝える紀臣（朝臣）氏の同族。氏名の紀辛梶は紀韓鍛冶の意で、紀臣氏の一族が韓鍛冶部の伴造となったことにもとづく。姓は臣。『新撰姓氏録』和泉国皇別に「紀辛梶臣。建内宿禰男紀角宿禰之後也」とあり、『紀氏家牒』には紀大磐宿禰の子、辛梶（紀辛梶）宿禰という人名がみえている。『続日本紀』神護景雲二年（七六八）二月癸卯条に讃岐国寒川郡人外正八位下韓鉄師毗登毛人・韓鉄師部牛養ら百二十七人が坂本臣（紀氏の同族）の氏姓を賜わったとあり、彼らは紀辛梶臣氏の同族であったと考えられる。紀臣氏は朝鮮経略に積極的に関与し、朝鮮から多くの鍛工を率いて帰り、その本拠地や勢力圏に配置したのであろう。　〔星野良史〕

【参考文献】 岸俊男「紀氏に関する一試考」（『日本古代政治史研究』所収）

紀祝　きのはふり　紀氏の同族で、紀氏の神社を奉斎した氏族。『新撰姓氏録』河内国神別に「紀祝。建内宿禰男。紀角宿禰之後也」とある。大和国平群郡の「平群坐紀氏神社」の祝を世襲したのであろう。氏人はみえないが、この神社のことは『類聚国史』常祀、天長元年（八二四）八月丁酉条に「依二従三位右衛門督兼播磨権守紀朝臣百継。従四位上行越前加賀守紀朝臣末成等奏一。紀氏神□幣例」とある。　〔高嶋〕

城原　きはら　神魂命の後裔と称する氏族。氏名の城原は本貫地と考えられる河内国にあった地名にもとづくものか。『新撰姓氏録』河内国神別に「城原。同神（神魂命）五世孫大広目命之後也」とある。連の姓を有する城原氏の人に、延暦十九年（八〇〇）六月二十一日付「山城国紀伊郡司解案」にみえる河内国志紀郡井於郷戸主正六位上城原連三仲、弘仁三年（八一二）十一月二十九日「大和国添下郡京北三条班田図」にみえる城原連（名欠）、『類聚国史』巻九十九（叙位）弘仁十四年十一月庚午条にみえる城原連継直（正六位上より外従五位下に昇叙）らがいるので、前記の『新撰姓氏録』の「城原」は「連」字を落としたものであるかもしれない。　〔星野良史〕

吉備　きび　のちの備前・備中国南部（現在の岡山県南部）を本拠とした豪族。姓は臣。上道臣・下道臣・香屋臣・三野臣・笠臣・苑臣などの吉備系諸氏族の総称とみる説と、本来単一の氏族であった吉備臣氏が、のちに諸氏に分かれたとする説とがある。ただし後説においても、吉備氏の実態は岡山平野の各地域を本拠とした首長らの連合体とみられている。吉備氏の系譜は、『日本書紀』孝霊天皇二年条には孝霊の皇子の稚武彦命を吉備臣の始祖とするが、『古事記』孝霊天皇段では孝霊の皇子の比古伊佐勢理毗古命（亦名、大吉備津日子命）を吉備上道臣の祖、異母弟の若日子建吉備津日子命（『日本書紀』の稚武彦命）を吉備下道臣・笠臣の祖とする。また『古事記』景行天皇段には、倭建命の蝦夷討伐に随行した御鉏友耳建日子を吉備臣らの祖とする伝えもみえる。さらに『日本書紀』応神天皇二十二年条には、吉備臣の祖の御友別の兄弟子孫を、吉備国を割いた五県に封じたとする伝えを載せ、御友別の長子の稲速別を下道臣の始祖、次の仲彦を上道臣・香屋臣の始祖、次の弟彦を三野臣の始祖、御友別の弟の鴨別を笠臣の始祖、兄の浦凝別（うらこりわけ）を苑臣の始祖とする。『古事記』『日本書紀』には、吉備氏関係者による国内平定・対朝鮮外交における活躍や、一族の女性と天皇・皇子との婚姻伝承が多く伝えられており、臣という中央の有力豪族に多い姓を称することとあわせて、吉備一族は早くから中央にも勢力を有し、朝廷と深い関係を持ったことが推定される。一方、朝廷に対する反乱伝承も『日本書紀』に三種記載されており、雄略天皇七年八月条には吉備下道臣前津屋（或本に国造吉備臣山）が天皇への不敬によって誅されたとあり、同是歳条には天皇に妻の稚媛を奪われた吉備上道臣田狭が、その子の弟君とともに朝鮮半島にて反逆したとあり、清寧天皇即位前紀には稚媛と雄略との間に生まれた星川皇子が、反乱を起こして討たれたとある。これらの伝承はそのまま史実とはみられないが、吉備一族の強大さと朝廷に対する独立性の高さを示すものといわれる。しかしこうした反乱の鎮圧と、吉備地方への部民の設置、さらに『日本書紀』欽明天皇条にみえる白猪屯倉・児嶋屯倉の設置などを通して、次第にその独立性も失われていったと考えられる。また吉備氏の部民である吉備部は、出雲国などに分布する。なお、『新撰姓氏録』左京皇別上に載る吉備朝臣は、下道臣の後裔の下道朝臣が改姓した氏族であり、同右京皇別下に載る吉備臣は、岡田毗登が改姓した氏族と考えられる。吉備地方は畿内と北九州を結ぶ瀬戸内海航路の要衝に位置し、鉄と塩の産地として知られ、こうした条件のもとに、この地にはすでに弥生時代の後期から大型の墳丘墓が築造されはじめる。古墳時代中期には造山古墳（岡山市新庄下）・作山古墳（総社市三須）・両宮山古墳（赤磐郡山陽町和田）など、同時期の畿内の巨大古墳に匹敵する規模の前方後円墳が営まれ、後期に入っても箭田大塚古墳（吉備郡真備町箭田）・こうもり塚古墳（総社市上林）・牟佐大塚古墳（岡山市牟佐）などの巨石墳が営まれている。これらは吉備氏一族の墳墓と推定されるが、その規模からも一族の強大さを窺うことができる。なお岡山市吉備津の吉備津神社（『延喜式』神名帳には吉備津彦神社）、同一宮の吉備津彦神社は、大吉備津日子命を祭神としている。

【参考文献】　藤井駿『吉備地方史の研究』、岩本次郎「古代吉備氏に関する一考察—特に記紀系譜形成過程を中心として—」（『ヒストリア』二六）、志田諄一『古代氏族の性格と伝承』、吉田晶「吉備地方における国造制の成立」（『日本古代国家成立史論』所収）、西川宏『吉備の国』、山陽新聞社編『古代吉備国論争』上・下、近藤義郎編『岡山県の考古学』、直木孝次郎「吉備氏と古代国家」（『古代日本の豪族』所収）　〔篠川〕

黄文　きぶみ　黄文の氏名は黄書とも書き、その名の由来は、『日本書紀』推古天皇十二年（六〇四）九月是月条に、「始定二黄書画師山背画師一」とある黄書画師の伴造氏族であったことに始まる。黄文の語義は、黄文が黄蘗で経巻を染めることから仏経をいい、当然黄文氏は、仏教経巻の製作に従事してきたものと思われる。いま、『新撰姓氏録』山城国諸蕃によると、「黄文連。出レ自二高麗国人久斯祁王一也」とある。黄文連の旧姓は造であったが、天武天皇十二年（六八三）九月に連の姓を賜わった。この一族には、造姓時代の人として黄書造本実・黄書造大伴らがいる。本実については、『日本書紀』天智天皇十年（六七一）三月庚子条に水臬を献じたとあり、持統天皇八年（六九四）三月には鋳銭司、『続日本紀』大宝二年（七〇二）十二月乙卯条によれば作殯宮司、慶雲四年（七〇七）六月壬午条には、文武天皇崩御に当たり「供二奉殯宮事一」とあり、同年十月には御装司となっている。また、薬師寺の仏足石図を将来したという。さらに本実を、高松塚古墳壁画を描いた人物に擬する説がある。大伴は壬申の乱の功臣であった。連の姓になってからの人には、『大宝律令』の撰定に参加し、『懐風藻』にその作品を残す黄文連備や大伴の子黄文連粳麻呂ら、また、画工司に関係する山背国久世郡久世郷の黄文連黒人・黄文連乙麻呂・黄文川主ら、さらに、肥前守に任ぜられた黄文連水分、佐渡守となった黄文連牟禰らの名もみることができる。　〔佐久間〕

紀部　きべ　紀氏の同系氏族の一つで、紀角宿禰を祖と伝える。紀部の氏名は紀氏の部民であったことにもとづく。『新撰姓氏録』河内国皇別に「紀部。建内宿禰男都野宿禰命之後也」とみえる。都野宿禰は紀角宿禰に同じ。河内国の紀部氏の一族には、宝亀二年（七七一）三月三十日付の「経師労劇帳」に「散位従六位下紀部千虫〈年五十六、河内国志紀郡人〉」とみえる紀部千虫がいる。また、紀部氏は山背国にも分布し、天平五年（七三三）ころの「山背国愛宕郡計帳」に紀部秋庭売の名がみえる。（篠川）

吉弥侯部　きみこべ　　君子部・吉美侯部・公子部にも作る。上毛野朝臣と同祖で奈良君の後と伝える。東北地方から関東地方南部に分布した部民。君子部は賜姓の際、上（下）毛野某公となることが多いため、毛野氏の部曲か子代部の一種かの説で対立していたが、近年では天皇・皇族の側近にあって雑役に従事する品部、あるいは天皇の経済基盤に重点をおいて設定された部とする説が出されている。君子部の初見は、今のところ持統天皇九年（六九五）と考えられる静岡県伊場遺跡出土の木簡にみえる「君子部（欠名）」である。君子部はのち、『続日本紀』天平宝字元年（七五七）三月乙亥条にみえるように、吉美侯部に改められている。これは天皇の「君」を避けたものであるように、君子部という呼称じたい天皇を意識してつけられたと考えられ、天皇に係わる部民とみるべきであり、「君の子」として一部は中央で天皇に人格的に隷属し、残りの者が東国において蝦夷に対する天皇の楯として設定された軍事的な部とみることもできる。吉弥侯部姓のうち「俘囚吉弥侯部某」と称する者がいるが、これは八世紀以降律令国家に服属した蝦夷に対して、内民化するまで俘囚を冠して吉弥侯部を賜わったとみられる。彼らは『続日本紀』神亀二年（七二五）閏正月己丑条に「陸奥国俘囚百卌四人配二于伊予国一。五百七十八人配二于筑紫一。十五人配二于和泉監一」とあるのを初見として全国各地に移配されたが、『類聚三代格』延暦十七年（七九八）四月十六日付官符には「件俘囚等。恒存二旧俗一。未レ改二野心一。狩漁為レ業。不レ知二養蚕一。加以居住不レ定。浮遊如レ雲。至レ徴二調庸一。逃二散山野一」とあるように、政府の内民化政策に抵抗する者もあった。しかし九世紀になると、『類聚国史』巻百九十、天長五年（八二八）閏三月乙未条にみえる豊前国俘囚吉弥侯部衣良由・豊後国俘囚吉弥侯部良佐閇や同じく七月丙申条にみえる肥前国人白丁吉弥侯部奥家のように政府に代わって窮民を資けたり、土木工事を行なう有力者が現われ、内民化が進んだことが知られる。

【参考文献】太田亮『姓氏家系大辞典』、栗田寛『新撰姓氏録考証』、大塚徳郎『平安初期政治史研究』、同『みちのくの古代史』、佐伯有清『新撰姓氏録の研究』考証篇第二、平川南「俘囚と夷俘」（『日本古代の政治と文化』所収）、関口明『蝦夷と古代国家』　（関口）

清井　きよい　姓は宿禰、また無姓。宿禰姓の清井氏は『姓名録抄』にみえ、無姓の清井氏には、清井冬行がおり、『三代実録』貞観十六年六月五日辛酉条に「右近衛清井冬行。病後狂発。騎レ馬馳入二郁芳門一」とみえる。　（外池）

清内　きようち　凡河内忌寸氏の後裔氏族の一つ。姓は宿禰。天長十年（八三三）二月に摂津国の人凡河内忌寸紀主、その兄凡河内忌寸紀麻呂、弟凡河内忌寸福長ら三人が清内宿禰の氏姓を賜わったのに始まる。また、一族の清内宿禰雄行の卒伝（『三代実録』元慶七年六月十日条）は、雄行を河内国志紀郡の人としている。清内宿禰御国は天長二年（八二五）ころより承和二年（八三五）以前まで、前掲の雄行は貞観六年（八六四）から同十一年まで、それぞれ音博士であった。

【参考文献】桃裕行『上代学制の研究』　（外池）

清海　きようみ　宿禰・忌寸・造・真人姓の清海氏がいた。清海の氏名は美称によるものと考えられる。宿禰姓の清海氏は、唐人沈惟岳の後裔氏族。旧姓は沈。沈惟岳は『続日本紀』天平宝字五年（七六一）八月甲子条に藤原河清を迎える使の高元度らの帰朝に際し、送使として日本に渡来し、大宰府において饗され、また帰国に及んで風波の便なく唐国も荒乱して帰国しがたく大宰府に安置供給されたとある。宝亀十一年（七八〇）十二月に清海宿禰姓を賜わり、左京に編附された。『新撰姓氏録』左京諸蕃上に「清海宿禰。出レ自二唐人従五位下沈惟岳一也」とみえる。忌寸姓の清海氏は唐人沈庭勗の後裔氏族。旧姓は沈。沈庭勗が清海忌寸姓を賜わった年次については未詳だが、先述の沈惟岳が清海宿禰姓を賜わったときと同じか、それほど隔たらぬ時期に賜姓されたことが考えられる。沈庭勗も沈惟岳とともに日本に渡来した一人で、『新撰姓氏録』左京諸蕃上には「清海忌寸。唐人正六位上〈本賜緑〉沈庭勗入朝焉。沈惟岳同時也」とみえる。造姓の清海氏は百済系の渡来氏族。旧姓は斯臈。『続日本紀』天平宝字五年（七六一）三月庚子条に「百済人余民善女等四人賜二姓百済公一。……斯臈国足等二人清海造」とあり、同書宝亀十一年（七八〇）五月甲戌条に「左京人従六位上斯臈行麻呂賜二姓清海造一」とあるように、百済人の斯臈国足・斯臈行麻呂らが清海造を賜わった。真人姓の清海氏は『日本後紀』延暦二十四年（八〇五）二月乙卯条に「左京人多王。登美王等十七人賜二姓三園真人一。……駿河王。広益王等十六人清海真人」とあるように皇別系の氏族であった。清海真人氏の一族に律師隆海がいる。『三代実録』仁和二年（八八六）七月二十二日己亥条にみえる律師法橋上人位隆海の卒伝に「俗姓清海真人氏。左京人也。生二於摂津国一。家在二河上一。漁捕為レ業。隆海年甫数歳。従二漁父一出遊二水上一。当国講師薬円見而異レ之。共載而帰。久之。薬円付二属律師願暁一。令レ受二三論宗義一」云々とある。ほかに『政事要略』八十一、延喜二十一年（九二一）七月四日付の「左衛門府勘申」に清海吉則の名がみえるが、いずれの清海氏か不明。

【参考文献】佐伯有清『新撰姓氏録の研究』考証篇第四　〔荻〕

清江　きよえ　姓は宿禰。台忌寸氏の同族。清江宿禰氏は、九世紀前半に平安左京・右京の人としてみえるが、清江宿禰貞成は台忌寸家継の戸口であって、清江宿禰氏が台忌寸氏の同族であったことが知られる。また、嘉祥二年（八四九）八月には右京の人台忌寸善氏が清江宿禰の氏姓を賜わっているが、台氏はその後も続いている。〔外池〕

浄岡　きよおか　清岳・清岡にも作る。姓は連、また真人。連姓の浄岡氏としては『続日本紀』の天平宝字～宝亀年間に浄（清）岡連広嶋がみえる。また延暦十八年（七九九）十二月には、信濃国の人で高句麗からの渡来系氏族の下部文代らが、清岡の氏を賜わっている。さらに皇別の真人姓の清岳氏があり、延暦二十四年（八〇五）二月に坂野王・石野王ら十六人が清岳真人の氏姓を賜わっている。〔外池〕

浄上　きよかみ　清上にも作る。百済よりの渡来系氏族とみられる壹難氏の後裔氏族。姓は連。天平神護二年（七六六）十月に、左京の人壹難乙麻呂が浄上連の氏姓を賜わったのに始まる。〔外池〕

清川　きよかわ　清河にも作る。唐からの渡来系氏族の一つ。姓は忌寸。氏名は美称にもとづく。旧氏名は盧。天平宝字五年（七六一）に来日した盧如津が、延暦五年（七八六）八月に清川忌寸の氏姓を賜わったのに始まる。延暦年間に清川忌寸是麻呂の名がみえるが、これは盧如津と同一人物と思われる。『新撰姓氏録』左京諸蕃上に清川忌寸の本系を載せ、「唐人正六位上〈本賜緑。〉盧如津入朝焉。沈惟岳同時也」とある。〔外池〕

清科　きよしな　姓は朝臣。『続日本後紀』承和四年（八三七）十月乙卯条に正六位上清科朝臣弟主が従五位下に昇ったことがみえ、同七年正月乙酉条に无位清科朝臣殿子が従五位下を授けられたことがみえる。その他、氏人に普子・全棟・良行らの名前が『三代実録』に散見する。〔外池〕

清篠　きよしの　百済からの渡来系氏族の一つ。姓は連。天平宝字五年（七六一）三月に、百済の人甘良東人ら三人が清篠連の氏姓を賜わったのに始まる。〔外池〕

清住　きよずみ　新羅からの渡来系氏族の一つ。姓は造。天平宝字五年（七六一）三月に新羅の人新良木舎姓県麻呂ら七人が、また同七年八月にはやはり新羅の人新良木舎姓前麻呂ら六人が、それぞれ清住造の氏姓を賜わっている。〔外池〕

清滝　きよたき　朝臣姓の清滝氏と真人姓の清滝氏とがある。朝臣姓の清滝氏は、延暦十八年（七九九）三月に上野王が清滝朝臣の氏姓を賜わったのに始まる。また真人姓の清滝氏は、承和九年（八四二）六月に、天武天皇皇子忍壁（刑部）親王の六世の孫で右京の人保雄王の子である長宗王・広宗王・高枝王ら十人が清滝真人の氏姓を賜わったのに始まり、さらに翌承和十年六月には、右京の人令根王の子の、安継王・清淵王・易野女王、そして永根王の子の、良長王・良雄王・良氏王・滝子女王ら七人が清滝真人の氏姓を賜わっているが、いずれも同じく忍壁親王の後裔である。また、『朝野群載』（巻二十二「諸国雑事上」）の天暦六年（九五二）十一月九日の太政官符には出雲国の押領使として清滝静平がみえるが、この清滝氏一族の後裔と思われる。〔外池〕

清友　きよとも　姓は宿禰。清友宿禰の氏姓を賜わった年月は不詳ながら、承和二年（八三五）正月に左京の人清友宿禰真岡・同姓魚引らが笠品宿禰の氏姓を賜わっている。これは、真岡・魚引らの願いによるものではなく、太政大臣を追贈された橘清友の名を避けるためであった。〔外池〕

清額　きよぬか　浄額にも作る。姓は真人。延暦二十四年（八〇五）二月に貞原王・真貞王が浄額真人の氏姓を賜わったのに始まる。〔外池〕

清根　きよね　姓は忌寸、また宿禰。忌寸姓の清根氏としては清根忌寸松山が『日本後紀』延暦十八年（七九九）正月二十九日条にみえる。また、承和元年（八三四）には阿直史福・同姓核公らが清根宿禰の氏姓を賜わっているが、核公の先は百済の人という。〔外池〕

浄野　きよの　清野にも作る。渡来系氏族文氏の後裔氏族。姓は宿禰・朝臣。文忌寸最弟は延暦十年（七九一）四月から同十六年二月までの間に浄野宿禰の氏姓を賜わっている。また、浄野宿禰夏嗣が弘仁六年（八一五）七月から天長四年（八二七）までの間に朝臣姓に改姓されている。さらに、承和元年（八三四）五月には百済の人文忌寸歳主・三雄らが浄野宿禰の氏姓を賜わっている。一族の人浄野朝臣宮雄は大学寮の助教であった。

【参考文献】井上光貞「王仁の後裔氏族と其の仏教―上代仏教と帰化人の関係に就ての一考察―」（『史学雑誌』五四―九）〔外池〕

清原　きよはら　「キヨワラ」とも読み、浄原にも作る。清原の氏名は、清原連氏から出た乳母の氏名によるものか、あるいは飛鳥浄御原宮の地名にもとづくものかと思われる。高句麗から渡来した系統の人物と思われる高禄徳が、神亀元年（七二四）五月に清原連の氏姓を賜わっているのが清原を氏名とする者の初めである。真人姓の清原氏は大原真人都麻呂が天平宝字八年（七六四）十月に浄原真人浄貞の氏姓名を賜わったのに始まるが、その浄貞は宝亀三年（七七二）四月に大原真人に復姓している。その後、天武天皇皇子舎人親王系の清原氏が出るが、同親王の後裔の長谷王らは延暦十七年（七九八）に清原真人の氏姓を賜い、延暦二十三年（八〇四）六月には、小倉王は自らの子（のちの清原真人夏野）らに清原真人の氏姓を賜わることを願って、許されている。その後九世紀後半に至るまで、舎人親王系の清原真人氏は多く現われている。『新撰姓氏録』左京皇別に「清原真人。桑田真人同祖。百済親王之後也」とあるのは、舎人親王系の清原真人氏のことではなく、おそらく延暦年間に桑田真人氏に近い血縁の王族が清原真人の氏姓を賜わっていたものと思われる。舎人親王系の清原真人氏の一族清原夏野（七八二～八三七）は、『日本後紀』の撰修、『令義解』の奏撰、『内裏式』の改修に携わり、また詩文を愛した。さらに、東北地方の在地豪族にも清原氏がある。姓は真人。本拠地は出羽国山北（秋田県雄勝・平鹿・仙北郡）で、帰降した蝦夷の俘囚長を代々務めている。前九年の役で活躍した清原武則や、その子孫の武衡・真衡・家衡、のちに平泉藤原氏を称した清衡らは著名。〔外池〕

清春　きよはる　天武天皇皇子儀城親王の後裔氏族。姓は真人。氏名は美称によるものであろう。『三代実録』貞観四年（八六二）五月条、および同七年六月条に、儀城親王の後裔の坂井王が清春真人の氏姓を賜わったことを載せている。〔外池〕

清水　きよみず　任那よりの渡来系氏族。姓は首・連。氏名はのちの近江国犬上郡清水郷（滋賀県彦根市青波付近）の地名にもとづくものか、あるいは美称によるものか未詳。『新撰姓氏録』左京諸蕃下に「清水首。出ㇾ自㆓任那国人都怒何阿羅志止㆒也」とある。また連姓の清水氏もあり、一族に清水連国の名が宝亀五年（七七四）五月十日付「大和国添下郡京北三条班田図」にみえるが、首姓の清水氏との関係は不詳。〔外池〕

清道　きよみち　百済よりの渡来系氏族。姓は造、のちに連。氏名は美称にもとづくものと思われる。造から連に改姓されたのは延暦十年（七九一）十二月で、清道造岡麻呂らが連の姓を賜わっている。『新撰姓氏録』右京諸蕃下に「清道連。出ㇾ自㆓百済国人思率納比旦止㆒也」とある。延暦十三年（七九四）四月二十五日付「太政官牒」によって清道連岡麻呂が内薬侍医であったことが知られる。〔外池〕

清峯　きよみね　清岑にも作る。竹田臣の後裔氏族。姓は宿禰、のちに朝臣。清峯の氏名は美称にもとづくものと思われる。弘仁四年（八一三）正月に竹田臣門継ら六人が清岑宿禰の氏姓を賜わったのに始まる。承和三年（八三六）閏五月に門継は朝臣の姓を賜わり、さらに天安元年（八五七）六月には竹田臣田継が清岑朝臣の氏姓を賜わっている。〔外池〕

清宗　きよむね　唐からの渡来系氏族。姓は宿禰。旧氏名は李。清宗の氏名は美称にもとづくものと思われる。李元環は天平宝字五年（七六一）十二月に忌寸の姓を賜わっているが、その後この一族が清宗宿禰の氏姓を賜わったのであろう。清宗宿禰賜姓の年代は、延暦十一年（七九二）以降の延暦年間のことと思われる。『新撰姓氏録』左京諸蕃上に「清宗宿禰。唐人正五位下李元環之後也」とある。〔外池〕

浄村　きよむら　清村にも作る。唐よりの渡来系氏族。姓は宿禰。旧氏名は袁。浄村の氏名はどこの地名にもとづくのか、あるいは美称によるものか不明。『新撰姓氏録』左京諸蕃上に「浄村宿禰。出ㇾ自㆓陳袁濤塗㆒也」（陳は南朝の一国、五五七〜五八九）とある。天平七年（七三五）に帰国した遣唐使とともに来日した袁晋卿が、宝亀九年（七七八）十二月に清村宿禰の氏姓を賜わったのに始まる。延暦二十四年（八〇五）十一月に浄村宿禰源は春科宿禰の氏姓を賜わっている。〔外池〕

浄山　きよやま　唐からの渡来系氏族。姓は忌寸。旧氏名は沈。浄山忌寸の氏姓を賜わった年代は、同じく唐人の晏子欽・孟恵芝・張道光・吾税児・盧如津・馬清朝らがそれぞれ忌寸の姓を賜わった延暦三年（七八四）六月から同七年五月にかけてのころと思われる。『新撰姓氏録』右京諸蕃上に「浄山忌寸。出レ自ニ唐人賜緑沈清朝一也」とある。〔外池〕

く

久々智　くくち　鞠智にも作る。大彦命の後裔と伝える阿倍氏の同族。氏名はのちの摂津国河辺郡久々知（兵庫県尼崎市久々知）の地名にもとづく。『新撰姓氏録』摂津国皇別に「久々智。同レ上（阿倍朝臣同祖。大彦命之後也）」とみえ、一族には天平勝宝元年（七四九）ころの人で平城右京四条四坊の戸主であった鞠智足人がいる。〔星野良史〕

日下　くさか　大彦命の後裔と称する阿閉朝臣氏の同族。氏名は『日本書紀』神武即位前紀にみえる「河内国草香邑」（大阪府東大阪市日下町）の地名にもとづく。姓は連。『新撰姓氏録』河内国皇別に「日下連。阿閉朝臣同祖。大彦命男紐結命之後也。日本紀漏」とみえる。『続日本紀』天平神護元年（七六五）正月戊戌条ほかに草鹿酒人宿禰水女（従六位下より外従五位下・従五位下を経て従五位上に昇る。勲六等）という人がみえ、日下連氏はこの草鹿酒人を管掌した氏族と考えられる。〔星野良史〕

日下部　くさかべ　雄略天皇の皇后若日下部王の名代、およびその伴造。草壁・草香部にも作る。『古事記』仁徳天皇段に大日下王、若日下部王の御名代として大日下部、若日下部を定めたとあるが、大日下部という部は実在した形跡がなく、若日下部も平城宮跡や伊場遺跡出土の木簡にみえるにすぎない。大日下部・若日下部の総称が日下部であるとする説、日下部から大日下部と若日下部が分かれたとする説がある。一方日下部は陸奥から日向まで広く分布し、日下部に因む郷名は『和名抄』に常陸から肥後まで十七カ国に存在する。日下部の中央における総領的伴造は開化天皇の皇子彦坐命（ひこいますのみこと）の後裔氏族の一つで、彦坐命の子狭穂彦王を始祖とする日下部連（天武天皇十三年〈六八四〉に宿禰）であるが、日下部の伴造はほかにも日下部吉士（渡来系）、日下部首（天日和伎命後裔）、日下部首（彦坐命後裔）、日下部首（系未詳）、日下部直（伊豆国造系）、日下部使主（系未詳）、日下部臣（出雲臣系か）、日下部君（系未詳）、日下部連（系未詳）など諸系統があり、諸国に分布する。日下部は大日下王の名代ではなく、雄略天皇の皇后となった若日下部王のために設定された名代であるとする見解が有力である。ほかに日下部酒人連（系未詳）という氏が山城にあり、大王に貢進する酒を作っていた。『日本書紀』雄略天皇十四年条に難波吉士日香蚊に大草香部吉士を賜姓したとあるが、この記事の信憑性は低い。〔前之園〕

櫛代　くしろ　孝昭天皇の皇子、天足彦国押人命の後裔と伝える氏族。氏名は『和泉志』にみえる同国日根郡櫛代祠の鎮座地（大阪府貝塚市沢）の地名にもとづくものか。姓は造。『新撰姓氏録』和泉国皇別に「櫛代造。同レ上（布留宿禰同祖。天足彦国押人命之後也）」とあり、また『和邇系図』彦武宇志命（大難波宿禰命の弟、彦汝命の子）の尻付に櫛代造の祖とみえる。一族には天平年間に河内国大鳥郡（大鳥郡は天平宝字元年に和泉国となる）日部郷の人であった櫛代造池守がいる。〔星野良史〕

国栖　くず　古代において朝廷から異種族視された吉野国栖の氏族。のちの大和国吉野郡国栖（奈良県吉野郡吉野町大字国栖・南国栖）に土着し、国栖は国に住む者の意か。『新撰姓氏録』大和国神別に「国栖。出レ自二石穂押別神一也。神武天皇行二幸吉野一時。川上有二遊人一。于レ時天皇御覧。即入レ穴。須臾又出遊。竊窺レ之喚問。答曰。石穂押別神子也。爾時詔賜二国栖名一。然後孝徳（仁徳か）天皇御世。始賜レ名人国栖意世古。次号二世古二人一。允恭天皇御世乙未年中七節進二御贄一。仕二奉神態一。至レ今不レ絶」とあり、このうち神武天皇に係わる所伝は『記』『紀』にもみえる。一族には『続日本紀』宝亀元年（七七〇）十一月戊寅条にみえる国栖小国栖（正六位上より外従五位下に昇叙）、『類聚符宣抄』第七の天暦二年（九四八）八月二十日付「太政官符」にみえる国栖別当の国栖茂則・国栖忠宗らがいる。吉野国栖は大嘗祭や諸節会に御贄を献り、国栖奏と呼ばれる歌笛を奏した。〔星野良史〕

葛原部　くずはらべ　名代の一つで、もと藤原部といったが、天平宝字元年（七五七）三月二十七日の「今より以後、藤原部の姓を改めて久須波良部となし」という勅によって久須波良部（葛原部）に改められた。藤原部の名称が、時の孝謙天皇の外戚藤原氏の氏の名をおかすことになるのを避けるためである。ただし藤原部は元来藤原氏と関係はなく、允恭天皇の妃藤原琴節郎女の名代として五世紀半ばころに設定された部である。『新撰姓氏録』和泉皇別に「葛原部。佐代公同祖。豊城入彦命三世孫大御諸別命之後也」とある葛原部は上毛野（かみつけぬ）朝臣の同族である（豊城入彦命は上毛野朝臣の始祖）。藤原琴節郎女は和泉国の茅渟宮に住んだと伝えられているので、当国には和泉皇別の葛原部をはじめ、葛原部が少なくなかったのであろう。そのほか下総国相馬郡櫟邑郷・邑保（おほ）郷や常陸に久須波良部、越前に葛原部があり、『続日本紀』天平神護元年（七六五）正月七日条に久須原部連という氏姓がみえる（出自未詳）。また『和名抄』によると、豊前国宇佐郡に葛原郷があり、この郷には葛原部が集住していたのであろう。なお養老五年（七二一）の戸籍が残る下総国倉麻郡意布（おふ）郷の人名の大多数は藤原部で占められているが、意布郷は久須波良部の分布する前掲の相馬郡邑保郷と同郷であるから、意布郷の藤原部は天平宝字元年三月以降、一斉に久須波良部に改められたことを示している。（前之園）

百済　くだら　百斉とも書く。百済系の渡来氏族。姓には朝臣・公・造・宿禰があり、無姓もある。造姓はのち連姓に転じた。朝臣姓氏族は、『新撰姓氏録』左京諸蕃下に「百済朝臣。出レ自二百済国都慕王卅世孫恵王一也」とある。百済王・余氏の流れで、聖明王の孫・季明（恵王）の後裔。『続日本紀』天平宝字二年（七五八）六月甲辰条に大宰陰陽師・造法華寺司判官の余東人ら四人、また『続日本後紀』承和七年（八四〇）六月丙寅条に備中介余河成ら三人が、百済朝臣の氏姓を賜わったとある。一族は五、六位の官人を輩出したが、なかで百済朝臣足人は陸奥産金のときの陸奥大掾、天平宝字五年に東海道節度副使、藤原仲麻呂の乱のときの授刀督を経て、従四位下右京大夫に昇っている。公姓氏族は、『新撰姓氏録』左京諸蕃下に「百済公。出レ自二百済国都慕王廿四世孫汶淵王一也」、同書右京諸蕃下に「百済公。因二鬼神感和之義一。命レ氏謂二鬼室一。廃帝天平宝字三年。改賜二百済公姓一」、同書和泉国諸蕃に「百済公。出レ自二百済国酒王一也」とあり、祖伝を違える三系がある。どの一族か定かでないが、『続日本紀』天平宝字五年三月庚子条に余民善女らの百済公賜姓、同書宝亀元年（七七〇）十月甲寅条に従五位下百済公永通がみえ、『懐風藻』にも神亀ごろ長屋王宅で百済公和麻呂が詩を詠んだなどとある。造姓の氏族は『日本書紀』天武天皇十二年（六八三）九月丁未条にみえ、百済造から連姓に改められている。連姓の氏人には『正倉院文書』天平十四年十一月十五日類載「優婆塞貢進解」に左京の人百斉連弟人・弟麻呂がみられる。宿禰姓氏族には、もと安宿公氏（百済）と飛鳥戸造氏のものがおり、『万葉集』に歌二首（巻二十―四四七二、四四七三）を載せる安宿公奈杼麻呂は桓武天皇に寵愛され、安世王（良岑朝臣安世）を生んだ百済宿禰永継の父。また

『日本後紀』弘仁三年（八一二）正月辛未条に右京の人飛鳥戸造善宗・河内国人飛鳥戸造名継らに百済宿禰姓を賜わったことがみえる。なお『三代実録』貞観四年（八六二）七月乙未条の賜姓記事で飛鳥戸造弥道は「百済混伎の後」と称し、同書貞観五年十月庚午条の飛鳥戸造清貞らは「百済国人。比有の後」と称している。なおこの族から御春朝臣に改氏姓する者も出た。ほかに無姓氏族がある。なかでは『日本書紀』持統天皇八年（六九四）三月己亥条に近江国益須郡で醴泉をみつけた百済土羅羅女、『続日本紀』養老六年（七二二）二月戊戌条で『養老律令』選定の功で賜田された百済人成などが著名。なお『元亨釈書』によれば、東大寺の良弁も百済氏の出身という。

【参考文献】佐伯有清「古代史の魅力—飛鳥部奈止丸という男—」（『朝日ジャーナル』二一—四〇）〔松尾〕

百済王　くだらのこにきし　百済系の渡来氏族。姓は王。氏族の来歴は『続日本紀』天平神護二年（七六六）六月壬子条の百済王敬福薨伝にみえ、それによると百済国王義慈の後裔とある。舒明天皇のとき、義慈王は、子豊璋・禅広（善光）を人質に遣わした。義慈王が唐国に拉致されたあと豊璋が帰国して王位についたが、天智天皇二年（六六三）唐・新羅軍と戦って敗走し、百済は滅亡した。禅広の一族は帰国できず、持統朝に百済王の名号を賜わったとある。『新撰姓氏録』右京諸蕃にも「百済王。百済国義慈王之後也」とみえる。一族は奈良期から平安期にかけ四、五位あたりの貴族・官人を輩出し、政界に有力な家柄であった。また、たとえば『続日本紀』延暦五年（七八六）七月辛巳条にある菅野朝臣の賜姓でも、百済王仁貞・元信・忠信が、当事者の津連真道（百済国貴須王の後裔）に連署して賜姓を申請しており、百済系渡来氏族の宗家・庇護者の位置を保っていた。一族に高位高官の者は多いが、とくに百済王敬福は陸奥での産金・貢上で名をあげ、検習西海道兵使・南海道節度使・外衛大将を経て従三位刑部卿まで昇った。豪放磊落で聖武天皇に寵愛されたという。また百済王俊哲は征夷副使・陸奥鎮守府将軍などを歴任し、桓武朝の対蝦夷戦に貢献。従四位下になった。その姉明信は藤原継縄の室となって後宮に君臨。尚侍として勤めて従二位。俊哲の娘貴命は嵯峨上皇の女御となって忠良親王を生んだ。本居は河内国交野郡・摂津国百済郡にあり、『西宮記』にも「百済王を以て交野検校となす。其の族多く此に居る」とある。交野郡の百済寺は同氏の氏寺。〔松尾〕

百済伎　くだらのてひと　氏の名は『日本書紀』雄略天皇七年是年条に「百済所ㇾ貢今来才伎」とあるように、百済から渡来した技術者を管掌した伴造であったことに由来する。律令制下では内蔵寮と大蔵省に百済手部が配属されており、靴・履・鞍具の縫製に当たった。『新撰姓氏録』右京諸蕃には「出ㇾ自二百済国都慕王孫徳佐王一也」とあり、高句麗の始祖であり、その子を百済の始祖とする都慕（鄒牟）王の孫の後裔氏族と称する。百済伎氏の一族の人名は史料にみない。（浜田）

国前　くにさき　のちの豊後国国埼郡国前郷（大分県東国東郡国東町）の豪族。国前国造の後裔。姓は臣。『古事記』孝霊天皇段に日子刺肩別命が豊国之国前臣の祖であると伝え、『日本書紀』景行天皇十二年九月戊辰条には国前臣の祖菟名手という人名がみえる（『豊後国風土記』は菟名手を豊国直の祖とする）。『先代旧事本紀』国造本紀に国前国造は「志賀高穴穂朝。吉備臣同祖。吉備都命六世孫午佐自命定二賜国造一」とあって『古事記』の記載と異なるが、吉備臣氏は日子刺肩別命の兄弟とされる大吉備津日子命・若建吉備津日子命の後裔なので、国前臣氏はのちにその系譜を冒称したのであろう。一族には天平九年（七三七）「豊後国正税帳」にみえる同国球珠郡領外正八位下勲九等国前臣竜麿がいる。（星野良史）

国背完人　くにせの ししひと　渡来系氏族。氏名の国背は『日本後紀』弘仁六年六月癸亥条にみえる山城国乙訓郡国背郷（『和名抄』は訓世郷。京都市南区久世）の地名に、完人（宍人）は宮廷において鳥獣肉の調理に当たった官職名にもとづく。『新撰姓氏録』未定雑姓、山城国に「国背完人。秦始皇帝之後也」と伝える。宍人のなかに渡来系の者があったことは『日本書紀』雄略天皇七年是歳条に引く「或本」の吉備臣弟君が百済から宍人部を連れ帰ったという記載からも窺われる。（星野良史）

国中　くになか　百済系渡来氏族。氏名は大和国葛下郡国中村（『和名抄』の同国忍海郡中村郷に相当か。奈良県北葛城郡新庄町大字忍海）の地名にもとづく。姓は連。旧姓は国で、『続日本紀』宝亀五年（七七四）十月己巳条の散位従四位下国中連公麻呂の卒伝によれば、公麻呂の祖父は徳率（百済の官位十六階の第四位）国骨富という百済人で、本国の滅亡に伴って天智天皇二年（六六三）日本に亡命したという。公麻呂（君麻呂）は金光明寺造仏長官・造東大寺司次官として東大寺造営に貢献した人物で、天平宝字二年（七五八）

に居地の国中村に因んで国中連の氏姓を賜わった。

【参考文献】 小林剛「国中連公麻呂」(『日本彫刻作家研究』所収) 〔星野良史〕

国造 くにのみやつこ かつて国造であった氏族が、職名の国造をそのまま姓とした例。『新撰姓氏録』摂津国神別にみえる「国造。天津彦根命男、天戸間見命之後也」は、凡河内国造の後裔であろう。国造を姓とする氏族には国名を省くものと、冠するものとの二種類があるが、前者から後者へ変遷した例に因幡国造がある。宝亀二年(七七一)に高草郡采女であった国造浄成女ら七人は因幡国造姓となり、同五年には同国八上郡の員外少領であった国造宝頭がやはり因幡国造の姓を賜わっている。その他、高草郡采女の出身で、藤原麻呂に嫁し浜成の母となった稲葉国造気豆、高草郡の東大寺領高庭荘墾田長であった国造難磐の名がみえるから、因幡国造の一族には因幡(稲葉)国造―国造という序列があったと想定される。美濃国では、大宝二年(七〇二)の「御野国味蜂間郡春日部里戸籍」「御野国肩県郡肩々里戸籍」には国造・国造族を姓とする人名が多数みえ、『続日本紀』には安八郡の国造千代、片県郡少領の国造雄万などが知られる。これらは美濃国造(三野前国造)の一族であろう。天平六年(七三四)の「尾張国正税帳」に、中嶋郡と推測される断簡に「□帳外大初位勲十二等国造族」とあるのは、かつて尾張国造に隷属していた一族であろう。なお、『日本書紀』白雉元年(六五〇)二月戊寅条に穴門国で白雉を獲得した人物として「国造首之同族贄」の名がみえるが、国造首を姓の一種とみるか、国造を姓として首・贄を名とみるかの二説がある。国名を冠する国造姓も少なくなく、飛騨国大野郡大領の飛騨国造高市麻呂や、その子孫とみられる飛騨国造祖門、明法博士で『令集解』額説の編者とみなされている額田国造今足の名が知られる。天平六年(七三四)の播磨国賀茂郡既多寺の大智度論知識として針間国造国守・荒熊・小君がいるが、小君はまた国造小君とも記されている。これらとは別に、海上国造日奉部直・伊豆国造伊豆直・千葉国造大私部直などの特異な複姓もある。

【参考文献】 野村忠夫「国造姓についての一試論」(『信濃』二四―七)、佐伯有清・高嶋弘志『国造・県主関係史料集』 〔高嶋〕

国覔 くにまぎ 渡来系氏族東漢氏の枝氏。氏名は大和国にあった地名にもとづくとみられるが不詳。姓は忌寸。ほかに連と無姓の氏族があった。忌寸姓の国覔氏については『坂上系図』所引『新撰姓氏録』逸文に、都賀使主の子、兄腹の山木直が陸奥国新田郡の国覔忌寸の祖であり、また中腹の志努直の第二子志多直が国覔忌寸の祖であると伝えている。一族には慶雲四年（七〇七）二月に正六位上から従五位下に昇った国覔忌寸八嶋、神亀二年（七二五）閏正月に征夷の功で勲六等・田二町を賜わった国覔忌寸勝麻呂（陸奥国の人か）らがおり（『続日本紀』）、ほかに天平五年（七三三）「右京計帳」には平城右京八条一坊の戸主国覔忌寸弟麻呂とその戸口の人名がみえる。連姓の国覔氏については『続日本紀』天平神護元年（七六五）正月己亥条にみえる国覔連高足（正六位上より外従五位下に昇叙）がおり、無姓の国覔氏は越前国および紀伊国に分布が知られる。（星野良史）

国見　くにみ　かつて大和国にあった地名にもとづく氏名か。㈠国見真人と㈡国見連とがある。㈠は皇族出自氏族で、一族には『続日本紀』天平十九年（七四七）正月壬辰条にみえる国見真人真城、天平宝字八年（七六四）十月庚午条ほかにみえる国見真人阿曇（安曇）、宝亀九年（七七八）四月辛卯条にみえる国見真人川田らがいる。右の真城はこのとき大宅真人の氏姓を賜わっており、『新撰姓氏録』左京皇別には大宅真人を敏達天皇の皇子難波王の後裔と伝える。また阿曇は藤原仲麻呂追討の功で正六位上より従五位下に位を進められ、のちに越中介となった。㈡は渡来系氏族で、氏名を国看にも作る。『続日本紀』神亀元年（七二四）五月辛未条に、従六位上金宅良・金元吉が国看連の氏姓を賜わったことがみえる。一族の人にはほかに神護景雲元年（七六七）八月癸巳条にみえる天文博士の国見連今虫（正六位上より外従五位下に昇叙）がいる。（星野良史）

久努　くぬ　阿倍臣（朝臣）氏の同族。氏名はのちの駿河国有度郡久努（静岡市久能）の地名にもとづく。姓は初め臣、天武天皇十三年（六八四）十一月に他の阿倍臣氏同族とともに朝臣を賜わったとみられる。一族の久努臣（阿倍久努朝臣）麻呂は天武天皇四年に朝参停止の命を拒んで小錦下の位を剥奪されたが、のちに直広肆に復して天武の殯宮に刑官の事を誄した。また久努朝臣御田次は従七位下だった和銅五年（七一二）七月に氏上阿倍朝臣宿奈麿の申請によって一族の引田朝臣・長田朝臣の者とともに本姓の阿倍朝臣を称することが許されている。なお、久努を氏名とする氏族には他に『先代旧事本紀』天孫本紀にみえる尾張氏系の久努連と、物部氏系の久努直があった。後者の久努直氏はのちの遠江国山名郡久努郷（静岡県袋井市久野）を本拠とした久努国造（国造本紀に「久努国造。筑紫香椎朝代。以二物部連祖伊香色男命孫印播足尼一。定二賜国造一」と伝える）の後裔であろう。

【参考文献】 加藤謙吉「複姓成立に関する一考察—阿倍氏系複姓を対象として—」（『続日本紀研究』一六八）〔星野良史〕

熊凝 くまこり　物部氏系氏族。氏名は『三代実録』元慶四年十月二十日条にみえる大和国平群郡熊凝（奈良県大和郡山市額田部）、もしくは『四天王寺御手印縁起』にみえる摂津国西成郡熊凝（大阪市東区・南区付近）の地名にもとづく。姓は朝臣。旧氏姓は中臣熊凝連（のち朝臣）で、養老三年（七一九）五月に従六位上中臣熊凝連古麻呂らが朝臣姓を賜わり、ついで天平十七年（七四五）八月に従五位下中臣熊凝朝臣五百嶋が中臣を除いて熊凝朝臣となった。『新撰姓氏録』右京神別上には「中臣熊凝朝臣。同レ上（神饒速日命孫味瓊杵田命之後也）」とあり、中臣氏の複姓氏族でありながら物部氏との同族関係を伝えている。前記の熊凝朝臣五百嶋は、中臣熊凝朝臣時代の天平九年九月に正六位下から外従五位下に叙せられ、その後皇后宮員外亮・摂津亮・皇后宮亮を歴任して天平十四年四月に従五位下に昇った。天平勝宝三年（七五一）八月二日付「近江国蔵部荘券」には近江介従五位下熊凝朝臣五百嶋として署名している。

【参考文献】 星野良史「大安寺の熊凝草創説話について」（『法政史学』三九）〔星野良史〕

熊野 くまの　のちの紀伊国牟婁郡熊野（和歌山県新宮市一帯）の豪族。物部氏系と伝える熊野国造の後裔氏族。姓は直・連。熊野国造は『先代旧事本紀』国造本紀に「志賀高穴穂朝御世。饒速日命五世孫大阿斗足尼。定二賜国造一」とみえる。熊野直氏の一族には牟婁郡から貢上された采女（牟婁采女）だった熊野直広浜がいる。広浜は天平十七年（七四五）正月に正六位下から外従五位下に叙せられ、天平宝字五年（七六一）六月には光明皇太后の周忌御斎に供奉して従五位上より位一階を進められた。天平神護元年（七六五）正月には正五位上、さらに同年十月には称徳天皇の紀伊行幸に際して従四位下に叙せられた。神護景雲三年（七六九）四月に卒し、時に散事従四位下とある。一方、連姓の熊野氏は『新撰姓氏録』山城国神別に「熊野連。同レ上（石上朝臣同祖。饒速日命孫味饒田命之後也）」とみえ、熊野直氏がのちに連姓を賜わったものであろう。〔星野良史〕

久米 くめ　来目にも作る。大化前代に久米部という軍事的部民を管掌した伴造氏族の後裔。姓は直。「くめ」の語源には南九州の肥（くま）人、軍隊の隊伍の組（くみ)、宮垣の垣の古称(くべ)など諸説がある。故地はのちの大和国高市郡久米郷(奈良県橿原市久米町)。この地に因んだ伝承が『日本書紀』にあり、またここに久米氏の祖神を祀る久米御県神社という式内社が現在する。祖について、『古事記』は天津久米命とし、『新撰姓氏録』は高御魂命系と神魂命系の二系統を伝える。これに関しては、『先代旧事本紀』国造本紀に久米直を本姓とする伊予の久味国造が神魂尊系とあることから、この系統の可能性が強い。久米氏の発祥には不明な点が多い。祖先伝承は天孫降臨・神武東征説話などにみえるが、『古事記』が久米氏と大伴氏を同格で語るのに、『日本書紀』『先代旧事本紀』『古語拾遺』『新撰姓氏録』大伴宿禰条は大伴氏が来目部を率い、久米氏を大伴氏に従属するものとして語るなど所伝に違いがある。これについて、未だ適切な解釈はなされていないが、多くの所伝が後者の立場をとることは、これがある時期以後の実体を伝えたものとすることができよう。『日本書紀』の伝承に来目部が大伴氏の下で戦闘行為や刑の執行に当たったとあることから、久米氏は久米部を率い大伴氏に従属して軍事警察的職掌に従事した氏族であったといえよう。後述のごとく久米部が各地に分布し、久米部が歌った久米歌に由来する久米舞がのちに宮廷儀礼となっていることは、この氏族の繁栄を物語るが、『記』『紀』に大化以降関係記事がみえず、久米舞が当の久米氏ではなく大伴・佐伯両氏に伝承されたことは、その繁栄も長くなかったことを示している。久米直氏の一族として、『続日本紀』に采女として出仕した久米直麻奈保、忍海手人を改氏姓した久米直広道の名がみえる。久米直氏は伊予・周防にも分布する。伊予は同国久米郡を本拠とする久味国造の家で、この地にはこの氏が奉斎したといわれる式内社の伊予豆比子神社がある(愛媛県松山市居相町)。また『日本書紀』には、この地方の来目部の後裔と思われる伊予来目部小楯が天皇即位に絡んで功をなし山部連を賜姓されたとある。このほかに久米部がおもに中国・四国の各地に分布していることから、これらの地域にも久米直氏が存在したと思われる。他に久米の氏名をもつものに久米臣・久米連がある。久米臣氏には蘇我氏系と春日氏系がある。氏名はのちの大和国高市郡久米郷の地名にもとづく。蘇我氏系は天武天皇十三年(六八四)に朝臣を賜姓。一族は多く五位以上を帯し官人として活躍。春日氏系の一族の名は史料にみえない。久米連氏は、『先代旧事本紀』天皇本紀に大来目を祖とするとあり、『三代実録』に石見国那賀郡司村部岑雄・福雄らの本姓が久米連とあることから、同地方の久米部の伴造氏族であった可能性がある。贈太政大臣藤原百川の母はこの一族。

【参考文献】直木孝次郎『日本古代兵制史の研究』、上田正昭「戦闘歌舞の伝流―久米と久米舞と久米集団と―」（『日本古代国家論究』所収）、高橋富雄『大伴氏と来目部』（『日本歴史』一六八）　〔平野〕

椋　くら　大和朝廷の財政機構であるクラの管理を職掌とした氏族。クラを氏名とする者には㈠椋、㈡倉、㈢蔵などの氏族がある。㈠は連姓の尾張氏系氏族で、『新撰姓氏録』和泉国神別に「椋連。同上（火明命男天香山命之後也）」とみえる。㈡には臣・連（のち宿禰）・首（毗登）姓がある。倉臣氏は『日本書紀』白雉元年（六五〇）二月甲申条に倉臣小屎の名がみえ、皇別系かと考えられるが、未詳。倉連氏は天武天皇十三年（六八四）十二月に宿禰姓を賜わっており、神別系であろう。また倉首氏には『続日本紀』天平勝宝元年（七四九）十月丙戌条ほかにみえる倉首於須美がいる。㈢の蔵氏の姓は史で、渡来系氏族と考えられる。一族には『三代実録』貞観五年（八六三）九月十日条にみえる蔵史乙継、元慶六年（八八二）正月七日条にみえる蔵史宮雄らがいる。

【参考文献】直木孝次郎「人制の研究」（『日本古代国家の構造』所収）、黛弘道「大和国家の財政」（『律令国家成立史の研究』所収）　〔星野良史〕

内蔵　くら　漢氏系渡来氏族。姓は宿禰、旧姓は忌寸。忌寸以前の旧姓は直。阿知使主の子の都加使主を祖と伝える。『古語拾遺』に「自レ此而後。諸国貢調年年盈溢。更立二大蔵一。令三蘇我麻智宿禰検二校三蔵一。〈斎蔵。内蔵。大蔵。〉秦氏出二納其物一。東西文氏勘二録其簿一。是以漢氏賜レ姓。為二内蔵大蔵一。令三秦漢二氏為二内蔵大蔵主鑰一。蔵部之縁也」とみえるように、内蔵の氏名は朝廷で皇室の財物を扱う内蔵の管掌者であったことに由来する。しかし、同書に大蔵の簿を勘録したとある漢氏の職掌は王辰爾を祖とする今来漢人の職掌で六世紀以後とする説がある。『続日本紀』延暦四年六月癸酉条に「坂上。内蔵。平田。大蔵。文。調。文部。谷。民。佐太。山口等忌寸十姓十六人賜二姓宿禰一」とみえ、延暦四年（七八五）六月に同族の坂上氏・文氏らとともに宿禰を賜姓された。『新撰姓氏録』右京諸蕃上に「内蔵宿禰。坂上大宿禰同祖。都賀直四世孫東人直之後也」とみえる。内蔵氏の一族の人として内蔵忌寸縄麻呂は天平十七年（七四五）十月二十一日付の「大蔵省移」に大蔵少丞とみえ、内蔵宿禰全成は『続日本紀』延暦四年（七八五）七月己亥、同五年二月丁丑条にそれぞれ大蔵大輔・内蔵頭に任ぜられている。内蔵氏の一族が大蔵少丞・大蔵大輔・内蔵頭にみえるということは、同氏族の伝統と係わりがあるところで、内蔵寮所属の蔵部四十人、大蔵省所属の蔵部六十人のなかには大蔵宿禰氏とともに負名氏的なかたちで多くの内蔵氏が任ぜられていたことが考えられる。一族の人のうち内蔵宿禰影子・内蔵宿禰高守は、承和六年（八三九）七月に井門忌寸諸足・山口忌寸永嗣・大蔵宿禰雄継ら十二人とともに朝臣姓を賜わった。なお内蔵忌寸氏が宿禰姓となっても忌寸姓の内蔵氏がおり、内蔵忌寸帯足は弘仁三年（八一二）六月、内蔵忌寸秀嗣は天長十年（八三三）十二月にそれぞれ宿禰姓を賜わっている。

【参考文献】佐伯有清『新撰姓氏録の研究』考証篇第五、平野邦雄『大化前代社会組織の研究』　〔荻〕

蔵垣　くらかき　椋垣・倉垣・倉墻にも作る。渡来系氏族東漢氏の枝族。姓は初め直、慶雲四年（七〇七）二月に椋垣直子人が連を賜わる。さらに子人は和銅二年（七〇九）正月以降は椋垣忌寸とあるので、この間に忌寸姓を賜わったことが知られる。『坂上系図』所引『新撰姓氏録』逸文には志努直（都賀使主の子）の第四子刀禰直が蔵垣忌寸の祖であると伝える。『続日本紀』宝亀三年（七七二）四月庚午条にみえる坂上大忌寸苅田麻呂の奏言には、天平三年（七三一）内蔵少属従八位上蔵垣忌寸家麻呂が大和国高市郡の少領に任ぜられ、同十一年に大領に転じたとある。蔵垣の氏名はおそらく本拠地の高市郡にあった地名にもとづくものであろう。なお『新撰姓氏録』摂津国神別には「椋垣朝臣。同レ上（大中臣朝臣同祖。津速魂命三世孫天児屋根命之後也）」という中臣氏系の椋垣朝臣氏もみえており、こちらは摂津国能勢郡倉垣（大阪府豊能郡能勢町倉垣）を本拠にした氏族と考えられる。　〔星野良史〕

鞍作　くらつくり　鞍・鞍部・按（安）作、桉部、桉師にも作る。漢氏系渡来氏族。鞍作の氏名はのちの河内国渋川郡鞍作（大阪市平野区加美鞍作町）の地名によるか。姓は村主。『日本書紀』雄略天皇七年是歳条に東漢直掬に命じて新漢陶部高貴・鞍部堅貴・画部因斯羅我・錦部定安那錦・訳語卯安那らを上桃原・下桃原・真神原に遷居させたとあり、このなかの鞍部堅貴が祖とみなされる。鞍作村主一族は日本に渡来すると鞍部として編成されて東漢氏の管理下に置かれたものと考えられる。鞍作村主氏の一族として鞍作村主司馬達等は六世紀の半ばから後半ころに渡来した。『日本書紀』敏達天皇十三年是歳条に「蘇我馬子宿禰請二其仏像一軀一。乃遣二鞍部村主司馬達等。池辺直氷田一。使二於四方一訪二覓修行者一。於レ是唯於二播磨国一得二僧還俗者一。名高麗恵便。大臣乃以為レ師。令レ度二司馬達等女嶋一。曰二善信尼一〈年十一歳。〉」とあるように、司馬達等は仏法を深く信じ、娘の嶋もわが国で最初の出家者の一人となった。司馬達等の子の多須奈（徳斉法師）も用明天皇のために出家修道し、丈六の仏像および寺（坂田寺）を建て、その子の鞍作鳥は推古天皇十三年（六〇五）四月に飛鳥寺に安置すべき銅と繡の丈六仏像を造り、同三十一年三月には聖徳太子の冥福を祈り釈迦三尊像を造った。また、鞍部徳積は同三十二年四月に僧都となるなど、鞍作氏は初期の仏教興隆の担い手であった。また、『興福寺官務牒疏』には司馬達等について「百済国　司馬達（等）」とし、『扶桑略記』には多須奈を「百済仏工」などとしているように、鞍作氏は百済との関係も深い。さらに、蘇我入鹿を「鞍作」と称しているが、これは鞍作村主一族の者が入鹿の乳母となっていたことによるといわれるなど、蘇我氏との関係も深い。なお、一族の人と思われる桉作磨心は和銅六年（七一三）十一月に栢原村主の氏姓を賜わっている。

【参考文献】佐伯有清『新撰姓氏録の研究』考証篇第六、同『日本古代の政治と社会』、同「貴族文化の発生」（『岩波講座日本歴史』二所収）、関晃『帰化人』（日本歴史新書）、毛利久「飛鳥大仏の周辺」（『日本仏教彫刻史の研究』所収）、久野健「飛鳥大仏論」（『美術研究』三〇〇・三〇一）　〔荻〕

椋椅部　くらはしべ　椋椅部の氏名は椋橋部・倉椅部・倉橋部にも作り、崇峻天皇の倉椅（梯）宮の宮号による名代部、およびその伴造氏族であったことにもとづく。連姓・造姓・直姓・首姓・無姓の氏族があり、諸国に分布する。連姓の氏族は、『新撰姓氏録』未定雑姓、摂津国に「椋椅部連。伊香我色雄命之後也」とみえ、一族には、平城宮跡出土の天平勝宝二年（七五〇）八月六日付の木簡に医師椋橋部連人□□の名がみえる。また首姓の氏族は、『新撰姓氏録』未定雑姓、和泉国に「椋椅部首。吉備津彦五十狭芹命之後也」とみえ、一族には、藤原宮跡出土の木簡に典膳椋椅部首入鹿の名がみえる。造姓の氏族には、天平三年（七三一）当時、弾正台史生であった倉橋部造麻呂らがおり、直姓の氏族には、承和十五年（八四八）四月に外従五位下を授かった倉橋部直氏嗣がいる。また無姓の氏族は、武蔵国・信濃国・越前国・丹後国などに分布する。　〔篠川〕

椋人　くらひと　椋人の氏名は蔵人・倉人にも作

り、かつての朝廷の財政を司る倉に関係した職名にもとづく。『新撰姓氏録』右京諸蕃上に「椋人。阿祖使主男武勢之後也」とみえ、椋人を氏名とする人々に、藤原宮跡出土の木簡にみえる椋人足嶋、平城宮跡出土の和銅六年（七一三）五月十日付の木簡にみえる椋人大田らがいる。また『新撰姓氏録』摂津国諸蕃に「蔵人。石占忌寸同祖。阿智王之後也」とみえ、蔵人を氏名とした蔵人真野は、『三代実録』貞観九年（八六七）十一月二十日条に「外従五位下行侍医蔵人真野賜二姓坂上宿禰一。後漢孝霊帝之後也」とあるように、このときに坂上宿禰の氏姓を賜わっている。倉人を氏名とする人々には、天平十年（七三八）当時、飛驒目であった倉人大田、八世紀中ごろの経師であった倉人大立、神護景雲三年（七六九）六月に大和連の氏姓を賜わった摂津国菟原郡の人、正八位下倉人水守らがいる。

【参考文献】直木孝次郎「人制の研究」（『日本古代国家の構造』所収）〔篠川〕

椋部　くらべ　椋部の氏名は、『日本書紀』履中天皇六年正月辛亥条に「始建二蔵職一。因定二蔵部一」とある蔵部（椋部）にもとづく。また令制下の伴部として、中務省内蔵寮に四十人、大蔵省に六十人の蔵部が置かれていた。椋部を氏名とする氏族は、武蔵国・越中国・阿波国に分布していたことが知られる。武蔵国の椋部氏の一族には、同国国分寺跡出土の古瓦銘に椋部男（欠）の名がみえ、越中国の椋部氏の一族には、天平勝宝年間に伊賀山作所に出仕した仕丁の椋部千足がいた。阿波国の椋部氏については、『三代実録』元慶五年（八八一）四月四日条に「阿波国那賀郡人従七位上椋部夏影。従八位上椋部吉麿。従八位下椋部安成。并白丁十九人。復二本姓曾禰連一」とみえるように、椋部夏影らがこのときに本姓曾禰連に復している。なお『和名抄』によれば、近江国甲賀郡に蔵部郷、加賀国石川郡に椋部郷、上総国望陁郡に倉戸郷があった。〔篠川〕

栗前　くりくま　栗隈にも作る。のちの山城国久世郡栗隈郷（京都府宇治市広野・大久保付近）の豪族。姓は初め首、天武天皇十二年（六八三）九月に連を賜わった。一族の栗隈首徳万の女、黒媛娘は天智天皇の宮人となって水主皇女を生んでいる。『日本書紀』舒明即位前紀にみえる栗隈采女黒女も、この氏から貢上された采女であろう。ほかに一族の人には天平十七年（七四五）ころ典膳であった正八位下栗前連東麻呂、『続日本紀』宝亀十一年（七八〇）八月己亥条ほかにみえる栗前連枝女（山前王の女。母姓に従っていたがこのとき池原女王とされ、外従五位下より従五位下に進む）、延暦三年（七八四）十二月乙酉条ほかにみえる外従五位下栗前連広耳らがいる。なお造姓・真人姓の栗前氏も存在し、前者については天平勝宝年間ころ経師であった栗前造咋麻呂、後者については承和五年（八三八）十一月に従五位下を授けられた東宮侍女栗前真人永子の名が知られる。（星野良史）

栗栖　くりす　「クルス」とも読む。首・直・史・連姓の栗栖氏がいた。首姓の栗栖氏は王仁の後裔氏族。栗栖の氏名は河内国若江郡の栗栖神社に由来し、同神社の鎮座地（大阪府八尾市八尾町西郷）を本拠とした。『新撰姓氏録』右京諸蕃上に「栗栖首。文宿禰同祖。王仁之後也」とある。栗栖首氏の一族の人名は他史料にみえない。直姓の栗栖氏は阿知使主の後裔氏族。その氏名はのちの大和国忍海郡栗栖郷（奈良県北葛城郡新庄町付近）の地名によると思われる。『新撰姓氏録』和泉国諸蕃条に「栗栖直。火撫直同祖。阿智王之後也」とある。栗栖直氏の一族の人名は他史料にみえないが、『続日本紀』天平十七年（七四五）正月乙丑条に外従五位下に叙されている栗栖史多禰女、天平勝宝二年（七五〇）四月二十二日付「美濃国司解」にみえる栗栖史大成の栗栖史姓は同族であろうか。連姓の栗栖氏は『新撰姓氏録』河内国神別に「栗栖連。同神（神饒速日命）子于摩志摩治命之後也」と伝えるのみで、一族の人名も他史料にみえない。ただし、氏名は河内国若江郡の栗栖神社に由来するであろうか。なお、ほかに栗栖浄麻呂・栗栖君（欠名、君は人名の一部か）らの無姓の栗栖氏がいるが、いずれの栗栖氏の一族かは不明。

【参考文献】佐伯有清『新撰姓氏録の研究』考証篇第四・五・六、井上光貞「王仁の後裔氏族と其の仏教—上代仏教と帰化人の関係に就いての一考察—」（『史学雑誌』五四—九）（荻）

栗原　くりはら　柴原に作るのは誤写。百済系渡来氏族と考えられる。美濃国不破郡栗原郷（岐阜県不破郡垂井町栗原）の地を本拠とした。姓は勝。宝亀二年（七七一）五月、柴（栗）原勝乙妹女・浄足が宿禰姓を賜わり、栗原宿禰氏となったが、この賜姓は両人の一代限りであった。時に乙妹女は外従五位下、浄足は勲十等。乙妹女の位階はこの半年ほど前に無位より授けられたもの。天応元年（七八一）七月、平城右京の人で正六位上の栗原勝子公の上言によって子公ら男女十八人が中臣栗原連の氏姓を賜わった。その上言で、子公は自分たちの先祖伊賀都（いかつ）臣が中臣氏の遠祖天御中主命の後裔であることを主張し、『新撰姓氏録』未定雑姓、右京に「中臣栗原連。天児屋根命十一世孫雷

（いかつ）大臣之後也」とあるが、この祖先伝承は疑わしく、栗原勝氏が地位を高めるために自己の系譜を中臣氏に結びつけたものであろう。栗原氏の氏人の名は上記三名以外は伝わらない。

【参考文献】佐伯有清『新撰姓氏録の研究』研究篇・考証篇第六　（星野良作）

車持　くるまもち　　車持部の伴造氏族で、上毛野氏同祖氏族の一つ。姓は君で、天武天皇十三年（六八四）に朝臣となる。「車以」とも書く（長岡京跡出土木簡）。『新撰姓氏録』左京皇別に「車持公。上毛野朝臣同祖。豊城入彦命八世孫射狭君之後也。雄略天皇御世。供二進乗輿一。仍賜二姓車持公一」とみえ、雄略天皇のときに乗輿を供進したことによって氏族名がつけられた。『三代実録』元慶六年（八八二）十二月二十五日条に「聴下主殿寮殿部十人以二異姓一入レ色加中補其闕上。……検二職員令一。殿部卌人以二日置・子部・車持・笠取・鴨五姓人一為レ之」とあって、律令制度下では主殿寮の殿部に属する負名人であり、輿輦の供御を職務としていた。『日本書紀』履中天皇五年十月甲子条には、車持君が筑紫国に行った際にかってに百姓を検校して車持部としたこと、宗像三神に所属する車持部を奪い取ったことが掲げられており、内廷氏族として力を持っていたことを窺わせる。『三代実録』元慶元年（八七七）十二月二十五日条の都宿禰御酉の賜姓記事のなかに「其先。御間城入彦五十瓊殖天皇之後。与二上毛野・大野・池田・佐味・車持朝臣一同祖也」、そして『続日本紀』延暦十年（七九一）四月乙未条に「池原・上毛野二氏之先。出レ自二豊城入彦命一。其入彦命子孫。東国六腹朝臣。各因二居地一。賜レ姓命レ氏」と記されていることから、これらの朝臣姓の六氏（前出の五氏に下毛野氏が加わる）は東国を居地とし、その地名を氏族名とする一群として知られていたことがわかる。上野国群馬郡は七世紀末までは「車評」であったことが藤原宮跡出土木簡によって明らかとなり、また『上野国神名帳』群馬郡西郡之分には車持明神・車持若御子明神が掲げられていて、ここが車持氏に関わる地の一つであった可能性を示している。現群馬郡群馬町保渡田には墳丘長一〇〇メートル前後で舟形石棺をもつ三基の前方後円墳が所在するが、これらは五世紀後期から六世紀前期の築造で、ヤマト政権とつながりをもち、上毛野国形成の端緒となった豪族の墓とみられている。この南側で発見され、五世紀末期から六世紀前期の豪族の居館跡として注目されている三ツ寺I遺跡も、ヤマト政権との密接な関連を窺わせる内容をもつ。車持氏には連・首姓もおり、大和（朝臣）、摂津・近江・豊前（君・公）、河内・播磨（連）、伊賀（首）、越前・下野（部）、越中、上総の諸国にも分布がみられる。
【参考文献】 志田諄一「車持とその部について（上）（下）」（『続日本紀研究』九―七・八）、同「車持君」（『古代氏族の性格と伝承』所収）、佐伯有清「車持公」（『新撰姓氏録の研究』考証篇第二所収）
（前沢）

呉 くれ　中臣氏系氏族。氏名は『日本書紀』雄略天皇十四年三月条にみえる呉原（奈良県高市郡明日香村栗原）の地名にもとづくものか。姓は公。『新撰姓氏録』山城国神別に「呉公。天相命十三世孫雷大臣命之後也」とあり、この雷大臣（いかつおおおみ）は『日本書紀』仲哀天皇巻ほかにみえる中臣烏賊津連（中臣烏賊津使主）に当たる。なお『播磨国風土記』揖保郡大田里条には渡来系の呉勝という氏族名がみえ、呉勝が紀伊国名草郡大田村から摂津国三嶋賀美郡大田村を経てこの地に移り住んだという伝承を載せている。
（星野良史）

呉服 くれはとり　渡来系氏族。氏名は中国江南地方から渡来した機織技術者である呉服（呉機）、またはその伴造氏族であったことにもとづく。姓は造。『新撰姓氏録』河内国諸蕃に「呉服造。出レ自二百済国人阿漏史一也」とあり、のちの摂津国豊嶋郡の呉服神社鎮座地（大阪府池田市室町）がその本拠であろう。部姓の呉服氏の一族に天平宝字年間ころ東大寺倉人であった呉服部息人がいる。呉服については『古事記』応神天皇段に百済から呉服西素が貢上されたとみえる。また『日本書紀』応神天皇巻に阿知使主らが呉から縫工女の兄媛・弟媛・呉機・穴機を連れ帰ったと伝えるが、雄略天皇巻にもほぼ同内容の記事がみえるので、この伝承は本来雄略朝のものだったと考えられる。令制では大蔵省の被官織部司に属する品部として呉服部が置かれた（『令集解』職員令織部司条所引「別記」）。（星野良史）

桑田 くわた　姓は真人、また無姓。桑田の氏名は丹波国桑田郡桑田郷（京都府亀岡市篠町付近）の地名にもとづくものか。『新撰姓氏録』左京皇別に「桑田真人。大原真人同祖。（出レ自二謚敏達孫百済王一也）」として、桑田真人氏を、大原真人・島根真人・山於真人・吉野真人・池上真人・海上真人・清原真人とともに、敏達天皇の孫百済王の後裔としている。また無姓の桑田氏として、『日本書紀』仁徳天皇四年七月条に桑田玖賀媛がみえ、また『類聚国史』第八十七、刑法一配流（延暦二十年九月条）に桑田広刀自女がみえるが、これらについては丹波国桑田郡桑田郷の豪族出身とする説がある。

〔外池〕

桑名　くわな　神別系氏族。氏名はのちの伊勢国桑名郡桑名郷（三重県桑名市桑名）の地名にもとづく。姓は首。『新撰姓氏録』右京神別下に「桑名首。天津彦根命男天久之行比乃命之後也」と伝える。桑名首氏の人名は史料にみえないが、無姓の桑名氏には天平十一年（七三九）八月二十一日付「経師上日帳」にみえる桑名（名欠）、天平勝宝七歳九月二十八日付「班田司歴名」にみえる河内班田司史生桑名倭万呂、天平宝字六年（七六二）十月七日付「阿毘曇問分界品」第一跋語にみえる桑名牛養、『三代実録』元慶元年（八七七）六月十四日条にみえる左弁官権使部桑名吉備麿らがいる。

〔星野良史〕

桑原　くわはら　公姓・直姓の桑原氏がいた。公姓の桑原氏は渡来系氏族。桑原の氏名は『日本書紀』神功皇后摂政五年三月己酉条にみえる桑原邑、のちの大和国葛上郡桑原郷（奈良県御所市掖上）の地名に由来する。旧姓は連。連以前の旧姓は村主。同書朱鳥元年（六八六）四月丁丑条に「侍医桑原村主訶都授二直広肆一。因以賜レ姓曰レ連」と桑原村主訶都が連姓を賜わり、『続日本紀』天平神護二年（七六六）二月乙卯条に「左京人従八位下桑原連真嶋。右京人外従五位下桑原村主足床。大和国人少初位上桑原村主岡麻呂等卅人。賜二姓桑原公一」とあり、桑原連真嶋が旧姓のままでいた桑原村主足床・桑原村主岡麻呂ら四十人とともに公姓を賜わっている。桑原公氏の一族として桑原公秋成、その子の腹赤・貞継らがいる。『文徳実録』仁寿二年（八五二）五月戊子条の主計頭従五位下都宿禰貞継の卒伝によると、都宿禰貞継は桑原公秋成の子で腹赤の弟であり、弘仁十三年（八二二）に兄の腹赤とともに都宿禰への改姓を上請している。都宿禰氏はさらに、元慶元年（八七七）十二月に朝臣を賜姓された。なお、『新撰姓氏録』左京諸蕃上に「桑原村主。出レ自二漢高祖七世孫万徳使主一也」とみえるが、元慶元年十二月の都宿禰が朝臣姓を賜わったところに「其先。与二御間城入彦五十瓊殖天皇之後。上毛野。大野。池田。佐味。車持朝臣一同祖也」とみえ、『新撰姓氏録』左京皇別上に「桑原公。上毛野同祖。豊城入彦命五世孫多奇波世君之後也」とあり、上毛野氏らと同祖の皇別と称している。上述の桑原連訶都の旧姓は村主で、侍医であったこと、『続日本紀』文武天皇三年（六九九）正月癸未条に内薬官桑原加都（『日本古典文学大系　日本書紀』下の桑原村主訶都の注では桑原村主訶都と同人説をとり、竹内理三編『日本古代人名辞典』第三巻では別人説をとる）が連姓を賜わったとあり、彼が内薬官であったこと、さらに都宿禰氏の一族は文章博士・主計頭・主計助を職掌としている者が多いことなどから、桑原公氏は、朝鮮半島から渡来した技術者である漢人集団の在地の統率者としての桑原村主の系譜を引く渡来系氏族であったと考えられる。直姓の桑原氏も渡来系氏族。氏名の由来も桑原公氏に同じ。旧姓は史。『続日本紀』天平宝字二年（七五八）六月乙丑条に「大和国葛上郡人従八位上桑原史年足等男女九十六人。近江国神埼郡人正八位下桑原史人勝等男女一千一百五十五人同言曰。伏奉去天平勝宝九歳五月廿六日勅書偁。内大臣。太政大臣之名不レ得レ称者。今年足人勝等先祖後漢苗裔鄧言興并帝利等。於二難波高津宮御宇天皇之世一。転レ自二高麗一。帰化二聖境一。本是同祖。今分二数姓一。望請依勅一改二史字一。因蒙二同姓一。於レ是。桑原史。大友桑原史。大友史。大友部史。桑原史戸。史戸六氏同賜二桑原直姓。船史船直姓二」とあり、大和国葛上郡の桑原史年足、近江国神埼郡の桑原史人勝らが桑原直姓を賜わった。また、同書神護景雲二年（七六八）八月辛酉条に「近江国浅井郡人従七位下桑原直新麻呂。外大初位下桑原直訓志必登等賜二姓桑原公一」とあり、近江国浅井郡の人の桑原直新麻呂・桑原直訓志必登が公を賜姓されている。なお、ほかに『新撰姓氏録』摂津国諸蕃に「桑原史。桑原村主同祖。高麗国人万徳使主之後也」とみえ、同書山城国諸蕃に「桑原史。出レ自二狛国人漢晉一也」とあり、桑原史氏がいた。

【参考文献】佐伯有清『新撰姓氏録の研究』考証篇第二・四・五、同『日本古代の政治と社会』、関晃『帰化人』（日本歴史新書）、平野邦雄「古代氏姓・人名に現われた階級関係―特に帰化系氏族を通じて―」（『日本古代史論集』上巻所収）〔荻〕

け

卦婁　けいろ　「ケル」とも読む。高句麗系渡来氏族。『日本後紀』延暦十八年十二月甲戌条によると、信濃国の人、外従六位下の卦婁真老は、「己等先高麗人也。小治田（推古）・飛鳥（舒明）二朝庭時節。帰化来朝。自レ爾以還。累世平民。未レ改二本号一。伏望依二去天平勝宝九歳四月四日勅一。改二大（本カ）姓一」と上言して、須々岐の氏名を賜わる。これより前、天武天皇十一年（六八二）六月、高句麗王が派遣した使者のなかに卦婁毛切という人物がいた。卦婁の氏名は、高句麗五部の一つである「桂婁部」の古称が地名となったものに由来する。六世紀後半ころの平壌城城壁石刻に、「卦婁盖切小兄加群」という人物名が刻まれ、この人物も高句麗における卦婁氏の一員。なお『続日本紀』延暦七年（七八八）九月丁未条にみえる美見造の氏姓を賜わった羿鹵（けいろ）浜倉は、美濃国厚見郡の人で百済系の渡来氏族。この氏名羿鹵も「けいろ」と読まれているので、高句麗の卦婁氏が百済の地に移り、日本に渡来したのであろう。

【参考文献】佐伯有清「背奈氏の氏称とその一族」（『成城文芸』一三六）（佐伯）

気太　けた　気多にも作る。出自未詳。のちの能登国羽咋郡に所在する式内社気多神社鎮座地（石川県羽咋市寺家町）を本拠とした氏族か。気太氏は初め無姓、天平十九年（七四七）十月に気太十千代ら八人が連の姓を賜わった。十千代は天平十七年正月に正六位下より外従五位下に叙せられ、天平宝字四年（七六〇）五月には従五位上から正五位上に進んでいる（『続日本紀』）。またこの間の天平勝宝五年（七五三）九月二日「経紙出納帳」ほかにみえる「気太（気多）命婦」も、おそらく十千代のことであろう。（星野良史）

堅祖氏　けんそし　百済系渡来氏族。氏名の堅祖は百済の姓にもとづく。『新撰姓氏録』未定雑姓、右京に「堅祖氏。百済人堅祖為智之後也」とある。一族の人には右にみえる堅祖為智のほか、枌谷（すぎたに）造氏の祖とされる堅祖州耳がおり『新撰姓氏録』右京諸蕃下の枌谷造条に「出レ自二百済国人堅祖州耳一也」とある。（星野良史）

こ

高　こう　高句麗系渡来氏族。氏名の高は高句麗の王族の姓。『新撰姓氏録』左京諸蕃下には①「高史。出レ自二高麗国元羅郡杵王九世孫延挈王一也」、②「高。高麗国人高助斤之後也」、③「高。高麗国人従五位下高金蔵〈法名信成〉之後也」という史姓および無姓の高氏を載せている。③にみえる高金蔵はもと信成と号する僧侶で、大宝元年（七〇一）八月に還俗して本姓に復した。陰陽道に優れ、養老七年（七二三）正月に正六位下から従五位下に叙せられている。高氏の同姓者は官人として史料に散見し、神亀元年（七二四）五月には高正勝が三笠連、高益信が男球連、高昌武が殖槻連、高禄徳が清原連の氏姓を賜わった。なお天平宝字五年（七六一）三月に浄野連の氏姓を賜わった高牛養が百済国人とあるように、高氏の同姓者のすべてが高句麗系であるとはいえない。（星野良史）

甲賀　こうか　甲可・鹿深にも作り、訓は正しくは「カフカ」。のちの近江国甲賀郡（滋賀県甲賀郡）の豪族。姓は臣。一族には『日本書紀』敏達天皇十三年（五八四）九月条にみえる鹿深臣（名欠）、『続日本紀』天平二十年（七四八）二月壬戌条にみえる甲可臣真束、天平勝宝三年（七五一）七月二十七日付「近江国甲可郡司解」に自署した甲可臣乙麿・甲可臣男がいる。鹿深臣は百済から弥勒石像一軀をもたらしたとされ、真束は東大寺大仏に知識物を進めて外従六位上より外従五位下に叙せられた。また乙麿は甲可郡擬大領外正七位上、男は同郡少領無位であった。甲可氏には公姓の氏族もあり、甲可公是歳（『朝野群載』巻二十二の天暦十年六月十三日付「太政官符」）の名が知られるが、甲可臣氏との関係は不明。（星野良史）

甲能　こうの　皇族出自氏族。氏名の甲能は地名にもとづくと考えられるが未詳。『新撰姓氏録』左京皇別下に「甲能。従五位下御方大野之後也。続日本紀合」とみえる。御方大野については『続日本紀』天平十九年（七四七）十月乙巳条に「勅曰。春宮少属従八位上御方大野所レ願之姓思二欲許賜一。然大野之父於二浄御原朝廷一在二皇子之列一。而縁二微過一遂被二廃退一。朕甚哀憐。所以不レ賜二其姓一也」とあり、ここにいう大野の父とは天武天皇の子、磯城皇子かとみられる。大野の子と思われる御方広名は天平宝字五年（七六一）十月に御方宿禰の姓を賜わり、のちに従五位下で筑後守・右京亮・上野守を歴任した。したがって甲能氏の旧姓は御方もしくは御方宿禰と考えられるが、改賜姓の時期は不明である。（星野良史）

後部　こうほう　高句麗系渡来氏族。氏名の後部は高句麗の五部の一つ。宝亀七年（七七六）五月に正六位上後部石嶋らが出水（いずみ）連の氏姓を賜わり、『新撰姓氏録』左京諸蕃下には「出水連。出レ自二高麗国人後部能鼓兄一也」とみえる。また後部王・後部高・後部薬使主という氏族もあり、『新撰姓氏録』にはそれぞれ「後部王。高麗国長王周之後也」（右京諸蕃下）、「後部高。高麗国人正六位上後部高千金之後也」（未定雑姓、左京）、「後部高。高麗国人後部乙牟之後也」（未定雑姓、右京）、「後部薬使主。出レ自二高麗国人大兄憶徳一也」（左京諸蕃下）とみえている。氏名の下半部をなす王・高は高句麗の姓、薬（くすし）は職掌にもとづく。これらのうち、後部王氏と後部高氏の一族は八世紀前半から後半にかけて史料に現われる。天平宝字五年（七六一）三月には後部王安成らが高里連、後部高呉野が大井連の氏姓を賜わった。（星野良史）

郡　こおり　評にも作る。かつて評造であったことにもとづく氏名か。神別系の評連、渡来系の郡首・郡忌寸、出自未詳の郡造

（族）などの氏族があった。評連氏は『新撰姓氏録』和泉国神別に「評連。同レ上（大中臣朝臣同祖。天児屋根命之後也）」とあり、のちに和泉国に含まれる大鳥評（大阪府堺市・高石市）の豪族か。郡首氏は右京諸蕃下に「郡首。高向村主同祖。段姓夫公∧一名富等∨之後也」とみえる。郡忌寸氏は『坂上系図』阿良直条所引『新撰姓氏録』逸文に志努直の第三子阿良直の後裔とあり、郡首氏とともに東漢氏系の氏族である。この場合の郡（評）とは、東漢氏が本拠とした大和国高市評（奈良県高市郡）を指すものであろうか。また郡造（族）氏は尾張国に分布し、一族の郡造族石勝・郡造族足嶋は同国山田郡山田郷の戸主とその戸口であった。〔星野良史〕

久賀　こが　興我にも作る。皇族出自氏族。氏名の久賀は美称か。姓は朝臣。弘仁九年（八一八）八月、桓武天皇の第七皇子、四品明日香親王の男女四人に久賀朝臣の氏姓を賜わった。一族の久賀朝臣三夏は承和五年（八三八）正月に無位から従五位下に叙せられた。同十二年正月に従五位上、仁寿元年（八五一）十一月には正五位下に進み、雅楽頭・丹後守・左馬頭・出居侍従・信濃守などを歴任した。また久賀朝臣三常は斉衡三年（八五六）正月に正六位上から従五位下に昇叙し、その後越中権守や左兵庫頭に任ぜられた。〔星野良史〕

古志　こし　高志にも作る。王仁の後裔氏族。古志の氏名はのちの大和国高市郡坂合村越（奈良県高市郡明日香村大字越）の地名に由来するものであろう。姓は連、旧姓は史。『続日本紀』天平神護二年十二月乙酉条に「和泉国人外従五位下高志毗登若子麻呂等五十三人賜二姓高志連一」とあり、天平神護二年（七六六）十二月に和泉国の人の高志毗登若子麻呂ら五十三人が連の姓を賜わった。『新撰姓氏録』和泉国諸蕃に「古志連。文宿禰同祖。王仁之後也」とみえる。一族の人に高志史羊・高志毗登久美咩らがいる。高志史羊は行基の父で、『行基菩薩伝』に「高志史羊（又云佐陀智）」とみえ、佐陀智とも称したとあるが、天平二十一年（七四九）三月二十三日付の「大僧正舎利瓶記」に「和上法諱法行。一号二行基一。薬師寺沙門也。俗姓高志氏。厥考諱才智。字智法君之長子也。本出二於百済王子王爾之後一焉」とあり、行基の父を才智としているので佐陀智は才智のことと考えられる。高志毗登久美咩は『続日本紀』天平神護二年四月甲寅条に「大和国人高志毗登久美咩等十七人。被二諸陵寮宛枉一。没為二陵戸一。至レ是。披訴得レ雪。除二陵戸籍一」とあり、大和国の人で、諸陵寮の宛枉を被って陵戸とされていたが、このときに披訴して陵戸の籍を除かれた。高志連氏の一族はこのように和泉・大和国に居住していたが、『新撰姓氏録』河内国諸蕃にも「古志連。文宿禰同祖。王仁之後也」とみえる。また、同書大和国神別に「高志連。天押日命十一世孫大伴室屋大連公之後也」とみえる神別系の高志連氏がいた。貞観十二年（八七〇）四月二十三日付の「某郷長解写」に署名している高志連継俊は神別系の高志連氏の一族であった可能性がある。なお『新撰姓氏録』右京神別上に「高志連。高魂命九世孫日臣命之後也」とあり、日臣命を祖としている。

【参考文献】佐伯有清『新撰姓氏録の研究』考証篇第三・四・五・六、井上薫『行基』（人物叢書）〔荻〕

呉氏　ごし　百済系渡来氏族。氏名の呉は百済国の姓。旧姓は吉士で、『日本書紀』白雉五年（六五四）七月是月条に小山上西海大使吉士長丹に少花下を授け、封二百戸および呉氏の姓を賜わったことがみえる。『新撰姓氏録』未定雑姓、右京には「呉氏。百済国人徳率呉伎側之後也」とある。〔星野良史〕

高志壬生　こしのみぶ　高志連氏の一族で、壬生部を管掌した伴造氏族。姓は連。壬生部は『日本書紀』推古天皇十五年（六〇七）二月条に「壬生部を定む」とあり、このころ従来の名代・子代の部に代わって、統一的に皇子・皇女の扶養のために置かれた部、もしくは皇位継承予定者のために新設された部とみられる。『新撰姓氏録』右京神別上に高志壬生連の本系を掲げ、大連大伴室屋の後裔とする。高志の氏名は大和国高市郡坂合村越（奈良県高市郡明日香村越）の地名によると思われ、高志連ともどもこの地を本拠としたのであろう。大伴氏の大和の勢力圏は、十市郡・城上郡を中心に高市郡にも及んでおり、『日本書紀』雄略天皇七年条によれば、大伴室屋は東漢直掬に命じて、今来才伎（いまきのてひと）を河内から高市郡の三所に移住させたとあるから、高志・高志壬生両氏が大伴氏と同族とされた背景には、高市郡における地縁的結合という状況を想定すべきかもしれない。

【参考文献】佐伯有清『新撰姓氏録の研究』考証篇第三〔加藤〕

踰部大炊　こしべのおおい　越部（踰部）の伴造で、大炊部の負名氏であった氏族。越部の実態は不明。令制下の大炊寮（宮内省被管）には、米の精白・炊飯を担当した伴部とみられる大炊部（定員六十名）が存したが、踰部大炊氏は大炊部の前身に当たる炊職の伴造として、大化前代にこれらの職務を世襲したのであろう。『新撰姓氏録』大和国神別条に天之三穂命の八世孫、意富麻羅（おほまら）の後裔として踰部大炊氏の名を掲げるのが、史料にみえる唯一の例である。大和国吉野郡越部村（奈良県吉野郡大淀町越部）がその本拠地であろう。

【参考文献】佐伯有清『新撰姓氏録の研究』考証篇第四　（加藤）

古衆　こす　出自未詳。高句麗系渡来氏族と考えられる。姓は連。旧姓は狛（こま）で、『続日本紀』神亀元年（七二四）五月辛未条に無位の狛祁乎理和久に古衆連の氏姓を賜わったことがみえる。　（星野良史）

巨勢　こせ　許勢・居勢・己西などにも作る。武内宿禰後裔氏族の一つ。姓は臣、のちに朝臣。許勢小柄宿禰を祖とする。巨勢の氏名は、のちの大和国高市郡巨勢郷（奈良県御所市古瀬を中心とした地域）の地名にもとづく。『日本書紀』には、継体朝の大臣として許勢男人の名がみえ、その女の紗手媛・香香有媛が安閑天皇の妃となったとあるが、男人についての所伝は信憑性が低いとし、巨勢氏を、六世紀以降に朝鮮問題に関与することによって台頭した新興の氏族であったとみる説がある。欽明紀には、許勢臣稲持・許勢奈率奇麻・許勢臣（欠名）・許勢臣猿らの名がみえ、稲持を除き、朝鮮問題での活躍が伝えられる。また猿は、崇峻天皇四年（五九一）に任那再興のための大将軍として筑紫に出陣している。舒明天皇即位前紀には、許勢臣大麻呂が推古天皇没後の皇位継承をめぐって山背大兄王を推したとあり、皇極紀から斉明紀にかけては、大化五年（六四九）に大紫位に叙せられ、左大臣に任ぜられた巨勢臣徳太をはじめとして、巨勢臣徳禰・紫檀・薬らの活躍が伝えられる。また天智朝の人物としては、天智天皇十年（六七一）に御史大夫に任ぜられ、壬申の乱で近江軍の将となった巨勢臣人（比等）がいる。巨勢氏の部民と考えられる巨勢部（許勢部・己西部・許世部・許西部）は、出雲・播磨・讃岐・阿波・筑前・筑後など西日本の諸国に分布し、巨勢郷の地名も、『和名抄』によれば、大和国高市郡・伯耆国会見郡・美作国英多郡・備中国賀夜郡・肥前国佐嘉郡などの西日本の各地にみられる。これらの分布は、巨勢氏が朝鮮問題に深く関与していたことと対応するものであろう。一族は、天武天皇十三年（六八四）に八色の姓制定に際して朝臣の姓を賜わり、持統天皇五年（六九一）には祖等の墓記の上進を命ぜられた。奈良時代には、一族から多くの高位・高官者を出しており、おもな人物として、紫檀の子で中納言従三位に昇った巨勢朝臣麻呂、徳太の孫で中納言正三位に昇った巨勢朝臣邑治、比等の子で大納言従二位に昇った巨勢朝臣奈氏麻呂、徳太の曾孫で邑治の養子となり、天平宝字元年（七五七）に橘奈良麻呂らの謀議を密奏し、従三位に叙せられた巨勢朝臣堺麻呂（関麻呂）らがあげられる。また平安時代に入っても、弘仁元年（八一〇）に藤原冬嗣とともに蔵人頭に任ぜられ、中納言正三位に昇った巨勢朝臣野足らがいる。『新撰姓氏録』右京皇別上に巨勢朝臣を載せ、「石川同祖。巨勢雄柄宿禰之後也」とみえる。なお、天武天皇十三年以降も臣姓のままの巨勢臣氏や、首姓・無姓・部姓の氏族もあり、『三代実録』貞観三年（八六一）九月二十六日条に「左京人大内記従七位上味酒首文雄。山城少目従八位下味酒首文主。文章生無位味酒首文宗等三人並賜二巨勢朝臣一」とみえるように、味酒首から巨勢朝臣に改氏姓した一族もあった。同系氏族には、『古事記』孝元天皇段に「許勢小柄宿禰者。〈許勢臣。雀部臣。軽部臣之祖也〉」とある雀部臣（のちに朝臣）・軽部臣（のちに朝臣）、『新撰姓氏録』に載る巨勢楲田（ひた）朝臣・巨勢斐太臣・鵜甘部（うかいべ）首の各氏がある。また『日本書紀』天智天皇二年三月条にみえる巨勢神前臣も同系氏族であろう。巨勢氏の本拠地と考えられる御所市古瀬（こせ）を中心とした地域には、権現堂古墳・新宮山古墳・水泥（みどろ）古墳など六世紀前半から七世紀初頭ころの築造と推定される古墳が存在し、巨勢寺跡も残されている。

【参考文献】直木孝次郎「巨勢氏祖先伝承の成立過程」（『日本古代の氏族と天皇』所収）、日野昭『日本古代氏族伝承の研究』、今井啓一「巨勢氏について」（『日本書紀研究』第六冊所収）、和田萃「紀路と曾我川—建内宿禰後裔同族系譜の成立基盤—」（『古代の地方史』三畿内編所収）

（篠川）

巨勢楲田　こせのひた　巨勢斐太・巨勢斐多にも作る。巨勢臣（朝臣）氏の同族。姓は初め臣。養老三年（七一九）五月に従七位上巨勢斐太臣大男らが朝臣を賜わったが、その後も臣姓を名のる氏族もあった。『新撰姓氏録』右京皇別上に「巨勢楲田朝臣。雄柄宿禰四世孫稲茂臣之後也。男荒人。天豊財重日足姫天皇〈謚皇極〉御世。遣二佃葛城長田一。其地野上。漑レ水難レ至。荒人能解二機術一。始造二長楲一。川水灌レ田。天皇大悦。賜二楲田臣姓一也。日本紀漏」とあり、また右京皇別上・大和国皇別には巨勢楲田朝臣と同祖という巨勢斐太（楲田）臣がみえている。右の記載では楲田の氏名は長楲（樋）を造ったことにもとづくとされるが、他の複姓氏族の例からすれば楲田は地名とみるべきで、のちの大和国高市郡飛驒庄（奈良県橿原市鴨公）の地がそれであろう。巨勢槭田朝臣氏の一族には天平十八年（七四六）五月に従五位下に昇った巨勢斐太朝臣嶋村（南海道巡察使・刑部少輔などを歴任）らがいる。〔星野良史〕

許曾倍　こそべ　渠曾倍・巨曾倍・社戸などにも作る。阿倍臣（朝臣）氏の同族。氏名はのちの摂津国島上郡古曾部（大阪府高槻市古曾部町）の地名にもとづく。姓は初め臣。天武天皇十三年（六八四）十一月に他の阿倍臣氏同族とともに朝臣を賜わったとみられる。『新撰姓氏録』左京皇別上に「許曾倍朝臣。阿倍朝臣同祖。大彦命之後也。日本紀漏」とある。一族には古人大兄皇子討伐に加わった阿倍渠曾倍臣（名欠）、壬申の乱における近江方の将社戸臣大口、大宝元年（七〇一）六月に造薬師寺司となった従五位上許曾倍朝臣陽麻呂、天平三年（七三一）正月に正六位上より外従五位下に叙せられた巨曾倍朝臣足人、天平宝字五年（七六一）十月に保良宮造営の功により従五位下から従五位上に進んだ巨曾倍朝臣難波麻呂がいる。なお出雲国嶋根郡には社部臣（同郡大領の訓麻呂）・社部石臣（同郡少領）という豪族がいたが（『出雲国風土記』）、阿倍氏系の許曾倍氏との関係は不詳。〔星野良史〕

己智　こち　己知・許智・許知・巨智などにも作る。渡来系氏族。氏名の己智は古代朝鮮語で首長を意味する語か。『新撰姓氏録』大和国諸蕃に「己智。出レ自二秦太子胡亥一也」とみえる。一族には八世紀前半から後半にかけて経師として経典の書写に当たった者が多い。己智伊香豆は大和国添上郡楢中郷（奈良県天理市櫟本町楢）の戸主であり、また己知蟻石・己知蟻羽らは氏名を楢許智にも作るので、この氏の本拠は楢中郷の地であったことがわかる。ほかに宝亀八年（七七七）に山村忌寸と改賜姓した山村許智という氏族もあって、こちらは添上郡山村郷（奈良市山町）を本拠としたと考えられる。さらに播磨国餝磨郡に巨智郷があり（兵庫県姫路市山吹付近）、巨智田主はこの地の戸主であった。『播磨国風土記』餝磨郡巨智里草上村条には、韓人山村らの上祖、柞（なら）巨智賀那という者がこの地を請うて開墾したという伝承がみえる。〔星野良史〕

子部　こべ　子部という部民の伴造氏族、もしくは子部の後裔氏族。無姓の子部氏と宿禰姓の子部氏がいた。無姓の子部氏は、『新撰姓氏録』右京神別下に「子部。火明命五世孫建刀米命之後也」とあり、火明命の後裔と伝える。山城国にも居住し、山背国愛宕郡に子部衣売、久世郡に子部貞本・子部貞成らの名がみえる。『三代実録』貞観十六年（八七四）十二月二十五日己卯条に「山城国久世郡人造兵司史生従七位下子部貞本。主殿寮史生従八位下子部貞成。内竪子部氏雄等。賜二姓子部宿禰一。其先。天御中主尊之後也」とあり、子部貞本・子部貞成・子部氏雄らが宿禰姓を賜わっている。このときに宿禰を賜姓された子部氏は天御中主尊の後裔と称しているが、本来は火明命の後裔と称していたのを天御中主尊の後裔と主張するようになったのであろう。子部氏は同書元慶六年（八八二）十二月二十五日癸亥条に「聴下主殿寮殿部十人以二異姓一入レ色加中補其闕上。先レ是。宮内省言。主殿寮申請。検二職員令一。殿部卌人以二日置。子部。車持。笠取。鴨五姓人一為レ之」云々とあるように、殿部の負名氏の一員であったことが知られ、主殿寮史生であった上記の子部貞成についても、かつては主殿寮の伴部である殿部の職にもついていたことが推察される。子部氏はかつては、火炬小子（斎宮式、主殿寮式）とか火炬童女（斎宮式）など、宮中で雑事に奉仕していた子供を統率するトモであったと考えられる。宿禰姓の子部氏は児部にも作る。旧姓は連。『日本書紀』天武天皇十三年十二月己卯条に「児部連……賜レ姓曰二宿禰一」とあり、天武天皇十三年（六八四）十二月に宿禰を賜姓された。子部宿禰氏の一族には天平十四年（七四二）十月に塩焼王の事件に連坐し上総国に配流された子部宿禰小宅女らがいる。子部宿禰氏は『延喜式』践祚大嘗祭、油以下事条に「主殿官人二人執レ燭奉レ迎。車持朝臣一人執二菅蓋一。子部宿禰一人。笠取直一人。並執二蓋綱一膝行各供二其職一」とあるように践祚大嘗祭において殿部の負名氏である車持朝臣氏や笠取直氏とともに蓋綱をとることに関与していた。なお大和国には子部連氏も居住し、宇陀郡には子部連乙万呂、城上郡の擬主張として子部連田作の名がみえる。なお「小子部」の項を参照。

【参考文献】佐伯有清『新撰姓氏録の研究』第一・三、同「ヤタガラス伝説と鴨氏」（『新撰姓氏録の研究』研究篇所収）、阿部武彦『日本古代の氏族と祭祀』、志田諄一『古代氏族の性格と伝承』　〔荻〕

高麗　こま　狛・巨万にも作る。高句麗から渡来の氏族。

旧名は肖奈公（従来は「背奈公」とされていたが、本来は「肖奈公」であることが判明。以下、「肖奈」と記す）、のちに肖奈王、また高麗朝臣・高倉朝臣と改姓された。本拠地は武蔵国高麗郡高麗郷（埼玉県入間郡日高町高麗）一帯。『新撰姓氏録』左京諸蕃には「高麗朝臣、出レ自二高句麗王好台七世孫延典王一也」とあり、高句麗の好太王（五世紀初の広開土王あるいは同末の文咨明王、平原王ら）の後裔氏族という。渡来の経緯は『続日本紀』延暦八年（七八九）十月乙酉（十七日）の高倉朝臣福信の薨去の条に「福信、武蔵国高麗郡人也、本姓背奈、其祖福徳属三唐将李勣抜二平壌城一、来二帰国家一、居二武蔵一焉。」とあり、六六八年の高句麗滅亡後に渡来した。霊亀二年（七一六）五月辛卯（十六日）に駿河・甲斐・相模・上総・下総・常陸・下野の七国の高句麗人千七百九十九人が武蔵に移され高麗郡の開発に当てられたが、このとき肖奈福徳も高麗郡に入ったのであろう。一族の肖奈公福信は都へ上って出世し、天平十九年（七四七）六月辛亥（七日）に肖奈公大山らと肖奈王の姓を賜わった。ついで天平勝宝二年（七五〇）正月丙辰（二十七日）には高麗朝臣の姓を賜わり、宝亀十年（七七九）三月戊午（十七日）には「旧俗の号」の高麗を嫌い高倉朝臣へ改姓を請い許された。一族には天平勝宝六年（七五四）四月壬申（七日）に入唐判官に任じた前記の巨万朝臣大山（肖奈公大山）、天平宝字六年（七六二）四月丙寅（十七日）に遣唐副使に任じた高麗朝臣広山、さらに宝亀八年（七七七）五月癸酉（二十三日）に送高麗（渤海）使に任じた高麗朝臣殿継など外交に務めた人物がいる。同系の氏族には大宝三年（七〇三）四月乙未（四日）に王（きみ）の姓を賜わった高麗王若光の氏族がおり、入間郡の高麗大社はこの若光の霊を祀る。また、天平宝字二年（七五八）六月甲辰（四日）に多可連を賜わった高麗使主馬養・浄日らの枝氏がいる。〔浜田〕

狛　こま　高句麗から渡来の氏族。姓は首・造。『新撰姓氏録』右京諸蕃には「狛首、出レ自二高麗国安岡上王一也」とあり、高句麗の二十三代王の安原王の後裔と称する狛首氏がおり、狛首乙山（『木簡研究』三―一二頁）らがみえる。また同山城国諸蕃には「狛造、出レ自二高麗国主夫連王一也」とあり、高句麗の夫連王（未詳）の後裔と称する狛造氏がいる。この一族らしい人には狛広氏・狛氏守（寛平?年四月二十五日付「山背某池地直銭請文」『平安遺文』一）らがみえ、さらに陸奥国白河郡の狛造智成と同安積郡の狛造子押麻呂は承和十年（八四三）十一月庚子（十六日）にそれぞれ陸奥白河連と陸奥安達連に改姓された。この山城国の狛造氏は『日本書紀』欽明天皇二十六年（五六五）五月条に「高麗人頭霧唎耶陛等投二化於筑紫一、置二山背国一、今畝原、奈羅、山村高麗人之先祖也」とある高句麗人の伴造氏族であろう。なお、阿倍比等古臣が用明天皇の代に高句麗に派遣されたということからその後孫は狛朝臣、あるいは阿倍狛朝臣と称したが、和銅四年（七一一）十二月壬子（十二日）に狛朝臣秋麿の上言により阿倍朝臣へ復称が許された。

【参考文献】　佐伯有清『新撰姓氏録の研究』考証篇第五　〔浜田〕

狛染部　こまそめべ　染部は皮革の染色に従事した品部であるが、氏の名は高句麗人をもって編成した染部であったことにもとづく。『新撰姓氏録』未定雑姓、河内国には「狛染部、高麗国須牟祁王之後也」とあり、高句麗の始祖の鄒牟王の後裔氏族と称する。『養老令』職員令、大蔵省条には「典革一人、掌二雑革染作一、検二校狛部一。狛部六人、掌二雑革染作一」とみえ、『令集解』職員令は「狛戸」に注記して「大狛染六戸、右五色人等為二品部一、免二調役一也」とみえる。狛染部氏の一族の人名は史料にみない。〔浜田〕

狛人　こまひと　氏の名は、高句麗から渡来した技術者の集団で、とくに皮革工芸に従事した職掌にもとづく。『新撰姓氏録』未定雑姓の河内国には、「狛人、高麗国須牟祁王之後也」とあり、高句麗の始祖の鄒牟王の後裔と称した。一族には、天平十一年（七三九）六月四日付の「泉木屋所解」に狛人万呂がみえ、また、貞観十四年（八七二）五月甲申（十五日）には、右京の狛人氏守が渤海国使の迎接に当たるに先立って、改姓を申請し直道宿禰を賜わった。狛人氏は河内・山城のほか諸国に多くいたことは、『令集解』職員令の大蔵省条に「狛戸」を注記して「忍海戸狛人五戸、竹志戸狛人七戸、合十二戸、役日无レ限、但年料牛皮廿張以下令レ作。村々狛人三十戸、宮郡狛人十四戸、大狛染六戸、右五色人等為二品部一、免二調役一也。紀伊国在狛人、百済人、新羅人并卅人戸、年料牛皮十張、鹿皮麕皮令レ作、但取二調庸一免二雑傜一」とあることからも知られる。〔浜田〕

薦口　こもく　百済系渡来氏族。氏名はのちの河内国石川郡紺口郷（大阪府南河内郡河南町の南部とその一帯）の地名にもとづくものか。姓は造。『新撰姓氏録』大和国諸蕃に「薦口造。出レ自二百済国人抜田白城君一也」とみえる。〔星野良史〕

薦集　こもつめ　坐臥に用いる薦席を作った薦集部の伴造氏族。姓は初め造、天武天皇十二年（六八三）九月に連を賜わった。『新撰姓氏録』未定雑姓、大和国に「薦集造。天津彦根命之後也」とある。『日本書紀』欽明天皇二十三年七月是月条にみえる薦集部首登弭は、薦集造氏の同族か。登弭は任那に渡り、百済に遣わされて新羅を攻める計画を約したが、そのとき妻の家に宿って印書・弓箭を路に落としたため、新羅はこの軍計を知ったという。〔星野良史〕

己汶氏　こもんし　百済系渡来氏族。氏名は『日本書紀』継体天皇七年十一月乙卯条に「以二己汶。滞沙一。賜二百済国一」とみえる己汶（大韓民国全羅南道東部の蟾津江流域）の地名にもとづく。『新撰姓氏録』右京諸蕃下に「己汶氏。春野連同祖。速古王孫汶休奚之後也」とある。速古王（肖古王）は百済国第五代の王。『新撰姓氏録』には速古王の後裔と称する氏族として己汶氏のほかに大丘造・三善宿禰・春野連・汶斯氏・真野造・錦部連があげられている。〔星野良史〕

古頼　こらい　古来にも作る。出自未詳。百済系渡来氏族か。天平五年（七三三）以来、天平年間に写経所の経師として活躍した古頼小僧、天平勝宝二年（七五〇）八月当時、造東大寺司の雑使であった古頼比虫万呂、同五年（七五三）当時、藤原仲麻呂家の家令であった古頼比得万侶の名が知られている。〔佐伯〕

惟岳　これおか　姓は宿禰。惟岳宿禰氏の始まりは貞観二年（八六〇）九月二日に中臣朝臣福成が惟岳宿禰を賜わり、右京九条に貫附されたことに求められる。これより先斉衡三年（八五六）、中臣氏の人が福成を同族にあらずとして官に申して籍を削ったため、福成はたちまち姓を失った。そこで福成は惟岳宿禰姓を賜わり右京の地に貫附せられんことを願い出て許されたのである。『三代実録』貞観二年九月二日条に「右京人従八位上中臣朝臣福成賜二姓惟岳宿禰一。貫二附右京九条一。先レ是。福成披訴。去斉衡三年。中臣氏人称レ非二同族一。申レ官削レ籍。厥後福成忽焉失レ姓。請下賜二件姓一被上レ貫二右京一。許レ之」とあることによりそれが知られるが、この点については『大中臣氏系図』『続群書類従』にも同趣旨のことがみえ、右京九条二坊に貫附されたとある。〔小原〕

惟原　これはら　天智天皇皇子施基親王の子春日王の後裔氏族。姓は朝臣。惟原朝臣氏は仁和元年（八八五）二月十五日に、氏宗王の子峯兄以下六名、氏世王の子俊実、浜並王の子有相、弥並王の子善益以下四名、富貞王の子恒並以下七名が惟原朝臣姓を賜わったことに始まる。『三代実録』仁和元年二月十五日条に「左京人大舎人助正六位上氏宗王男峯兄。峯行。峯良。峯安。峯依。峯永。正六位上氏世王男俊実。正六位上浜並王男有相。正六位上弥並王男善益。秋実。秀範。春淑。正六位上富貞王男恒並。恒世。今恒。浄恒。良並。恒身。恒秀等十九人賜二姓惟原朝臣一。其先出レ自二田原天皇之後春日親王一也」とある。〔小原〕

惟道　これみち　道祖史氏の後裔氏族。姓は宿禰。道祖史氏の祖は百済国の人王孫許里公。『新撰姓氏録』右京諸蕃下に「道祖史。出㆑自㆓百済国王孫許里公㆒也」とある。惟道宿禰氏は道祖史氏の一族である道祖史豊富が、貞観四年（八六二）七月二十八日に賜わったことに始まる。『三代実録』貞観四年七月二十八日条に「右京人中宮少属正八位上道祖史豊富賜㆓姓惟道宿禰㆒。阿智使主之党類。自㆓百済国㆒来帰也」とある。また道祖史永主と高直の二人も貞観七年（八六五）五月二十日に惟道宿禰姓を賜わっている。『三代実録』貞観七年五月二十日条に「左京人造酒令史正六位上道祖史永主。散位大初位下道祖史高直等二人。賜㆓姓惟道宿禰㆒。其先。出㆑自㆓百済国人王孫許里㆒也」とある。

【参考文献】佐伯有清『新撰姓氏録の研究』考証篇第五　〔小原〕

惟宗　これむね　伊統とも書く。秦氏の後裔氏族で姓は朝臣と宿禰とがある。『三代実録』貞観六年（八六四）八月八日条に「右京人内教坊頭従七位下秦忌寸善子賜㆓姓伊統朝臣㆒。弟秦忌寸安雄等賜㆓姓伊統宿禰㆒」とあり、秦忌寸善子が伊統朝臣を秦忌寸安雄が伊統宿禰を賜わっている。また惟宗朝臣については『三代実録』元慶七年（八八三）十二月二十五日条に「左京人従五位下行下野権介秦宿禰永原。従五位下守大判事兼行明法博士秦公直宗。山城国葛野郡人外従五位下行音博士秦忌寸永宗。右京人主計大允正六位上秦忌寸越雄。左京人右衛門少志秦公直本等。男女十九人賜㆓姓惟宗朝臣㆒」とあり、秦宿禰氏・秦公氏・秦忌寸氏の十九人が惟宗朝臣の氏姓を賜わっている。伊統宿禰氏については秦忌寸安雄が賜わるより以前に存在し、『三代実録』貞観二年（八六〇）正月十六日条に「従五位下行造酒正伊統宿禰福代」の名がみえる。これらのうち惟宗朝臣直宗と直本は兄弟であるが、この二人の家系からは多くの明法家が輩出した。讃岐国香河郡（香川県香川郡）を本貫としていたが、元慶元年（八七七）十二月二十五日に本居を改め左京六条に貫附されている。一族の多くは勘解由次官・大判事・明法博士などを兼ね明法家としての活躍が顕著である。直本は『令集解』『律集解』『検非違使私記』を著わし、直本の子公方には不確かながら『本朝月令』の著があると伝えられる。公方の孫允亮は『政事要略』の著者として知られている。彼は惟宗を改め令宗朝臣を称した。

【参考文献】佐伯有清『新撰姓氏録の研究』考証篇第五、利光三津夫「明法博士惟宗国任」（『古代文化』三四―七）、桃裕行『上代学制の研究』、布施弥平治『明法道の研究』、利光三津夫・楊永良・伊能秀明「惟宗直本に関する一考察」（『続日本紀研究』二三二）　〔小原〕

惟良　これよし　太田亮『姓氏家系大辞典』は「コレナガ」と読む。錦部連の後裔氏族。姓は宿禰。惟良宿禰は『類聚国史』巻九十九、叙位、天長九年（八三二）三月乙未条に「授二散位従七位下惟良宿禰春道従五位下一」とあるのが初見である。その後『三代実録』貞観九年（八六七）四月二十五日条に「主税少允従六位上錦部連三宗麻呂。木工少允正六位上錦部連安宗賜二姓惟良宿禰一。其先。百済国人也」とあるが、惟良宿禰の賜姓は惟良宿禰春道の例からも知られるように天長九年以前に遡ることは確実である。一族の人物としては春道が嵯峨・淳和・仁明朝の詩人として知られ『経国集』や『扶桑集』に漢詩を収められ『続日本後紀』にも散見することのほか、貞道が『続日本後紀』天長十年（八三三）十一月庚午条に従五位下を授けられたこと、高尚が少内記正七位下で清和天皇が初めて『史記』を読んだときの都講となったことが『三代実録』貞観十七年（八七五）四月二十八日条にみえ、『三代実録』元慶元年（八七七）十一月二十一日条には従五位下に叙されたことなどがみえている。

【参考文献】佐伯有清『新撰姓氏録の研究』考証篇第五、川口久雄『平安朝日本漢文学史の研究』上・中　〈小原〉

近義　こんぎ　新羅系渡来氏族。のちの和泉国日根郡近義郷（大阪府貝塚市近木）を本拠とした。姓は首。『新撰姓氏録』未定雑姓、和泉国に「近義首。新羅国主角折王之後也」とみえる。近義の氏名は古代朝鮮語の「干（旱）岐」に由来するとの説がある。また近義首氏が郷名と同じ氏名をもつところから、この地の開発は同氏によって進められたことが考えられる。　〈星野良史〉

紺口　こんく　のちの河内国石川郡紺口郷（大阪府富田林市竜泉・甘南備付近と南河内郡河南町の南部、千早赤阪村の北部にかけての一帯）の豪族。姓は県主。『新撰姓氏録』河内国皇別に「紺口県主。志紀県主同祖。神八井耳命之後也」とみえ、多氏・小子部氏などと同族関係に当たる。紺口県主氏はかって紺口の地に置かれていた県を支配した紺口県主の後裔で、河南町の寛弘寺古墳群（築造のピークは四世紀後葉から末葉、六世紀代には激減）がその墳墓とみられる。

【参考文献】山本彰「紺口県主の墳墓—河内寛弘寺古墳群について—」（『末永先生米寿記念献呈論文集』乾所収）　〈星野良史〉

昆解　こんけ　百済系渡来氏族。初め無姓、宝亀六年（七七五）八月に従五位下昆解沙弥麻呂が宿禰の姓を賜わる。ただしその後も無姓の昆解氏が存在した。右の沙弥麻呂はさらに延暦四年（七八五）五月に鴈高（かりたか）宿禰と改賜姓しており、『新撰姓氏録』右京諸蕃下には「鴈高宿禰。出レ自二百済国貴首王一也」とみえる。鴈高は大和国の高円山付近の地名で、昆解宿禰氏の本拠はその地だったのであろう。また承和二年（八三五）五月には右京人丹波権大目昆解宮継・内竪同姓河継らが広野宿禰の氏姓を賜わり、『続日本後紀』は両名を「百済人夫子之後也」と伝える。昆解氏の一族にはほかに天平神護二年（七六六）七月、丹波国天田郡華浪山で得たと称する白鑞の偽物を献じた昆解宮成（従七位上より従六位上を経て外従五位下）がいる。（星野良史）

さ

佐為　さい　饒速日命の後裔氏族で、石上朝臣氏と同祖関係にある。狭井とも書く。『延喜式』神名の大和国城上郡の狭井坐大神荒魂神社の狭井の地名に由来する。姓は連で、天武天皇十三年（六八四）十二月に宿禰となる。『新撰姓氏録』では佐為連を、左京神別上で「速日命六世孫伊香我色乎命之後也」、山城国神別では「八世孫物部牟伎利足尼之後也」、大和国神別では「十七世孫伊己止足尼之後也」とし、また山城国神別で佐為宿禰を六世孫伊香我色雄命の後裔であると記す。『先代旧事本紀』天孫本紀には、饒速日命の十世孫物部印葉連公の子孫物部石持連公が佐為連らの祖とみえる。一族の動向をみると、狭井連佐夜は仁徳天皇の臣下で伯耆国方面へ派遣されたと伝えられ（『播磨国風土記』讃容郡）、狭井連檳榔は斉明天皇七年（六六一）八月に阿倍比羅夫らとともに百済救援に赴き、九月に五千余の軍勢を率いて王子豊璋を本国に衛送している（『日本書紀』天智天皇称制前紀）。追大壹狭井宿禰尺麻呂は文武天皇四年（七〇〇）六月に律令選定の功により禄を賜わっている（『続日本紀』）。このほかに造東大寺司関係で仕丁の佐為（狭井）方万呂、仏工の佐為尺万呂、越前国足羽郡岡本郷の戸主佐為広国（天平神護二年〈七六六〉十月二十一日「越前国司解」）らが知られる。（前沢）

佐伯　さえき　古代有数の軍事的伴造氏族。姓はもと連、天武天皇十三年（六八四）に宿禰。氏名は蝦夷の子孫からなる佐伯部を率いて朝廷に奉仕したことによる。佐伯部の設置目的は宮廷防守にあり、「さえき」は「塞（さえ）ぎる」に由来する。この防守は単に武力によるのでなく、奇怪な習俗をもつ蝦夷の呪術能力によって邪霊の侵入を防いだとする説もある。佐伯部の分布は瀬戸内沿岸地域に密にみられる。佐伯氏の祖先伝承は『古事記』『日本書紀』にないが、大伴氏の同族で大伴室屋の後と称した。この同族説は、『万葉集』の大伴家持の歌などから少なくとも奈良時代には自他ともに認めるところであった。佐伯氏分出の時期は定かではないが、『新撰姓氏録』大伴宿禰条や『伴氏系図』などから五世紀末から六世紀初めころと思われる。朝廷での職掌は宮廷の防守にあったと思われるが、これは佐伯氏が宮城門に名を残す（佐伯門、のちの藻壁門）門号氏族の一つであったことからも確かめられる。この宮廷防守から派生してこの氏は、大化前代には外征や国内軍事行動に随い、その後も蘇我入鹿暗殺事件や壬申の乱にも功をなして朝廷での地歩を固め、奈良時代には天皇から大伴氏と並んで「内兵（うちのいくさ）」と称されるほどに、朝廷守護者として厚い信頼を得た。そしてこの時代にも、衛府高官を輩出し、佐伯石湯が征越後蝦夷将軍に任ぜられ、佐伯伊多智が恵美押勝の乱に功をなすなど軍事面で活躍したが、佐伯氏で初めて従三位・参議となった佐伯今毛人の栄達を藤原種継が「佐伯の氏のかゝることはいまだ侍ず」と評したと『水鏡』にあるごとく、政治的には非力で、総じて中下級貴族の地位に止まった。平安以降は衰えたものの、大嘗会に大伴氏とともに開門の事を掌り、久米舞を奏するなど、形式的にではあるが朝廷守護者としての伝統は保った。氏寺は、佐伯宿禰真守・今毛人兄弟が宝亀年中に平城左京に建立した香積寺（俗称佐伯院、のち移転し東大寺東南院として今日に至る）。佐伯氏には他に連・造・直・首の姓の者があるが、このうち直姓を除く諸氏は勢力が弱く、中央で佐伯宿禰の下にあって活動したと考えられる。それに対して佐伯直は播磨・安芸・讃岐・阿波などに分布し、国造などの後裔で、各地の佐伯部を管理し、必要なときに上番し宮廷の防守に当たったと考えられている。これを中央で指揮統率したのが佐伯宿禰以下の諸氏であったのであろう。各地の佐伯直のうち、安芸佐伯直の後裔は代々厳島神社を奉斎し、なかでも佐伯景弘は平家と結び、安芸守となるなどして同社の発展に尽くした。讃岐佐伯直からは高僧空海・真雅兄弟が出た。佐伯直と古墳については、播磨佐伯直と兵庫県の市川・揖保川流域の古墳、讃岐佐伯直と香川県善通寺市の大麻山山麓にある王墓山古墳を含む数基の前方後円墳との関係などが注目されている。

【参考文献】　直木孝次郎『日本古代兵制史の研究』、井上光貞「大和国家の軍事的基礎」(『日本古代史の諸問題』所収)、佐伯有清「宮城十二門号と古代天皇近侍氏族」(『新撰姓氏録の研究』研究篇所収)、角田文衛『佐伯今毛人』(人物叢書一〇八)〔平野〕

佐伯日奉 さえきの ひまつり 佐伯氏の一族のうち、太陽神の祭祀に係わる日奉部(日祀部)の伴造となった氏族。姓は造。『新撰姓氏録』右京神別上に「佐伯日奉造。天押日命十一世孫語連(かたりのむらじ)之後也」とある。語連(大伴語連)は大伴大連室屋の子で、雄略朝ころの人物。大伴氏の系譜を伝える『古屋家家譜』の談連公条の尻付には「是日奉連祖也」とみえている。〔星野良史〕

栄井 さかい 高句麗系渡来氏族。氏名の栄井は美称か。姓は宿禰。旧氏姓は日置(へき)造で、宝亀八年(七七七)四月に日置造蓑麻呂ら八人が栄井宿禰の氏姓を賜わった。『新撰姓氏録』大和国諸蕃に「栄井宿禰。日置造同祖。伊利須使主男麻弖臣之後也」とある。前記の蓑麻呂は平城左京三条三坊の戸主日置造男成の戸口で、経師に始まってのちに官人となった。栄井宿禰賜姓後は造法花寺長官・陰陽頭を歴任し、延暦二年(七八三)四月には年八十を賀して絁布米塩を賜わった。時に正五位下。ほかに一族には蓑麻呂と同時に栄井宿禰を賜わったとみられる旧姓日置造の道形(通形)がおり、従五位下で主税助・備中守・内蔵助・造兵正などに任ぜられている。〔星野良史〕

酒井 さかい のちの豊前国宇佐郡酒井郷(未詳。大分県宇佐市)の豪族。姓は勝で、渡来系氏族と考えられる。一族には『日本後紀』延暦十八年(七九九)八月丙戌条にみえる酒井勝小常がいる。小常は豊前国宇佐郡の人で、悪行があったことにより隠岐国に配流された。また酒井勝氏はのちに宿禰姓を賜わったらしく、嘉祥二年(八四九)二月十七日付「下姓者叙内階例勘文」(『朝野群載』巻十二)に宇佐宮御馬所検校外従五位下であった酒井宿禰友宗という人名がみえている。『政事要略』に引く延喜十三年(九一三)二月二十五日付太政官符にみえる左大史の酒井宿禰人真(同書の同年八月二十三日付宣旨には「酒井真人」とあり、人真は誤りか)もこの一族であろう。〔星野良史〕

坂合部 さかいべ 境界の画定などに当たった部とその伴造氏族が通説。それ以外に允恭天皇の子の坂合黒彦皇子の名代・子代とする説などもある。境部・堺部とも書く。姓は連であったが、天武天皇十三年(六八四)十二月に宿禰となる。『新撰姓氏録』の摂津国皇別に「坂合部。同(阿倍朝臣のこと)大彦命之後也。允恭天皇御世。造二立国境之標一。因賜二姓坂合部連一」と、氏族名の由来が記されている。同書にはこのほかに、坂合部首について「阿倍朝臣同祖。大彦命之後也」（大和国皇別）、坂合部宿禰について「火明命（火闌降命）八世孫邇倍足尼之後也」（左京神別下・右京神別下）、坂合部について「火闌降命七世孫夜麻等古命之後也」（和泉国神別）と記されている。これによると伴造氏族には大彦命系・火明命系などがあった。このほかに蘇我蝦夷の叔父に当たる境部臣摩理勢（『日本書紀』推古天皇二十年〈六一二〉二月庚午条・『太子伝暦』下）、新羅征討の大将軍となった境部臣雄摩侶（『日本書紀』推古天皇三十一年〈六二三〉是歳条）など、蘇我氏系の者もいた。一族の動向としては、坂合部連磐積（境部・石積にも作る）は遣唐学生（『日本書紀』白雉四年〈六五三〉五月壬戌条或本）、天智天皇四年（六六五）には遣唐使となり、同六年（六六七）十一月に筑紫都督府に帰着、天武天皇十一年（六八二）三月には命により新字一部四十四巻を造っている。坂合部連磐鍬（石布・石敷にも作る）は斉明天皇二年（六五六）九月に遣高麗副使、同五年（六五九）七月には遣唐使となるが、逆風に遭って南海の爾加委嶋に漂着し、殺害されている。この遣唐使には坂合部連稲積も同行し、難を逃れて洛陽に至っている（以上『日本書紀』）。このほか、斉明天皇四年（六五八）十一月に有馬皇子の変に連坐して尾張国に流されたが、壬申の乱に際しては近江軍の将として闘い敗死した坂合部連薬、文武天皇四年（七〇〇）六月に律令選定の功により禄を賜わった坂合部宿禰唐などが知られる。畿内・越前国に分布がみられ、対外交渉・学問の分野での活躍が目立つ。

【参考文献】佐伯有清『新撰姓氏録の研究』考証篇第二・三、本位田菊士「境部に関する若干の考察」（『日本古代国家形成過程の研究』所収）、加藤謙吉「境部の職掌について」（『律令制と古代社会』所収）

（前沢）

坂田　さかた　継体天皇の皇子中皇子を祖とする皇族氏族。姓は君（公）で、天武天皇十三年（六八四）の「天武八姓」で、息長・酒人氏らとともに真人を賜う。『日本書紀』継体天皇元年（五〇七）三月条に、根臣の女広媛所生の中皇子が坂田公の祖とあり、『新撰姓氏録』右京皇別に「坂田真人。出レ自二諡継体皇子仲王之後一也」とあり、坂田氏が継体天皇に出自することが判明する。近年発見された天平八年（七三六）ごろとされる平城京「二条大路木簡」に、「上坂田郷野家里戸主坂田真人茜麻呂」や「上坂郷戸主坂田真人須我而」などがみえ、その本拠が近江国坂田郡にあることは間違いなく、中皇子の兄菟皇子を祖とし同じく近江国坂田郡上坂郷（滋賀県長浜市上坂町）を本拠とする坂田酒人氏とも親密な関係にあったことが推測される。坂田君氏で史上にみえるのは『日本書紀』欽明天皇三十二年（五七一）三月条に新羅に使した坂田耳子郎君が初見で、敏達天皇十四年（五八五）三月条にも任那に派遣されたとして坂田耳子王の名がみえる。二人は同一人物で、後者に「王」とあるところから未だ王族であったともみられるが、継体天皇元年三月条に継体妃広媛の父とみえる坂田大跨王もやや問題は残るが、坂田氏の祖先である可能性が大きい。その後、坂田氏の消息は絶えるが、天武天皇五年（六七六）九月条に壬申の功臣として没後に大紫位を賜与された坂田公雷が知られ、雷の存在が天武天皇十三年（六八四）の真人賜姓の一つの背景をなしていたとみられる。奈良時代の坂田氏の動向は、さきの「二条大路木簡」のほかさらに明確でないが、『正倉院文書』にみえる造東大寺司の官人坂田池主や東大寺写経所経師坂田乙麻呂、東大寺大仏殿造営に係わった里人画師坂田国益らは、姓は明記されないものの坂田氏の一族である可能性が大きい。（大橋）

坂田酒人　さかたの さかひと　近江国坂田郡上坂郷（滋賀県長浜市上坂町）を本拠とする豪族。坂田を略して酒人とのみ称する場合もあったらしい。姓は君（公）。天武天皇十三年（六八四）真人を賜う。『古事記』応神天皇段の「若野毛二俣王系譜」に、息長君らとともに酒人君が若野毛二俣王の子意富富杼王を祖とすることがみえ、『日本書紀』継体天皇元年（五〇七）三月条には、継体妃広媛所生の菟皇子が酒人公の祖であることがみえる。坂田酒人氏の中央での動向は、『新撰姓氏録』左京皇別に「坂田酒人真人。息長真人同祖」とあるだけで具体的には全く判明しない。ただその複姓にみえる「酒人」は、部民制の前身をなすいわゆる「人制」に係わるものともみられ、坂田酒人氏が、古くより中央とのつながりをもっていたことを推測させる。坂田酒人氏の一族で史上にみえるのは、近年発見された天平八年（七三六）前後とされる平城京「二条大路木簡」にみえる、「上坂郷戸主坂田酒人真人乙刀麻呂」が初見で、それ以降、『正倉院文書』天平十九年（七四七）「坂田郡司解」に坂田郡大領とみえる坂田酒人真人新良貴、天平宝字六年（七六二）「坂田郡上坂郷長解写」に、坂田郡少領とみえる坂田酒人真人（名欠）や、坂田郡上坂郷長坂田酒人公田狭などで、同氏が坂田郡上坂郷を本拠とする豪族で、譜代の郡領氏族として活躍していたことが知られる。なお、坂田郡上坂郷の故地、長浜市上坂町を中心とする地域には、全長九二メートルの前方後円墳上坂茶臼山古墳をはじめ、垣籠古墳・丸岡塚古墳・越前塚古墳など四世紀後半代から六世紀中葉に至る十基前後の首長墓の分布が知られており、その背景を窺うことができる。

【参考文献】大橋信弥『日本古代国家の成立と息長氏』、同「坂田酒人氏について—平城京「二条大路木簡」の発見と関連して—」（『滋賀県文化財保護協会紀要』五所収）　（大橋）

坂戸物部　さかとの もののべ　坂戸物部の氏名のうち、坂戸はのちの河内国古市郡尺度（さかと）郷（大阪府羽曳野市尺度）の地名にもとづき、物部はかつて伴としての物部であったことにもとづく。『新撰姓氏録』未定雑姓、右京に「坂戸物部。神饒速日命天降之時従者。坂戸天物部之後也」とみえる。また『先代旧事本紀』天神本紀には、饒速日尊の天降の際に、「五部造為㆓伴領㆒。率㆓天物部㆒天降供奉」とあり、五部造の一つに坂戸造をあげ、さらに「天物部等二十五部人。同帯㆓兵杖㆒天降供奉」とあって、二十五部の一つに「須尺物部」をあげるが、この「須尺物部」は、諸本に「酒人物部」とあるのが正しく、坂戸物部と同じとみられる。坂戸物部氏の一族の人名は史料にみえない。　（篠川）

坂名井　さかない　武内宿禰の子、若子宿禰の後裔と伝える氏族。氏名は『日本書紀』継体即位前紀にみえる三国の坂中井（『和名抄』に越前国坂井郡。現在の福井県坂井郡）の地名にもとづく。姓は臣。『越中石黒系図』は若子宿禰の子、真猪宿禰を江沼臣・坂名井臣の祖としている。『三代実録』仁和元年（八八五）四月五日条に無姓の坂名井氏である坂名井子縄麻呂の名がみえる。子縄麻呂はそのころ信濃国にいた人物で、あるいは国司の一員であったか。

【参考文献】佐伯有清『古代氏族の系図』　（星野良史）

坂上　さかのうえ　漢の皇室の後裔を称する渡来系氏族。漢氏の枝氏である。氏の名は坂上里（奈良市法華寺町西北辺り）の地名にもとづく。旧姓は漢直、あるいは東漢直・倭漢直・東漢坂上直・坂上直。のちに連・忌寸・大忌寸・大宿禰と変遷した。祖先伝承は、延暦四年（七八五）六月癸酉（十日）に宿禰への改姓を願った坂上大忌寸苅田麻呂らの上奏に「臣等本是後漢霊帝之曾孫阿智王之後也、漢祚遷㆑魏、阿智王因㆓神牛教㆒、出行㆓帯方㆒、忽得㆓宝帯瑞㆒、其像似㆓宮城㆒、爰建㆓国邑㆒、育㆓其人庶㆒、後召㆓父兄㆒告曰、吾聞、東国有㆓聖主㆒、何不㆓帰従㆒乎、若久居㆓此処㆒、恐取㆓覆滅㆒、即携㆓母弟迀興徳、及七姓民一、帰レ化来朝、是則誉田天皇治二天下一之御世也」とある。また『新撰姓氏録』右京諸蕃には「坂上大宿禰、出レ自二後漢霊帝男延王一也」とある。また、『日本書紀』には欽明天皇三十一年（五七〇）七月に高句麗の使者を近江に出迎えた東漢坂上直子麻呂や、推古天皇二十八年（六二〇）十月に檜隈陵を砂礫石で葺いた倭漢坂上直らの名がみえており、坂上氏が阿知使主を祖とする東漢氏の有力な枝氏であることが知られる。同じく天武天皇元年（六七二）六月の壬申の乱の記事中に天皇側にいて功をあげた人に坂上直国麻呂・坂上直熊毛・坂上直老の名がみえ、ただ坂上直とのみ称した。なお、別本の『坂上系図』には阿智使主の子で応神天皇二十年九月来朝の都賀使主の玄孫たる志努直に「初賜坂上姓」と注記している。姓は天武天皇十一年（六八三）五月甲辰（十二日）に連を賜わり、同十四年（六八五）六月甲午（二十日）には忌寸を賜わった。さらに天平宝字八年（七六四）九月乙巳（十一日）には藤原恵美朝臣押勝の乱において押勝の子の訓儒麻呂を射殺した坂上苅田麻呂は大忌寸を賜わり、延暦四年の前掲の上奏では「臣苅田麻呂等、失二先祖之王族一、蒙二下人之卑姓一、望請、改二忌寸一蒙レ賜二宿禰姓一」と宿禰の賜姓を願って許された。この件は、『坂上系図』には「延暦四年、苅田丸改二大忌寸一賜二大宿禰姓一、自余或只為二宿禰一、或留二忌寸一也」とあり、また『続日本紀』延暦五年正月戊戌（七日）条の薨伝にも「坂上大宿禰苅田麻呂」とあって、大宿禰を賜わったことが知られる。この薨伝に「苅田麻呂家世事二弓馬一善二馳射一、宿二衛宮掖一、歴二事数朝一、天皇寵遇優厚」とあるように、坂上氏は尚武の家門であり、苅田麻呂の子で延暦十年（七九一）の蝦夷征討に大功をあげ、同十六年十一月丙戌（五日）に征夷大将軍となった坂上田村麻呂はことに著名である。以後、田村麻呂の家系が盛えて、三男の浄野の後裔には是則・望城らの歌人や、範政・明兼・兼成・明基・明政・明盛ら多くの明法博士が輩出した。

【参考文献】 関晃「倭漢氏の研究」（『史学雑誌』六二―九）、同『帰化人』、高橋崇『坂上田村麻呂』（人物叢書）、直木孝次郎「壬申の乱と坂上氏」（『続日本紀研究』一―一）
（浜田）

酒人　さかひと　かつて朝廷で酒のことを掌った㈠酒人（部）の伴造の後裔、㈡酒人（部）の後身の氏族。氏名は『日本書紀』（A）崇神天皇八年四月乙卯条の「掌酒、此云二佐介弭苔（さかびと）一」にもとづく。㈠①㋑公（㋺君）姓。天武天皇十三年（六八四）十月に真人姓を賜わる。祖を㋑酒人公氏は継体天皇の皇子兎皇子（王）とし（A継体元年三月癸酉条、『新撰姓氏録』（B）大和国皇別・酒人真人条、同未定雑姓・右京・酒人小川真人条）、㋺酒人君氏は応神天皇の孫意富富杼（おおほど）王とする（『古事記』応神天皇段）。これは㋺が一族の出自をより古くするために㋑の伝承を遡らせて意富富杼王の系譜に結びつけたものであろう。②君姓。①とは別氏。大国主神の後裔忍踸（おしみか）足尼を祖とする（鴨脚家本B残簡、大和国神別・賀茂朝臣条逸文）。③造姓。開化天皇の孫狭穂彦命を祖とする（B河内国皇別、酒人造・日下部連条）。④忌寸姓。紀酒人氏の枝氏。応神朝に渡来したという阿智王の孫志努直の子鳥直を祖とする（『坂上系図』所引B逸文）。旧氏名は紀酒人。姓は初め直、天武十二年十月に連、同十四年六月に忌寸となり、独立して酒人忌寸氏となる。⑤連姓。㈠の氏人には①に弘仁三年（八一二）八月に上野国の大掾を罷免された酒人真人々上、④に天応元年（七八一）十一月に従七位下から外従五位下に昇叙した酒人忌寸刀自古、⑤に山背国愛宕郡出雲郷雲下里の人で亀神三年（七二六）に六十二歳であった酒人連鳥木売がいる。同族には①に酒人小川真人氏、③に日下部酒人連・草鹿酒人宿禰氏があるが、和銅四年（七一一）八月に鴨部氏となった酒部君大田らは②の同族の人か。また㈠には複姓氏族が多く、前記（酒人小川真人氏は別）のほかに坂田酒人・中臣酒人・大和酒人の諸氏が知られるが、複姓氏族もかつて酒人（部）を管掌したのであろう。㈡無姓、部姓の酒人氏は河内・近江・御野（美濃）・越前など諸国に分布する。

【参考文献】直木孝次郎「人制の研究」（『日本古代国家の構造』所収）、佐伯有清『新撰姓氏録の研究』考証篇第一・二・三

（星野良作）

酒人小川　さかひとのおがわ　皇族出自氏族。氏名のうち酒人はかつて酒人部を管掌していたことにもとづき、また小川はのちの近江国高島郡小川（滋賀県高島郡安曇川町上小川・下小川）の地名によるものか。姓は真人。『新撰姓氏録』未定雑姓、右京に「酒人小川真人。男太跡天皇〈諡継体〉皇子菟王之後也」とみえる。同族に酒人公（のち真人）氏があり、やはり兎王の後裔であると伝えている。

（星野良史）

酒部　さかべ　かつて造酒に従事した㈠酒部の伴造の後裔、㈡酒部の後身の氏族。㈠①祖を㋑景行天皇の皇子神櫛王（A『古事記』景行天皇段、『新撰姓氏録』のB和泉国皇別・酒部公条）、㋺同皇子三世孫足彦大兄王（同、C右京皇別下・酒部公条）とする。Cに足彦大兄王の子孫らしい麻呂が造酒に当たる男子の

職掌名と考えられる酒看都（さかみず。酒水のこと）子の号を賜わったので酒看都を氏としたとあるのによると、旧氏名は酒看都（同語の氏名の酒見君氏は同氏か）。姓は公（君）。ただしＡに神櫛王は「木国之酒部阿比古、宇陀酒部之祖」とあり、木（紀伊）国の酒部の伴造氏族である酒部阿比古の姓は初め阿比古、のちに酒部公を称するようになったらしく、八世紀以降の史料に紀伊国の酒部公氏の氏人がみえる。また㋑・㋺のいずれに属するかは未詳であるが、酒部公（君）氏の人々は八世紀初めから十世紀末にかけて知られる。なお酒部公氏は令制では造酒司の伴部である酒部の負名氏と考えられる。②連・造姓。祖先伝承未詳。八世紀の下級貴族に酒部連相武、酒部造上麻呂・家刀自がいる。㈡部姓。越前・紀伊・下野・讃岐の諸国に分布する。なお後身氏族は未詳であるが、酒部は上記の大和国宇陀（Ａ）・和泉国（Ｂ）のほか、近江国にも設定されたらしい。

【参考文献】　佐伯有清『新撰姓氏録の研究』考証篇第二　（星野良作）

相模　さがみ　相模国（神奈川県の西半）を本拠とした豪族。姓は宿禰。旧氏姓は漆部直で、神護景雲二年（七六八）二月に漆部直伊波が相模宿禰の氏姓を賜わり、同時に相模国国造に任ぜられた。伊波は相模国を出て中央に仕え、天平宝字八年（七六四）九月には恵美押勝の乱における功績によって従五位下、翌年正月には勲六等を授けられた。前記の国造任命もこの戦功によるものであろう。一族はその後も畿内に止どまったらしく、仁和元年（八八五）九月には大和国添上郡百姓従七位上相模宿禰阿古麻呂および従八位下門主・従八位上魚麻呂の三戸が河内国渋川郡に移貫を願い出て許されている。それによれば、阿古麻呂らの父正六位上相模宿禰仁麻呂はもと添上郡八嶋郷の人で、弘仁五年（八一四）河内大目に任ぜられて退任後も渋川郡邑智郷に居住していたという。ほかに無姓の相模氏には天平宝字年間ころの画師で東大寺大仏殿の彩色に携わった相模真人がいる。
（星野良史）

坂本　さかもと　武内宿禰後裔氏族の一つ。和泉国和泉郡坂本郷（大阪府和泉市坂本町）を本貫とする。姓は臣で、天武天皇十三年（六八四）十一月朝臣を賜姓される。『古事記』孝元天皇段に建内宿禰の子木角宿禰が、木臣・都奴臣・坂本臣の祖であるとし、安康天皇段にも大日下王を讒死させた根臣が坂本臣らの祖とある。また、同様の所伝を載せる『日本書紀』にも雄略天皇十四年四月条に根使主の後を坂本臣としたとある。『新撰姓氏録』左京皇別上と和泉国皇別に紀朝臣同祖、武内宿禰の男紀角宿禰の後、紀角宿禰の男白城宿禰の三世孫建日臣が、居地によって坂本臣を賜わったとある。坂本臣の一族としては、『日本書紀』欽明天皇二十三年（五六二）七月条に征新羅将軍河辺臣瓊缶の妻として、新羅の虜となった坂本臣の女甘美媛をはじめ、崇峻天皇即位前紀七月条に守屋討滅軍の将とみえ、推古天皇九年（六〇一）三月条に任那救援のため百済に派遣された坂本臣糠手、天武天皇元年（六七二）七月条に天武方の武将として活躍、同二年五月条に大錦上で卒し、壬申の年の功により小紫位を賜与された坂本臣財などがみえ、朝臣賜姓後でも『続日本紀』文武天皇元年（六九七）十一月条に迎新羅使として筑紫に遣わされた坂本朝臣鹿田や、同神亀二年（七二五）閏正月条以下に征夷将軍としてみえる坂本朝臣宇頭麻佐など外交や軍事に係わる者を多く輩出しており、紀氏とほぼ同じ歩みをとっている。坂本朝臣のほかにも坂本を氏名とする氏族がある。『続日本紀』天応元年（七八一）六月条に朝臣姓を賜わった和泉国和泉郡人坂本臣糸麻呂ら六十四人は、天武天皇十三年以後も臣姓を称していたとみられるし、『三代実録』元慶五年（八八一）四月条にみえる坂本臣勝守は、その後も臣姓を称していたとみられる。『新撰姓氏録』摂津国皇別にも坂本臣がみえ、紀朝臣同祖彦太忍信命の孫武内宿禰の後とあり、坂本朝臣の一族ないし配下の可能性がある。〔大橋〕

栄山　さかやま　唐人の後裔氏族。氏名の栄山は美称か。姓は忌寸。『新撰姓氏録』左京諸蕃上には「栄山忌寸。唐人正六位上〈本国岳（司兵の誤か）賜録〉晏子欽入朝焉。沈惟岳同時也」「栄山忌寸。唐人正六位上〈本判官賜録〉徐公卿入朝焉。沈惟岳同時也」という二系統の栄山忌寸氏を載せている。晏子欽・徐公卿はともに遣唐使高元度が天平宝字五年（七六一）に帰朝した際、随伴者として来日した唐の使節（大使は沈惟岳）であったが、唐の内乱で帰国できず、延暦三年（七八四）六月に両名が栄山忌寸の氏姓を賜わった。『類聚国史』巻七十八、賞賜、延暦十七年六月戊戌条に唐人官奴権令史正六位上栄山忌寸諸依・造兵権大令史正六位上栄山忌寸千嶋という人名がみえ、これらはそれぞれ晏子欽もしくは徐公卿に当たると考えられる。おそらく賜姓と同時に名も日本風の諸依・千嶋と改めたのであろう。なお延暦六年四月にも唐人王維倩・朱政が栄山忌寸の氏姓を賜わっている。

【参考文献】　佐伯有清『新撰姓氏録の研究』考証篇第四　〔星野良史〕

前　さき　のちの薩摩国に居住した隼人の豪族。姓は君。一族の人に前君乎佐がおり、天平八年（七三六）度「薩摩国正税帳」の薩摩郡と推定される部分に少領外正七位下勲八等としてみえる。前君氏の本拠地はおそらくこの薩摩国薩摩郡（鹿児島県川内市の南部と薩摩郡樋脇町・入来町）だったのであろう。前記の乎佐は天平十五年七月、石原宮で隼人らに饗を賜わった際に外正六位上より外従五位下に叙せられている。天平勝宝元年（七四九）八月、大隅・薩摩隼人が御調を貢し土風歌舞を奏したおり外従五位上に進み、天平宝字八年（七六四）正月には外正五位下に叙せられた。（星野良史）

三枝部　さきくさべ　顕宗天皇の名代三枝部の伴造氏族。福草部にも作り、姓は造。『日本書紀』天武天皇十二年（六八三）九月条に福草部造らに連姓を賜うとある。『古事記』天安河誓約段の天津日子根命の割注に額田部湯坐連・三枝部造などの祖とあり、『新撰姓氏録』左京神別下・大和国神別に三枝部連がみえ、額田部湯坐連同祖、天津彦根命十四世孫達己呂命の後とあり、顕宗天皇の御世、諸氏の人々を召して饗宴を催した際、三茎の草が宮庭に生育したのを採取して奉献したので三枝部造の姓を負うことになったとある。『日本書紀』顕宗天皇元年三月条・同二年三月条・同三年三月条に曲水の宴を催したことがみえ、同三年四月条には福草部を置いたことがみえる。福草は、『延喜式』治部省条に瑞草とあって、瑞草とみられるが『和名抄』巻第二十、草木部にみえる「蕩」「薺芘」の和名に「佐木久佐」とあり薬草ともみられる。三枝部造・三枝部連を称する人物は史上にはみえず、三枝直・三枝部を称する人としては、『続日本後紀』承和十一年（八四四）五月条に甲斐国山梨郡人三枝直平麻呂がみえるほか、『正倉院文書』の養老五年（七二一）「下総国葛飾郡大嶋郷戸籍」や養老五年類載「陸奥国戸籍」に三枝部古与理売・三枝部阿尼売・三枝部伊良売・三枝部毋知・三枝部古奈など多くの人名がみえる。（大橋）

辟秦　さくはた　渡来系氏族。一族の辟秦法麻呂は摂津国豊嶋郡手嶋郷の戸主。その戸口の諸上は天平年間ころ経師として写経所に出仕していた。また『続日本後紀』承和四年（八三七）九月甲戌条に、摂津国人右衛門医師辟秦真身・武散位同姓仲主ら三烟が本姓を改め秦勝の氏姓を賜わったとある。これらの例からみて、辟秦氏はおもに摂津国に居住していたらしい。（星野良史）

桜井　さくらい　蘇我稲目大臣の後裔氏族の一つ。河内国石川郡桜井（大阪府富田林市桜井）に因んだ氏名といわれている。姓は臣で、『日本書紀』天武天皇十三年（六八四）十一月条に桜井臣ら五十二氏に朝臣を賜うとある。『新撰姓氏録』左京皇別上に桜井朝臣があり、石川朝臣同祖、蘇我石川宿禰の四世孫稲目宿禰大臣の後とみえる。桜井臣の一族のなかで記録にみえるのは、『日本書紀』舒明天皇即位前紀（六二八）の桜井臣和慈古のみで、山背大兄王が三国王とともに蘇我蝦夷臣のもとに遣わし、皇嗣問題について正したことがみえる。欽明妃の蘇我稲目の女堅塩媛所生の皇子に桜井皇子があり、このころに蘇我氏と桜井の地のつながりができたと推定されている。これらの点から和慈古は、実際に稲目の子で桜井臣を称することになったと推定されている。やや新しい史料で桜井を称する者に『平安遺文』延長七年（九二九）「七条令解」に付載されている延喜十九年（九一九）「左京職判」に左京大属としてみえる桜井観蔵、『貞信公記抄』承平元年（九三一）四月条に検非違使とみえる桜井右弼、天慶九年（九四六）十一月条に卯日供奉神饌采女とみえる桜井男子らは桜井朝臣の一族とみられる。同じく桜井を氏名とする氏族に東漢氏一族の桜井宿禰が知られる。『新撰姓氏録』右京諸蕃上に坂上大宿禰同祖都賀直四世孫東人直の後とみえる。『正倉院文書』天平宝字七年（七六三）正月の「東大寺造物所舎人等夾名解」にみえる桜井黒万呂や、「東大寺写経所解」に木工としてみえる桜井持万呂らはこの一族であろう。（大橋）

桜井田部　さくらいのたべ　のちの河内国石川郡桜井（大阪府富田林市桜井）の地に設置された桜井屯倉の田部を管掌した氏族。姓は初め連、天武天皇十三年（六八四）十二月に宿禰を賜わる。出自に関しては『先代旧事本紀』国造本紀に「穴門国造。纏向日代朝御世。以二桜井田部連同祖。邇伎都美命四世孫速都鳥命一。定二賜国造一」とあるのが参考となろう。『日本書紀』応神天皇巻に桜井田部連男鉏の妹糸媛（『古事記』では桜井田部連の祖、嶋垂根の女糸井比売）が応神妃となって隼総別皇子を生んだと伝え、ほかに氏人には安閑天皇紀二年九月丙午条にみえる桜井田部連（名欠）、崇峻即位前紀にみえる桜井田部連胆渟らがいる。桜井田部連（名欠）は県犬養連・難波吉士とともに屯倉の税を掌り、また胆渟は河内の餌香川原で戦死したのち飼犬がその骸を守ったという。なお桜井屯倉は安閑天皇紀元年十月甲子条が初見で、所在地については河内国河内郡桜井郷（大阪府東大阪市池島付近）説もある。

【参考文献】岸俊男「県犬養橘宿禰三千

代をめぐる臆説」(『宮都と木簡』所収)　〔星野良史〕

桜嶋　さくらしま　出自未詳。姓は連・宿禰。旧姓は横度(よこわたり)で、神護景雲三年(七六九)四月に大和国添上郡人正八位下横度春山が桜嶋連の氏姓を賜わった(『続日本紀』)。桜嶋連氏はのちに宿禰姓を賜わったらしく、安和元年(九六八)十月十一日付「太政官請頒進状」(『類聚符宣抄』第四)に大外記正六位上桜嶋宿禰忠信の名がみえている。　〔星野良史〕

桜田　さくらだ　渡来系氏族。氏名の桜田は地名に由来すると考えられるが未詳。姓は連。『新撰姓氏録』大和国諸蕃に「桜田連。己智同祖。諸歯王之後也」とあり、一族には神護景雲四年(七七〇)四月一日「井功并用物勘注文」(『東大寺要録』国宝本二)にみえる大和国員外目従六位下桜田連春山がいる。　〔星野良史〕

桜野　さくらの　渡来系氏族。姓は首。『新撰姓氏録』左京諸蕃上に「桜野首。武生宿禰同祖。阿浪古首之後也」とみえるように西文(かわちのふみ)氏系の氏族で、本拠地は河内国古市郡付近であったと考えられる。桜野首氏の祖阿浪古首は、同書左京諸蕃上の武生宿禰条に「王仁孫阿浪古首」とある。　〔星野良史〕

雀部　さざきべ　武内宿禰後裔氏族の一つで、仁徳天皇の名代雀部の伴造氏族。大膳職・内膳司の膳部を世襲する負名氏。姓は臣で、『日本書紀』天武天皇十三年(六八四)十一月に朝臣を賜姓された。『古事記』孝元天皇段に建内宿禰の子許勢小柄宿禰が許勢臣・雀部臣・軽部臣の祖とあり、『新撰姓氏録』左京皇別上・摂津国皇別には、巨勢朝臣同祖・建内宿禰の後裔星川建彦宿禰が応神天皇の御世、皇太子大鷦鷯尊に代わって御膳を掌監したのに因んで大雀臣の名を賜わったとあり、膳部を職掌としていたことが示されている。雀部朝臣一族には、『続日本紀』天平勝宝三年(七五一)二月条に内膳司の典膳としてみえる雀部朝臣真人や『三代実録』貞観七年(八六五)八月条に内膳典膳としてみえる雀部朝臣祖道などのように膳部の職掌を継承している者がみえるほか、雀部朝臣東女・雀部朝臣陸奥・雀部朝臣広持らの名が記録にみえる。雀部氏には、神八井耳命の後裔を称する雀部臣があり、『古事記』神武天皇段や『新撰姓氏録』和泉国皇別にその名がみえる。また同じく神八井耳命裔を称する雀部造が『古事記』神武天皇段にみえるが、具体的な人名は知られていない。さらに『先代旧事本紀』天孫本紀に饒速日尊の九世孫弟彦命の弟玉勝山代根古命が雀部連らの祖とみえる。雀部連の一族としては、『藤原宮木簡釈文』一に雀部連乙麻呂がみえるほか、十、十一世紀の史料に表われる雀部宿禰もその後裔と考えられている。このほか雀部君・雀部直の存在も知られるが、雀部を称する人名も参河・下総・常陸・下野・丹波・但馬・長門・紀伊・阿波・讃岐などに広く分布することが知られる。

【参考文献】直木孝次郎「巨勢氏祖先伝承の成立過程」(『日本古代の氏族と天皇』所収)〔大橋〕

佐々貴山　ささきやま　近江国蒲生郡篠笥郷(滋賀県蒲生郡安土町)を本拠とする豪族。狭狭城山・佐佐紀山にも作る。姓は君(公)。『日本書紀』顕宗天皇元年五月条に狭々城山君韓帒宿禰が罪を得て陵戸とされたのち、妹置目の功によりその兄倭帒宿禰に本姓狭々城山君氏を賜うとあり、『古事記』安康天皇段にも韓帒を淡海之佐佐紀山君の祖としている。また『日本書紀』孝元天皇七年二月条に狭々城山君が阿倍臣・膳臣など七族とともに大彦命を始祖とする所伝があり、『新撰姓氏録』左京皇別上・摂津国皇別に阿倍氏同祖、大彦命の後とあって、大彦命後裔氏族の一つであったことが知られる。佐々貴山君の一族としては、右にみた韓帒宿禰・倭帒宿禰、その妹置目の名が安康記・顕宗記・顕宗紀にみえ、市辺押磐皇子謀殺に連坐した韓帒が陵戸に充てられ、山守を兼ね、山部連氏の配下となったとみえる。これらの所伝は、韓帒・倭帒の名に示されるごとく後世に述作されたものであるが、佐々貴山公が「山君」と称し山部と係わることから構想されたのであろう。佐々貴山公の本拠は、右の所伝が蒲生郡を舞台としていることや、『続日本紀』天平十六年(七四四)八月条に紫楽宮の大火の防火に功のあった蒲生郡大領佐々貴山君親人・神前郡大領佐々貴山君足人がみえることからも裏づけられる。また、一族からは宮廷の後宮に出仕する者が多く、『万葉集』巻十九にみえる内侍佐々貴山君(欠名)をはじめ、『続日本紀』延暦四年(七八五)正月条にみえる佐々貴山公由気比、同延暦六年四月条にみえる佐々貴山公賀比、『三代実録』貞観二年(八六〇)十一月条にみえる佐々貴山公宮子などが知られる。なお蒲生郡安土町宮津に所在する瓢簞山古墳、常楽寺山に所在する常楽寺古墳群は、佐々貴山公に係わるものとみられているが、とくに瓢簞山古墳は、近江で最大・最古期に属する前方後円墳として著名である。

【参考文献】岡田精司「古代豪族佐々貴山君」(『蒲生野』二所収)〔大橋〕

楽浪　さざなみ　百済系渡来氏族。一族には八世紀前半に官人として活躍した楽浪河内がいる。河内は天智天皇二年（六六三）百済滅亡に際して日本に渡来した沙門詠の子で、神亀元年（七二四）五月、高丘（たかおか）連の氏姓を賜わった。のち神護景雲元年（七六七）三月に河内の子の高丘連比良麻呂が宿禰姓を賜わったとき「河内国古市郡人」とあるので、楽浪氏の本拠も古市郡の地であったことが知られる。河内は文章道に優れ、天平勝宝六年（七五四）正月には従五位上より正五位下に叙せられた。極官は大学頭。なお高丘連（宿禰）氏については『新撰姓氏録』河内国諸蕃に「高丘宿禰。出レ自二百済国公族大夫高侯之後広陵高穆一也」とみえる。（星野良史）

佐自努　さじぬ　崇神天皇の皇子豊城入彦命の後裔と伝える氏族。姓は公。『新撰姓氏録』右京皇別上に「佐自努公。同レ上（豊城入彦命四世孫大荒田別命之後也）。日本紀漏」とみえる。また未定雑姓、河内国にも「佐自努公。豊城入彦命之後也」とあり、この氏の本拠地が河内国にあったことが窺われる。一族には天平宝字五年（七六一）ころの人で平城右京人従八位上（経師か）佐自努公美豆太がおり、正倉院御物白布袍の墨書にみえる佐自努前守も同族であろう。（星野良史）

佐須岐　さすき　大隅国（鹿児島県の東半）に居住した隼人の豪族。姓は公。一族の外従七位上佐須岐君夜麻等久久売は天平元年（七二九）七月、大隅国姶孋郡少領外従七位下勲七等加志君和多利とともに調物を貢して並びに外従五位下に叙せられた。同十五年七月に石原宮で隼人らに饗を賜わった際、夜麻等久久売は外従五位上より外正五位下に進められている。（星野良史）

佐太　さた　東漢氏系の渡来氏族。姓は宿禰。旧姓は忌寸でその前は直であったとみられる。『新撰姓氏録』右京諸蕃上に佐太宿禰がみえ、坂上大宿禰同祖、都賀直の三世孫兎子直の後とある。河内国茨田郡に佐太郷があり（大阪府枚方市蹉跎）、その地名と係わるとされている。『続日本紀』延暦四年（七八五）六月条に坂上・内蔵など十姓十六人とともに忌寸から宿禰に改姓されたとある。佐多氏の一族としては、『続日本紀』慶雲元年（七〇四）正月条や和銅三年（七一〇）四月条に叙位記事がみえ、丹波守になったとある佐太忌寸老や、同天平神護元年（七六五）正月条や神護景雲三年（七六九）五月条などに叙位・任官記事があり、外従五位下で左平準令や称徳天皇御大葬の養役夫司・相模介などを歴任した佐太忌寸味村など中・下級官人として活躍する者のほか、『正倉院文書』

神亀三年（七二六）「山背国愛宕郡出雲郷雲上里計帳」に戸主出雲臣真足の戸口で戸主妻とみえる佐太忌寸意由売や、八世紀前半とみられる滋賀県野洲郡中主町森ノ内遺跡出土の第一号木簡に野洲郡某郷の「戸主佐多□□」がみえ、各地に居住する者もみられる。延暦四年以降も忌寸姓を称する者に『日本後紀』弘仁三年（八一二）二月条にみえる佐太忌寸豊長や、『続日本後紀』承和二年（八三五）十月条にみえる佐太忌寸道成・佐太忌寸道純などがあり、道成・道純の兄弟は同条に滋原宿禰を賜姓され八多真人同族とあり、別系統とも考えられるが、この主張は仮託であり、本来は佐太宿禰の一族とみるべきであろう。

【参考文献】関晃『帰化人』（大橋）

貞　さだ　仁明天皇の後裔氏族。氏名の貞は美称とみられる。姓は朝臣。貞観八年（八六六）三月、沙弥深寂が貞朝臣の氏姓と登の名を賜わり、正六位上の位を得て平安右京一条一坊の地に貫せられた。登は仁明天皇の更衣三国氏の子で、承和の初め源朝臣の氏姓を賜わったが、その後母の過失によって属籍を削られ出家入道していた。貞朝臣賜姓後、貞観九年正月に従五位下、元慶元年（八七七）正月には従五位上に昇り、仁和元年（八八五）正月には備中守に任ぜられている（『三代実録』）。（星野良史）

沙宅　さたく　百済系渡来氏族。百済の官人としての沙宅氏には『日本書紀』欽明天皇四年十二月条にみえる上佐平沙宅己妻、斉明天皇六年七月乙卯条の注などにみえる大佐平沙宅千福がおり、ともに佐平（百済の官位の第一位）の位をもつ高官であった。沙宅氏は百済の滅亡によって日本に亡命し、一族の沙宅紹明は天智朝に法官大輔・大錦下となり、また皇太子大友皇子の学士を務めた。天武天皇二年（六七三）閏六月に没したとき、天皇から外小紫位と本国百済の大佐平位をあわせ贈られている。ほかに一族には持統天皇五年（六九一）十二月に銀二十両を賜わった呪禁博士沙宅万首、神護景雲二年（七六八）七月に従五位下に叙せられた女孺沙宅万福らがいる。（星野良史）

薩摩　さつま　薩麻にも作る。のちの薩摩国薩摩郡（鹿児島県川内市の南部と薩摩郡樋脇町・入来町）を本拠とした隼人の豪族。姓は君（公）。『先代旧事本紀』国造本紀に「薩摩国造。纒向日代朝御世。伐二薩摩隼人一鎮レ之。難波高津朝御世。日佐改為レ直」と伝える薩摩国造家の後裔と考えられる。天平八年（七三六）「薩摩国正税帳」に某郡（薩摩郡か）大領外従六位下薩麻君福志麻呂・主政外少初位薩麻君宇志々の名がみえるほか、阿多郡でも一族の者が少領・主帳の職を占めていた。阿多地域（薩摩半島の南部）にはかつて阿多君氏が勢力を誇ったが七世紀末ころには衰えていたらしく、代わって薩摩君氏が八世紀には薩摩国を代表する豪族となった。一族の者はしばしば隼人を率いて朝貢し、おおむね外従五位の位を授けられている。

【参考文献】中村明蔵「大隅と阿多」（『隼人の研究』所収）〔星野良史〕

佐代　さて　崇神天皇の皇子豊城入彦命の後裔と伝える氏族。氏名はのちの河内国茨田郡佐太郷（大阪府守口市佐太、もしくは枚方市蹉跎）の地名にもとづくものか。姓は公。『新撰姓氏録』和泉国皇別に「佐代公。上毛野朝臣同祖。豊城入彦命之後也。敏達天皇行㆓幸吉野川瀬㆒之時。依㆑有㆓勇事㆒。負㆓賜佐代公㆒」とある。また左京皇別下の池田朝臣条および上毛野坂本朝臣条にみえる「豊城入彦命十世孫佐太公」の名は、佐代公氏と関係があるかもしれない。〔星野良史〕

讃岐　さぬき　讃岐国寒川郡（香川県大川郡大川町・寒川町・長尾町）の豪族。姓は直、のちに公。景行天皇皇子神櫛王の後裔と伝える。『続日本紀』延暦十年（七九一）九月丙子条の凡直千継らの賜姓記事によると、祖先の星直は敏達朝に国造になり紗抜大押直の姓を賜わったが『庚午年籍』の際に大押を改めて讃岐直あるいは凡直となったといい、これらのことから千継ら二十一烟は公姓を賜わっている。一族の人には『続日本後紀』承和三年（八三六）三月戊午条にみえる外従五位下大判事明法博士讃岐公永直・右少史兼明法博士讃岐公永成・外従七位上讃岐公全雄などがいる。永直・永成は承和三年三月朝臣の姓を賜わっており、永直・全雄は同年讃岐国から右京三条二坊に本貫を移している。『新撰姓氏録』右京皇別下に「讃岐公。大足彦忍代別天皇皇子五十香彦命〈亦名神櫛別命〉之後也。続日本紀合」とみえる。讃岐朝臣氏一族には、『続日本後紀』承和十四年（八四七）正月甲辰条にみえる讃岐朝臣高作や『三代実録』貞観二年（八六〇）四月二十九日己酉晦条にみえる讃岐朝臣時雄らがおり、高作や時雄は『三代実録』貞観六年（八六四）八月十七日辛未条によると和気朝臣の氏姓を賜わっている。讃岐氏一族の墳墓としては中尾古墳があげられる。この古墳は香川県大川郡寒川町に所在する後期古墳で、その横穴式石室は県内最大級のもので国造伝承をもつ豪族の築造にふさわしいものであろう。〔大山〕

佐波多　さはた　渡来系氏族。氏名はのちの大和国宇陀郡篠幡庄（奈良県宇陀郡榛原町山辺三）の地名にもとづく。姓は村主。『坂上系図』阿智王条所引『新撰姓氏録』逸文に「阿智王。誉田天皇〈諡応神〉御世。避二本国乱一。率二母並妻子。母弟迁興徳。七姓漢人等一帰化。七姓者……次皀姓。是大和国宇太郡佐波多村主。長幡部等祖也」とみえる。（星野良史）

佐婆部　さばべ　のちの周防国佐波郡佐波郷（山口県防府市東佐波令・西佐波令一帯）を本拠とした氏族か。姓は首。のちに岡田臣に改姓。紀田鳥宿禰の後裔と伝える。佐婆部首氏の一族には、佐婆部首牛養がおり、『続日本紀』延暦十年（七九一）十二月丙申条に「讃岐国寒川郡人外従五位下佐婆部首牛養等言。牛養等先祖出レ自二紀田鳥宿禰一。田鳥宿禰之孫米多臣。難波高津宮御宇天皇御世。従二周芳国一遷二讃岐国一。然後。遂為二佐婆部首一。……其牛養等居処在二寒川郡岡田村一。臣望賜二岡田臣之姓一。於レ是。牛養等戸廿烟依レ請賜レ之」とみえる。これによれば、佐婆部首の氏姓は周防国から讃岐国に移ってからの呼称ということになるが、実際は逆で、本来周防国佐波郡に居住していたゆえに佐婆部首を称したのであろう。なお、無姓の佐婆部氏もあり、八世紀中ころに造東大寺司の木工であった佐婆部広万呂の名が知られる。

【参考文献】岸俊男「紀氏に関する一試考」（『日本古代政治史研究』所収）（篠川）

佐味　さみ　上毛野君（朝臣）氏の同族。氏名はのちの上野国緑野郡および那波郡の佐味郷（群馬県多野郡新町から佐波郡玉村町にかけての一帯）の地名にもとづき、畿内における本拠地は大和国十市郡佐味（奈良県磯城郡田原本町佐味）であろう。姓は初め君、天武天皇十三年（六八四）十一月に朝臣を賜わる。『新撰姓氏録』右京皇別上に「佐味朝臣。上毛野朝臣同祖。豊城入彦命之後也。日本紀合」とみえる。一族には壬申の乱における吉野方の将であった佐味君宿那麻呂、文武天皇四年（七〇〇）遣新羅小使となりのちに正五位下に昇った佐味朝臣賀佐麻呂、天平宝字元年（七五七）従四位下に進んだ佐味朝臣虫麻呂らのように中央官人として活躍した者が多い。また越前国丹生郡・足羽郡には君（公）姓および無姓の佐味氏が多く居住し、とくに佐味君浪麻呂は天平五年（七三三）当時、丹生郡大領を務めていた。（星野良史）

佐夜部　さやべ　『日本書紀』大化二年（六四六）正月是月条に「或本云。壊二難波狭屋部邑子代屯倉一而起二行宮一」とある狭屋部邑、のちの摂津国西成郡讃楊郷（大阪市天王寺区・南区付近か）を本拠とした氏族。佐夜部の氏名は、子代部と考えられる佐夜部の伴造であったことにもとづく。姓は首。物部氏の同系氏族で、伊香我色雄命を祖と伝える。『新撰姓氏録』摂津国神別に「佐夜部首。同レ上（伊香我色雄命之後也）」とみえる。一族には、佐夜部首穎主がおり、穎主は、『続日本後紀』承和六年（八三九）十月丁卯条に「摂津国人直講博士従六位下佐夜部首穎主賜二姓善友朝臣一。編二附左京四条二坊一」とあるように、このときに善友朝臣の氏姓を賜わり、仁寿元年（八五一）六月に摂津権介従五位下にて卒した。なお、『先代旧事本紀』天孫本紀に「物部大小木連公。〈佐夜部直。久奴直等祖。〉」とあり、佐夜部直の氏姓がみえるが、この一族の人名は史料にみえない。（篠川）

狭山　さやま　中臣氏系氏族。氏名はのちの河内国丹比郡狭山郷（大阪府南河内郡狭山町）の地名にもとづく。姓は連。『新撰姓氏録』和泉国神別に「狭山連。同レ上（大中臣朝臣同祖。天児屋命之後也）」とみえる。前記の狭山郷の地には『記』『紀』に崇神〜垂仁朝の築造と伝える狭山池があった。（星野良史）

佐良々　さらら　百済系渡来氏族。氏名はのちの河内国讃良郡（大阪府四條畷市および寝屋川市・大東市の一部）の地名にもとづく。姓は連で、『新撰姓氏録』河内国諸蕃に「佐良々連。出レ自二百済国人久米都彦一也」とある。なお、天武天皇十二年（六八三）十月に連姓を賜わった十四氏のうちに娑羅羅馬飼造という氏族がみえている。この娑羅羅馬飼造（連）氏は『日本霊異記』中巻四十一話にみえる更荒（讃良）郡馬甘里を本拠とした馬飼部の伴造氏族と考えられ、前記の佐良々連氏の同族か。（星野良史）

猿女　さるめ　朝廷での鎮魂祭などにおいて歌舞を奉仕する猿女を貢上した氏族。姓は君。『古事記』上巻の天孫降臨段に「天宇受売命者〈猿女君等之祖〉」とあり、天鈿女命を祖とする。また、『日本書紀』一書（第九段）第一に「時皇孫勅二天鈿女命一。汝宜以二所顕神名一為二姓氏一焉。因賜二猨女君之号一。故猨女君等男女。皆呼為レ君。此其縁也」とあり、『古語拾遺』にも「天鈿女命者、是猨女君遠祖。以二所顕神名一為二氏姓一。今彼男女。皆号為二猨女君一。此縁也」と、その氏姓由来説話がみえる。さらに、『古事記』上巻の猨女君の段には「故爾詔二天宇受売命一。此立二御前一所二仕奉一猨田毘古大神者。専所二顕申一之汝送奉。亦其神御名者。汝負仕奉。是以。猨女君等負二其猨田毘古之男神名一而。女呼二猨女君一之事是也」とみえ、猿女君の氏名は天孫降臨において先導した猿田彦の名を負ったと伝える。猿女君氏は元来、伊勢を本拠地としたと思われるが、その一部は宮廷祭祀に奉仕すべく大和国添上郡稗田（奈良県大和郡山市）に定着し、稗田氏を称したと察せられる。『西宮記』裏書に「右大臣令奏縫殿寮申、被給官符於大和近江国氏人、令差進猿女三人死闕替文」とみえるように、一族は近江国にもいたものと考えられる。

【参考文献】西郷信綱『古事記研究』（荻）

早良　さわら　佐和良・草良にも作る。平群臣（朝臣）氏の同族。氏名はのちの筑前国早良郡早良郷（福岡県福岡市早良区祖原。早良郷に隣接して平群郷もあった）の地名にもとづくものか。姓は臣。『新撰姓氏録』河内国皇別に「早良臣。平群朝臣同祖。武内宿禰男平群都久宿禰之後也」とあり、『古事記』孝元天皇段にも「平群都久宿禰者〈平群臣。佐和良臣。馬御檝連等祖也〉」とみえている。早良臣氏の一族で史上に活躍のあとが窺えるのは天応元年（七八一）十一月に無位から外従五位下に叙せられた佐和良臣静女がいる程度であるが、一方周防国玖珂郡には延喜八年（九〇八）「周防国玖珂郡戸籍」にみるように部姓および無姓の早良氏が濃密に分布していた。なお、筑前国早良郡には早良勝という氏族が居住しており（天平宝字二年十二月二十二日「観世音寺奴婢立券文」）、勝の姓からみて渡来系氏族と考えられる。〔星野良史〕

し

椎田　しいだ　志比陀にも作る。宣化天皇の皇子、火焔皇子の後裔氏族。姓は君。『日本書紀』宣化天皇元年三月己酉条に「前庶妃（宣化の即位前の次妃）大河内稚子媛生二一男一。是曰二火焔皇子一。是椎田君之先也」、『古事記』宣化天皇段に「火穂王者〈志比陀君之祖〉」とある。『新撰姓氏録』摂津国皇別に「川原公。為奈真人同祖。火焔親王之後也。天智天皇御世。依レ居賜二川原公姓一。日本紀漏」という記述がみえ、この川原公氏は椎田君氏の傍系の子孫であったか。なお他に椎田を氏名とする氏族に出自未詳の椎田連があり、和泉監令史従八位下椎田連嶋麻呂（天平五年「和泉監正税帳」）の名が知られている。〔星野良史〕

椎野　しいの　百済系渡来氏族。姓は連。本姓は四比（しひ）で、神亀元年（七二四）五月に正七位上四比忠勇が椎野連の氏姓を賜わった。また天平神護二年（七六六）三月にも右京人正七位上四比河守が椎野連賜姓に与っている。椎野の氏名はこれら本姓の四比に由来するものであろう。一族には上記の忠勇・河守のほかに『万葉集』巻十六—三八二二の左注にみえる椎野連長年がいる。なお四比氏は百済の滅亡によって日本に亡命した渡来氏族である。

〔星野良史〕

塩屋　しおや　葛城襲津彦の後裔と伝える氏族。氏名はのちの伊勢国奄芸郡塩屋郷（三重県鈴鹿市稲生町塩屋一帯）の地名にもとづくものか。姓は連。『新撰姓氏録』河内国皇別に「塩屋連。同レ上（道守朝臣同祖。武内宿禰男葛木曾都比古命之後也）。日本紀漏」とある。一族には『中臣氏本系帳』にみえる塩屋牟漏連、『日本書紀』大化二年（六四六）三月辛巳条ほかにみえる塩屋連鯯魚（このしろ）、『続日本紀』養老五年（七二一）正月庚午条などにみえる塩屋連吉麻呂（または古麻呂）らがいる。牟漏は中臣黒田大連の妻都夫羅古娘の父で、継体朝ころの人。鯯魚は大化の東国国司としてよくその任務に当たったが、斉明天皇四年（六五八）有間皇子の変に坐して紀伊の藤白坂で斬られた。また吉麻呂は明法家として知られ、『養老律令』選定にも加わっている。のちに外従五位下大学頭となったが、天平十二年（七四〇）の藤原広嗣の乱に連座して翌年配流に処された。

〔星野良史〕

志賀　しが　志賀の氏名は、のちの近江国志賀郡（滋賀県滋賀郡・大津市）の地名にもとづく。後漢の献帝（孝献帝）の後裔と伝える渡来系氏族で、忌寸姓・史姓の氏族があった。志賀忌寸氏は、『続日本紀』延暦六年（七八七）七月戊辰条に「右京人正六位上大友村主広道。近江国野洲郡人正六位上大友民曰佐竜人。浅井郡人従六位上錦曰佐周興。蒲生郡人従八位上錦曰佐名吉。坂田郡人大初位下穴太村主真広等。並改二本姓一賜二志賀忌寸一」とあり、また『日本後紀』延暦十八年三月庚戌条に「近江国浅井郡人従七位下穴太村主真杖賜二姓志賀忌寸一」とあるように、大友村主・大友民曰佐・錦曰佐・穴太村主氏らの一族が改姓した氏族。『新撰姓氏録』摂津国諸蕃に「志賀忌寸。出レ自二後漢孝献帝一也」とみえる。志賀忌寸氏の一族には、上記の人々のほかに志賀忌寸田舎麻呂がおり、『続日本後紀』承和元年（八三四）五月丙子条に「近江国人従五位下志賀忌寸田舎麻呂等四人賜二姓下毛野朝臣一。五十瓊殖天皇々子豊城入彦命之苗裔也」とあるように、田舎麻呂ら四人はこのときに下毛野朝臣の氏姓を賜わった。田舎麻呂らが豊城入彦命の苗裔と称し、下毛野朝臣となったのは、姻族の関係による仮冒であろう。志賀史氏は、氏名を志何にも作り、一族には、天平十七年（七四五）の「智識優婆塞等貢進文」に近江国栗太郡木川郷の人として志何史堅魚麻呂の名がみえ、また『続日本後紀』承和四年十二月癸巳条に「近江国人左兵衛権少志志賀史常継。……等賜二姓春良宿禰一。常継之先。後漢献帝苗裔也」とみえるように、このときに春良宿禰に改姓した志賀史常継がいた。なお、皇別氏族の志賀真人氏もあり、延暦二十四年二月に、池原王・嶋原王の二人が志賀真人の氏姓を賜わっている。また、『日本書紀』推古天皇十六年九月辛巳条などには、学問僧であった志賀漢人慧隠の名がみえるが、この志賀は氏名ではなく、志賀（のちの近江国志賀郡）に居住していた漢人の意であろう。〔篠川〕

志賀穴太　しがのあなほ　渡来系氏族。氏名はのちの近江国滋賀郡穴太（滋賀県大津市穴太）の地名にもとづく。姓は村主。『新撰姓氏録』未定雑姓、右京に「志賀穴太村主。後漢孝献帝男美波夜王之後也」とある。近江国には志賀穴太村主氏の同族と考えられる穴太村主氏が分布し、延暦六年（七八七）七月に近江国坂田郡人大初位下穴太村主真広が、また同十八年三月には同国浅井郡人従七位下穴太村主真杖が志賀忌寸の氏姓を賜わっている。なお穴太村主氏については『新撰姓氏録』未定雑姓、山城国に「穴太村主。曹氏宝徳公之後也」、志賀忌寸氏については摂津国諸蕃に「志賀忌寸。出レ自二後漢孝献帝一也」とみえる。〔星野良史〕

志我閉　しがへ　渡来系氏族。氏名は志我戸にも作り、のちの近江国滋賀郡（滋賀県大津市の大部分と滋賀郡志賀町）に居住していた漢人集団である志我戸の伴造であったことにもとづく。姓は連・造。『新撰姓氏録』右京諸蕃上に「志我閉連。山田宿禰同祖。王安高之後也」とみえる（河内国諸蕃の志我閉連条には「王安高男賀佐之後也」とある）。一族の志我閉連阿弥陀（阿弥太）は養老五年（七二一）正月、陰陽道に優れていることをもって賞賜を加えられ、同七年正月には正六位下より従五位下に叙せられている。また志我戸造東人は宝亀四年（七七三）正月に正六位上より外従五位下に昇り、同八年三月に連姓を賜わった。〔星野良史〕

志紀　しき　志紀はのちの河内国志紀郡志紀郷（大阪府柏原市付近）の地名に因む。もと志紀県の県主で、職名の県主がそのまま姓となった。『新撰姓氏録』河内国皇別に「志紀県主。多同祖。神八井耳命之後也」、和泉国皇別に「志紀県主。雀部臣同祖（神八井耳命之後也）」とある。『古事記』雄略天皇段に、「志幾之大県主」が天皇の御舎に似せた舎屋を作っていたために、天皇の怒りにふれ、謝罪したという所伝を載せる。氏人は多く知られるが、志紀県主貞成・福主・福依の三名は貞観四年（八六二）二月に宿禰の姓を賜わり、河内国志紀郡より平安左京に移貫している。ただし承和年間の人に志紀宿禰永成、貞観年間の人に志紀宿禰氏経がいるので、貞観四年以前に宿禰姓を賜わった一族もいた。このほかに、首を姓とする志紀氏がおり、『新撰姓氏録』右京皇別に「志紀首。多朝臣同祖。神八井耳命之後也」、河内国皇別に「志紀首。志紀県主同祖。神八井耳命之後也」と記されるが、氏人はみえない。無姓の志紀氏もおり、『続日本後紀』承和六年(八三九)五月壬辰条に河内国志紀郡志紀郷の百姓で志紀松取の名がみえる。志紀首の同族であろう。なお、磯城(師木・志貴)県主を称する氏族がいるが、これは大和の磯城県(のちの大和国城上・城下郡)の県主であったことにもとづき、志紀氏とは別氏である。〔高嶋〕

滋生 しげお　漢の渡来系氏族。姓は宿禰。旧氏姓は伊吉史。『続日本後紀』承和二年(八三五)九月乙卯条に「河内国人左近衛将監伊吉史豊宗。及其同族惣十二人。賜二姓滋生宿禰一。唐人楊雍七世孫。貴仁之苗裔也」とあり、伊吉史氏が承和二年に滋生宿禰の氏姓を賜わっている。伊吉氏は『新撰姓氏録』左京諸蕃上に「伊吉連。出レ自二長安人劉家楊雍一也」とみえ、伊吉史氏は伊吉連氏の枝族と考えられ、河内国を本拠としていた。滋生氏の一族には滋生宿禰峯良・春山・行兼などがおり、うち、峯良・春山は河内国渋河郡(大阪府中河内郡)の人であり(『政事要略』八十一、貞観四年二月二十三日付検非違使移)、承和二年に滋生宿禰姓を賜わった河内国人伊吉史豊宗およびその同族十二人の子孫であったと考えられる。

【参考文献】佐伯有清『新撰姓氏録の研究』考証篇第四　〔追塩〕

滋岳 しげおか　刀岐直氏の後裔。姓は朝臣。『文徳実録』斉衡元年(八五四)九月丁亥条に、刀岐直川人・雄貞が滋岳朝臣の氏姓を賜わっている。『三代実録』貞観六年(八六四)八月十七日辛未条では、刀岐直永継らの姉妹五人が滋岳朝臣の氏姓を賜わっている。刀岐氏の出自は未詳であるが、平安期には陰陽道関係の分野で活躍していた。刀岐直浄浜は九世紀前半に暦博士として名をなしていた。滋岳川人は滋岳姓を賜わったときに陰陽権允兼陰陽博士であった。以後、陰陽権助・陰陽頭などを歴任し、貞観十六年(八七四)に没している。『今昔物語集』には川人は遁甲の術を使う陰陽の名人であったことを示す話がある(巻二十四—十三)。著書も多いが散佚し、『新撰六旬集』などに撰者の名を冠しているくらいである。

【参考文献】村山修一『日本陰陽道史総説』〔追塩〕

滋野 しげの　もと楢原造・伊蘇志(勤)臣と称してい

た。天平勝宝二年（七五〇）三月に、駿河守の楢原造東人らが廬原郡で産出した黄金を献上した功により、伊蘇志臣の姓を賜わった。同年五月には東人の親族三十四人が伊蘇志臣族の姓を賜わっている。平城宮出土木簡にみえる楢原造総麻呂は、『続日本紀』宝亀六年（七七五）正月庚寅条に伊蘇志臣総麻呂とある。伊蘇志臣については、『新撰姓氏録』大和国神別に「伊蘇志臣。滋野宿禰同祖。天道根命之後也」とみえる。滋野宿禰は同氏の本宗家に当たる伊蘇志臣家訳が延暦十七年（七九八）に改姓したものである。『新撰姓氏録』右京神別に「滋野宿禰。紀直同祖。神魂命五世孫。天道根命之後也」とある。その後、家訳とその子貞主は弘仁十四年（八二三）正月、ともに朝臣姓を賜わっている。貞主は東宮学士であった天長四年（八二七）五月に『経国集』、同八年に『秘府略』千巻を編纂したことで知られる。その後参議となり、娘の縄子・奥子が仁明天皇の寵愛を受け本康親王・惟彦親王らを生んだことから、「外孫皇子。一家繁盛。乃祖慈仁之所レ及也」と称された。その弟に貞雄がおり、各国の国司を歴任し、娘岑子は文徳天皇に嫁し二男二女を生んでいる。なお、この系統とは異なり、本姓を名草宿禰とする滋野朝臣がいる。名草宿禰は紀伊国名草郡（和歌山県海草郡）を本拠とする氏族であるが、滋野氏と同族関係にあることから、仁寿二年（八五二）十二月に名草宿禰安成が滋野朝臣と改姓している。（高嶋）

滋原　しげはら　佐太氏の一族。姓は宿禰。『続日本後紀』承和二年（八三五）十月丁亥条に、「春宮坊少属佐太忌寸道成。兄散位道純等賜二姓滋原宿禰一。八多真人同族也」とあり、八多氏と同族と称している佐太忌寸氏が滋原宿禰の氏姓を与えられている。『新撰姓氏録』右京諸蕃上に都賀直の後裔氏族として、河内国茨田郡佐太郷（大阪府枚方市蹉跎一帯）を本拠とする佐太宿禰氏が載せられている。滋原姓を与えられた佐太忌寸氏はこの佐太宿禰氏と同族で、八多真人氏の同族とするのは仮冒であると考えられている。滋原宿禰道成は承和九年（八四二）に肥前権少目に補任されている。

【参考文献】佐伯有清『新撰姓氏録の研究』考証篇第五　（追塩）

滋水　しげみず　出自未詳。姓は朝臣。『三代実録』仁和二年（八八六）十月十三日戊午条に、無姓の清実に滋水朝臣の氏姓を与え右京一条に貫すとある。清実は貞観十二年（八七〇）に源朝臣の氏姓を賜わったが、その後過があり、属籍を削られた。しかし、十年経過したので貞朝臣登の例に准じて別姓を賜わった、というのがその経過である。清実の過の具体的内容は明らかではない。ただ、貞朝臣登の場合、承和（八三四〜八四八）の初めに源姓を賜わったが、母の過失があったため嵯峨上皇の「母氏有レ過者。其子不レ得レ為二源氏一」という遺誡に従って属籍を削られている（『三代実録』貞観八年三月二日戊寅条）。清実の場合も賜姓記事にわざわざ「母布勢氏」と明記してあることから、貞朝臣登と同様、母の過失により源姓を削られたと考えられる。〔追塩〕

滋世　しげよ　出自未詳。姓は宿禰。旧姓は於公（うえのきみ）氏。『三代実録』貞観四年（八六二）五月十日丁丑条によると、右京人左弁官史生従六位下於公浦雄・弟の菅雄・主雄の三人が滋世宿禰の氏姓を賜わっている。前身の於公氏の出自などは不明である。〔追塩〕

滋善　しげよし　河内（西）漢人の後裔。姓は宿禰。旧姓は西漢人氏。『文徳実録』仁寿二年（八五二）十二月庚午条に西漢人宗人が滋善宿禰の氏姓を賜わっている。『三代実録』貞観五年（八六三）五月二十日癸未条の滋善宿禰宗人の卒伝によると、本貫地は備中国下道郡（岡山県吉備郡および総社市の西部）であったこと、滋善姓を賜わったときに左京に隷《つ》いたことなどが知られる。〔追塩〕

宍人　ししひと　鳥獣の肉の調理を職務とした宍人・宍人部の伴造氏族。氏名を完人にも作る。姓は臣・造・直・首。このうち臣姓の宍人氏は天武天皇十三年（六八四）に朝臣を、造姓の宍人氏は同十年に一族の老（おきな）が連をそれぞれ賜わっている。ほかに無姓・部姓の宍人氏があるが、これは右の伴造に率いられた宍人・宍人部の後裔であろう。『日本書紀』によれば、雄略天皇二年に膳臣長野を宍人部に任じ、ついで菟田御戸部（うだのみとべ）、真鋒田高天（まさきたのたかめ）、狭穂子鳥別（さほのことりわけ）らを宍人部とし、同七年条（分注）には百済より宍人部が献上されたと記す。これらの所伝は、御食の調理を担当した膳夫（膳部）の組織の発展に伴い、食肉の調理を扱う膳夫が、宍人（部）として独立し、膳夫を率いる膳臣の一族の者がその総領的伴造職につき、新たに宍人臣の氏姓を名のったこと、宍人（部）は当初大和国宇陀郡（奈良県宇陀郡）や同国添上郡佐保（奈良市中央部北方の佐保川上流域）など限られた地域に設置されたが、その後朝鮮系渡来人なども編入し、人員や設置地域の拡大が図られたことを示唆するものであろう。『新撰姓氏録』左京皇別上に掲げる完人朝臣は「大彦命男、彦背立大稲腰命之後也」とあり、膳氏の同族で、膳臣長野を宍人部とした話とよく符合するが、この一族からは奈良・平安期に大膳職の膳部・主菓餅や内膳司の典膳に任ぜられた者があり、大膳職や内膳司の伴部である膳部の負名氏の一員とみられる。宍人（部）の制は令制下の伴部や品部・雑戸には受け継がれておらず、宍人（部）は膳夫と一体的に令制大膳職・内膳司の膳部へと継承されたのであろう。中央の伴造氏のほか、山城・駿河・伊豆・武蔵・若狭・越前・伯耆・讃岐にこの氏の分布が認められるが、かつて伴造であった有姓（臣・直・首）の氏には国造の系譜を引く者が多く、また膳氏や阿倍氏など大彦命後裔氏の勢力圏に分布する特徴がみられる。これは『高橋氏文』などから知られる膳大伴部の設置の状況と類似しており、宍人（部）の設置と運営に、膳氏が主導的な役割を果たした事実を証明するものといえよう。

【参考文献】佐伯有清『新撰姓氏録の研究』考証篇第一　〔加藤〕

志太　しだ　信太にも作る。物部氏の後裔氏族。姓は連。氏名は常陸国信太郡（茨城県稲敷郡）の地名にもとづく。『続日本紀』養老七年（七二三）三月戊子条によると、常陸国信太郡人物部国依が信太連の氏姓を賜わっている。『常陸国風土記』に信太郡の建郡申請者として物部河内・物部会津の名がみえるが、以後物部氏が代々郡司の職を世襲した。信太連への改賜姓以後、信太郡領家は信太連を称したようである。延暦五年（七八六）には常陸国信太郡の大領物部志太連大成が私物をもって百姓を救った功で外正六位上より外従五位下に、延暦九年（七九〇）には外従五位上に昇叙されている。陸奥にも志太連氏がおり、志太連宮持が弘仁二年（八一一）に勇敢を褒められ外正六位下より従五位下に昇叙されている。この志太連氏は常陸の信太連氏と同族と考えられるが、陸奥国にも志太郡志太郷（宮城県三本木町・古川市一帯）というところがあり、その地名を負った豪族であるともいえるので確定しがたい。〔追塩〕

委文　しとり　織物生産の部である倭文部を率いた伴造氏族。氏名を倭文にも作り、「シツオリ」とも読む。「シトリ」はその約。中央の伴造氏に委文連があり、その主流の一族は天武天皇十三年（六八四）に宿禰姓を賜わった。『新撰姓氏録』は大和国と河内国の各神別条に委文宿禰、摂津国神別条に委文連の三氏を掲げている。地方の伴造には連・臣・臣族・首姓の者がある。織物の倭文は、倭文布・静織とも記し、『常陸国風土記』久慈郡条に「静織里。上古之時、織㆑綾之機、未㆑在㆓知人㆒」と記し、『古語拾遺』に倭文の遠祖の天羽槌雄（あめのはっちのお）神に「文布」（あやぬの）を織らせたとすることからみると、綾織りした文様のある織物で、栲（たえ）・紵（からむし）・麻などの繊維を原料としたと考えられる。倭文は「倭文幡の帯」「御帯の倭文服」などと史料に記されるように、帯として用いられ、また祭祀関係にも多く使用された。委文氏と倭文部の分布は、畿内では山城・大和・摂津・河内、地方では伊豆・常陸・因幡・出雲・播磨に認められるが、このほか倭文（静）神社の所在地や倭文の郷里名との関係から、伊勢・駿河・甲斐・近江・上野・下野・丹後・但馬・伯耆・備中・美作・淡路にも委文氏や倭文部が存したと推察される。分布の特徴としては、東海・東山の東国二道と山陰道に多いことがあげられるが、『延喜式』によれば、倭文を調として輸す国は常陸と駿河の二国に限られる。これは倭文が非実用的な古い織物として、その生産量が時代とともに低下したことを意味すると思われ、委文氏や倭文部の分布が比較的辺境の地に多いことも、これと関連性をもつと思われる。

【参考文献】志田諄一「大化前代の織物の生産とその部について」（『上古史研究』六―八）、佐伯有清『新撰姓氏録の研究』考証篇第四　（加藤）

科野　しなの　斯那奴にも作る。百済系渡来氏族。『日本書紀』に科野阿比多・科野次酒などの名がみられる。彼らはいずれも継体・欽明朝に百済からの使いとして来朝している。科野は信濃に由来する日本姓であろうと考えられる。『続日本紀』には科野石弓が天平神護二年（七六六）に石橋連を、科野友麻呂ら二人が天平宝字五年（七六一）に清田造の氏姓を賜わったことがみえる。　（追塩）

信太　しのだ　百済からの渡来系氏族。姓は首。氏名は和泉国和泉郡信太郷（大阪府和泉市王子町信太一帯）の地名にもとづく。『新撰姓氏録』和泉国諸蕃に「信太首。百済国人。百千後也」とみえる。百千（はくち）の名は他にはみえないが、『日本書紀』神功皇后摂政六十二年条所引の『百済記』にみえる百久至（はくち）と同一人物の可能性もある。一族は須恵器生産の技術をもって信太郷の地に定着したと考えられる。信太首氏の一族の名は他にはみえない。信太郷にある聖神社は『延喜式』神名帳に記載され、信太首氏の氏神社と考えられている。和泉市上代町にある信太寺跡は信太首氏を含めた渡来系氏族の氏寺であったといわれる。

【参考文献】佐伯有清『新撰姓氏録の研究』考証篇第六、今井啓一『帰化人』　（追塩）

柴垣　しばがき　物部氏の後裔氏族。姓は連。『新撰姓氏録』左京神別上には柴垣連は饒速日命十二世の懐大連（つくるのおおむらじ）の後裔とある。『先代旧事本紀』天孫本紀では懐大連（布都久留大連）の子物部小事連は柴垣連の祖とされている。柴垣の氏名は『古事記』反正天皇段の「多治比之柴垣宮」、『日本書紀』反正天皇元年十月条の「都二於河内丹比一。是謂二柴籬宮一」とみえるのちの河内国丹比郡柴垣（大阪府松原市上田町付近）の地名にもとづく。柴垣連氏の一族の人名は他にはみえない。

【参考文献】佐伯有清『新撰姓氏録の研究』考証篇第三　〔追塩〕

柴原　しばはら　中臣氏の一族である栗原氏のこと。姓は勝。宝亀二年（七七一）に宿禰の姓を賜わる。『続日本紀』天応元年（七八一）七月癸酉条によると、栗原勝子公らが中臣栗原連の氏姓を賜わっているが、そのなかで子公らの祖先が美濃国不破郡栗原の地（岐阜県不破郡垂井町栗原）に因んで栗原勝の姓を負うに至ったことが語られている。この記事中の「栗原」が図書寮所蔵谷森健男氏旧蔵本では「柴原」となっており、「栗」と「柴」がしばしば混同して使用されたらしい。柴原と明記されている人物は、柴原勝乙妹女と柴原勝浄足で、彼らは宝亀二年にその身に限り宿禰の姓を与えられている。乙妹女は弟妹・乙女にも作り、宝亀元年（七七〇）に無位から外従五位下、宝亀八年（七七七）には外従五位下から従五位下に昇叙している。

【参考文献】佐伯有清『新撰姓氏録の研究』考証篇第六　〔追塩〕

四比　しひ　百済の滅亡に伴って渡来した氏族。一族の四比福夫は達率（百済の官位十六階の第二位）の位をもち、天智天皇四年（六六五）八月に筑紫に遣わされて大野・椽の二城を築いた。ほかに和銅七年（七一四）十一月、亡夫氏直果安の父母に対する孝養をもって課役を免除された大和国有智郡人四比信紗、天平七年（七三五）ころ左京大属であった四比元孫がいる。また神亀元年（七二四）五月に正七位上四比忠勇が、天平神護二年（七六六）には右京人正七位上四比河守がそれぞれ椎野連の氏姓を賜わっている。　〔星野良史〕

志斐　しひ　悉斐・中臣志斐にも作る。中臣氏系氏族。のちの和泉国（大阪府南部）に本拠があった。氏名は中臣氏の枝氏の一つが「強ひ語り」に従事していたことに由来するか。姓は連。『新撰姓氏録』和泉国神別に「志斐連。同上（大中臣朝臣同祖。天児屋命之後也）」とみえ、天児屋根命を祖とする。氏人は八世紀前半の志（悉）斐連三田次以降、九世紀後半まで確かめられるが、陰陽道に秀でた者が目立つ。たとえば前記の三田次は竿（算）後、暦算、七曜・頒暦で名を残し、志斐連国守は九世紀初期に天文博士・陰陽博士を歴任しており、志斐連氏の特性が陰陽道方面にあったことを窺わせる。また天平宝字五年（七六一）ころ、陰陽允であった志斐連猪養は中臣志斐猪甘にも作り、志斐連と中臣志斐連の両氏が一族であったことを示す。なお無姓で伝わる志斐氏もいるが、中臣志斐猪甘のように姓を省いて記された例が多く、彼らも連姓をもっていたと考えられる。〔星野良作〕

【参考文献】佐伯有清『新撰姓氏録の研究』考証篇第四

嶋　しま　神別系の嶋首と渡来系の島（嶋）史とがある。氏名の嶋は地名にもとづくものであろうが比定地は未詳。嶋首氏は『新撰姓氏録』未定雑姓、摂津国に「嶋首。正哉吾勝々速日天押穂耳尊之後也」とあり、島史氏は同書右京諸蕃下に「島史。出レ自二高麗国和興一也」とみえる。天平神護元年（七六五）二月「造東大寺司移」などにみえる摂津国豊嶋郡人の嶋毗登浄浜（清浜）は、上記のいずれかの嶋氏の氏人である（毗登姓は天平勝宝九歳に首・史姓が改められたもの）。その他、姓の表記はないが嶋吉事・古麻呂・麻呂・千嶋・安麻呂らが河内国石川郡に居住していた。〔星野良史〕

島岐　しまき　高句麗系渡来氏族。氏名は嶋木にも作る。姓は史。『新撰姓氏録』右京諸蕃下に「島岐史。出レ自二高麗国能祁王一也」とあり、一族には『続日本後紀』承和二年（八三五）九月乙卯条に新弩を考案し披露したとみえる外従五位下嶋木史真がいる。なお『新撰姓氏録』河内国諸蕃に「島本。高麗国人伊理和須使主之後也」とみえる島本氏は、島木氏の誤りである可能性がある。〔星野良史〕

島田　しまだ　嶋田にも作る。神八井耳命の後裔と称する氏族。氏名はのちの尾張国海部郡島田郷（愛知県海部郡七宝町付近か）の地名にもとづく。姓は初め臣、弘仁十四年（八二三）に嶋田臣清田が朝臣を賜わった。『古事記』神武天皇段に「神八井耳命者〈意富臣、……尾張丹羽臣、嶋田君等之祖也〉」とあり、『新撰姓氏録』右京皇別下には「島田臣。多朝臣同祖。神八井耳命之後也。五世孫武恵賀前命孫仲臣子上。稚足彦天皇〈謚成務〉御世。尾張国島田上下二県有二悪神一。遣二子上一平二服之一。復命之日賜二号島田臣一也」とみえる。嶋田臣（朝臣）清田は正六位上村田の子。弘仁四年の日本紀講読に参加し、のちに従五位上に昇った。また嶋田朝臣良臣も元慶二年（八七八）の日本紀講読に携わるなど、一族からは学問に秀でた人物を多く輩

出している。〔星野良史〕

島根　しまね　敏達天皇の孫、百済王の後裔氏族。姓は真人。『新撰姓氏録』左京皇別に「島根真人。大原真人同祖。百済親王之後也」とみえる。百済親王については同じく左京皇別、大原真人条に「諡敏達孫百済王」とあるが『記』『紀』にその名はみえない。あるいは『古事記』敏達天皇段にみえる日子人太子（押坂彦人大兄皇子）の子「多良王」が百済王に当たるか。

【参考文献】　佐伯有清『新撰姓氏録の研究』考証篇第一〔星野良史〕

嶋野　しまの　高句麗系渡来氏族。姓は連。本姓は達沙、のちに朝日連。『続日本紀』天平宝字五年（七六一）五月丙申条に、左兵衛河内国志紀郡人正八位上達沙仁徳・散位正六位下達沙牛養の二人に朝日連の氏姓を賜い、のちに改めて嶋野連としたとみえる。この二カ月ほど前、三月庚子条の渡来人に対する一斉賜姓記事のなかに「高麗人達沙仁徳等二人朝日連」とあり、その後何らかの理由で賜姓の変更が行なわれたらしい。〔星野良史〕

島本　しまもと　高句麗系渡来氏族。『新撰姓氏録』河内国諸蕃に「島本。高麗国人伊理和須使主之後也」とある。ただし同書、右京諸蕃下にはやはり高句麗系の島岐史を載せており、この島本は島木の誤りで島岐史氏の同族とも考えられる。〔星野良史〕

下　しも　河内国安宿郡資母郷（大阪府柏原市国分本町・国分市場周辺）を拠点とした渡来系の氏族。㈠下曰佐（おさ）と㈡下村主（すぐり）の二氏がある。『新撰姓氏録』によれば、㈠は「漢高祖の男、斉悼恵王肥」（河内国諸蕃）、㈡は「後漢光武帝の七世孫、慎近王」（左京・右京各諸蕃）の後裔とし、別系であるが、これらは後に出自を漢の王室に結びつけたものにすぎず、㈠と㈡は本来同族であった可能性もある。㈠の姓の曰佐（訳・訳語）は通訳・通事を指す職名で、朝鮮語に由来し、のちに職名が姓とされたものである。したがって下曰佐は、ある時期通事の職についていた氏族とみられる。下曰佐の史料上の初見は『日本書紀』持統天皇九年（六九五）三月条の下訳語諸田（もろた）であるが、『続日本紀』によると、養老三年（七一九）十一月、河内手人（かわちのてひと）大足が下訳の氏姓を賜わり、雑戸の号を免除されている。㈡の姓の村主も朝鮮で族長を表わす村主の名称に由来し、漢氏配下の漢人集団の長を指す称号として用いられ、のちに姓化したものである。ただ下村主の名は『続日本紀』に養老四年六月、河内国若江郡人の河内手人刀子作（かわちのてひとかたなつくり）広麻呂が下村主の氏姓を賜わり、雑戸の号を免除されたとするのが初見で、それ以前には遡らないので、このとき初めて成立した氏姓とも受け取れる。しかし広麻呂の賜姓は、前年の河内手人大足の下訳賜姓と関連し、それに倣ったものとみるべきであろうから、養老四年以前に本宗氏の下村主が存したと解したほうが自然であろう。一般に村主姓諸氏は東漢氏の管理下にあったと理解されているが、下村主を含めて、河内国の安宿・高安・大県・古市・渋川の諸郡に本拠をもつ村主のなかには、『坂上系図』所引『新撰姓氏録』逸文（右京諸蕃上、坂上大宿禰条の逸文）に掲げる村主姓氏族中に名を記さぬ者が数氏存在する。あるいはこれらは西漢（かわちのあや）氏管理下の村主で、下訳・下村主に改氏姓した河内手人らは、下村主に率いられた西漢人の流れをくむ者とすべきかもしれない。なお天平六年（七三四）には烏（う）安麿が下村主の氏姓に改め、承和三年（八三六）には下村主氏成・三仲が春滝（はるたき）宿禰の氏姓を賜わっている。

【参考文献】佐伯有清『新撰姓氏録の研究』考証篇第四・五、加藤謙吉「西漢氏の存在形態」（黛弘道編『古代の王権と祭儀』所収）　（加藤）

下養　しもかい　崇神天皇の皇子、豊城入彦命の後裔と伝える上毛野氏系の氏族。姓は公。『新撰姓氏録』大和国皇別に「下養公。上毛野朝臣同祖。豊城入彦命之後也」とみえる。氏名の由来、および氏人の動向などは不詳。　（星野良史）

下毛野　しもつけの　崇神天皇の皇子豊城入彦命後裔氏族の一つ。下毛野国（のちに下野国。現在の栃木県南西部）の名を冠する氏族。姓は君で、天武天皇十三年（六八四）十一月に朝臣となる。『日本書紀』崇神天皇四十八年四月丙寅条、『新撰姓氏録』左京皇別下の記事から、上毛野氏とともに豊城入彦命を祖とする氏族群の中核とみられていたことがわかる。『先代旧事本紀』国造本紀の下毛野国造では、仁徳天皇の代に毛野国を分けて上下とし、豊城命四世孫の奈良別を初めて国造と定めたとあるが、『新撰姓氏録』左京皇別下の大網公には「六世孫下毛君奈良」とあって、下毛野氏が国造に任じられていたことを窺わせる。七世紀後期には中央政権に参画していたとみられ、持統天皇三年（六八九）十月辛未に直広肆下毛野朝臣子麻呂が奴婢六百人を解放することが奏可されている。古（子）麻呂は文武天皇四年（七〇〇）六月に律令選定に加わり、大宝三年（七〇三）にはその功により田十町・封五十戸、さらに功田二十町を賜わっている。

大宝二年（七〇二）五月には朝政に参加し、慶雲二年（七〇五）に兵部卿、和銅元年（七〇八）に式部卿に任ぜられ、同二年（七〇九）十月に式部卿大将軍正四位下で卒している。古麻呂は豊城入彦命後裔氏族のなかで、中央政界での活躍がもっとも目覚ましい人物であるが、他にはとくに目立った者はみられない。天平神護元年（七六五）三月に吉弥侯根麻呂らが下毛野公と改姓し、神護景雲三年（七六九）四月には陸奥国にあった下毛野公田主らが、延暦二年（七八三）三月には吉弥侯横刀らが下毛野朝臣と改姓しているなど、次第に吉弥侯氏が下毛野氏を名のるようになり、史料上では本来の下毛野氏との区別が不分明となる。十一世紀代には近衛府の下級官人に任ぜられた者が目立つ。栃木県河内郡上三川町にある上神主廃寺およびそれに接してある古墳が、下毛野氏に係わるものとみられている。

【参考文献】『栃木県史　通史編二　古代一』、笹山晴生「毛野氏と衛府」（『日本古代衛府制度の研究』所収）（前沢）

下道　しもつみち　吉備氏の一支族。のちの備中国下道郡（岡山県吉備郡）を本拠とした豪族で、下道国造氏。姓は臣、のちに朝臣。さらに吉備朝臣に改姓。孝霊天皇の皇子稚武彦命を祖と伝える。『古事記』孝霊天皇段に「若日子建吉備津日子命者。〈吉備下道臣。笠臣祖。〉」とあり、『日本書紀』孝霊天皇条に「稚武彦命。是吉備臣之始祖也」とある。また応神天皇二十二年条には、吉備国を割いた五県のうちの川嶋県に封ぜられた稲速別（吉備臣の祖の御友別の長子）を、下道臣の始祖とする伝えがみえる。『先代旧事本紀』国造本紀の下道国造条に「軽嶋豊明朝御世。元封二兄彦命亦名稲建別一定二賜国造一」とある。『日本書紀』雄略天皇七年八月条に、吉備下道臣前津屋（ある本に国造吉備臣山）が天皇への不敬によって一族七十人とともに誅殺されたとする伝えを載せる。下道臣氏は、天武天皇十三年（六八四）に八色の姓制定に際し朝臣の姓を賜わり、さらに天平十八年（七四六）十月に下道朝臣真備が吉備朝臣の氏姓を賜わった。ここに吉備朝臣氏が成立し、『新撰姓氏録』左京皇別上に「吉備朝臣。大日本根子彦太瓊天皇皇子稚武彦命之後也」とみえる。なお、天武十三年以降も臣姓のままの下道臣氏もあり、吉備朝臣に改姓されなかった下道朝臣氏もあった。下道朝臣氏は、『新撰姓氏録』左京皇別上に「下道朝臣。吉備朝臣同祖。稚武彦命之孫吉備武彦命之後也」とみえる。吉備郡真備町の箭田大塚古墳、箭田廃寺は、下道氏のものとみられている。

【参考文献】岩本次郎「古代吉備氏に関

する一考察—特に記紀系譜形成過程を中心として—」(『ヒストリア』二六)、石井英雄「上代地方豪族吉備氏に関する一考察(一)—下道国勝・吉備真備父子をめぐって—」(『白山史学』六・七合併号)、宮田俊彦『吉備真備』、志田諄一『古代氏族の性格と伝承』、近藤義郎編『岡山県の考古学』　〔篠川〕

下神　しもつみわ　葛城襲津彦の後裔と伝える氏族。『新撰姓氏録』未定雑姓、摂津国に「下神。葛木襲津彦男腰裙宿禰之後也」とある。おそらく『和名抄』にみえる摂津国河辺郡大神郷(兵庫県尼崎市神崎付近か)、もしくは有馬郡大神郷(三田市三輪一帯)の地名にもとづく氏名であろう。〔星野良史〕

楉田　しもとだ　豊前国の八、九世紀の豪族。氏名は『日本後紀』延暦十八年(七九九)二月乙未条の和気清麻呂薨伝にみえる豊前国宇佐郡(大分県宇佐郡・宇佐市)楉田村(比定地不詳)の地名にもとづく。姓は勝、のちに大神楉田朝臣と改氏姓。氏人には天平十二年(七四〇)の藤原広嗣の乱にくみして途中で兵五百騎を率いて官軍に投降した豊前国京都郡(福岡県京都郡北部)の大領外従七位上楉田勢麻呂、宝亀七年(七七六)十二月に大神楉田朝臣の氏姓を賜わった同国同郡の人で正六位上(八年後に従五位下)の楉田勝愛比が伝わる。前者はその翌年閏三月に外従七位上から外従五位下に昇叙した楉田勝麻呂と同人、後者の改氏姓は楉田勝氏が宇佐八幡宮の神官大神朝臣氏と同祖と称していたからと考えられる。同族に関しては『三代実録』仁和三年(八八七)三月朔条に「大神引田朝臣。大神楉田朝臣。大神掃石朝臣。大神真神田朝臣等。遠祖雖レ同。派別各異」とある。

【参考文献】平野邦雄『和気清麻呂』
〔星野良作〕

下家　しものや　神武天皇の皇子、彦八井耳(ひこやいみみ)命の後裔と伝える氏族。氏名の下家の訓は「シモヤケ」「オロシイエ」など諸説があるが未詳。姓は連。『新撰姓氏録』河内国皇別に「下家連。彦八井耳命之後也」とみえる。〔星野良史〕

肖奈　しょうな　消奈にも作る。高句麗系の渡来氏族。肖奈の氏名は高句麗五部制の消奴部に由来する高句麗の故地にあった地名に由来する。本拠はのちの武蔵国高麗郡高麗郷(埼玉県入間郡日高町高麗本郷一帯)の地か。姓は無姓から公、ついで王。高麗(高句麗)より日本に渡来した肖奈福徳の一族で、『続日本紀』延暦八年(七八九)十月乙酉条の高倉朝臣福信の薨伝に「福信武蔵国高麗郡人也。本姓肖奈。其祖福徳属三唐将李勣抜二平壌城一。来二帰国家一。居二武蔵一焉。福信即福徳之孫也。小年随二伯父肖奈行文一入レ都」とみえ、本姓肖奈氏である高倉朝臣福信は肖奈福徳の孫、肖奈行文の甥で武蔵国高麗郡の人ともいうから、肖奈氏が公姓になったのは霊亀二年（七一六）の高麗郡設置以降のことで、養老五年（七二一）に肖奈行文はすでに公姓、明経第二博士正七位上であった。行文は肖奈行文として『万葉集』（巻十六―三八三六）にみえる。天平十九年（七四七）に、正五位下の肖奈公福信、外正七位下の同大山、従八位上の同広山ら八人が王姓を賜わる。のちに肖奈氏の嫡流は高麗朝臣を経て高倉朝臣と改氏姓した。これまで肖奈氏を背奈（せな）氏として疑わなかったが、『続日本紀』の古写本をはじめ、『懐風藻』の古写本、『家伝』下などは、いずれも「肖奈」に作り、また上記した広山を『正倉院文書』では、すべて「肖奈」の氏名で記しているので、「背奈」が「肖奈」の誤りであることが確実となった。

【参考文献】佐伯有清「背奈氏の氏称とその一族」（『成城文芸』一二三六）

（星野良作）

上部　じょうほう　渡来系氏族。氏名は高句麗および百済の五部の一つである上部に由来する。一族の上部真善は天平十七年（七四五）正月に無位より外従五位下に叙せられ、上部木は神護景雲元年（七六七）正月に正六位上から外従五位下に昇っている。また上部古理は河内国志紀郡林郷の戸主であった。このように上部氏の人名は史料に散見するが、天平宝字五年（七六一）三月に雄坂造の氏姓を賜わった高麗人上部君足などを除くと高句麗系・百済系を判別しがたい。なお、このほかに上部王・上部高という氏族があった。上部王氏は高句麗系で、天平宝字五年三月に高麗人上部王虫麻呂・上部王弥夜大理らが豊原連賜姓に与っており、『新撰姓氏録』左京諸蕃下に「豊原連。出レ自二高麗国人上部王虫麻呂一也」とみえる。上部高氏については天平勝宝二年（七五〇）ころ造東大寺司に出仕していた上部高城守の名が知られ、これも高句麗系氏族であったと考えられる。

（星野良史）

白猪　しらい　氏名は『日本書紀』欽明天皇十六年（五五五）七月壬午条にみえる吉備五郡に置かれた白猪屯倉の所在地名の白猪と関係がある。『続日本紀』天平神護二年（七六六）十二月庚戌条に美作国人白猪臣大足が、同神護景雲二年（七六八）五月丙午条に美作国大庭郡人白猪臣証人ら四人が大庭臣と改氏姓しているので、白猪は美作国大庭郡（岡山県真庭郡東部）の地名とみられる。『日本書紀』欽明天皇三十年（五六九）正月辛卯朔条に、王辰爾の甥の胆津は白猪屯倉の田部の丁籍を定めた功により白猪史と賜姓されたとある。姓は史。一族には胆津のほか、『続日本紀』には大宝元年（七〇一）正月丁酉条にみえる遣唐少録となった白猪史阿麻留、天武十三年（六八四）大唐留学生として新羅を経て帰国し、文武四年（七〇〇）六月甲午条によれば律令撰定の功により賜禄された白猪史宝然（骨）、養老三年（七一九）閏七月丁卯条に遣新羅使となった白猪史広成の名がみえる。『続日本紀』養老四年（七二〇）五月壬戌条によれば白猪史を改め葛井連と賜姓された。このほか白猪を氏名と称するなかには、先掲のように美作国に臣姓の者もいた。無姓には『続日本紀』天平神護二年二月甲午条にみえる入唐学問僧普照の母であった白猪与呂志女のほか、『新撰姓氏録』未定雑姓、河内国に「大友史。百済国人白猪奈世之後也」とみえる。

【参考文献】　水野柳太郎「日本書紀の白猪史関係記事」（『奈良大学紀要』一四所収）、笹川進二郎「白猪史と白猪屯倉」（日本史論叢会編『論究日本古代史』所収）、栄原永遠男「白猪・児嶋屯倉に関する史料的検討」（『日本史研究』一六〇）

〔前川〕

白髪部　しらかべ　白髪武広国押稚日本根子（清寧）天皇の名代部を管掌した伴造氏族。その設定記事は『古事記』清寧天皇段、『日本書紀』清寧天皇二年二月条にみえるが、後者には大伴室屋大連を諸国に遣わして白髪部舎人・白髪部膳夫・白髪部靫負など国造の子弟を名代の伴として上番させた費用を負担する部を定めたとある。『日本書紀』白雉元年（六五〇）是歳条に白髪部連鐙、『平城宮木簡』一に欠名の白髪部連がみえ、『日本書紀』天武十二年（六八三）九月丁未条には白髪部造が連姓を賜わっているので、旧姓は造で新姓は連。また宝亀二年（七七一）九月三日付「白髪部三田麻呂解」には直姓を称し、備中国賀夜郡に白髪部臣、同窪屋郡には白髪部首（天平十一年〈七三九〉、「備中国大税負死亡人帳」）の有姓者がいた。『続日本紀』延暦四年（七八五）五月丁酉条によれば、光仁天皇の名の白壁を避けて白髪部は真髪部と改められた。したがって真髪部の旧称は白髪部で、両者の人名・郷名の分布は、山城・和泉のほか尾張・遠江・駿河・武蔵・上総・常陸・上野・下野などの東国を主として、近江・美濃・石見・備中・周防・紀伊・肥前・肥後などの西国にもみえ、この部が右の諸地域に設定されたことがわかる。『続日本後紀』承和二年（八三五）五月辛未条には真髪部公吉人と公姓を称する者がみえる。一九七五年飛鳥から出土した木簡に「白髪部五十戸」と記されたものがあった。

【参考文献】岸俊男「『白髪部五十戸』の貢進物付札」（井上光貞博士還暦記念会編『古代史論叢』上巻所収） 〔前川〕

新良貴 しらぎ 新羅・新良木・斯蒚にも作る。新羅系渡来氏族。『新撰姓氏録』右京皇別下に「新良貴。彦波瀲武鸕鷀草葺不合（ひこなぎさたけうがやふきあえず）尊男稲飯命之後也。云々」とあるのは、『古事記』『日本書紀』の伝説に付会した造作であろう。一族には『続日本紀』文武天皇三年（六九九）正月壬午条にみえる藤原京林坊の人新羅子牟久売以降、天平から宝亀年間に新羅伯麻呂・飯麻呂、新良木舎姓県麻呂・前麻呂、斯蒚国足・行麻呂らが知られる。彼らのうち新羅飯麻呂は新羅人飯麻呂にも作る。また新良木舎姓の両名は新羅人で、県麻呂は天平宝字五年（七六一）に、前麻呂は同七年に中衛少初位下で清住造を賜姓された。ここで舎姓は中衛府の舎人（とねり）ではなく、新良貴所属の意味と考えられる。なお斯蒚国足は天平宝字五年に、同行麻呂は宝亀十一年（七八〇）に清海造姓を賜わったが、国足が百済人とみえるので、両名は百済系か。

【参考文献】平野邦雄『大化前代社会組織の研究』第六編、佐伯有清『新撰姓氏録の研究』考証篇第二 〔星野良作〕

白鳥 しらとり 河内国古市郡白鳥（大阪府羽曳野市古市町付近）を本拠とした渡来系氏族。『新撰姓氏録』右京諸蕃上の坂上大宿禰条の逸文（『坂上系図』阿智王条所引）には、大鷦鷯天皇（諡は仁徳）の代に渡来した多くの漢人村主の一氏としてみえる。姓は村主。一族には『続日本紀』天平宝字元年（七五七）五月丁卯条にみえる白鳥村主頭麻呂、同神護景雲三年（七六九）六月戊戌条の白鳥村主馬人、同延暦四年（七八五）正月癸卯条の白鳥村主元麻呂、堺市大野寺址出土瓦銘にみえる白鳥村主牛養、『日本後紀』延暦十五年（七九六）四月乙亥条の白鳥村主（欠名）、『類聚国史』巻第九十九、天長元年（八二四）正月丁巳条にみえる白鳥村主茂智麿がいる。このうち白鳥村主馬人は『続日本紀』神護景雲三年六月戊戌条によれば白鳥椋人広ら二十三人と白原連を賜姓された。白鳥村主茂智麿は『続日本後紀』天長十年（八三三）三月癸巳条に「河内国人大外記外従五位下長岑宿禰茂智麻呂」とみえるが、両者は同一人物であって、白鳥村主は天長元年から同十年までの間に長岑宿禰と賜姓された。同承和二年（八三五）十月庚子条には、白鳥村主長岑宿禰が魯公伯禽の後裔と称したとある。『入唐求法巡礼行記』開成四年（八三九）二月二十日条にみえる白鳥清岑は、同条に白鳥村主清岑とあって白鳥村主清岑と同じである。なお河内国古市郡白鳥陵（大阪府羽曳野市軽里）付近を本拠とした白鳥椋人がおり、一族に先掲の白鳥椋人広がいた。史姓に天平十七年（七四五）四月十七日付「莒陶司解」の署にみえる白鳥史老人、無姓には『東大寺要録』二に天平勝宝四年（七五二）四月大仏開眼会に際し作詩した白鳥香珮、天平勝宝二年（七五〇）八月廿八日付「造東大寺解」に白鳥斐他人、天平宝字五年ヵ（七六一）「官人歴名」に白鳥小田万呂がみえる。

【参考文献】 佐伯有清「承和の遣唐使の人名の研究」（『日本古代氏族の研究』所収）

（前川）

白石　しろいし　㈠陸奥国遠田郡内（宮城県遠田郡田尻町）に本拠をもった豪族。本姓は公。のちに陸奥磐井臣と氏姓を改め、また連姓となった氏人がいる。『日本後紀』弘仁三年（八一二）九月戊午条に白石公真山らが陸奥磐井臣の氏姓を、同六年三月丁酉条に白石公千嶋らが連姓を賜わったとある。彼らはともに陸奥国遠賀郡の人で、真山は勲七等の勲位を帯びていた。㈡渡来系氏族坂上氏の枝氏の一つ。氏名はのちの大和国山辺郡白石（奈良県山辺郡都祁〈つげ〉村大字白石）の地名による。姓は忌寸。『新撰姓氏録』逸文、『坂上系図』韋久佐（いくさ）直条に「志努直之第七子。韋久佐直。是白石忌寸祖也」とみえるが、氏人は未詳。

【参考文献】 新野直吉「在地豪族の東北支配」（『古代の地方史』六所収）

（星野良作）

白堤　しろつつみ　斎（忌）部氏系氏族。氏名は『延喜式』神名帳、大和国山辺郡条にみえる白堤神社の鎮座地（奈良県天理市長柄町）の地名による。姓は首。『新撰姓氏録』大和国神別に「白堤首。天櫛玉命八世孫大熊命之後也」とみえる。『斎部宿禰本系帳』は大熊命を意保熊命に作り、その譜文に「此者白堤首等祖」と記す。また意保熊命の八世の祖に天太玉命を掲げ、その譜文には「又名天神玉命、又名玉櫛比古命」とある。白堤神社の祭神は天櫛玉命で、白堤首氏が奉斎したのであろうが、この氏族の氏人の名は未詳。

（星野良作）

白原　しろはら　倭漢氏系氏族。氏名はのちの河内国古市郡白鳥（大阪府羽曳野市軽付近一帯）の地名との関係によるか。姓は連。旧氏姓は白鳥村主・白鳥椋人。神護景雲三年（七六九）に平城右京の人正八位下白鳥村主馬人、白鳥椋人広ら二十三人が白原連の氏姓を賜わって成立した。一族には宝亀二年（七七一）に蚕産して字を成すという祥瑞を献上して若狭国の稲五百束を賜わった右京の人白原連三成がいる。白原連氏の旧氏姓の一つである白鳥村主氏は『坂上系図』に引く『新撰姓氏録』逸文に、仁徳朝に朝鮮三国から渡来した人々の一後裔で、大和国今来（いまき）郡（のちに高市郡）に居住したとある。白鳥村主氏には九世紀前半に長岑宿禰を賜氏姓された氏人もいる。承和二年（八三五）に長岑宿禰の氏姓を賜わった民首氏は白鳥村主氏と同祖で魯公伯禽（ろこうはくきん）より出たといっており、長岑宿禰氏となった民首・白鳥村主氏が同祖と称していたことが知られる。（星野良作）

す

末　すえ　『日本書紀』崇神天皇七年八月己酉条にみえる「茅渟県陶邑（すえむら）」（のちの和泉国大鳥郡、今の大阪府堺市内）の地名による氏名か。姓は使主。㈠天神系、㈡渡来系の二氏族がおり、㈠『新撰姓氏録』和泉国神別に「末使主。天津彦根命子彦稲勝命之後也」、㈡同山城国諸蕃に「末使主。出レ自二百済国人津留牙使主一也」とみえる。末使主氏は八世紀前半から九世紀前半にかけて史上に足跡を残すが、㈠・㈡のいずれかが明瞭でない者がいる。ただし㈡の本拠地が山城国紀伊郡（京都府京都市南区・伏見区）にあったことは、『平安遺文』に正七位下末使主山依ら四名が同国同郡の刀禰、末使主□良が同じく少領とみえ、『続日本紀』に同地の人末使主逆麿が本貫を平安左京三条内に改めたとあるので確実。また末使主氏は木曰佐氏・木勝氏と同族と考えられる。無姓の末氏もいたが、末蘇比麿は末使主蘇比麻呂にも作られており、無姓とみえても本来のものかどうか断定しがたい。

【参考文献】今井啓一『帰化人』、佐伯有清『新撰姓氏録の研究』考証篇第四・五（星野良作）

須賀　すが　陸奥国の蝦夷の村である閇（へ・へい）村の族長であったことに由来する氏族。閇村の地は未詳であるが、のちの同国閇伊郡（岩手県上閇伊郡・下閇伊郡・遠野市・釜石市・宮古市）に当たり、氏名は同郡小槌村字大須賀（上閇伊郡大槌町字小槌）・同郡小本村須賀（下閇伊郡岩泉町須賀）などの地名によるか。姓は君。和銅三年（七一〇）に陸奥の蝦夷らが君の姓（かばね）を賜わって編戸の民（公民）と同じ扱いになることになった際、閇村の須賀氏も君を賜姓されたのであろう。須賀君の一族の人には『続日本紀』霊亀元年（七一五）十月丁丑条にみえる蝦夷の須賀君古麻比留（こまひる）がおり、古麻比留らは昆布を貢献する使のために閇村に仮りに郡家を建てることを言上して許可されている。

【参考文献】　高橋崇『蝦夷』〔星野良作〕

菅生　すがお　姓は朝臣。氏名は河内国丹比郡菅生郷（大阪府南河内郡美原町菅生一帯）の地名にもとづく。旧姓は中臣連と思われ、『続日本紀』大宝二年（七〇二）三月戊寅条にみえる菅生朝臣国桙以降、菅生朝臣氏の人物は散見されるが、菅生朝臣氏の氏姓を賜わった年代は史料にみえない。菅生朝臣氏は中臣朝臣氏とともに朝廷の神事にしばしば携わっており、神祇官の官人となった者が多かった。神祇官所属の伴部の負名氏の一員であったと思われる。また、一族の菅生朝臣忍人以来、ほぼ歴代、伊勢大宮司に任ぜられている。『新撰姓氏録』河内国神別に「菅生朝臣。大中臣朝臣同祖。津速魂命二世孫天児屋根命之後也」とある。〔外池〕

菅田　すがた　忌部氏系氏族と考えられる。本拠地は未詳。氏名の由来としては『和名抄』の美濃国武芸郡管（菅）田郷・越中国婦負郡菅田郷、『延喜式』神名帳の大和国添下郡の①菅田神社と②菅田比売神社二座、近江国蒲生郡の菅田神社の鎮座地などの菅田の地名が考えられるが、大和国の二社の地が有力か。①は奈良県大和郡山市八条町の同名の社、②は同筒井町の同名社に比定され、両社は対であったと推定される。姓は首。『新撰姓氏録』山城国神別に「菅田首。天久斯麻比止都（あめくしまひとつ）命之後也」とあるが、首姓になった年次、一族の人は不詳。天久斯麻比止都命は天目一箇（あめまひとつ）神、同命にも作る。『日本書紀』神代下、第九段一書第二に「天目一箇神為㆓作金者㆒」、『古語拾遺』には斎部宿禰の祖という天太玉命が率いた諸神のなかに天目一箇命をあげ、この命は「筑紫・伊勢両国忌部祖也」とみえる。なお今の①菅田神社の祭神は天目一箇神である。〔星野良作〕

菅野　すがの　百済の都慕王十世孫貴首（須）王の子孫。姓は朝臣。菅野朝臣の旧姓は王、その後、津史、さらに津連と称した。敏達天皇三年（五七四）に船史王辰爾弟牛が津史を賜わり、天平宝字二年（七五八）八月に外従五位下津史秋主ら三十四人が津連を賜わった。菅野朝臣の氏姓は延暦九年（七九〇）七月十七日に津連真道らが賜わったことに始まる。『続日本紀』延暦九年七月辛巳条に「（略）図書頭従五位上兼東宮学士左兵衛佐伊予守津連真道等上表言。真道等本系出㆑自㆓百済国貴須王㆒。（略）真道等生逢㆓昌運㆒。預㆑沐㆓天恩㆒。伏望。改㆓換連姓㆒。蒙㆑賜㆓朝臣㆒。於㆑是。勅因㆑居賜㆓姓菅野朝臣㆒」とある。菅野の氏名は大和国宇陀郡菅野村（奈良県宇陀郡御杖村大字菅野一帯）の地名にもとづくものかと推定されている。菅野朝臣氏の一族についてはまず菅野朝臣真道がいる。真道は図書頭・東宮学士・左大弁・参議などを歴任し従三位まで昇った学者で、『続日本紀』の編纂にも加わってこれを延暦十六年（七九七）二月十三日に完成させ上表している。また平安京の造営にも尽力したが、延暦二十四年（八〇五）十二月七日藤原緒嗣の「方今天下所ㇾ苦。軍事与二造作一也。停二此両事一。百姓安ㇾ之」（『日本後紀』同日条）との建言によって停廃に決している。真道のほかには菅野朝臣池成・菅野朝臣高世・菅野朝臣庭主・菅野朝臣永岑・菅野朝臣人数などの名が知られる。また菅野朝臣真道の父は山守といい、菅野朝臣人数は真道の女である。

【参考文献】佐伯有清『新撰姓氏録の研究』考証篇第五　〔小原〕

菅原　すがわら　天応元年（七八一）六月土師氏の改氏姓請願により分立した氏族の一つで、居地の大和国添下郡菅原郷（奈良市菅原町一帯）の地名を氏名とした氏族。姓は初め宿禰、延暦九年（七九〇）十二月に朝臣を賜わる。『続日本紀』天応元年六月壬子条によれば、土師宿禰古人・同道長ら十五人は、祖業を思うに凶儀のみに与るのは意とするところではないので、旧氏姓の土師を改め居地名により菅原と改氏姓を請願して許され、菅原宿禰を賜わった。同延暦九年（七九〇）十二月辛酉条には、菅原宿禰道長らは朝臣の姓を賜わったとある。『新撰姓氏録』右京神別下に「菅原朝臣。土師宿禰同祖。乾飯根命七世孫大保度連之後也」とみえる。一族には文人・学者が多く輩出した。古人は『続日本紀』延暦四年（七八五）十二月甲申条に「故遠江介従五位下菅原宿禰古人男四人給二衣粮令ㇾ勤学業一。以二其父侍読之労一也」とあって、生前の古人は桓武天皇即位以前侍読を努め、その功により四人の子息に衣粮を給せられたとある。四人の子息のうち長男は道長で『万葉集』巻第十七（三九五五）にみえる「土師宿禰道良」と同一人物であって、歌人と考えられるが『菅原氏系図』にはその名がみえず、古人の子として清公・清岡・清人の三子名を記す。第四子の清公は『続日本後紀』承和九年（八四二）十月丁丑条の薨伝によれば、延暦二十一年（八〇二）遣唐判官となり同二十三年入唐、一年後帰朝し、弘仁三年（八一二）左京亮・大学頭、同十年（八一九）文章博士を兼ね天皇の侍読となり、『令義解』『凌雲集』『文華秀麗集』には撰者として名がみえ、文章院を創立し、承和九年に薨じた。清公には四子があったが、第四子是善は菅原道真の父であり、『三代実録』元慶四年（八八〇）八月三十日辛亥条の薨伝にみるように、父清公に劣らぬ学業優長の人で大学少允・文章博士など儒門の要職を歴任し、参議に任ぜられ式部大輔を兼ね、元慶四年薨じた。多くの著書があり『貞観格式』『文徳実録』の編修にも加わった。なお、旧氏姓が日置臣・日置造・日置首で菅原朝臣に賜姓された氏族があり、『三代実録』貞観八年（八六六）閏三月十七日壬戌条にみえる日置臣岡成、同貞観九年（八六七）十一月二十日乙卯条の日置造久米麿、同元慶元年（八七七）十二月二十五日辛卯条の日置首永津・今津は菅原朝臣をそれぞれ賜姓された。

【参考文献】坂本太郎『菅原道真』、井上薫「菅原清公伝二題」（『古代史の群像』所収）　〔前川〕

吹田　すきた　次田・鋤田にも作る。かつて朝廷財政の一つを司った倉の下級職（倉人）から成長した氏族。本拠はのちの河内国安宿郡鋤田寺の地（大阪府羽曳野市駒ヶ谷付近）で、『日本霊異記』にこの寺の僧・俗名鋤田連とみえる。姓は連、無姓の吹田氏もいた。天智天皇十年（六七一）に吹田生磐は天皇の命で出家する大海人皇子に袈裟を送り、天武天皇十年（六八一）年に次田倉人椹足・石勝が連姓を賜わっているが、椹足・石勝の倉人はすでに姓（かばね）か。『新撰姓氏録』河内国神別に「吹田連。火明命児天香山命之後也」とみえ、承和六年（八三九）に一族の吹田連魚麻呂は賜氏姓されて忠宗朝臣と改めた。無姓の吹田氏には天平勝宝七歳（七五五）に河内国班田司史生の次田隼人、長寛二年（一一六四）に摂津国垂水東牧吉志部村熊里の公文次田成俊がいるが、隼人は連姓の吹田氏に無姓で記されている例から彼も連姓の可能性が強い。なお次田赤染氏は別氏族である。

【参考文献】直木孝次郎『日本古代国家の構造』、平野邦雄『大化前代社会組織の研究』　〔星野良作〕

枌谷　すぎたに　百済系渡来氏族。姓は造。本拠地、氏名の由来、氏人ともに未詳。『新撰姓氏録』右京諸蕃下に「枌谷造。出レ自二百済国人堅祖州耳一也」とみえる。旧姓、造姓になった年次も不明であるが、枌谷造氏が祖先とした百済国の人堅祖州耳の堅祖氏については『新撰姓氏録』未定雑姓、右京に「堅祖氏。百済国人堅祖為智之後也」とみえ、枌谷造・堅祖氏の両氏ともに平安右京にあって百済国の堅祖氏の後裔と称しながら、同祖関係にはなかったことが知られる。〔星野良作〕

足奈　すくな　百済系渡来氏族。無姓。本拠地、氏名の由来ともに未詳。『新撰姓氏録』未定雑姓、左京に「足奈。百済国人従七位下足奈真己之後也」とみえ、足奈真己を祖とするが、真己以後の足奈氏は不明。真己以前の一族に天平宝字二年（七五八）から神護景雲元年（七六七）にかけて足奈太須（多須とも）、宝亀二年（七七一）年から同五年にかけて足奈公麻呂がいた。太須・公麻呂とも東大寺写経所に出仕した経師であった。（星野良作）

村主　すぐり　主寸・主村にも作る。渡来系氏族。村主（スグリ）の語は首長の意味の古代朝鮮語に由来し、氏名と姓（かばね）の両様に用いられ、村主氏は氏名の場合で無姓。『新撰姓氏録』の㈠摂津国諸蕃に「村主。葦屋村主同祖。意宝荷羅支（おおからき）王之後也」、㈡和泉国諸蕃に「村主。葦屋村主同祖。大根使主（おみ）之後也」、㈢未定雑姓、山城国に「村主。漢師建王之後也」、㈣同、大和国に「村主。漢高受王之後也」とみえ、㈠・㈡で同祖という葦屋村主は和泉国諸蕃に「出㆑自㆓百済意宝荷羅支王㆒也」とある。和泉国の村主氏の一族には大同元年（八〇六）に村主の氏名を賜わった旧姓陵戸村主がいる。嘉祥三年（八五〇）に摂津国嶋上郡で白亀をえて献じた平安右京の人村主岑村の本拠地は摂津国か。村主氏の人は八世紀から十二世紀末期まで知られ、伊賀・遠江・讃岐国にもいた。十一世紀末に村主経遠は宿禰姓を帯びても表われるが、宿禰賜姓の年次は未詳。

【参考文献】佐伯有清「新羅の村主と日本古代の村主」（『日本古代の政治と社会』所収）（星野良作）

勝部　すぐりべ　出自不詳の氏族。「スグリ」は朝鮮語の古代村落の首長を表わす称号に由来するという説、これを「マサ」と読んで村落を意味する語と解する説がある。勝氏は『新撰姓氏録』山城国諸蕃・摂津国諸蕃に百済国の人多利須々の後裔氏族とするが、これと勝部との関係は定かではない。勝部氏は出雲国に広く分布し、「出雲国大税賑給歴名帳」に漆沼郷深江里の勝部稲女、河内郷伊美里の勝部味女、朝山郷稗原里の勝部小売など十九名が知られ、天平六年（七三四）の「出雲国計会帳」に勝部建島、『続日本紀』天平十二年六月庚午条に同国大原郡の采女として勝部鳥女の名がみえる。出雲国にはさらに臣・君（公）・造・首姓の勝部氏が存在していた。臣姓の勝部氏は出雲国造の同族と思われ、『出雲国風土記』に大原郡大領勝部臣（虫麻呂）、主帳勝部臣（名欠）が署名しているほか、「出雲国計会帳」に「衛門府衛士勝部臣弟麻呂逃亡状」が載せられ、「出雲国大税賑給歴名帳」には加夜里の勝部臣赤麻呂、日置郷の勝部臣法麻呂、狭結郷の勝部臣緑売などがみえる。君姓の勝部氏は、『類聚国史』巻四十、大同二年（八〇七）五月庚子条に「出雲国釆女外従五位下勝部公真上告レ病帰レ郷。便賜ニ彼国稲五百束一」とある真上が、『日本後紀』延暦二十四年（八〇五）八月癸卯条に勝部造真上とみえるので、もとは造姓であったと考えられる。首姓の勝部氏は「出雲国大税賑給歴名帳」に工田里の勝部首比枳、出雲郷朝妻里の勝部首荒海、伊知里の勝部首墨田などの名が知られる。

【参考文献】 八木充「カバネ勝とその集団」（『ヒストリア』一〇）、同『律令国家成立過程の研究』 〔高嶋〕

習宜 すげ 神祇関係の氏族。氏名は「法隆寺伽藍縁起并流記資財帳」にみえる大和国添下郡菅原郷内にあった習宜池、今の奈良市西大寺宝ケ池付近の地名による。姓は初め連、のちに朝臣。無姓の習宜氏もいた。有姓の一族には、連姓では文武天皇元年（六九七）に迎新羅使となった進広参習宜連諸国、朝臣姓では習宜朝臣毛人・山守がおり、『二所大神宮例文』第九、大宮司次第に毛人は第九代、山守は第十四代の大宮司とある。このうち習宜朝臣山守は『続日本紀』天平神護元年（七六五）正月己亥条、宝亀六年（七七五）正月丁酉条に中臣習宜朝臣山守ともみえ、習宜朝臣氏と中臣習宜朝臣氏とが相通じる場合が知られるから、両氏はもと一族と考えられる。習宜連氏が朝臣姓になった年次は不明だが、養老三年（七一九）五月に中臣習宜連笠麻呂ら四人が朝臣を賜姓されたときが目安となろう。無姓の習宜氏には天平宝字五年（七六一）ころに習宜佐官がいる。

【参考文献】 岸俊男「習宜の別業」（『日本古代政治史研究』所収）、佐伯有清『新撰姓氏録の研究』考証篇第三 〔星野良作〕

嵩山 すせ 唐系渡来氏族。氏名は中国河南省にある高山の名による。姓は忌寸。唐人孟恵芝、同張道光にそれぞれ始まる二流の嵩山忌寸氏があったが、本拠地はともに未詳。『続日本紀』延暦三年（七八四）六月癸丑条に「唐人正六位上孟恵芝。正六位上張道光等。賜ニ姓嵩山忌寸一」とあって同氏の成立が知られ、『新撰姓氏録』左京諸蕃上に「嵩山忌寸。唐人外従五位下（船典賜緑。）張道光入朝焉。沈惟岳同時也」、「嵩山忌寸。唐人正六位上（本丑倉賜緑。）孟恵芝入朝焉。沈惟岳同時也」とみえる。旧姓孟恵芝である嵩山忌寸恵芝と旧姓張道光の嵩山忌寸道光は天平宝字五年（七六一）八月に日本に渡来した沈惟岳ら九人の唐人のなかの人物で、嵩山忌寸氏の一族はこの両名以外は未詳。なお嵩山忌寸道光は延暦十七年六月には外従五位下の位階を帯びていた。

【参考文献】佐伯有清『新撰姓氏録の研究』考証篇第四　〔星野良作〕

簀秦　すはた　秦氏系氏族。本拠地は近江国犬上郡（滋賀県犬上郡）内。画工司画師の家系、彩色や絵画を専門とした技術者の一族。氏名は簀秦画（恵）師にも作る。簀の由来は未詳だが、画師は職名に由来する称号で姓（かばね）的に用いられた。出自未詳。『聖徳太子伝暦』に簀秦画師は推古天皇十二年（六〇四）設けられたとある。一族には天平勝宝四年（七五二）に東大寺の厨子の彩色に携わった簀秦男山・麻呂・大市・豊敷ら以降、奈良時代に簀秦画師豊次・簀秦恵師麻呂・簀秦（画師か）大（千か）嶋・簀秦画（恵か）師道足・簀秦君麻呂・簀秦宮足らが知られる。彼らのうち豊次は画師で近江国の人、君麻呂は画部で同国犬上郡の人。大嶋は同国同郡火（斐）田郷の戸主、道足はその戸口。宮足は画師である。また簀秦恵師麻呂は宝亀八年（七七七）に上総国司大目で正六位上勲八等の位階を帯びていたが、彼はあるいは簀秦麻呂と同一人か。〔星野良作〕

周敷　すふ　須布にも作る。伊予国周敷郡（愛媛県東予市、周桑郡小松町・丹原町）の地の豪族で、丹治比連氏の同族。氏名はもと丹治比から周敷、ついで周敷伊佐世利。姓は連、ついで宿禰。『続日本紀』天平宝字八年（七六四）七月己酉条に「伊与国周敷郡人丹治比連真国等十人賜二姓周敷連一」とあって周敷連氏、ついで同書同年十月己丑条に「伊予国人大初位下周敷連真国等廿一人賜二姓周敷伊佐世利宿禰一」とあって周敷伊佐世利宿禰氏が成立した。伊佐世利は地名か。周敷連・周敷伊佐世利宿禰氏の一族は旧姓丹治比連真国のほかは未詳だが、『新撰姓氏録』左京神別下に「丹比須布。火明命三世孫天忍男命之後也」とみえる丹比須布氏も同族であろう。〔星野良作〕

住吉　すみよし　「スミノエ」とも読む。百済系渡来氏族。のちの摂津国住吉郡（大阪府大阪市内）の地名による氏名か。姓は朝臣。氏姓は上毛野君から池原公、延暦十年（七九一）に池原公綱主らが住吉朝臣を賜わる。時に綱主は近衛将監従五位下兼常陸大掾の地位にあった。『新撰姓氏録』左京皇別下に「住吉朝臣。上毛野同祖。豊城入彦命五世孫多奇波世（たかはせ）君之後也」とみえ、『日本書紀私記』弘仁私記序に田辺史・上毛野公・池原朝臣・住吉朝臣らの祖上野公竹合（多奇波世君）の祖思須美・和徳両人は仁徳天皇時代に百済国より渡来したとある。住吉朝臣の一族は綱主以降、九世紀前半にわたって知られるが、もっとも出世したのはこの綱主である。彼は武官を歴任して延暦二十四年に七十七歳で卒した。時に散位従四位下。

【参考文献】佐伯有清『新撰姓氏録の研究』考証篇第二　（星野良作）

住道　すむじ　のちの摂津国住吉郡住吉郷（大阪府大阪市東住吉区矢田住道の一帯）の地の豪族と考えられる。姓は首。無姓の住道氏もいた。『新撰姓氏録』未定雑姓、摂津国に「住道首。伊弉諾（いざなき）命男素戔鳥（すさのお）命之後也」とある。住道首氏の氏人は未詳だが、『住吉大社神代記』子神条にみえる住道神、『延喜式』神名帳、摂津国住吉郡条にみえる神須牟地神社は同じもので、住道首氏の氏神であったろう。住道神は天平元年（七二九）に河内国丹治比郡楯原里に移したので「住道里住道神」と号したという住吉大社の三子神の一つである。無姓の住道氏には八世紀中ごろの人に住道小粳がいた。小粳は造東大寺司写経所の経師で正倉院伝世の奈良時代の木簡中、「可二返上一筆」経師歴名にもみえ、写経所の官人である他田水主に筆の返上を命じられたことが知られる。

【参考文献】東野治之「正倉院伝世木簡の筆者」（『正倉院文書と木簡の研究』所収）　（星野良作）

せ

前部　ぜんほう　高句麗（高麗）系渡来氏族。氏名は高句麗の五部の一つである前部による。『日本後紀』延暦十八年（七九九）十二月甲戌条にみえる前部氏ら渡来系氏族の者が本号を改めて氏名を賜わった記事中に「己等先高麗人也。小治田（推古）。飛鳥（舒明）二朝庭時節。帰化来朝」とある。前部氏の一族は天平十九年（七四七）に力田によって外正六位下より外従五位下となった前部宝公以降、八世紀末まで知られるが、多くは氏姓や氏名を賜わり、御坂連・柿井造・御坂造・広篠連・安坂・村上・朝治の諸氏になった。このうち広篠連氏となった前部虫麻呂は平城左京の人。また安坂氏となった前部綱麻呂、村上氏となった同黒麻呂、篠井氏となった同秋足、朝治氏となった同貞麻呂らはともに信濃国の人で、信濃国には前部氏が分布していた。なお天平宝字二年（七五八）ころの前部倉主は福当倉主と同一人物と考えられるから、福当氏の旧姓も前部であろう。

【参考文献】佐伯有清『新撰姓氏録の研究』考証篇第五　（星野良作）

そ

均田　そいた　美濃国山県郡（岐阜県山県郡、岐阜市・関市の一部）の豪族。姓は勝。承和十年（八四三）に美濃国山県郡の少領で外従八位上の均田勝浄長ら九人が中臣氏の祖・津速魂命の苗裔と称して中臣美濃連の氏姓を賜わった。氏人の名は均田勝浄長のほかに伝わらないが、中臣美濃連氏となってからの人に中臣美乃連益長がいる。益長は承忍という名の法隆寺の僧であったが、貞観六年（八六四）に勅により、還俗して本姓名に復し、美濃国山県郡の少領に任ぜられた。もと同国各務郡の人であるが、旧氏姓は均田勝か。（星野良作）

匝瑳　そうさ　匝蹉にも作る。物部氏系氏族。姓は宿禰。旧氏姓は物部匝瑳連・宿禰で、物部匝瑳連氏時代の本拠は下総国匝瑳郡（千葉県匝瑳郡・八日市場市、香取郡の一部）。『続日本後紀』承和二年（八三五）三月辛丑条に物部匝瑳連氏が物部小事大連を祖とすること、物部匝瑳連熊猪が宿禰姓を賜わって本貫を平安左京二条の地に移したことがみえる。この後まもなく氏名は匝瑳と改められたらしい。物部匝瑳氏、匝瑳氏時代を通じての特徴は鎮守府の高官に就任したことである。弘仁二年（八一一）三月に鎮守副将軍であった物部匝瑳連足継は同三年二月には鎮守将軍に進み、この間に外従五位下から従五位下に昇叙している。承和元年五月に前記の熊猪は鎮守将軍で外従五位下勲六等。匝瑳宿禰末守は同四年四月と同六年四月に鎮守将軍であったことが知られ、同十年二月に外従五位下で安房守に任じられている。（星野良作）

添　そお　中臣系氏族。旧氏名は県主。添の氏名はかつての層富県（のちの大和国添上郡・添下郡、今の奈良県奈良市・大和郡山市一帯）の県主であったことによる。姓は県主。天平神護元年（七六五）に大和国添下郡の人、左大舎人大初位下の県主石前が添県主の氏姓を賜わっている。『新撰姓氏録』大和国神別に「添県主。出レ自ニ津速魂（つはやむすび）命男武乳遺（たけちのこり）命一也」とみえ、『先代旧事本紀』神代本紀・皇孫本紀にも津速魂尊の子の武乳遺命は「添県主等祖」とある。添県主石前のほかの一族は未詳だが、『延喜式』神名帳の大和国添下郡にみえる添御県坐神社は添県主氏が祭った神社であろう。（星野良作）

曾　そお　贈唹・曾乃にも作る。大隅国贈唹郡（鹿児島県曾於郡）の豪族。姓は君・県主。君（公）姓の曾氏の一族には『続日本紀』和銅三年（七一〇）正月庚辰条にみえる日向の隼人の曾君細麻呂、天平十二年十月壬戌条などにみえる贈唹君（曾乃君）多理志佐、神護景雲三年十一月庚寅条にみえる曾公足麻呂らがいる。細麻呂は荒俗を教喩し、聖化に馴服せしめた功によって外従五位下を授けられ、多理志佐は藤原広嗣の乱に加わり、官軍に降服。のちに外従五位下・外正五位上を経て、従五位下を授けられている。足麻呂は俗伎を奏して外正六位上から外従五位下に昇っている。県主姓の曾氏の一族には、天平八年（七三六）の「薩摩国正税帳」に同国某郡の主帳としてみえる外少初位下、勲十等の曾県主麻多がいた。また曾県主岐直（そおのあがたぬしきのあたい）を称する隼人がおり、その一族として『続日本紀』天平勝宝元年（七四九）八月癸未条にみえる曾県主岐直志自羽志らの名が知られる。

【参考文献】中村明蔵「隼人の豪族、曾君についての考察—その本拠地と勢力圏をめぐって—」（『隼人の研究』所収）

（佐伯）

蘇我　そが　宗我・宗賀・曾我・巷宜・巷哥にも作る。武内宿禰後裔氏族の一つ。姓は臣。蘇我石川宿禰を祖とする。本拠地については、㈠のちの大和国高市郡蘇我（今の奈良県橿原市曾我町）の地、㈡のちの河内国石川・錦部郡（今の大阪府富田林市を中心とした石川の中流域一帯）の地、㈢のちの大和国葛上・葛下郡（今の奈良県御所・大和高田市、北葛城郡の過半部）の地とする三説がある。㈠は『紀氏家牒』に「蘇我石河宿禰、家二大倭国高市県蘇我里一。故名云二蘇我石河宿禰一」、㈡は『三代実録』元慶元年十二月二十七日癸巳条の石川朝臣木村の言に「始祖大臣武内宿禰男宗我石川、生二於河内国石川別業一。故以二石川一為レ名。賜二宗我大家一為レ居。因賜二姓宗我宿禰一」、㈢は『日本書紀』推古天皇三十二年十月癸卯条の蘇我馬子の言に「葛城県者、元臣之本居也。故因二其県一為二姓名一」とあるのをおもな根拠とし、ともに有力である。蘇我氏が本拠地を移したためとみられるが、順序の特定はなお課題である。蘇我氏の活動が顕在化するのは稲目の代からで、時すでに本拠は大和にあった。稲目の以前、石川の後は『公卿補任』『蘇我石川両氏系図』によると満智・韓子・高麗と続いた。『古語拾遺』に満智は雄略朝で三蔵を検校したと伝えられる。『日本書紀』応神天皇二十五年条にみえる百済の権臣木満致（『三国史記』では木劦〈もくら〉満致）と満智を同一人物とみなし、蘇我氏の出自を朝鮮に求める説があるが、確証を欠く。両者の名が同音であるのは、彼の子と孫の名が朝鮮風であることと合わせてこの時期、蘇我氏が大和政権の対朝鮮交渉との係わりで台頭したことを物語るのであろう。稲目は宣化・欽明朝の大臣となり、子馬子・孫蝦夷が続く歴朝で大臣に任じられる先蹤を開き、大王家と姻戚関係を結んで用明・崇峻・推古天皇の外祖父となった。仏教受容に先進的な役割を果たし、渡来人勢力への支配力を強化して官司制的な屯倉の経営に着手するなど、積極的開明策を講じて一族繁栄の基礎を築いた。用明天皇二年（五八七）、馬子は大連物部守屋を滅して政界を領導し、守屋の遺産を侵略して経済的基盤を拡充した。対立した崇峻天皇を東漢駒に命じて殺させ、推古女帝の即位を実現し、聖徳太子と協調して推古朝政治を推進した。女の刀自古郎女を聖徳太子妃、法提郎女を舒明天皇夫人に立てた。法興寺（飛鳥寺）を造立し、馬子の代は蘇我氏の最盛期であった。馬子ののち、蝦夷、その子入鹿の時代に蘇我氏は専制化していった。『日本書紀』皇極天皇二年十月壬子条に「蘇我大臣蝦夷、縁レ病不レ朝。私授二紫冠於子入鹿一、擬二大臣位一」とみえ、時の蝦夷専権の特徴をよく示す。蝦夷・入鹿の本宗の専横は傍系の離反、貴族官僚の反発を招き、ついに本宗は皇極天皇四年（六四五）六月の乙巳の変（大化改新）で滅んだ。以後、蝦夷の弟倉麻呂の子という倉山田石川麻呂・連子・赤兄らが左右大臣となるなど傍系が栄えたが、天武天皇元年（六七二）の壬申の乱で滅亡に瀕し、連子の子安麻呂が石川と改姓して継承した。奈良県高市郡明日香村島之庄にある石舞台古墳は馬子の桃原墓といわれ、御所市古瀬の水泥古墳を蝦夷・入鹿の今木の双墓、橿原市川西町にある新沢千塚の支群の一つを蘇我一族の墳墓とみる説がある。なお、『新撰姓氏録』河内国皇別に「蘇何。彦太忍信命之後也」とみえるように無姓の蘇我氏もいた。

【参考文献】日野昭『日本古代氏族伝承の研究』、黛弘道「ソガおよびソガ氏に関する一考察―古代歌謡を手懸りに―」（『律令国家成立史の研究』所収）、星野良作「皇極二年時に於ける蘇我氏の権力―紫冠・物部大臣をめぐって―」（『日本歴史』二五三）、門脇禎二『蘇我蝦夷・入鹿』、同「蘇我氏の形成と朝鮮文化」（『季刊　三千里』七）、同『新版　飛鳥―その古代史と風土―』、同「蘇我氏の登場」（『古代を考える　飛鳥』所収）、和田萃「紀路と曾我川―建内宿禰後裔氏族系譜の成立基盤―」（『古代の地方史』三畿内編所収）、佐伯有清「蘇我氏と古代大王国家」（『日本古代氏族の研究』所収）、加藤謙吉『蘇我と大和王権』、塚口義信「葛城県と蘇我氏」（『続日本紀研究』二三一・二三二）

（星野良作）

曾禰　そね　物部氏系氏族。姓は連。曾禰氏は八色の姓の制定前から連姓で、天武天皇四年（六七五）四月に曾禰連韓犬は天皇の命で大忌神を祭っている。時に彼は大山中の位階を帯びていたが、同十年には小錦中を授けられた。この韓犬の以降、氏人は九世紀末ころまで認められる。『三代実録』元慶五年（八八一）四月四日辛巳条に「阿波国那賀郡人従七位上椋部夏影。（略）復二本姓曾禰連一」とみえ、一族にかつて椋部氏に改氏姓した者がおり、彼らが阿波国那賀郡に居住したことを伝え、『新撰姓氏録』は㈠左京神別上に「石上同祖」、㈡右京神別上に「同神（神饒速日命か）六世（孫伊香我色雄命か）之後也」、㈢和泉国神別に「采女臣同祖」と曾禰連の三流を載せる。一族は平城右京、因幡・伯耆・出雲国などにも分布した。天平十四年（七四二）十二月十二日付「優婆塞貢進解」にみえる曾禰造牛養の造の姓は連の誤記か。なお無姓の曾禰氏もいた。

【参考文献】佐伯有清『新撰姓氏録の研究』考証篇第三・四　〔星野良作〕

薗人　そのひと　のちの大和国忍海郡園人郷（奈良県北葛城郡新庄町忍海付近か）を本拠とした百済系の渡来氏族。薗人の氏名は園人にも作り、宮内省園池司の前身をなす官司に関係していた園人にもとづく。姓は首。『新撰姓氏録』大和国諸蕃に「薗人首。出レ自二百済国人知豆神之後一也」とみえる。一族には、薗人首（欠名）がおり、弘仁六年（八一五）十月二十五日付の「五百井女王家施入状」に「大書吏従八位上薗人首」とみえる。同系氏族には、『新撰姓氏録』右京諸蕃下に載る苑部首氏がある。

【参考文献】直木孝次郎「人姓の研究」（『日本古代国家の構造』所収）〔篠川〕

薗部　そのべ　園部・苑部にも作る。薗部（園部・苑部）の氏名は、苑池を掌り、蔬菜・樹菓の種殖を職掌としていた薗部、もしくはその伴造氏族であったことにもとづく。首姓の苑部首氏と、無姓の薗部（園部）氏とがあった。苑部首氏は、百済系の渡来氏族で、『新撰姓氏録』右京諸蕃下に「苑部首。出レ自二百済国人知豆神一也」とみえる。この一族の人名は史料にみえない。同系氏族には、『新撰姓氏録』大和国諸蕃に載る薗人首氏がある。無姓の薗部氏については、『新撰姓氏録』右京皇別下に「薗部。同氏（多朝臣同祖。神八井耳命之後也）」とみえる。この一族には、天平年間に経師・装潢であった薗部広足、同じく装潢であった薗部広公、天平宝字年間に左勇士衛火頭で写経所に出仕した園部八月、仁和元年（八八五）十二月当時、左衛門門部であった園部禅師麿らがいる。　〔篠川〕

た

当麻　たいま　「タギマ」とも読む。用明天皇皇子当麻王（麿古王）の後裔氏族。姓は公からのちに真人。氏名は母姓によったという当麻王の名にもとづく。天武天皇十三年（六八四）十月に、当麻公氏は守山公らとともに真人姓を賜わった。『新撰姓氏録』右京皇別に「当麻真人。用明皇子麿古王之後也。日本紀合」とある。なお『播磨国風土記』賀毛郡上鴨里・下鴨里条に当麻品遅部君前玉の名がみえる。〔外池〕

平　たいら
皇族賜姓の一つ。桓武平氏・仁明平氏・文徳平氏・光孝平氏の四流ある。後世もっとも盛えたのは桓武平氏である。姓は朝臣。平の氏名は平安京の平安の訓にもとづく。桓武平氏は桓武天皇の皇子である葛原親王・賀陽親王・万多親王・仲野親王の後裔氏族である。葛原親王の後裔に対する賜姓は、『日本紀略』天長二年（八二五）三月丁卯条によれば賜姓を請願したが許されず、同書天長二年七月丁未条によれば「二品行弾正尹兼大宰帥葛原親王上表。割二愛子息一。庶捨二王号一。許レ之」とあって賜姓を許されている。このことは『類聚国史』巻六十六、薨卒、天長六年六月庚午条に「従四位下平朝臣善棟卒。一品葛原親王第二男也」とあること、および『三代実録』貞観九年（八六七）五月十九日条に「大納言正三位平朝臣高棟薨。高棟者。桓武天皇孫。而一品葛原親王之長子也。（略）（天長）二年賜二姓平朝臣一」とあることによって証される。葛原親王流には高棟王と高見王の二つある。『新撰姓氏録』巻末、平朝臣条には高棟王が平朝臣姓を賜わり左京に貫附されたことしか記されていない。しかし後世もっとも盛えたのは高見王の子高望王の後裔平朝臣氏である。高望王は上総介に任じられてそのまま土着し、その子孫は東国の武士団として成長していった。将門の乱を起こした平将門、それを鎮定した平貞盛などが著名であり、高望王男良文の系統からは千葉・畠山・上総の諸家が、良茂の系統からは三浦・大庭・梶原の諸氏が出て、平氏一門は坂東の地に幅広く根を張っていった。また貞盛の子維盛は伊勢守に任じたが、これを契機として伊勢地方に勢力を伸長させたのが伊勢平氏であり、正盛・忠盛・清盛と続いて平氏政権を樹立した。葛原親王の弟賀陽親王流については『三代実録』貞観十五年（八七三）九月二十七日条に「左京人幸身王。時身王賜二姓平朝臣一。賀陽親王後也」とみえ、『三代実録』元慶二年（八七八）十二月二十五日条に「无位潔行王賜二姓平朝臣一。二品賀陽親王男。従四位上利基王之子也」とみえる。次に万多親王流については『三代実録』貞観四年（八六二）四月二十日条に、万多親王の子正躬王および正行王・雄風王らの子供たちに対する平朝臣賜姓を記して住世王・継世王・基世王・家世王・益世王・助世王・是世王・経世王・並世王・尚世王・行世王・保世王・高蹈王・高居王・定相王ら十五名の名を挙げている。仲野親王流については貞観五年（八六三）八月に房世王が平朝臣姓を賜わっており、そのほか惟世・利世・実世らの名が知られる。

【参考文献】佐伯有清『新撰姓氏録の研究』考証篇第六、福田豊彦『平将門』、田中重久「公卿平氏と武家平氏の諸流の遺址」（『日本歴史』三〇四）、高橋昌明『清盛以前―伊勢平氏の興隆』 （小原）

多可 たか　渡来系氏族。氏名は『和名抄』近江国犬上郡田可郷（滋賀県犬上郡多賀町一帯）の地名によるか、未詳。姓は連。旧氏姓は高麗使主。天平宝字二年（七五八）六月に越後目正七位上の高麗使主馬養、内侍典侍従五位下の高麗使主浄日（女）ら五人が多可連の氏姓を賜わったのに始まる。多賀連の氏人は前記の馬養・浄日のほかに伝わらない。このうち浄日は女官として昇進し、宝亀十一年（七八〇）年十月に典侍従四位下で没している。 （星野良作）

高井 たかい　高句麗（高麗）系渡来氏族。氏名は同系渡来氏族である高史氏や高氏の氏名となった高句麗王族の姓の高に因んだ美称か。姓は造。『新撰姓氏録』山城国諸蕃に「高井造。出レ自二高麗国主鄒牟王廿世孫汝安祁王一也」とある。高井造氏が造姓になった年次、本拠地・一族ともに未詳。『和名抄』山城国綴喜郡多可郷の地、『延喜式』神名帳、山城国綴喜郡の高神社はこの氏族と係わるか。平城京出土木簡にみえる「□井真万呂」の氏名が葛井でなく高井なら真万呂は無姓の高井氏、または高井造氏の一族である。

【参考文献】今井啓一『帰化人』、『平城宮発掘調査出土木簡概報』四、『木簡研究』六 （星野良作）

高尾 たかお　連姓と忌寸姓の高尾氏がいた。両者は河内国高安郡高尾邑（大阪府柏原市内）の地を本拠とした同族か。連姓の一族では天平神護元年（七六五）に正六位上から外従五位下に進んだ高尾連賀比がいる。忌寸姓の高尾氏の旧姓は寺で、宝亀十一年（七八〇）に河内国高安郡の人で大初位下の寺浄麻呂が高尾忌寸の氏姓を賜わった。『新撰姓氏録』河内国諸蕃に「高尾忌寸。秦宿禰同祖。融通王之後也」とみえ、高尾忌寸氏は河内国の秦宿禰氏と同系と称していたことが知られる。連姓の賀比、忌寸姓の浄麻呂以外の高尾氏の人は未詳。 （星野良作）

高生 たかお　近江国（滋賀県）の豪族。氏名はのちの同国蒲生郡島郷多賀村（同県近江八幡市多賀町）の地名によるか。姓は朝臣。旧氏姓は嶋脚（鴨脚か）臣。観松香殖稲（孝昭）天皇の後裔と称し、承和二年（八三五）十月に嶋脚臣真行が高生朝臣の氏姓を賜わったのに始まる。真行は近江国の人で、時に弾正台の大疎（だいさかん）の地位にあった。この真行のほかに高生朝臣氏の一族は伝わらないが、孝昭天皇を祖とする氏族は『新撰姓氏録』に多い。それらのなかで小野朝臣（左京皇別下）はその氏名がかつて近江国滋賀郡小野村に、真野臣（右京皇別下）は同じく同国同郡真野村に居住したことに由来するとしている。高生朝臣氏は小野・真野氏系の氏族であったか。（星野良作）

高丘　たかおか　高岳・高岡にも作る。㈠物部氏系氏族。『古事記』『日本書紀』にみえる垂仁天皇の葛城の高丘宮（奈良県御所市森脇に伝承地）の地の豪族か。姓は首。『新撰姓氏録』和泉国神別に「高岳首。同神（饒速日命か）十五世孫物部麁鹿火大連之後也」とある。首姓になった年次、氏人は未詳。㈡百済系渡来氏族。氏名は美称、本拠は河内国古市郡（大阪府羽曳野市）内の地か。旧姓は楽浪（さざなみ）。姓は連、のちに宿禰。神亀元年（七二四）に楽浪河内が高丘連の氏姓、神護景雲元年（七六七）に河内の子高丘連比良麻呂が宿禰姓を賜わった。比良麻呂は河内国古市郡の人で従四位下が極位。彼の祖父の沙門詠は天智天皇二年（六六三）に百済より日本に帰化したという。『新撰姓氏録』には、河内国諸蕃に「高丘宿禰。出レ自二百済国公族大夫高侯之後広陵高穆一也」とみえ、また左京諸蕃下の大石、右京諸蕃下の大山忌寸の両氏は高丘宿禰の同族とある。連姓に続く宿禰姓の一族は九世紀末まで知られる。（星野良作）

【参考文献】佐伯有清『新撰姓氏録の研究』考証篇第五

高尾張　たかおわり　尾張氏系氏族。本拠地は尾張国海部郡（愛知県海部郡・津島市）、のちに山城国（京都府）に移る。氏名は『日本書紀』神武天皇即位前紀戊午年九月戊辰条にみえる高尾張邑（のちの大和国葛上郡豊田村、今の奈良県御所市豊田）の地名にもとづくものか。姓は宿禰。火明（ほあかり）命を祖神とする。旧氏姓は甚目連・甚目連公。貞観六年（八六四）に尾張国海部郡の人で治部少録従六位上甚目連公宗、尾張の医師従六位上の甚目連公冬雄ら同族十六人が高尾張宿禰の氏姓を賜わったのに始まる。高尾張宿禰氏の一族には上記の公宗・冬雄らのほかに、元慶元年（八七七）十二月に本貫を山城国に移した高尾張宿禰松影がいる。松影も尾張国海部郡の人で、時に玄蕃少允従六位上であった。（星野良作）

高賀茂　たかかも　大和国葛上郡の高鴨の地を本拠とする豪族で、大三輪氏と同族。もと鴨・賀茂・加茂などと称し、同地の高鴨神社を祀っていた。姓は朝臣。『続日本紀』神護景雲二年（七六八）十一月丙申条に「従五位上賀茂朝臣諸雄、従五位下賀茂朝臣萱草、賜二姓高賀茂朝臣一」、同三年五月庚辰条に「大和国葛上郡人正六位上賀茂朝臣清浜、賜二姓高賀茂朝臣一」とある。『日本霊異記』上巻二十八話に「役優婆塞者。賀茂役公氏。今高賀茂朝臣也。大和国葛木上郡茅原村人也」とあって、役行者が高賀茂氏（本姓賀茂役氏）の出であることを記す。（高嶋）

高狩　たかかり　物部首氏の後裔氏族の一つ。本拠地は未詳。姓は忌寸。旧氏姓は物部首。大同元年（八〇六）に平安右京の人で従八位下の物部首縵麻呂が高狩忌寸の氏姓を賜わり、この氏族が成立した。高狩忌寸氏の旧氏姓である物部首は『新撰姓氏録』の㈠摂津国皇別に「大春日朝臣同祖」、㈡河内国神別に「同神（神饒速日命か）子味島乳命之後也」とみえる。高狩忌寸氏の一族は旧氏姓物部首である縵麻呂のほかは未詳。（星野良作）

高城　たかき　陸奥高城にも作る。のちの陸奥国遠田郡北高城村・中高城村・南高城村（宮城県遠田郡田尻町北高城、小牛田町中高城・南高城）の地域を本拠とした豪族。姓は連。弘仁三年（八一二）に陸奥国遠田郡の人、勲七等竹城公金弓ら三百九十六人が自分たちはまだ「田夷の姓」を脱せず、子孫に恥を残すからとして改姓を奏言して許された際、竹城公多知麻呂・荒山花麻呂ら八十八人が陸奥高城連の氏姓を賜わったのに始まる。時に多知麻呂・花麻呂はともに勲八等の勲位を帯びていた。さらに同六年には陸奥国遠田郡の人の竹城公音勝ら三十五人が高城連を賜氏姓されている。（陸奥）高城連氏の一族の名は「田夷（内民化した蝦夷）の姓」である旧竹城公氏の多知麻呂・音勝、同じく旧荒山氏の花麻呂のほかは伝わらない。

【参考文献】新野直吉「在地豪族の東北支配」（『古代の地方史』六所収）　（星野良作）

高倉　たかくら　高句麗（高麗）より日本に渡来した肖奈福徳の後裔氏族。本拠はのちの武蔵国高麗郡高麗郷（埼玉県入間郡日高町高麗本郷一帯）の地か。姓は朝臣。本姓は肖奈。肖奈公、肖奈王の氏姓を経て旧姓が高麗朝臣。宝亀十年（七七九）に高麗朝臣福信が高倉朝臣の氏姓を賜わって高倉朝臣氏が成立したが、庶流は高麗朝臣氏として存続。高倉朝臣福信は肖奈福徳の孫で高倉朝臣氏の嫡流の人と考えられ、

『続日本紀』延暦八年（七八九）十月乙酉条の散位従三位高倉朝臣福信薨伝に「福信武蔵国高麗郡人也。本姓肖奈。其祖福徳属三唐将李勣抜二平壌城一。来二帰国家一。居二武蔵一焉。福信即福徳之孫也。（略）薨時年八十一」とみえる。一族には福信とともに高麗朝臣から高倉朝臣に改氏姓したらしい高倉朝臣殿嗣、福信の男の石麻呂がいた。殿嗣は大同元年（八〇六）に従五位上で任肥後守、石麻呂は延暦八年（七八九）に従五位下で任美作介までの足跡が知られる。〔星野良作〕

高里　たかさと　高句麗系渡来氏族。本拠地未詳。姓は連。天平宝字五年（七六一）に後部王（こうほうおう）氏のうち、後部王安成ら二人が高里連の氏姓を賜わって成立した。この氏族の旧氏名である後部王のうち、後部は高句麗の五部の一つの後部、王は高句麗の王族の姓（氏名）に由来し、『新撰姓氏録』右京諸蕃下に「後部王。高麗国長王周之後也」とみえる。高里連氏の一族の名は前記の安成のほかに知ることができない。〔星野良作〕

高階　たかしな　天武天皇の皇子高市皇子の後裔氏族の一つ。姓は真人、のちに朝臣。高階の氏名は、どこの地名にもとづくのか、あるいは皇族の高い品階によるものかは不詳。また嘉祥元年（八四八）七月に豊野真人沢野兄弟十人が、さらに貞観十五年（九一五）七月には成相王・後相王が、それぞれ高階真人の氏姓を賜わっているが、これらはいずれも高市皇子の後裔である。そして、元慶五年（八八一）十月に大和国宗像神社の神主に高階真人の氏人が当てられている。さらに正暦三年（九九二）九月には、一条天皇中宮定子の外祖父高階真人成忠が朝臣の姓を賜わっている。〔外池〕

高篠　たかしの　景行天皇の皇子五百木入彦（いおきのいりひこ）の後裔氏族。『和名抄』讃岐国那珂郡高篠郷（香川県仲多度郡満濃町東高篠・西高篠・公文一帯）の地が本拠か。姓は連、無姓の高篠氏もいた。旧氏姓は衣枳（えき。衣只にも作る）首。延暦三年（七八四）に左小史正六位上衣枳首広浪らが高篠連の氏姓を賜わって成立。『新撰姓氏録』右京皇別下に「高篠連。景行天皇皇子五百木入彦命之後也」とある。高篠連氏の一族の名は旧衣枳首氏である広浪のほかは未詳。この広浪は名を広波にも作り、衣枳首氏時代の天平勝宝六年（七五四）ころ、未選舎人で東大寺写経所に経師として出仕している。無姓の高篠氏としては、天慶六年（九四三）に史部であった高篠清蔭（『類聚符宣抄』第六）が知られる。〔星野良作〕

高代　たかしろ　百済系渡来氏族。氏名はのちの近江国滋賀郡高城村（滋賀県滋賀郡志賀町字高城）の地名によるものか、未詳。姓は造。旧氏名は陽。天平宝字五年（七六一）三月に百済人の陽麻呂が高代造の氏姓を賜わったのに始まる。高代造氏となった麻呂は『日本書紀』崇峻天皇元年（五八八）是歳条および『元興寺縁起』所引の「露盤銘」に、百済から贈られて法興寺（元興寺・飛鳥寺）の造営に従ったとみえる瓦博士（瓦師）の陽貴文、書人（画工）の陽古らの子孫であろう。この麻呂のほかに高代造氏の一族は伝わらない。（星野良作）

高田　たかだ　㈠首（毗登）、㈡忌寸、㈢宿禰、㈣公、㈤臣、㈥部の姓のほかに、㈦無姓の高田氏もいた。㈠高句麗系渡来氏族。『日本書紀』武烈天皇三年十一月条にみえる「高田丘」（奈良県大和高田市岡崎）の地が本拠か。氏人には白雉四年（六五三）の遣唐大使・大山下の根麻呂、壬申の乱（六七二年）で大海人皇子に味方し、壬申の功封四十戸を賜わった新家（にいのみ）らがいる。新家の封戸の四分の一は慶雲元年（七〇四）に子の首名に授けられ、さらに孫の足人に受け継がれたが、天平宝字七年（七六三）に足人が高田寺の僧を殺した罪で没収された。高田寺は高田首氏の氏寺か。平城京出土木簡に「高田寺ヵ」とみえる。『新撰姓氏録』右京諸蕃下に「高田首。出レ自二高麗国人多高子使主一也」とあるが、弘仁二年（八一一）に平安右京の人高田首清足ら七人が田村臣の氏姓を賜わっており、高田首氏の一族には本系帳提出後まもなく田村臣と改氏姓した者のあったことが知られる。㈡倭漢氏系氏族。本拠はのちの大和国十市郡高田庄（奈良県桜井市高田）、同添下郡高田庄（同大和郡山市高田口町）の地のいずれか、未詳。『坂上系図』に引く『新撰姓氏録』逸文に、応神朝に渡来したという阿智使主の孫の山木直は「是……高田忌寸……等廿五姓之祖也」とみえる。氏人には天長十年（八三三）二月に従六位上から外従五位下になった家守がいる。彼は承和七年（八四〇）正月に高田宿禰家守として越後介に任命されているので、この間に宿禰姓を賜わったのであろう。㈡および㈢の一族の人は高田忌寸家守である高田宿禰家守のほかに伝わらない。㈣本拠地・出自未詳。氏人には宝亀二年（七七一）に正六位上から外従五位下に昇叙した刀自女がいる。㈤河川の漁撈に従事した川人（かわひと）部から成長し、『和名抄』但馬国気多郡高田郷（兵庫県城崎郡日高町内）の地を本拠とした豪族と考えられる。旧氏姓は川人部。延暦三年（七八四）に但馬国気多郡の団毅（だんき。軍団の長）

であった同国同郡の人外従五位下川人部広井が翌年に高田臣を賜氏姓されて成立したが、広井のほかの氏人は不詳。(六)天平宝字五年に僧光覚の勧進で書写した「大法炬陀羅尼経」の知識の一人である安古、嘉祥四年（八五一）に山城国葛野郡高田郷（京都市右京区嵯峨野高田町付近）の郷長高田部某が知られる。(七)蘇我倉山田石川麻呂事件（六四九年）に連座して殺された十四人中の醜（しこ）をはじめ、八、九世紀に無姓の高田氏が知られるが、そのうちには有姓の者もいた可能性がある。

【参考文献】福山敏男『奈良朝寺院の研究』、今井啓一『帰化人』、奈良国立文化財研究所『平城京木簡二』解説、佐伯有清『新撰姓氏録の研究』考証篇第五

（星野良作）

高槻　たかつき　百済系渡来氏族。氏名は延喜二十二年（九二二）四月五日付「和泉国大鳥神社流記帳」にみえる「高槻里」（和泉国大鳥郡大鳥郷高槻里。大阪府堺市鳳中町・鳳北町付近か）の地名によるか、未詳。姓は連。『新撰姓氏録』左京諸蕃下に「高槻連。出㆑自㆓百済国人達率名進㆒也」とみえる。高槻連氏の旧姓、連姓となった年次および氏人は未詳。

（星野良作）

鷹取戸　たかとりべ　鷹取戸の氏名は、鷹を捕獲する職掌に従事した戸にもとづくか、あるいは鷹取という名の地（たとえばのちの美作国勝田郡鷹取郷）に置かれた渡来人集団の戸にもとづくか未詳。『新撰姓氏録』巻末に「不㆑載㆓姓氏録㆒姓」として鷹取戸をあげる。鷹取戸氏の一族の人名は史料にみえない。

（篠川）

高額　たかぬか　敏達天皇の皇子春日皇子の後裔氏族。氏名は『和名抄』大和国葛下郡高額郷（奈良県北葛城郡当麻町染野か）の地名によるか。姓は真人。天平勝宝六年（七五四）に左大舎人无位の多米王が高額真人を賜氏姓されたのに始まる。『新撰姓氏録』右京皇別に「高額真人。春日真人同祖。春日親王之後也」とみえ、春日真人は「敏達天皇皇子春日王之後也」とある。高額真人氏の一族は始祖である多米王のほかに伝わらないが、この氏族は『新撰姓氏録』左京皇別の香山真人氏とも同祖族の関係にあった。

（星野良作）

高根　たかね　渡来系氏族。本拠地・氏名の由来未詳。姓は朝臣。旧氏姓は上村主・広階連・広階宿禰。天長三年（八二六）に広階宿禰真象が高根朝臣の氏姓を賜わったのに始まる。魏の武帝の子陳思王植の後裔と称したことが『新撰姓氏録』右京諸蕃上の広階連条、上村主（左・右京諸蕃上、摂津・和泉国諸蕃）・筑紫史（左京諸蕃上）・竺志史

（摂津国諸蕃）条、河内国諸蕃の河原連・野上連・河原蔵人・河内画師条にみえるが、本宗は広階連（旧氏姓は上村主）。本宗の人である高根朝臣真象は初め上村主氏であったが、父の上村主虫麻呂が官奴正となった延暦五年（七八六）正月以降に広階連氏となり、天長元年に宿禰を賜姓され、さらに高根朝臣と改氏姓した。真象は恭謹の人柄で、地方官を歴任して正五位下に昇叙し、天長八年三月、死没に臨んでとくに従四位下に叙せられている（『類聚国史』巻六十六、薨卒）。この真象のほかに高根朝臣の氏人の名は伝わらない。〔星野良作〕

高野　たかの　㈠百済系渡来氏族。氏名は大和国添下郡佐貴郷高野（奈良市山陵町）の地名による。造姓と朝臣姓の高野氏がいた。高野造は『新撰姓氏録』右京諸蕃下に「百済国人佐平余自信之後也」とみえ、天智天皇二年（六六三）に渡来した百済人の佐平（百済の官位）余自信を祖とした氏族であるが、賜姓の年次、氏人とも未詳。高野朝臣は宝亀元年（七七〇）以降、同九年正月以前に和乙継の娘の和新笠のみが賜わった氏姓と考えられる。和氏は百済の武寧王の子純陀太子を祖とする。新笠は桓武天皇の母。延暦八年（七八九）に没して大枝陵（京都市西京区大枝沓掛町字伊勢講山に治定）に葬られた。㈡紀直氏系氏族。氏名はのちの和泉国日根郡高野村（大阪府泉南市字新家付近）の地名にもとづく。無姓。『新撰姓氏録』和泉国神別に「高野。大名草彦命之後也」とみえる。無姓の高野氏には八世紀中ごろの東大寺写経所の経師・校生に高野（竹野にも作る）広成がいる。〔星野良作〕

高橋　たかはし　膳臣の後裔氏族。高橋は大和国添上郡高橋（奈良県天理市櫟本）の地名にもとづく。姓は朝臣。『新撰姓氏録』左京皇別上、高橋朝臣条によれば、天武天皇十二年（六八三）に「膳臣を改め高橋朝臣を賜ふ」とあるが、天武天皇十三年膳臣が八色の姓制定に際し、朝臣姓を賜わっており、朝臣賜姓とほぼ同時期に、膳氏の主流が氏名を高橋に改めたものとみられる。高橋氏を膳氏の分流とみる説もあるが、この後膳朝臣を名のる者は史料にみられないから、この説は当たらない。膳氏は天皇や朝廷の食膳を担当した伴造氏であったが、この職務はそのまま令制下の高橋氏に引き継がれ、高橋氏は安曇氏とともに宮内省内膳司の長官である奉膳（ぶぜん）の職を世襲し、また御食国（みけつくに）であった志摩国の国守も代々高橋氏が占めた。宮内省大膳職の官人にもこの氏が多い。高橋氏はやがて内膳司の主導権をめぐって安曇氏と対立し、神事に奉仕する際の行立の前後について争った。霊亀二年（七一六）十一月の神今食（じんこんじき）の日に、典膳（てんぜん、内膳司の判官）の高橋朝臣乎具須比（おぐすび）が奉膳の安曇宿禰刀と争論し、宝亀六年（七七五）六月の神今食には、高橋朝臣波麻呂と安曇宿禰広吉が争っている。延暦八年（七八九）、朝廷は高橋・安曇両氏に家記を提出せしめ、『日本書紀』と照合の上、高橋氏の前に立つべきことを認め、ただ今後は両氏が交代で行立を前後するようにとの裁定を下したが、延暦十年の新嘗の日に、内膳奉膳安曇宿禰継成が勅裁に背き職務を放棄、翌年佐渡に配流されるに及んで、以後奉膳の地位は高橋氏の独占するところとなった。現在逸文として残る『高橋氏文』は、延暦八年奏上の家記を原本とするものとみられる。大化前代の膳氏が大夫（まえつきみ）を出す有力氏であったのに対し、高橋氏となってからは政治的に不振で、議定に列する者がなく、奈良朝に高橋朝臣笠間や安麻呂が従四位下に叙せられたのが、この氏の最高位である。

【参考文献】吉村茂樹「国司制度に於ける志摩守の特殊性」（『国司制度崩壊に関する研究』所収）、後藤四郎「内膳奉膳について」（『書陵部紀要』一一所収）、佐伯有清『新撰姓氏録の研究』考証篇第一

（加藤）

高原　たかはら　朝鮮系渡来氏族と考えられる。旧氏名は韓国（からくに）、姓は連。延暦九年（七九〇）に外従五位下の韓国連源らが奏言して氏名を改め、居地に因んで高原と賜わったのに始まる。この改氏名の奏言（『続日本紀』延暦九年十一月壬申条）中に、源らは物部大臣の苗裔で韓国の氏名は彼らの先祖が韓国（朝鮮）に使いしたことによるとあり、『新撰姓氏録』和泉国神別、韓国連条にも同趣旨の伝承がみえる。しかし韓国連氏は韓国より渡来し、のちの和泉国和泉郡唐国村（大阪府和泉市唐国町）の地を本拠とした氏族とみられるから、高原連氏の本拠地も和泉国などにあったと考えられる。高原連源は弘仁三年（八一二）八月に故下野介外従五位下で善政により従五位下を追贈されたが、この源のほかに高原連氏の一族の人は知られない。

【参考文献】佐伯有清『新撰姓氏録の研究』考証篇第四

（星野良作）

高円　たかまど　石川朝臣の後裔氏族の一つ。姓は朝臣。高円の氏名は大和国添上郡の高円山（奈良県奈良市白毫寺町）にもとづく。天平宝字四年（七六〇）二月に石川朝臣広成が高円朝臣の氏姓を賜わったのに始まる。『新撰姓氏録』右京皇別下に「高円朝臣。出レ自二正六位上高円朝臣広世一也。〈元就二母

氏。為二石川朝臣一。〉続日本紀合」とある。この記事によって、広成の旧姓石川朝臣は、母の氏姓によるものであったことが知られる。ここにみえる広成と広世は、同一人物との説もあるが兄弟とみるのが妥当である。〔外池〕

高道　たかみち　玉作氏の後裔。姓は連、のちに宿禰。本拠地は河内国（大阪府南部）。氏名は地名、あるいは美称にもとづくかと思われるが不詳。弘仁二年（八一一）正月に河内国人玉作鯛釣が高道連の氏姓を賜わったのに始まる。その後弘仁十年正月から天長十年（八三三）十一月までの間に宿禰に改姓される。『新撰姓氏録』河内国諸蕃には、「高道連。同レ上（出レ自二漢高祖男斉掉恵王肥之後一也）」とみえる。〔外池〕

高峑　たかみね　高句麗からの渡来氏族松川造の後裔氏族。姓は宿禰、のちに朝臣。承和二年（八三五）十月に遣唐録事松川造貞嗣（貞継にも作る）・同姓家継らが高峑宿禰の氏姓を賜わったのに始まる。さらに翌承和三年四月には貞嗣は朝臣姓を賜わった。〔外池〕

高宮　たかみや　倭漢氏系氏族。のちの大和国葛上郡高宮郷（奈良県御所市西佐味付近か）の地を本拠とした。姓は村主。『坂上系図』阿智王条所引の『新撰姓氏録』逸文に、仁徳朝に高句麗・百済・新羅などから渡来した人々の後裔氏族の一つとある。『日本書紀』神功皇后五年三月己酉条に、葛城襲津彦らが新羅から連れ帰った捕虜は「今桑原・佐糜（さび）・高宮・忍海、凡四邑漢人等之始祖也」とみえるが、高宮邑の漢人集団の長の称であった村主が姓（かばね）化して高宮村主氏となったか。氏人の名は延暦三年（七八四）に春原連を賜氏姓された右小史正六位上高宮村主田使、同真木山のほかに伝わらない。この田使はのち高村忌寸・同宿禰氏となり、従四位下まで進んだ。なお天平五年（七三三）「右京計帳」に高宮村主部大富売、天平勝宝七歳（七五五）「班田使歴名」に高宮春人がみえるように、部姓の高宮村主部氏、無姓の高宮氏もいた。

【参考文献】平野邦雄『大化前代社会組織の研究』第六篇第五章、佐伯有清「新羅の村主と日本古代の村主」（『日本古代の政治と社会』所収）〔星野良作〕

高向　たかむこ　武内宿禰の後裔氏族。姓は臣。天武天皇十三年（六八三）十一月に朝臣の姓を賜わった。氏名は河内国錦部（にしきごり）郡高向（大阪府河内長野市高向）の地名にもとづく。『新撰姓氏録』右京皇別上に「高向朝臣。石川同氏。武内宿禰六世孫猪子臣之後也。日本紀合」とある。猪子臣は『日本書紀』舒明天皇即位前紀にみえる高向臣宇摩の父に当たる人物と考えられている。朝臣時代の人として高向朝臣麻呂がおり、天武天皇十四年(六八五)遣新羅使となり翌年帰国、大宝二年(七〇二)朝政を参議し、慶雲二年(七〇五)中納言、和銅元年(七〇八)従三位となり、律令政治の中枢で活躍した。朝臣姓以外に村主・史・調使姓をもつ渡来系の高向氏もいる。高向村主氏は『新撰姓氏録』右京諸蕃下に「高向村主。出レ自二魏武帝太子文帝一也」とみえ、同書未定雑姓、右京に「高向村主。呉国人小君王之後也」とあるように系譜が異なっている。高向史氏は旧姓は漢人で、推古天皇十六年(六〇八)に小野妹子とともに遣隋留学生として隋に渡り帰国後国博士となった高向玄理がいる。高向調使の調使は徴税のことを担当したことによると考えられる。一族には高向調使万呂がいる。河内長野市高向には、神像の異動がなかったとすれば平安後期にまで由来が遡ることのできる高向(たこう)神社があるが、本来は高向氏一族の祖神を祀ったのが始まりであるとも考えられている。

【参考文献】佐伯有清『新撰姓氏録の研究』考証篇第二・五・六　(追塩)

高村　たかむら　倭漢氏系氏族。旧氏姓は高宮村主・春原連。氏名は旧氏姓の高宮村主によるか、本拠地未詳。姓は忌寸、のちに宿禰。前漢の景帝の子魯恭王の後裔と称した。延暦四年(七八五)に旧氏姓高宮村主である、正六位上の春原連田使・従七位下の同真木山らが高村忌寸の氏姓を賜わったのに始まる。高村忌寸氏となった田使らは右京の人であるが、彼らはさらに弘仁二年(八一一)に宿禰を賜姓され、『新撰姓氏録』右京諸蕃上、漢に「高村宿禰。出レ自二魯恭王之後青州刺史劉琮一也」とみえる。氏人の名は、忌寸姓では旧高宮村主・春原連氏である田使・真木山のほかに伝わらない。宿禰姓では高宮村主時代からの田使(真木山も宿禰賜姓の対象であったが、すでに故人)のほか、九世紀前半中に武人・清直・武主らが知られる。高村宿禰田使は弘仁六年に正五位下、同七年に従四位下と昇叙して同九年に没したが、時に東宮学士従四位下、七十六歳と伝えられる。　(星野良作)

高家　たかや　『古事記』安閑天皇段にみえる「河内之古市高屋村」、のちの河内国古市郡古市村高屋(大阪府羽曳野市古市町高屋台地付近)の地を本拠とした豪族か。姓は首。『新撰姓氏録』和泉国神別に、高家首は神魂(かんむすび)命(『古事記』は神産巣日神など、『日本書紀』は神皇産霊尊)の五世の孫天道根命の後裔と伝えるが、氏人は未詳。

なお『新撰姓氏録』によると、右京神別下の滋野宿禰・大村直・大家首、大和国神別の大坂直・伊蘇志臣、河内国神別の紀直・大村直田連、和泉国神別の物部連・和山守首・和田首・川瀬造らも天道根命の後裔と称したことが知られる。これらの諸氏はかつて高家首氏の同族であったか。　（星野良作）

高安　たかやす　高麗・漢よりの渡来系氏族。姓は漢人・村主・造・宿禰・公などさまざまである。氏名は河内国高安郡（大阪府中河内郡一帯）の地名にもとづく。『新撰姓氏録』摂津国諸蕃に、「高安漢人。出レ自二狛国人小須須一也」とある。高安漢人氏の一族の人名は他の史料にみえない。同書右京諸蕃下には高安下村主氏がみえ、「高安下村主。出レ自二高麗国人大鈴一也」とある。小須須・大鈴とも他の史料にみえず同一人とも考えられるが、大鈴に対する小鈴（小須須）であろうともいわれている。下村主の下は河内国安宿（あすかべ）郡資母郷（大阪府柏原市国分町片山・玉手・円明一帯）の地名にもとづく。後漢光武帝の後裔と称す高安氏がおり、彼らの姓は造・宿禰・公などである。『三代実録』元慶三年（八七九）十月二十二日戊寅条に、河内国高安郡の人常澄宿禰秋雄らが八戸史野守とともに高安宿禰の姓を賜わっている。そのなかで後漢光武帝孫孝章帝の後裔であること、高安公陽倍なる人物が孝徳天皇の時代に高安郡を建てたことが述べられている。その時点で賜姓に漏れた常澄宿禰藤枝・八戸史善ら四人は元慶五年（八八一）に高安宿禰の氏姓を賜わっている。八戸史氏と同祖の高安氏には高安造氏がおり、天平神護二年（七六六）十月に毗登戸東人らが高安造の氏姓を賜わっている。『新撰姓氏録』河内国諸蕃に「高安造。八戸史同祖。尽達王之後也」とみえる。同書未定雑姓、河内国には阿智王の後裔とされる高安忌寸の名がみえる。高安忌寸氏には、神護景雲三年（七六九）に河内由義宮行幸に際し、正六位上より外従五位下に昇叙され、法王宮少進に任ぜられた河内国の高安忌寸伊可麻呂がいる。　（追塩）

【参考文献】佐伯有清『新撰姓氏録の研究』考証篇第五・六

高安下　たかやすのしも　高句麗系渡来氏族。氏名のうち、「高安」を河内国高安郡（大阪府八尾市東部）に、「下」を同国安宿郡資母郷（同柏原市南部）の地名によるとする説がある。姓は村主。『新撰姓氏録』右京諸蕃下に「高安下村主。出レ自二高麗国人大鈴一也」とみえる。高安下村主の氏人は未詳であるが、天平年間（七二九～七四八）の「播磨国正税帳」にみえる高安村主

三事は同族の人か。時に三事は長門国鋳銭司民領で少初位下の位階を帯びていた。（星野良作）

財　たから　氏名が皇室のかつての私有民である財部に由来（財部の管掌氏族の後裔、財部の後身、財部の地名にもとづくなど）する氏族。財部の管掌には中央の財臣氏のもとに財造氏・財部造氏が地方を担当し、「財造―財首―財（財椋人）」、「財部造―財部（財部毗登）」の形態をとったことが財氏の有姓者・無姓者から推定される。財臣氏の一族は宝亀三年（七七二）に校生であった財臣磯足のほかは伝わらない。『古事記』孝元天皇段に建内宿禰の子若子宿禰の後裔とみえる「江野財臣」はのちの越前国江沼郡（のちの加賀国江沼郡・能美郡、今の石川県南部地域）の地の財臣の意味で、財臣氏と江野（沼）財臣氏は同族であろう。財部は下野・越後以西に広く分布するが、天平元年（七二九）に越前国江沼郡の主帳・無位の財部造住田、承和四年（八三七）に加賀国能美郡の人財部造継麻呂が知られ、旧江沼郡の地が財氏の拠点であったことを窺わせる。

【参考文献】星野良作「武内宿禰系譜の成立と江沼氏の伝承」（『法政大学第二工業高等学校紀要』一所収）（星野良作）

財田　たからだ　出自未詳。氏名はかつての皇室私有民の一つである財部が置かれた地の地名による。㈠『和名抄』備前国上道郡財田郷（財部郷とも。岡山市長岡）の地を本拠とした豪族。姓は直。財田直氏の一族には神護景雲二年（七六八）十二月献物により外正八位上から外従五位下に昇叙した財田直常人がいる。常人は美作国の人であるが、同国英田郡には無姓の財田氏がいた。『文徳実録』嘉祥三年（八五〇）八月丙辰条にみえる祥瑞記事に、英多郡大領の外従八位上財田祖麻呂が郡下の川会郷英多河石上で白亀を獲たとある。この祖麻呂は財田直氏の同族の人であろう。㈡『和名抄』日向国諸県郡財部郷（鹿児島県曾於郡財部町ほか）の地を本拠とした無姓の財田氏。一族には長承四年（一一三五）五月廿七日「大隅国正八幡宮検校厳禅田地売券」（『平安遺文』二三一八）・同年六月日「大隅国財部《ママ》稲富解」（同二三一九）に財田稲富がみえる。（星野良作）

多芸　たぎ　物部氏の部民である物部から成長した氏族か。もと美濃国多芸郡（岐阜県養老郡養老町ほか）の地を本拠とし、のちに平城左京に移ったと考えられる。姓は連。のちに物部多芸宿禰と改氏姓。『続日本紀』宝亀八年（七七七）十一月丙辰条に、左京の人で正八位下の多芸連国足ら二人が物部多芸宿禰の氏姓を賜わり、同時に美濃国多芸郡の人物部坂麻呂ら九人が物部多芸連の氏姓を賜わったとある。『和名抄』美濃国多芸郡に物部郷もみえ、物部多芸宿禰氏となった国足と物部多芸連氏となった坂麻呂は同族で国足が本宗、坂麻呂が枝族の人なのであろう。物部多芸宿禰国足は天応元年（七八一）に正七位上から外従五位下に昇叙し、中宮少進に任じて因幡介を兼ね、翌延暦元年から越中介・中宮大進・常陸大掾・図書助などを歴任して同十年正月には従五位下から従五位上に進んでいる。この国足のほかに多芸連・物部多芸宿禰の氏人の名は伝わらない。　（星野良作）

田口　たぐち　武内宿禰後裔氏族のうち、蘇我石川宿禰系の氏族。『新撰姓氏録』（左京皇別）には、石川朝臣と同祖で、武内宿禰大臣の後とし、蝙蝠臣が豊御食炊屋姫（推古）天皇の御世に、大和国高市郡田口村に居住したので田口臣と号したと記されている。これによれば石川朝臣と同祖で、すなわち蘇我石川宿禰の出自系譜をもち、蘇我臣、石川・岸田・桜井・箭口・小治田・高向・田中・久米・河辺・御炊の各朝臣と同系である。田口の由来は、前述したように大和国高市郡田口村（奈良県橿原市和田町付近）に、蝙蝠臣が推古朝（五九三～六二八年）に居住したことによる。蝙蝠臣は大化元年（六四五）に、古人皇子の変で連坐した蘇我田口臣川堀と同一人物である。それゆえに、七世紀中葉までは蘇我田口臣と、蘇我を冠称する複姓であったこと、および蘇我氏から分立した氏族であったことが判明する。姓は臣であったが、のちに朝臣となる。この賜姓の時期は不分明であるが、天武天皇十三年（六八四）に本宗の石川臣は、朝臣を賜姓されており、これに准じて朝臣の姓を得たと思われる。一族には大化二年（六四六）に、東国国司であった某（名欠）、大化五年に左大臣蘇我倉山田石川麻呂が、謀反の讒言により自経したとき、伴党として連坐した筑紫などが、先の蝙蝠（川堀）とともに臣の姓であったころの人物としている。朝臣以降には、中級官人を多く輩出している。たとえば、慶雲元年（七〇四）に従六位下から従五位下に昇叙され、和銅元年（七〇八）に上野守（時に従五位上）、同二年に右兵衛率に任ぜられ、霊亀元年（七一五）に正五位下から正五位上に昇叙された益人がいる。益人は上野守赴任のおり、駿河の浄見崎（静岡県清水市興津町清見寺の磯崎）で、「廬原（いおはら）の清見の崎の三保の浦の寛（ゆた）けき見つつもの思（も）いもなし」（『万葉集』二九六）と、名唱を残している。『万葉集』の関連では、天平勝宝七年（七五五）に下野国防人部領使（正六位上）であった大戸は、防人の歌十八首（四三七三以下）を進めている。大戸は日向守・兵馬正・上野介を歴任し、宝亀八年（七七七）に従五位上に至っている。その他、霊亀元年（七一五）に駿河守であった御負、天平七年（七三五）に相模守であった某（欠名）などがいるが、いずれも五位どまりの中級官人である。以降にも多くの官人を輩出している。

【参考文献】日野昭「蘇我氏における同族関係」（『日本古代氏族伝承の研究』続篇所収）　（中村）

工　たくみ　工部の伴造氏族。姓は造。『新撰姓氏録』大和国神別には「工造。同祖。十世孫大美和都禰乃命之後也」とあるが、「同祖」の部分は本来「蝮王部首同祖。火明命十世孫……」という表現になっていたと思われる。工の氏名は調度の製作・装飾などのことに従事した工部の伴造氏族であることにもとづく。『新撰姓氏録』には呉国の人太利須須を出自とする渡来系の工造氏も掲載されているが（右京諸蕃・山城国諸蕃）、太利須須という人名からして呉国よりも百済国人としたほうがより正確であり、大和国神別に載せる工造氏と同族であるかどうか断定しがたい。『新撰姓氏録』未定雑姓、和泉国には神魂命の後裔と称する工首が掲載されている。神魂命の後裔と称する氏族に爪工連氏がおり、工造氏は爪工連氏と関係が深いので、工首氏と工造氏も何らかの関係があると考えられる。工造氏の一族には工造広岡、造東大寺司に奉仕した工造嶋人がいる。無姓の工氏には工石主・工石弓・工笠麻呂・工清成（巧清成）などがおり、経師や校生などに従事していた。彼らのなかには造の姓を有していた者もいると考えられる。なお、工部の後裔氏族には工君真久弥売のように君姓の工氏もいた。

【参考文献】佐伯有清『新撰姓氏録の研究』考証篇第四・五・六　（追塩）

竹　たけ　多気にも作る。『皇太神宮儀式帳』に孝徳朝（六四五～六五四年）に置いたとみえる竹評（こおり）、『和名抄』伊勢国多気郡（三重県多気郡）の地の豪族。出自未詳。姓は首。ただし一族のうち竹首乙女（弟女）のみが天平勝宝元年（七四九）七月以降、天平宝字五年（七六一）六月以前に宿禰姓を賜わったらしい。乙女は阿倍内親王（孝謙天皇）に乳母として仕え、出世して神護景雲三年（七六九）二月に従四位下勲四等で没している。本拠地の竹首氏は在地で勢力を保ったらしく、天暦七年（九五三）「伊勢国近長谷寺資財帳」に大領勘済使外正六位上の竹首元勝がみえる。無姓の竹氏もおり、八世紀中ごろに経師の竹福命が知られるが、福命は首の姓（かばね）をもっていたかもしれない。

【参考文献】須田春子『律令制女性史研

究』　（星野良作）

武丘　たけおか　渡来系氏族。本拠地は河内国（大阪府中東部）内。姓は史。後漢の光武帝七世の孫慎近王の後裔と称した。『新撰姓氏録』河内国諸蕃に「武丘史。春井連同祖。慎近王之後也」とみえる。史姓になった年次、氏人も伝わらないが、無姓の武丘氏に八世紀中ごろの経師である武丘広立がいる。広立の一族が史姓を賜わったものか。なお武丘史氏の同祖氏族には『新撰姓氏録』に春井連（河内国諸蕃）のほか、河内造（同）・下村主（左京・右京諸蕃上）が伝わる。　（星野良作）

竹田　たけだ　氏名は『日本書紀』神武天皇即位前紀己未年二月辛亥条の猛田の地（奈良県宇陀郡内か）、『延喜式』神名帳、大和国十市郡条の竹田神社の鎮座地（同橿原市東竹田町）などの地名によるか。㈠阿倍氏系氏族。大彦命を祖とし、姓は臣。『新撰姓氏録』左京皇別上に「竹田臣。阿倍朝臣同祖。大彦命男武渟川別命之後也」とあるが、本書が撰上される二年前の弘仁四年（八一三）に、左京の人で従八位下の竹田臣門継ら六人が清岑宿禰の氏姓を賜わり、本宗は清岑宿禰氏となった。旧氏姓竹田臣である清岑宿禰門継はのち朝臣姓、典薬頭ともなって従四位下で没した。㈡神魂命を祖神とする氏族。姓は連。『新撰姓氏録』は左京神別中にのせる。氏人は未詳。㈢無姓の竹田氏。壬申の乱（六七二年）の際に高市皇子に従った竹田大徳ほかが知られる。大徳の子孫が㈠または㈡か。㈣八世紀に竹田部首伊佐理売・竹田部荒当、十一世紀初頭に竹田宿禰（欠名）がいる。

【参考文献】　佐伯有清『新撰姓氏録の研究』考証篇第一　（星野良作）

猛田　たけだ　建桁にも作る。大和国の県主の一つ。大和国宇陀郡多気郷の地を本拠としたか。『東大寺続要録』所載の康保四年（九六七）「尊勝院所領文」に宇陀郡竹田庄とある地。『日本書紀』神武天皇二年二月乙巳条に、「又給二弟猾猛田邑一。因為二猛田県主一。是菟田主水部遠祖也」とみえる。『古事記』神武天皇段には、単に「其弟宇迦斯。〈此者宇陀水取等祖也。〉」とあって、県主となったことは記されていない。『先代旧事本紀』国造本紀には、「以二弟猾一為二建桁県主一」とある。この県主の氏姓を菟田首とする説がある。　（佐伯）

竹田川辺　たけだのかわべ　尾張氏系氏族。『和名抄』大和国十市郡川辺郷（奈良県橿原市東竹田町の寺川沿い）の地を本拠とし、火明（ほあかり）命を祖神とする。姓は連。『新撰姓氏録』左京神別下に「竹田川辺連。同命（火明命）五世（孫建刀米命）之後也。仁徳天皇御世。大和国十市郡刑坂川之辺有竹田神社。因以為氏神。同居住焉。緑竹大美。供御箸竹。因茲賜竹田川辺連」とみえる。現在、刑坂川は東竹田町の西南を流れる寺川、竹田神社の鎮座地は東竹田町字堂垣内に比定される。一族の人には、その信憑性に疑いをもたれるものの『大同類聚方』に、前記竹田神社の祝部という竹田川辺連秀雄（太計太薬条）がみえる。また同書は同じく祝部の川辺連刀自（川乃反薬条）を伝えるので、竹田川辺連氏は単に川辺連とも称したか。〔星野良作〕

高市　たけち　高市県主の後裔氏族。かつての高市県（のちの大和国高市郡、今の奈良県高市郡ほか）の地を本拠とし、天津日子（彦）根命を祖神とする。姓は県主、のちに連。『古事記』孝元天皇段に、天津日子根命は凡川内国造・額田部湯坐連、高市県主ら十二氏の祖とある。県の首長の称である県主が姓（かばね）化して高市県主氏となったが、県主姓時代の氏人には壬申の乱（六七二年）中に神がかりして旧高市県内の二社の神が大海人皇子軍を守護していることなどを託宣したという高市県主許梅（こめ）がいる。同氏の本宗は天武天皇十二年（六八三）に連姓を賜わり、万葉歌人の高市連黒人や、八世紀中ごろに高市郡の郡領を出した。『新撰姓氏録』は本宗の高市連を右京皇別下に、枝族の高市県主を和泉国神別にのせる。『延喜式』神名帳、大和国高市郡条の高市県主神社（奈良県橿原市四条町に鎮座）は高市県主に引き続き、高市県主（連）氏が奉斎したと考えられる。

【参考文献】上田正昭「古代国家の政治構造」（『日本古代国家成立史の研究』所収）、直木孝次郎『壬申の乱』、佐伯有清『新撰姓氏録の研究』考証篇第三〔星野良作〕

竹原　たけはら　氏名は『続日本紀』養老元年（七一七）二月庚寅条以下にみえる竹原井頓宮の所在地（大阪府柏原市青谷か）の地名によるか。㈠連姓、㈡無姓の竹原氏がいた。㈠は新羅系渡来氏族。『新撰姓氏録』未定雑姓、河内国に「竹原連。新羅国阿羅々国主弟伊賀都君之後也」とみえ、氏人には天平十七年（七四五）十月十八日付「右大舎人寮解」に署名した右大舎人少属従八位下の安麿、天平宝字六年（七六二）ころ奉写一切経所に上日した河内国安宿郡の人の国吉がいる。㈡委文連氏と同祖で、天孫降臨に供奉した伊佐布魂命（『先代旧事本紀』天神本紀）の後裔と称した氏族。『新撰姓氏録』摂津国神別、天神に「竹原。同上（角凝魂命男伊佐布魂命之後也）」とみえる。氏人には天平勝宝元年（七四九）に校生であった乙万呂が知られる。

【参考文献】 塚口義信「竹原井頓宮と知識寺南行宮に関する二、三の考察」(『古代史の研究』四) 〔星野良作〕

武生 たけふ 王仁の後裔氏族。西文氏の一族。姓は連、のちに宿禰。旧氏姓は馬毗登。『続日本紀』天平神護元年(七六五)十二月辛卯条に「右京人外従五位下上馬毗登国人。河内国古市郡人正六位上馬毗登益人等卌四人。賜二姓武生連一」とあり、同書延暦十年(七九一)四月戊戌条では武生連真象が文忌寸最弟らとともに武生宿禰の氏姓を賜わっている。武生氏の氏名はこの氏の本拠地が河内国古市郡(大阪府南河内郡)なので、かつて古市郡内にあった地名にもとづくものとされる。『新撰姓氏録』左京諸蕃上に「武生宿禰。文宿禰同祖。王仁孫阿浪古首之後也」とみえる。武生氏の前身の馬史(毗登)氏に馬史伊麻呂なる者がいるが、彼は霊亀二年(七一六)に新羅国紫驃馬を献じているところから、左右馬寮の馬部の負名氏であったことが窺える。武生氏は、文氏はもとより蔵氏とも同族であった。彼らが基盤とした河内国古市郡は六世紀半ば以降に王権にとっての交通・運輸・倉庫の重要地点になっていた。それらの実務に対して渡来系氏族が重要な役割を果たし、この地に定住することになった。文氏は蘇我氏の領導下にあり、蔵氏は文氏のもとで蔵の管理の実務を担当し、馬氏は西国からの貢納物を飛鳥地方に陸送する役割を果たしていた。武生氏はその前身馬史氏の性格からして馬、運搬関係に従事していた氏族と考えられる。

【参考文献】 佐伯有清『新撰姓氏録の研究』考証篇第四 〔追塩〕

建部 たけるべ 大化前代に建部という軍事的部民を管掌した伴造氏族の後裔。姓は君(公)・臣・首。建部は武部・健部とも作り、後述のような国造などの地方豪族を伴造にその配下の人々を設定。従来は日本武尊の名代部としてきたが、尊の実在が否定されている現在では、「たける」は武人の意として、名代部ではなく上番して軍事的職掌に従事した職業的部民とする説が有力。これに対し「わかたける」の称をもつ雄略天皇との関係を指摘する見解もある。設置時期は五世紀後半から六世紀前半。のちの宮城十二門に建部門の名がみえることから、建部氏は建部を率いて上番し大伴氏の指揮下に宮廷の警護などに当たったと思われる。『日本書紀』に孝徳天皇の即位式に犬上建部君が大伴氏と並んで金の靫を負い壇の左に立ったとあり、また建部門が宮城東面の中門に当たることなどから、建部氏はやがて大伴・佐伯氏に次ぐ有力な天皇近侍氏族となったようである。建部君（公）氏は伊賀・近江・美濃・肥後に、建部首氏は出雲・備中に、建部臣氏は出雲にみえる。近江の建部公氏は『記』『紀』に日本武尊の子の稲依別王を祖とし、近江国を本拠とする犬上氏の同族とある。また『古事記』はこの地方の安国造との関係を伝える。天平神護二年（七六六）に一族の建部公伊賀麻呂が朝臣姓を賜わった。氏社は『延喜式』神名帳にみえ、のち近江一の宮として知られた建部神社（滋賀県大津市瀬田神領町に現存）。伊賀の建部公氏は、『続日本紀』延暦三年（七八四）の建部朝臣人上の奏状に、垂仁天皇の子の息速別皇子を祖とし、伊賀国阿保村（三重県名賀郡青山町阿保）を本拠とした豪族で、初め阿保君を称したが、のち雄略朝に意保賀斯が武芸を称されて建部君の氏姓を賜わったとある。一族ではこの人上が知られ、国司や大学頭・陰陽頭などを歴任し、のち正五位下に進んだ。天平宝字八年（七六四）に人上ら十五人が朝臣姓を賜わり、延暦三年には先の上奏で本姓に復すことが許され、人上らは阿保朝臣を、建部君黒麻呂らは阿保公の氏姓を賜わった。以上の建部氏は祖先系譜を皇統に結びつけており、まもなく中央氏族化したと考えられる。『新撰姓氏録』右京皇別にみえる建部公氏は近江の、阿保朝臣氏は伊賀の建部氏の後裔である。美濃の建部君氏は本巣国造の一族であろう。肥後の建部君（公）氏は国造肥君氏の一族と思われる。この一族では建部公弟益らが承和十四年（八四七）に長統朝臣の氏姓を賜わった。出雲の建部臣氏は、『出雲国風土記』に景行朝に出雲国造一族の神門臣古禰が建部の氏名を賜わったことに始まるとある。建部首氏も出雲国造一族と思われる。備中の建部臣氏は吉備国造の一族であろう。以上のほかに無姓の建部氏が各地に分布するが、これは部民の後裔。なお、十二世紀の史料であるが、大隅国に建部宿禰氏がみえる。また『先代旧事本紀』天孫本紀に伊勢の阿努建部君氏が、同天皇本紀に尾張の丹羽建部君氏がみえる。

【参考文献】上田正昭『日本武尊』、直木孝次郎『日本古代兵制史の研究』、佐伯有清『新撰姓氏録の研究』考証篇第二、伊野部重一郎「『建部』について」（『史迹と美術』四九一―七）　（平野）

多治比　たじひ　丹比・多治・丹墀・蝮などにも作る。公（君、のちに真人）姓・連（のちに宿禰）姓・部姓の氏族があった。多治比公（真人）氏は、宣化天皇の皇子上殖葉皇子を祖と伝え、『古事記』宣化天皇段に「恵波王者〈韋那君。多治比君之祖也。〉」、『日本書紀』宣化天皇元年三月己酉条に「上殖葉皇子。亦名椀子。是丹比公。偉那公。

凡二姓之先也」とある。天武天皇十三年（六八四）十月に真人の姓を賜わり、『新撰姓氏録』右京皇別に「多治真人。宣化天皇皇子賀美恵波王之後也」とみえる。一族は、宣化天皇の曾孫多治比（古）王の子で、左大臣正二位に昇った多治比真人嶋、およびその子の池守・県守・広成・広足らの時代（七世紀末から八世紀中ごろ）に最盛期を迎え、橘奈良麻呂の事件で打撃を受けたが、その後も中央貴族として活躍している。とくに、遣唐使など対外交渉の任に当たった者が多い。丹比連（宿禰）氏は、火明命を祖と伝える尾張氏の同系氏族で、名代部の一つである丹比部の中央伴造であった氏族。また宮城十二門の一つ丹治比門の門号氏族として、軍事的役割を担っていた。のちの河内国丹比郡の中心部（大阪府南河内郡美原町一帯）を本拠地としたと推定される。丹比連氏から分氏したと考えられる手繦丹比連・靫丹比連氏が天武天皇十三年十二月に宿禰の姓を賜わっていることからすると、本宗の丹比連氏もこのときに宿禰に改姓した可能性が高い。大阪府南河内郡美原町には、五世紀後半の築造と推定される全長一一四メートルの前方後円墳黒姫山古墳、六世紀末ないし七世紀初頭から八世紀中ころにかけての大規模な掘立柱建築跡の平尾遺跡、また丹比廃寺・丹比神社などが存在する（ただし平尾遺跡・丹比廃寺・丹比神社などは多治比真人氏のものとする説がある）。なお、天武天皇十三年以降も連姓のままの氏族もあり、『新撰姓氏録』河内国神別・和泉国神別に丹比連を載せるほか、伊予国にも丹比連氏が分布した。また『新撰姓氏録』右京神別下には、丹比連氏の一支族と考えられる丹比新家連氏の後裔である丹比宿禰氏を載せる。部姓の氏族は、かつて丹比部であったか、もしくはその伴造であった氏族で、『新撰姓氏録』和泉国皇別に「丹比部。同上（豊城入彦命之後也）」、摂津国神別に「蝮部。同神（火明命）十一世孫蝮王部犬手之後也」とみえるほか、相模国・常陸国・越中国・出雲国などに分布していたことが知られる。

【参考文献】佐伯有清「宮城十二門号と古代天皇近侍氏族」（『新撰姓氏録の研究』研究篇所収）、吉田晶「古墳と豪族―丹比連（宿禰）と多治比公（真人）を中心にして―」（『古代の地方史』三畿内編所収）、高島正人『奈良時代諸氏族の研究』〔篠川〕

蝮王部　たじひのみぶべ　「タジヒノミブ」とも読む。蝮王部の氏名は、反正天皇の名（蝮之水歯別・多遅比瑞歯別）、またはその宮号（多治比柴垣宮・丹比柴籬宮）に因む名代部、もしくはその伴造氏族であったことにもとづく。臣姓・首姓・無姓の氏族があった。蝮王部臣氏は、備前国に分布し、宝亀七年（七七六）十二月十一日付の「備前国津高郡津高郷陸田売買券」に瓊王部臣公楯の名がみえる。蝮王部首氏は、氏名を蝮王にも作り、神亀三年（七二六）の「山背国愛宕郡出雲郷雲下里計帳」に蝮王首真士売ら四人の名がみえる。また、『新撰姓氏録』大和国神別に蝮王部首を載せ、「火明命孫五百原命之後也」とある。無姓の蝮王部氏は、その一族に、天平宝字二年（七五八）当時経師であった蝮王部乙山がおり、また『新撰姓氏録』摂津国神別の蝮部条に、火明命の十一世孫として蝮王部犬手の名がみえる。〔篠川〕

但馬海　たじまのあま　のちの但馬国（兵庫県北部）に本拠をもち、同国の海（海人）部を管掌した氏族の後裔と考えられる。姓は直。火明（ほあかり）命を祖神とする。『新撰姓氏録』左京神別下、天孫条に「但馬海直。火明命之後也」とみえ、『先代旧事本紀』天孫本紀に天照国照彦天火明櫛玉饒速日尊（火明命）の「六世孫建田背命。……海部直。……但馬国造等祖」とある。但馬海直氏の氏人の名は伝わらないが、同族に丹後国与謝郡の海（海部）直氏がいる。

【参考文献】佐伯有清『新撰姓氏録の研究』考証篇第三　〔星野良作〕

襷多治比　たすきのたじひ　反正天皇の名代部、丹比部（多治比部）の伴造であった丹比氏（連・宿禰）の一族。姓は初め連。天武天皇十三年（六八四）に宿禰姓を賜わった。氏名を手繦丹比にも作る。河内国丹比郡がその本拠地。『新撰姓氏録』河内国神別、襷多治比宿禰条によれば、火明命十一世孫の殿諸足尼（とのもろすくね）命の二人の男子のなか、兄男庶（えおもろ）は心が女のようであったので、襷を賜い御膳部となし、弟男庶（おとおもろ）は勇敢であったので靫（ゆぎ）を賜い、姓を靫負と負うたと、この氏と靫丹比氏の起源について記している。襷は膳部（膳夫）が身に着けるものであり、この所伝は襷多治比氏が、丹比部より任ぜられた膳部の伴（トモ）を率いて宮中に出仕し、天皇の食膳に奉仕した伴造であった事実を意味しよう。襷多治比氏の氏人の名は史料にみえないが、天武天皇十三年に宿禰に改姓した丹比氏はこの氏と靫丹比氏の二氏だけであり、したがって宝亀八年（七七七）、丹比新家連が丹比宿禰を賜わるまで、史料に丹比宿禰として記される氏人は、この氏かまたは靫丹比氏の一族の者であった可能性が大きい。

【参考文献】佐伯有清『新撰姓氏録の研究』考証篇第四　〔加藤〕

田々内　ただうち　『住吉大社神代記』に豊島郡と能勢国（郡）の中間の広い原を百姓が開発して名づけたとみえる田田邑、のちの摂津国河辺郡多田（兵庫県川西市多田院）の地内を本拠とした豪族か、未詳。姓は臣。『新撰姓氏録』摂津国神別、天神条に、石上朝臣と同祖で神饒速日（かんにぎはやひ）命の六世の孫伊香我色雄（いかがしこお）命の後裔と伝える。田々内臣氏の一族の人名は史上にみえない。〔星野良作〕

忠宗　ただむね　尾張連の後裔氏族の一つ。姓は宿禰のちに朝臣、また無姓。天長十年（八三三）二月に尾張連年長・豊野・豊山らが忠宗宿禰の氏姓を賜わったのに始まり、承和六年（八三九）四月には次田連魚麻呂らが忠宗朝臣の氏姓を賜わっている。延喜年間に無姓の忠宗是貞は式部少録となっている（『類聚符宣抄』第九）が、これも同族と思われる。〔外池〕

忠世　ただよ　火公・火君の後裔氏族の一つ。姓は宿禰。嘉祥元年（八四八）八月に肥前国養父郡の人筑紫火公貞直・同姓貞雄らが忠世宿禰の氏姓を賜わったのに始まる。また『三代実録』貞観七年（八六五）五月十日条にみえる直世氏も忠世宿禰の同族かと思われる。〔外池〕

多々良　たたら　朝鮮系渡来氏族。本拠はのちの山城国綴喜郡多々羅村（京都府綴喜郡田辺町多々羅）の地か。氏名は『日本書紀』継体天皇二十三年四月条などにみえる多多羅（大韓民国慶尚南道多大浦）の地名による。姓は公。『新撰姓氏録』山城国諸蕃に、多々良公は任那の国主の爾利久牟（にりくむ）王を祖とし、欽明朝に渡来して金製の多々利（糸繰りの道具）・乎居（おけ。麻笥のこと）を献じ、多々良公の氏姓を賜わったと伝わる。一族と考えられる人は奈良時代に多々良息人ら無姓の多々良氏（『平城宮発掘調査出土木簡概報』四）、『播磨国風土記』に欽明朝の人とみえる田又利（たたり）君鼻留ほか周防国に知られる。同国には延喜八年（九〇八）「周防国玖（那）珂郡那珂郷戸籍」の多々良公秋男、十二世紀後半の在庁官人に無姓で名を欠くが、多々良（『平安遺文』六）、権介多々良（同八）がおり、佐波郡に達良（太々良）郷もあった（『和名抄』）。〔星野良作〕

刀佩　たちはき　「ハカシ」とも読まれている。姓は首。刀を帯びて供奉した部の伴造氏族の後裔。『日本書紀』垂仁天皇三十九年条に大刀佩部（たちはきべ）という品部のことがみえる。延暦十五年（七九六）十一月に外従五位下であった刀佩首広刀自が従五位下を授けら

れている。〔外池〕

橘　たちばな

橘の氏名は和銅元年（七〇八）十一月二十一日、県犬養橘宿禰三千代が橘宿禰姓を賜わったことにもとづく。姓は当初宿禰のち朝臣。橘宿禰諸兄が朝臣姓を賜わったことについては『続日本紀』天平勝宝二年（七五〇）正月乙巳条に「左大臣正一位橘宿禰諸兄賜二朝臣姓一」とある。県犬養橘宿禰三千代の子葛城王と佐為王らは、天平八年（七三六）十一月十一日に橘宿禰の氏姓を賜わらんことを奏請した。『続日本紀』同日条に「従三位葛城王。従四位上佐為王等上表曰。（略）夫王賜レ姓定レ氏由来遠矣。是以。臣葛城等。願賜二橘宿禰之姓一。戴二先帝之厚命一。流二橘氏之殊名一。万歳無レ窮。千葉相伝」とあり、十一月十七日に認められている。『新撰姓氏録』左京皇別上、橘朝臣条には「天平八年十二月甲子」に橘宿禰姓を賜わったとあるが、これは賜姓を公式に承認する太政官符が発布された日付と考えられる。葛城王と佐為王は橘宿禰の氏姓を賜わり、それぞれ橘宿禰諸兄・同佐為と称した。諸兄は天平勝宝二年に橘朝臣姓に改めた。諸兄は天平十年（七三八）正月、藤原房前・麻呂・武智麻呂・宇合らが天然痘により病没したあと正三位右大臣となり、玄昉・吉備真備と結んで政界を領導した。しかしその後藤原広嗣の乱にあい、藤原仲麻呂が台頭するなかでしだいに地位が低下し、天平勝宝八年（七五六）二月二日左大臣の官を辞し翌年一月六日に没した。諸兄の子奈良麻呂は大学頭・摂津大夫・民部大輔・侍従などを歴任して天平勝宝元年（七四九）七月二日に従四位上参議に任じられている。天平宝字元年（七五七）七月、藤原仲麻呂との間に対立が生じたことから、いわゆる橘奈良麻呂の乱を起こしたが失敗して殺された。奈良麻呂の孫橘嘉智子は嵯峨天皇の皇后となり、仁明天皇および淳和天皇皇后正子内親王を生んだ。仏教信仰に篤く檀林寺を嵯峨に営み、比丘尼持律者を住せしめた。また弟の右大臣氏公と議して学館院を創立し、諸子弟の勉学の場とした。奈良麻呂の孫の橘逸勢は延暦二十三年（八〇四）最澄・空海らとともに入唐し、帰朝後従五位下に叙せられたが、承和九年（八四二）七月伴健岑の謀叛事件に係わり、捕えられて伊豆配流の途中、遠江国板築駅で没している。橘諸兄五世の孫広相は有名な阿衡の紛議の一方の当事者であることで知られている。京都市右京区梅津フケノ川町の梅宮大社は嵯峨天皇・仁明天皇・橘嘉智子・橘清友を祭る。

【参考文献】佐伯有清『新撰姓氏録の研究』考証篇第一、義江明子「橘氏の成立と氏神の形成」（『日本史研究』二四八）、

夏目隆文「橘逸勢の研究」（『愛知大学綜合郷土研究紀要』一〇所収）、胡口靖夫「橘氏の氏神梅宮神社の創祀者と遷座地」（『国学院雑誌』七八―八）、「橘氏の氏寺について」（『古代文化』二九―八）、横田健一「橘諸兄と奈良麻呂」（『歴史教育』一五―四）　〔小原〕

橘守　たちばなもり　渡来系氏族。無姓。『新撰姓氏録』左京諸蕃下、新羅条に「橘守。三宅連同祖。天日桙命之後也」とみえ、同右京諸蕃下と摂津国諸蕃の新羅条の三宅連、同大和国諸蕃、新羅条の糸井造とともに伝説上の渡来人である新羅の王子天日桙（日矛・日槍）を始祖とする。天日桙の子孫で常世の国から橘をもたらしたと伝えられる多遅摩毛理（田道間守）は『古事記』垂仁天皇段に「三宅連之祖」とあるから、橘守氏の祖先も田道間守であり、その氏名も祖先の名に由来するか。氏人には橘守金弓がいる。金弓は近江国犬上郡の人で、天平宝字六年（七六二）八月に造東大寺司番上少初位上であった。橘守氏は承和七年（八四〇）十一月に勅によって氏名を椿守と改めた。椿守氏となってからの一族の行方はわからない。　〔星野良作〕

竜田　たつた　氏名は大和国平群郡竜田（奈良県生駒郡斑鳩町竜田）の地名による。姓は真人。天平宝字五年（七六一）三月に忍壁親王の孫、山前王の子の葦原王が竜田真人を賜氏姓されて成立した。葦原王は天性凶悪で遊興を好み、御使連麻呂と賭博・飲酒したとき、にわかに怒って麻呂を惨殺して罪に問われたが、天皇は王族のゆえに王名を除いて竜田真人の氏姓を賜わり、男女六人とともに多褹（たね）島に配流したという（『続日本紀』）。竜田真人氏の行方は不明である。　〔星野良作〕

立野　たての　物部氏系氏族。『日本書紀』天武天皇四年四月癸未にみえる竜田の立野（奈良県生駒郡三郷町立野）の地名による。姓は連。立野連氏は『先代旧事本紀』天孫本紀に、高橋連・都刀連・横広連・勇井連・伊勢荒比田連・小田連らの諸氏とともに饒速日（にぎはやひ）命の十三世の孫に当たる物部建彦連公の後裔と伝える。氏人には大養徳（大和）国添下郡村国郷郡里の人で天平年間（七二九～七四九）に四十八歳であったという立野連安麻呂がいる。首姓の立野氏もおり、氏人には天平年間の大養徳国城下郡鏡作郷の戸主立野首斐太麻呂が知られる。立野首氏は立野連氏の一族であろう。　〔星野良作〕

蓼原　たではら　倭漢氏系氏族。氏名は『日本霊異記』下巻十一話に諾楽（なら）の京の越田池の南にあるとみえる蓼原里

（奈良市法蓮町付近か北之庄町付近、未詳）の地名による。姓は忌寸。『坂上系図』に引く『新撰姓氏録』逸文に応神朝に来朝したという阿智使主の孫「山木直。是……蓼原忌寸……等廿五姓之祖也」とある。忌寸姓の蓼原氏の氏人の名は伝わらないが、天平勝宝七歳（七五五）の「班田司歴名」に無姓で記された蓼原藤成は蓼原忌寸氏の一族の人であろう。時に藤成は河内国班田史生であった。
（星野良作）

竪部　たてべ　高句麗系の渡来氏族で、建築技術者を組織した部に由来するか。姓は使主。一族には、養老元年（七一七）二月に和泉監正七位上で位一階を進められ、同七年正月に正六位下より従五位下に叙せられた竪部使主石前、神護景雲元年（七六七）正月に正六位上より外従五位下に叙せられ、その後左大史・備後介・大外記・備前介を歴任し、宝亀九年（七七八）正月に外従五位上に叙せられ、同二月に讃岐介に任ぜられた竪部使主人主らがいた。また、『日本後紀』大同元年（八〇六）正月庚午条には「右京人外従五位下竪部使主広人賜二姓豊宗宿禰一」とあり、一族の竪部使主広人は、このときに豊宗宿禰に改姓している。これまで「竪部（かたべ）」として読まれてきたが「竪部」とみなす説が妥当のようである。
【参考文献】　吉田孝「竪部についての一試論」（『青山史学』一二）　（篠川）

田中　たなか　武内宿禰後裔氏族の一つ。姓は臣、のちに朝臣。蘇我石川宿禰を祖とする。田中の氏名は、のちの大和国高市郡田中（奈良県橿原市田中町）の地名にもとづく。『古事記』孝元天皇段に「蘇賀石河宿禰者。＜蘇我臣。川辺臣。田中臣。高向臣。小治田臣。桜井臣。岸田臣等祖也＞」とみえ、一族は、天武天皇十三年（六八四）に八色の姓制定に際して朝臣の姓を賜わった。『新撰姓氏録』右京皇別上に「田中朝臣。武内宿禰五世孫稲目宿禰之後也」とみえる。田中臣（朝臣）氏の一族には、推古朝の人として田中臣（欠名）がおり、『日本書紀』推古天皇三十一年（六二三）是歳条に、天皇が新羅を討とうとして群臣にはかったとき、田中臣は、急に討つのではなく、まず使を遣わすべきであると答え、中臣連国が新羅を討って任那を百済に附せよと答えたのに反論し、百済は反覆多い国であるから百済に附すべきではないといったとある。また壬申の乱の功臣に田中臣足麻呂がおり、天武天皇十年十二月に小錦下位を授かった田中臣鍛師の名も知られる。朝臣姓になってからの人には、前記の田中臣足麻呂が『続日本紀』文武天皇二年（六九八）六月丁巳条に田中朝臣足麿としてみえるほか、持統朝の伊予総領（伊予国司）であった田中朝臣法麻呂、天平六年（七三四）正月に外従五位下に叙せられ、『懐風藻』に備前守従五位下（ただし目録には讃岐守外従五位下）として詩一首を載せる田中朝臣浄足、天平宝字八年（七六四）九月に陸奥守従四位下で鎮守将軍を兼ね、神護景雲元年（七六七）十月、伊治城築城の功により正四位下を授かり、宝亀九年（七七八）正月に右大弁正四位下にて卒した田中朝臣多太麻呂らがいる。なお、『日本霊異記』下巻第二十六話には、宝亀七年当時の讃岐国美貴郡の大領小屋県主宮手の妻として、田中真人広虫（忠）女の名がみえる。

【参考文献】阿部武彦「蘇我氏とその同族についての一考察」（『北大文学部紀要』一二、のち『日本古代の氏族と祭祀』所収）、加藤謙吉『蘇我氏と大和王権』

（篠川）

田辺　たなべ　河内国安宿郡田辺の地を本拠とする百済系渡来氏族。同地には奈良時代前期創立の田辺廃寺跡（大阪府柏原市田辺）があり、この氏の氏寺とみられる。姓は史。右の地のほか、摂津国住吉郡田辺郷（大阪市東住吉区田辺）にも拠点があり、奈良時代に田辺氏の一族が居住していた。さらに『尊卑分脈』に、藤原朝臣不比等は山科（山城国宇治郡山科郷、現京都市山科区）の田辺史大隅らの家に養われたとあるから、山城にも進出していたらしい。『日本書紀』雄略天皇九年七月条に、飛鳥戸（安宿）郡の人、田辺史伯孫の女を、古市郡の書首加龍の妻とするから、この氏は西文氏（書首）の管理下に文筆・記録の職に携わった史部（ふひとべ）の一族であろう。ただ『新撰姓氏録』左京皇別下、上毛野朝臣条によれば、史部に編入されたのは皇極朝のころと推察される。『日本書紀』『新撰姓氏録』『日本書紀私記』弘仁私記序には、田辺氏の祖の思須美・和徳・伯孫（百尊）・徳尊・斯羅の所伝を記すが、これらを除くと田辺氏の氏人の活動が史料に表われるようになるのは、孝徳・斉明朝以降である。この氏は史部としての伝統に支えられ、学問や渉外関係の職域で顕著な足跡を残しており、白雉五年（六五四）の遣唐判官の鳥、『大宝律令』撰定者の百枝（大学博士）と首名、遣唐録事（宝亀八年〈七七七〉）・大外記を歴任し『続日本紀』の編集に加わった大川（上毛野公）、大川の子で同じく遣唐録事（延暦二十三年〈八〇四〉）・大外記となり、『新撰姓氏録』の編者でもあった穎人（上毛野朝臣）らを輩出している。天平勝宝二年（七五〇）には田辺史難波らが上毛野君（公）に改氏姓、弘仁元年（八一〇）にはさらに朝臣姓を賜わった。これは八世紀に盛行した渡来系氏族の出自改変の風潮と軌を一にし、皇別の上毛野氏（公・朝臣）と同祖と称したものである。『日本書紀私記』弘仁私記序によれば、田辺史・上毛野公・池原朝臣・住吉朝臣らの祖は、仁徳朝に百済から帰化した思須美と和徳の両人であるが、彼らは日本の将軍上野公竹合（竹葉瀬、たかはせ）の子孫であると主張したため、上毛野の一族に混入したとし、『新撰姓氏録』にも多奇波世君（竹合）の子孫とする。しかしこれが日韓混血の作為にもとづく冒姓であることは明白で、かえってこの氏が百済系渡来人であった事実を示唆する。なお住吉朝臣は延暦十年（七九一）、池原朝臣は延暦期から大同期までの間に、ともに池原公（君）が改氏姓したもので、池原公の旧氏姓は上毛野公であるから、この両氏も田辺氏の一族とみられる。

【参考文献】関晃『帰化人』、佐伯有清『新撰姓氏録の研究』研究篇　〔加藤〕

谷　たに　阿知使主後裔の東漢氏の枝族の一つ。『坂上系図』所引『新撰姓氏録』逸文（右京諸蕃上、坂上大宿禰条逸文）によれば、都賀使主（阿知使主の子）の三男のうち、兄腹の祖である山木直の後裔二十五氏のなかに、谷宿禰と文部谷忌寸があり、弟腹の祖の爾波伎（にわき）直の後裔十氏中に谷忌寸の名がある。複姓の文部谷忌寸の「文部」の氏名は、文筆・記録の職に携わったことにもとづく。「谷」の氏名の由来は不明であるが、『日本書紀』皇極天皇三年十一月条にみえる蘇我入鹿の甘檮岡の「谷宮門」の家の「谷」（はさま）の地名に由来するとする説がある。その場合、氏名は「たに」ではなく「はさま」と訓まれる。谷氏の旧姓は直。天武天皇十一年（六八二）と同十四年に、東漢氏が直から連、ついで忌寸と改姓したとき、この氏の主流も東漢氏の一員として改姓に与り、さらに『続日本紀』によれば、延暦四年（七八五）、宿禰姓を賜わった東漢氏系の十氏のなかに文部谷忌寸の名がみえる。しかし単姓の谷忌寸の名はなく、延暦十八年（七九九）に外従五位下に叙せられた家刀自、大同三年（八〇八）に土佐守に任ぜられた従五位下の野主のように、当時の谷氏で高位に昇った者の姓が、依然忌寸に止まっていることから推察すると、宿禰賜姓期は大同三年以降、弘仁期初年までとすべきかもしれない。壬申の乱の際に、それぞれ吉野側・近江側の将となった谷直根麻呂と同塩手が、この氏の活動の知られる最初であるが、文・民・坂上らの東漢氏系の有力氏に比べると、政界での活動は不振で、史料に表われる氏人の数も少ない。『三代実録』によると、仁和三年（八八七）に文部谷直忠直らが春淵（はるぶち）朝臣の氏姓を賜わり、忠直らが安倍朝臣と同祖と主張したとあるが、これは仮冒にすぎず、この一族は文部谷宿禰（忌寸）の傍流であろう。

【参考文献】佐伯有清『新撰姓氏録の研究』考証篇第五・六　〔加藤〕

多褹　たね　多褹にも作る。多褹国（多褹島）の㈠熊毛郡（のちの大隅国熊毛郡、今の鹿児島県西之表市、熊毛郡中種子町・南種子町）、㈡益救郡（のちの大隅国馭謨郡、今の鹿児島県上屋久町・尾久町）の豪族。㈠姓は後国造。天平五年（七三三）六月に多褹島熊毛郡の大領で外従七位下の安志託（あした）ら十一人が多褹後国造の氏姓を賜わったのに始まる。㈡姓は直。㈠と同時に同国益救郡の大領で外従六位下の加理伽ら百三十六人が多褹直を賜氏姓されておこった。多褹後国造氏・多褹直氏の一族の人は上記のほかに伝わらない。　〔星野良作〕

田部　たべ　田部の氏名は、屯倉の田地の耕作に従事した田部、もしくはその伴造氏族であったことにもとづく。宿禰姓・忌寸姓・臣姓・連姓・直姓・勝姓・無姓の氏族があり、諸国に分布する。田部宿禰氏は、田部連が改姓した氏族と考えられ、田部連については『先代旧事本紀』天孫本紀に「物部小前宿禰連公。〈田部連等祖。〉」とみえる。連姓の時代の人には、舒明天皇元年（六二九）四月に掖玖（屋久島）に遣わされた田部連（欠名）、天武天皇十年（六八一）十二月に小錦下を授かった田部連国忍がおり、宿禰を賜姓されてからの人には、八世紀後半の中級官人であった田部宿禰足嶋・田部宿禰男足らがいる。忌寸姓の田部氏については、渡来系の氏族と考えられ、『坂上系図』阿素奈直条に「姓氏録曰。中腹志努直之男。阿素奈直是也。田部忌寸祖也」とみえる。一族には、『万葉集』巻四に三首の歌を載せる田部忌寸櫟子がいる。　〔篠川〕

玉作　たまつくり　玉造にも作る。氏名は、かつて玉類の製造に携わった玉作部に由来する（玉作部の管掌氏族の後裔、玉作部の後身、玉作〈玉祖〉の地名にもとづくなど）。姓は連・造・部、無姓の玉作氏もいた。㈠連・造姓の玉作氏。各地の玉作部の管掌は中央の玉作連氏と同氏の本宗である玉祖（たまのや）連氏のもとに、地方は玉作造氏が分担する形をとったと推定される。『古事記』天孫降臨段に「玉祖連之祖」とある玉祖命は『日本書紀』では天明玉・玉屋命などにも作られ、神代下、第九段一書第一に「玉作上祖」とみえる。また『新撰姓氏録』右京神別上、忌玉作条に天明玉命を「号㆓玉祖連㆒。亦号㆓玉作連㆒」とあり、『先代旧事本紀』天神本紀に「天明玉命。玉作連等祖」と伝えるが、玉作連氏は玉祖連氏の枝族と考えられる。玉作連の氏人は史料にみえない。玉作造氏には、土佐国安芸郡の人で同郡玉作郷（高知県安芸市土居字上玉造・下玉造付近）の地を本拠としたと考えられる玉作造子綿がいる。子綿は天平宝字六年（七六二）に造石山院所田上山作所領・右大舎人で少初位上の位階を帯びていた。㈡無姓の玉作氏。上記『新撰姓氏録』に「忌玉作。高魂命孫天明玉命之後也」とみえる。忌玉作氏はかつて玉祖連氏か玉作連氏のもとで朝廷の祭祀用の忌（斎）玉を作る玉作部を管掌した氏族か。その氏人の名は伝わらない。玉作部との関係は未詳であるが、忌玉作氏のほかの無姓の玉作氏は八世紀中ごろから十二世紀中ごろにかけて知られる。そのうち弘仁二年（八一一）に高道連の氏姓を賜わった従八位上の玉作鯛釣は河内国の渡来系の玉作氏。『叡山大師伝』などにみえる図書助外従五位下の玉作雑物は、真苑宿禰雑物と同一人物と考えられるので、この玉作氏は真苑宿禰の氏姓を賜わったことになる。この人物はもと興福寺の僧孝成。㈢部姓の玉作氏。『日本書紀』仁賢天皇六年是秋条にみえる難波の玉作部鯽魚女をはじめ、七世紀末から八世紀後半にかけて知られ、地方の玉作（玉祖）郷の地を本拠としたと考えられる者も少なくない。

（星野良作）

【参考文献】寺村光晴『古代玉作形成史の研究』、佐伯有清『新撰姓氏録の研究』考証篇第三、同『伝教大師伝の研究』

玉手　たまて　武内（建内）宿禰後裔氏族の一つ。氏名は『古事記』孝安天皇段にみえる玉手岡の地、のちの大和国葛上郡玉手村（奈良県御所市玉手・東寺田付近）の地名による。姓は臣、天武天皇十三年（六八四）に朝臣姓となる。『古事記』孝元天皇段に「建内宿禰之子、并九。……葛城長江曾都毘古者、〈玉手臣……等之祖也。〉」、『新撰姓氏録』右京皇別上に「玉手朝臣。同（武内）宿禰男葛木曾頭日古命之後也」とあり、葛城襲津彦（葛城長江曾都毘古・葛木曾頭日古命）を祖とする。玉手氏は臣姓時代の氏人の名を伝えないが、大化改新の以前から天皇に近侍する軍事氏族として有力化し、宮城の門号氏族になったのであろう。朝臣姓の人は八世紀中ごろから十一世紀中ごろにかけて散見し、そのうち玉手朝臣道足は天平宝字七年（七六三）正月に造香山薬師寺別当で左大舎人正七位下であった。十世紀中ごろから十一世紀中ごろにかけては無姓で記された玉手氏も知られる。

（星野良作）

【参考文献】直木孝次郎『日本古代兵制史の研究』

玉祖　たまのや　玉屋にも作る。かつて玉作部を統率した氏族。姓は初め連、天武天皇十三年（六八四）に宿禰となる。『古事記』天孫降臨段に五伴緒の一つである玉祖命は玉祖連らの祖とみえる。また『新撰姓氏録』右京神別上、忌玉作条に天明玉命（玉祖命）が天孫降臨に従ったときに玉璧を作って神幣としたので玉祖連といったとあるが、同書右京上と河内国の神別に載せる玉祖宿禰は高御牟須比乃命（天高御魂乃命）の十三世の孫大荒木命（建荒木命）の後裔とし、『和州五郡神社神名帳大略注解』玉造神社条に引く「社家〈玉作連〉説曰」に荒木命（大荒木命）が神功朝に珠を献じて玉祖の氏名を賜わり、玉祖連の遠祖となった旨がみえる。連姓時代の氏人の名は伝わらないが、宿禰姓の一族には八世紀中ごろの装潢生に玉祖宿禰公麻呂がいる。なお河内国の玉祖宿禰氏の本拠地は同国高安郡玉祖郷（大阪府八尾市東北部一帯）。玉祖連氏の枝族が玉作連氏。

【参考文献】佐伯有清『新撰姓氏録の研究』考証篇第三　（星野良作）

民使　たみのつかい　渡来系氏族。「ミタミノツカイ」とも読み、かつて朝廷直轄領の人民管理のために派遣された職掌名にもとづく氏名か。姓は首。『新撰姓氏録』山城国諸蕃に「民使首。高向村主同祖。宝徳公之後也」とあり、『坂上系図』阿智王条所引『新撰姓氏録』逸文にみえる「民使主首」も同じ氏族であろう。民使氏はもと檜隈（檜前）民使と称しており、一族の檜隈民使博徳は雄略天皇に重く用いられ、呉国に使したと伝えられる。また神亀三年（七二六）「山背国愛宕郡雲下里計帳」には同地の住人である檜前民使首志豆米売の名がみえている。ほかに民使首氏の氏人には宝亀元年（七七〇）に権（かり）に会賀市（えがのいち。大阪府藤井寺市国府付近か）司に任ぜられた西市員外令史正八位下民使毗登臼理がおり、無姓の民使氏には天平五年（七三三）「隠岐国正税帳」にみえる同国史生大初位上民使古麻呂、天平年間に写経所経師であった民使石山・麻呂らがいる。　（星野良作）

田村　たむら　高句麗系渡来氏族。氏名は山城国葛野郡田邑郷（京都市右京区御室・宇多野・鳴滝付近）の地名にもとづく。姓は臣。旧氏姓は高田首で、弘仁二年（八一一）四月に右京人正六位上高田首清足ら七人が田村臣賜姓に与っている。『新撰姓氏録』右京諸蕃下に「高田首。出㆑自㆓高麗国人多高子使主㆒也」とあり、田村臣はみえないが、これは弘仁二年四月の賜姓以前に本系帳を提出していたためであろう。なお『坂上系図』阿智王条所引『新撰姓氏録』に、仁徳朝に渡来した漢人の後裔氏族の一つとして田村村主をあげている。この田村村主氏の氏名はのちの河内国丹比郡田邑郷（大阪府松原市付近）の地名にもとづくとみられる。（星野良作）

多米　ため　多米部を管掌し、宮廷の炊（みかしき）職の伴造として、米の精白・炊飯に当たった一族。令制大炊寮の伴部である大炊部の負名氏の一員とみられる。氏名を田目にも作るが、「タメ」は飲食物の総称である「タメツモノ」（味物）にもとづく。姓は初め連。天武天皇十三年（六八四）に宿禰姓を賜わった。ただしその後も連姓に止まる者がある。『政事要略』に引く『新撰姓氏録』逸文（右京神別上、多米宿禰条の逸文）『多米宿禰本系帳』『多米氏系図』によれば、この氏は神魂命五世孫の天日鷲命を祖とし、その四世孫の小長田（おなかた）が成務朝に大炊寮に仕え、献上した御飯が香美であったため、多米連の氏姓を賜わり、さらにこのとき詔して多米部を定めたとある。多米氏が炊職の伴造となった時期は不明であるが、右の説話はこの氏の管掌した職務の内容をよく伝えるものといえよう。なお右の『新撰姓氏録』逸文には、小長田六世孫、多米連三枝（さきくさ）の子倭古（やまとこ）の後裔が、天武朝に宿禰姓を賜わったとする。この氏の氏人の活動は史料にはほとんど表われないが、『日本書紀』皇極天皇二年（六四三）十月条には、山背大兄王の舎人に田目連の名を記し、その女も従者であったとする。聖徳太子の異母兄である田目皇子（多米王）は、多米氏の出身者を乳母としたと推測され、また炊職と係わりの深い膳職の伴造の膳氏は上宮王家の外戚であったから、このような関係をもとに、多米氏は一時期上宮王家の皇族たちに近侍する立場にあったらしい。多米氏と関係する皇族にはほかに敏達天皇皇女（母は推古天皇）の田眼皇女（多米王）がある。奈良・平安期に入ってからも政治的地位は低く、多米連福雄（延暦七年〈七八八〉）・多米宿禰弟益（貞観二年〈八六〇〉）が外従五位下に叙せられたのが、この氏の最高位である。なお大炊寮との関係では、仁和三年（八八七）に同寮の寮掌であった多米貞成がおり、多米氏が大炊部に選任される負名氏の一員であった事実を裏づける。多米氏は『新撰姓氏録』によれば、平安左京と右京のほか、大和・摂津・河内に宿禰・連姓の氏族が居住し、山城国にも連姓の多米氏が存した。このほか出雲には無姓の、筑前と参河（八名郡多米里）には部姓の多米氏が存在し、豊前国京都郡には『延喜式』の駅名に多米駅がある。これらはいずれもかつて多米部が設置された地域と考えてよいであろう。

【参考文献】 佐伯有清『新撰姓氏録の研究』考証篇第三　（加藤）

帯　たらし　出自未詳。帯中日子（たらしなかつひこ）天皇と呼ばれた仲哀天皇の名代部、およびその伴造氏族か。帯王（たらしのみこ）氏と部姓の帯部氏がある。帯王氏は『新撰姓氏録』不載姓氏録姓にその名があげられるのみで不詳。帯部氏については平城宮跡出土木簡のなかに「備中国英賀郡衛士帯部益国養銭六百文」（『平城宮発掘調査出土木簡概報』一五）とみえている。（星野良作）

垂水　たるみ　『延喜式』神名帳、摂津国豊島郡条に載せる垂水神社の鎮座地（大阪府吹田市垂水町）付近を本拠とした氏族。系統を異にする㈠君姓、㈡公姓、㈢史姓の垂水氏がいた。㈠旧氏姓は大津造。大宝元年（七〇一）に大通事の大津造広人が垂水君の氏姓を賜わったのに始まる。㈡崇神天皇の皇子豊城入彦命を祖とする。『新撰姓氏録』右京皇別上に、豊城入彦命の四世孫賀表乃真稚（かおのまわか）命六世孫阿利真公が孝徳朝に垂水公の氏姓を賜わり、垂水神社を掌ったとある。㈢渡来系氏族。『新撰姓氏録』左京皇別下に「垂水史。上毛野同氏。豊城入彦命孫彦狭島命之後也」とみえ、豊城入彦命を祖とするが、ここに同氏という上毛野は渡来系の上毛野氏をさす。天平宝字六年（七六二）五月の光覚願経「長阿含十報法経巻下」に知識として垂水公黒人ほか無姓の垂水氏が六名みえ、八世紀の他の史料にも無姓の垂水氏は散見するが、無姓者を公姓の垂水氏とは決めがたい。（星野良作）

丹波　たんば　但波にも作る。㈠丹波国造の後裔氏族。のちの丹後国丹波郡（京都府中郡）の地を本拠とした。姓は直。尾張氏と同祖族で火明（ほあかり）命を祖神とする。『先代旧事本紀』天孫本紀に火明命の六世孫建田背命は丹波国造の祖とみえ、同書国造本紀に丹波国造は尾張氏と同祖で成務朝に火明命の十二世孫建（張）稲種命の四世孫大倉岐命が任じられたとある。氏人には天平九年（七三七）に丹後国軍団の少毅であった無位の丹波直足島、延暦二年（七八三）に丹波郡の人で丹後国の国造に任じられた正六位上の丹波直真養、同四年に外従六位上から外従五位下に昇叙した丹波国天田郡大領の丹波直広麻呂ほかがおり、旧丹波（のちの丹波・丹後）国の伝統的な在地豪族として勢力を保持したことが知られる。なお大化の東国国司の一人に丹波臣（欠名）がみえるが、この人物はあるいは丹波国造家の者で直姓者か。㈡倭漢氏系氏族。姓は史。後漢の霊帝を祖とする。『新撰姓氏録』左京諸蕃上に「丹波史。後漢霊帝八世孫孝日王之後也」とみえ、『丹波氏系図』小森本に霊帝の六世孫の志拏直が丹波国に居住して坂上の氏名を賜わり、八世孫の孝日王が丹波史氏の祖となったとある。氏人には和銅四年（七一一）に太政官印を偽造し、偽って人に位を与えた罪で信濃国に流された大初位上の丹波史千足らがいる。なお上記『丹波氏系図』には志拏直の七世孫丹波史康頼が宿禰姓を、康頼の孫丹波宿禰忠明が朝臣姓を賜わったともみえる。丹波宿禰康頼は永観二年（九八四）に『医心方』三十巻（現存。日本最古の医書）を撰進した人物。㈢丹波史氏の一族か、同族団の下部組織をなした氏族か、未詳。氏名に姓の一種らしい史族を付す。八世紀に、近江国滋賀郡古市郷（滋賀県大津市膳所・石山付近）に但波史族酒美らがいたが、滋賀郡には大友但波史族など複姓氏族が集住した。近江国の但波史族氏は渡来系の大友氏系氏族か。以上のほかに無姓の丹波氏もいた。

【参考文献】直木孝次郎『日本古代国家の構造』、佐伯有清『新撰姓氏録の研究』研究篇　（星野良作）

ち

小子部　ちいさこべ　神武天皇の皇子、神八井耳命の後裔と称する氏族。小子部の伴造氏で、氏名を少子部にも作る。姓は初め連。天武天皇十三年（六八四）に、本宗の一族は宿禰姓を賜わった。小子部を侏儒から成る部とする説もあるが、侏儒の訓は「ひきひと」であり、「ちいさこ」とは異なる。この部は子部（こべ）などと同類の、宮廷に奉仕した子供たちから成る部と考えるべきであろう。ただ小子部氏と、子部を率いた子（児）部氏とは別族であり、両者は直接結びつかない。小子部の職務の内容は不詳であるが、雄略朝に少（小）子部連の氏姓を賜わったこの氏の祖の蜾蠃（すがる）は、『日本書紀』や『日本霊異記』の所伝によれば、雷神を捉え、雷（いかづち）の名を賜わっており、『新撰姓氏録』山城国諸蕃、秦忌寸条なども参看すると、蚕桑の職務やそれに従事した秦氏との係わりが深い。古く桑は雷除けの呪力を持つと信じられていたから、天皇に近侍し、雷神制圧の呪法を行なうことがその任務の一つであったと思われる。そのほか宮中の雑務に奉仕し、さらにのちの神祇官に所属した戸座（へざ）などに共通する性格も有したのではなかろうか。なお小子部を天皇側近の少年兵とする説があるが、小子部の職能は、軍事面よりもむしろ呪術・祭祀の面を重視すべきであろう。小子部氏の本拠地は大和国十市郡飫富郷の子部神社の地（奈良県橿原市飯高町）とみられる。この地は小子部氏の同族多氏の本拠地でもあった。小子部氏の氏人には蜾蠃（雷）のほか、壬申の乱の際の尾張国司守・鉏鉤（さいち）があり、奈良朝以降も宿禰・連姓の者若干名が史料にみえるが、官人として台頭した者はいない。平城右京・平安左京のほか、和泉・武蔵に氏人の分布が認められる。小子部の後裔とみられる部姓の氏、および小子を氏名とする者も存するが、このうち大宝二年（七〇二）の小子部三委売は、美濃国本簀郡の人である。なお近年、平城宮跡から「□便従小子門出入之」などのように、「小子門」と記された木簡が数点出土し、『続日本紀』天平宝字八年十月壬申条にみえる「小子門」とともに、小子部連氏の名にもとづく門号の可能性が高いことが指摘されている。

【参考文献】折口信夫『日本文学史ノート』一、直木孝次郎『日本古代兵制史の研究』、志田諄一『古代氏族の性格と伝承』、佐伯有清『新撰姓氏録の研究』考証篇第一、今泉隆雄「平城宮の小子門について」（『平城宮木簡』三解説所収）（加藤）

税部　ちからべ　力部にも作る。税部（力部）の氏名は、租税の徴収を職掌とした部であったことにもとづく。『新撰姓氏録』山城国神別に税部を載せ、「神魂命子角凝魂命之後也」とみえる。税部（力部）を氏名とする人々には、天平十年（七三八）の「駿河国正税帳」に名のみえる税部古麻呂、八世紀後半の様工・葺工であった力部広万呂がいる。（篠川）

珍　ちぬ　珍努・血沼にも作る。『日本書紀』崇神天皇七年八月己酉条にみえる茅渟県（のちの和泉国）の県主の後裔氏族。和泉国（大阪府西南部）を本拠とした。姓は県主。無姓の珍氏もいた。崇神天皇の皇子豊城入彦命を祖とする。『新撰姓氏録』和泉国皇別に「珍県主。佐代公同祖。豊城入彦命三世孫御諸別（みもろわけ）命之後也」とみえる。県主姓の一族には天平九年（七三七）に和泉国和泉郡の少領であった珍県主倭麻呂、同郡の主帳であった珍県主深麻呂らがいる。時に倭麻呂は外従七位下の位階を帯びていたが、深麻呂は無位。無姓の珍氏には珍県主氏の後裔とみられる、延喜二十二年（九二二）に和泉国の国司代であった珍（欠名）、国目代であった珍（欠名）らがいる。（星野良作）

道守　ちもり　氏名は地名か職名か未詳であるが、天平神護二年（七六六）十月二十一日付「越前国司解」に同国足羽郡のなかに道守村・道守里がみえ、同年の「越前国足羽郡司解」・翌三年三月二日付「道守臣息虫女解」に道守庄とあり、右の天平神護二年の二つの解に道守男食（草原郷戸主）、道守床足（岡本郷戸主）、道守息虫女・道守乙虫女（岡本郷戸主粟田鯛女の戸口）などの人名がみえるので、道守は越前国足羽郡道守村（福井市西南部一帯）の地名にもとづくと考えられる。姓は道守息虫女が道守臣息虫女と記されているので臣。『日本書紀』天武天皇十三年（六八四）十一月戊申朔条によれば朝臣を賜姓された。系譜伝承は『新撰姓氏録』には左京皇別上に「波多朝臣同祖。波多矢代宿禰之後也」とみえる伝承（河内国皇別・和泉国皇別）をもつ者と、同じく左京皇別上に「開化天皇皇子武豊葉列別命之後也」とみえる伝承（右京皇別下・山城国皇別・摂津国皇別）をもつ者があり、どの伝承をもつ一族か判別しがたい。『日本書紀』天智天皇七年（六六八）十一月乙酉条にみえる遣新羅使となった道守臣麻呂は、同族の紀・角・坂本などの臣姓の朝鮮派遣氏族の系譜から推察すると、波多矢代宿禰の後という道守氏の祖先の可能性が強く、『播磨国風土記』讃容郡船引山条に彼が官船をこの山で造り引きおろさせたという伝承を残す。『続日本紀』養老七年（七二三）二月癸亥条に、但馬国人寺人小君ら五人に道守臣の氏姓を賜わったほか、無姓の道守氏は大和・摂津・近江に居住し、大宝二年（七〇二）御野国戸籍には道守部が多くみえる。〔前川〕

つ

津　つ　百済の六代の王の貴須王（『三国史記』は仇首王に作る）の孫の辰孫王の後裔氏族。葛井・船の両氏と同祖。姓は史、のちに連、ついで菅野朝臣と改姓された。津氏の来歴は『続日本紀』延暦九年（七九〇）七月辛巳（十七日）条に津連真道らが朝臣への改姓を願った上奏に窺える。すなわち、「真道等本系出ㇾ自二百済国貴須王一……応神天皇命二上毛野氏遠祖荒田別一、使二於百済一捜二聘有識者一、国主貴須王恭奉二使旨一、択二採宗族一、遣二其孫辰孫王一随ㇾ使入朝、天皇嘉焉……仁徳天皇以二辰孫王長子太阿郎王一為二近侍一、太阿郎王子亥陽君、亥陽君子午定君、午定君生二三男一、長子味沙、仲子辰爾、季子麻呂、従ㇾ此而別始為二三姓一、各因二所職一以命ㇾ氏焉、葛井、船、津連等即是也」とあり、津氏の名は港（津）を管掌した職名にもとづく。また『日本書紀』敏達天皇三年十月戊戌（十一日）条には「詔二船史王辰爾弟牛一、賜ㇾ姓為二津史一」とあり、史を賜わり、ついで津史秋主らが天平宝字二年（七五八）八月丙寅（二十七日）に同族の船・葛井の二氏がすでに連の姓であることをいい、連の姓を賜わった。また前記の津連真道らの上奏では、いわゆる「烏羽の表」の読解の功績と学芸の家系であることをいい、菅野朝臣の姓を賜わった。菅野朝臣は『新撰姓氏録』右京諸蕃に「出レ自二百済国都慕王十世孫貴首王一也」とある。一族には、養老六年（七二二）五月己卯（十日）に遣新羅使に任じた津史主治麻呂、また天平勝宝四年（七五二）四月乙酉（九日）の大仏開眼の法会に唐中楽頭を務めた津史真麿（『東大寺要録』二、供養章三）らがいる。同系氏族には、延暦十年（七九一）正月癸酉（十二日）に宿禰の姓を賜わった津宿禰吉道ら津宿禰の氏族と、同時に中科宿禰の姓を賜わった中科宿禰巨都雄ら中科宿禰の氏族がいる。〔浜田〕

調　つき　水海氏と同祖、百済の努理使主（努利使主・奴理能美にも作る）の後裔氏族。『新撰姓氏録』左京諸蕃に「調連、水海連同祖、百済国努理使主之後也、誉田天皇御世、帰化、孫阿久太男弥和、次賀夜、次麻利、弥和、弘計天皇御世、蚕織献二絁絹之様一、仍賜二調首姓一」とあるように、氏の名は絁絹などの調（みつぎもの）を献上したことによるとあるが、調を管理したことにもとづくのであろう。『古事記』仁徳天皇段には天皇に嫉妬した太后の石之日売命が「筒木韓人、名奴理能美之家」に身を置いた話があり、努理使主の本拠はのちの山城国綴喜郡綴喜郷（京都府綴喜郡田辺町普賢寺辺り）にあったことになる。調氏の姓は首、のちに連。連への改姓の年時は不明だが、一族は『日本書紀』天武天皇元年（六七二）六月甲申（二十四日）条に「調首淡海之類」とみえ、『万葉集』巻五十五「大宝元年（七〇一）辛丑秋九月、太上天皇幸二于紀伊国一時歌」に調首淡海の作歌があり、和銅二年（七〇九）正月丙寅（九日）には調連淡海とある。この間、天武天皇十二年（六八三）九月丁未（二十三日）には「凡三十八氏」に、また翌月己未（五日）にも十四氏に連姓を賜わったことがあるが、調首淡海は大宝元年から和銅二年の間に連姓を賜わったのであろう。同系氏族には調吉士氏と調曰佐（おさ）氏がおる。調吉士氏には、継体天皇二十四年（五三〇）九月に任那に派遣されて毛野臣の失政を報告してきた調吉士（名は不明）がいる。また欽明天皇二十三年（五六二）七月に新羅軍に果敢にも討ち入りした調吉士伊企儺がいる。調曰佐氏は調氏の者が訳語（曰佐、おさ）の職にあったことにその名が由来しよう。なお、調首氏が連姓を賜わった後にも、その枝氏に調首氏がおり、調首新麻呂（延暦十五年〈七九六〉九月二十三日付「近江国大国郷墾田売券」『平安遺文』一―八）らがいた。〔浜田〕

舂米　つきしね　搗米にも作る。かつて米を舂く作業に従事する舂米部を管掌した①伴造と②舂米部の後裔氏族。①姓は初め連、天武天皇十三年（六八四）十二月に宿禰となる。『新撰姓氏録』左京神別上に「舂米宿禰。石上同祖」とみえ、石上朝臣ほか同書に載せる多数の物部氏系氏族とともに饒速日（にぎはやひ）命を祖神とした。『日本書紀』仁徳天皇十三年九月条に、茨田屯倉（のちの河内国交野郡三宅郷。今の大阪府交野市・四條畷市一部）の設置に伴って舂米部を定めたことがみえ、舂米部の中央伴造であった舂米連（宿禰）氏が本拠地を茨田屯倉付近としたことを示唆する。また戊戌年（六九八）四月十三日「妙心寺鐘銘」にみえる糟屋評造舂米連広国は、のちの筑前国糟屋郡（福岡市）の地の舂米部を統率した地方伴造の後裔であろう。②舂米部の後裔である舂米部氏は筑前国に集中的に認められるが、美濃・越中・周防の諸国にも分布する。

【参考文献】黛弘道「舂米部と丸子部―聖徳太子子女名義雑考―」（『律令国家成立史の研究』所収）、佐伯有清『新撰姓氏録の研究』考証篇第三　（星野良作）

坏作　つきつくり　新羅系渡来氏族。氏名は坏（飲食物を盛るのに用いる土器）の製作に携わった部民の伴造氏族であったことにもとづく。姓は造。『新撰姓氏録』未定雑姓、河内国に「坏作造。新羅国人曾里支富主人之後也」とあるのみで、一族の人名は知られていない。坏作造氏はその職掌からみて土師氏との交流が想定され、河内国丹比郡（同郡には土師郷があった）を本拠とする氏族であったか。　（星野良作）

調使　つきのつかい　渡来系氏族。氏名はかつて徴税に従事したことによる。『坂上系図』に引く『新撰姓氏録』逸文にみえる、応神朝に阿智王に率いられて渡来した漢人の後裔氏族中の高向調使氏（本拠地はのちの河内国内）・檜前調使氏（本拠地はのちの大和国内）と同族とみられるから、調使氏の本拠地ものちの河内か大和の国内にあったのであろう。姓は首。無姓の調使氏もいた。首姓の一族には天平勝宝五年（七五三）に従五位下で藤原仲麻呂の家従であった調使首難波麻呂がおり、無姓の一族には同じころの人に調使家令ほかがいる。なお調使部を氏名とする氏族もあり、『続日本紀』宝亀元年（七七〇）七月に今良（ごんら）の大目東人の子秋麻呂ら六十八人が賜わった氏名のなかに調使部がみえる。　（星野良作）

槻本　つきもと　姓からみると、㈠首、㈡村主・連、㈢公・宿禰の三氏族がいる。㈡・㈢

は近江国の本貫が多くみられるので、氏名は近江国内の地名に由来するか。㈠千熊長彦を始祖とする。『日本書紀』神功皇后四十七年の「一云」に、長彦は武蔵国の人で、額田部・槻本首らの始祖と述べる。㈡渡来系の氏族。朱鳥元年（六八六）に槻本村主勝麻呂は、勤大壱の位と封二十戸と同時に、連の姓を賜与されている。連姓では、天平八年（七三六）に近江国滋賀郡貢進の采女として若子がおり、従八位上であった。若子は天平十七年（七四五）に、正六位上から外従五位下に昇叙されている。また天平十四年に左京三条二坊の戸主に大食がおり、戸口の堅満侶を優婆塞に貢進している。その他に、天応二年（七八二）に造寺司判官であった蓑麻呂がいる。承和四年（八三七）に、良棟・豊額は安墀宿禰に改氏姓され、さらに後漢の献帝の出自としている。㈢近江国出身の皇別氏族。『新撰姓氏録』（左京皇別、坂田宿禰）によれば、天武朝の僧侶信西は、近江国の人槻本公転戸の女を娶り、子の石村は母氏姓に従い槻本公になったという。石村の子は老で、老は天平勝宝元年（七四九）に越前国足羽郡擬主帳であったが、その後宝亀三年（七七二）に他戸親王の廃太子事件に、姧状の摘発をしたことより栄進し、宝亀九年には正六位上から外従五位下、右兵衛佐となっている。老の子奈弖麻呂は、延暦二十二年（八〇三）に父の功により従五位上と宿禰を賜与され、のちに石村の居地名（近江国坂田郡）に因み、酒田宿禰と氏名を改める。

【参考文献】林陸朗「古代史を貫く一本の家系」（『史学研究集録』一〇所収）

（中村）

筑紫　つくし　竺志・竹志・築志にも作る。氏名は筑紫国（のちの筑前・筑後国。今の福岡県）の地名にもとづく。姓は㈠君、㈡連、㈢史、㈣無姓の筑紫氏もいた。㈠筑後平野を本拠地とした豪族。筑紫国造の後裔氏族と考えられる。筑紫国造は孝元天皇の皇子大彦命を祖とし、継体朝に反乱して敗れた筑紫君磐井は『日本書紀』に筑紫国造とみえるが、筑紫君氏の国造就任は磐井の乱後のことであろう。そして乱後も、一族は七世紀後半に至るまで在地の代表的首長として存続したらしく、その墳墓として八女市の八女古墳郡が比定されている。しかし氏人の名は上記磐井のほかに、磐井の子の葛子、斉明朝の百済救援軍に従い、唐軍の捕虜となって天智朝に帰国した筑紫君薩野馬（さちやま）が知られるだけである。㈡饒速日（にぎはやひ）命の子味真治（うましまじ）命を祖とする氏族の一つ。祖先伝承が『新撰姓氏録』山城国神別にみえるのみで、氏人の名は未詳。㈢渡来系氏族。『新撰姓氏録』は左京諸蕃上に筑紫史、摂津国諸蕃に竺志史を載せ、ともに陳思王植（ち）の後裔とある。七世紀末から八世紀末にかけて知られる一族のうち、筑紫史広嶋は延暦四年（七八五）二月に野上連と改賜姓している。㈣無姓の筑紫氏のうち、天平宝字五年（七六一）三月に坂原連の氏姓を賜わった百済人の竹志麻呂は摂津国の人であったから、同国の竺志史氏の一族と推定される。（星野良作）

【参考文献】吉田晶「古代国家の形成」（『岩波講座日本歴史』二所収）、篠川賢『国造制の成立と展開』、佐伯有清『新撰姓氏録の研究』考証篇第三・四

津島 つしま　津嶋・対馬にも作る。天児屋根命の後裔と称する中臣氏系の氏族で、氏名は対馬島（長崎県上県郡・下県郡）の地名にもとづく。姓は初め連、のちに朝臣。『続日本紀』慶雲三年（七〇六）十一月癸卯条にみえる対馬連堅石が和銅元年（七〇八）正月乙巳条には津嶋朝臣堅石とあり、この間に朝臣を賜わったらしい。『新撰姓氏録』摂津国神別に「津島朝臣。大中臣朝臣同祖。津速魂命三世孫天児屋根命之後也」と伝える。一族には前記の堅石のほか和銅年間ころの人である津嶋朝臣真鎌、天平初年ころに活躍した家道、同二十年（七四八）ころの家虫、天平勝宝初年の雄子、勝宝から宝亀年間ころの人である小松らがおり、彼らはいずれも従五位下に叙せられている。なお津嶋氏には直姓の氏族もおり、『新撰姓氏録』未定雑姓、摂津国に「津嶋直。天児屋根命十四世孫雷大臣命之後也」とみえる。（星野良作）

津門 つと　のちの摂津国武庫郡津門郷（兵庫県西宮市津門）を本拠とした豪族とみられる。姓は首。『新撰姓氏録』摂津国皇別に「津門首。櫟井臣同祖。米餅搗大使主命之後也」と伝え、また河内国神別に「津門首。同神（神饒速日命）六世孫伊香我色男命之後也」とあるように皇別系と神別系（物部氏系）の二流があった。『先代旧事本紀』天孫本紀に饒速日命の十三世孫物部建彦連公の後裔とみえる「都刀連」は物部氏系の津門首氏の同族か。（星野良作）

角鹿 つぬが　越前国敦賀郡（福井県敦賀市）の豪族。敦賀にも作る。姓は直。天平三年（七三一）「越前国正税帳」および、天平五年（七三三）「越前国郡稲帳」（『正倉院文書』）に越前国敦賀郡少領として角鹿直綱手の名がみえ、その本拠が判明する。角鹿直氏の一族としては、『続日本紀』天平神護元年（七六五）五月条に、藤原仲麻呂の乱に際し、官軍を助けた功により、外従八位上から外従五位下に叙せられた敦賀直嶋麻呂や、『正倉院文書』に経師・舎

人として散見される敦賀直石川などが知られる。同じく角鹿を氏名とする者に、天平神護二年（七六六）「越前国司解」（『正倉院文書』）にみえる越前国敦賀神戸郷戸主角鹿嶋公や『正倉院文書』に経師などと散見する敦賀公麻呂があり、敦賀直氏の一族の可能性が高い。〔大橋〕

常澄　つねすみ　後漢光武帝の後裔氏族。姓は宿禰。『続日本後紀』承和三年（八三六）三月壬寅条によると、八戸史儀益・弥継ら二十人が常澄宿禰の氏姓を賜わっている。常澄の氏名は美称にもとづくものとされる。旧氏姓の八戸史氏は『新撰姓氏録』河内国諸蕃に「八戸史。出レ自二後漢光武帝孫章帝一也」とみえる。八戸史は河内国高安郡内（大阪府中河内郡の一部）に居住していた渡来人の集団である八戸の管理者であったことにもとづく。常澄氏の一族は多くいるが、常澄宿禰秋雄・秋常・宗吉・宗雄・秋原らは元慶三年（八七九）十月に八戸史野守とともに本拠地の地名に因んで高安宿禰の氏姓を賜わっている。また、常澄宿禰藤枝・常主・季道らは元慶五年（八八一）五月に八戸史善とともに高安宿禰の氏姓を賜わっている。

【参考文献】佐伯有清『新撰姓氏録の研究』考証篇第五〔追塩〕

常道　つねみち　出自未詳。姓は真人。『続日本後紀』承和十年（八四三）正月庚子条の正六位上常道真人兄守が従五位下に昇叙している記事が常道氏の初見であり、他に一族の氏名はみられない。兄守は同年に尾張守に、嘉祥三年（八五〇）に豊前守に補任され、貞観二年（八六〇）に従五位下から従五位上に昇叙されている。〔追塩〕

恒世　つねよ　唐の王文度の後裔氏族。姓は宿禰。旧氏姓は楊津連（やなぎつのむらじ）。『続日本後紀』承和十一年（八四五）十月癸未条によると、楊津連弟主・継吉が恒世宿禰の氏姓を賜わっている。楊津連氏は『新撰姓氏録』右京諸蕃上に「楊津連。八清水連同祖。王文度之後也」とみえる。〔追塩〕

角　つの　紀朝臣氏の同族。都努・都濃とも表記する。姓は臣、のちに朝臣。氏名は周防国（角〈都怒〉国）都濃郡（山口県都濃郡）の地名にもとづく。『日本書紀』雄略天皇九年五月条に、小鹿火宿禰が紀小弓宿禰の喪のため新羅からの帰国の途中、角国に留まり角臣と名づけられたという伝承が記されている。また、天武天皇十三年（六八四）十一月には臣姓を改めて朝臣姓を賜わっている。さらに、都努臣牛甘（牛飼）は天武天皇十三年四月に遣新羅小使となり、角朝臣家主は天平四年（七三二）正月に遣新羅使となっているが、これは小鹿火宿禰以来の伝統と

みられる。『新撰姓氏録』左京皇別上に「角朝臣。紀朝臣同祖。紀角宿禰之後也。日本紀合」とある。〔星野良作〕

角山　つのやま　都怒山にも作る。のちの近江国高島郡角野（つの）郷（滋賀県高島郡今津町角川）を本拠とした豪族とみられる。姓は臣・君。都怒山臣氏は『古事記』孝昭天皇段に天押帯日子命（孝昭天皇の皇子）の後裔と伝え、和邇（春日）臣氏と同祖関係に当たる。一方、君姓の角山氏の一族には『続日本紀』神亀元年（七二四）二月壬子条にみえる角山君内麻呂、長承二年七月十二日「中原明兼勘注」にみえる天平十二年（七四〇）ころの人角山君家足がいる。内麻呂は私穀を陸奥国鎮所に献じた功により外従七位下から外従五位下に叙せられた。また家足は『続日本紀』天平宝字八年（七六四）九月壬子条にみえる近江国高島郡の前少領「角家足」と同一人物と考えられ、角山君氏の本貫が同地にあったことを示している。〔星野良作〕

椿戸　つばきべ　出自未詳。旧氏名は橘戸。『続日本後紀』承和七年（八四〇）十一月辛巳条に「勅。橘戸。蝮橘。橘連。伴橘連。橘守。橘等六姓。与二橘朝臣一相渉。宜レ賜二椿戸。蝮椿。椿連。伴椿連。椿守。椿等一。自余以二橘字一。為レ姓之類。亦以レ椿換レ之」とあるように、このときに椿戸と改姓された。橘戸の時代の人には、天平神護二年（七六六）二月に外従五位下を授かり、宝亀八年（七七七）正月に備後介に任ぜられた橘戸高志麻呂（橘部越麻呂）らがいた。椿戸に改姓してからの人には、常陸国久慈郡（茨城県久慈郡・常陸太田市）の人であった椿戸宮成・門主父子がおり、『三代実録』貞観八年（八六六）五月八日条に「常陸国久慈郡人椿戸門主。嘉祥三年出家得度。補二国分寺僧一。今自修二解文一偁。親父宮成任二久慈郡権主政一。貞観六年死。弟妹多レ数。無レ人二育養一。望請返二附本貫一。以継二家業一。詔許レ之」とみえる。

【参考文献】岸俊男「日本における『戸』の源流」（『日本古代籍帳の研究』所収）〔篠川〕

津夫江　つぶえ　都布江にも作る。河内国若江郡（大阪府東大阪市西部から八尾市南部にかけての一帯）の地を本拠とした豪族か、未詳。姓は連。無姓の津夫江氏もいた。連を賜姓された年月、連姓の氏人の名も伝わらないが、『新撰姓氏録』は河内国神別条に津夫江連を載せ、天津彦根命の後裔とする。無姓の一族は大宝二年（七〇二）「御野国味蜂間郡春部里戸籍」に集中してみえ、戸主の都布江安倍ほかが知られる。なお『新撰姓氏録』で天津彦根命を祖神とする氏族は少なくなく、

河内国での津夫江連氏の同祖氏族には額田部湯坐連・凡河内忌寸・大県主の諸氏がいた。（星野良作）

積組　つぶくみ　物部氏系氏族。『延喜式』神名帳、河内国高安郡条にみえる都夫久美神社の鎮座地（大阪府八尾市水越）付近を本拠とした。姓は造。『新撰姓氏録』河内国神別に、積組造は阿刀宿禰と同祖で饒速日（にぎはやひ）命の子宇摩志摩治命の後裔とある。天平二十年（七四八）十一月、いわゆる内侍宣によって「因明入正理論」一巻を内裏に奉請した積組内侍（掌侍。欠名）は無姓で伝わるものの、この一族の人と考えられる。（星野良作）

都保　つほ　都菩にも作る。平群氏系氏族。『和名抄』大和国平群郡平群郷（奈良県生駒郡平群町）内の地を本拠としたか、未詳。姓は臣、のちに朝臣。武内宿禰の子平群木菟（都久）宿禰を祖とする。臣姓の一族には上記の平群郷の人で天平二年（七三〇）に「大般若経」巻五一一を写した都菩臣足嶋、同十年に従六位上・筑前国掾であった都保臣古良比らがいる。都保臣氏が朝臣の姓を賜わった年月、都保朝臣氏の氏人の名は未詳であるが、『新撰姓氏録』右京皇別上に「都保朝臣。平群朝臣同祖。都久宿禰之後也」とみえ、八世紀中ごろの人である都保大人は無姓で伝わるものの、臣か朝臣の姓をもっていた可能性が強い。なお都保朝臣は平群朝臣のほかに『新撰姓氏録』では①平群文屋朝臣・②早良臣・③馬上・④額田首・⑤韓海人首と、『越中石黒系図』では上記から①・⑤を除いて味酒臣を加えた氏族らとも同祖氏族とされている。（星野良作）

【参考文献】佐伯有清『新撰姓氏録の研究』考証篇第二

津守　つもり　邇邇芸命（火瓊々杵命）の子火明命を祖とする氏族。摂津国住吉の津を守るという職務を負い、同地の住吉神社に奉仕し、住吉郡の郡領を世襲した。『新撰姓氏録』摂津国神別に「津守。火明命之後也」と無姓の津守氏がいたが、連姓の津守氏は『新撰姓氏録』和泉国神別に載せ、火明命の男天香山命の後裔とする。しかし、本宗氏族は天武天皇十三年（六八四）十二月に宿禰と改姓した。津守氏の祖先伝承については、『新撰姓氏録』摂津国神別に「津守宿禰。尾張宿禰同族。火明命八世孫、大御日足尼之後也」、『日本書紀』神功摂政前十二月辛亥条に「津守連之祖田裳見宿禰」とあるが、宮内庁書陵部所蔵の『津守氏系図』によれば、大御日足尼は瓊々杵命十五世孫の大御田足尼、田裳見宿禰は十七世孫の手搓足尼に当たる。また『住吉大社神代記』は意富弥多宿禰を「津守宿禰遠祖也」と記しているので、『新撰姓氏録』の大御日足尼の日は田の誤りであろう。系図によれば、手搓足尼は神功皇后のとき初めて神主に定められ、その子豊吾田が津守連の姓を賜わったという。元明朝の広麿が「従六位上津守宿禰広麿」と記されているので、天武朝の改姓を裏づける。津守氏は欽明朝の己麻奴跪が遣百済使、皇極朝の大海が遣高麗使、斉明朝の吉祥が遣唐使として派遣されるなど、たびたび対外交渉の任務に就いているほか、遣唐・遣渤海主神（神主）の任を負って派遣された氏人も多い。（高嶋）

て

豊島　てしま　手島・手嶋にも作る。のちの摂津国豊嶋郡豊嶋郷（大阪府池田市東南部から豊中市北部にかけての一帯）の地の豪族。姓は連。連姓になった由来は伝わらないが、『古事記』神武天皇段に「日子八井命、〈茨田連、手嶋連之祖。〉」とみえ、『新撰姓氏録』摂津国神別に「豊島連。多朝臣同祖。彦八井命之後也。日本紀漏」とあって、豊島連氏は神武天皇の子または孫という日子八井（彦八井耳）命の後裔と称した。一族には天平宝字四年（七六〇）十月に東大寺写経所の経師で坤宮官（紫微中台）舎人少初位上であった手嶋連広成がいる。また、無姓で伝わるものの、『万葉集』にみえる豊島采女、『大同類聚方』摂津国条にみえる豊島最上麿も同族と考えられる。なお部姓の豊島氏もおり、大宝二年（七〇二）ころの「豊後国戸籍」に戸主の手嶋部羊、その男加都自が伝わる。（星野良作）

手人　てひと　手人の氏名は才伎（てひと）にも作り、兵部省造兵司・大蔵省典鋳司・宮内省鍛冶司などの前身をなす官司に関係していた手人にもとづく。姓は造。手人造氏の一族には手人造石勝がおり、石勝は、『続日本紀』天平神護元年（七六五）四月癸酉条に「左京人従七位下手人造石勝賜二姓雄儀連一」とあるように、このときに雄儀連の氏姓を賜わった。雄儀連については、『新撰姓氏録』左京神別中に「雄儀連。角凝命十五世孫乎伏連之後也」とみえる。雄儀連氏の人名は他にみえない。なお、手人（才伎）を氏名の一部とする氏族には、朝妻手人・忍海手人・川内手人・漢手人部・西漢才伎などがある。

【参考文献】　直木孝次郎「人制の研究」（『日本古代国家の構造』所収）（篠川）

弖良　てら　寺にも作る。百済系渡来氏族。本拠地未詳。氏名はかつて仏寺に従事したと考えられる寺人の伴造であったことによるものか。姓は公・史。無姓の弖良氏もいた。弖良公氏は『新撰姓氏録』

未定雑姓、右京に、百済国王（こにきし）意里都解（おりつげ）の四世孫秦羅君の後裔とあるが、氏人の名は伝わらない。史姓の一族には『行基菩薩伝』や『行基年譜』に、養老五年（七二一）五月に自宅を行基に寄進して精舎（菅原寺。奈良市菅原町の喜光寺）を建てたとみえる寺史乙丸がいる。無姓の弓良氏には宝亀十一年（七八〇）五月に高尾忌寸の氏姓を賜わった寺浄麻呂がいる。浄麻呂は河内国高安郡の人で、時に大初位下の位階を帯びていた。なお寺人を氏名とした者も知られ、養老七年（七二三）年五月に但馬国の人である寺人小君ら五人が道守臣の氏姓を賜わっている。

【参考文献】直木孝次郎「人制の研究」（『日本古代国家の構造』所収）、井上光貞「行基年譜、特に天平十三年記の研究」（『井上光貞著作集』二所収）、佐伯有清『新撰姓氏録の研究』考証篇六〔星野良作〕

と

答他　とうた　託多にも作る。百済系渡来氏族。渡来の時期、本拠地ともに未詳。百済人の答他斯智を祖とする一族。答他戸を称する者もおり、初めの氏名は答他戸か。無姓。天平宝字五年（七六一）三月に、一族の主流である百済人答他伊奈麻呂ら五人が氏姓を賜わって中野造氏となった。『新撰姓氏録』右京諸蕃下に中野造は百済国人の杵率（扞率、かんそち。百済の官位十六品の第五位）答他斯智の後裔とみえる。一族には上記の答他斯智・伊奈麻呂のほかに、八世紀に託多（託陁）真玉・答他乙麻呂・答他（他田・答田・答多）虫麻呂・答他戸広万呂らが知られる。真玉は養老五年（七二一）正月に正八位下で唱歌師として表彰され、天平十七年（七四五）四月に正六位上から外従五位下に進んだ人物。乙麻呂・虫麻呂・広万呂はともに経師であるが、乙麻呂以外は天平宝字五年三月以降に答他・答他戸を称しているから、傍流の人であった。

【参考文献】岸俊男「日本における『戸』の源流」（『日本古代籍帳の研究』所収）、佐伯有清『新撰姓氏録の研究』考証篇第五〔星野良作〕

東部　とうほう　高句麗（高麗）系渡来氏族。渡来の時期、祖先伝承ともに未詳であるが、本拠地は山城国（京都府中部・南部）か。氏名は高句麗の五部の一つである東部にもとづく。無姓。弘仁二年（八一一）八月に、山城国の人で正五位上の高麗人東部黒麻呂が氏姓を賜わり、広宗連氏となる。この黒麻呂のほかに東部氏の一族は未詳であるが、広宗連氏はのちに宿禰姓となって九世紀後半まで一族の動向を知ることができる。〔星野良作〕

答本　とうほん　百済系渡来氏族。百済の滅亡直後に達率（だちそち。百済の官位十六品の第二位）の官位を帯びて渡来した答本（答体）春初（しゅんしょ）の一族で、のちの摂津国豊島郡麻田村（大阪府豊中市のうち）の地が本拠か。無姓。いわゆる箕（き）氏朝鮮王の準（じゅん）を祖とする。神亀元年（七二四）五月、一族の主流である正八位下答本陽春が氏姓を賜わって麻田連氏となった。『新撰姓氏録』右京諸蕃下に「麻田連。出レ自二百済国朝鮮王準一也」とある。上記の答本春初は天智天皇四年（六六五）八月、長門国に派遣されて山城を築き、同十年正月に兵法の熟達者として初めて日本の官位・大山下（従六位相当）を授かった。『懐風藻』によれば、大友皇子が賓客とした学士の一人でもある。なお傍流の人に答本忠節がおり、彼は天平勝宝三年（七五一）十月に正六位上から外従五位下に進み、天平宝字元年（七五七）の橘奈良麻呂の変で逆徒として処断された。〔星野良作〕

遠田　とおだ　陸奥国遠田郡（宮城県遠田郡）の蝦夷系豪族。姓は公。のちに臣・連となる。『続日本紀』天平九年（七三七）四月戊午条に田夷遠田郡領外従七位上遠田君雄人とみえる。延暦九年（七九〇）五月庚午条にみえる遠田郡領外正八位上勲八等遠田公押人は田夷の姓を脱し、臣姓を賜わっている。『類聚国史』巻九十九、天長三年（八二六）正月庚寅条にみえる外従五位下遠田臣人綱も郡司と考えられる。雄人は天平九年の多賀城から出羽柵へ直通路を結ぶための遠征に参加し、押人も延暦八年（七八九）の征夷に参じたとみられ、田夷として八世紀には積極的に征夷軍側についた豪族であった。このほか、弘仁三年（八一二）に連姓を賜わった遠田公五月、陸奥意薩連に改氏姓された小田郡の遠田公浄継、および弘仁六年（八一五）に連を賜わった遠田公広楯が傍系にいる。

【参考文献】高橋富雄『蝦夷』〔関口〕

十市　とおち　十市部の伴造と十市部の後裔氏族。かつての十市県、のちの大和国十市郡（奈良県磯城郡・桜井市）の地を本拠とした。姓は初め首（部首）、のちに宿禰（部宿禰）。部姓・無姓の十市氏もいた。十市首は祖を『先代旧事本紀』天神本紀では饒速日尊の天孫に従った五部人中の富富侶とし、『中原氏系図』では安寧天皇の第三皇子磯城津彦命とするが、『古事記』『日本書紀』の孝安・孝霊朝の記事や『和州五郡神社神名帳大略注解』所引の「十市県主系図」に散見する十市県主の後裔で十市部を管掌したのであろう。『日本書紀』安閑天皇元年（五三四）閏十二月条に、物部尾輿が十市部を献上したとあり、十市部はその管掌が物部氏に移っているが、美濃国に分布が認められる。『中原氏系図』に、博士有象・助教以忠らが天禄二年（九七一）九月に十市首姓を改めて中原宿禰となったとあり、また本姓十市宿禰で天延二年（九七四）十二月に朝臣姓を賜わったとある。のちの中原氏で十市宿禰（十市部）時代の一族は十世紀中ごろの史料にみえる。〔星野良作〕

兎寸　とき　倭漢氏系氏族。『古事記』仁徳天皇段の兎寸河、『播磨国風土記』讃容郡中川里条にみえる河内国（のちの和泉国）の兎寸村、『延喜式』神名帳、和泉国大鳥郡条の等乃伎神社の鎮座地（大阪府高石市取石）付近を本拠とした。姓は村主。『坂上系図』阿智王条に引く『新撰姓氏録』逸文に、仁徳朝に高句麗・百済・新羅などから渡来した人々の後裔氏族の一つとある。兎寸村主氏の一族の人名は伝わらない。〔星野良作〕

刀岐　とき　刀伎にも作る。出自未詳。『和名抄』但馬国二方郡刀岐郷（兵庫県美方郡浜坂・温泉の両町内）の地を本拠とした氏族か。姓は直、のちに滋岳朝臣と改氏姓。斉衡元年（八五四）九月に一族の主流である正六位上の刀岐直川人・従六位上の刀岐直雄貞らが滋岳朝臣の氏姓を賜わる。時に川人は陰陽寮の権允兼陰陽博士、雄貞は上総少目の任にあった。ついで貞観六年（八六四）八月に、傍流の平安左京の人正八位下の刀岐直永継ら姉妹五人が同じ氏姓を賜わった。上記の一族のうち雄貞は承和六年（八三九）三月に暦請益生（れきのしょうやくしょう）従六位下で、遣唐使船を忌避して逃亡した罪で佐渡に流され、同七年二月に許された前歴のもち主。また川人は貞観十六年（八七四）五月に従五位上行陰陽頭兼陰陽博士・安芸権介を極位極官として没した。改氏姓以前の一族には天長十年（八三三）十二月に暦博士従五位下で没した刀岐直浄浜がいる。〔星野良作〕

時原　ときはら　秦の始皇帝の後裔。秦氏の一族。姓は宿禰、のちに朝臣。旧氏姓は秦忌寸。『三代実録』貞観五年（八六三）九月甲午条に、秦忌寸春風・諸長ら三人が時原宿禰の氏姓を賜わったことがみえ、先祖は秦始皇帝と記されている。時原宿禰春風は仁和三年（八八七）七月に朝臣姓を賜わっているが、『三代実録』掲載の賜姓記事には出自に関して「先祖。出レ自二秦始皇十一世孫功満王一也。帯仲彦（仲哀）天皇四年帰化入朝。奉レ献二珍宝蚕種等一」とやや詳しい説明がなされている。〔追塩〕

時統　ときむね　垂仁天皇の後裔氏族。姓は宿禰。旧氏姓は久美公氏。『続日本後紀』承和二年（八三五）二月壬寅条には、丹後国人従八位上久美公全氏が時統宿禰の氏姓を賜わったこと、先祖は伊枳速日命（いきはやひのみこと）であることが記されている。久美氏は丹後国熊野郡久美郷（京都府熊野郡久美浜町）の郷名を負った氏族と考えられる。伊枳速日命は池速別命・息速別命とも作り、垂仁天皇の皇子と伝えられる。承和七年（八四〇）には時統宿禰全氏の息子諸兄ら二十人が右京二条二坊に貫附されている。時統宿禰氏の一族には諸兄のほかに、時統宿禰当世の名がみえ、元慶元年（八七七）正七位上で大極殿構造の任に当たり、元慶七年（八八三）に外従五位下より従五位下に昇叙されている。〔追塩〕

常世　とこよ　燕国からの渡来系氏族。姓は連。旧氏姓は赤染造氏。『新撰姓氏録』左京諸蕃上に「常世連。出レ自二燕国王公孫淵一也」とみえ、同書右京諸蕃上・河内国諸蕃にも同様の記載がみられる。赤染氏に関して、物を赤く染める赤染という行為は新羅・加羅系の呪術で、常世神信仰の母体と考えられている。常世は海の彼方にある理想の国の名であるが、赤染氏の性格からしても常世氏の氏名は神仙思想の観念にもとづいていると考えられる。赤染造氏は天平十九年（七四七）八月、さらに天平勝宝二年（七五〇）九月に常世連の氏姓を賜わっている。宝亀八年（七七七）四月にも赤染氏の常世連氏への改賜姓が行なわれているが、それによると赤染氏は河内・遠江・因幡などに居住していたことが知られる。なかでも河内国大県郡（大阪府柏原市・八尾市）は渡来人が多く、交通の要地で早くから大陸文化が広がっていた地域だけに常世連氏の中心的居住地であったといえる。『延喜式』神名帳に載せる常世岐姫神社（八尾市神宮寺）は常世氏の氏神社であった。

【参考文献】佐伯有清『新撰姓氏録の研究』考証篇第四、平野邦雄「秦氏の研究㈠」（『史学雑誌』七〇―三）、前川明久「土師氏と帰化人」（『日本歴史』二五五）〔追塩〕

刀西　とせ　出自未詳。『日本後紀』延暦十六年（七九七）三月丙午条に「右京人正七位上刀西他麻呂」という名がみえ、安野造の氏姓を賜わっている。他に刀西氏の一族の名はみえない。〔追塩〕

鳥取　ととり　鳥取部を統轄する伴造系氏族。造姓・無姓があり、地方によっては臣姓・首姓がみられる。造姓の一部は、のち連・朝臣に転じた。『日本書紀』垂仁天皇二十三年条に、鳥取部設定の話がある。それまで喋れなかった誉津別王が鵠を見てものをいったので、父の垂仁天皇は捕獲を命じた。これに応じた天湯河板挙（あめのゆかわたな）は出雲（または但馬）で鵠をとらえ、その賞として鳥取造の氏姓を賜わった。またこれに伴い鳥取部・鳥養部が置かれたとある。造姓氏族の一部は天武天皇十二年（六八三）九月に連に改姓し、『新撰姓氏録』山城国神別には「鳥取連。天角己利命三世孫天湯河板挙命之後也」と記す。鳥取部の中央伴造家である。氏人には、『正倉院文書』天平五年「右京計帳」に大初位下鳥取連嶋麻呂、同じく宝亀二年三月三十日付「経師労劇帳」などに河内国高安郡人・散位従六位下鳥取連国麻呂がみえ、ほかにも下級官吏に例がある。連姓の一部はのち賜姓されたらしく、『拾芥抄』に朝臣姓の例がみえる。なお造姓に止まった族員もおり、『正倉院文書』天平十一年「出雲国大税賑給歴名帳」に鳥取部造大羽売などがみえる。無姓の氏族は、河内を本貫としたらしい。『新撰姓氏録』河内国神別に「鳥取。同神（角凝魂命）三世孫天湯河桁命之後也」、同書和泉国神別にも同様の文を載せる。ともにもと河内国内であり、同じ族員であろう。『日本書紀』崇峻天皇即位前紀にみえ、物部守屋の舎人として難波宅を守って奮戦した捕鳥部万もこの族員か。『正倉院文書』に鳥取石持・鳥取国嶋・鳥取真山・鳥取羊・鳥取益万呂・鳥取宅麻呂・鳥取古万呂などがみえ、いずれも造東大寺司の校生・経師・雑使などになった。臣姓・首姓はいずれも出雲国にみられ、国造・出雲臣家の一族が鳥取部の現地管理者となったもの。首姓は出雲の村落単位の統轄者であろう。上掲の「賑給歴名帳」に鳥取臣稲足・鳥取首嶋足などがあり、例は多い。なお『古事記』垂仁天皇段には鳥を追って木国（紀伊）・針間（播磨）・稲羽（因幡）・旦波（丹波）・多遅麻（但馬）・近淡海（近江）・三野（美濃）・尾張・科野（信濃）・高志（越）を巡ったとあり、『延喜式』神名帳の伊勢国員弁郡条に鳥取山田神社、また『和名抄』の鳥取郷（駅）が三河・下総・河内・和泉・越中・丹波・因幡・備前・肥後、鳥養郷が筑後に存し、ともに古代の鳥取部（鳥取氏）の分布を示すとみられる。〔松尾〕

利波　となみ　礪波にも作る。のちの越中国礪波郡（今の富山県礪波市・小矢部市、東礪波郡・西礪波郡）を本拠地とした豪族。姓は臣。『古事記』孝霊天皇段に孝霊天皇の子「日子刺肩別命者、<高志之利波臣……之祖也。>」とみえ、『越中石黒系図』（利波臣氏系図）では孝元天皇を始祖とする。利波臣氏が出自を前者から後者の系統に乗り替えたか、祖を異にする本・枝二流の利波臣氏が存在したかのいずれかであろうが、『越中石黒系図』の利波臣氏が核をなしたことは確実。この『系図』に武内宿禰の子若子宿禰の子大河音宿禰の孫波利古臣の譜文に「男大迹(継体)天皇御時賜二利波評一」、波利古臣の曾孫財古臣の譜文に「(後脱か)岡本朝(斉明朝か)、為二利波評督一」、財古臣の子山万呂の譜文に「庚午年籍、肩(負)二利波臣姓一」とみえ、この氏はのちに利波評(郡)となる地域を大化前から支配した礪波平野の有力豪族で、大化後、利波評督になる者を出し、『庚午年籍』作成時に利波臣の氏姓を称したことが知られる。『系図』に射水臣氏の同族と伝わるから伊弥頭国造の出身か。また『系図』「越中国官倉納穀交替帳」によると、山万呂の子孫は八世紀後半から十世紀初頭にかけて礪波郡の郡司職を継承した。なお『系図』にみえない一族の者に、米三千石を東大寺の盧舎那仏の知識に奉り、墾田百町を東大寺に献じ、その功で、従五位上、伊賀守にまで進んだことのわかる利波臣志留志がいる。

【参考文献】米沢康『越中古代史の研究』、同「利波臣氏の系図と伝承」(『信濃』三三―六)、磯貝正義「郡司制度の一研究―越中国礪波郡司を中心として―」(『郡司及び采女制度の研究』所収)、佐伯有清「利波臣氏の系図」(『古代氏族の系図』所収)　(星野良作)

等禰　とね　椎根津彦命の後裔氏族。姓は直。『新撰姓氏録』河内国神別に「等禰直。椎根津彦命之後也」とみえる。等禰の氏名はかつて河内国にあった地名にもとづくものか、舎人あるいは刀禰の職を名に負ったものか未詳である。一族の人名は他にみえない。　(追塩)

舎人　とねり　畿内および西国の国造的豪族の後裔。氏名は令制以前に天皇・皇族に近侍し護衛の任を務めた舎人という職名による。舎人にはいくつかの類型があるが、舎人氏が採用されたのは朝廷機構の官司制的整備が進んだ推古朝前後に設置された舎人と考えられている。この舎人は、名代として天皇・皇族に従属した六世紀代の舎人(たとえば宣化天皇の檜前舎人など)とは異なり、朝廷の官司に所属した。

舎人氏には、舎人造・舎人臣・舎人・舎人部を氏姓とする者があった。このうち、舎人造氏は、一族の舎人造糠虫が天武天皇十年(六八一)に連姓を賜わっている。これら相互の関係を示す史料はないが、帯びている姓からすると、舎人造は中央豪族で上番した舎人の統率に当たり、舎人臣・舎人は国造的豪族で地方に在住し、舎人部はこれら地方豪族の資養に当たったと考えられる。祖先伝承については、『先代旧事本紀』天神本紀に、舎人造氏の祖が、物部氏の祖饒速日尊の降臨に際して五部造の一つとして天物部を率いて従ったとあり、また『新撰姓氏録』は河内の舎人氏の祖が百済の利加志貴王であったと伝えている。舎人氏の氏人には、死後、壬申の乱での功によって大錦上を追贈された前掲の舎人造糠虫のほかに、『万葉集』に天智天皇の殯宮のときに詠んだ挽歌が収められている舎人吉年などがいる。舎人氏は越前・河内・出雲・伯耆・周防・讃岐・筑前などおもに西国に分布しており、この氏族が西国豪族の出身であることがわかる。六世紀代の舎人が東国の国造的豪族を採用したことを考え合わせると、舎人氏が採用された舎人が置かれた推古朝前後に舎人制度は全国的なものに拡充したといえる。

【参考文献】　直木孝次郎『日本古代兵制史の研究』、原島礼二「大化前代の親衛軍をめぐる問題―舎人と靫負部について―」（『歴史学研究』二四一）　〔平野〕

殿来　とのく　「トノキ」とも読む。中臣氏系氏族。『延喜式』神名帳、和泉国大鳥郡条にみえる等乃伎神社の鎮座地（大阪府高石市取石）付近を本拠とした。姓は連。中臣殿来連とも称した。天児屋根（児屋）命を祖神とし、『新撰姓氏録』和泉国神別に「殿来連。同レ上（大中臣朝臣同祖。天児屋命之後也）。」とある。殿来連氏の一族には天平勝宝四年（七五二）五月に无位から外従五位下に叙された中臣殿来連竹田売がいる。また同じころの人である殿来豊足も、無姓で伝わるものの連姓をもった一族と考えられる。天児屋根命の後裔と称した氏族は多いが、和泉国には殿来連氏のほかに宮処朝臣・狭山連・和太連・志斐連・蜂田連・大鳥連・中臣部・民直・評連・畝尾連・中臣表連の諸氏がいた。　〔星野良作〕

登美　とみ　真人姓・連姓・首姓の登美氏がいた。真人姓の登美氏は用明天皇皇子、来目王の後裔氏族。登美の氏名は『日本書紀』神武天皇即位前紀戊午年十二月丙申条に「時人仍号二鵄邑一。今云二鳥見一是訛也」と伝え、『続日本紀』和銅七年（七一四）十一月戊子条にみえるところの登美郷（奈良県生駒市北部から奈良市西端部にわたる地域）の地名に由来する。同書延暦十年七月己卯条に「故少納言従五位下正月王男藤津王等言。亡父存日。作二請レ姓之表一。未レ及二上聞一。奄赴二泉途一。其表偁。臣正月。源流已遠。属籍将レ尽。臣男四人。女四人。雖レ蒙二王姓一。以レ世言レ之。不レ殊二疋庶一。伏望蒙二賜登美真人姓一。以従二諸臣之例一者。請従二父志一。欲レ蒙二願姓一。有レ勅許レ焉」とあるように、登美真人の氏姓は延暦十年（七九一）七月に正月王の子の藤津王らが初めて賜わった。『新撰姓氏録』左京皇別に「登美真人。出レ自二諡用明皇子来目王一也」とみえ、光定撰の『伝述一心戒文』巻下にも登美真人藤津がその解において用明天皇を祖先とする旨を述べていたことが知られる。登美真人氏の一族には登美真人藤津のほか、その子の登美真人直名の名がみえる。連姓の登美氏は鳥見にも作る。物部氏の同族の一つ。氏名の由来は登美真人に同じ。『新撰姓氏録』左京神別上に「登美連。同レ上（速日命〈饒速日命〉六世孫伊香我色乎命之後也）」、同書河内国神別に「鳥見連。同神（饒速日命）十二世孫小前宿禰之後也」とみえる。登美連氏の一族の人名は他史料にみえない。首姓の登美氏は止美にも迹見にも作る。渡来系氏族と考えられる。登美（止美・迹見）の氏名は百済国の止美邑の地名にもとづく。同地は『日本書紀』神功皇后摂政四十九年三月条、応神天皇八年三月条所引の『百済記』にみえる忱（枕）弥多礼の地で、『三国史記』地理志、武州条の道武郡冬音県（大韓民国全羅南道康津郡康津邑）であろう。『新撰姓氏録』和泉国皇別に「登美首。佐代公同祖。豊城入彦命男倭日向建日向八綱田命之後也」とみえる。登美首氏の一族として、用明朝の物部氏・中臣氏と蘇我氏の崇仏の争いにおいて中臣勝海を殺したなどとある迹見首赤檮らがいる。登美首氏の同族に止美連氏がいるが、『新撰姓氏録』河内国皇別に「止美連。尋来津公同祖。豊城入彦命之後也。四世孫荒田別命男。田道公被レ遣二百済国一。娶二止美邑呉女一生二男持君一。三世孫熊次。新羅等。欽明天皇御世。参来。新羅男吉雄。依レ居賜二姓止美連一也」とあるだけで、一族の人名は他史料にみえない。なお、『日本後紀』延暦十八年（七九九）十二月甲戌条に百済より渡来したという甲斐国人の止弥若虫がみえる。無姓だが止弥は止美に通じることから止美連氏の同族と考えられる。また、無姓の登美賀是（等美加是）らが天平九年ころの「写畢経勘定帳」にみえるが、彼らは首姓を有していたものと察せられる。

【参考文献】佐伯有清『新撰姓氏録の研究』考証篇第一・二・三・四、同『新撰姓氏録の研究』研究篇　〔荻〕

伴　とも　古代の雄族大伴氏の後裔。姓は宿禰。大伴氏が弘仁十四年（八二三）に淳和天皇の諱大伴を避けて改氏したもの。本居は平安京内にあった。古来からの朝廷の守護者という大伴氏の伝統性は、平安時代にはほとんど実質的意味をもたず、ただ大儀の際の諸門警衛や久米舞など宮廷儀礼のなかで形式的に伴氏に継承されたにすぎず、それゆえに伴氏は実務官僚としての道を歩むことになった。その先鞭をつけたのは、弁官に登用された伴宿禰国道・氏上・成益らであった。なかでも国道は能吏の聞え高く、配流の身から従四位上・参議・右大弁に昇った人で、伴氏発展の基礎を築いた。その後、承和の変（八四二）に氏人の伴健岑らが縁坐したものの、平安初期の崇文・能吏尊重の風潮によって勢力を伸ばし、国道の子善男のとき最高潮に達した。善男は、仁明天皇の寵愛を得たことや、善愷訴訟事件（八四六）で諸弁官を論破するなどして頭角を現わしてから異例の昇進を遂げ、正三位・大納言に昇った。この間、氏勢の拡大を図り、藤原種継暗殺事件（七八五）に縁坐した大伴家持の無罪を訴えるなど大伴氏の名誉回復にも努めた。しかしやがて藤原氏に警戒され、応天門の変（八六六）に縁坐して伊豆に流された。その後氏勢は衰え、従三位・参議に昇った伴宿禰保平以外政界で活躍する者もなく、極位五位の下級貴族の地位に甘んじた。なお、保平は天慶五年（九四二）に朝臣姓を賜わった。伴宿禰氏は他に大和・河内・讃岐に分布するが、河内は伴林宿禰氏、讃岐は伴良田連氏の後裔である。また平安京にも伴大田宿禰氏の後裔がいた。伴氏の氏寺は、大伴安麻呂建立の大和の永隆寺と、善男が山城国紀伊郡深草郷（京都府京都市伏見区）に建立した報恩寺（所在地不明）。氏社は、式内社で山城国葛野郡上林郷に鎮坐した伴氏神社。現在の住吉大伴神社はその後身（京都市右京区西山上谷口池ノ下町）。別系氏族は、伴連氏が紀伊、伴直氏が安房・甲斐、部姓・無姓の伴氏が東国を中心とする各地に分布。このうち、相模の伴氏は鶴岡八幡宮神主職の家で『鶴岡社職系図』を残し、善男の子中庸の後と伝える。また三河・近江の伴氏も『伴氏系図』を残し、ともに善男の後と伝えるが、実際は、三河は景行天皇の後と称した在地豪族、近江はのち伴党と呼ばれた甲賀氏の一族と考えられる。

〔平野〕

【参考文献】佐伯有清『伴善男』（人物叢書一五六）、太田亮『姓氏家系大辞典』

伴大田　とものおおた　大田は大伴氏と関係の深い紀伊国名草郡大田郷（和歌山市宮付近）に因むか。姓は連、のちに宿禰。天押日命を祖とする。『続日本紀』神護景雲元年（七六七）二月辛卯条によると、一族の左京人正六位上大伴大田連沙弥麻呂は宿禰を賜わり、『類聚国史』巻二十八、弘仁十四年（八二三）四月壬子条にあるように大伴宿禰が触諱によって伴宿禰となった際に、大伴大田宿禰も、伴大田宿禰となった。『三代実録』貞観三年（八六一）二月癸亥条にみえる一族の常雄は「大臣家（良房）之人」であったが、この時期伴宿禰善男の支持を得て同年八月庚申条にみえるように伴宿禰と系譜関係があるとして伴宿禰を称することとなった。大伴氏との隷属的関係がかかる主張の背景にあったのであろう。

【参考文献】佐伯有清『伴善男』（関口）

豊井　とよい　出自未詳。姓は連。『類聚国史』巻百四十七の天長八年（八三一）二月辛未条に「太政官左史生従七位下豊井連安智」という名がみえる。氏人の名は他にはみえない。（追塩）

豊岡　とよおか　漢の高祖の後裔氏族。姓は連。氏名は美称にもとづくと考えられる。『新撰姓氏録』大和国諸蕃に「豊岡連。出レ自二漢高祖苗裔伊須久牟治使主一也」とみえる。豊岡連氏の一族の氏名は他にはみえないが、豊岡宿禰真黒麻呂・継雄らは豊岡連氏の一族で、のちに宿禰姓を賜わったものと考えられる。

【参考文献】佐伯有清『新撰姓氏録の研究』考証篇第五（追塩）

豊国　とよくに　敏達天皇の後裔氏族。姓は真人。氏名は美称、地名、あるいは豊前国の豊国氏の氏名にもとづくもの、といろいろ考えられるが定かではない。旧姓は岳基真人氏で、『続日本紀』によると、秋篠王ら五人が天平勝宝六年（七五四）閏十月に岳基真人の氏姓を賜わり、翌七年に岳基真人秋篠ら二十一人が豊国真人の氏姓を賜わっている。『新撰姓氏録』左京皇別には「豊国真人。大原真人同祖。続日本紀合」とみえる。同祖とされる大原真人氏の出自は、敏達天皇の子孫百済王と説明されている（『新撰姓氏録』左京皇別）。百済王の名は『記』『紀』にはみえないが、多良王あるいは舒明天皇の可能性も考えられる。

【参考文献】佐伯有清『新撰姓氏録の研究』考証篇第一（追塩）

豊階　とよしな　河俣氏の後裔氏族。姓は公、のちに真人。旧氏姓は河俣公氏。『三代実録』貞観三年（八六一）九月二十四日乙未条の豊階真人安人の卒伝によると、延暦十九年（八〇〇）に河俣公から豊階公への改賜姓が行なわれたこと、本拠地は河内国大県郡（大阪府柏原市・八尾市）であること、仁寿二年（八五二）に真人の姓を賜わったこと（『文徳実録』仁寿二年十二月庚午条でも確認）などが知られる。豊階の氏名は、地名にもとづくものか美称によるものか未詳。『新撰姓氏録』河内国皇別に「豊階公。河俣公同祖。彦坐命男沢道彦命之後也」とみえ、彦坐命（開化天皇の子）の子沢道彦命の後裔ということになっている。彦坐命の後裔と称する豊階氏に、旧姓が刑部首の豊階宿禰氏および豊階朝臣氏がいるが、彼らは丹波国何鹿郡（京都府綾部市）を本拠としていた豪族である。

【参考文献】佐伯有清『新撰姓氏録の研究』考証篇第一　〔追塩〕

豊住　とよすみ　出自未詳。姓は朝臣。『類聚国史』巻九十九「叙位」の項の天長六年（八二九）正月戊子条に、外正五位下豊住朝臣綿成が従五位下に昇叙されているのが記録上の初見である。その他、正史には豊住朝臣永貞の名がみえ、承和十四年（八四七）に正六位上より外従五位下、翌十五年には従五位下に昇叙されている。従五位下が極位であったらしく、任官関係として、承和十五年（八四八）に斎宮頭、仁寿二年（八五二）に木工権助、天安元年（八五七）に再び斎宮頭、貞観二年（八六〇）に若狭守に補任されている。　〔追塩〕

豊田　とよた　百済系渡来氏族。姓は造。『続日本紀』天平宝字五年（七六一）三月庚子条によると、百済人調阿気麻呂ら二十人が豊田造の氏姓を賜わっている。豊田造氏の一族には豊田造信女がおり、宝亀八年（七七七）に従六位上より外従五位下、延暦五年（七八六）に外従五位上、延暦八年（七八九）に従五位下に昇叙されている。　〔追塩〕

豊滝　とよたき　任那系渡来氏族。姓は宿禰。旧氏名は韓人。『三代実録』貞観九年（八六七）四月二十五日甲午条によると、韓人真貞が豊滝宿禰の氏姓を賜わっている。韓人氏は『新撰姓氏録』摂津国諸蕃には、任那国人左李金の後裔である豊津造氏と同祖であると説明されている。韓人氏は朝鮮より渡来した韓人の集団の管掌者であったことにもとづき、摂津・美濃・播磨・周防などにも分布していた。

【参考文献】佐伯有清『新撰姓氏録の研究』考証篇第五　〔追塩〕

豊津　とよつ　任那系渡来氏族。姓は造。氏名は摂津の「津」と豊嶋郡（大阪府豊能郡）の「豊」とを合わせた美称と考えられる。『新撰姓氏録』摂津国諸蕃に「豊津造。出レ自二任那国人左李金〈亦名佐利己牟〉一也」とみえる。旧氏名は韓人氏で、『続日本紀』宝亀十一年（七八〇）五月甲戌条によると、韓人稲村ら十八人が豊津造の氏姓を賜わっている。また、『続日本後紀』承和五年（八三八）正月辛巳条によると、豊津造弥嗣・吉雄ら二十八人が本居を改め右京二条に貫附されている。

【参考文献】佐伯有清『新撰姓氏録の研究』考証篇第五　〔追塩〕

豊野　とよの　天武天皇の後裔氏族。姓は真人。氏名は美称にもとづくと考えられる。『新撰姓氏録』山城国皇別に、「豊野真人。天武天皇皇子浄広壱高市王之後也。続日本紀合」とみえる。『続日本紀』天平宝字元年（七五七）閏八月癸亥条によると、出雲王ら五人が豊野真人の氏姓を賜わっている。豊野真人氏の一族のうち、豊野真人沢野は嘉祥元年（八四八）に高階真人の氏姓を賜わっている。

【参考文献】佐伯有清『新撰姓氏録の研究』考証篇第一　〔追塩〕

豊原　とよはら　高麗国の渡来系氏族。姓は連。氏名は美称にもとづくものと考えられている。『新撰姓氏録』左京諸蕃下には、「豊原連。出レ自二高麗国人上部王虫麻呂一也」とみえる。『続日本紀』天平宝字五年（七六一）三月庚子条によると、上部王虫麻呂が豊原連の氏姓を賜わっている。豊原連氏と同族に豊原造氏がおり、『続日本紀』の同条には上部王弥夜大理ら十人が豊原造の氏姓を賜わっていることがみえる。なお、のちの豊原宿禰氏は豊原連氏の後裔氏族と考えられている。また、『新撰姓氏録』右京諸蕃下にも豊原連氏が掲載されているが、「新羅国人壹呂比麻呂之後也」とみえるように別族である。壹呂比氏は延暦元年（七八二）に豊原連の氏姓を賜わっている。

【参考文献】佐伯有清『新撰姓氏録の研究』考証篇第五　〔追塩〕

豊峯　とよみね　高市親王の後裔氏族。姓は真人。豊峯真人姓は豊峯真人広竜の兄広永王・益永王ら四人が延暦二十四年（八〇五）二月十五日に賜わったことに始まる（『日本後紀』同日条）。一族に豊峯真人広竜がいるが、彼は承和十四年（八四七）に母方の姓である文室朝臣姓に改めることを請願して許されている。『続日本後紀』承和十四年閏三月十五日庚辰条に「左京人正五位下豊峯真人広竜言。贈浄広壱高市親王之孫岡屋王娶二大納言従二位文室浄三真人女一。生二正六位上次田王一。男河上王娶二従五位下文室真人正嗣女一。生二広竜一。須下尋二因レ生之義一同賜中文室真人姓上。而兄広永等。不レ認二祖宗一。以二去延暦廿四年一。賜二豊峯真人姓一。今拠二彼世数一。改賜二姓文室朝臣一。許レ之」とある。広竜は彼の父河上王が文室真人正嗣の女を娶って広竜を生んだということで、「尋二因レ生之義一」ということを根拠にして、母方の姓である文室朝臣を願い出て許されたのである。

【参考文献】佐伯有清『新撰姓氏録の研究』考証篇第一　〔小原〕

豊宗　とよむね　姓は宿禰。太田亮『姓氏家系大辞典』は高麗族とする。豊宗宿禰氏の初見は大同元年（八〇六）正月五日である。『日本後紀』同日条に「右京人外従五位下竪部使主広人賜二姓豊宗宿禰一」とあり、竪部使主広人が豊宗宿禰姓を賜わったことに始まる。広人はこののち『日本後紀』大同三年（八〇八）十月一日条に「大外記従五位下豊宗宿禰広人為二兼主税頭一。山陰道観察使判官。陰陽助如レ故」とあり、『日本後紀』大同四年正月二十三日条には肥後介に任じられ主税頭・大外記はもとの如しとある。したがって広人は大外記・主税頭などを本官としていたことが知られる。『日本後紀』弘仁三年（八一二）四月十九日条には安芸介を兼ねていることがみえる。〔小原〕

豊村　とよむら　百済系渡来氏族徳率古曾父佐の後裔氏族。姓は造。河内国を本拠としたらしいが詳細は不明。『新撰姓氏録』未定雑姓に河内国人として豊村造を載せ「豊村造。百済国人徳率古曾父佐之後也」と記す。豊村造の一族の一人と思われる大学助教豊村家長は明経道の学者として活躍したようであるが、『日本紀略』延暦二十二年（八〇三）四月癸卯条によれば、明経請益生として遣唐大使藤原葛野麿の一行に従ったが、難波津において暴風雨にあい沈没して命を失ったということである。

【参考文献】　佐伯有清『新撰姓氏録の研究』考証篇第六〔小原〕

豊山　とよやま　姓は忌寸。豊山忌寸氏は『日本後紀』延暦十八年（七九九）四月九日条に「摂津国人従七位上乙麻呂等給二姓豊山忌寸一」とあるのが初見である。摂津国を本貫地としていたが、延暦二十四年（八〇五）八月二十一日に右京に貫附された。『日本後紀』同日条に「摂津国人外従五位下豊山忌寸真足附二于右京一」とある。豊山忌寸真足については『日本後紀』延暦二十三年四月八日条に主殿助となったことがみえ、『日本後紀』延暦二十四年四月十一日条にも主殿助に任じられたことがみえる。〔小原〕

刀利　とり　刀理・土理にも作る。百済系渡来氏族。無姓。本拠地、祖先伝承ともに未詳。天平宝字五年（七六一）三月に百済人の刀利甲斐麻呂ら七人が氏姓を賜わって丘上連氏となる。刀利氏の動向は八世紀に知られるものの、和銅三年（七一〇）正月に正六位上から従五位下に進んだ刀利康嗣が『懐風藻』に大学博士で従五位下とみえ、「年八十一」と注記されるから、一族の歴史は七世紀中ごろ以前に遡るであろう。刀利宣令も養老五年（七二一）正月に従五位下であったが、『懐風藻』には正六位上・伊予掾で「年五十九」とある。一族の主流が丘上連氏となったのちの人に止利（止理）帯麻呂がいる。なお丘上連氏の消息は九世紀初期まで伝わる。〔星野良作〕

鳥井　とりい　高句麗（高麗）系渡来氏族。渡来の年月は未詳。氏名は美称によるものか。

姓は宿禰。旧氏姓は日置造。宝亀八年（七七七）四月に従六位上の日置造雄三成ら四人が鳥井宿禰と改賜氏姓されたのに始まり、高句麗人の伊利須（伊和須・伊理和須）使主（意弥）を祖とする。『日本書紀』斉明天皇二年（六五六）八月庚子条の高句麗の進調記事の分注にみえる副使の伊利之が欠名で、この伊利須使主と同一人物か。『新撰姓氏録』大和国諸蕃に、鳥井宿禰は日置造と同じく高麗国人の伊利須使主の後裔とある。鳥井宿禰氏の一族の人名は旧氏姓日置造である雄三成のほかに伝わらないが、同族には日置造氏以外に栄井宿禰・吉井宿禰・和造・日置倉人の諸氏がいた。

【参考文献】　佐伯有清『新撰姓氏録の研究』考証篇第五　〔星野良作〕

取石　とろし　百済系渡来氏族。『続日本紀』神亀元年（七二四）十月丁未条にみえる所石頓宮、『万葉集』にみえる取石池の所在地（和泉国大鳥郡のうち、今の大阪府高石市取石町を中心とした一帯）付近を本拠とした。渡来の時期、賜氏姓の由来ともに未詳であるが、取石造は『新撰姓氏録』和泉国諸蕃条にみえ、百済国人の阿麻意弥（あまおみ）を祖とする。取石造氏の一族の人名、同系氏族のことも伝わらない。　〔星野良作〕

な

直尻家　なおしりのや　紀直氏系氏族。氏名のうち直尻はのちの河内国八上郡直尻村（大阪府堺市八下町付近一帯）の地名にもとづくが、家は未詳。本拠は上記の直尻村の地か。無姓。天道根命を祖神とする。『新撰姓氏録』和泉国神別に「直尻家。大村直同祖」とあるように、大村直（和泉国神別に「紀直同祖。大名草彦命男枳弥都弥命之後也」とみえる）の同族と伝えていた。直尻家氏の一族の人名は伝わらない。　〔星野良作〕

直道　なおみち　高句麗系渡来氏族。高句麗（高麗）の須牟祁（すむけ）王を祖とする。『和名抄』河内国大県郡巨麻郷（大阪府柏原市本堂付近）の地か、同じく若江郡巨麻郷（東大阪市西南部から八尾市北西部にわたる一帯）の地のいずれかが本拠と考えられる。旧氏名は狛人で『新撰姓氏録』未定雑姓、河内国に「狛人。高麗国須牟祁王之後也」とみえる。姓は宿禰。貞観十四年（八七二）五月に平安右京の人で太政官弁官局の左官掌従八位上の狛人氏守が直道宿禰の氏姓を賜わったのに始まる。この直道宿禰氏守のほかに一族には八世紀末期、大学寮の直講の任にあった直道宿禰守永がおり、守永は元慶六年（八八二）二月に従六位

下であったが、同八年二月以前に正六位上に昇叙している。なお同族に狛染部氏がいた。〔星野良作〕

仲　なか　㈠かつて紀伊国那賀郡那賀郷（和歌山県那賀郡打田町）の地を本拠として丸子部を統率し、のちに大和国に移貫したとみられる仲丸子連氏の後裔氏族。姓は宿禰。仲丸子氏は無姓と連姓で伝わるが、ともに大伴金村の後裔と称しているから、仲宿禰氏もまたこれを襲っていたであろう。承和二年（八三五）四月に大和国の人で正七位上の仲丸子連乙成、従八位上の仲丸子連真当らが仲宿禰の氏姓を賜わったのに始まる。仲宿禰氏の氏人の名は以上の乙成らのほかに伝わらない。㈡真人姓の仲氏。仲宿禰氏とは別系統の氏族と考えられる。本拠地・祖先伝承ともに未詳。仲真人氏の一族には天平宝字八年（七六四）九月の藤原仲麻呂の乱にくみして誅殺された仲真人石伴がいる。石伴は天平宝字三年六月に従五位下から従四位下に昇って以降、河内守・右虎賁衛（みぎのこほえ）督・播磨守などを歴任し、同八年正月には従四位下で左勇士率（かみ）に任じている。〔星野良作〕

長　なが　㈠かつての長国の中心とみられる阿波国那賀郡（徳島県那賀郡・阿南市）の地を本拠とした豪族。『先代旧事本紀』国造本紀に「長国造。志賀高穴穂朝（成務）御世。観松彦色止命九世孫韓背足尼定二賜国造一」とみえる長国造の後裔であろう。姓は直（費）。『続日本紀』宝亀四年（七七三）五月辛巳条に、阿波国勝浦郡領の長費人立が奏言して、長直の字は庚午の年（六七〇）の籍に長費とされたので前郡領の長直救（枚か）夫が訴えて長直と改めたのに、天平宝字二年（七五八）に国司豊野真人篠原は記験がないとの理由でまた長費にしたと述べて直姓に戻すことを要求したが、官判して『庚午年籍』によって定めたとある。長直氏の一族の人はここにみえる救夫・人立のほかに貞観十三年（八七一）閏八月に節婦として賞賜・表彰を受けた阿波国勝浦郡の人長直大富売がおり、那賀郡の北に接する勝浦郡に長直氏が伝統的勢力を保持したことを伝える。なお『日本書紀』皇極天皇三年（六四四）十一月条にみえる長直は東漢長直のことで東（倭）漢氏の枝氏。『万葉集』に散見する長忌寸意吉（奥）麻呂の一族の長忌寸氏も東漢長直氏の忌寸姓を賜わったものであろう。㈡のちの紀伊国那賀郡那賀郷（和歌山県那賀郡打田町）の地を本拠とした豪族。姓は公。『新撰姓氏録』和泉国神別に「長公。大奈牟智神児積羽八重事代主命之後也」とみえ、長公氏は和泉国にも居住した。本拠地では九世紀中ごろに紀伊国那賀郡大（小か）領で外従八位下の長公広雄が知られるが、十一世紀末以降には那賀郡東隣の伊都郡で無姓の長氏が在地豪族として根を張った。なお長公氏の枝氏に長我孫がいる。〔星野良作〕

長井　ながい　氏名は『和名抄』山城国乙訓郡長井郷（京都府向日市南半部から長岡京市長岡付近にかけての一帯）の地名によるか。㈠渡来系氏族。姓は忌寸。旧氏名は維（い）。延暦五年（七八六）四月に維敬宗らが長井忌寸の氏姓を賜わったのに始まる。長井忌寸氏の氏人の名は旧維氏である敬宗のほかに伝わらないが、維を称していた時代の人には上記の維敬宗のほかに天平神護元年（七六五）正月に正六位上から従五位下に昇叙した維成潤がいる。㈡皇族賜姓の一つ。姓は真人。延暦二十四年（八〇五）に平安左京に居住していた船木王（出自未詳）が長井真人の氏姓を賜わったのに始まる。長井真人氏の一族の人名はその祖となった船木王のほかは史上にみえない。〔星野良作〕

長尾　ながお　倭漢氏系氏族。氏名は『延喜式』神名帳、大和国葛下郡条の長尾神社の鎮座地（奈良県北葛城郡当麻町長尾）の地名による。姓は初め直、のちにおそらく連を経て忌寸。倭漢氏の一族として、天武天皇十一年（六八二）五月に倭漢直氏とともに連姓を、同十四年六月に倭漢連氏とともに忌寸姓を賜わったものと考えられる。『坂上系図』に引く『新撰姓氏録』逸文に、応神朝に渡来したという阿智使主の孫の「山木直者。是……長尾忌寸……等廿五姓之祖也」、同じく「志努直之第三子。阿良直。是……長尾忌寸等七姓之祖也」とみえ、長尾氏には山木直を祖とする一族と阿良直を祖とする一族の二流があった。そのいずれであったかは定めがたいが、直姓時代の人に壬申の乱（六七二年）で大海人皇子側の将軍大伴連吹負に属した長尾直真墨がおり、忌寸姓になってからの人に延暦元年（七八二）六月に外従五位上で大学博士になった長尾忌寸金村ほかがいる。〔星野良作〕

長丘　ながおか　氏名は『続日本紀』延暦三年（七八四）五月丙戌条にみえる山背国乙訓郡長岡村（京都府向日市・長岡京市）の地名によると考えられる。出自未詳。姓は連。旧氏名は①賓難（ひな）、②蓋田（かさだ）。①神亀元年（七二四）に正六位下の賓難大足が、②宝亀七年（七七六）に平城左京の人で少初位下の蓋田蓑が、それぞれ長丘連の氏姓を賜わっている。①と②の氏族関係、上記の大足・蓑のほかの長丘連氏は不明。〔星野良作〕

長岡　ながおか　朝臣姓と忌寸姓の長岡氏がいた。朝臣姓の長岡氏は桓武天皇が東宮のときの子の長岡朝臣岡成の後裔氏族。長岡の氏名は『続日本紀』延暦三年（七八四）五月丙戌条にみえる山背国乙訓郡長岡村（のちの山城国乙訓郡長岡郷、今の京都府向日市）の地名による。同書同六年二月庚申条に「勅。諸勝賜二姓広根朝臣。岡成長岡朝臣二」とあり、延暦六年二月に岡成が長岡朝臣の氏姓を賜わった。『新撰姓氏録』左京皇別上に「長岡朝臣。正六位上長岡朝臣岡成。是皇統弥照天皇〈諡桓武。〉之御二東宮一也。多治比真人豊継。為二女孺一而供奉所レ生也。延暦六年特賜二姓長岡朝臣一。貫二於右京一」とみえる。長岡朝臣氏の一族には長岡朝臣秀雄がおり、貞観六年（八六四）正月に大蔵大丞として従五位下に叙せられ、その後、遠江守・参河守を歴任している。忌寸姓の長岡氏は渡来系氏族。長岡の氏名は美称によるか。旧姓は楢曰佐（奈羅訳語・奈良曰佐にも作る）。『続日本紀』宝亀八年七月甲子条に「左京人従六位下楢曰佐河内等三人賜二姓長岡忌寸一」とあり、宝亀八年（七七七）七月に楢曰佐河内らが長岡忌寸の氏姓を賜わった。『新撰姓氏録』大和国諸蕃に「長岡忌寸。己智同祖。諸歯王之後也」とみえる。長岡忌寸姓の人は長岡忌寸河内のほかみえないが、楢曰佐を称していた時代の人として、奈羅訳語恵明・楢曰佐諸君らがいる。

【参考文献】佐伯有清『新撰姓氏録の研究』考証篇第一・五　〔荻〕

中麻績　なかおみ　中麻続にも作る。『和名抄』伊勢国多気郡麻績郷（三重県多気郡名和町北半部中心）の地（名和町中海〈なこみ〉は遺称地か）の豪族。この地でかつて麻を績いで麻布を織る仕事に携わった麻績部の後身か、または麻績部の管掌に係わった氏族の後裔であろう。姓は公。崇神天皇の皇子豊城入彦命を祖とする。『三代実録』貞観五年（八六三）八月十九日己卯条に、伊勢国多気郡の百姓で外少初位下の麻続部愚麻呂と麻続部広永ら十六人を本氏姓の中麻続公に復したとみえ、時に「愚麻呂等自欵云。豊城入彦命之後也」とある。中麻績公氏の一族には旧氏姓麻続部である上記の愚麻呂らのほかに、天暦七年（九四二）二月十一日付「伊勢国近長谷寺資財帳」に署名した多気郡の検校で従七位の中麻続公（欠名）がおり、署名者中には同族らしい同郡少領の麻続連公（欠名）もいる。中麻績公氏は麻績部を統率した麻績連氏に属した小伴造であったか。　〔星野良作〕

長国　ながくに　永国にも作る。唐系渡来氏族。氏名は美称によるものか。姓は忌寸。延暦三年（七八四）六月に正六位下の吾（五）税児が永国忌寸の氏姓を賜わったのに始まる。在唐の遣唐大使藤原清河を迎えるために唐に遣わされた高元度らが使命を果たせないまま、天平宝字五年（七六一）八月に帰国したとき、押水手官（水手の総領）の沈惟岳らとともに高元度の一行を送って来日し、帰国できずに日本に止まった。永国忌寸氏となってのち正六位上に進んだらしく、『新撰姓氏録』左京諸蕃上に「長国忌寸。唐人正六位上〈本押官（押水手官）賜緑（唐制で六・七品）〉五税児入朝焉。沈惟岳同時也」とみえる。この税児のほかに長国忌寸の氏人は伝わらない。（星野良作）

長倉　ながくら　長蔵にも作る。永承二年（一〇四七）の「大和国大田犬丸負田結解」にみえる大和国広瀬郡十二条長倉里（奈良県北葛城郡河合町付近）の地を本拠とした豪族か、かつて長倉の管理・出納に関係していたことにもとづく氏名か、未詳。姓は造。『新撰姓氏録』未定雑姓、大和国に「長倉造。韓国天師命之後也」とある。長倉造氏の一族の人名は伝わらないが、天永元年（一一一〇）十月十一日付などの「肥前国武雄社使上分田貢進状」に無姓・欠名で記された散位の長蔵氏がみえる。なお長蔵を氏名に含む氏族に秦長蔵連氏がおり、その旧姓は造であったと考えられるから、長倉造氏はあるいは秦氏系氏族か。（星野良作）

【参考文献】佐伯有清『新撰姓氏録の研究』考証篇第四

中科　なかしな　船史氏の後裔氏族。姓は宿禰。『新撰姓氏録』右京諸蕃下には「中科宿禰。菅野朝臣同祖。塩君孫宇志之後也」とある。中科宿禰は敏達天皇三年（五七四）十月に船史王辰爾弟牛に詔して津史の姓を賜わったことに由来する。天平宝字二年（七五八）津史秋主らが連姓を賜わり津連となったが、さらに延暦十年（七九一）少外記津連巨都雄ら兄弟姉妹七人が中科宿禰の氏姓を賜わり、ここに中科宿禰氏が始まる。中科宿禰氏には巨都雄のほか雄庭・善雄・直門・継門の名が知られるが、このうち直門と継門は承和元年（八三四）に菅野朝臣の氏姓を賜わっている。なお中科宿禰善雄は『日本後紀』弘仁五年（八一四）九月七日条に従五位下で東宮学士に任じたことが記されているが、『類聚国史』巻九十九、職官部、叙位、弘仁八年（八一七）正月七日条には「中科朝臣善雄」と記されていて姓が朝臣になっている。あるいはさらに朝臣姓に変わったのかもしれない。（小原）

【参考文献】佐伯有清『新撰姓氏録の研究』考証篇第五

中篠　なかしの　出自未詳。肥後国（熊本県）の豪族。のちに本貫を平安左京に移す。氏名は肥後国内の地名にもとづくと考えられる。姓は忌寸。中篠忌寸氏の一族の人名は、『日本後紀』延暦二十四年（八〇五）八月丁丑条に左京に貫附されたと伝わる、肥後国の人従六位下の中篠忌寸豊次のほかは史上にみえない。
〔星野良作〕

中島　なかじま　中嶋にも作る。尾張国中島郡（愛知県中島郡・尾西市・一宮市・稲沢市）内を本拠地とした豪族。姓は連。出自・賜姓の由来は未詳であるが、『先代旧事本紀』天神本紀に「天背男命。尾張中島海部直等祖」とある尾張中島直の後裔の連姓を賜わったものか。中島連氏の一族には天平六年（七三四）の「尾張国正税帳」にみえる同国中嶋郡の郡司（主政か）で外（か）大初位上勲十二等の中嶋連東人のほか、天平二十年十一月に書写した「瑜伽師地論」巻七十四の願主として伝わる中嶋連千嶋・同足人がいる。また天平五年正月二十七日付「写経所啓」にみえる経師の中島由多気も、無姓で記されているが、連の姓をもっていたであろう。
〔星野良作〕

長背　ながせ　長瀬にも作る。高句麗系渡来氏族。旧氏名は狛。長瀬の氏名は美称にもとづく。姓は連。天平宝字二年（七五八）六月に散位大属正六位上の狛広足、散位正八位下の狛浄成ら四人が長背連の氏姓を賜わったのに始まる。『日本書紀』欽明天皇二十六年五月条に「高麗人頭霧唎耶陛（ずむりやへ）等投㆓化於筑紫㆒、置㆓山背国㆒。今畝原・奈羅・山村高麗人之先祖也」とみえ、『新撰姓氏録』右京諸蕃下に「長背連。出㆑自㆓高麗国主鄒牟〈一名朱蒙。〉㆒也。天国排開広庭天皇〈謚欽明。〉御世。率㆑衆投化。貞（かお）美体大。其背巾長。仍賜㆓名長背王㆒」とあり、欽明朝に渡来したという長背王（頭霧唎耶陛か）を祖とする。氏人には前記の狛広足である長背連広足らのほかに、天平宝字二年八月に弾正台史生従八位下であった長背若万呂、九世紀末ころの人である長背連氷魚主らがいた。このうち長背若万呂は無姓で伝わるものの、連の姓をもっていたと考えられる。

【参考文献】佐伯有清『新撰姓氏録の研究』考証篇第五
〔星野良作〕

長田　ながた　倭漢氏系氏族。氏名は『和名抄』摂津国八部郡長田郷（兵庫県神戸市長田区）の地名による。姓は村主。『坂上系図』に引く『新撰姓氏録』逸文に、仁徳朝に高句麗・百済・新羅から渡来した人々の後裔氏族の一つに長田村主がみえる。また、このときの渡来人を初め大和国今来郡（のちの高市郡）に住まわせたが、居住地が狭くなったので摂津など諸国に分置したともある。長田村主氏の一族の人

名は未詳。　〔星野良作〕

中臣　なかとみ　おもに神祇職を担った上級氏族。氏名は、「ナカツオミ（中ッ臣）」が転化して「ナカトミ」になったもので、原義は「神と人の中を執りもつ臣」の意で、この職名に由来する。本拠地に関し①河内、②大和、③豊前、④常陸の各国説がある。このうち、①河内説が傍証も多く通説となっている。すなわち、氏神である枚岡社も河内郡に所在し、『中臣系図』にも初期の一族は、河内国に居住している。なお、④常陸説も有力な異説で、前身を卜部とする。中臣氏が宮廷に進出し、地歩を築くのは六世紀前後で、継体天皇の支持勢力となり、おもに祭祀・儀礼を職掌としたことによる。『日本書紀』『古事記』には、祖神天児屋根命が神事の執行、祝詞の奏上などの所伝が語られている。推古・舒明朝には御食子などが前事奏官兼祭官となっているが、前事奏官は神意を卜占し奏上する官、祭官は祭祀を司る官である。このような役割が、先の『紀』『記』神話に反映されている。姓はもと連で、天武天皇十三年（六八四）に朝臣となる。さらに神護景雲三年（七六九）に、清麻呂の第二門の系統は大中臣が賜与される。また、鎌足が天智八年（六六九）に藤原に氏名が改められたことを受け、神祇職に従事している者以外は、藤（葛）原を称していたが、文武天皇二年（六九八）に旧の中臣に戻されている。同族・同系氏族は、『新撰姓氏録』（神別）には、藤原氏をはじめ四十二氏がおりもっとも多い。他にも同系ではないが、神祇職に関係したことにより中臣を冠称する複姓氏族もいる。一族から多数の上級官人を輩出しているが、なかでも神祇官の枢要な地位に就く者がとくに多い。また、氏上は伊勢神宮の祭主を兼任し、一族は伊勢神宮の斎宮寮、大宰府の主神司、地方の神宮司などの神祇職を独占し、神祇氏族の特徴を後々まで伝えている。一族は敏達朝の可多能古から、御食子（一門）・国子（二門）・糠手古（三門）の三門の系統に分かれるが、このうち二門がもっとも隆盛する。二門からは和銅四年（七一一）に神祇伯・中納言・正四位上で卒した意美麻呂、天平宝字八年（七六四）ころ神祇伯、宝亀二年（七七一）に右大臣となり、国の旧老として賞せられた清麻呂などがいる。万葉歌人では中臣宅守が名高い。一門からは藤原鎌足が出ており、三門には天智天皇九年（六七〇）に右大臣となった金がいる。氏神は枚岡社（大阪府東大阪市出雲井町）で、祭神は藤原氏の氏神の春日社（奈良県奈良市春日野町）と同一であるが、祖神天児屋根命および比売神は元来、枚岡社の祭神で春日社にも分霊されたものである。氏寺は二門国足が天武朝に創建した法光（中臣）寺、三門大島が発願し、霊亀元年（七一五）に比売朝臣額田により大和国城上郡に建立した粟原寺（桜井市粟原に旧跡）がある。一族からは真言宗の僧侶で、貞観九年（八六七）に権僧正で卒した壱演も出ている。

【参考文献】上田正昭「祭官の成立」（『日本古代国家論究』所収）、志田諄一「中臣連」（『古代氏族の性格と伝承』所収）、横田健一「中臣氏と卜部」（『日本古代神話と氏族伝承』所収）、前之園亮一「中臣氏について」（『東アジアの古代文化』四二）、井上辰雄「大化前代の中臣氏」（『古代王権と宗教的部民』所収）、中村英重「中臣氏の出自と形成」（佐伯有清編『日本古代中世史論考』所収）（中村）

中臣藍　なかとみのあい　中臣を冠称する複姓氏族。中臣は中臣氏との関係を示し、藍は摂津国嶋下郡安威（あい）郷（大阪府茨木市の中央域）の地名に因む。安威はもと藍と表記されていた。同所に本貫を持つ氏族であろう。『新撰姓氏録』（摂津国神別）には、中臣氏の祖神天児屋根十二世の孫、大江臣の後とされ、姓は連であった。藍（安威）の地は、中臣（藤原）鎌足が別業を営んだり、墓所を設けたとする所伝があり、中臣氏との関係の深い所であった。この背景には中臣藍の存在があろう。推測すれば、中臣藍はもと藍と称し、七世紀前後に中臣氏と関係を持ち、中臣藍と称するようになったと思われる。氏人は、中臣藍連□□（道カ）（『平城宮木簡』四）が唯一知られている。嶋下郡阿威神社（大阪府茨木市阿威）が氏神社であろう。

【参考文献】植垣節也「藤原鎌足の出自について」（『日本歴史』二九六）（中村）

中臣伊勢　なかとみのいせ　中臣を冠称する複姓氏族。中臣は中臣氏との関係、あるいは神祇職の従事を示す。伊勢は出身国名の伊勢に因む。もと伊勢直で、天平十九年（七四七）に大津ら七人は中臣伊勢連を賜姓。天平宝字八年（七六四）に老人は、朝臣の姓を得る。天平神護二年（七六六）に、大津は中臣伊勢連から伊勢朝臣を賜姓され、以降老人らも伊勢朝臣と記載される。氏人には先の大津・老人がおり、大津は天平勝宝元年（七四九）に、正六位上から外従五位下に昇叙。老人は藤原仲麻呂の乱の殊功により、従六位下から従四位下に昇叙され、朝臣を賜姓される。神護景雲二年（七六八）に伊勢国造となるほか、造西隆寺長官・外衛中将・遠江守などの内外官を歴任し、延暦八年（七八九）に卒去する。

【参考文献】新野直吉『謎の国造』（中村）

中臣表　なかとみのうえ　中臣を冠称する複

姓氏族。中臣は中臣氏との関係を示す。表は和泉国内の地名であろう。『新撰姓氏録』（和泉国神別）には、中臣氏の祖神天児屋根命の後とされ、姓は連であった。氏人は知られていない。（中村）

中臣殖栗　なかとみのえぐり　中臣を冠称する複姓氏族。中臣は中臣氏との関係、あるいは神祇職の従事を示す。殖栗は山城国久世郡殖栗郷（京都府宇治市白川付近）の地名に因む。同所に本貫を持つ氏族であろう。氏人には、天平十一年（七三九）に無位から従五位上に叙位された豊日（『続日本紀』）、天平宝字八年（七六四）に信濃国史生で正八位上の椙取（『正倉院宝物銘文集成』）がいる。いずれも姓は連であった。また、神護景雲元年（七六七）に春日社の神官（神宮預か）となった時風・秀行がいる（『春日社記』）。『新撰姓氏録』には中臣殖栗はみえないが、大中臣と同祖とする殖栗連がいる（左京神別）。この殖栗と中臣殖栗は同一の氏族とみられる。（中村）

中臣大田　なかとみのおおた　中臣を冠称する複姓氏族。中臣は中臣氏との関係を示し、大田は摂津国嶋下郡の地名に因む。『延喜式』には同郡に太田神社が所在（大阪府茨木市大田）するので、ここに本貫を持つ氏族であろう。『新撰姓氏録』（摂津国神別）には、中臣氏の祖神天児屋根命十三世の孫、御身（みみ）宿禰の後とされ、姓は連であった。氏人は知られていない。先の太田神社が氏神社であったろう。（中村）

中臣大家　なかとみのおおやけ　中臣を冠称する複姓氏族。中臣は中臣氏との関係を示し、大家は地名に因む。この地名の比定については、大和国添上郡大宅郷（奈良市白毫町付近）と河内国河内郡大宅郷（東大阪市日下町付近）の二説がある。前者は匝布屯倉、後者は大戸（おおべ）屯倉の所在地とされ、中臣大家は河内国が同系氏族の分布の多い点より後者が本貫であろう。『新撰姓氏録』（左京神別）には、大中臣と同氏（祖）とされ、姓は連であった。氏人は知られていない。

【参考文献】中村英重「中臣部について」（『史流』二七）（中村）

中臣方岳　なかとみのかたおか　中臣を冠称する複姓氏族。中臣は中臣氏との関係を示し、方岳は近江国伊香郡片岡郷（滋賀県伊香郡余呉町片岡付近）の地名に因む。同所に本貫を持つ氏族であろう。『新撰姓氏録』（左京神別）には、大中臣氏と同祖とされ、姓は連であった。氏人には、藤原仲麻呂追討の功により、天平宝字八年（七六四）に正六位上から外従五位下に叙位された中臣片岡連五百千麻呂がいる。（中村）

中臣葛野　なかとみのかどの　中臣を冠称する複姓氏族。中臣は中臣氏との関係、あるいは神祇職の従事を示す。葛野は山城国葛野郡葛野郷（京都市右京区一帯）の地名に因む。同所に本貫を持つ氏族であろう。天平二十年（七四八）に正六位下中臣部干稲麻呂は、中臣葛野連を賜姓されて成立する。もとは中臣部で、姓は連であった。ただし、『新撰姓氏録』（山城国神別）では中臣氏系でなく、饒速日命の九世孫、伊久比（いくい）足尼の後と物部氏系とされている。氏人には他に、宝亀元年（七七〇）に正七位上神祇員外少史の飯麻呂、宝亀八年（七七七）に従七位上から外従五位下に叙位された広江がいる。なお中臣葛連という氏姓の者もいるが、別氏族であろう。（中村）

中臣熊凝　なかとみのくまこり　中臣を冠称する複姓氏族。中臣は中臣氏との関係、あるいは神祇職の従事を示す。熊凝は地名に因む。熊凝は、聖徳太子の熊凝道場（額田寺）の所在地で、『太子伝玉林抄』によれば、大和国平群郡額田郷（奈良県生駒市額田町）である。同所に本貫を持つ氏族であろう。『新撰姓氏録』（右京神別）には、中臣氏系ではなく物部氏系とされており、姓は朝臣であった。すでに養老三年（七一九）に、従六位上中臣熊凝連古麻呂ら七人に、朝臣の姓が賜与されている。氏人には、他に五百嶋がいる。五百嶋は、天平十年（七三八）摂津亮・皇后宮亮となり、同十四年（七四二）従五位下に叙され、同十七年（七四五）に中臣を除き、熊凝朝臣となった。（中村）

中臣栗原　なかとみのくりはら　中臣を冠称する複姓氏族。中臣は中臣氏との関係を示し、栗原は美濃国不破郡栗原郷（岐阜県不破郡垂井町栗原）の地名に因む。旧氏姓は栗原勝。天応元年（七八一）に右京人の正六位上子公は、先祖伊賀津臣は中臣氏の遠祖天御中主命の二十世孫意美佐夜麻の子で、神功皇后の世に百済へ遣わされ、そのときに同地で本大臣・小大臣をもうけたという伝承がある。二人の子はその後、渡来して不破郡栗原に居住し、栗原勝を氏姓とするようになったが、以上の因縁により子公ら男女十八人に中臣栗原連の改氏姓を申請し許されている。『新撰姓氏録』では、天児屋根十一世孫、雷大臣の後となっているが、未定雑姓に編入されている。これはこの出自が、当時において疑問とされていたためである。もと姓は勝であり、元来は渡来系の氏族であった。一族には先の子公のほかに、『経国集』には年名がみえる。

【参考文献】　桑原正史「中臣氏と帰化系氏族」（『新潟史学』四）、中村英重「中臣

部について」（『史流』二七）　（中村）

中臣酒人　なかとみのさかひと　中臣を冠称する複姓氏族。中臣は中臣氏との関係を示し、酒人は造酒、とくに神酒の醸造に従事した職掌に因むか、あるいは摂津国東生郡酒人郷の地名によるものか。『新撰姓氏録』（左京神別）には、大中臣氏と同祖、天児屋根命十世の孫、臣狭山命の後とされている。姓は天武天皇十三年（六八四）に、連から宿禰を賜与される。氏人には天平二年（七三〇）大和大目で、従七位上勲十二等の古麻呂、天平七年（七三五）中宮職舎人で、少初位上の久治良、天平宝字六年（七六二）外従五位下で、豊前員外介に任じられた虫麻呂がいる。　（中村）

中臣酒屋　なかとみのさかや　中臣を冠称する複姓氏族。中臣は中臣氏との関係を示す。酒屋は造酒司の酒殿神社ないしは、河内国丹比郡酒屋神社（大阪府松原市三宅町三宅）を奉斎したことに因むか、あるいは酒屋神社の酒屋を地名と解し、この地名に因むものなのか二説がある。『新撰姓氏録』（河内国神別）には、中臣氏の祖神津速魂命の十九世の孫、真人連公の後とされている。姓は連であった。氏人は知られていない。

【参考文献】　井上辰雄「大化前代の中臣氏」（『古代王権と宗教的部民』所収）、佐伯有清『新撰姓氏録の研究』考証篇第四　（中村）

中臣志斐　なかとみのしひ　中臣を冠称する複姓氏族。中臣は中臣氏との関係を示す。志斐は「強（し）い」の意である。すなわち、阿倍志斐連名代は楊（やなぎ）の花を辛夷（こぶし）の花と強（し）いたことにより、該氏を賜与されている（『新撰姓氏録』）。『万葉集』にも、「いなといへど強（し）ふる志斐のが強（し）ひ語り」（二三七）などと類例がある。この「強い語り」を、語部ないし宮廷寿詞の奏言者とみるのが一般的である。『新撰姓氏録』（左京神別）では、中臣氏の祖天児屋根命の十一世、雷大臣の男弟子（おとこ）の後とされ、中臣氏と同系氏族である。また、意富乃古（おおのこ）連が雄略朝に、「力強」の東夷を一朝に滅亡させた功により、暴代（あらて）連に名を改めたとする。これは意富乃古連が、東夷よりさらに「力強」であったというモチーフであり、ここでは志斐を文字通り、「強い」（力強い）と解釈している。しかし、志斐はやはり、「強ひ語り」に由来するとみるのがよい。一族には、まず猪甘（養）がいる。猪甘は天平宝字五年（七六一）ころ、陰陽允であった。猪甘は志斐猪養とも表記され、天平宝字二年（七五八）は美濃大目であった。また『枢機経』という陰陽書も撰述している。一族にはこれ以降、陰陽・天文道の関係者を輩出し、大同三年（八〇八）に陰陽・天文博士であった国守をはじめ、春継・安善・広守と天文博士が続く。いずれも志斐・中臣志斐の表記が併用されている。中臣を冠するのは、陰陽道祭祀への関与、あるいは神祇官の吉凶判断に関与したためか。なお和銅二年（七〇九）に、筑前国嶋郡少領の中臣部加比、神亀二年（七二五）に漢人法麻呂が、中臣志斐連に改氏姓されている。この両者と猪甘系の関係は不明である。

【参考文献】土橋寛『古代歌謡の世界』、上田正昭「語部の機能と実態」（『日本古代国家論究』所収）、村山修一『日本陰陽道史総説』、中村英重「中臣部について」（『史流』二七）　（中村）

中臣習宜　なかとみのすげ　中臣を冠称する複姓氏族。中臣は中臣氏との関係、あるいは神祇職の従事を示す。習宜は平城京西北の地で、この地名に因む。姓は当初は連で、養老三年（七一九）に従八位上笠麻呂ら四人に朝臣の姓が賜与される。『新撰姓氏録』（右京神別）には、神饒速日命の孫、味瓊杵田（うましにぎた）命の後とされ、物部氏の系譜をもつ。氏人には先の笠麻呂のほかに、道鏡の皇位託宣事件に関与した阿曾麻呂がいる。阿曾麻呂は神護景雲元年（七六八）に従五位下で豊前介となり、その後大宰主神のときに偽の託宣を奏し、宝亀元年に道鏡の失脚とともに多褹嶋守に左遷される。宝亀三年（七七二）大隅守となる。さらに、天平宝字六年（七六二）に伊勢大神宮司となった山守がいる。山守は天平神護元年（七六五）に正六位上から従五位下、宝亀六年（七七五）に従五位上に昇叙する。阿曾麻呂・山守はともに習（摺）宜とも氏名が記されているので、もとは習宜で、いつのころか中臣習宜と改姓されたのであろう。

【参考文献】岸俊男「習宜の別業」（『日本古代政治史研究』所収）、横田健一『道鏡』　（中村）

中臣高良比　なかとみのたからひ　中臣を冠称する複姓氏族。中臣は中臣氏との関係、あるいは神祇職の従事を示す。高良比の由来は不詳。『新撰姓氏録』（河内国神別）には、中臣氏の祖神津速魂命十三世の孫、臣狭山命の後とされ、姓は連で、河内国出身であった。氏人には天平五年に、越前大目で従七位上勲十二等であった新羅がいる。また神亀三年（七二六）に伊勢神宮の宮司となった高良比連千上も一族で、おそらく千上が神祇職に就任以降、中臣高良比と改姓されたのであろう。　（中村）

中臣東　なかとみのひがし　中臣を冠称する複姓氏族。中臣は中臣氏との関係を示し、東は摂津国百済郡東部郷（大阪市生野区生野付近）に因む。東部郷は東郷とも表記された。ここに本貫を持つ氏族であろう。『新撰姓氏録』（摂津国神別）には、中臣氏の祖神天児屋根命九世の孫、鯛身（たいみ）命の後とされ、姓は連であった。氏人には、天平十年（七三八）、大宰史生従八位上であった益人がいる。（中村）

中臣宮処　なかとみのみやところ　中臣を冠称する複姓氏族。中臣は中臣氏との関係を示し、宮処は宮地にも作り地名に因む。「住吉大社司解」に和泉国内に宮処の地名があり、珍努宮の所在地（大阪府和泉佐野市上之郷中村）と解されている。また『新撰姓氏録』には、和泉国神別に宮処朝臣がおり、中臣宮処は和泉国出身で、宮処は地名に因むと考えられる。なお宮処朝臣とは、同族の可能性が高い。姓は連で、『新撰姓氏録』（左京神別）には、大中臣氏と同祖とされている。氏人には推古天皇十六年（六〇八）に隋使の掌客使、同二十年に堅塩媛の改葬のおりに、大臣の辞を誄した摩呂（烏摩侶）がいる。また天平元年（七二九）に長屋王の謀叛を密告し、のちに右兵庫頭外従五位下となるも、それがもとで旧僚に斬殺された東人がいる。『中臣宮処氏本系帳』が伝えられているが、この史料は偽撰である。
【参考文献】黛弘道「冠位十二階の研究」（『律令国家成立史の研究』所収）（中村）

中野　なかの　百済系渡来氏族。氏名の由来は未詳。姓は造。旧氏名は答他（託多・託陁にも作る）。答他斯智を祖とし、天平宝字五年（七六一）三月に百済人の答他伊奈麻呂ら五人が中野造の氏姓を賜わったのに始まる。『新撰姓氏録』右京諸蕃下に「中野造。百済国人杵率（扞率・かんそち。百済の官位十六品の第五位）答他斯智之後也」とある。中野造氏になってからの一族の人名は伝わらないが、答他を称していた時代の氏人には上記の答他斯智・伊奈麻呂のほかに八世紀に託多（託陁）真玉・答他乙麻呂・答他虫麻呂らがいた。このうち託多真玉は養老五年（七二一）正月には唱歌師で正八位下であったが、天平十七年（七四五）四月に正六位上から外従五位下に昇叙している。答他乙麻呂・虫麻呂はともに経師。同じく八世紀中ごろの経師である答他戸広万呂も同族の人と考えられる。
【参考文献】佐伯有清『新撰姓氏録の研究』考証篇第五（星野良作）

永野　ながの　長野にも作る。倭漢氏系氏族と考えられる。㈠本拠はのちの河内国志紀郡長野郷（大阪府藤井寺市南部から羽曳野市誉田付近にかけての一帯）の地。同族とみられる①村主姓と②連姓の長野氏がいた。①長野村主氏は『坂上系図』に引く『新撰姓氏録』逸文に仁徳朝に高句麗・百済・新羅から渡来した人々の後裔氏族の一つにみえるが、その氏人の名は未詳。②長野連氏は『新撰姓氏録』右京諸蕃上・河内国諸蕃に「山田宿禰同祖。忠意之後也」とあり、同書右京諸蕃上の山田造、河内国諸蕃の山田連・山田造・三宅史とともに山田宿禰氏と同祖族で忠意の後裔と称していた。長野連氏の一族の人では八世紀中ごろの長野連公足が知られる。公足は保良宮の造営にも携わったが、国司を歴任して天平宝字六年（七六二）正月に従五位上で因幡守になった。以後の動静は不明。㈡近江国野洲郡（滋賀県野洲郡・守山市）の地を本拠とし、のちに平安左京に移貫した忌寸姓の永野氏。ただし氏名は『和名抄』近江国の愛智郡長野郷（愛智郡愛智川町長野付近）の地名によるか。『続日本後紀』承和四年（八三七）二月庚戌条に、散位の永野忌寸石友・賀古麻呂らの本居を改めて左京五条三坊に貫附したとある。石友らは近江国野洲郡の百姓であった。時に「石友之先。後漢献帝苗裔也」とみえるので、『新撰姓氏録』右京諸蕃上、坂上大宿禰条を参照して永野忌寸氏を倭漢氏系氏族と推定できる。元慶三年（八七九）九月に上記の石友の子孫・百姓永野忌寸吉雄ら百五十一人が左京から近江の本籍に返附され、同五年十二月に同じく石友の孫で近江国の百姓正六位上の永野忌寸真雄、百姓従八位上の永野忌寸春貞、右兵衛従六位下の永野忌寸福成の三家族、二十二人が左京職に還隷されている。なお宿禰姓の永野氏も知られるが、仁寿元年（八五一）十一月に正六位上から外従五位下に進んだ永野宿禰加祐（祜か）麻呂は承和四年に石友とともに左京に貫附された散位の永野忌寸賀古麻呂が宿禰姓を賜わったものと考えられる。また無姓で伝わる八世紀前半の人、永野浄津は忌寸の姓をもっていたであろう。（星野良作）

長我孫　ながのあびこ　　国那賀郡（和歌山県那賀郡、海草郡野上町・美里町、和歌山市と海南市の各一部）内に本拠地をもった豪族。氏名のうちの我孫は阿比古にも作り、姓としての性格をもつ。『続日本後紀』承和二年（八三五）十月戊子条に、摂津国の人である長我孫葛城とその同族ら三人が長宗宿禰の氏姓を賜わったとある。同条はまた長我孫葛城らが事代主命の八世孫忌毛宿禰の後裔と称したことを伝えるから、長我孫氏は長公氏（『新撰姓氏録』和泉国神別）の枝氏であろう。なお『先代旧事本紀』国造本紀に「都佐国造。志賀高穴穂朝御代。長阿比古同祖。三嶋溝杭命九世孫小立足尼定二賜国造一」とみえ、三嶋溝杭命を祖とする長我孫氏もいた。しかし三嶋溝杭命の女三嶋溝橛姫は事代主命の妻とも伝えられ、三嶋溝杭命と三嶋溝橛姫は『延喜式』神名帳、摂津国嶋下郡条に載せる溝咋神社の祭神と考えられるので、この氏族も摂津国に居住した長我孫氏の同族か。摂津国の一族が長宗宿禰と改氏姓したのちも、本拠地では長我孫を称して在地豪族として勢力を保持していた。承和十二年十二月五日付「紀伊国那賀郡司解」に「大領従八位上長我孫縄主」とみえる。長我孫氏の一族の人名は、この縄主と上記の葛城のほかに伝わらない。

【参考文献】直木孝次郎「阿比古考」(『日本古代国家の構造』所収)、佐伯有清『新撰姓氏録の研究』考証編第四

〔星野良作〕

仲丸子　なかのまるこ　大伴氏系氏族。かつて紀伊国那賀郡那賀郷(和歌山県那賀郡打田町)の地を本拠として、大伴氏のもとで丸子部を管掌したと考えられる。のちに本拠地を大和国に移す。無姓と連姓の仲丸子氏がいた。『新撰姓氏録』大和国神別に「仲丸子。日臣命九世孫金村大連之後也」とみえ、『古屋家家譜』に大伴金村の孫の加爾古連は「掌二木国那賀屯倉一是仲丸子連祖也」とある。ともに大伴金村の後裔と称していること、仲丸子氏がかつて伴造氏族であったと推定される点をあわせ考えると、無姓で伝わる仲丸子氏も連姓をもっていた可能性がある。無姓の仲丸子氏の一族には「平城宮出土木簡」(『平城宮発掘調査出土木簡概報』四)にみえる初位の仲丸子国足がいる。連姓の仲丸子氏の氏人には大和国の人仲丸子連乙成・仲丸子連真当がおり、承和二年(八三五)四月に乙成は正七位上、真当は従八位上の位階を帯び、ともに仲宿禰の氏姓を賜わっている。

【参考文献】黛弘道「舂米部と丸子部—聖徳太子子女名義雑考—」(『律令国家成立史の研究』所収)

〔星野良史〕

長幡部　ながはたべ　長幡部の氏名は、服を織ることを職掌とした部、もしくはその伴造氏族であったことにもとづく。長幡部を氏名とする氏族は諸国に分布し、史料上は大和国・常陸国・美濃国にみられる。大和国の長幡部氏は、『坂上系図』阿智王条所引の『新撰姓氏録』坂上大宿禰条逸文に、「皂姓。是大和国宇太郡佐波多村主。長幡部等祖也」(皂姓は阿智王とともに渡来した七姓漢人の一つ)とみえる。常陸国の長幡部氏については、『常陸

国風土記』久慈郡条に「及二美麻貴天皇世一。長幡部遠祖多弓命。避レ自二三野一。遷二于久慈一。造二立機殿一」とみえ、一族には、弘仁八年（八一七）閏四月に節婦として少初位上を授かった長幡部福良女がいる。美濃国に長幡部が置かれたらしいことは、前記の『常陸国風土記』の記事から推定される。また『古事記』開化天皇段に「神大根王者。△三野国之本巣国造。長幡部連之祖。▽」とある長幡部連は、諸国の長幡部の伴造であった氏族と考えられる。〔篠川〕

中原　なかはら　姓は真人・宿禰・朝臣などが知られる。中原真人氏に関しては長城が『三代実録』元慶七年（八八三）七月十九日条に、大宰府の命令により賊徒捜索のため発遣されたことが記され、正基が『三代実録』貞観十六年（八七四）二月二十三日条に「左京人中原真人正基賜二姓清原真人一。其先舎人親王之後也」と記されている。正基の系譜は舎人親王の後裔氏族であり、のちに清原真人を称したことが知られる。中原氏の本流は十市宿禰氏の系譜につながる中原宿禰氏である。『中原氏系図』によれば、安寧天皇の後裔とあるが『記』『紀』には所伝がない。また天禄二年（九七一）九月に十市宿禰有象・同以忠らが中原宿禰に改めたとあることから、中原宿禰以前に十市宿禰を称していたことが知られる。さらに天延二年（九七四）には宿禰を改めて朝臣の姓を賜わっている。中原宿禰氏の一族には代々外記局に任じ、明経道を修める者が多く、清原氏と並んで斯道の代表的家柄として知られている。

【参考文献】佐伯有清『新撰姓氏録の研究』考証篇第六、桃裕行『上代学制の研究』、布施弥平治「明法博士中原章貞と明法博士中原範貞」（『法制史研究』七所収）〔小原〕

永原　ながはら　天武天皇皇子武市王の後裔氏族。姓は朝臣。永原朝臣の旧氏姓は藤原朝臣であるが、延暦十五年（七九六）十月以降大同三年（八〇八）六月以前に藤原朝臣から永原朝臣に改氏姓したと推定される。『日本後紀』大同三年十二月丙辰条に従五位上藤原朝臣子伊太比および従五位上藤原朝臣恵子が永原朝臣を賜わったとあり、またこれより以前同年六月乙亥条に従五位下永原朝臣最弟麻呂が諸陵頭に任じた記事がみえ、同年十一月甲午条にも最弟麻呂が従五位上に叙されたことがみえる。この最弟麻呂と『日本後紀』延暦十五年（七九六）十月甲申条にみえる藤原朝臣最乙麻呂とは同一人物であるから、藤原朝臣から永原朝臣への改氏姓は延暦十五年十月から大同三年六月までの間となる。一族の人としては国史にみえる者だけでも真殿・門継・岑雄（以上

『類聚国史』)、貞主・末継（以上『続日本後紀』)、永岑・亭子（以上『三代実録』）などがいる。

【参考文献】佐伯有清『新撰姓氏録の研究』考証篇第一・二　（小原）

永道　ながみち　姓は朝臣。『類聚国史』巻九十九、叙位、天長九年（八三二）正月辛丑条に、正六位上永道朝臣末継の名がみえ、彼は従五位下に叙されている。しかし末継以外の一族の人物については未詳である。（小原）

長岑　ながみね　魯公伯禽の後裔氏族と伝えられる。姓は宿禰。長岑宿禰茂智麻呂ら五人が天長十年（八三三）三月癸巳に本居河内国より右京に貫附されたとの『続日本後紀』の記事が初見である。長岑宿禰茂智麻呂は『類聚国史』巻九十九、叙位、天長元年（八二四）正月丁巳条に外従五位下に叙されている白鳥村主茂智麿と同一人物である。このことから長岑宿禰姓を賜わったのは、天長元年から同十年の間と推定される。また『続日本後紀』承和二年（八三五）十月庚子条に民首氏主が長岑宿禰の氏姓を賜わっているが、民首氏の祖は白鳥村主氏と同じである。一族中、茂智麻呂の弟高名については『文徳実録』天安元年（八五七）九月丁酉条に卒伝があり、文章道を学び式部少録・民部少録・少内記・左大史などを歴任し、承和元年（八三四）二月遣唐使准判官に任じ、同三年に大使参議正四位下藤原朝臣常嗣に従って渡海し同六年に帰朝している。その後伊勢権守・嵯峨院別当・山城守・阿波守・伊勢守・播磨守などに任じ、没時は正四位下右京権大夫山城守であった。

【参考文献】佐伯有清『新撰姓氏録の研究』考証篇第六、同「『入唐求法巡礼行記』所載人名考異」（井上光貞博士還暦記念会『古代史論叢』下所収）（小原）

長宗　ながむね　事代主命八世孫忌毛宿禰の後裔氏族。姓は宿禰。『続日本後紀』承和二年（八三五）十月十七日条に、摂津国人従五位下長我孫葛城とその同族三人が長宗宿禰の氏姓を賜わったこと、忌毛宿禰の苗裔であることなどが記されている。長我孫氏は長公氏と同族であり、いずれもその本拠は紀伊国那賀郡（和歌山県那賀郡岩出町・打田町一帯）であった。

【参考文献】佐伯有清『新撰姓氏録の研究』考証篇第四　（小原）

長統　ながむね　建部氏の後裔氏族で倭武尊の苗裔と伝えられる。姓は朝臣。長統朝臣は『続日本後紀』承和十四年（八四七）三月朔条に「肥後国飽田郡人従三位大蔵卿平朝臣高棟家令正七位上建部公弟益男女等五人。賜二姓長統朝臣一。貫二附左京三条一」とあることより、建部公弟益男女ら五人が承和十四年三月に長統朝臣を賜わったことに始まることが知られる。一族の人としては長統朝臣三助が『三代実録』貞観元年（八五九）十一月十九日条に中宮少進として外従五位下に叙され、貞観八年（八六六）正月二十三日条に従五位下行皇太后宮少進から大進に任じられていることがみえる。また長統朝臣河宗については、『三代実録』貞観十五年（八七三）十二月二日条に大和国城下郡（奈良県磯城郡）の本居を改めて左京四条四坊に貫附されたことが記され、『三代実録』元慶六年（八八二）正月七日条に従五位下に叙されたことがみえる。（小原）

中村　なかむら　各地に中村氏は多いが、古代の中村氏としては『新撰姓氏録』左京神別上にみえる中村連氏がある。中村連氏は己々都生須比（こことむすび）命の子、天乃古矢根（あめのこやね）命の後裔とされる。中村の名はおそらく大和国忍海郡中村郷（奈良県北葛城郡新庄町忍海付近）の地名に由来するものと思われる。『延喜式』神名帳には河内国若江郡（東大阪市菱江付近）に中村神社の名があるが、太田亮『姓氏家系大辞典』はこれを中村連氏の一族と関係があるかとしている。『式内社調査報告』もこれに同意している。また『大日本古文書』四―三六四所収、天平宝字三年（七五九）五月「越前国坂井郡司解」に「中村男村」の署名がある。

【参考文献】佐伯有清『新撰姓氏録の研究』考証篇第三、式内社研究会『式内社調査報告』（小原）

永世　ながよ　永世氏には真人姓・朝臣姓・宿禰姓がある。永世真人氏と永世朝臣氏は大友皇子の後裔と伝える。『三代実録』貞観十五年（八七三）五月二十九日条に「左京人河内大掾正六位上淡海真人浜成。散位淡海真人高主。内竪淡海真人秋野。淡海真人最弟。蔭子従八位上淡海真人安江。正六位上永世真人志我。永世真人仲守。右京人文章生正八位上永世朝臣有守。蔭子正六位上永世朝臣宗守等九人並賜二姓淡海朝臣一。其先。大友皇子之苗裔也」とあり、貞観十五年五月二十九日以前に永世真人氏と永世朝臣氏があり、この日以後淡海朝臣氏を称したことが知られる。また『類聚符宣抄』巻十、侍従厨に弘仁十三年（八二二）正月二十日および七月二十六日の日付で「大外記永世宿禰公足」の名がみえる。永世氏には宿禰姓を有する者もいたことがわかる。なお淡海朝臣を称してからの有守については『三代実録』元慶六年（八八二）正月七日条、元慶七年七月十六日条にみえる。（小原）

長柄　ながら　『延喜式』神名帳、大和国葛上郡条にみえる長柄神社の鎮座地（奈良県御所市名柄）を本拠とし、この神社を奉斎した氏族と考えられる。姓は首。『新撰姓氏録』大和国神別に「長柄首。天乃八重事代主神之後也」とあり、大国主神の子という事代主神を祖とした。長柄首氏の一族の人名は未詳だが、長柄神社は『日本書紀』天武天皇九年（六八〇）九月辛巳条の長柄社に当たり、その社名となった長柄の地は同書神武天皇即位前紀己未年辛亥条に長柄丘岬とみえるから、この氏族が天武朝の改姓以前からのものであったことを窺わせる。なお『和州五郡神社神名帳注解』巻四補闕、雲梯神社条に「神名帳云、大和国高市郡高市御県坐鴨事代主神社、在二雲梯村神森一」、「社家者〈長柄首〉」とある。（星野良作）

奈癸　なき　百済からの渡来系氏族か。『新撰姓氏録』山城国神別に「奈癸勝。佐為宿禰同祖」とある。勝姓をもつことから、山城国久世郡那紀郷を根拠とする百済系渡来氏族であろう。（石附）

奈癸私　なきのきさき　『新撰姓氏録』山城国神別の記載によると、饒速日命の六世孫伊香我色雄命の後裔氏族である。山城国久世郡那紀郷の地名による私部の伴造氏族と考えられる。「山背国愛宕郡計帳」や「駿河国正税帳」に一族の人名がみえる。（石附）

名草　なぐさ　『文徳実録』仁寿二年（八五二）十二月庚午条に「大外記外従五位下名草宿禰安成賜二姓滋野朝臣一」とあり、滋野宿禰氏の旧姓である。紀伊国名草郡の出身と思われ、『続日本後紀』承和六年（八三九）九月辛丑条に「紀伊人直講正六位上名草直豊成。少外記従六位上名草直安成等賜二姓宿禰一、兼貫二附右京四条四坊一。元右京人宗形横根。娶二紀伊人名草直弟日之女一生二男嶋守一。養老五年冒二母姓一隷二名草氏一。嶋守豊成之祖父也」とあることから、安成らは承和六年に直姓から宿禰姓に改姓したことがわかる。（石附）

那須　なす　下野国那須郡（現在の栃木県北部）を領域とし、那須国造となった氏族。姓は直。文武天皇四年（七〇〇）に没した那須直韋提の遺徳を顕頌して、その子である那須直意斯麻呂が建てた石碑は那須国造碑と称されて著名（栃木県那須郡湯津上村にある笠石神社のご神体となっている。国宝）。碑文によると永昌元年（持統天皇三年〈六八九〉）に那須国造で追大壹の韋提は評督に任ぜられ、庚子年（七〇〇）正月二日に没したが、「国家棟梁」であったとされている。『先代旧事本紀』国造本紀の那須国造の項には、景行天皇の代に建沼河命の孫の大臣命を国造と定めたとある。建沼河命（武渟川別命）は阿倍氏の遠祖である。『続日本後紀』承和十五年（八四八）五月辛未条によると、陸奥国白河郡大領の外正七位上奈須直赤竜ら八人が阿倍陸奥臣に改賜姓されており、阿倍氏との関係が認識されていたようである。また碑文中に「広氏尊胤」とあり、これをもって崇神天皇の皇子で上毛野・下毛野氏の始祖とされる豊城入彦命の後裔氏族の一つである広来津公氏の子孫であると解する説もある。（前沢）

夏身　なつみ　『新撰姓氏録』の「不載姓氏録姓」に「夏身」とあり、『坂上系図』山木直条所引の『新撰姓氏録』逸文に「夏身忌寸」の祖を山木直とする。伊賀国名張郡夏身郷の地名によった氏族名と考えられる。天平三年（七三一）「伊賀国正税帳」に名張郡主帳として夏身金村がみえ、承平四年（九三四）十一月十九日「伊賀国夏身郷刀禰解案」（『平安遺文』一―三五九）には夏見郷刀禰として夏身今世・貞宗がみえる。しかし夏身忌寸の氏人は他にみえない。（石附）

名取　なとり　出自不詳。『続日本紀』天平神護二年（七六六）十二月辛亥条に陸奥国人正六位上名取公竜麻呂に名取朝臣を賜姓した記事が、また同神護景雲三年（七六九）三月辛巳条には名取郡人正七位下吉弥侯部老人・賀美郡人外正七位下吉弥侯部大成ら九人に上毛野名取朝臣を賜姓した記事がある。陸奥国名取郡に拠った氏族と考えられる。（石附）

難波　なにわ　阿倍氏の遠祖である大彦命の後裔を称する氏族。元来は難波吉士であり渡来系氏族とみられるが、雄略天皇十四年四月に大草香部吉子を名のったと伝えられる。それが天武天皇十年（六八一）正月に難波連に改賜姓し、同十四年（六八五）六月に忌寸、さらに弘仁四年（八一三）二月に宿禰姓となった。また平安京右京の難波連は高句麗の好太王（広開土王）の後裔を称し、もとは難波薬師であったが、天平宝字二年（七五八）四月に改姓した者である。氏名は『日本書紀』神武天皇戊午年二月丁未条に潮が急なところから浪速と呼ばれ、のちに難波と表記されるようになった地名（現在の大阪市上町台地付近）による。『古事記』仲哀天皇段に忍熊王が「難波吉師部之祖　伊佐比宿禰」を将軍となしたこと、また『日本書紀』神功皇后摂政元年二月条には（難波）吉師の祖である五十狭茅宿禰らが将軍となって東国兵を興した記事もみえる。この子孫である難波吉師日香蛟（難波吉士日香香）は、安康天皇元年に父子ともに仕えていた大草香皇子が罪なくして殺されたとき、その屍の側で殉死し、のちにその子孫に大草香部吉士の姓が与えられたとされる。難波吉士は外交分野での活躍が目立つ。『日本後紀』弘仁四年二月乙未条には河内国人従八位上難波忌寸氏主、摂津国人正六位上難波忌寸船人の名がみえ、また天平宝字四年（七六〇）十一月の東大寺三綱牒には摂津国東生郡の擬大領として難波忌寸浜勝の名がみえ、この地域を有力な基盤としていたことがわかる。このほか大宝二年（七〇二）の筑前・豊前国戸籍には難波部がみられる。〔前沢〕

名張　なばり　伊賀国名張郡名張郷（三重県名張市一帯）の豪族。姓は臣。『新撰姓氏録』左京皇別上に「名張臣。阿倍朝臣同祖。大彦命之後也」とあるが、この一族名は他の史料にみえない。『平安遺文』八—二九四六・三〇三六・三〇三七の各文書には名張郡に安倍田（名張市安部田）の地名がみえ、この地に六世紀築造の安倍臣の墳墓と推定されている古墳のあることから、名張臣氏の本拠地と阿倍氏との関係の深さを示している。なお『古事記』安寧天皇段に那婆理之稲置がみえる。無姓者として『平安遺文』一—二八一の康保二年（九六五）十二月十九日「伊賀国夏身郷刀禰解案」に、名張息長・同浄野の氏名がみえる。

【参考文献】前川明久「古代伊賀の鮎と名張厨司」（『日本古代政治の展開』所収）〔前川〕

並槻　なみつき　『新撰姓氏録』未定雑姓、大和国にみえる「相槻物部」の後裔氏族か。それによると相槻物部は饒速日命の降臨に供奉したとし、『先代旧事本紀』天神本紀にも「天物部等二十五部人。同帯㆓兵杖㆒天降供奉」としてみえる。相槻は用明天皇即位前紀にみえる池辺双槻宮の地名と関連しよう。〔石附〕

相槻物部　なみつきのもののべ　相槻物部の氏名のうち、相槻は用明天皇の池辺双槻（いけのべのなみつき）宮の所在地、のちの大和国十市郡池上郷（奈良県桜井市阿部付近）の地名にもとづき、物部はかつて伴としての物部であったことにもとづく。『新撰姓氏録』未定雑姓、大和国に「相槻物部。神饒速日命天降之時従者。相槻物部之後也」とみえる。また『先代旧事本紀』天神本紀には、饒速日尊の天降の際に、「天物部等二十五部人。同帯㆓兵杖㆒天降供奉」とあり、二十五部の一つに相槻物部をあげる。相槻物部氏の一族の人名は史料にみえない。〔篠川〕

奈良　なら　楢にも作る。奈良己智（己知・許智・許知・巨智）・奈良曰佐（訳語）・奈良忌寸らがあり、己智は『新撰姓氏録』大和国諸蕃によれば、「出㆑自㆓秦太子胡亥㆓也」とある。楢日佐は、『続日本紀』宝亀八年（七七七）七月甲子条に、「左京人従六位下楢日佐河内等三人賜㆓姓長岡忌寸㆒」とあるように、宝亀八年以後長岡忌寸となっている。『新撰姓氏録』によれば、「己智同祖。諸歯王之後也」とある。奈良忌寸については、『続日本紀』宝亀七年十二月戊申条に、「左京人従六位下秦忌寸長野等廿二人賜㆓姓奈良忌寸㆒」とあることに始まる。さて、己智氏の一族には、経師として活躍した楢許智蟻石（許知荒石）・楢許智蟻羽（己智安利芳）ら、そのほか、和銅七年（七一四）十一月にその孝義を表旌された大倭国添下郡の奈良許知麻呂、大養徳国添上郡仲戸郷於美里の戸主奈良許知伊加都、『続日本後紀』承和十年（八四三）十二月己卯朔条によれば、姓大滝宿禰を賜わった出羽国河辺の奈良己智豊継らの名がみえる。楢日佐を称した人には、前述の楢日佐河内のほか、『日本書紀』推古天皇十六年（六〇八）九月辛巳条の奈羅訳語恵明、「長屋王御願書写大般若経御願文」にある楢日佐諸君、「優婆塞貢進解」にみえる左京四条四坊の奈良日佐浄足、奈良日佐牟須万呂、左京一条三坊の奈良日佐広公、経師の楢日佐広足らがいる。〔佐久間〕

楢原　ならはら　『続日本紀』天平勝宝二年（七五〇）三月戊戌条に「駿河守従五位下楢原造東人等。於㆓部内廬原郡多胡浦浜㆒獲㆓黄金㆒献之。……於㆑是。東人等賜㆓勤臣姓㆒」とあるごとく、勤（伊蘇志）氏の旧姓と考えられる。平城京出土の木簡に「楢原造総麻呂」がみえ（『平城京木簡』一―八二）、また天平勝宝元年（七四九）八月以来「経師上日帳」に楢原内麻呂がみえる（『大日本古文書』三―二九八など）。内麻呂は勝宝二年以後は伊蘇志の氏名でみえ、勝宝二年の賜姓の事実を確認できる。〔石附〕

成相　なりあい　敏達天皇王子難波王の後裔氏族。姓は真人。氏名は成会山陵（『続日本紀』文武天皇四年八月条）、成相墓（舒明天皇父押坂彦人大兄皇子の墓、『延喜式』諸陵寮）のある地、のちの大和国広瀬郡疋相村（奈良県北葛城郡広陵町馬見）の地名にもとづく。成相真人氏は『新撰姓氏録』未定雑姓、右京に「成相真人。渟中倉太珠敷天皇〈諡敏達。〉皇子難波王之後也」とある以外にみえないが、成相王（『続日本紀』慶雲元年正月癸巳条）は同氏に関係があると思われる。〔外池〕

に

新生　にいお　出自不詳。『続日本後紀』承和十二年（八四五）十一月丁巳条に「勅、鴨河

悲田預僧賢儀所レ養孤児。清継。清成。清人。清雄等十八人。並賜二新生連姓一。貫二左京九条三坊一。即以二清継一為二戸主一」とある。〔石附〕

新長　にいおさ　唐人馬清朝の後裔氏族。『続日本紀』延暦七年（七八八）五月丁巳条に「唐人馬清朝賜二姓新長忌寸一」とあり、『新撰姓氏録』左京諸蕃上に「新長忌寸。唐人正六位上馬清朝之後也」とあるが、清朝以外の氏人はみえない。〔石附〕

新木　にいき　百済系渡来氏族。『新撰姓氏録』未定雑姓、河内国に「新木首。百済国人伊居留君之後也」とあるが、伊居留君の名、および新木の氏人の名は他にみえない。氏名は大和国添下郡新木村の地名と関係するか。〔石附〕

新田部　にいたべ　新田部の氏名は、新たに設置された田部を意味する新田部の伴造氏族であったことにもとづく。姓は連、のちに宿禰。安寧天皇の皇子磯城津彦命（磯津彦命）を祖と伝える。連姓の時代の人には、斉明天皇四年（六五八）の有間皇子事件に連坐して斬られた新田部連米麻呂がおり、一族は、天武天皇十三年（六八四）に八色の姓制定に際して宿禰の姓を賜わった。その後の人には、天平勝宝二年（七五〇）五月六日付の「出挙銭解」に名のみえる新田部宿禰入加、元慶七年（八八三）正月に園池正で外従五位下を授かり、翌年三月に武蔵介に任ぜられた新田部宿禰安河がいる。『新撰姓氏録』左京皇別上に「新田部宿禰。安寧天皇皇子磯津彦命之後也」とみえる。なお、無姓の新田部氏もあり、平城京および備前国などに分布していたことが知られる。〔篠川〕

新家　にいのみ　『先代旧事本紀』天孫本紀に「物部竺志連公新家連等祖」とあり、物部氏の一族と考えられる。『新撰姓氏録』未定雑姓、河内国に「新家首。汗麻斯鬼足尼命之後也」とあるが、汗麻斯鬼足尼命の名は他にみえない。『日本書紀』宣化天皇元年（五三六）五月辛丑朔条には、新家屯倉の穀を運ぶのに物部大連麁鹿火は新家連某を派遣している。新家屯倉は伊勢国壱志郡新家にあったらしく、そこには物部神社も存在する。史料上伊勢国には新家連氏が多く確認できる。『皇太神宮儀式帳』初神郡度会多気飯野三箇郡本記行事条には孝徳朝の立評時に度会山田原に屯倉が立てられた際の督領として新家連阿久多が、また『太神宮諸雑事記』天平三年（七三一）六月十六日条には度会郡少領として新家連公人丸がみえ、度会郡の譜代の郡領家であった。〔石附〕

新治　にいはり　天穂日命の後裔と伝える氏族。新治は常陸国の郡名。『常陸国風土記』には新治国造の祖「比奈良珠命（＝那良珠命）」が井戸を掘った伝承を載せ、これは『先代旧事本紀』国造本紀に成務朝に新治国造に定められた比奈羅布命を指すと考えられる。『続日本紀』神護景雲元年（七六七）三月乙亥条に常陸国新治郡大領新治直子公に対する献物叙位の記載があり、同延暦九年（七九〇）十二月庚戌条にも新治郡大領新治直大直に対する叙位記事があることからも、新治郡の郡領氏族であったことがわかる。〔石附〕

丹生　にう　丹生真人は高野神社の社家で、丹生祝ともいう。この氏族には延暦十九年（八〇〇）の年紀をもつ『丹生祝氏本系帳』が存する。これによると始祖は天魂命。その男の神魂命（紀伊氏祖）の系統より出た宇遅比古命の「別」の豊耳命が「国主神女児阿牟田刀自」と娶（まぐわ）いして生まれた小牟久君の子麻布良首のときに丹生祝の姓を賜わったという。豊耳から安麻呂まで十四世とするが、『本系帳』の末尾に「和銅三年。十二世祖。彼年籍勘仕奉。丹生真人安麻呂」「天平十二年籍。十三世勘仕奉。丹生真人仕奉。此人等子孫。今侍仕奉」と記し、『本系帳』撰進の主体は丹生真人安麻呂の子孫らであったと考えられる。

【参考文献】田中卓「『丹生祝氏本系帳』の校訂と研究」（著作集二所収）〔石附〕

贄　にえ　『文徳実録』天安二年（八五八）八月戊戌条の内供奉十禅師伝灯大法師位光定の卒伝に「光定者俗姓贄氏、伊予国風早郡人也」とあって贄氏の名がみえるが、職掌・系譜は未詳。姓は首。一族には天平八年（七三六）八月六日「伊予国正税帳」に郡少領従八位上贄首石前がみえ、また天平十七年（七四五）四月十六日「園池司解」に園池司佑従六位下として贄首広前の名がみえる。〔前川〕

贄土師　にえのはじ　御膳のための容器や食器を製作する贄土師部の伴造氏族。姓は連。『日本書紀』雄略天皇十七年三月戊寅条に職掌の起源伝承を記し、『新撰姓氏録』大和国神別に「天穂日命十六世孫。意富曾婆連之後也」とある。一族に天平四年（七三二）以前「播磨国正税帳」にみえる贄土師連忍勝、天平十七年（七四五）四月十七日「大膳職解」の贄土師連佐美万里、天平宝字二年（七五〇）八月二十八日「造東大寺司解」にみえる贄土師国嶋らがいる。佐美万里は『続日本紀』天平宝字七年（七六三）正月壬子条に沙弥麻呂と記され、天平十七年「大膳職解」に大膳職少属とみえるので、贄土師連氏は大膳職所属の伴造であった膳部の負名氏の一員と考えられる。『延喜式』によれば大和国贄土師は竃を、河内国贄土師は贄土師鋺形二百七十口を貢進した。このほか贄土師部は雄略紀の伝承によれば、摂津・山背・伊勢・丹波・但馬・因幡などの諸国に設置されていた。

【参考文献】　前川明久「贄土師韓竃考」（『日本古代氏族と王権の研究』所収）　（前川）

和田　にぎた　神魂命五世孫天道根命の後裔氏族。『新撰姓氏録』和泉国神別の記載による。和田の氏名は和泉国大鳥郡の郷名と関連しよう。　（石附）

和山守　にぎのやまもり　神魂命五世孫天道根命の後裔氏族。『新撰姓氏録』和泉国神別の記載による。和の名は「和田」を略したもので、山守の名は山守部の伴造氏族であったことに由来しよう。　（石附）

爾散南　にさな　蝦夷系豪族。氏名は陸奥国爾薩体（馬淵川上流、岩手県二戸付近）に因むか。姓は公。一族には延暦十一年（七九二）に入朝し、第一等を授けられた阿波蘇がいる。阿波蘇は、弘仁十一年（八二〇）に外従五位下を授けられている。このほか近江国に配された一族もいた。『続日本後紀』承和十四年（八四七）四月癸卯条に近江国蒲生郡の俘囚爾散南公延多孝が勲功の苗裔として外従五位下を授けられている。『文徳実録』天安二年（八五八）五月己卯条には近江国の爾散南公沢成が、当地の夷を抑えるため夷長に任ぜられている。『類聚国史』巻百九十、大同元年（八〇六）十月壬戌条により、近江国に夷俘六百四十人が防備のため移配されていたことが確認できるように、爾散南公の一族が近江国に配されたのは延暦期後半以降のことであろう。

【参考文献】　弓野正武「蝦夷の族長についての一考察」（『民衆史研究』三）　（関口）

錦部　にしごり　錦織にも作る。百済よりの渡来系氏族。氏の名は綾錦など高級織物を織る品部たる錦部を管掌する伴造であったことにもとづく。姓は首、のちに造・連。本拠地は河内国錦部郡（大阪府南河内郡の一部と河内長野市および富田林市南部）と同若江郡錦部郷（大阪府八尾市西部、河内長野市若江一帯）。祖先伝承は、『新撰姓氏録』河内国諸蕃に「錦部連、三善宿禰同祖、百済国速古大王之後也」とあり、百済の第五代の肖古王（あるいは素古にも作る）の後裔と称する。天武天皇十年（六八一）四月庚戌（十二日）に錦織造小分が、また同十二年九月丁未（二十三日）には錦織造ほか三十八氏が連の姓を賜わった。一族には、これより先の『日本書紀』仁徳天皇四十一年三月条には石川錦織首許呂斯の名がみえる。連姓を賜わってからは、大宝元年（七〇一）正月丁酉（二十三日）に栗田朝臣真人の遣唐使一行に大録として加わった錦部連道麻呂ら多くがおり、貞観九年（八六七）四月甲午（二十五日）には錦部連三宗麻呂が惟良宿禰の姓を賜わった。同系氏族には、天平神護元年（七六五）十二月乙巳（十九日）に錦部連を賜わった錦部毗登石次らの錦部毗登氏がおり、延暦十六年（七九七）二月より大同二年（八〇七）六月の間に三善宿禰の姓を賜わった。さらに、『新撰姓氏録』和泉国諸蕃にも錦部連がみえ、和泉国大鳥郡の錦氏社と同和泉郡の錦大南社付近を本拠とした。また、山城国神別にも「錦部首、（神饒速日命）十二世孫、物部目大連之後也」という同系氏族もおり、山城国愛宕郡錦部郷（京都市左京区聖護院付近）を本拠として、物部氏の同族と称した。右京諸蕃にも「錦織村主、出レ自二韓国人波努志一也」という錦織氏がおり、山城国諸蕃にもさらに同族の錦部村主氏がみえて、山城国愛宕郡錦部郷（京都市左京区吉田付近）を本拠とした。なお、近江国滋賀郡錦部郷あるいは浅井郡錦織郷（滋賀県東浅井郡びわ町錦織付近）を本拠とする錦部村主は、承和四年（八三七）十二月に春良宿禰の姓を賜わった。（浜田）

丹羽　にわ　邇波にも作る。尾張国丹羽郡丹羽郷（愛知県一宮市丹羽）の地名に因んだ氏族名。その氏族伝承をみると、『古事記』では、丹羽臣氏の先祖は、尾張国と関係の深い嶋田臣氏と同じく、神武天皇第三皇子神八井耳命という。一方、『阿蘇家略年譜』では、大荒田命を島田臣・伊勢船木直や丹羽臣氏らの祖とする。また、『先代旧事本紀』天孫本紀によれば、邇波県君（県主）の祖は大荒田という。この場合、大荒田命は大荒田とすると、丹羽氏の祖は大荒田命と神八井耳命となる。このようにみてくると、この丹羽氏は、邇波県君に始まる氏族といってよいのであろう。神八井耳命との関係は、島田臣氏が成務天皇以後、尾張国に進出したという『新撰姓氏録』の伝承と同様の関連づけが考えられそうである。この一族には、主殿寮大属となり、天平勝宝元年（七四九）四月外従五位下に叙せられた丹羽臣真咋がいる。（佐久間）

邇波県　にわのあがた　大荒田命の後裔と伝える氏族。『先代旧事本紀』天孫本紀に「十一世孫建稲種命。此命。邇波県君大荒田女子玉姫為妻」とある。邇波県は尾張国丹羽郡丹羽郷の地名と関係すると考えられる。『阿蘇家略系譜』は那珂乃子上命の子として大荒男命をあげ、「是県連。県主前利連。島田臣。伊勢船木直。丹羽臣等祖也」

とする。前利の名は尾張国丹羽郡前刀郷の地名と関係すると思われ、県連・県主前利連氏については『続日本後紀』承和八年（八四一）四月乙巳条に「右京人勘解由主典正六位上県主前利連氏益賜姓県連。神倭磐余彦天皇第三皇子神八井耳命乃後也」とあることから、おそらく邇波県は県連・県主前利連氏と同族であろう。〔石附〕

ぬ

額田　ぬかた　額田の氏名は、名代部と考えられる額田部、およびその伴造氏族であったことにもとづくか、あるいは額田部の居住したことより生じた額田の地名にもとづく。臣姓・首姓・村主姓・無姓などの氏族があり、諸国に分布する。額田臣氏は、『新撰姓氏録』山城国神別に「額田臣。伊香我色雄命之後也」とみえ、物部氏の同系氏族で山城国に居住していたことが知られる。一族の人名は史料にみえない。額田首氏は、平群氏の同系氏族で、『新撰姓氏録』河内国皇別に「額田首。早良臣同祖。平群木兎宿禰之後也。不ㇾ尋二父氏一。負二母氏額田首一」とみえる。河内国河内郡には額田郷（大阪府東大阪市枚岡町額田）があり、承和十三年（八四六）九月に右京五条三坊に貫附された額田首呰人は、河内国河内郡の人であった。額田村主氏は、のちの大和国平群郡額田郷（奈良県大和郡山市南部一帯）に居住した渡来系氏族で、『新撰姓氏録』大和国諸蕃に「額田村主。出ㇾ自二呉国人天国古一也」とみえる。無姓の額田氏については、平城京および越前国などに分布していたことが知られる。なお、国造姓の額田国造氏もあり、『類聚国史』巻九十九などに額田国造今足の名がみえる（今足は九世紀前半を代表する明法家で、のちに宿禰の姓を賜わっている）。額田国造氏は、『先代旧事本紀』国造本紀に「額田国造。志賀高穴穂朝御世。和邇臣祖彦訓服命孫大直侶宇命。定二賜国造一」とあり、淡海国造と三野前国造との間に載せられていることから、のちの近江国と美濃国との国境付近を本拠とした氏族と考えられる。

【参考文献】田中卓「額田氏について」（『ひらおか』三）、野村忠夫「国造姓についての一試論―カバネ的な称呼としての国造―」（『信濃』二四―七）〔篠川〕

額田部　ぬかたべ　額田部の氏名は、応神天皇の皇子額田大中彦皇子の名に因む名代部と考えられる額田部、もしくはその伴造氏族であったことにもとづく。宿禰姓・臣姓・連姓・君姓・直姓・首姓・無姓の氏族があり、諸国に分布する。額田部宿禰氏は、額田部連が改姓した氏族であり、額田部連氏は、『日本書紀』神代上第七段の一書に「天津彦根命。此茨城国造。額田部連等遠祖也」とみえ、天武天皇十三年（六八四）に八色の姓制定に際し宿禰の姓を賜わった。また額田部川（河）田連が改姓した額田部宿禰氏もあり、天平宝字二年（七五八）七月に額田部川田連三富が額田部宿禰の氏姓を賜わっている。『新撰姓氏録』には、右京神別上・山城国神別・摂津国神別に額田部宿禰を載せ、それぞれ「明日名門命三世孫天村雲命之後也」「明日名門命六世孫天由久富命之後也」「同神（角凝魂命）男五十狭経魂命之後也」とある。なお、天武十三年以降も連姓のままの一族もあり、筑前国にも額田部連氏が分布していた。額田部臣氏は、出雲国に分布し、一族には、島根県松江市大草町の岡田山一号墳（六世紀後半の築造と推定される）出土の大刀銘に額田部臣の名がみえるのをはじめとして、八世紀前半の同国大原郡少領であった額田部臣押嶋、押嶋に次いで同郡少領となった額田部臣伊去美らがいる。また出雲国には首姓・無姓の額田部氏もあった。額田部君氏については、上野国・肥後国に分布していたことが知られ、額田部直氏は長門国に分布していた。無姓の額田部氏については、『新撰姓氏録』左京神別下に「額田部。同命（天津彦根命子明立天御影命）孫意富伊我都命之後也」とみえ、摂津国神別にも「額田部。額田部宿禰同祖。明日名門命之後也」とみえる。そのほか尾張・上総・常陸・石見・出雲・播磨・長門・筑前・肥後などの諸国にも額田部氏の分布していたことが知られる。

【参考文献】田中巽「額田部について」（『兵庫史学』二一）、本位田菊士「額田部連・額田部について」（『続日本紀研究』二三八）、狩野久「額田部連と飽波評―七世紀史研究の一視角―」（岸俊男教授退官記念会編『日本政治社会史研究』上巻、のちに『日本古代の国家と都城』所収）、岸俊男「『額田部臣』と倭屯田」（『末永先生米寿記念献呈論文集』坤所収）、井上辰雄「額田部と大和王権」（鶴岡静夫編『古代王権と氏族』所収）（篠川）

額田部瓺玉　ぬかたべのみかたま　額田部氏の枝氏の一つで瓺玉（部）を管掌した伴造の後裔氏族。無姓。『新撰姓氏録』右京神別上に「額田部瓺玉。額田部宿禰同祖。明日名門（あすなと）命十一世孫御支（みき）宿禰之後也」とみえ、角凝魂（つぬこりむすび）命系と考えられる明日名門命を祖神とする。本拠地と氏人の名は未詳であるが、同族の額田部宿禰氏が摂津国（大阪府と兵庫県の各一部）に分布すること、天平勝宝二年（七五〇）七月に三つ子を生んで正税三百束と乳母一人を給わった摂津国の瓺玉大魚売（おおな

め）が同族であろうことなどから、額田部[石尾]玉氏の本拠地も摂津国内と推定される。（星野良作）

額田部湯坐 ぬかたべのゆえ　額田部氏の枝氏の一つで、皇子女の養育に従事した湯坐部の伴造の後裔氏族。姓は連。のちの河内国河内郡額田郷（大阪府東大阪市額田町周辺一帯）の地を本拠とした。素戔嗚（すさのお）尊の子天津彦根（天津日子根）命を祖神とする。『古事記』天安河誓約段に「天津日子根命。〈是……額田部湯坐連、……等之祖也。〉」とあり、また額田部湯坐連は『新撰姓氏録』左京神別下に「天津彦根命子明立天御影（あけたつあめのみかげ）命之後也」、河内国神別に「天津彦根命五世孫乎田部（おたべ）連之後也」とみえる。氏人の消息は大化五年（六四九）三月の蘇我石川麻呂事件に連坐して誅殺された額田部湯坐連某以下、九世紀中ごろまで伝わるが、有力者は出ていない。上記事件を契機に衰退に向かったようである。なお『新撰姓氏録』では三枝部連・奄智造・凡河内忌寸の諸氏が額田部湯坐連氏と同祖と称している。

【参考文献】本位田菊士「額田部連・額田部について」（『続日本紀研究』二二八）（星野良作）

布忍 ぬのし　武内宿禰の後裔氏族。『新撰姓氏録』河内国皇別に「布忍首。的臣同祖。武内宿禰之後也。日本紀漏」とある。一族の人名としては、沙門道久らと唐より対馬に帰還した布師首磐（『日本書紀』天智天皇十年〈六七一〉十一月癸卯条）をはじめ、布師首家守・布師首麻知麻呂（「優婆塞貢進文」『大日本古文書』二十五―一六六）や布師首岡万呂・布師千尋（「奉写一切経所雑物納并下帳」『大日本古文書』二十一―三三三・三二四）、布敷（首）常藤（延喜十二年・延長七年「七条令解」『平安遺文』一―三二九・三三七）がみえる。このように布忍は布師・布敷とも表記し、摂津国兎原郡布敷郷の地名と関連しよう。（石附）

漆部 ぬりべ　漆部の氏名は、漆器の製作を職掌とした部、もしくはその伴造氏族であったことにもとづく。宿禰姓・連姓・造姓・直姓・無姓の氏族があり、諸国に分布する。漆部宿禰氏は、漆部連が天武天皇十三年（六八四）に改姓した氏族で、漆部連については、『先代旧事本紀』天孫本紀に「三見宿禰命。〈漆部連等祖。〉」とみえる。一族には、天平宝字八年（七六四）十月に外従五位下を授かった漆部宿禰道麻呂らがいた。なお、天武天皇十三年以降も連姓のままの一族もあった。漆部造氏は、その一族に、『日本書紀』用明天皇二年（五八七）四月条に名のみえる漆部造兄、『日本霊異記』上巻第十三話に大和国宇太郡漆部里の人としてみえる漆部造麿らがいた。漆部直氏の一族には、神護景雲二年（七六八）二月に相摸宿禰の氏姓を賜わり、相摸国国造に任ぜられた漆部直伊波らがおり、出雲国にも、天平十一年（七三九）の「出雲国大税賑給歴名帳」に漆部直墨足らの名がみえる。〔篠川〕

ね

根　ね　禰・禰江にも作る。姓は連。氏名は和泉国日根郡日根里（大阪府泉佐野市日根野）の地名にもとづくものか。『日本書紀』天武天皇元年六月条には根連金身がみえる。『新撰姓氏録』和泉国皇別に「同上（布留宿禰同祖。天足彦国押人命之後也。）」とある。〔外池〕

念林　ねんりん　出自未詳。渡来系氏族と考えられる。八世紀前半から後半にかけて皇后宮職写経所・東大寺写経所などに出仕し、経師として経典の書写に従事した同姓者が多い。なかでも天平十一年（七三九）四月ごろから写経司に服仕していた念林老人は、神護景雲二年（七六八）当時、奉写一切経司の主典であり、正八位上の位をもっていた。同四年（七七〇）六月には近親者とみられる念林宅成を経師として貢進している。〔佐伯〕

の

野上　のがみ　中国からの渡来系氏族。姓は連。氏名は河内国丹比郡埴生村野上（大阪府羽曳野市埴生野野上）の地名にもとづく。旧氏姓は筑紫史。延暦四年（七八五）二月に筑紫史広嶋が野上連の氏姓を賜わっている。『新撰姓氏録』河内国諸蕃に「野上連。河原連同祖。陳思王植之後也」とある。〔外池〕

濃宜　のげ　姓は公。一族の人に神護景雲元年（七六七）二月に称徳天皇が大学に行幸した際、外従五位下を賜わった大学少允・問者の濃宜公水通がいる。水通は神護景雲二年七月に信濃介となっている。〔外池〕

能登　のと　能登地方の国造系豪族。姓は臣。一族の人に、『日本書紀』斉明天皇六年三月条にみえる阿倍比羅夫の蝦夷出兵の戦闘の際に戦死した能登臣馬身竜がいる。また『古事記』崇神天皇段は崇神天皇と意富阿麻比売との間に生まれた大入杵命を能登臣氏の祖としている。〔外池〕

野中　のなか　『新撰姓氏録』右京皇別下には、「野中。同（孝昭天皇皇子）彦国押人命之後也」と記す。野中の氏名は、河内国丹比郡野中郷（大阪府羽曳野市野々上・藤井寺市野中）の地名にもとづく。この地は、渡来系の氏族である船氏の本貫地でもあり、また『日本後紀』延暦十八年（七九九）三月丁巳条に、「葛井、船、津、三氏墓地、在二河内国丹比郡野中寺以南一」とあることからも推察されるように、渡来系氏族の集住した地域であった。その一族には、延暦十五年（七九六）九月二十三日付の「近江国大国郷墾田売券」や同年十一月二日付の「近江国八木郷墾田売券」（『平安遺文』一―九）に、擬主帳や主帳としてみえる野中史らがいた。〔佐久間〕

野間　のま　姓は連。物部氏の一族。『先代旧事本紀』天孫本紀に、野間連氏は物部金連公を祖とする氏族としてみえる。尾張国（愛知県）知多郡の野間庄、あるいは摂津国（大阪府）豊能郡の野間神社のある地との関係を指摘する説もある。〔外池〕

野実　のみ　野見にも作る。姓は連。氏名は摂津国嶋上郡濃味郷（大阪府高槻市大冠・磐手辺り）の地名にもとづくものかと考えられる。『新撰姓氏録』未定雑姓、左京に「野実連。大穴牟遅命之後也」とある。〔外池〕

は

伯太首神人　はかたのおびとみわひと　伯太の氏名は、のちの和泉国和泉郡伯太村（大阪府和泉市伯太）の地名に因む。神人は、神祇関係の業務に服した氏族で、摂津・河内・遠江・近江などの諸国に分布する。したがって、伯太首神人は伯太首氏と神人氏との婚姻関係によって創られた複姓であろう。『新撰姓氏録』未定雑姓、和泉国の部に「伯太首神人。天表日命之後也」とあるが、氏人はみえない。和泉国和泉郡にある博多神社は伯太氏の氏社と考えられ、天平勝宝六年（七五四）九月二十九日「大般若経巻第四百二十一奥書」にみえる伯太造畳売は同族であったか。〔高嶋〕

羽咋　はくい　羽咋国造の後裔氏族。姓は公。氏名は能登国羽咋郡羽咋郷（石川県羽咋市）の地名にもとづく。羽咋国造の系譜を引く氏族で、『先代旧事本紀』国造本紀に羽咋国造は、石撞別命（磐衝別命）の子の石城別王が雄略天皇のころに国造を定め賜わったとし、また、『新撰姓氏録』右京皇別に「羽咋公。同（垂仁）天皇皇子磐衝別命之後也」とある。同族には継体天皇の妃を出した三尾君氏がある。〔外池〕

伯禰　はくね　中国からの渡来系氏族。一族の人伯禰広地（『平城宮発掘調査出土木簡概報』四一―九）は河内国安宿郡の人であったことが知られ、伯禰氏の本拠が河内

国安宿郡であったことがわかる。『新撰姓氏録』河内国諸蕃に「伯禰。出レ自ニ西漢人伯尼姓光金一也」とある。〔外池〕

葉栗　はくり　姓は臣、また無姓。羽栗にも作る。氏名は山城国久世郡羽栗郷（京都府久世郡久御山町佐山付近）の地名にもとづく。臣姓の葉栗氏は『新撰姓氏録』左京皇別下によると、孝昭天皇の皇子天帯（足）彦国押人命を祖とし、彦姥津命の三世孫の建穴命の後裔氏族としている。『尾張国風土記』逸文にみえる葉栗臣人麻呂は尾張国葉栗郡（愛知県一宮市・江南市・木曾川町）の人と思われ、天平年間の人羽栗臣伊賀万呂・羽栗臣国足は近江国犬上郡尼子郷（滋賀県犬上郡甲良町大字尼子）の人であり、宝亀七年（七七六）八月に臣姓を賜わった羽栗翼は山背国乙訓郡（京都府京都市・長岡京市・向日市）の人で、これらの地方にも葉栗臣氏が分布していたことが知られる。この葉栗翼の父吉麻呂は霊亀二年（七一六）に阿倍朝臣仲麻呂とともに入唐し、唐の女性と結婚して翼・翔兄弟を生み、天平六年（七三四）に父子は帰国している。また無姓の葉栗氏には弘仁元年（八一〇）五月に渤海使高多仏に渤海語を師事した羽栗馬長がおり、『新撰姓氏録』山城国皇別は無姓の葉栗氏を載せており、同じく天足彦国押人命を祖とし彦国葺命の後裔氏族としている。

【参考文献】佐伯有清『日本古代の政治と社会』、同『日本古代氏族の研究』〔外池〕

土師　はじ　埴輪や土器の製作、葬礼・陵墓などを管理した土師部の伴造氏族。姓は初め連、『日本書紀』天武天皇十三年（六八四）十二月己卯条に宿禰を賜わったとある。『日本書紀』垂仁天皇三十二年七月条に、野見宿禰は殉死にかえて埴輪を陵墓に立てることを進言し、初めて日葉酢媛命の墓に埴輪を立て、野見宿禰は土部職に任じられたため、これが土部（師）連らが天皇の喪葬を掌る機縁となったという祖先伝承がみえる。一族には宮廷の葬礼に与り、令制の諸陵司や喪儀司の官人になった者が多く、諸陵寮（天平元年〈七二九〉八月昇格）では頭・介・大属となった。『日本書紀』『続日本紀』には、推古天皇十一年（六〇三）二月土師連猪手―来目皇子の殯、皇極天皇二年（六四三）九月土師娑婆連猪手―吉備皇祖母命の喪、白雉五年（六五四）十月百舌鳥連土徳―孝徳天皇の殯、文武天皇二年（六九八）正月土師宿禰馬手―新羅貢物を大内山陵に献ず、文武天皇三年（六九九）十月土師宿禰根麻呂―越智山陵造営使、馬手―山科山陵造営使、大宝三年（七〇三）十月馬手―持統太上天皇の造御竃副官、慶雲四年（七〇七）馬手―

文武天皇造山陵司、宝亀三年（七七二）八月土師宿禰和麻呂—廃帝淳仁の淡路改葬のため派遣などがみえる。なお諸陵司に所属する土部十人がいるが、これは土部の負名氏が土師宿禰であることを示している。『日本書紀』天武天皇元年（六七二）六月条に壬申の乱で軍事活動をした土師連馬手、推古天皇十八年（六一〇）十月条に新羅の導者となった土師連菟がみえ、軍事・外交に活動した者もいた。八世紀には土師氏の伝統的職掌が火葬の普及とともに衰微し、官人として叙位も五位で外位に置かれた。『新撰姓氏録』右京神別下に「土師宿禰。天穂日命十二世孫可美乾飯根命之後也。光仁天皇天応元年。改二土師一賜二菅原氏一。有レ勅改賜二大枝朝臣姓一也」とあるように、不遇挽回のため天応元年（七八一）・延暦元年（七八二）・同九年（七九〇）に菅原・秋篠・大枝と改姓を請願し許された。『続日本紀』延暦九年十二月壬辰朔・辛酉条によれば、桓武天皇の外祖母は土師氏出身で、土師氏に四腹があり中宮母家の毛受腹は和泉国百舌鳥（大阪府堺市南郊）・大和国菅原と秋篠（奈良市北西郊）・河内国志紀・丹比郡（大阪府羽曳野市・藤井寺市）をそれぞれ本拠地とした四支族に分立していた。土師氏・土師部は右のほか山城・出雲・遠江・武蔵・下総・常陸・美濃・若狭・丹後・但馬・因幡・石見に、土師郷は上野・下野・備前・筑前に、阿波に埴土郷がみえる。

【参考文献】直木孝次郎「土師氏の研究」（『日本古代の氏族と天皇』所収）、佐伯有清「高松塚古墳壁画と朝鮮系氏族」（『古代史の謎を探る』所収）、米沢康「土師氏に関する一考察」（『芸林』九—三）、瀧浪貞子「国境の里」（村井康彦編『京都・大枝の歴史と文化』所収）
〔前川〕

間人　はしひと　『新撰姓氏録』左京皇別上には、「間人宿禰。仲哀天皇皇子誉屋別命之後也」とあり、左京神別中にも、「間人宿禰。神魂命五世孫玉櫛比古命之後也」とあって、両者は弁別しがたい。間人の氏名は、間人の伴造氏族であったことにもとづく。間人宿禰の旧姓は連、天武天皇十三年（六八四）十二月に宿禰の姓を賜わる。一族のうちには、推古天皇十八年（六一〇）十月、任那の使人の導者となった間人連塩蓋、斉明天皇三年（六五七）に新羅使に付せられ、入唐を命ぜられた間人連御厩、また、天智天皇二年（六六三）三月には、新羅を伐つ前将軍として遣わされた間人連大蓋ら、七世紀には対外関係の任務に携わった者をみかける。さらに、天平宝字八年（七六四）二月九日付の「東大寺越前国高串庄券」には、左京六条二坊戸主従七位上間人宿禰鵜甘戸口正八位下間人宿禰鷹養、万葉歌人には間人宿禰大浦（『万葉集』巻三―二八九・二九〇、巻九―一七六三）らの名をみることができる。このほか、山城国皇別の間人造や、臣姓・直姓・無姓の者も存在した。このうち無姓の間人氏は、越前・丹後・因幡・伯耆・出雲・備中などにその存在が確認される。〔佐久間〕

長谷　はせ　姓は忌寸・連・真人。忌寸姓の長谷氏としては、天平勝宝七年（七五五）三月に奉写宝積経所の使となった長谷忌寸金村が知られる。また連姓の長谷氏は越前国の人であって、承和九年（八四二）七月に長谷連貞長・貞成は本居を改めて左京二条三坊に貫附されている。さらに真人姓の長谷氏には長谷真人於保がおり、宝亀三年（七七二）正月にそれまでの長谷真人の氏姓を文室真人に改められている。『新撰姓氏録』右京皇別に、「文室真人。天武皇子二品長王之後也。続日本紀合」とあるので、文室という氏名を賜わった長谷真人氏は、天武天皇の皇子長親王の後裔であったことがわかる。なお延暦二十四年（八〇五）二月には田村王・小田村王・金江王・真殿王・河原王ら八人が長谷真人の氏姓を賜わっている。〔外池〕

丈部　はせつかべ　杖部・丈使にも作る。丈部の氏名は丈部という部民名に因む。『新撰姓氏録』左京皇別下に「丈部。天皇彦国押人命孫比古意祁豆命之後也」とみえる。丈部の分布は、東海道では遠江国・駿河国・伊豆国・甲斐国・相模国・武蔵国・上総国・下総国・常陸国、東山道では近江国・美濃国・上野国・下野国・陸奥国・出羽国、北陸道では越前国・越中国・越後国・佐渡国にみとめられる。このほか山陰道の出雲国、山陽道の周防国にもみられるように丈部は東国に重点をおいて設置されたとみられる。東国には『続日本紀』天応元年（七八一）正月乙亥条にみえる下総国印幡郡大領外正六位上丈部直牛養のように直姓をもつ郡司層が多見できるが、彼らの祖は大化前代、国造あるいはそれに準ずる豪族であり、丈部の伴造と考えられる。丈部の性格は、令制下の駈使丁の前身で、その意味は「走り使い部」で宮廷における雑用に使役されるものとする見解が定説化していたが、昭和五十三年（一九七八）、埼玉県稲荷山古墳出土の鉄剣の銘文に「杖刀人」と刻まれていることが判明して以来、「杖刀人」が丈部＝杖部に通じ、軍事的性格が強いとの新説が出された。『万葉集』に、大伴三中が自殺した部下史生丈部竜麻呂を悼んで、「天雲の、向伏す国の、もののふ（武士）と、言はるる人は、天皇の、神の御門に、外の重に、立ち候ひ、内の重に、仕へ奉りて、玉かづら、いや遠く、祖の名も、継ぎ行くものと、母父に、妻に子どもに、語らひて……」(巻三―四四三)と歌った。ここから、丈部氏が昔から歴代宮廷の警護・雑使に任じられ、単に走り使いをする部民ではなく、軍事的部民であるとみられている。また丈部造子虫は『正倉院文書』に使部子虫とみえ、丈部が使部と書き表わされていることから、丈部は令制下の駈使丁ではなく、軍事的色彩の強い使部の前身と説き、鉄剣の「杖刀人」こそが杖部の前身とする所説がある。

【参考文献】太田亮『姓氏家系大辞典』、栗田寛『新撰姓氏録考証』、大塚徳郎『平安初期政治史研究』、同『みちのくの古代史』、佐伯有清「丈部氏および丈部の基礎的研究」(『日本古代史論考』所収)、同『新撰姓氏録の研究』考証篇第二、岸俊男「万葉集からみた新しい遺物・遺跡―稲荷山鉄剣銘と太安万呂墓―」(日本古代の国家と宗教』上所収)　〔関口〕

長谷置始　はせのおきそめ　氏名に冠せられた「置始」は「置染」と表記することもあるので、染色関係に従事した伴造の後裔氏族であったかと思われる。姓は連。氏名のうち「長谷」は大和国城上郡長谷郷(奈良県桜井市初瀬町)の地名にもとづく。『新撰姓氏録』右京神別上に「長谷置始連。同神(神饒速日命)七世孫大新河命之後也」とある。　〔外池〕

長谷部　はせべ　長谷部の氏名は、大長谷若建命(雄略天皇)の名代部である長谷部の伴造氏族であったことにもとづく。『新撰姓氏録』大和国神別には、「長谷部造。神饒速日命十二世孫千速見命之後也」と記す。長谷部氏には、このほかに公姓と無姓の者がおり、名代部として諸国に設置された名残りをみるが、長谷部造氏の氏名は他の史料にはみえない。公姓では天平神護元年(七六五)正月に従五位下となった長谷部公真子や、神護景雲四年(七七〇)九月二十九日付の「奉写一切経所解」には長谷部公三宅麻呂の名がみえ、無姓の長谷部氏には、「智識優婆塞貢進解」のなかに、伊勢国桑名郡野代郷戸主長谷部比奈麻呂・東人、尾張国中嶋郡茜部郷戸主長谷部稲持・池主、尾張国愛智郡日部郷戸主長谷部呰・千松らの記載がある。また、『続日本紀』神護景雲二年九月辛巳条には、参河国碧海郡の人で白鳥を献上した長谷部文選、「下総国大嶋郷戸籍」には長谷部小宮売、『三代実録』貞観五年(八六三)九月十三日条には、美濃国可児郡の長谷部貞宗らの名がある。そのほか、写経所関係文書にも、長谷部馬甘・長谷部寛麻呂らの名をみることができる。　〔佐久間〕

秦　はた　応神朝に百二十県の民を率いて来帰したと伝える弓月君（融通王）後裔の渡来系雄族。『新撰姓氏録』などには、秦始皇帝の後裔と称し、その子孫の功満王が仲哀朝に来朝し、子の融通王が応神朝に帰化したとの所伝を掲げるが、これは本来の渡来伝承を二次的に改めたものにすぎない。秦氏の故地を『日本書紀』は百済とするが、「秦」の字を「秦韓（辰韓）」と結びつけ、秦氏と新羅系文化との関連に立って、辰韓・新羅系とする説、氏名「ハタ」が、朝鮮語の「パダ（海）」に由来するとして、朝鮮からの海人＝渡来人を指すとする説、同様に「海」の意味をもつ朝鮮古地名との関係から、秦氏の故地を『三国史記』地理志の蔚珍郡海曲県（古名波旦、大韓民国慶尚北道遠南）や「臨海」の別名をもつ金官加羅（大韓民国慶尚南道金海）に特定する説があり、ほかに「ハタ」の氏名を、朝鮮語と同源の織機の「ハタ（機）」にもとづくとする説などもあって、いずれとも決めがたい。ただ弓月君の「弓」「月」を朝鮮の音訓で読むと、百済の和訓「クダラ」と同音・同義となり、弓月君＝百済君と解釈することができるから、『日本書紀』の所伝とあわせて、百済が秦氏の故地であった可能性が強い。秦氏本流の姓は初め造。天武天皇十二年（六八三）に連、同十四年に忌寸の姓を賜わっている。『新撰姓氏録』によると、弓月君らは最初大和の葛城の朝津間の腋上の地（奈良県御所市御所・本馬・池之内周辺）に居したとあるが、秦氏と葛城地方との関係はそれほど顕著ではなく、むしろこの氏の本拠地とみられるのは山城国である。奈良朝以降の史料によれば、秦氏の氏人は広く山城全域に分布しているが、紀伊郡の深草の地（京都市伏見区深草の稲荷・大亀谷一帯）と葛野郡の太秦（うずまさ）の地（京都市右京区太秦）がその二大拠点であり、六世紀中葉から七世紀初頭ごろに秦氏の族長が深草から太秦へ移住したか、もしくは族長権が深草の一族から太秦の一族へと移行したものと推察される。『日本書紀』によると秦氏の族長と目される人物として、欽明朝に紀伊郡深草里の秦大津父（おおつち）があり、推古朝から皇極朝にかけて葛野の秦河（川）勝がある。深草の地と係わるものには、ほかに秦伊侶具（いろぐ）の創祀とする伊奈利社（伏見稲荷、『山城国風土記』逸文）や秦氏が経営に関与した深草屯倉（『日本書紀』皇極天皇二年条）があり、葛野・太秦と関係するものに、秦氏が築造したと伝える葛野大堰（『政事要略』所引『秦氏本系帳』）や推古朝に秦河勝が創建したとする広隆寺（蜂岡寺）がある。『日本書紀』『古語拾遺』『新撰姓氏録』に掲げる秦酒公の所伝によれば、秦氏は雄略朝に「百八十種勝」（ももあまりやそのまさ〈すぐり〉）を領率する伴造となり、朝廷の蔵の出納・管理に当たったとするが、秦氏がこのような伴造職につく時期は六世紀に入ってからと思われる。農地開発・鉱業・営繕・交易など殖産興業の分野で卓越した能力を持ち、大和政権の統一国家形成の進展に合わせて、ミヤケ経営などに係わる形で、畿内各地からさらに地方へと勢力を拡張し、地方豪族層配下の渡来人を大量に掌握して、中央秦氏のもとに勝—秦人—秦部という重層的な支配組織を作り上げた。弓月君が率いたという百二十県の民は、秦氏が秦人・秦部など尨大な人員を支配下に置くようになった時期の状況が、始原説話に反映されたものであろう。中央政界での活動は、東漢氏らと比較するときわめて地味で、在地型殖産氏族ともいうべき性格をもつ。秦氏は『新撰姓氏録』によれば、「別れて数腹と為れり」とあって、いくつかの系統の氏に分枝しており、「田口腹」「川辺腹」の一族の存したことが知られる。単姓の秦氏のほかに秦小宅・朴市秦などの複姓氏が多数おり、これら単姓・複姓諸氏のすべてが本宗からの分枝によって成立したものとは考えられないが、「ウズマサ」の称号をもつ族長のもとに、かなり強固な同族意識でもって結ばれていたらしい。天平十四年（七四二）には、複姓の秦下氏出身の嶋麻呂が、恭仁宮造営の功により、太秦公の氏姓（その後忌寸・宿禰と改姓）を賜わり、秦氏の族長的地位につき、天平二十年には秦老ら京畿内にある秦氏一千余烟が伊美吉に改姓している。この大量賜姓は秦氏の集団性をよく示すものといえるが、奈良朝末期から平安朝初期にかけて、秦氏のなかから奈良・朝原・賀美能（かみの）・時原・伊統（これむね）・惟宗（これむね）などの新しいウジに改名する者が増え、秦氏の集団性・同族的団結は次第に失われてゆく。秦氏は令制下においても国家の財務や殖産事業に携わる者が少なくなかったが、とくに恭仁・長岡・平安などの造宮・造京事業に貢献している。伊奈利社・松尾社を創祀し、鴨社とも深い係わりを持つなど、平安京とその周辺の有力神の祭祀にこの氏が重要な役割を果たしたことも注目すべきであろう。

【参考文献】 平野邦雄「秦氏の研究」（『史学雑誌』七〇—三・四）、上田正昭『帰化人』、関晃『帰化人』、和田萃「山背秦氏の一考察」（『嵯峨野の古墳時代』所収）、山尾幸久「秦氏と漢氏」（『地方文化の日本史』二所収）、笠井倭人「朝鮮語よりみた秦・漢両氏の始祖名」（『考古学論考』所収）、佐伯有清『新撰姓氏録の研

究』考証篇第四・五、加藤謙吉「渡来人」（『古代史研究の最前線』一所収）〔加藤〕

八多　はた　羽田・波多とも書く。近江国出身の真人系氏族。氏名は、近江国栗太郡の羽田（滋賀県八日市市羽田）に因む。旧姓は波多君（羽田公）で、天武天皇十三年（六八四）に真人を賜姓。『古事記』（応神天皇段）に、意富々杼（おおほど）王は三国・波多・息長坂・酒人・山道・筑紫米多（めた）・布勢の各君の祖とある。一方『新撰姓氏録』（左京皇別）には、応神天皇の皇子稚野毛二俣王より出ずとされている。継体は孫ないし曾孫に当たり、継体の新王朝形成に際し、後背氏族として大和政権に地歩を築いたらしい。一族には、公姓のころの人として、壬申の乱（六七二年）に近江軍から吉野軍の将軍となって活躍した八国がいる。真人姓のころの人として、大宝三年（七〇三）に山陰道巡察使、養老二年（七一八）に式部員外少輔（時に従五位下）の余（与）謝、天平三年（七三一）に従五位上に昇叙された継手などがいる。いずれも五位どまりの中級官人である。

【参考文献】 原島礼二『倭の五王とその前後』〔中村〕

羽田　はた　波多・八多とも書く。武内宿禰後裔氏族のうち、山口・星川・林・道守・播（波）美らの各朝臣同様に、羽田八代宿禰系に属する。氏名は、大和国高市郡波多郷（奈良県高市郡明日香村畑・同郡高取町周辺）に因む。姓はもと臣で、天武天皇十三年（六八四）に朝臣となる。貞観六年（八六四）に岡屋公祖代、同十一年に貞幹が、八太屋代宿禰より出自するといい、八多朝臣を賜姓されている。一族には臣姓のころの人として、推古天皇三十一年（六二三）に征新羅軍の副将軍となった広庭、大化二年（六四六）に東国国司であった某（欠名）がいる。朝臣姓のころの人として、文武天皇四年（七〇〇）に周防総領、翌大宝元年に造薬寺司となった斉（牟後閇、牟胡閇）、大宝三年（七〇三）に遣新羅使の広足、天平勝宝六年（七五四）に備後守の足人などがいて、中級官人を多く輩出している。なお天平五年の「右京計帳」には、虫麻呂の計帳が残っている。〔中村〕

爪工　はたくみ　爪（翳）の製作に携わる爪工部の伴造氏族の後裔氏族。氏名もそれにもとづく。姓は連・宿禰・造・部、また無姓。『新撰姓氏録』は連姓の爪工氏を左京神別中と和泉国神別に載せており、左京神別中に載せる爪工連氏を神魂命の子多久都玉命の三世孫天仁木命の後裔とし、和泉国神別に載せる爪工連氏を神魂命の子多久豆玉命の後裔としているが、そのうち和泉国神別の爪工連条には、雄略天皇の時代に紫の蓋（天皇・貴族の背後から長い柄でさしかけるかさ）・爪（同上の団扇）を製作し、高御座を飾ったという伝承が記されている。また尾張国にも天平年間ころの人として爪工連氏がいる。爪工宿禰氏は爪工連氏の本宗氏族であるが、その爪工宿禰氏は天武天皇十三年（六八四）十二月にそれまでの連姓を改めて宿禰姓を賜わっている。宿禰姓の爪工氏の人としては貞観四年（八六二）七月に安濃宿禰の氏姓を賜わった伊勢国安濃郡（三重県津市）の人爪工宿禰仲業や、天平宝字年間ころの人として爪工宿禰飯足がいる。また造姓の爪工氏もあり、天平年間ころの人として爪工造五百足、延暦年間ころの人として爪工造三仲がいる。かつて爪工部は諸国に設置されていたが、部姓の爪工氏が遠江国・美濃国・信濃国に分布している。天平～天平勝宝年間には無姓の爪工氏がみられるが、そのなかには連・造姓の者もいたと考えられる。（外池）

幡文　はたのあや　渡来系の氏族。氏名は、幡に文様をえがく職掌に従事したことに因む。『新撰姓氏録』（左京諸蕃）では、大岡忌寸と同祖で、安貴公の後とする。大岡忌寸は旧氏姓が倭画師で、幡文も画工氏族であったとみられる。もと姓はなく、慶雲元年（七〇四）に幡文通は、造の姓を得る。一族をみると、前記した通は慶雲元年（七〇四）に遣新羅使となり、翌年に帰朝し正六位上から従五位下に昇叙されている。また、右京八条三坊の戸主であった少初位上の幡文広足がおり、天平十七年（七四五）に戸口広隅は、優婆塞として貢進されている。（中村）

波多門部　はたのかどべ　波多門部の氏名のうち、波多はのちの大和国高市郡波多郷（奈良県高市郡高取町南部）の地名にもとづき、門部は宮城門を守る門部の伴造氏族であったことにもとづく。姓は造。『新撰姓氏録』右京神別上に波多門部造を載せ、「波多門部造。神魂命十三世孫意富支閇連公之後也」とみえる。波多門部造氏の一族は史料にみえない。（篠川）

秦人　はたひと　朝鮮半島からの渡来氏族だが、秦の始皇帝の後裔と称する。氏の名は、秦氏に支配統属されて絹織物を貢納していたことにもとづく。「人」は姓に類して社会・政治的な身分を示すとされる。『新撰姓氏録』右京諸蕃には「秦人、太秦公宿禰同祖、秦公酒之後也」とある。秦人氏の一族には秦人虫麻呂（天平十七年八月一日類収「優婆塞貢進解」二四―二九八）らが平城左京四条三坊にいた。また摂津国の秦人氏は同摂津国諸蕃に「秦人、秦忌寸同祖、弓月王之後也」とある。

この一族では、西成郡の秦人広立らが神護景雲三年（七六九）五月己丑（二十二日）に秦忌寸の姓を賜わった。さらに河内国の秦人氏は、同河内国諸蕃にやはり「秦人、秦忌寸同祖、弓月王之後也」とある。秦人氏はこのほか広く諸国に分布し、美濃国では大宝二年（七〇二）の「御野国加毛郡半布里戸籍」に秦人広庭売らがみえ、多数の秦氏が居住していた。また美濃国には秦人部を称する氏族もおり、大宝二年（七〇二）の「同国味蜂間郡春部里戸籍」「同本簀郡栗栖太里戸籍」「同国山方郡三井田里戸籍」「同国加毛郡半布里戸籍」にみえている。さらに近江・上野・若狭・丹波・播磨・周防・紀伊・阿波などの国々に秦人氏がおり、また秦人部氏は越前・備中・讃岐などの国々にいた。なお、秦人氏には広幡を付加した複姓氏族がおり、「山背国愛宕郡計帳」に秦人広幡石足らがみえる。〔浜田〕

甚目　はため　「ヒジメ」とも読む。姓は連公。貞観六年（八六七）八月に尾張国海部郡の人甚目連公宗氏と尾張の医師甚目連公冬雄らは同族十六人とともに高尾張宿禰の氏姓を賜わっている。『三代実録』はこの甚目連公氏を天孫火明命の後裔氏族としている。また、無姓の甚目氏が天平六年（七三四）の「尾張国正税帳」などにみえる。〔外池〕

蜂田　はちだ　『新撰姓氏録』和泉国神別には、「蜂田連。同上。（大中臣朝臣同祖。天児屋命之後也）」とある。蜂田の氏名は、和泉国大鳥郡蜂田郷（大阪府堺市八田町一帯）の地名にもとづく。蜂田連の旧姓は首と思われるが、連の姓を賜わった年代については明らかでない。その一族には、「行基大僧正墓誌」に、蜂田首古爾比売・蜂田首虎身の名があり、彼らが大鳥郡の人であったことは明瞭である。また、『正倉院文書』によれば、蜂田老人や、経師となっていた蜂田在人・蜂田広道の名をみることができる。さらに、『三代実録』貞観六年（八六四）九月四日条には、和泉国大鳥郡人民部少録正七位下蜂田連滝雄の名がある。蜂田古爾比売は行基の母であるが、『日本霊異記』中巻第七には、「母和泉国大鳥郡人　蜂田薬師也」とある。この記載が間違いであることは確かだが、この蜂田薬師氏について『新撰姓氏録』和泉国諸蕃には、「出自呉主孫権王也」とも、「出自呉国人都久爾理久爾也」ともある。また、『続日本紀』承和元年（八三四）六月辛丑条によれば、和泉国人正六位上蜂田薬師文主と従八位下同姓安遊らの祖は、百済人と記されている。ここに蜂田氏は、神別の蜂田連氏と、薬師の職掌についていたことを示す称号が姓となったであろう蕃別の蜂田薬師氏の二系列に分かれていたようにみえる。ただ、両者の関係について、本来はすべて蕃別であったのを、蜂田連氏が神別と称しているにすぎないとの説もある。〔佐久間〕

羽束　はつかし　摂津国の氏族。氏名は土作・造瓦や石灰を焼く泊橿部の伴造氏族に由来し、摂津国有馬郡羽束郷（兵庫県三田市高平町羽豆川・宝塚市西谷町羽豆一帯）の地を本拠とする。『新撰姓氏録』には、二氏族がみられる。㈠羽束首（摂津国皇別）は、孝昭天皇の皇子である天足彦国押人命の男、彦姥津命の後とされている。㈡羽束（摂津国神別）は、天佐鬼利命の三世の孫、斯鬼乃命の後とされている。天武天皇十二年（六八三）に、羽束造は連を賜姓されているが、㈡と同族かもしれない。一族の人名は知られていない。〔中村〕

服部　はとり　『新撰姓氏録』大和国神別には、「服部連。天御中主命十一世孫天御桙命之後也」とあり、摂津国神別には、「服部連。熯之速日命十二世孫麻羅宿禰之後也。允恭天皇御世。任二織部司一。捴二領諸国織部一。因号二服部連一」とある。このことからも明らかなように、服部の氏名は、機織を職とする服部の伴造氏族であったことにもとづく。一族には、『続日本紀』文武天皇二年（六九八）九月戊午朔条にある氏上・氏助となった服部連佐射・功子や、神亀三年（七二六）の「山背国愛宕郡出雲郷下里計帳」に服部連阿閇らの名がみえる。また、服部は諸国に設定されたので、服部氏は各地に分布する。『万葉集』巻二十には、武蔵国都筑郡の防人として服部於田とその妻服部呰女の名があり、『正倉院文書』その他には、越前国敦賀郡鹿蒜郷戸主服部否持、坂井郡余戸郷戸主服部子虫らをはじめとして、近江国愛知郡、美濃国肩県郡肩々里、佐渡国賀茂郡、因幡国高草郡高庭庄、隠岐国智夫郡、備中国都宇郡撫川郷鳥羽里、阿波国板野郡田上郷などに、多くの服部氏の名をみることができる。〔佐久間〕

祝部　はふりべ　神社の神職の一つである祝部（祝）を世襲したことによる姓で、各地に広く認められる。『新撰姓氏録』山城国神別に「祝部。（鴨県主）同祖。建角身命之後也」とあるのは、鴨県主の後裔で鴨別雷神社の神官であった。『賀茂神官鴨氏系図』『賀茂御祖皇太神宮禰宜河合神職鴨県主系図』の鴨県主賀弓の注記に「此人五世子孫鴨県主宇志、大津朝祝仕奉、而庚午年籍負二祝部姓一」とあって、『庚午年籍』で祝部の姓を負ったと伝える。近江国日吉神社の神官も祝部を称し、たとえば「禰宜散位祝部友永、神主加賀権守祝部成房、祝散位祝部惟成」とあるように、神職を独占していた。この氏族は鴨氏の同族という伝承をもつ。尾張国の熱田神宮の神官も祝部氏で、『熱田文書』嘉祥三年（八五〇）二月九日の神祇官移などに神主の祝部宮麿の名がみえる。『新撰姓氏録』右京諸蕃・山城国諸蕃に「祝部。工造同祖。呉国之人。田利須須之後也」とあるのは、大和国高市郡の呉津孫神社の祝部であったか。『斎部宿禰本系帳』には平安末期ころの人物に「松原神社祝部義輝」とみえ、安房国にも祝部を姓とする氏族の存在したことが知られる。（高嶋）

食　はみ　波弥・波美・播美にも作る。姓は臣・朝臣。『古事記』孝元天皇段は武内宿禰の子の波多八代宿禰を波美臣氏の祖としており、波弥臣氏は天武天皇十三年（六八四）十一月に朝臣姓を賜わっている。一族の人に天平勝宝年間ころの人として食（播美）朝臣息（奥）人、天平宝字年間ころの人として食朝臣三田次がいる。（外池）

林　はやし　林の氏名はのちの河内国志紀郡拝志郷（大阪府藤井寺市道明寺町林一帯）を本拠としたことに因むが、出自を異にする林氏が数氏存在していた。武内宿禰の後裔と称する林氏は、本姓は臣で、天武天皇十三年（六八四）十一月に朝臣姓を賜わった。また『続日本紀』延暦六年（七八七）六月壬寅条に「河内国志紀郡人林臣海主。野守等。改レ姓賜二朝臣一」とあり、延暦六年に朝臣と改姓した一族もいた。『新撰姓氏録』には左京皇別に「林朝臣。石川朝臣同祖。武内宿禰之後也」、河内国皇別に「林朝臣。同上（道守朝臣同祖。武内宿禰之後也）」と記される。大伴氏の同祖と伝える林氏は、もと連姓で、雅楽寮の官人であった嶋国・久麻などの名が知られるが、神護景雲三年（七六九）二月に、林連佐比物・広山が宿禰姓を賜わっている。『新撰姓氏録』河内国神別に「林宿禰。大伴宿禰同祖。室屋大連公男。御物宿禰之後也」とある。しかし連姓のままの林氏もおり、承和二年（八三五）十月に河内国志紀郡の人林連馬主が伴宿禰と改姓し、本居を右京に移している。同郡の伴林神社は林宿禰氏の氏社であろう。また、百済系の林氏もおり、『新撰姓氏録』左京諸蕃に「林連。出レ自二百済国人木貴公一也」、河内国諸蕃に「林連。出レ自二百済国直支王〈古記云二周王一〉一也」とある。同族には史姓や無姓の一族もあり、『新撰姓氏録』摂津国諸蕃に「林史。林連同祖。百済国人木貴之後也」、右京諸蕃に「林。林連同祖。百済国人木貴之後也」とみえる。このほか、『坂上系図』に引く『新撰姓氏録』逸文によれば、倭漢氏の同族である林忌寸がおり、造東大寺司・東宮学士であった稲麻呂が有名であるが、氏人は弘仁三年（八一二）六月に宿禰と改姓している。（高嶋）

原　はら　姓は首・造。氏名は摂津国島上郡原村（大阪府高槻市清水町辺り）の地名にもとづく。首姓の原氏は百済からの渡来系氏族。『新撰姓氏録』は原首氏を摂津国諸蕃の百済の部に載せ、真神宿禰と同祖と称し、福徳王の後裔氏族としているが、同書の大和国諸蕃は、真神宿禰の本系を漢の部に収め福徳王を漢の人としていて異同がある。また『新撰姓氏録』未定雑姓、右京に造姓の原氏を載せ、「神饒速日命天降之時従者。天物部峴度造之後也」とある。（外池）

蕃良　はら　百済からの渡来系氏族である葛井宿禰氏の傍流氏族。姓は朝臣。承和元年（八三四）十一月に平安右京の人葛井宿禰石雄・鮎川らが蕃良朝臣の氏姓を賜わっている。また、貞観六年（八六四）八月に蕃良朝臣豊持・葛井連宗之らが菅野朝臣の氏姓を賜わっている。（外池）

原井　はらい　姓は連。氏名は河内国（大阪府南部）にあった地名にもとづくものかと思われるが未詳。『新撰姓氏録』河内国皇別に「原井連。同上（塩屋連同祖。武内宿禰男葛木襲津彦命之後也。）」とある。（外池）

治田　はりた　姓は連。開田にも作る。氏名は土地を墾開して墾田としたことにもとづくか、あるいは近江国浅井郡（滋賀県東浅井郡と伊香郡の一部）内の墾田（治田）の地名によるものか未詳。『新撰姓氏録』は治田連氏を左京皇別下に載せ、開化天皇の皇子彦坐命の後裔とし、その四世孫の彦命が北方の蝦夷を討って近江国浅井郡を与えられて墾田とし、大海・真持らが、その地を開いて住みつき、大海の六世孫の後に当たる熊田・宮平らが治田連の氏姓を賜わったという氏族伝承を載せている。天平〜天平勝宝年間ころの人に治田（開田）連石麻呂がいる。（外池）

蓁原　はりはら　榛原にも作る。姓は公・君、また無姓。氏名は遠江国蓁原郡蓁原郷（静岡県榛原町・金谷町一帯）の地名にもとづく。『日本書紀』応神天皇二年三月条は応神天皇皇子の大山守皇子を榛原君氏の始祖とし、さらに『新撰姓氏録』摂津国皇別に「榛原公。息長真人同祖。大山守命之後也」とある。榛原公氏の一族には、天長年間ころの人として蓁原公高按らがいる。また、『新撰姓氏録』は無姓の蓁原氏を河内国皇別で、その本系を「誉田天皇皇子大山守命之後也」と

している。無姓の蓁原氏には天平勝宝年間ころの人として、河内国班田司の史生蓁原藤成がいる。〔外池〕

播磨　はりま　針間にも作る。播磨国の国名に因む。針間国造の後裔氏族。『先代旧事本紀』国造本紀に「針間国造。志賀高穴穂朝。稲背入彦命孫。伊許自別命。定㆓賜国造㆒」、『新撰姓氏録』右京皇別の佐伯直条に「景行天皇皇子。稲背入彦命之後也。男御諸別命。稚足彦天皇〈諡成務〉御代。中㆓分針間国㆒給之。仍号㆓針間別㆒。男阿良都命。一名伊許自別」とあるように、稲背入彦命を祖とし、針間別と称していた。『日本書紀』景行天皇四年二月甲子条に「稲背入彦皇子。是播磨別之始祖也」、『先代旧事本紀』天皇本紀景行天皇段に「稲背入彦命〈播磨別祖〉」とある。針間国造の本宗家は『庚午年籍』で佐伯直の姓を賜わっていたが、播磨直を名のる一族もあった。『続日本紀』神亀二年（七二五）十一月己丑条に、唐国から甘子をもたらした播磨直弟兄が従五位下に昇叙されたことを記す。なお、『朝野群載』巻四に「播磨采女播磨宿禰徳子」とみえるので、のちに宿禰姓を賜わったと考えられる。無姓の播磨・針間氏もおり、同書に播磨掾であった播磨成信・伝野などがみえるほか、『正倉院文書』『東大寺要録』などにも氏人が知られる。針間国造を姓とした一族もおり、天平六年（七三四）の播磨国賀茂郡既多寺の大智度論知識として針間国造国守・荒熊などの名がみえる。『坂上系図』に引く『新撰姓氏録』逸文によれば、倭漢直の同族である播磨村主がいたが、氏人はみえない。

【参考文献】佐伯有清「日本古代の別（和気）とその実態」（『日本古代の政治と社会』所収）〔高嶋〕

春　はる　嵯峨天皇の後裔氏族。姓は朝臣。嵯峨天皇皇子の源信（八一〇～八六八）の子の尋は父に子として認められず系譜からも削除されていたが、父信の逝去ののちの元慶五年（八八一）六月に源泰・源保らの望みによってそれまで氏姓がなかった者に春朝臣の氏姓を賜わった。〔外池〕

春井　はるい　渡来系氏族。春井の氏名は美称によるものと思われる。姓は連。『新撰姓氏録』河内国諸蕃に「春井連。下村主同祖。後漢光武帝七世孫慎近王之後也」とあり、下村主と同祖と伝える。春井連氏の一族の人名は他史料にみえない。

【参考文献】佐伯有清『新撰姓氏録の研究』考証篇第五〔荻〕

春江　はるえ　河内国若江郡を本拠とした豪族。姓は宿禰。旧氏姓は浮穴直。『続日本後紀』

承和元年五月丙子条に「伊予国人正六位上浮穴直千継。大初位下同姓真徳等賜二姓春江宿禰一。千継之先。大久米命也」とあり、同年十一月丁巳条に「女孺河内国若江郡人浮穴直永子賜二姓春江宿禰一」とあり、承和元年（八三四）五月に伊予国人浮穴直千継・真徳、同年十一月に河内国人浮穴直永子がそれぞれ春江宿禰の氏姓を賜わった。春江宿禰氏の一族として、上記のほかに春江宿禰安主・春江宿禰良並らがおり、彼らは貞観六年（八六四）八月に河内国若江郡より左京に貫附された。なお浮穴直について、『新撰姓氏録』左京神別中に「浮穴直。移受牟受比命五世孫弟意孫連之後也」とあり、同書河内国神別に「浮穴直。移受牟受比命之後也」とみえ、いずれも移受牟受比命の後裔としているのに対し、先述の『続日本後紀』承和元年五月丙子条にみえる伊予国人浮穴直千継らは祖を大久米命としていた。移受牟受比命は同書大和国神別の門部連条に「牟須比命児安牟須比命」とあるように牟須比命すなわち高牟須比命（高御魂命）の子と考えられることから、伊予国の浮穴直氏は大久米命を、高牟須比命の子の移受牟受比命の子孫として系譜に位置づけていたことによるものと察せられ、河内国の浮穴直氏と伊予国の浮穴直氏は同族であったろう。また、浮穴の氏名はのちの伊予国浮穴郡（愛媛県上浮穴郡）の地名によるものと考えられる。

【参考文献】佐伯有清『新撰姓氏録の研究』考証篇第三・四　〔荻〕

春岳　はるおか　出自未詳。皇別系氏族であろう。春岳の氏名は美称によるか。姓は真人。春岳氏の一族として、元慶二年（八七八）二月に大和権介から越中権介に転任し、仁和二年（八八六）六月に越前介に任ぜられた春岳真人冬通がいる。なお『類聚国史』巻九十九、職官四、叙位四、弘仁十一年（八二〇）正月庚辰条に正六位上より従五位下に昇叙したとみえる春岡真人広海も春岳真人氏の一族であろうか。　〔荻〕

春科　はるしな　唐系渡来氏族。姓は宿禰。旧氏姓は浄村（清村にも作る）宿禰。『日本後紀』延暦二十四年（八〇五）十一月甲申条に「左京人正七位下浄村宿禰源言。父賜緑袁常照。以二去天平宝字四年一奉レ使入朝。幸沐二恩渥一。遂為二皇民一。其後不幸。永背二聖世一。源等早為二孤露一。无二復所一レ恃。外祖父故従五位上浄村宿禰晋卿養而為レ子。依二去延暦十八年三月廿二日格一。首露已訖。儻有二天恩一。无レ追二位記一。自レ天祐レ之。欣幸何言。但賜レ姓正レ物。国之徽章。伏請改二姓名一。為二春科宿禰道直一。許レ之」とあり、父の袁常照が死去し、外祖父浄村晋卿（袁晋卿）の養子となった浄村宿禰源が春科宿禰道直の氏姓を賜わった。袁晋卿は天平七年（七三五）に渡来し大学の音博士・大学頭・安房守などを歴任し、天平神護二年（七六六）十月には李忌寸元環・皇甫東朝・皇甫昇女とともに唐楽を奏し、宝亀九年（七七八）十二月に清村宿禰の氏姓を賜わった。春科宿禰氏の一族の人名は上記のほかみえないが、清村宿禰時代の人として浄村宿禰源のほかに浄村宿禰晋卿の子の浄村宿禰弘・浄村宿禰秀・浄村宿禰浄豊がおり、また清村宿禰是嶺の名がみえる。

【参考文献】佐伯有清『新撰姓氏録の研究』考証篇第四　〔荻〕

春澄　はるずみ　木工技術者猪名部の伴造氏族である猪名部造氏の後裔氏族。春澄の氏名は美称によるか。姓は宿禰。のちに朝臣。旧氏姓は猪名部造。『三代実録』貞観十二年（八七〇）二月十九日辛丑条にみえる参議従三位春澄朝臣善縄の薨伝に、天長五年（八二八）に猪名部造善縄ら兄弟姉妹が春澄宿禰の氏姓を賜わり、のちに朝臣姓になるとある。朝臣姓を賜わったのは『文徳実録』仁寿三年十月戊辰条に「但馬守従四位上春澄宿禰善縄賜二姓朝臣一」とあるように、仁寿三年（八五三）十月のことであった。春澄氏の一族には上記の春澄朝臣善縄のほかに、善縄の子の春澄朝臣具瞻・春澄朝臣魚水・春澄朝臣高子（洽子）がいる。

【参考文献】佐伯有清『新撰姓氏録の研究』考証篇第三　〔荻〕

春苑　はるその　渡来系氏族か。春苑の氏名は美称によるであろう。姓は宿禰。旧氏姓は宍人首。伯耆国八橋郡辺りを本拠にしたか。『続日本後紀』承和三年四月己巳朔条に「伯耆国人陰陽師宍人首玉成賜二姓春苑宿禰一。国牽天皇第一皇子大彦命苗裔也」とあり、承和三年（八三六）四月に宍人首玉成が春苑宿禰の氏姓を賜わった。また、同記事では国牽天皇（孝元天皇）皇子の大彦命の後裔と称し、中央の宍人朝臣氏と同族としているが、伯耆国の宍人首氏は同国に置かれた渡来系の宍人の伴造氏族であったことと、宍人朝臣氏が阿倍朝臣氏と同族で、阿倍朝臣氏が渡来系氏族と密接な関係をもっていたことから、宍人首氏が中央の宍人朝臣氏の同族系譜に組み込まれるようになったものと考えられる。春苑宿禰氏の一族は上記の春苑宿禰玉成のほかにみえない。

【参考文献】佐伯有清『新撰姓氏録の研究』考証篇第一、同「承和の遣唐使をめぐる賜姓と移貫」（『日本古代氏族の研究』所収、初出原題「承和の遣唐使をめぐる諸問題」佐伯有清編『日本古代政治史論考』所収）〔荻〕

春滝　はるたき　渡来系氏族。姓は宿禰。旧氏姓は下村主。後漢光武帝の後裔と伝える。『続日本後紀』承和三年閏五月癸巳条に「河内国人美濃国少目下村主氏成。散位同姓三仲等賜二姓春滝宿禰一。其先『遠祖』出レ自二後漢光武帝之後一者也」とあり、承和三年（八三六）に下村主氏成・下村主三仲らが春滝宿禰の氏姓を賜わった。春滝宿禰氏の一族には春滝宿禰春岳（岡）がおり、元慶三年（八七九）十二月に山城国班田使、同七年十二月に大和国班田使にそれぞれ任ぜられている。〔荻〕

【参考文献】佐伯有清『新撰姓氏録の研究』考証篇第四

春永　はるなが　蝦夷系氏族。姓は連。旧氏姓は叫。『続日本後紀』承和十年二月甲戌条に「播磨国餝磨郡人散位正七位下叫綿麻呂賜二姓春永連一。元夷種也」とあり、承和十年（八四三）二月に叫綿麻呂が春永連の氏姓を賜わっている。春永連氏の一族は他史料にみえない。〔荻〕

春庭　はるにわ　宇自可臣の後裔氏族。姓は宿禰。旧氏姓は宇自可臣。孝霊天皇皇子の彦狭嶋命を祖とする。『続日本後紀』承和二年九月乙巳条に「右京人散位宇自可臣良宗賜二姓春庭宿禰一。彦狭嶋命之苗裔也」とあり、承和二年（八三五）九月に宇自可臣良宗が春庭宿禰を賜わった。春庭宿禰氏の一族は他史料にみえない。〔荻〕

【参考文献】佐伯有清『新撰姓氏録の研究』考証篇第二

春野　はるの　百済系渡来氏族。春野の氏名は美称によるであろう。姓は連。旧姓は面。『続日本紀』天平宝字五年三月庚子条に「百済人余民善女等四人賜二姓百済公一。……面得敬等四人春野連」とあり、天平宝字五年（七六一）三月に面得敬（面徳鏡）ら四人に春野連の氏姓を賜わった。『新撰姓氏録』右京諸蕃下に「春野連。出レ自二百済速古王孫比流王一也」とみえる。春野連氏の一族は上記の春野連得敬のほかにみえないが、春野聡哲・春野広卿（郷カ）の無姓の春野氏がいる。〔荻〕

【参考文献】佐伯有清『新撰姓氏録の研究』考証篇第五

春原　はるはら　朝臣姓と連姓の春原氏がいた。朝臣姓の春原氏は天智天皇皇子の河島王の後裔氏族。姓は朝臣。『日本後紀』大同元年（八〇六）五月己卯条に従四位上五百枝王が春原朝臣の氏姓を賜わるように上表し、これが認められたとある。『新撰姓氏録』左京皇別上に「春原朝臣。天智天皇皇子浄広壹島王之後也」とみえる。『公卿補任』弘仁三年（八一二）条、春原朝臣の一族の春原五百枝の袖書にも「五月己卯上表請レ賜二春原朝臣姓一。勅許レ之」

とある。『続日本紀』天応元年（七八一）二月丙午条に「三品能登内親王薨。……内親王。天皇之女也。適二正五位下市原王一。生二五百井女王。五百枝王一。薨時年卅九」とあるように、春原朝臣五百枝の父は市原王で、母は光仁天皇皇女の能登内親王であった。春原朝臣氏の一族には春原朝臣五百枝のほかに春原朝臣永世・春原朝臣広宗らがいる。連姓の春原氏は渡来系氏族。高宮村主の後裔氏族。『続日本紀』延暦三年七月癸未条に「右少史正六位上高宮村主田使。及真木山等。賜二姓春原連一」とあるように、延暦三年（七八四）七月に高宮村主田使・真木山らが春原連の氏姓を賜わった。なお同四年三月には春原連を改めて高村忌寸の氏姓を賜わり、さらに弘仁二年（八一一）閏十二月に宿禰を賜姓された。

【参考文献】佐伯有清『新撰姓氏録の研究』考証篇第一・五・六　〔荻〕

春淵　はるぶち　渡来系氏族。姓は朝臣。旧氏姓は文部谷直。『三代実録』仁和三年七月十七日戊子条に「左京人右大史正六位上文部谷直忠直。弟式部少録正六位上文部谷直永世。男女合九人。賜二姓春淵朝臣一」とあり、仁和三年（八八七）七月に文部谷直忠直・永世の兄弟ら男女九人が春淵朝臣の氏姓を賜わった。同記事にはこれに続けて「忠直自言。大日本根彦国牽天皇之後。与二安倍朝臣一同祖也。今撿二姓氏録一。安倍朝臣之別。無二文部谷直一。但後漢孝霊皇帝後。坂上大宿禰等之氏族。有二姓文部谷直一也」とみえ、文部谷直氏は孝元天皇の後裔で安倍朝臣氏と同祖であると自称していたが、実は倭漢系の渡来氏族で、文部谷の氏名も文筆の仕事に携わったことに由来するものであろう。また、ここには『新撰姓氏録』に文部直氏の記載のある旨が記されているが、同書逸文に文部谷忌寸氏があるだけで知られない。なお、文部谷直氏は文部谷忌寸氏の枝流の氏族と思われ、文部谷忌寸氏は谷氏の一族であった。

【参考文献】佐伯有清『新撰姓氏録の研究』考証篇第六　〔荻〕

春海　はるみ　「ハルウミ」とも読む。出自未詳。姓は連。春海連氏の一族として、陸奥の蝦夷平定に参加した春海連奥雄（『三代実録』元慶四年二月十七日条）、元慶六年（八八二）三月に雅楽少允としてみえ従七位上より外従五位下に昇叙されている春海連貞吉がいる（同書元慶六年三月二十八日条）。　〔荻〕

春道　はるみち　川上造の後裔氏族。姓は宿禰。旧氏姓は川上造。伊香我色雄命を祖と伝える。『続日本後紀』承和元年十二月乙未条に「散位従七位下川上造吉備成賜二姓春道宿禰一。伊香我色雄之後也」とあり、承和元年（八三四）十二月に川上造吉備成が春道宿禰を賜わった。春道宿禰吉備成は同書承和三年閏五月丙子条に「河内国人遣唐音声長外従五位下良枝宿禰清上。遣唐画師雅楽答笙師同姓朝生。散位春道宿禰吉備成等改二本居一貫二附右京七条二坊一」とみえるように遣唐画師であったと考えられる。春道宿禰氏の一族として、ほかに春道宿禰永蔵がいる。永蔵は同書承和六年八月甲戌条に知乗船事としてみえ、承和の遣唐使の一員として入唐した。春道宿禰永蔵も承和元年十二月に吉備成とともに春道宿禰の氏姓を賜わったものであろう。

【参考文献】佐伯有清「承和の遣唐使をめぐる賜姓と移貫」（『日本古代氏族の研究』所収、初出原題「承和の遣唐使をめぐる諸問題」佐伯有清編『日本古代政治史論考』所収）〔荻〕

春岑　はるみね　出雲臣の後裔氏族。春岑の氏名は美称によるか。姓は朝臣。旧氏姓は出雲臣。『日本後紀』弘仁六年八月丁卯条に「右京人少初位下出□臣広津麻呂等七人賜二姓春岑朝臣一」とあり、弘仁六年（八一五）八月に出雲臣広津麻呂ら七人が春岑朝臣の氏姓を賜わった。春岑朝臣氏の一族は春岑朝臣広津麻呂のほかにみえない。〔荻〕

春宗　はるむね　出自未詳。姓は連。『続日本後紀』承和元年（八三四）正月戊午条に正六位上春宗連継縄が外従五位下に昇叙しているのが知られるだけで、詳細は不明。〔荻〕

春世　はるよ　榎井部の後裔氏族か。姓は宿禰。旧姓は榎井部か。のちに榎井朝臣。『続日本後紀』承和十二年二月己卯条に「和泉国日根郡人戸主正六位上春世宿禰嶋公。兄左坊城主典従七位上春世宿禰嶋人。弟主税大允正六位上春世宿禰嶋長等。賜二姓榎井朝臣一。貫二右京二条一坊一」とあり、承和十二年（八四五）二月に和泉国日根郡の春世宿禰嶋公・春世宿禰嶋人・春世宿禰嶋長の兄弟が榎井朝臣の氏姓を賜わったとあるだけで、春世宿禰氏の人名は他史料にみえない。なお、春世宿禰の旧姓と思われる榎井部は榎井連氏の部曲であったことに由来するものと考えられる。また『新撰姓氏録』和泉国神別に「榎井部。同神（饒速日命）四世孫大矢口根大臣命之後也」とみえる。

【参考文献】佐伯有清『新撰姓氏録の研究』考証篇第四〔荻〕

春良　はるよし　渡来系氏族。姓は宿禰。旧氏姓は志賀史・錦部村主・大友村主など。『続日本後紀』承和四年十二月癸巳条に「近江国人左兵衛権少志志賀史常継。左衛門少志錦部村主薬麻呂。越中少目錦部主寸人勝。太政官史生大友村主弟継等賜二姓春良宿禰一。常継之先。後漢献帝苗裔也」とあり、承和四年（八三七）十二月に志賀史常継・錦部村主薬麻呂・錦部主寸人勝・大友村主弟継らが春良宿禰を賜わった。春良宿禰氏の一族として、上記のほかに『三代実録』貞観六年八月八日壬戌条に「近江国犬上郡人左近衛府生正七位下春良宿禰諸世。改二本居一貫二附山城国愛宕郡一」とみえ、貞観六年（八六四）八月に近江国犬上郡より山城国愛宕郡に貫附された春良宿禰諸世がいる。

【参考文献】佐伯有清『新撰姓氏録の研究』考証篇第五　〔荻〕

半毗氏　はんぴし　百済からの渡来系氏族。氏名は百済の古地名である半奈夫里（大韓民国全羅南道潘南）にもとづく。『新撰姓氏録』右京諸蕃下に「百済国沙半王之後也」とある。　〔外池〕

ひ

氷　ひ　氷室を管理し供御の氷のことを掌る伴造氏族の後裔氏族。氏名もそれにもとづく。姓は連・宿禰。宿禰姓の氷氏は天武天皇十三年（六八四）十二月にそれまでの連姓から宿禰の姓を賜わっており、『新撰姓氏録』は氷宿禰氏を左京神別上に載せ、石上朝臣氏と同祖で神饒速日命の後裔であるとしている。またそれとは別に連姓の氷氏について河内国神別には、「石上朝臣同祖。饒速日命十一世孫伊己灯宿禰之後也」とある。さらに『先代旧事本紀』天孫本紀は、氷宿禰氏・氷連氏は物部大前宿禰を始祖としてあげている。　〔外池〕

火　ひ　肥にも作る。火（肥）の氏名は肥国（のち肥前・肥後両国に分立）の地名に因む。同氏は火国造の後裔で、本拠地は肥後国八代郡肥伊郷（熊本県八代郡）の地であろう。姓は君（公）。『先代旧事本紀』国造本紀は「火国造。瑞籬朝。大分国造同祖。志貴多奈彦命児。遅男江命。定二賜国造一」とするが、『古事記』神武天皇段は神八井耳命を祖としている。『播磨国風土記』餝磨郡条に「筑紫国火君等祖」（名欠）がみえる。大宝二年（七〇二）の「筑前国嶋郡川辺里戸籍」にみえる肥君猪手は、嶋郡大領で、百二十八人の戸口を持つ大戸主であったことは有名。同戸籍にはまた肥君宇志麻呂など、八十五名の肥君氏が名を連ねている。薩摩国にも分布し、天平八年（七三六）の「薩摩国正税帳」には某郡の大領として肥君（名欠）、主帳として肥君広竜が署名している。『日本霊異記』下巻三十五話に「白壁天皇之世。筑紫肥前国松浦郡人、火君之氏、忽然死」

という説話を載せる。筑紫火公と称する一族もあり、承和十五年（八四八）八月に肥前国養父郡の人で大宰少典従八位上の筑紫火公貞直と、その兄で豊後大目大初位下の筑紫火公貞雄らが忠世宿禰の姓を賜わり、左京六条三坊に貫附されている。この同族に直を姓とする肥氏があり、『新撰姓氏録』大和国皇別に「肥直。多朝臣同祖。神八井耳命之後也」と記す。大和国肥直氏は同国十市郡意富郷にある多神宮の祝部であった。無姓の火（肥）氏もいて、『新撰姓氏録』右京皇別に「火。同氏（多朝臣同祖。神八井耳命之後也）」とあるが、氏人はみえない。（高嶋）

稗田　ひえだ　薭田にも作る。猿女君の後裔氏族。稗田の氏名は大和国添上郡稗田（奈良県大和郡山市）の地名による。無姓。古代宮中において、鎮魂祭や大嘗祭に出仕し歌舞を掌った猿女を貢進した氏族。元来、稗田氏は伊勢出身の猿女君氏の一族で、宮廷祭祀に奉仕するために大和国添上郡稗田に移って稗田氏を称したのであろう。稗田氏の一族に『古事記』撰述に係わった稗田阿礼、『西宮記』裏書、貢猿女事条に猿女としてみえる稗田福貞子・薭田海子がいる。

【参考文献】西郷信綱『古事記研究』（荻）

俾加　ひか　朝鮮からの渡来系氏族。姓は村主。氏名は大和国葛上郡避箇（奈良県御所市大字朝妻）の地名にもとづく。四世紀末～五世紀初めころに朝鮮から渡来して東漢氏の祖となったと伝えられる阿知使主（阿知王）によって、応神天皇のころに高麗・百済・新羅などから呼ばれたとされる多くの氏族のうちの一氏族。（外池）

氷上　ひかみ　天武天皇の後裔氏族。姓は真人。氷上の氏姓は『公卿補任』天平勝宝九年（天平宝字元年〈七五七〉）条の塩焼王の尻付に「八月三日賜二氷上真人一。叙二従三位一」とあることに始まる。氷上の名は新田部皇子の伯母が氷上娘（天武天皇夫人）といったことに由来すると考えられる。『新撰姓氏録』左京皇別に「氷上真人。出レ自二諡天武皇子一品大惣管新田部王一也。続日本紀合」とみえる。一族には天武天皇の孫に当たる氷上塩焼、その子の志計志麻呂・川継、氷上陽侯らがいる。一族は有力な皇位継承者の地位にあったためか、塩焼以来いずれもはげしい政争の犠牲になっている。塩焼は天平宝字八年（七六四）恵美押勝の乱のとき、押勝に立てられ今帝と称したが、押勝が敗れると彼とともに斬られた。志計志麻呂は神護景雲三年（七六九）の県犬養姉女の天皇厭魅事件に連坐し、土佐国に配流されそのまま死亡したと推定される。川継は延暦元年（七八二）因幡介であったとき、謀反を企てるが未然に発覚し捕えられ伊豆に配流された。延暦二十四年（八〇五）に罪を免ぜられ、大同元年（八〇六）従五位下に復した。氷上陽侯は前身は陽侯女王で塩焼の姉妹あるいは子ともいわれ、長年宮中に仕え累進して従三位にまで昇っている。氷上娘は天武天皇十一年（六八二）に没し赤穂に葬られたとされるが、その墓は高津笠（奈良県北葛城郡赤部集落西方高津笠城跡）にあるという伝承も残されている。

【参考文献】佐伯有清『新撰姓氏録の研究』考証篇第一、高島正人『奈良時代諸氏族の研究』、角田文衛「氷上陽侯」（角田文衛著作集第五『平安人物志』上所収）、阿部猛「天応二年の氷上川継事件」（『平安前期政治史の研究』所収）〔追塩〕

引田 ひきた 「ヒケタ」とも読む。姓は君・公・臣。三輪・阿倍氏の同族。三輪氏と同族の引田氏は君姓で、大和国城上郡辟田郷（奈良県桜井市初瀬付近）を本拠として曳田神社の祭祀を司っていたと考えられる。一族の人三輪引田君難波麻呂は、天武天皇十三年（六八四）五月に大使として高句麗に遣わされている。また三輪氏の同族の引田氏には公姓の者もあり、神護景雲二年（七六八）二月には大神引田公足人が大神朝臣の氏姓を賜わっている。阿倍氏の同族の引田氏は臣姓で、やはり辟田郷に本拠を置いていたとみられる。一族の人には阿倍引田臣比羅夫がいる。比羅夫の子宿奈麻呂は慶雲元年（七〇四）十一月に阿倍朝臣の氏姓を賜わった。これは阿倍朝臣御主人の死後、宿奈麻呂が阿倍氏の氏上となったためとみられる。その後も引田氏は存続していたが、和銅五年（七一二）十一月には宿奈麻呂の願いによって引田朝臣邇閇・東人・船人らが阿倍朝臣に改姓されている。

【参考文献】加藤謙吉「複姓成立に関する一考察―阿倍氏系複姓を対象として―」（『続日本紀研究』一六八）〔外池〕

土形 ひじかた 姓は君。応神天皇の皇子大山守命の後裔氏族。遠江国城飼郡土形郷（静岡県小笠郡大東町上土方一帯）を本拠としたと考えられる。『日本書紀』応神天皇二年三月条では榛原君氏とともに、『古事記』応神天皇段では幣岐君・榛原君氏とともに大山守命を祖とする氏族として記されている。〔外池〕

樋田 ひた 巨勢を冠して巨勢樋田、また巨勢斐太に作る。姓は臣・朝臣。氏名は、巨勢は大和国高市郡巨勢郷（奈良県高市郡高取町付近）、樋田は大和国高市郡の飛驒庄（奈良県橿原市鴨公）の地名にもとづく。樋田の氏名について『新撰姓氏録』右京皇別条は、稲茂臣の子の荒人が皇極天皇のころ大和国葛城の田を耕す際に能く長械（揚水機）を用いて灌漑したため械田の氏名を賜わったという伝承を載せている。朝臣姓の巨勢械田氏の旧姓は臣で、養老三年（七一九）五月に巨勢斐太臣大男ら二人が朝臣姓を賜わっているが、その後も巨勢斐太臣氏は存しているとともに巨勢械田臣氏も存している。『新撰姓氏録』右京皇別上には巨勢械田朝臣氏を載せて武内宿禰の子の雄柄宿禰の四世孫稲茂臣の後裔氏族とし、さらに巨勢斐太臣氏も巨勢械田朝臣氏と同祖とし、同じく大和国皇別には巨勢械田臣氏を載せて巨勢械田朝臣氏と同祖で武内宿禰の後裔氏族としている。〔外池〕

飛驒　ひだ　斐陀にも作る。『先代旧事本紀』国造本紀によれば、斐陀国造について、「志賀高穴穂朝御世。尾張連祖瀛津世襲命・大八椅命定二賜国造一」とあり、尾張連氏の後裔という。この一族は、長く国造・郡司の家として栄えたと思われ、『続日本紀』天平勝宝元年（七四九）閏五月癸丑条には、大野郡大領飛驒国造高市麻呂が、飛驒国分寺への献物によって外従五位下となり、神護景雲二年二月には造西大寺大判官になったとある。また、天平勝宝二年三月より翌年二月にかけての「治部省牒」には、治部大録従六位下飛驒国造石勝の名がみえ、天平勝宝七歳九月二十八日付の「班田司歴名」には、飛驒道足の名がある。さらに、『続日本紀』延暦二年（七八三）十二月甲辰条には、飛驒国人従七位上飛驒国造祖門を国造に任じたとある。〔佐久間〕

飛多　ひだ　姓は真人。氏名は大和国高市郡飛驒（奈良県橿原市鴨公町飛驒）の地名にもとづくものかと考えられる。『新撰姓氏録』は飛多真人氏を左京皇別に載せ、路真人氏と同祖で、敏達天皇の皇子難波王の後裔としている。〔外池〕

火撫　ひなつ　中国からの渡来系氏族。姓は直。氏名は地名に由来するかと思われるが未詳。『新撰姓氏録』は河内国諸蕃、および和泉国諸蕃に載せ、ともに後漢の第十二代の皇帝霊帝を祖とし、その四世孫の阿知使主の後裔氏族であるとしている。〔外池〕

日根　ひね　新羅からの渡来系氏族。姓は造。氏名は和泉国日根郡（大阪府泉南郡）の地名にもとづく。日根造氏の本拠は和泉国日根郡賀美郷（大阪府泉佐野市上ノ郷）であったと思われる。『新撰姓氏録』和泉国諸蕃に「日根造。出レ自二新羅国人億斯富使主一也」とある。〔外池〕

檜前　ひのくま　大和国高市郡檜前郷（現在の奈良県高市郡明日香村南西部）を本拠とする渡来系氏族。氏名は地名に由来する。檜前忌寸・檜前村主・檜前調使・檜前（限）民使・檜前直などがある。『続日本紀』宝亀三年（七七二）四月庚午条の坂上苅田麻呂の奏言では、檜前忌寸を高市郡司に任ずる理由として、その先祖の阿智使主が応神朝に十七県の人夫を率いて帰化し、郡内の檜前村に居住したこと、郡内には檜前忌寸らが満ち、他姓の者は十分の一、二に過ぎないことをあげている。この檜前の地には、檜前忌寸ら渡来系の東漢人、雄略朝以降の渡来である今来漢人が多く居住していた。檜前忌寸は天安元年（八五七）正月に民忌寸ら東漢系諸氏族とともに、忌寸を伊美吉と改められている。その後天慶元年（九三八）八月以前に、宿禰姓となったものとみられる。檜前村主は漢の高祖の男子である斉王肥の後裔を名のり、『坂上系図』所引の『新撰姓氏録』逸文により、古くは高姓であったことがわかる。村主姓の者としては平城京右京五条二坊の戸主檜前村主阿古麻呂、丹後国史生檜前村主稲麻呂（天平十年）などが知られる。檜前調使は『新撰姓氏録』逸文に、阿智使主が率いて帰化した七姓の漢人の一つである多姓の後裔とする。調使は徴税のことを担当したことに由来する。一族の檜前調使案麻呂は大和国葛上郡高宮郷の戸主、その男子である百戸は僧名が行表で、天平十三年（七四一）に得度している（『内証仏法相承血脈譜』）。また葛上郡には檜前直も居住していた（『新撰姓氏録』逸文）。（前沢）

檜前舎人　ひのくまのとねり　宣化天皇の名代部およびその伴造氏族。氏名はその宮である檜隈廬入野宮による。尾張宿禰の祖である火明命の十四世孫波利那乃連公の後裔を称する（『新撰姓氏録』左京神別下）。檜前舎人部・檜前舎人連・檜前舎人直などがある。天武天皇十二年（六八三）九月に造姓から連姓に改められた伴造一族には、天平十年（七三八）に大宰史生で下船伝使となった檜前舎人連馬養、宝亀元年（七七〇）十月に散位寮少属であった檜前舎人連安麻呂が知られる。直姓には天平神護元年（七六五）正月に上総国海上郡の檜前舎人直建麻呂がおり、この建麻呂は神護景雲元年（七六七）九月に上総宿禰に改賜姓され、宝亀三年（七七二）三月には隼人正となっている。また承和七年（八四〇）十二月に武蔵国加美郡の檜前舎人直由加麿が知られる。檜前舎人部には宝亀二年（七七一）三月に遠江国城飼郡の主帳であった檜前舎人部諸国、檜前舎人には天平十年に駿河国志太郡の少領であった桧（檜）前舎人（名欠）、天平勝宝七歳（七五五）二月に武蔵国那珂郡の防人であった檜前舎人石前がいる。この分布状況から檜前舎人は東国に多く設置されていたことがわかる。なお上野国佐位郡には、天平感宝元年（七四九）八月に大領であった栬（檜）前部君賀美麻呂、同郡佐位郷の戸主栬前部黒麻呂がおり（正倉院宝物揩布屛風袋墨書銘文）、天平神護二年（七六六）十二月には檜前部老刀自がいる。この老刀自は神護景雲元年三月に上毛野佐位朝臣に改賜姓され、同二年（七六八）六月には掌膳上野国佐位采女で本国国造となり、宝亀二年二月に従五位下を授けられている。この檜前部らも名代部とその伴造氏族と考えられる。〔前沢〕

檜原　ひはら　中国からの渡来系氏族。姓は宿禰。旧姓は直、のちに忌寸であったと考えられる。氏名は『万葉集』にみえる檜原、大和国式上郡檜原村（奈良県磯城郡大三輪町付近）の地名にもとづく。延暦四年（七八五）六月に坂上氏・内蔵氏ら十姓十六人とともに忌寸姓から宿禰姓に改められたと考えられる。一族の人檜原宿禰聡通は承和六年（八三九）七月に内蔵宿禰・井門忌寸・山口忌寸・大蔵宿禰・大蔵忌寸の諸氏族の人々とともに内蔵朝臣の氏姓を賜わっている。『新撰姓氏録』右京諸蕃上に「檜原宿禰。坂上大宿禰同祖。都賀直孫賀提直之後也」とある。〔外池〕

日奉　ひまつり　朝廷で行なわれる太陽神の祭祀に係わる日奉部（日祀部）の伴造氏族の後裔氏族。姓は連。日奉部は敏達天皇六年二月に置かれている。『新撰姓氏録』左京神別中に「日奉連。高魂命之後也」とある。日奉氏は山背国・大和国・上総国・下総国・飛驒国・陸奥国・越前国・土佐国・筑後国・豊前国・肥後国などに広く分布していた。また日奉・日奉部を称する氏族には他に佐伯氏の一族のうち日奉部の伴造氏族であった佐伯日奉氏、天武天皇十二年（六八三）九月に連姓を賜わった財日奉造氏などがある。

【参考文献】岡田精司「日奉部と神祇官先行官司」（『古代王権の祭祀と神話』所収）、井上辰雄「日奉（祀）部の研究」（『古代王権と宗教部民』所収）〔外池〕

日向　ひむか　「ヒュウガ」とも読む。景行天皇の皇子豊国別王（皇子）の後裔氏族。日向国の国造。『古事記』景行天皇段および『日本書紀』景行天皇十三年条は景行天皇の皇子豊国別皇子を日向国造の始祖としており、また『先代旧事本紀』国造本紀は応神天皇の時代に豊国別皇子の三世孫の老男を国造に定めたことを記している。一族の人とみられる日向国の人髪長媛に関する伝承が『日本書紀』応神天皇条に収められている。別に君姓の日向氏もあり、『先代旧事本紀』天皇本紀の景行天皇条は景行天皇皇子草木命を日向君の祖とし、景行天皇皇子豊国

分命を日向諸県君の祖としている。〔外池〕

平岡　ひらおか　姓は連。氏名は河内国讃良郡枚岡郷（大阪府四條畷市甲可付近）、もしくは河内国河内郡枚岡神社の鎮座地（大阪府東大阪市枚岡町）の地名にもとづく。『新撰姓氏録』は平岡連氏を河内国神別に載せ、津速魂命の十四世孫鯛身臣の後裔としている。『続日本後紀』『三代実録』にみえる河内国平（枚）岡神社の神主には平岡連氏の一族が就いていたと考えられる。〔外池〕

平方　ひらかた　中国からの渡来系氏族。姓は村主。氏名は河内国茨田郡枚方邑（大阪府枚方市枚方）の地名にもとづく。『坂上系図』阿智王所引『新撰姓氏録』逸文にみえるのみである。〔外池〕

辟田　ひらた　任那からの渡来系氏族。姓は首。氏名は大和国城上郡辟田郷（奈良県磯城郡田原本町大字平田一帯）の地名にもとづく。『新撰姓氏録』大和国諸蕃に「辟田首。出レ自二任那国主都奴加阿羅志等一也」とある。〔外池〕

平田　ひらた　中国からの渡来系氏族。姓は忌寸・伊美吉・宿禰。氏名は近江国愛智郡平田郷（滋賀県彦根市稲枝付近）の地名にもとづく。旧姓はおそらく直で、その後に忌寸姓となり延暦四年（七八五）六月に坂上氏などの同族とともに宿禰の姓を賜わり、さらに延暦六年六月には平田忌寸枝麻呂が宿禰姓を賜わっている。しかしこの後も忌寸姓の平田氏は存在しており、天安元年（八五七）正月には平田忌寸氏は民忌寸氏らとともに忌寸の姓を伊美吉と改められている。『新撰姓氏録』右京諸蕃上に「平田宿禰。坂上大宿禰同祖。都賀直五世孫色夫直之後也」とある。また、『坂上系図』所引の『新撰姓氏録』逸文では、宿禰・忌寸姓の平田氏の祖を山木直としている。〔外池〕

平松　ひらまつ　中国からの渡来系氏族。姓は連。氏名は地名にもとづくものか、美称によるものか未詳。『新撰姓氏録』右京諸蕃上は、「平松連。広階連同祖。陳思王之後也」としている。陳思王は魏の太祖武帝の子。名は曹植（一九二〜二三二）。〔外池〕

広井　ひろい　百済からの渡来系氏族。姓は造・連・宿禰。氏名は美称によるものかと考えられる。造姓の広井造真成は延暦十年（七九一）八月に連姓を賜わり、その後、弘仁二年（八一一）六月までの間に宿禰姓を賜わっている。嵯峨天皇の皇子源信の母は広井氏であった。『新撰姓氏録』摂津国諸蕃に「広井連。出レ自二百済国避流王一也」とある。〔外池〕

廣海　ひろうみ　「ヒロミ」とも読む。中国系を称する渡来氏族。旧氏名は韓、廣海造、のち廣海連。氏名の「廣海」については美称説、地名説がある。宝亀十一年（七八〇）五月八日辛未に正八位上韓男成ら二人が、同年七月二十一日癸未に韓真成ら四人が廣海造を賜わっている（『続日本紀』）。のち男成は延暦十二年（七九三）六月一日付「太政官牒」に「広海連」とみえ（『平安遺文』一―五）、この間に連姓を賜姓されたものか。同年六月十一日付「東大寺使解」には男成は「外従五位下行内薬侍医兼佑勲十一等」とみえる（『平安遺文』八―三二〇八）。また、『新撰姓氏録』右京諸蕃下に「広海連。出レ自二韓王信之後須敬一也」とあるが、韓王信は『史記』などに韓襄王の孽孫とされる韓王信（韓信）のことか。広海連の一族の者は男成のほかにはみえない。〔川崎〕

広江　ひろえ　姓は連。広江連乙枚（枝）は大枝朝臣永山の子で、籍帳を未だ編成しない前に父が死亡したので河内国を本貫とする母姓の広江連氏を冒していたが、承和十二年（八四五）二月に父族がこれを憐れんで上請して、右京を本貫とする大枝朝臣氏に復することが許された。〔外池〕

広岡　ひろおか　姓は造・朝臣。造姓の広岡氏は武蔵国新羅郡（埼玉県新座郡）の人で、宝亀十一年（七八〇）五月に同地の沙良真熊ら二人が広岡造の氏姓を賜わっている。氏名は武蔵国豊島郡広岡郷（東京都板橋・練馬・赤塚辺りか）の地名によるものと考えられる。また、朝臣姓の広岡氏は橘氏の同族で、天平宝字元年（七五七）閏八月に橘朝臣古那可智ら橘朝臣氏の人五名が広岡朝臣の氏姓を賜わっている。〔外池〕

広来津　ひろきつ　崇神天皇の皇子である豊城入彦命後裔氏族の一つ。尋来津にも作る。広来津公を、『新撰姓氏録』大和国皇別では豊城入彦命の四世孫の大荒田別命の後裔とし、同書河内国皇別では豊城入彦命の子孫である赤麻里が居住地の地名によって尋来津君となったとの記事を載せる。広来津は、『日本書紀』雄略天皇七年是歳条に「倭国吾礪広津邑」とみえ、割注で「広津。此云二比盧岐頭一」と読んでおり、難波津の南部の古称で、現在の大阪府八尾市植松町付近と推定される。ここは百済から渡来した手末才伎を安置したところである。また『新撰姓氏録』未定雑姓右京では、尋来津首を神饒速日命の六世孫の伊香我色雄命の後裔とする。広来津公には、天平宝字七年（七六三）九月に母を殺したために出羽国小勝柵戸に配流された河内国丹比郡の尋来津公関麻呂がいる。関麻呂は延暦十五年（七九六）六月には外従五位下を授けられ、善く箏を弾き、方磬を造ることを解したとされている。尋来津首では、延暦七年（七八八）十二月二十三日付の「大和国添上郡司解」に、家と土地の売人として右京六条三坊の戸主で散位寮散位従七位上勲八等尋来津首月足、兵部位子无位尋来津首倭万呂がみえる（『平安遺文』一）。無姓の尋来津としては、天平十年（七三八）二月に経師の尋来津広浜、天平勝宝七歳（七五五）九月に右京班田司史生の尋来津息人、天平宝字六年（七六二）三月に造東大寺司の尋来津船守、同八年（七六四）三月に舎人の尋来津荒馬がいる（いずれも『大日本古文書』）。〔前沢〕

広篠　ひろしの　旧姓は前部。姓は連。高句麗系の渡来氏族。神護景雲元年（七六七）三月に左京の人前部虫麻呂が広篠連の氏姓を賜わっている。〔外池〕

広澄　ひろすみ　物部氏の同族。姓は宿禰。弘仁四年（八一三）正月に、大和国の人物部福麻呂は広澄宿禰の氏姓を賜わっている。〔外池〕

広田　ひろた　百済からの渡来系氏族。姓は連。氏名は摂津国武庫郡広田郷（兵庫県西宮市大社町一帯）にもとづくものか、あるいは美称によるものか未詳。天平宝字二年（七五八）九月に辛男床らが広田連の氏姓を賜わっている。『新撰姓氏録』左京諸蕃下に「広田連。出㆑自㆓百済国人辛臣君㆒也」とあり、また右京諸蕃下に「広田連。百済国人辛臣君之後也」とある。〔外池〕

広根　ひろね　光仁天皇の後裔氏族。姓は朝臣。氏名は根がひろがる意の美称かと考えられる。『新撰姓氏録』は左京皇別上に「広根朝臣。正六位上広根朝臣諸勝。是光仁天皇竜潜之時。女嬬従五位下県犬養宿禰勇耳。侍御而所㆑生也。桓武天皇延暦六年特賜㆓広根朝臣㆒。続日本紀合」とあるように、即位の前の光仁天皇（白壁王）と女嬬従五位下県犬養宿禰勇耳との間に生まれた諸勝が延暦六年（七八七）に広根朝臣の氏姓を賜わった（『続日本紀』によれば同年二月）ことを記している。また『大同類聚方』に摂津国河辺郡楊津の人として広根朝臣倉麿の名がみえる。〔外池〕

広野　ひろの　姓は連・宿禰。連姓の広野氏は中国からの渡来系氏族。周の霊王の太子である晋から出たと伝える。山田氏の氏人である山田史君足が天平勝宝七年（七五五）三月に広野連の氏姓を賜わっている。『新撰姓氏録』右京諸蕃上に「山田宿禰。出㆑自㆓周霊王太子晋㆒也」とみえる山田宿禰氏は、のちに広野連が宿禰姓に与ったときに、本姓の山田の氏名を賜わったのであろう。また宿禰姓の広野氏には百済からの渡来系氏族もあって、承和二年（八三五）五月に百済国人夫子の後裔である右京の人昆解宮継・昆解河継らが広野宿禰の氏姓を賜わっている。〔外池〕

広階　ひろはし　中国からの渡来系氏族。姓は連・宿禰。氏名は地名にもとづくものか、美称によるものか未詳。旧氏姓は上村主で、広階連の氏姓を賜わった年代は不明ながら延暦五年（七八六）以降と考えられる。一族の人広階連真象は天長元年（八二四）に宿禰の姓を賜わり、さらに同三年には高根朝臣の氏姓を賜わっている。『新撰姓氏録』右京諸蕃上に「広階連。出レ自二魏武皇帝男陳思王植一也」とある。またこの傍流氏族として、斉衡二年（八五五）八月に広階宿禰の氏姓を賜わった旧氏姓が上村主・河原連であった氏族、貞観八年（八六六）閏三月に広階宿禰の氏姓を賜わった旧氏姓が上村主であった氏族がいる。〔外池〕

広幡　ひろはた　姓は造・公、また無姓。氏名は美称にもとづくものと思われる。造姓の広幡氏には天平年間の人として広幡造広女がみえ、無姓の広幡氏の広幡牛養は天平二十年（七四八）十月に秦姓を賜わっている。また、秦人広幡というように秦人を氏名に冠した広幡氏も天平年間ころに山背国愛宕郡に分布していた。また公姓の広幡氏は百済からの渡来系氏族で、『新撰姓氏録』未定雑姓、山城国に「広幡公。百済国津王之後也」とある。『三代実録』貞観五年五月二十二日甲申条にみえる山城国の広幡神は広幡公氏の氏神と考えられる。〔外池〕

広原　ひろはら　中国からの渡来系氏族。姓は忌寸。氏名は美称にもとづくものと考えられる。『新撰姓氏録』河内国諸蕃に「広原忌寸。出レ自二後漢孝献帝男孝徳王一也」とある。〔外池〕

廣宗　ひろむね　高句麗系渡来氏族。弘仁二年（八一一）八月二十七日己丑に山城国人正六位上高麗人東部黒麻呂に廣宗連を賜わった（『日本後紀』）ことがみえる。東部は高句麗の五部の一つ。その後承和三年（八三六）正月七日丁未に外正五位下廣宗宿禰糸継の名がみえ（『続日本後紀』）、この間に宿禰姓を賜わったものと思われる。この糸継は貞観元年（八五九）には越中守に任ぜられている（『三代実録』貞観元年正月十三日庚午条）。一族の者には廣宗宿禰平麻呂（『文徳実録』嘉祥三年四月十七日甲子条）、廣宗宿禰安人（『三代実録』貞観元年正月二十八日乙酉条）らがいる。『類聚符宣抄』巻七にみえる「大外記廣宗安人」は廣宗宿禰安

人のことか。なお、『経国集』に「弘宗宿禰」と記すのも同一氏族であろう。〔川崎〕

弘村　ひろむら　旧氏姓は役連。承和十年（八四三）正月二十七日丙辰に左京人位子従八位下役連豊足ら二人に弘村連を賜わったことがみえる（『続日本後紀』）。また同条によれば纏向日代宮（景行）の役民の長の鳥の枝別（後裔）ゆえに役を氏名としたと記す。なお、『新撰姓氏録』河内国神別には役直がみえるので、『新撰姓氏録』の完成した弘仁六年（八一五）以後に役連を賜わった可能性がある。弘村連の一族の人名については他にみえない。〔川崎〕

弘世　ひろよ　姓は連。氏名の「弘世」は美称か。『延喜格』編纂者の一人に正六位上行兵部少録弘世連諸統がみえる（『類聚三代格』「延喜格序」）。また、一族の者としては弘世連弥足（『類聚国史』）がみえる。〔川崎〕

ふ

笛吹　ふえふき　朝廷での祭事・神事に笛を奏した笛吹部の伴造氏族の後裔。無姓か。『新撰姓氏録』河内国神別に「笛吹。火明命之後也」とみえる。笛吹氏の一族として、天平宝字四年（七六〇）六月二十五日付「経所牒案」に仕丁としてみえる笛吹丈万呂（同年七月二十五日付「経所解」にみえる笛吹才万呂と同一人か――竹内理三編『日本古代人名辞典』第六巻）、同六年正月十五日付「造石山寺所解」に于丁としてみえる笛吹申万呂がいる。また『政事要略』巻六十一、天暦六年（九五二）十一月二十八日付別当宣に左衛門少志として笛有忠の名がみえる。なお『先代旧事本紀』巻五、天孫本紀にみえる火明命の六世孫の建多手利命を祖とする笛連氏は同族か。また、尾張国には部姓の笛吹氏がおり、同国山田郡両村郷戸主として笛吹部少足がおり、『三代実録』貞観二年（八六〇）五月二十三日壬申条に「尾張国人従六位上笛吹部高継復二本姓物部屋形一」とあり、尾張国の人として笛吹部高継の名がみえるが、その本姓を物部屋形としているように、笛吹部氏も笛吹氏と同様に火明命の後裔と称していた。なお、『新撰姓氏録』逸文によると、尾張吹角村主氏がいたことが知られる。尾張吹角氏は尾張国もしくはのちの河内国安宿郡尾張郷（大阪府柏原市国分付近）の地に居住していた吹角（笛）工集団である漢人の統率者であったことによる氏名と考えられる。

【参考文献】佐伯有清『新撰姓氏録の研究』考証篇第四・六〔荻〕

深根　ふかね　蜂田薬師の後裔氏族。姓は宿禰、また無姓。承和元年（八三四）六月に和泉国の人蜂田薬師文主・同姓安遊らが深根宿禰の氏姓を賜わったのに始まる。蜂田氏は薬部から医生・按摩生などとなり、典薬寮・内薬司の官人となっているが、その性格は深根宿禰となっても継続している。深根宿禰宗継は貞観～仁和年間に針博士から医博士・内薬正となっており、また無姓の深根輔仁は延長三年（九二五）に権医博士である（『類聚符宣抄』第九「医生試」）。〔外池〕

伏丸　ふかわ　新羅系渡来氏族。『新撰姓氏録』河内国諸蕃に「出レ自二新羅国人、燕怒利尺干一也」とみえる。伏丸は新羅の姓か未詳。一族の人名は他の史料にみえない。なお、「尺干」は新羅の官位（京位）に一尺干、伊尺干、大阿尺干、沙尺干、及尺干などとあるのに相当しよう。〔川崎〕

福地　ふくち　百済系渡来氏族。姓は造。天平宝字五年（七六一）に百済人の伊志麻呂が福地造の氏姓を賜わったことがみえる（『続日本紀』天平宝字五年三月庚子条）。福地造の一族の人名は他の史料にみえない。なお、『和名抄』に甲斐国都留郡福地郷、信濃国伊那郡福智郷がみえる。〔川崎〕

葛井　ふじい　百済系渡来人。姓は連・宿禰。氏名は河内国志紀郡藤井（大阪府藤井寺市）の地名に由来する。旧氏名は王、白猪史、のち蕃良朝臣、菅野朝臣。延暦九年（七九〇）秋七月十七日辛巳条の津連真道らの上表文によると、百済貴須王の孫の辰孫王の後裔で、辰孫王の曾孫午定君の長子味沙を直接の祖とする（『続日本紀』）。この伝承は西文氏の王仁の伝承を真似たものとみられている。味沙の子の胆津は王辰爾の甥で、白猪田部の籍を定め、その功により白猪史を賜わった（欽明天皇三十年紀夏四月条）。その後養老四年（七二〇）五月十日壬戌に白猪史を改めて葛井連を賜わり、さらに延暦十年（七九一）正月十二日癸酉に葛井連道依は宿禰を賜姓された（『続日本紀』）。承和元年（八三四）十一月には一族のなかの葛井宿禰石雄・鮎川らが蕃良朝臣の氏姓を賜わった（『続日本後紀』）が、貞観六年（八六四）八月十七日辛未には蕃良朝臣豊村、葛井連宗之・居都成らは菅野朝臣の氏姓を賜わっている（『三代実録』）。葛井連の氏寺は河内国志紀郡長野郷にある葛井寺（大阪府藤井寺市、別名剛琳寺）とみられており、山田寺式軒丸瓦が出土、薬師寺式の伽藍配置と伝えているが未調査である。一族のなかからは対外交渉の任に就いた人物を多く輩出させている。〔川崎〕

葛江我孫　ふじえのあびこ　播磨国明石郡葛江郷の地名にもとづく豪族。延暦九年（七九〇）に播磨国明石郡大領外正八位上葛江我孫馬養が外正六位上を叙授され（『続日本紀』延暦九年十二月十九日庚戌条）、元慶八年（八八四）に葛江我孫良津が従五位下に叙せられ（『三代実録』元慶八年二月二十三日甲寅条）、さらに仁和二年（八八六）には葛江我孫良伴が伊予介に任ぜられており（『三代実録』仁和二年正月十六日丙申条）、この地の有力豪族であったことが知られる。なお、氏名中の「我孫」は、元来は大和朝廷の古い時期に設定された内廷的な官職であったが、畿内とその周辺の在地有力者の姓とみなされるようになったと推定されている。

【参考文献】　直木孝次郎「阿比古考」（『日本古代国家の構造』所収）　（川崎）

葛津　ふじつ　肥前国藤津郡（佐賀県藤津郡）の地名にもとづく豪族。『先代旧事本紀』国造本紀に「葛津立国造。志賀高穴穂（成務）朝御世、紀直同祖。大名草彦命児若彦命定ニ賜国造ニ」とみえ、また『肥前国風土記』に、纏向日代宮御宇天皇（景行）の治世に紀直らの祖穉日子（わかひこ）を遣わして降服しない人々（土蜘蛛）を服属させたという伝承を伝える（藤津郡能美郷条）。葛津立国造については「立」を「直」の誤りとする説もあるが、『三代実録』貞観八年（八六六）七月十五日丁巳条には対馬襲撃計画の同謀者として藤津郡領葛津貞津・高来郡擬大領大刀主・彼杵郡人永岡藤津らの名がみえることから、「立」（大刀）は地名と考えられ、藤津郡・高来郡・彼杵郡に及んで勢力地としたかと思われる。　（川崎）

藤野　ふじの　藤野を冠する氏族としては㈠藤野別公、㈡藤野別真人がある。藤野は備前国藤野郡（のちの和気郡）藤野郷（岡山県和気町藤野）の地名に由来する。㈠藤野別公。姓は公、のち宿禰。天平神護元年（七六五）三月に藤野郡大領藤野別公子麻呂ら十二人に吉備藤野別宿禰を賜わったことがみえる（『続日本紀』）。㈡藤野別真人。旧氏姓は磐梨別公、藤野別真人、のち吉備藤野和気真人、輔治能真人。天平神護元年（七六五）三月に備前国藤野郡の人正六位下藤野別真人広虫女・右兵衛少尉従六位上藤野別真人清麻呂ら三人に吉備藤野和気真人を賜わったとみえる。また、神護景雲三年（七六九）五月従五位下吉備藤野和気真人清麻呂らは輔治能真人を賜わったが、九月別部に貶姓されて、のちに復されて和気宿禰を賜わった（『続日本紀』）。清麻呂伝には「本姓磐梨別公。右京人也。後改二姓藤野和気真人一」とみえる（『日本後紀』延暦十八年二月二十一日乙未条）。磐梨は備前国磐梨郡（岡山県和気町・佐伯町など）の地名。なお「和気」の項を参照。（川崎）

藤原　ふじわら　古代の政権を掌握した超一流氏族。

もと中臣で天智天皇八年（六六九）に、大化改新（六四五年）の功臣で内臣となった鎌足に、藤原の氏名が賜与される。姓はもと連で、天武天皇十三年（六八四）に同族の中臣連が朝臣を得、これに准じて以降、朝臣を称するようになる。一時、中臣の一族も藤（葛）原を用いたが、文武天皇二年（六九八）に鎌足の子、不比等のみが継続することとされ、中臣・藤原二氏の〝祭政分離〟がなされる。代々大臣などの要職者を多数輩出し、律令政権を掌握していく一方で、九世紀中葉以降は天皇の外戚となり、摂政・関白の任につき、王朝国家を支配していく。その端緒となった不比等は、『大宝律令』などの選定により右大臣となり律令国家の基礎を築くが、娘の宮子を文武夫人となし聖武を生み外戚の地位につき、宮廷の内外で勢力を不動のものにする。不比等に四男あり、武智麻呂（南家）・房前（北家）・宇合（式家）・麻呂（京家）は、それぞれ高位高官となり四家を分立する。四家からは蔭位制などを媒介にして上級官人が再生産されると同時に、四家は時に協調し、あるいは反目したりして政争史を展開していく。南家からは豊成・仲麻呂が出、とくに仲麻呂は大師（太政大臣）の極位をきわめ、専制権力を振るうが、天平宝字八年（七六四）の乱で卒する。その後は豊成、および継縄・是公により再び隆盛をみるが、大同二年（八〇七）に雄友が伊予親王の変の首謀者とされ、にわかに衰退に向かう。式家は広嗣が天平十二年（七四〇）に、乱を起こし一時凋落するも、良継・百川が光仁擁立の功で再興される。しかし、延暦三年（七八四）に種継を暗殺で失い、弘仁元年（八一〇）に仲成・薬子は薬子の変を起こし、桓武から淳和の四朝に仕えた重鎮の緒嗣も後継者に恵まれず、衰退していくようになる。京家は浜成が天応元年（七八一）に、氷上川継の変に連坐し、以降衰退する。以上のように三家が衰退するにつれ、逆に北家は興隆に向かい、平安朝に至り冬嗣が、嵯峨の信任を得て以来隆盛をみる。良房が清和の外戚となってからは、天皇との姻戚関係を続け、良房・基経以降は代々摂政・関白につくようになる。とくに十世紀に至り、道長のように〝この世の栄華〟を極め、藤原時代とも称されて、造寺造仏などの文化活動を展開する一方で、一族内でもたとえば保元・平治の乱などの政権闘争を繰り広げていく。鎌倉時代に入り、北家は近衛・九条・二条・一条・鷹司の五摂家に分かれ、また閑院・花山院・御子左・四条・勧修寺・日野・中御門などの諸家も分出する。氏神は神護景雲二年（七六八）に官社となった春日社（奈良県奈良市春日野町）で、同社の祭神は枚岡神（中臣氏の氏神）および鹿島・香取神である。後二神は国家の崇敬神であり、氏神にも藤原氏の権勢が反映されている。春日祭は重要な宮廷行事であった。氏寺は和銅年間に創建された興福寺（奈良市東向南町）で、一族により堂宇が寄進され、一大伽藍を現出し、春日社とともに藤原氏のシンボルであった。

【参考文献】竹内理三『律令制と貴族政権』、北山茂夫『王朝政史論』、同『藤原道長』、中川収『奈良朝政争史』、河内祥輔『古代政治史における天皇制の論理』、高島正人『奈良時代諸氏族の研究』、角田文衛『律令国家の展開』、野村忠夫『律令政治の諸様相』、岸俊男『藤原仲麻呂』、上田正昭『藤原不比等』、橋本義彦『藤原頼長』、宮井義雄『藤原氏の氏神・氏寺信仰と祖廟祭祀』
（中村）

布勢　ふせ　㈠孝元天皇の皇子大彦命を始祖とする氏族。

氏名は地名に因むと思われるが、比定地は不分明である。『新撰姓氏録』（左京皇別）では、阿倍朝臣と同祖とし、完（しし）人・高橋・許曾倍（こそべ）・若桜部の各朝臣、阿閉（あへ）・竹田・名張の各臣と同系氏族である。初見は大化二年（六四六）に、東国国司（介）となった富制臣（欠名）で、七世紀の中葉に阿倍氏より分立してできた氏族と思われる。姓は臣であったが、のちに朝臣となる。この賜与の記録はないが、天武天皇十三年（六八四）に、本宗氏族の阿倍氏が臣から朝臣の姓を賜与され、これ以降にみられる布勢氏の各人物は朝臣を称しているので、この年に本宗に准じて朝臣を得たものであろう。一族にはまず御主人が名高い。御主人は麻呂古の子で、舒明天皇七年（六三五）生まれ。最初に史上に表われるのは朱鳥元年（六八六）で、この年に天武天皇の殯宮で太政官のことを誄した。時に直大参。翌持統天皇元年（六八七）および同二年にも行ない、このときの官職は納言であった。持統天皇五年には増封八十戸、総計三百戸の封戸を得ており、冠位も直大壱であった。また氏上に任じられた。御主人はこれ以降、阿倍の氏名で表われ、この氏上は阿倍氏の氏上で、本宗を継承したことになる。大宝三年（七〇三）に右大臣、従二位で薨去する。その他一族には、持統天皇六年に相模国司であった色布智、天平三年（七三一）に武蔵守に任ぜられた従五位上の国足、天平勝宝六年（七五四）に駿河守をはじめとし、神護景雲三年（七六九）まで右少弁・右京亮・文部大輔・上総守・式部大輔を歴任した人主、宝亀三年（七七二）の少納言から延暦二年（七八三）の上総守まで武蔵介、兵部・民部大輔を歴任した清直など、上級官人を多く輩出している。また外交関係の役職者が多いのも特徴である。㈡応神天皇の御子、若野毛二俣王の後裔氏族（『古事記』）。近江国伊香郡布勢邑（滋賀県伊香郡木之本町）を本拠とする氏族か。姓は君。一族には天平二十年（七四八）に、山背国紀伊郡堅井郷の戸主家麻呂、天平勝宝六年（七五四）に東大寺領西市庄の領足人がいる。また天平五年には、山背国愛宕郡の戸主に布世君族市麻呂という、族姓者がみられる。㈢仲哀天皇の皇子、忍稚命の後裔氏族。姓は公。布施に作る（『新撰姓氏録』山城国皇別）。㈡と同一氏族の可能性がある。

【参考文献】加藤謙吉「複姓成立に関する一考察」（『続日本紀研究』一六八）、平野邦雄「八世紀〝帰化氏族〟の族的構成」（『続律令国家と貴族社会』所収）、中村英重「律令国家と氏上制」（『北大史学』二五）　〔中村〕

福當　ふたぎ　高句麗系渡来氏族。姓は連・造。福當連については『新撰姓氏録』左京諸蕃下に「福當連。出レ自二高麗国人前部能婁一也」とみえる。福當は『万葉集』にみえる「布當の宮」「布當の野辺」（巻六―一〇五〇～三）の地、山城国相楽郡布当（京都府相楽郡加茂町法花寺野付近）の地名にもとづくか、もしくは美称と考えられている。『新撰姓氏録』に祖とみえる能婁は『日本書紀』天智天皇五年（六六六）正月十一日戊寅条に「高麗（高句麗）、遣二前部能婁等一。進レ調」とみえ、同年紀六月四日戊戌条に帰国したことが記されている。前部は高句麗五部の一つ。福當連の旧氏名は『続日本紀』天平宝字五年（七六一）三月十五日庚子条に、高麗人前部高文信に福當連を賜わった、とみえるように「高」であった。また、福當造については『新撰姓氏録』左京諸蕃下に「福當造。出レ自二高麗国人前部志發一也」とみえるが、福當造の氏姓を賜わった年次は不明である。福當造の旧氏名は不明であるが、あるいは前部が氏名とされていたか。他に天平宝字八年八月経師であった福當倉主（前部倉主）がみえる（『大日本古文書』一六―五二二など）。　〔川崎〕

二田物部　ふたたのもののべ　二田物部の氏名のうち、二田はのちの筑前国鞍手郡二田郷（福岡県鞍手郡鞍手町）の地名にもとづき、物部はかつて伴としての物部であったことにもとづく。『新撰姓氏録』未定雑姓、右京に「二田物部。神饒速日命天降之時従者。二田天物部之後也」とみえる。また『先代旧事本紀』天神本紀には、饒速日尊の天降の際に、「五部造為二伴領一。率二天物部一天降供奉」とあり、五部造の一つに二田造をあげ、さらに「天物部等二十五部人。同帯二兵杖一天降供奉」とあって、二十五部の一つに二田物部をあげる。二田物部氏の一族には、藤原宮跡出土の木簡に名のみえる二田物部広がいる。なお、『日本書紀』大化五年（六四九）三月条に物部二田造塩の名がみえるが、塩は、二田物部の伴造氏族であった二田造（物部二田造）氏の一族であろう。（篠川）

二見　ふたみ　大和国宇智郡の豪族。姓は首。『新撰姓氏録』大和国神別に「二見首。富須洗利命之後也」とみえる。『延喜式』神名帳の大和国宇智郡に二見神社（奈良県五条市二見）がみえることからも、氏名は大和国宇智郡の地名にもとづくと思われる。二見首の一族の人名は他にみえない。（川崎）

筆　ふで　渡来系氏族。『新撰姓氏録』未定雑姓、右京に「燕相国衛満公之後也。善作レ筆。預二於士流一。因レ茲賜二筆姓一」とみえる。筆の氏名を百済の筆姓に由来するとする説がある。筆氏の一族には経師筆浜成（『大日本古文書』三—三八七など）、造東大寺司の雇夫筆男公（同十六—一七九など）、筆乙公（同十六—一八一など）がみえる。（川崎）

船木　ふなき　船木を冠する氏族としては、(一)伊勢船木直、(二)船木直、(三)船木臣、(四)船木連、(五)船木宿禰、(六)船木部、(七)無姓の船木がある。船木の氏名は造船に関わる職掌に由来すると考えられる。(一)伊勢船木直。伊勢国多気郡船木（三重県渡会郡大宮町船木）の地名に因む氏族。『古事記』に神八井耳命を祖とし、意富（多）臣・阿蘇君など同族十九氏を挙げている（神武天皇段）。『阿蘇家略系譜』には伊勢船来直と書き、長狭国造となったという武沼田命の孫の大荒男命を祖とする。(二)船木直。経師の船木直麻呂（『大日本古文書』一七など）が景雲元年（七六七）七月外従五位下に叙せられたのをはじめに、天応元年（七八一）五月には若狭守に任ぜられた船木直馬養（『続日本紀』）や馬養の子の越前国人船木直安麻呂らがみえる（延暦十三年十月『類聚国史』奉献献物）。(三)船木臣。伊勢国朝明郡葦田郷の戸主に船木臣東君の名がみえる（天平二十年四月、『大日本古文書』三など）。また造石山寺司・造東大寺司木工長上などを歴任した船木臣宿奈麻呂がみえる（『大日本古文書』四など）。(四)船木連。住吉大社に播磨国明石郡の封村などを奉献した船木連宇麻呂・鼠緒・弓手らがいる。神功皇后に船を造り奉ったので船木姓を賜わったと伝える（『住吉大社神代記』)。㈤船木宿禰。『大神宮諸雑事記』に船木宿禰一麻呂がみえる（延暦十年）。㈥船木部。能登国仕丁の船木部積万呂（『大日本古文書』四—三六九）がみえる。㈦船木。摂津職島上郡野身郷の辛矢田部君弓張の戸口から婢となった船木刀自女（『大日本古文書』二—三三五など）、越中国鳳至郡大屋郷に船木秋麻呂（天平勝宝五年『寧楽遺文』補遺二）、経師の船木麻呂（万呂）・立麻呂（『大日本古文書』一七—二〇五・二三九など）、請経使の船木孫足（天平十九年二月、『大日本古文書』九—三四〇）らがみえる。なお、『和名抄』の下総国海上郡、遠江国蓁原郡、尾張国山田郡、美濃国本巣郡、近江国蒲生郡、安芸国沼田郡・安芸郡・高田郡に船木郷が、また平城宮木簡に丹後国竹野郡船木郷がみえる（一一—一二五七）。〔川崎〕

船子　ふなこ　百済系渡来氏族。『新撰姓氏録』未定雑姓、河内国に「船子首。百済国人久爾君之後也」とみえる。船子の氏名は、船の棹を執る職掌にもとづくと思われる。船子首の一族の人名は他にみえない。〔川崎〕

道祖　ふなど　鯽魚戸にも作る。百済系渡来氏族。姓は史。造酒司の酒部の負名氏であったと考えられる。『新撰姓氏録』右京諸蕃下に、「道祖史。出㆑自㆓百済国王孫許里公㆒也」とみえる。一族には、道祖史豊富・永主・高直らがおり、豊富は、『三代実録』貞観四年（八六二）七月二十八日条に「右京人中宮少属正八位上道祖史豊富賜㆓姓惟道宿禰㆒。阿智使主之党類。自㆓百済国㆒来帰也」、永主・高直は、同七年五月二十日条に「左京人造酒令史正六位上道祖史永主。散位大初位下道祖史高直等二人。賜㆓姓惟道宿禰㆒。其先。出㆑自㆓百済国人王孫許里㆒也」とみえるように、のちに惟道宿禰の氏姓を賜わっている。『日本書紀』白雉四年（六五三）六月条には、画工として鯽魚戸直の名がみえ、多くの仏・菩薩の像を造ったというが、道祖史氏の一族か否か不明。なお首姓の氏族もあり、宝亀十一年（七八〇）三月に道祖首公麻呂・杖足らが三林公の氏姓を賜わっている。〔篠川〕

船　ふね　「フナ」とも読む。百済系渡来氏族。姓は史、のちに連。『日本書紀』欽明天皇十四年（五五三）七月甲子条に「蘇我大臣稲目宿禰。奉㆑勅遣㆓王辰爾㆒。数㆓録船賦㆒。即以㆓王辰爾㆒為㆓船長㆒。因賜㆑姓為㆓船史㆒。今船連之先也」とある。史姓の時代の人には船史王平・竜・恵尺らがおり、恵尺は大化元年（六四五）六月、蘇我蝦夷の自殺の際に、焼かれる国記を取り出して中大兄皇子に献じたという。なお船史王平を「船首王後墓誌」にみえる王後首と同一人とみる説もあるが、両者は別人とみるべきであり、首姓の船氏もいたと推定される。船史氏は、天武天皇十二年（六八三）十月に連姓を賜わり、奈良時代には一族から多くの中下級官人を出した。法相宗の祖として著名な道昭は、船史恵尺の子である。本拠地は河内国丹比郡野中郷（大阪府藤井寺市野中・羽曳野市野々上一帯）と推定され、野中寺は氏寺と考えられる。一族の船連今道ら八人は、延暦十年（七九一）正月に宮原宿禰の氏姓を賜わっているが、連姓のままの一族もおり、『新撰姓氏録』には、右京諸蕃下と摂津国諸蕃に船連がみえる。また無姓の船氏もいた。

【参考文献】関晃『帰化人』、井上光貞「王仁の後裔氏族と其の仏教」（『日本古代思想史の研究』所収）、山尾幸久『日本古代王権形成史論』、請田正幸「フヒト集団の一考察—カハチの史の始祖伝承を中心に—」（直木孝次郎先生古稀記念会編『古代史論集』上所収）　（篠川）

史戸　ふひとべ　史部にも作る。史戸の氏名は、朝廷の文筆に携わった史部（ふみひと）を資養する部民であったことにもとづく。したがって史部と史戸は本来同じものではないが、氏名としては、奈良時代に写経所の経師として活躍した史戸赤万呂・史戸木屋麻呂が、史部赤万呂・史部木屋万呂とも記されるように、混用されている。史戸（史部）を氏名とする氏族は、河内国・摂津国・越前国・備中国などに分布し、摂津国の史戸氏は、『新撰姓氏録』摂津国諸蕃に「史戸。漢城人韓氏鄧徳之後也」とある。また『続日本紀』神亀元年（七二四）二月壬子条には、陸奥国鎮所に私穀を献じ、外従五位下に叙された史部虫麻呂の名がみえる。なお、同書の天平宝字二年（七五八）六月乙丑条によれば、このときに桑原直の氏姓を賜わった史戸氏もあり、天平神護二年（七六六）十月辛丑条によれば、このときに高安造に改姓した氏族もあった。

【参考文献】岸俊男「日本における『戸』の源流」（『日本古代籍帳の研究』所収）　（篠川）

文　ふみ　書とも書き、朝廷において文筆のことを掌り、大和（東）と河内（西）の二国に居住。『新撰姓氏録』左京諸蕃上によれば、まず文宿禰については、「出レ自二漢高皇帝之後鸞王一也」とある。また文忌寸をあげて、「文宿禰同祖。宇爾古首之後也」と記す。この二氏が西（河内）文氏系と考えられる。一方、右京諸蕃上には同じく文忌寸をあげるが、こちらは「坂上大宿禰同祖。都賀直之後也」とする。文宿禰の旧姓が首、天武天皇十二年（六八三）九月に連の姓を賜わり、同十四年六月には忌寸、さらに延暦十年（七九一）四月に宿禰となったのに対し、この文忌寸の旧姓は書直、倭漢氏の一枝族であることから、倭漢書直・倭漢文直などにも作る。忌寸姓となったのがいつかは明らかでないが、天武天皇十四年六月に同族の倭漢連氏が忌寸の姓を賜わったときとも考えられる。文忌寸氏の一族には、書直を称していた時代の人として、舒明天皇十一年(六三九)七月に大匠となった書直県、壬申の乱の功臣に書直智(知)徳・書直薬・文直成覚らがおり、忌寸を与えられてからの人には、智(知)徳の子文忌寸塩麻呂、持統天皇九年(六九五)三月に多禰に派遣された文忌寸博勢、和琴師の文忌寸広田、陰陽師の文忌寸広麻呂らをはじめ、多くの人々の名をあげることができる。ただ、文忌寸氏には、前述の西(河内)文氏系の者ばかりか、養老三年(七一九)五月と、翌年六月に文忌寸の姓を与えられた旧姓文部氏の系統もおり、これらの区別は困難である。〔佐久間〕

文部　ふみべ　文部の氏名は、朝廷の文筆に携わった文部であったことにもとづく。忌寸(のちに宿禰)姓の氏族と、無姓の氏族とがあった。文部忌寸(宿禰)氏は、東(倭)漢氏の支族で、坂上氏・東(倭)文氏と同系の渡来人系氏族と考えられ、『続日本紀』延暦四年(七八五)六月癸酉条に「坂上。……文部。……等忌寸十一姓十六人賜二姓宿禰一」とみえる。この一族の人名は史料にみえない。なお『坂上系図』逸文山木直条所引の『新撰姓氏録』に「山木直者。是民忌寸。……東文部忌寸。……等廿五姓之祖也」とあり、東文部忌寸氏の名がみえる。無姓の文部氏については、渡来人系氏族ではあろうが、東(倭)文氏系か西(河内)文氏系か未詳。一族には、養老三年(七一九)五月に文忌寸の氏姓を賜わった文部此人、同四年六月に同じく文忌寸の氏姓を賜わった文部黒麻呂、平城宮跡出土の木簡に名のみえる文部奈之末呂がいる。〔篠川〕

文室　ふみや　「フンヤ」とも読む。天武天皇の皇子、長(那賀)親王の後裔氏族。氏名の文室は、「学館を云ふ称なり、古へ学館の事に預りなどしけるより賜へる氏にや」(栗田寛『新撰姓氏録考証』)という説もあるが、定かではない。姓は真人。天平勝宝四年(七五二)に、長親王の子、従三位智努王、従四位上大市王に文室真人の氏姓が賜与される。智努は天平宝字五年(七六一)に浄三と改名する。浄三は養老元年(七一七)に出仕して従四位下に叙任され、以降は栄進を続け、天平宝字六年に御史大夫(大納言)、同八年に従二位となり、宝亀元年(七七〇)に薨去する。浄三は皇親氏族の代表として、宮廷や国政を指導した人物であった。子に大原・与伎がいる。大市は天平十一年(七三九)に出仕して従四位下に叙位され、宝亀五年（七七四）に従二位・大納言兼中務卿で致仕し、宝亀十一年に薨去する。一族には上級官人が多数輩出している。また、宝亀三年に長谷真人於保は、文室真人に改めている。先の大原は延暦十一年（七九二）に三諸朝臣と改氏姓をなし、大原の子綿麻呂は大同四年（八〇九）に三山朝臣と改めるが、同年に今度は文室朝臣となしている。これ以降、文室は朝臣・真人の両姓に分かれるようになる。さらに承和年間以降になると、文室朝臣・真人の氏姓を賜与される者が多くなる。これは皇別氏族では、当時、両氏がもっとも隆盛を誇っていたためである。（中村）

布留　ふる　布瑠にも作る。布留・布瑠の氏名は大和国山辺郡石上郷御布留村（奈良県天理市布留町）の地名に因み、同地の石上坐布留御魂神社の祭祀に与った。もと物部首と称していたが、天武天皇十二年（六八三）九月に連姓を賜わったのち、氏名を布留と改め、同十三年十二月に宿禰姓を賜わった。『和邇系図』の尻付に「物部首。布瑠宿禰祖」とある。『新撰姓氏録』大和国皇別に「布留宿禰。柿本朝臣同祖。天足彦国押人命七世孫。米餅搗大使主命之後也」と記し、続いて次のような所伝を載せている。米餅搗大使主命の孫に当たる市川臣が仁徳朝に備前国赤坂郡の布都努斯神社を石上御布留村に祀り、神主となった。その子孫の武蔵臣は斉明朝（皇極朝の誤り）に蘇我蝦夷から物部首の姓を賜わり、天武朝に至って物部首日向が、社地により布瑠宿禰と改めたという。氏人に布瑠宿禰高庭がおり、『日本後紀』延暦二十四年（八〇五）二月庚戌条に文章生とあり、神戸百姓の欵状を提出して、石上神宮の神宝の運遷を停止せんことを申請している。天長二年（八二五）に大内記で正六位上、翌年従五位下に昇り、『日本後紀』の序文には「前和泉守従五位下臣布瑠宿禰高庭」と署名する。その他、『三代実録』天安二年（八五八）十一月七日条に布瑠宿禰浄野、貞観元年（八五九）十二月二十七日条に布瑠宿禰道永、同三年三月十四日条に布瑠宿禰清貞、元慶六年（八八二）正月七日条に布瑠宿禰今道が知られ、このうち今道は『古今和歌集』に石上並松から歌を贈られた人物としてみえる。

【参考文献】佐伯有清「新撰姓氏録に関する諸疑点の究明」（『新撰姓氏録の研究』研究篇所収）、同「蘇我氏と古代大王国家」（『日本古代氏族の研究』所収）（高嶋）

古市　ふるいち　百済系渡来氏族。姓は村主。のちの河内国古市郡（大阪府羽曳野市古市一帯）を本拠地としたと考えられる。

『新撰姓氏録』河内国諸蕃に、「古市村主。出レ自二百済国虎王一也」とみえる。一族の人には、天平勝宝九歳（七五七）三月十六日付の「摂津職解」に、摂津職大属として署名のある古市村主寸食（時に正六位上）がいる。また壬申の乱の武将で、高市皇子に従って天武側に加わった古市黒麻呂、奈良時代の経師であった古市浄人・古市倭万呂らも、無姓で記されてはいるが、古市村主氏の一族であろう。〔篠川〕

不破　ふわ　百済系渡来氏族。のちの美濃国不破郡（今の岐阜県不破郡・大垣市の一部）の地を本拠とした。『新撰姓氏録』右京諸蕃下に「不破連。出レ自二百済国都慕王之後毗有王一也」「不破勝。百済国人淳武止等之後也」とみえ、連姓と勝姓の不破氏がいたが、不破連の氏人は未詳。不破勝氏の旧姓は淳武。『日本書紀』持統天皇五年五月辛卯条に「褒二美百済淳武微子壬申年功一、賜二直大参一。仍賜二絁布一」とある記事の淳武微子は淳武止等の子か。大宝二年「御野国加毛郡半布里戸籍」に不破勝氏と同族と称していたと考えられる不破勝族の氏人がみえ、時すでに淳武は不破勝と改姓していたことが知られる。『不破家系譜』に宮勝木実は「後因レ居改二姓不破一」とあり、あるいは宮勝も同氏か。『日本後紀』延暦二十三年五月辛卯条に「伝灯大法師位善射卒。法師、俗姓不破勝、美濃国不破郡人也」とみえるように、法相宗の学匠善射は不破勝氏の一族であった。

【参考文献】田中卓「不破関をめぐる古代氏族の動向〈下〉―近江国坂田郡と美濃国不破郡の氏族と神社―」（『神道史研究』六―五）、『岐阜県史』通史篇古代　〔星野良作〕

へ

日置　へき　「ヒオキ」とも読む。氏名は神霊を迎えるために灯す聖火の材料調達や製作、炭焼などに当たっていた日置部の伴造氏族であったことにもとづく。この氏には諸流があり、朝臣姓として『新撰姓氏録』右京皇別下に「日置朝臣。応神天皇皇子大山守王之後也。続日本紀合」とある。旧姓は公・造で一族の名は史料にみえないが、『続日本紀』宝亀八年（七七七）四月甲申条に日置造蓑麻呂ら八人が栄井宿禰と賜姓されているので、この賜姓を受けた旧姓日置造氏の者のうちの一族が『姓氏録』編纂までに皇別の日置氏を仮冒し、日置朝臣と改めたと考えられる。造姓の日置氏は右京諸蕃下に「出レ自二高麗国人伊利須使主一也」とみえ、左京諸蕃下・大和国諸蕃・摂津国諸蕃にも同じ系譜を記す。一族が多く、宝亀八年の賜姓と同時に日置造雄三成ら四人は鳥井宿禰、日置造飯麻呂ら二人には吉井宿禰と賜姓された。また『三代実録』貞観九年(八六七)十一月二十日乙卯条にみえる日置造久米麻呂は菅原朝臣と賜姓された。

【参考文献】上田正昭「祭官の成立」(『日本古代国家論究』所収)、井上辰雄「日置部の研究」(『古代王権と宗教的部民』所収)、前川明久「日置氏の研究」(『日本古代政治の展開』所収)　(前川)

平群　へぐり　武内宿禰後裔氏族の一つ。姓は臣、のちに朝臣。平群都久(つく)宿禰を祖とする。平群の氏名はのちの大和国平群郡平群郷(奈良県生駒郡平群町)の地名にもとづく。都久宿禰は木菟(つく)宿禰にも作り、『日本書紀』仁徳天皇元年条には、天皇と同じ日の生まれで、その産屋に鷦鷯(さざき)が飛び込み、天皇の産屋に木菟が飛び込んだので、それぞれの鳥の名を取って易名し、木菟宿禰と名づけたとあり、履中紀には、住吉仲皇子の乱に際して太子(履中)を助け、蘇我満智宿禰らとともに国事を執ったとある。また『日本書紀』には、雄略・清寧朝の大臣として平群臣真鳥の名がみえ、武烈天皇即位前紀には、真鳥の子の鮪(しび)と太子(武烈)とが物部麁鹿火の女の影媛をめぐって争ったという歌垣伝承を載せ、武烈と大伴金村によって鮪は殺され、国政を専らにした父の真鳥も討たれたとある。『古事記』清寧天皇段にも鮪に関する歌垣伝承がみえるが、そこでは「平群臣之祖。名志毗臣」とあり、志毗と袁祁命(顕宗)とが菟田首らの女の大魚を争った話になっている。その後、用明天皇二年(五八七)には物部守屋討伐軍に平群臣神手が加わっており、推古天皇三十一年(六二三)には征新羅副将軍に小徳平群臣宇志が任ぜられた。また、大化の東国国司の一人に平群臣(欠名)がおり、天武天皇十年(六八一)に天皇の命で帝紀および上古諸事が記定されたときには、大山下平群臣子首が中臣連大嶋とともに筆録に当たった。一族は、天武天皇十三年に八色の姓制定に際して朝臣の姓を賜わり、持統天皇五年(六九一)には祖等の墓記の上進を命ぜられた。朝臣姓を賜わってからの人物には、天平勝宝四年(七五二)五月に武蔵守となり、翌年正月に卒した従四位上平群朝臣広成らがいるが、高位・高官者はみえない。『新撰姓氏録』右京皇別上に平群朝臣を載せ、「石川朝臣同氏。武内宿禰男平群都久宿禰之後也」とある。なお、天武天皇十三年以降も臣姓のままの平群臣氏もあり、首姓・無姓・部姓の平群氏もあった。同系氏族には、佐和良臣(早良臣）・馬御織（うまみくい）連・平群文屋朝臣・都保朝臣・馬工連（馬御織連と同氏か）・額田首・韓海部首・味酒首などがある。平群氏の本拠地である大和川支流の竜田川流域に開けた盆地（平群谷）には、五世紀後半から七世紀前半にかけて営まれた平群谷古墳群があり、盆地の中央に都久宿禰を祭神とする平群神社、盆地の南に平群氏の氏寺と考えられる平隆寺が存在する。

【参考文献】日野昭『日本古代氏族伝承の研究』、笹山晴生「たたみこも平群の山―古代の豪族平群氏をめぐって―」（『ぱれるが』二二五、のちに『奈良の都―その光と影―』所収）、辰巳和弘「平群氏に関する基礎的考察」上・下（『古代学研究』六四・六五）、堅田修「平群氏に関する一考察」（『大谷史学』一二）、加藤謙吉「聖徳太子と平群氏」（『古代研究』五）〔篠川〕

ほ

穂　ほ　かつての穂国（のちの三河国宝飯郡を中心とした三河国東部、今の豊川流域）の豪族。姓は別。『古事記』開化天皇段に、日子坐王（開化天皇皇子）の子の丹波比古多々須美知能宇斯王（丹波道主命）の子、朝庭別王を、三川（三河）の穂別の祖とする伝えがみえる。また『先代旧事本紀』国造本紀に穂国造を載せ、「泊瀬朝倉朝。以二生江臣祖葛城襲津彦命四世孫菟上足尼一。定二賜国造一」とある。『古事記』の穂別と、国造本紀の穂国造とが同氏であれば、伝えるところの系譜を異にすることになるが、両者は別氏である可能性も考えられる。なお『先代旧事本紀』天孫本紀には、「物部膽咋宿禰。……三川穂国造美己（止カ）上直妹伊佐姫為レ妾生二一児一」とみえており、穂国造の氏姓は穂直であったかもしれない。穂氏の一族の人名は、ほかにはみえない。

【参考文献】新野直吉「国造の世界」（『古代の日本』六中部所収）〔篠川〕

星川　ほしかわ　武内宿禰後裔氏族の一つ。姓は臣、のちに朝臣。のちの大和国山辺郡星川郷（奈良県山辺郡都祁村、あるいは天理市東部）を本拠とした氏族。『古事記』孝元天皇段に、武内宿禰の子の波多八代宿禰を星川臣の祖とする伝えがみえる。天武天皇十三年（六八四）八色の姓制定に際し、朝臣の姓を賜わった。『新撰姓氏録』大和国皇別に、「星川朝臣。石川朝臣同祖。武内宿禰之後也。敏達天皇御世。依レ居改二賜姓星川臣一」とみえる。一族の人には、壬申の乱の功臣で天武天皇九年五月の卒時に大紫位を贈られた星川臣麻呂、その子で霊亀二年（七一六）四月に父の功により田を賜わった星川朝臣黒麻呂（時に従七位上）らの名が知られる。また君姓の星川君氏もおり、天平十四年（七四二）十二月三十日付の「智識優婆塞等貢進文」に、因幡国高草郡古海郷の戸主として星川君虫麿の名がみえる。なお天平勝宝四年（七五二）当時の画師であった星川嶋守ら、無姓の星川氏の人名も知られる。（篠川）

細川　ほそかわ　出自未詳。『日本書紀』天武天皇五年五月是月条などにみえる細川山（奈良県高市郡明日香村細川）付近を本拠地としたと推定される。一族の人には、天平勝宝七歳（七五五）九月二十八日付の「班田司歴名」に、左京班田司准判官として名のみえる細川豊足がいる。また同歴名には、右京班田司算師として細川私小牛甘の名がみえ、天平五年（七三三）の「右京計帳」には、右京三条三坊の戸主として細川椋人五十君の名がみえており、細川私、細川椋人を氏姓とする氏族もいた。これらの氏族も細川氏と同様、細川山付近を本拠地としたと考えられる。（篠川）

穂積　ほづみ　穂積の氏名は大和国山辺郡穂積郷（奈良県天理市前栽一帯）の地名に因む。物部氏系の氏族で、姓は臣。『古事記』神武天皇段は、邇芸速日命の子宇摩志麻智命を祖とするが、一般に『先代旧事本紀』天孫本紀に「大水口宿禰命。穂積臣。釆女臣等祖」、『日本書紀』崇神天皇七年八月癸酉条に「穂積臣遠祖大水口宿禰」とあるように、伊香賀色雄命の子大水口宿禰を祖と伝えている。なお『古事記』開化天皇段には、開化天皇の母鬱色謎命は穂積臣の遠祖鬱色雄命の妹とする。同氏は天武天皇十三年（六八四）十一月に朝臣姓を賜わった。『新撰姓氏録』左京神別に「穂積朝臣。石上同祖。神饒速日命五世孫。伊香色雄命之後也」と記す。臣姓時代の氏人に『日本書紀』継体天皇六年（五一二）四月丙寅条に穂積臣押山、欽明天皇十六年（五五四）七月壬午条に穂積磐弓臣、大化二年（六四六）三月辛巳条に穂積咋臣、天武天皇元年（六七二）六月丙戌条に穂積臣百足・百枝・五百枝の名がみえる。播磨国賀茂郡に穂積郷があり、『播磨国風土記』に「穂積里。号二穂積一者。穂積臣等族。居二於此村一。故号二穂積一」という所伝を載せる。朝臣姓を賜わってからの氏人には、『日本書紀』朱鳥元年（六八六）正月是月条に穂積朝臣虫麻呂、持統天皇三年（六八九）二月己酉条に穂積朝臣山守、『続日本紀』大宝三年（七〇三）正月甲子条に穂積朝臣老、天平九年（七三七）九月己亥条などに穂積朝臣老人らがみえる。同氏は持統天皇五年八月に「墓（纂）記」の提出を命じられている。臣姓のままの穂積氏もおり、『新撰姓氏録』左京神別に「穂積臣。伊香賀色雄男。大水口宿禰之後也」とある。無姓や部姓の穂積氏が美濃国の諸郡におり、大宝二年の「御野国戸籍」に多数の氏人がみえる。〔高嶋〕

品治　ほむち　品遅・誉津・凡治にも作る。品治の名は、垂仁天皇の皇子、本牟都（智）和気命（誉津別命）の名代と伝えられる品治部の名にもとづく。品治部は諸国に設置されたので、品治・品治部を氏名とする氏族は、山城・大和・伊勢・越前・越中・但馬・因幡・出雲・播磨・吉備（備後）・安芸・周防・阿波などの諸国に分布する。その伴造氏族の姓は公（君）。このうち、伊勢国の品遅部君氏は、『古事記』開化天皇段に日子坐王（開化天皇皇子）の孫、曙立王を祖とする伝えがみえ、吉備国の品遅君（品治公）氏も、同書同段に日子坐王の四世孫、息長日子王を祖とする伝えがみえる。吉備の品遅君氏は、『先代旧事本紀』国造本紀に「吉備風《品カ》治国造。志賀高穴穂朝。多遅麻君同祖。若角城命三世孫大船足尼。定二賜国造一」とある吉備風（品）治国造氏であったと考えられる。また越前国の品治部君（公）氏は、同国坂井郡の郡領家として知られる。〔篠川〕

ま

前田　まえだ　筑前国上座郡（福岡県甘木市・朝倉郡の一部）の豪族。姓は臣。一族の人には、斉衡二年（八五五）当時、筑前国上座郡の大領であった前田臣市成がおり、『文徳実録』斉衡二年十一月癸丑条に、「筑前国奏言。上座郡大領外従七位上前田臣市成。理レ郡年久。善政日聞。百姓同レ声。謂二之不煩一。請仮二外従五位下一。積レ効為レ真。従レ之」とみえる。また大宰府政庁跡出土の木簡に、前田臣（名欠）がみえる。〔篠川〕

真神　まかみ　渡来系氏族。姓は宿禰。真神の氏名は、『日本書紀』雄略天皇七年是歳条などにみえる真神原（奈良県高市郡明日香村飛鳥）の地名にもとづく。『新撰姓氏録』大和国諸蕃に真神宿禰を載せ、「真神宿禰。出レ自二漢福徳王一也」とみえる。一族の人には、延暦二年（七八三）八月に外従五位下から従五位下に昇叙した真神宿禰真糸、天長十年（八三三）正月に正六位上から外従五位下に昇叙した真神宿禰氏長がいる。なお他に福徳王を祖とする氏族として原首氏が知られる。〔篠川〕

真髪部　まかみべ　もと白髪部と称した。清寧天皇（白髪大倭根子命・白髪武広国押稚日本根子）の名代部で、伴造の白髪部造（連）に統率されたが、延暦四年（七八五）に先帝光仁の諱白壁を避けて、氏名を真髪部と改めた。『新撰姓氏録』右京皇別に「真髪部。同命（稚武彦命）男。吉備武彦之後也」、同未定雑姓、和泉国に「真髪部。天穂日命之後也」とある。備中国の真髪部（白髪部）氏は、窪屋郡真壁郷（もと白髪部郷、岡山県総社市真壁町）を本拠とし、「備中国大税負死亡人帳」に白髪部紲売・白髪部波伎自、『三代実録』元慶五年（八八一）十月十六日条に真髪部成道の名がみえる。なお同「死亡人帳」には白髪部臣真虫売・白髪部首智麻呂という名があり、臣姓や首姓の白髪部氏も存在していた。そのほか、真髪部（白髪部）氏は尾張・遠江・駿河・武蔵・上総・常陸・上野・下野などの東国を中心として、近江・美濃・石見・備中・周防・紀伊・肥前・肥後の諸国にも分布していた。伴造であった白髪部造の本宗家は天武天皇十二年（六八三）九月に連姓を賜わり、『日本書紀』白雉元年（六五〇）是歳条に白髪部連鐙、平城宮木簡に白髪部連（欠名）がみえる。真髪部連になってからの氏人はみえないが、『除目大成抄』に「筑後権介真髪部宿禰守忠」などとある真髪部宿禰はその後裔であろう。また直・公姓の一族もあった。造姓のままの真髪部氏は『新撰姓氏録』山城国神別に、「真髪部造。神饒速日命七世孫。大売大布乃命之後也」とある。〔高嶋〕

勾　まがり　安閑天皇（諱は勾大兄皇子、宮は勾金橋宮）の名代である勾舎人部・勾靫部の後身氏族と考えられる。八世紀の史料に勾葦橋・勾五百足・勾猪万呂（一例だけ勾部猪麻呂に作る）・勾羊・勾興志らがいる。彼らは無姓者のようであるが、猪万呂の場合からみて一族は部の姓をもっていたであろう。猪万呂は飛驒国荒城郡（岐阜県吉城郡）の人、散位寮散位で従八位上の位階をもち、羊とともに木工であったが、葦橋・五百足も木工と推定される。『賦役令』斐陀国条によると、木工の貢上は飛驒国にのみ課される特殊な負担であるから、猪万呂以外の者も飛驒国の木工であった可能性が高い。『古事記』に開化天皇の孫小俣王は当麻勾君の祖とみえ、『日本書紀』には天武天皇十二年（六八三）九月に勾筥作造が連姓を賜わったとあり、長岡京跡出土木簡に「口（勾か）大伴乃福主」とある。これら、勾を氏名に含む複姓の氏族は、他の史料にみえないが、かつて勾舎人部・勾靫部の伴造であったか、未詳。〔星野良作〕

真神田　まかんだ　系統を異にする君姓と首姓の真神田氏がいる。君姓の真神田氏は、大三輪氏の同族で、大和国宇陀郡真神田を本拠とする。大田田根子の後裔を称する。壬申の乱の功臣であった大三輪真上田子人君は、天武天皇五年（六七六）八月に死去し、大三輪神真上田迎君と諡されたが、同人は『続日本紀』大宝元年（七〇一）七月壬辰条には「神麻加牟陁君児首」とみえる。のち朝臣姓となり、貞観四年（八六二）三月に右京の人真神田朝臣全雄が大神朝臣の姓を賜わっている。仁和三年（八八七）三月、外従五位下であった大神朝臣良臣は披訴して、恩勅により内位に叙せられたが、その訴状によれば、子人（子首）は良臣の高祖父、全雄は良臣の兄に当たり、本姓は大神真神田朝臣であった。首姓の真神田氏は物部氏の同族で、『新撰姓氏録』大和国神別に「真神田首。伊香我色乎命之後也」とある。氏人はみえないが、左京神別に「真神田曾禰連。神饒速日命六世孫。伊香我色乎命男。気津別命之後也」とある真神田曾禰連は同族である。〔高嶋〕

真城　まき　新羅系渡来氏族。姓は史。旧氏姓を金城史といい、『続日本紀』宝亀六年七月丙辰条に「山背国紀伊郡人従八位上金城史山守等十四人賜二姓真城史一」とあるように、宝亀六年（七七五）七月に金城史山守らが真城史の氏姓を賜わった。『新撰姓氏録』山城国諸蕃に、「真城史。出レ自二新羅国人金氏尊一也」とみえる。一族の人名は、金城史（真城史）山守のほかは史料にみえない。〔篠川〕

纒向　まきむく　振魂命の後裔氏族の一つ。姓は神主。天忍立命を祖とする。纒向の氏名は、『日本書紀』垂仁天皇二年十月条などにみえる纒向（奈良県桜井市北部）の地名にもとづく。『先代旧事本紀』神代系紀に、振魂尊（命）の子として天忍立命をあげ、「纒向神主等祖」とある。『延喜式』神名帳に載る大和国城上郡の巻向坐若御魂神社の神主家であろう。〔篠川〕

莫位　まくい　出自未詳。渡来系氏族と考えられる。一族の人には、莫位百足・莫位真士麻呂らがおり、百足・真士麻呂らは、『続日本紀』宝亀十一年（七八〇）五月甲戌条に「左京人従六位下莫位百足等一十四人。右京人大初位下莫位真士麻呂等一十六人並賜二姓清津造一」とみえるように、このときに清津造の氏姓を賜わっている。〔篠川〕

良　まこと　出自未詳。姓は臣。『新撰姓氏録』巻末に、「不レ載二姓氏録一姓」として「良」を載せる。一族の人には、承和元年（八三四）六月十四日付の「勘解由使勘判」（『政事要略』巻五十九）に名のみえる良臣豊田麿がおり、この勘判によれば、豊田麿は和泉国司であり、天長五年（八二八）正月に赴任した布瑠高庭の前司であったことが知られる。また寛平三年（八九一）九月当時、大和国添下郡の副擬主帳であった良（名欠）、天喜四年（一〇五六）七月当時、丹波国使判官代であった良弘重らも、良臣氏の一族であろう。〔篠川〕

万昆　まこん　萬昆にも作る。出自未詳。渡来系氏族と考えられる。八世紀前半から後半にかけて皇后宮職写経所・東大寺写経所などに出仕し、経師として経典の書写に従事した同姓者が多い。なかでも万昆石万呂・万昆公万呂らは、図書寮書生のまま写経所に出向していた。また公万呂は、少初位上・大初位上・従八位下の位を経て、従八位上にまで位を進めている。万昆神恵も従八位上の位階を帯びていた。〔佐伯〕

当野　まさの　「タギヌ」とも読む。姓は忌寸。一族の人には当野忌寸平麻呂（当野伊美吉平麻呂）がおり、平麻呂は、天安元年（八五七）四月に正六位上から外従五位下を授けられ、同年六月に肥前権介、同八月に豊前介に任ぜられ、さらに天安三年三月に豊後介に任ぜられている。当野忌寸氏の一族の人名は、ほかにはみえない。〔篠川〕

当道　まさみち　道公の後裔氏族の一つ。道公氏の本拠地はのちの加賀国石川郡味知郷（石川県石川郡鶴来町付近）で、氏名もその地名にもとづく。古くは越の国の一帯に勢力を有した豪族であった。和銅年間に治績に名声があったという道公首名の子孫である遣唐史生道公広持が、承和二年（八三五）正月に当道朝臣の氏姓を賜わったことに始まる。続いて同年十月には道公安野も当道朝臣の氏姓を賜わっている。〔外池〕

当宗　まさむね　姓は忌寸からのちに宿禰。氏名は美称にもとづくかと思われる。当宗忌寸の氏神社は河内国志紀郡の当宗神社（大阪府羽曳野市）。弘仁六年（八一五）七月に当宗忌寸家主は左京に貫附されており、その後、天長十年（八三三）五月までの間に忌寸姓から宿禰姓に改められている。また欠名の当宗氏に、桓武天皇皇子仲野親王妃の班子女王の母がいる。〔外池〕

当世　まさよ　姓は宿禰。氏名は美称にもとづくものと思われる。呪術・祭祀をよくした巫部連・宿禰の後裔氏族。承和十二年（八四五）七月に、右京の人巫部宿禰公成、大和国山辺郡の人巫部宿禰諸成、和泉国大鳥郡の人巫部連継麻呂、また巫部連継足・巫部連吉継らが、当世宿禰の氏姓を賜わったことに始まる。〔外池〕

目色部真時　ましこべの まさとき　「マシコベノマトキ」とも読む。神魂命の後裔氏族の一つ。『新撰姓氏録』摂津国神別に目

色部真時を載せ、「目色部真時。同神（神魂命）十二世孫大見尼之後也」とある。一族の人名は他の史料にみえない。〔篠川〕

沙田　ますた　百済系渡来氏族。姓は史。沙田の氏名は、安芸国沙田郡（広島県賀茂郡東部）の地名にもとづくとも考えられるが未詳。『新撰姓氏録』左京諸蕃下に沙田史を載せ、「沙田史。出レ自二百済国人意保尼王一也」とある。この意保尼王は、同書の和泉国諸蕃の村主条に「葦屋村主同祖。大根使主之後也」とみえる大根使主と同一人であろう。沙田史氏の一族の人名は、他の史料にみえない。〔篠川〕

益田　ますだ　「マシダ」とも読む。無姓から連姓を賜わった氏族、忌寸姓の氏族、直姓の氏族、君姓の氏族が知られる。無姓の益田氏の一族には、東大寺大仏殿の造立に功のあった大工の益田縄手、天平宝字四年（七六〇）三月、造東大寺司の供養分料雑物の進上使となった益田乙万呂らがおり、益田縄手は、『続日本紀』天平神護元年（七六五）三月丁未条に「越前国足羽郡人従五位下益田縄手賜二姓益田連一」とあるように、このときに連の姓を賜わった。その後縄手は、神護景雲二年（七六八）六月に遠江員外介に任ぜられ、同三年四月に従五位上を授けられている。忌寸姓の益田忌寸氏の一族の人には、弘仁十三年（八二二）十一月に正六位上から外従五位下に昇叙した益田忌寸満足がいるが、満足は益田連満足ともみえ、天長四年（八二七）正月に外従五位上から外正五位上に昇叙している。前記の益田連氏と同族であろう。直姓の益田直氏については、一族の人に、天武天皇十四年（六八五）十月、百済僧法蔵とともに白朮を煎ずるために美濃に遣わされた優婆塞の益田直金鍾の名が知られる。また君姓の益田君氏については、平城宮跡出土の木簡に、神亀五年（七二八）に続労銭を進めた益田君倭麻呂の名がみえる。〔篠川〕

真苑　まその　高魂命の孫、天明玉命の後裔と伝える氏族か。姓は宿禰。旧氏名は玉作。一族の人には、承和元年（八三四）正月七日に従五位下から従五位上を授けられ、同十二日に因幡守に任ぜられた真苑宿禰雑物がいる。なお雑物は、『文徳実録』天安二年（八五八）八月戊戌条に載る内供奉十禅師伝灯大法師位光定の卒伝に、「帝（嵯峨天皇）屢令下二光定一与二散位従五位下真苑宿禰雑物一対中論経義上」とみえ、経典に通じていたことが知られる。なお光定の伝記である『延暦寺故内供奉和上行状』には、真苑宿禰雑物は、もと興福寺の僧孝成であったとある。『叡山大師伝』などにみえる玉作雑物は、真苑宿禰雑物と同一人物で、玉作の氏名を改め、真苑宿禰の賜姓に与ったものと考えられる。

【参考文献】佐伯有清『伝教大師伝の研究』〔篠川〕

松井　まつい　百済系渡来氏族。姓は連。松井連氏は旧氏名を戸といい、『続日本紀』天平宝字五年（七六一）三月庚子条に「百済人……戸浄道等四人松井連」とみえるように、このときに戸浄道ら四人が松井連の氏姓を賜わった。一族には、旧姓の時代の人として、天平十三年（七四一）から十四年ころの校生・経師であった戸令貴、天平宝字二年七月に正六位上から外従五位下を授けられた戸憶志、天平宝字四年六月当時の仏工であった戸貴善らがいる。また天平感宝元年（七四九）閏五月に大初位上を授けられた戸浄山は、神護景雲元年（七六七）八月に内匠助に任ぜられたときは松井連に改姓しており（時に外従五位下）、その後宝亀七年（七七六）三月に下総大掾を兼ね、延暦三年（七八四）十月には阿倍朝臣古美奈の薨去に当たり喪事を監護している。〔篠川〕

松浦　まつうら　末羅にも作り、「マツラ」とも読む。『魏志』倭人伝に末盧国、『古事記』『日本書紀』などに末羅県（松浦県）とあるのちの肥前国松浦郡（佐賀県唐津市・東松浦郡）の豪族。かつての末羅国の国造であった氏族と考えられる。『先代旧事本紀』国造本紀に末羅国造を載せ、「志賀高穴穂朝御世。穂積臣同祖。大水口足尼孫矢田稲吉定二賜国造一」とある。〔篠川〕

松川　まつかわ　高句麗系渡来氏族。姓は造。一族の人には松川造貞嗣・松川造家継らがおり、『続日本後紀』承和二年（八三五）十月戊戌条に「遣唐録事松川造貞嗣。散位同姓家継等賜二姓高峯宿禰一。其先高麗人也」とみえるように、貞嗣・家継らは、このときに高峯宿禰の氏姓を賜わった。なお貞嗣が遣唐録事に任ぜられたのは同年二月のことであり、時に従七位上であった。また高峯宿禰貞嗣は、高岑宿禰貞継にも作り、『続日本後紀』承和三年四月戊戌条に「遣唐録事高岑宿禰貞継改二宿禰一賜二朝臣一。其先高麗人也」とあるように、翌年の四月にさらに朝臣の姓を賜わっている。〔篠川〕

松津　まっつ　多氏の同系氏族。姓は首。神武天皇皇子日子八井命（彦八井耳命）を祖とする。『新撰姓氏録』摂津国皇別に松津首を載せ、「松津首。豊島連同祖」とあり、豊島連は、同じく摂津国皇別に「豊島連。多朝臣同祖。彦八井耳命之後也」とみえる。また『先代旧事本紀』国造本紀に松津国造を載せるが、「松津国造。難波高津朝御世。

物部連祖伊香色雄命孫金弓連定㆓賜国造㆒」とあって、松津首氏とは系譜を異にする。〔篠川〕

松野　まつの　渡来系氏族。姓は連。『新撰姓氏録』右京諸蕃上に松野連を載せ、「松野連。出㆑自㆓呉王夫差㆒也」とある。夫差は春秋時代の呉の王で、闔閭の子。松野連氏の一族の人名は史料にみえない。〔篠川〕

松原　まつばら　阿倍氏の同系氏族。姓は臣。孝元天皇皇子大彦命を祖とする。『新撰姓氏録』和泉国皇別の膳臣条に、「膳臣。宇太臣。松原臣。阿倍朝臣同祖。大鳥膳臣等。付㆓大彦命之後㆒」とみえる。『新撰姓氏録』のこの条の記載は異例であり、抄録の際の混乱・脱落があると考えられるが、松原臣は、膳臣・宇太臣などと同様、氏名とみてよいであろう。松原臣氏の一族の人名は史料にみえない。〔篠川〕

真野　まの　天足彦国押人命の三世孫である彦国葺命の後裔を称する氏族。この命の曾孫である大矢田宿禰が、神功皇后に従って新羅に赴いた際に、その国王の女子を娶って生まれた佐久命の九世孫である和珥部臣鳥と忍勝を祖とする。鳥らが近江国志賀郡真野村（のちの真野郷。現在の滋賀県大津市真野町付近）に居住し、『庚寅年籍』（六九〇年）により真野臣の姓となった（『新撰姓氏録』右京皇別下）。『和邇系図』には鳥見命の尻付に「履中天皇朝物部・真野臣祖」とみえている。これらの記事から、もとは和珥部臣であったことがわかる。貞観五年（八六三）九月に右京人主計少允正六位上真野臣永徳、姪男の真野臣道緒が宿禰姓を賜わっているが、これと同時に大和国山辺郡の民首広門ら民首姓の三人が天足彦国押人命の後裔であることを理由として、真野臣に改賜姓されている。民首と同祖関係にあるとされているが、民首は『新撰姓氏録』右京諸蕃下などには百済国人の後裔とされており、真野臣も渡来系であった可能性を示している。また同書右京諸蕃下には真野造があり、百済国肖古王を祖とすることが記されている。『日本書紀』推古天皇二十年（六一二）是歳条には、百済から帰化した味摩之に従って、桜井で伎楽舞を習った少年の一人に真野首弟子がみえる。〔前沢〕

真春　まはる　皇別氏族。姓は真人。真春真人氏は、『続日本後紀』承和十年（八四三）六月甲子条に「右京人六世長谷王。鳥嶋王。池子女王。七世小長谷王等四人。賜㆓真春真人姓㆒」とみえるように、長谷王ら四人がこのときに真春真人の氏姓を賜わったことに始まる。一族の人名は、右の四人のほかは史料にみえない。〔篠川〕

鋺師　まりし　　高句麗系渡来氏族。姓は公。鋺師の氏名は、鋺の製作に従事した技術者の名にもとづくと考えられる。『新撰姓氏録』未定雑姓、大和国に「鋺師公。高麗国宝輪王之後也」とみえる。鋺師公氏の一族の人名は史料にみえない。なお太田亮『姓氏家系大辞典』は「鞠部の長なりし氏ならん」とするが、鞠部を氏名とする氏族には、延暦八年（七八九）六月に大井の氏名を賜わった甲裴国山梨郡の鞠部氏が知られる。〔篠川〕

丸子　まるこ　　椀子にも作る。「マロコ」と読むのが正しいか。丸子部およびその伴造の後裔氏族。連姓・無姓・部姓の丸子氏がある。丸子部は、六世紀から七世紀前半にかけて「マロコ」の別称をもつ諸皇子によって共有ないし伝領されたとみられる名代・子代の一種で、陸奥を中心として主に東国に設置されたらしい。連姓の氏人には『日本書紀』大化二年（六四六）三月辛巳条にみえる椀子連、『万葉集』にみえる相模国鎌倉郡上丁丸子連多麻呂や安房国朝夷郡上丁丸子連大歳、『続日本紀』天平勝宝元年（七四九）閏五月甲辰条にみえる陸奥国小田郡の私度の沙弥丸子連宮麻呂らがいる。また陸奥国牡鹿郡を本拠とした丸子氏は、のち牡鹿連を経て道嶋宿禰の氏姓を賜わった。一族からは恵美押勝の乱で活躍し、神護景雲元年（七六七）陸奥大国造となった道嶋宿禰嶋足らが出ている。

【参考文献】　黛弘道「舂米部と丸子部—聖徳太子子女名義雑考—」（『律令国家成立史の研究』所収）、伊藤玄三「道嶋宿禰一族についての一考察」（高橋富雄編『東北古代史の研究』所収）〔星野良史〕

客　まろうど　　客人にも作る。かつての伴（とも）の一つである甲作（よろいつくり）の後身氏族。令制では甲作は造兵司に属する雑戸で、『令集解』職員令・造兵司条に引く古記に「甲作六十二戸」とある。客氏の前氏名は山背甲作客。無姓、のちに君（公）姓。霊亀二年（七一五）九月に正七位上山背甲作客小友ら二十一人が訴えて雑戸を免れ、山背甲作の四字を除き、改めて客の氏名を賜わったのに始まるが、小友らの居住地は天平十三年（七四一）六月二十六日付「東大寺奴婢帳」にみえる山背国綴喜郡甲作里（京都府綴喜郡田辺町河原辺り）であったか。やがて君姓を賜わったらしく、氏人には天平十八年九月に土佐守となった外従五位下客君狛麻呂、嘉祥二年（八四九）正月に本居を改めて右京六条三坊に貫附された山城国愛宕郡人散位正八位下客公成人がいる。なお八世紀中ごろに客人君氏と無姓の客人氏、八世紀後半から十二世紀初めにかけて無姓の客氏が知られる。

【参考文献】平野邦雄『大化前代社会組織の研究』、浅香年木『日本古代手工業史の研究』 （星野良作）

茨田 まんだ　彦八井耳命（日子八井命）を祖とする氏族。姓は連。茨田屯倉を管掌したので、この氏名を負った。この屯倉はのちの河内国茨田郡茨田郷（大阪府門真市門真付近）の地にあった。『日本書紀』仁徳天皇十一年十月条に茨田堤を築造する際に、河内国の人茨田連衫子が河伯（河神）の犠牲に選定されたが、才智をもって助かったという所伝を載せる。同十三年九月条に「始立二茨田屯倉一。因定二春米部一」とあり、衫子の子孫が屯倉の管理に当たった。その本宗家は天武天皇十三年（六八四）十二月に宿禰姓を賜わり、『新撰姓氏録』河内国皇別に「茨田宿禰。多朝臣同祖。彦八井耳命之後也。男野見宿禰。仁徳天皇御代。造二茨田堤一。日本紀合」とある。連姓のままの一族もあり、『新撰姓氏録』右京皇別に「茨田連。多朝臣同祖。神八井耳命男。彦八井耳命之後也。日本紀漏」とある。山城国皇別にも「茨田連。茨田宿禰同祖。彦八井耳命之後也」と記すが、この一族は同国乙訓郡の茨田神社を祀っていたであろう。『続日本紀』文武天皇二年（六九八）八月戊子朔条に「茨田足島賜二姓連一」（大宝三年二月丙申条に重出）、また天平十九年（七四七）六月辛亥条に「外従五位下茨田弓束、従八位上茨田枚野宿禰姓」とあるように、無姓の茨田氏が連姓や宿禰姓を賜わった例もある。これとは別に、真人姓・勝姓の茨田氏があり、『新撰姓氏録』未定雑姓、左京部に「茨田真人。渟中倉太珠敷天皇〈諡敏達〉孫。大俣王之後也」、山城国皇別に「茨田勝。景行天皇皇子。息長彦人大兄瑞城命之後也」、河内国諸蕃に「茨田勝。出レ自二呉国王孫皓之後。意富加牟枳君一也。大鷦鷯天皇〈諡仁徳〉御世。賜二居地於茨田邑一。因為二茨田勝一」とある。河内の茨田連氏の氏人には『続日本紀』承和八年（八四一）八月辛丑条に河内国讃良郡大領の茨田勝男泉がいる。 （高嶋）

み

御井 みい　㈠土師氏系氏族。氏名は初め土師、ついで秋篠。御井の氏名は『和名抄』河内国茨田郡三井郷（大阪府寝屋川市の旧三井集落）によるか。姓は朝臣。『日本後紀』弘仁三年（八一二）六月壬子条に「左京人従五位下秋篠朝臣上子。秋篠朝臣清子。右京人従五位下秋篠朝臣室成。従七位上秋篠朝臣宅成等賜二姓御井朝臣一」とみえ、秋篠朝臣上子らの改氏姓によって成立した。この以前に土師氏の四支族中、三支族は菅原・秋篠・大枝の三氏になっており、上子らは残る一支族の者で秋篠氏に編入されていたと考えられる。一族の人名は上子ら四名のほかに伝わらない。㈡高句麗系渡来氏族。旧氏名は高麗。無姓。延暦十八年（七九九）十二月、信濃国小県郡（長野県小県郡・上田市）の人、高麗家継・継楯が御井の氏名を賜わって成立した。時に家継らは先祖が高麗（高句麗）人で、小治田・飛鳥朝に帰化来朝したと称している。家継・継楯以外の無姓の御井氏は未詳。

【参考文献】直木孝次郎「土師氏の研究―古代的氏族と律令制との関連をめぐって―」（『日本古代の氏族と天皇』所収）、佐伯有清『新撰姓氏録の研究』考証篇第三　（星野良作）

御池　みいけ　百済系渡来氏族。旧氏名は卓（たく）、御池の氏名は美称と考えられる。姓は造。天平宝字五年（七六一）三月に百済人の卓杲智（りょうち）ら二人が御池造の氏姓を賜わったのに始まる。百済国扶余（大韓民国忠清南道扶余）の地、卓斤（徳近。忠清南道恩津の地）の国主施比王の後裔と称した（『新撰姓氏録』右京諸蕃下）。氏人の名は御池造氏となった上記の卓杲智のほかに伝わらない。（星野良作）

御井原　みいはら　渡来系氏族と考えられる。氏名・発祥の由来、祖先伝承ともに未詳。姓は史。『三代実録』仁和三年（八八七）四月丙辰条に、大蔵省で検納した諸国貢調の絹の麁（そ）悪がとくにはなはだしかったため、検校に当たった同省の省輔以下、録以上の官人を左遷したことがみえるが、その官人の一人に大録から刑部省の判事大属に左遷された正六位下の御井原史浄氏がいる。この浄氏のほかに氏人の名は伝わらない。（星野良作）

三尾　みお　水尾にも作る。のちの近江国高島郡三尾郷（滋賀県高島郡高島町）を本拠とする氏族。姓は君（公）。『古事記』垂仁天皇段に「石衝別王者。羽咋君。三尾君之祖」、『日本書紀』垂仁天皇三十四年三月丙寅条に「生石衝別命。是三尾君之始祖也」、『先代旧事本紀』天皇本紀、垂仁天皇本紀に「磐撞別命。三尾君等祖」とあるように、垂仁天皇皇子石衝別王の後裔と称する。継体天皇の母振媛（布利比弥命）は三尾君氏の一族と考えられ、天皇自身も三尾君氏の一族を妃として迎えている。『日本書紀』継体天皇元年（五〇七）三月癸酉条に「次妃三尾角折君妹曰二稚子媛一。生三太郎皇子与二出雲皇女一」、「三尾君堅楲女曰二倭媛一。生二二男一女一」、『古事記』継体天皇段に「娶二三尾君等祖。名若比売一、生御子、太郎子。次出雲郎女」、また「娶二三尾君加多夫之妹。倭比売一、生御子、太郎子」とある。他の氏人として『東大寺奴婢帳』に引用する天平十三年（七四一）六月二十三日「山城国司解」に「久世郡那紀里戸主水尾公真熊」、また天平宝字七年（七六三）四月十六日「堝坂宅解」に三尾公恵□、寛平三年（八九一）九月二十五日「大和国矢田郷長解」に三尾公乙吉の名がみえる。その他、稚武彦命を祖とする臣姓の三尾氏がいたが、『続日本後紀』承和三年（八三六）四月己巳朔条に「飛騨国人散位三尾臣永主。右京史生同姓息長等賜姓笠朝臣。貫ニ附右京五条一坊一。永主。稚武彦命之後也」とあるように、笠朝臣と改姓している。〔高嶋〕

御笠　みかさ　三笠にも作る。高句麗系渡来氏族。氏名は大和国添上郡の三笠山（奈良市御蓋山〈三笠山〉）の地名にもとづくか。旧氏名は高。姓は連。神亀元年（七二四）五月に正八位上高正勝が三笠連の氏姓を賜わったのに始まる。和銅元年（七〇八）正月に正六位上から従五位下に昇叙した、高句麗人の高庄子を祖とし、『新撰姓氏録』左京諸蕃下に「御笠連。出レ自ニ高麗国人従五位下高庄子一」とある。一族には上記の庄子・正勝のほかに、天応元年（七八一）三月に従八位下から外従五位下に昇叙した三笠連秋虫がいる。〔星野良作〕

蓋山　みかさやま　渡来系の氏族。姓は連。神亀元年（七二四）五月に、王多宝が蓋山連の氏姓を賜わったのに始まる。〔外池〕

御炊　みかしき　武内宿禰後裔氏族の一つ。姓は朝臣。御炊の氏名は、神社関係の神稲を舂き炊く職名にもとづくと考えられる。『新撰姓氏録』右京皇別上に御炊朝臣を載せ、「御炊朝臣。武内宿禰六世孫宗我馬背宿禰之後也」とある。一族の人には、養老五年（七二一）六月に兵部少輔に任ぜられた御炊朝臣人麻呂がおり、時に従五位下であった。なお『越中石黒系図』には、蘇我石川宿禰の尻付に「御炊朝臣祖」とみえる。〔篠川〕

御方　みかた　三方にも作る。天武天皇の孫御方大野の後裔氏族。姓は宿禰。御方大野は天平十九年（七四七）十月に賜姓を願ったが聖武天皇に許されなかった。その後、大野の子孫の御方広名は天平宝字五年（七六一）に宿禰の姓を賜わる。なお御方大野の子孫に甲能氏がおり、『新撰姓氏録』左京皇別下に「甲能。従五位下御方大野之後也。続日本紀合」とある。〔外池〕

瓱玉　みかたま　出自未詳。瓱玉の氏名は、瓱玉（神への供物用の玉か）の製作・貢進に係わる職名にもとづくと考えられる。一族の人には、『続日本紀』天平勝宝二年（七五〇）七月甲辰条に「摂津国瓱玉大魚売。……一ニ産三男一。並給ニ正税三百束。乳母一人一」とみえる瓱玉大魚売がいる。なお瓺玉を氏名の一部とする氏族に額田部瓺玉氏がおり、『新撰姓氏録』右京神別上に、「額田部瓺玉。額田部宿禰同祖。明日名門命十一世孫御支宿禰之後也」とみえる。〔篠川〕

瓺取　みかとり　美賀取にも作る。出自未詳。瓺取の氏名は、瓺の製作などに係わる職名にもとづくと考えられる。『新撰姓氏録』巻末に、「不レ載二姓氏録一姓」として「瓺取」を載せる。一族の人には、天平宝字五年（七六一）九月十七日付僧光覚願経の「大法炬陀羅尼経巻九」の奥書に、美賀取東人の名がみえる。〔篠川〕

三河　みかわ　参河・三川にも作る。のちの三河国西部（愛知県中部の矢作川流域）の豪族。かつての参河国の国造であった氏族と考えられる。『先代旧事本紀』国造本紀に参河国造を載せ、「志賀高穴穂朝御世。以二物部連祖出雲色大臣命五世孫知波夜命一。定二賜国造一」とある。また同書の天孫本紀にも、出雲醜（色）大臣命の子の大木食命を「三河国造祖」とする。姓は直であったと推定されるが、三河直氏の人名は史料にみえない。のちに宿禰姓を賜わったらしく、『除目大成抄』に三河宿禰の名がみえる。三河を氏名とする人に、天平五年（七三三）正月、写経所に出仕した経師の三河今土がいるが、参河国造であった氏族の一族か否か不明。また戸姓の三川戸氏もおり、天平二十一年正月に「説一切有部発智大婆沙論」巻百三十八を書写した三川戸赤万呂（美濃国武義郡の人）の名が知られる。なお『日本書紀』大化二年（六四六）三月辛巳条には三河大伴直（名欠）がみえており、『先代旧事本紀』天皇本紀には、景行天皇皇子の倭宿禰命を「三川大伴部直祖」とする伝えがみえる。

【参考文献】新野直吉「国造の世界」（『古代の日本』六中部所収）〔篠川〕

御清　みきよ　弓削御清に同じ。御清は御浄にも作る。姓は朝臣。道鏡の一族で、河内国若江郡弓削郷（大阪府八尾市弓削）を本拠地とした。弓削御清（浄）朝臣氏の旧氏姓は弓削連。『続日本紀』天平宝字八年（七六四）七月辛丑条に「授刀少志従八位上弓削連浄人賜二姓弓削宿禰一」、同九月乙巳条に「弓削宿禰浄人賜二姓弓削御浄朝臣一」とあるように、弓削連浄人がこのときに弓削宿禰、さらに弓削御浄朝臣の氏姓を賜わった。この浄人は道鏡の弟であり、右の改賜姓は道鏡の政界進出によるものと考えられる。宝亀元年（七七〇）八月に道鏡が失脚すると、浄人もその子の広方・広田・広津とともに土佐国に配流になった。また弓削御清朝臣の氏姓についても、同書の宝亀六年二月辛未条に「先レ是。

天平宝字八年。以二弓削宿禰一為二御清朝臣一。連為二宿禰一。至レ是皆復二本姓一」とみえるように、このときに本姓に戻されている。『新撰姓氏録』左京神別下に「弓削宿禰。高魂命孫天日鷲翔矢命之後也」、河内国神別に「弓削宿禰。天高御魂乃命孫天毗和志可気流夜命之後也」とみえる弓削宿禰氏は、この系統の氏族であろう。

【参考文献】横田健一『道鏡』（篠川）

三国　みくに　越前国坂井郡三国（福井県坂井郡三国町）に本拠を置く豪族。姓は君（公）で、天武天皇十三年（六八四）十月真人を賜わっている。『古事記』応神天皇段に、応神天皇の孫意富富杼王が三国君などの祖とあり、『日本書紀』継体天皇元年（五〇七）三月条に継体妃の三尾君堅楲の女倭媛所生の椀子皇子が「是三国公之先也」とある。『新撰姓氏録』左京皇別・右京皇別・山城国皇別にも『日本書紀』と同じ所伝があり、三国氏が応神裔・継体裔を称していたことが知られる。一族については、『日本書紀』大化五年（六四九）三月条の三国公麻呂を初見として、同天武天皇十四年（六八五）九月条の三国真人友足など『日本書紀』『続日本紀』に中央官人として多くの名がみえるほか、天平三年（七三一）「越前国正税帳」に坂井郡大領三国真人某の名がみえる。宝亀十一年（七八〇）「越前国坂井郡司解」にも大領三国真人浄乗の名がみえ、三国氏が坂井郡譜代の郡領氏族であったことが知られる。また、天平神護二年（七六六）「越前国司解」には、坂井郡荒伯郷の戸主として三国真人野守、磯部郷の戸主として三国真人三吉らの名がみえ、坂井郡全域に勢力をもっていたことが知られる（『正倉院文書』）。なお坂井郡内には、九頭竜川が福井平野に出る左右両岸の丘陵上に、四世紀後半代から六世紀中葉に至る、越前最大の首長墓群（丸岡古墳群・松岡古墳群）が分布し、坂井郡北部の金津町の丘陵上にも、六世紀以降急速に巨大化する別系統の首長墓群がみとめられ、これらは三国氏に係わるものとみられる。

【参考文献】岸俊男「三国湊と東大寺荘園」（『三国町史』所収）（大橋）

御坂　みさか　高句麗系渡来氏族。連姓の氏族と、造姓の氏族が知られる。御坂氏の旧姓は前部（ぜんほう）。前部は高句麗の五部の一つ。『続日本紀』天平宝字五年（七六一）三月庚子条に「高麗人……前部白公等六人御坂連。……前部安人御坂造」とみえるように、このときに前部白公ら六人が御坂連、前部安人が御坂造の氏姓を賜わっている。また『日本後紀』延暦十五年（七九六）九月乙卯条に「山城国人正六位下御犬連広額等賜二姓御坂連一」と

あるように、旧姓が御犬連の御坂連氏もいた。〔篠川〕

三島　みしま　三嶋にも作る。県主姓から宿禰姓を賜わった氏族、真人姓の氏族、公姓の氏族、部姓の氏族、無姓の氏族などが知られる。三嶋県主氏は、のちの摂津国嶋上・嶋下郡の豪族で、かつての三嶋県の県主であった氏族と考えられる。大阪府高槻市の弁天山古墳群は一族の造営であろう。『日本書紀』安閑天皇元年（五三四）閏十二月条には三嶋県主飯粒による竹村屯倉献上の話がみえる。宿禰姓を賜わったのは、『続日本紀』神護景雲三年（七六九）二月辛酉条に「摂津国嶋上郡人正六位上三嶋県主広調等並賜二姓宿禰一」、同宝亀元年（七七〇）七月乙酉条に「外従五位下三嶋県主宗麻呂賜二姓宿禰一」とみえるように神護景雲三年およびその翌年のことであり、『新撰姓氏録』右京神別上に、「三島宿禰。神魂命十六世孫建日穂命之後也」とある。三島（嶋）真人氏は、天平勝宝三年（七五一）正月に垂水王らが三嶋真人の氏姓を賜わったのに始まり、『新撰姓氏録』左京皇別に、「三島真人。出レ自二諡舒明皇子賀陽王一也」とみえる。三嶋公氏については、一族の人に、承和元年（八三四）から三年当時の大工で外従五位下であった三嶋公嶋継の名が知られる。また三嶋部氏については、『続日本紀』宝亀二年五月戊申条に「近衛勲六等薬師寺奴百足賜二姓三嶋部一」とみえる。

【参考文献】吉田晶「県および県主」（『日本古代国家成立史論』所収）、角林文雄「凡河内直と三島県主」（『日本古代の政治と経済』所収）〔篠川〕

水海　みずうみ　「ミズミ」「アマ」とも読む。百済系渡来氏族。姓は毗登、のちに連。『続日本紀』天平神護二年（七六六）二月丁未条に「命婦外従五位下水海毗登清成等五人賜二姓水海連一」とみえるように、このときに水海毗登清成らが連の姓を賜わった。『新撰姓氏録』河内国諸蕃に水海連を載せ、「水海連。出レ自二百済国人努理使主一也」とある。同書には努理使主を祖とする氏族として、ほかに調連・民首・調曰佐・伊部造氏を載せる。また努理使主は、『古事記』では奴理能美に作り、仁徳天皇段に「筒木韓人、名奴理能美」とみえ、筒木（のちの山城国綴喜郡綴喜郷、今の京都府綴喜郡田辺町普賢寺付近）を本拠地としたと推定される。〔篠川〕

三園　みその　御園にも作る。皇別氏族。姓は真人。天武天皇皇子磯城皇子を祖とする。三園真人氏は、『日本後紀』延暦二十四年（八〇五）二月乙卯条に「左京人多王。登美王等十七人賜二姓三園真人一」とあるように、多王らがこのときに三園真人の氏姓を賜わったことに始まる。『新撰姓氏録』左京皇別に三園真人を載せ、「三園真人。出レ自二諡天武皇子浄広壱磯城親王之後一也」とある。一族の人には御園真人藤子がおり、貞観六年（八六四）正月に無位から従五位下を授けられた。なお磯城皇子を祖とする氏族には、ほかに笠原真人・清春真人氏が知られる。（篠川）

三始　みそめ　出自未詳。姓は朝臣。三始朝臣氏の一族の人には、『続日本紀』天平神護元年（七六五）正月己亥条に名のみえる三始朝臣奴可女がおり、奴可女は、このときに正七位上から従五位下を授けられている。一族の人名は、この奴可女のほかは史料にみえない。（篠川）

三田　みた　任那系渡来氏族。姓は首（毗登）。一族の人には、三田首五瀬・三田毗登家麻呂らがおり、三田首五瀬は、大倭国忍海郡（奈良県北葛城郡）の人で、『続日本紀』大宝元年（七〇一）八月丁未条に「先レ是。遣下二大倭国忍海郡人三田首五瀬於対馬嶋一。冶中成黄金上。至レ是。詔授二五瀬正六位上一。賜二封五十戸。田十町。并絁綿布鍬一。仍免二雑戸之名一」とみえる。三田毗登家麻呂は、同書の宝亀元年（七七〇）五月戊寅条に「三田毗登家麻呂等四人賜二姓道田連一」とみえ、このときに道田連の氏姓を賜わっている。『新撰姓氏録』左京諸蕃下に道田連を載せ、「道田連。出レ自二任那国賀羅賀室王一也」とある。また豊前国にも三田首氏がおり、豊前国安心院出土の丁酉年（六九七年か）の紀年のある「釈迦金銅像銘」に、三田首袁末呂の名がみえる。藤原広嗣の乱に加わった三田塩籠（企救郡板櫃鎮の大長）、三田兄人（広嗣の従者）らの本貫は豊前国か大和国か不明。なお部姓の三田部氏もおり、天平十七年（七四五）四月当時、内染司の直丁・廝丁であった三田部麻呂・三田部牛麻呂の名が知られる。（篠川）

御高　みたか　皇別氏族。姓は真人。天武天皇皇子忍壁皇子を祖とする。御高真人氏は、『続日本後紀』承和十四年（八四七）七月甲申条に「右京人六世賀我王。七世真薬王等十三人。賜二御高真人姓一。忍壁親王後也」とみえるように、このときに賀我王らが御高真人の氏姓を賜わったのに始まる。一族の人名は、ほかにはみえない。（篠川）

三財部　みたからべ　のちの備前国上道郡（岡山市東部）財部郷を本拠とした氏族か。姓は毗登。三財部の氏名は、名代部と考えられる財部にもとづく。一族には、三財部毗登方麻呂がおり、方麻呂は、『続日本紀』天平神護二年（七六六）十月丁未条に「備前国人外少初位下三財部毗等方麻呂等九煙賜㆓姓笠臣㆒」とみえるように、このときに笠臣の氏姓を賜わっている。この笠臣氏は、『新撰姓氏録』右京皇別下に「笠臣。笠朝臣同祖。稚武彦命孫鴨別命之後也」とみえる笠臣氏と同氏であろう。笠臣氏の一族には、前記の笠臣方麻呂のほかに、延暦二十四年（八〇五）十月に外従五位下を授かった笠臣田作がおり、また、延喜八年（九〇八）の「周防国玖珂郡玖珂郷戸籍」に笠臣乙売・笠臣今子売の名がみえる。〔篠川〕

御立　みたち　連姓の氏族と史姓の氏族が知られる。御立連氏は、旧姓を呉粛といい、渡来系の氏族。『続日本紀』神亀元年（七二四）五月辛未条に「従五位下呉粛胡明御立連」とあるように、このときに呉粛胡明が御立連の氏姓を賜わった。胡明は医術家で、これより先の養老五年（七二一）正月に、学業に優れその道の師範たるに堪える者として賞賜に与っている。一族には、ほかに同書の天平二年（七三〇）三月辛亥条に名のみえる御立連清道がおり、やはり医術家であったと考えられる。なお天暦三年（九四九）六月十三日付「太政官符」（『類聚符宣抄』第八）には御立宿禰維宗の名がみえるが、おそらく御立連氏の後裔であろう。御立史氏については、『新撰姓氏録』右京皇別下に、「御立史。御使同氏。気入彦命之後也。持統天皇御代。依㆑居㆓参河国青海郡御立地㆒。賜㆓御立史姓㆒」とみえる。気入彦命は、同書左京皇別上の御使朝臣条に景行天皇の皇子とある。御立史氏の一族の人名は、史料にみえない。〔篠川〕

民　みたみ　朝廷直轄地の人民を管掌した伴造氏族か。中央の民氏には、㈠中臣氏系、㈡出雲氏系、㈢春日氏系、㈣百済国人怒理使主の後裔、㈤東漢氏系、㈥魯公伯禽の後裔と称する渡来系、㈦高句麗系の河内民氏らの諸氏があり、地方では尾張（連姓）・播磨（直姓）・出雲（臣姓）に民氏が存した。地方の民氏の姓は、国造の姓と共通し、奈良時代に郡の大領であった者がいるので、かつて国造の一族が伴造に任ぜられたことを示唆しよう。中央民氏の姓は㈠・㈡・㈤が直姓、㈢・㈣・㈥・㈦が首姓であるが、㈤はのちに連・忌寸・宿禰と改姓している。㈠と㈡は和泉国大鳥郡の式内社、美多弥神社の鎮座地（大阪府堺市美木多上）を本拠とした氏族。㈢は大和国山辺郡（奈良県山辺郡）が本拠地とみられ、貞観五年（八六三）と翌六年に一族の者が真野臣の氏姓を賜わっている。ただ『新撰姓氏録』右京皇別下に掲げる真野臣の本系によれば、この氏は実は渡来系の氏族であり、春日氏と同祖とするのは仮冒とみられるから、㈢の民首も本来は㈣・㈥らと同系の渡来氏であった可能性が大きい。㈣は山城、㈦は河内を本拠とする。㈥は漢人系の白鳥村主の同族で、承和二年（八三五）に長岑（ながみね）宿禰の氏姓を賜わっている。どの系統か不明であるが、大和国宇陀郡浪坂郷（奈良県宇陀郡大宇陀町）にも民首の一族が存した。㈤は東漢氏の枝族のなかでも有力氏の一つで、『坂上系図』所引『新撰姓氏録』逸文（右京諸蕃上、坂上大宿禰条逸文）によれば、都賀使主（阿知使主の子）の三男のうち兄腹の山木直の後裔とする。『日本書紀』欽明天皇七年七月条にみえる川原民直宮が史料上の初見。宮は今来郡の檜隈邑の人とあり、この氏は東漢氏の集住地である大和国高市郡檜前郷（奈良県高市郡明日香村檜前）を拠点としたとみられる。壬申の乱に、大火と小鮪が吉野側の将として功を立て、大宝期から天平初期にかけては、小鮪（袁志比）が、東漢氏一族の族長的地位を占めた。天武天皇十一年（六八二）、他の東漢氏らとともに連に改姓。同十四年には忌寸姓を賜わっている。奈良中期以降は民氏に代わって坂上氏が東漢氏の中心となるが、延暦四年（七八五）には坂上氏らとともに宿禰に改姓。忌寸姓に止まった者のうち、民忌寸国成は、斉衡三年（八五六）に、内蔵朝臣の氏姓を賜わった。

【参考文献】佐伯有清『新撰姓氏録の研究』考証篇第四～六　（加藤）

道　みち　のちの加賀国石川郡味知郷（石川県石川郡鶴来町付近）を本拠地とした豪族。姓は君（公）。阿倍氏の同系氏族で、『新撰姓氏録』右京皇別上に「道公。同氏。大彦命孫彦屋主田心命之後也」とみえる。かつての越国の国造であった氏族と考えられ、越国造については、『日本書紀』孝元天皇七年二月丁卯条に「大彦命。是阿倍臣。……越国造。……凡七族之始祖也」、『先代旧事本紀』国造本紀に「高志国造。志賀高穴穂朝御世。阿閇臣祖屋主田心命三世孫市入命定二賜国造一」とみえる。一族の人には、『日本書紀』欽明天皇三十一年（五七〇）四月・五月条に、「天皇」と称して高句麗使の調を詐取したと伝えられる道君（名欠）、天智天皇の宮人で施基皇子を生んだ道君伊羅都売、『大宝律令』の撰定に加わり、その後良吏として名をあげた道君首名らがいる。また道君（公）氏は、越前国石川郡の郡司氏族として知られ、同国加賀郡にも勢力を有し、越中・若狭・佐渡・出羽国などにも一族が居住していた。なお『続日本後紀』承和二年（八三五）正月癸丑条に「左京人遣唐史生道公広持賜二姓当道朝臣一」、同十月己亥条に「左京人道公安野賜二姓当道朝臣一」とあるように、道公広持・安野は、このときに当道朝臣の氏姓を賜わっている。

【参考文献】 米沢康「江沼臣と道君—『欽明紀』三十一年条所伝の再検討—」（『北陸古代の政治と社会』所収）、浅香年木「道氏に関する一試考」（『古代地域史の研究』所収） 〔篠川〕

路 みち 敏達天皇の皇子難波王（難波皇子）に出自する皇族氏族。『新撰姓氏録』左京皇別に「敏達皇子出レ自二難波王一也」とある。『古事記』敏達天皇段には「娶二春日中若子之女、老女子郎女一。生御子、難波王」とあり、『日本書紀』敏達四年（五七五）正月条に「立二一夫人一。春日臣仲君女日老女子夫人。〈更名、薬君娘。〉生二三男一女一。其一曰二難波皇子一」とあって、難波王がワニ腹の皇子であったことが知られる。難波王は、『日本書紀』崇峻天皇即位前紀（五八七）に、物部守屋大連討滅の軍に参加したことがみえるほか、『七大寺巡礼記』に大宅寺が別名難波皇子寺と呼ばれ、難波皇子が建立したという所伝もみえる。姓は公。天武天皇十三年（六八四）十月、守山公らとともに真人を賜姓されている。『新撰姓氏録』左京皇別の守山真人・甘奈備真人・飛多真人・英多真人・大宅真人は同祖とある。その本貫は明らかでないが、天平勝宝元年（七四九）の「造東大寺司解」に大倭国添上郡人の路足麻呂がみえ、添上郡にあった可能性が高い。路真人氏の一族としては、『日本書紀』天武天皇十四年九月条以下にみえ、南海道使、のちに饗新羅客使・春宮大夫を歴任した路真人迹見を初見とし、『続日本紀』文武天皇三年（六九九）七月条に弓削皇子の喪事を監護し、その後も持統天皇崩御時の作殯宮司・衛士督などを歴任、養老三年（七一九）七月、大宰大弐正四位下で卒した路真人大人をはじめ多くの名がみえる。路を氏名とする氏族には、路真人のほか路直・路忌寸・路宿禰などがみえる。これらはいずれも東漢氏系の渡来氏族で、直→忌寸→宿禰と順次改姓したとみられる。 〔大橋〕

道嶋 みちしま 陸奥国牡鹿郡（宮城県牡鹿郡）の豪族。氏名は「道奥の遠島」のことで牡鹿半島に因んだとされる。姓は宿禰。出自が蝦夷系かは未詳。一族はもと丸子を名のっていたが、天平勝宝五年（七五三）に牡鹿姓を賜わり、さらに天平宝字八年（七六四）に道嶋宿禰を賜わった。一族は、六世紀に子代・名代として設定された者の後裔、七世紀以降に殖民した者の後裔との見方がある。一族の初見は、神亀元年（七二四）の蝦夷反乱の功により翌年勲位などを賜わった丸子大国であるが、中央にその存在が知られるようになったのは天平勝宝期に中央に出仕し、一族の礎を築いた嶋足からであろう。嶋足は、『続日本紀』延暦二年（七八三）正月乙酉条の卒伝に「体貌雄壮。志気驍武。素善二馳射一」とみえるように、武人の資質に優れていた。とくに天平宝字八年（七六四）の藤原仲麻呂の乱時に仲麻呂の男訓儒麻呂を射殺する功をあげ、授刀衛将曹から授刀少将、さらに神護景雲元年（七六七）には近衛員外中将となり中央顕官を帯びることとなった。一方で神護景雲元年に陸奥大国造に任ぜられ、同三年の陸奥国人の大量賜姓の際に奏請を行ない、また宝亀元年（七七〇）宇漢迷公宇屈波宇らの賊地逃還事件時に現地で虚実を検問したように、在地に大きな影響力を持っていた。ほかにおもな一族に、神護景雲元年陸奥国造となり、翌年陸奥大掾・鎮守府軍監を兼ねた三山、伊治呰麻呂の乱の遠因をつくった牡鹿郡大領大楯などがいるが、いずれも強い在地性をもっていた。しかし『日本後紀』延暦十五年（七九六）十一月辛卯条にみえる赤龍が右京に移貫したように、一族はしだいに中央官人の途を歩みはじめた。道嶋氏の墳墓として牡鹿郡内に七、八世紀に築造された矢本横穴古墳が考えられている。とくに同古墳から「大舎人」墨書土器が出土したことは、舎人を出す郡領家（道嶋氏）の墳墓としてふさわしいといえよう。

【参考文献】井上光貞「陸奥の族長、道嶋宿禰について」（『蝦夷』所収）、高橋富雄「陸奥大国造」（『古代の日本』八東北所収）、三宅宗議「古代における海道地方の政治と文化」（『矢本町史』所収）、伊藤玄三「道嶋宿禰一族についての考察」（『古代東北史の研究』所収）　（関口）

道田　みちた　任那系渡来氏族。姓は連。道田連氏の旧姓は三田毗登（首）であり、『続日本紀』宝亀元年（七七〇）五月戊寅条に「三田毗登家麻呂等四人賜二姓道田連一」とみえるように、このときに三田毗登家麻呂らが道田連の氏姓を賜わった。『新撰姓氏録』左京諸蕃下に道田連を載せ、「道田連。出レ自二任那国賀羅賀室王一也」とある。一族の人には、上記の家麻呂のほか、宝亀七年正月に正六位上から外従五位下を授けられ、同年三月に主税助に任ぜられた道田連安麻呂、延暦四年（七八五）正月に無位から外従五位下を授けられた道田連桑田らが知られる。　（篠川）

三津　みつ　御津にも作る。渡来系氏族。姓は首。近江国滋賀郡（滋賀県大津市）を本拠地としたと考えられる。最澄はこの氏族の出身であり、『叡山大師伝』に「大師諱最澄。俗姓三津首。滋賀人也。先祖後漢孝献帝苗裔登万貴王也。軽嶋明宮御宇天皇御世。遠慕二皇化一。同帰㆓聖朝㆒。仍矜㆓其誠款㆒。賜以㆓近江国滋賀地㆒。自㆑此已後。改㆑姓賜㆓三津首㆒也。」とみえる。一族の人には、ほかに最澄の父である三津首百枝、宝亀十一年（七八〇）十一月当時、近江国滋賀郡古市郷の戸主であった三津首浄足らの名が知られる。浄足の戸口の三津首広野がのちの最澄である。また奈良時代中ごろの校生であった三津若万呂、宝亀二年当時の経師であった三津広前らも、三津首氏の一族であろう。なお天平五年（七三三）の「山背国愛宕郡計帳」に、秦人広幡石足の戸口として御津首持麻呂の名がみえており、「放賤従良、天平四年七月九日」とある。

【参考文献】　佐伯有清『伝教大師伝の研究』　（篠川）

御杖　みつえ　渡来系氏族。姓は連。河内国丹比郡土師郷（大阪府堺市日置荘付近、あるいは松原市立部・上田付近）を本拠地としたと考えられる。御杖連氏の旧氏姓は河内画師であり、『続日本紀』天平宝字三年（七五九）十一月乙亥条に「造東大寺判官外従五位下河内画師祖足等十七人賜㆓姓御杖連㆒」とあるように、このときに河内画師祖足らが御杖連の氏姓を賜わった。一族の人には、ほかに奈良時代中ごろの造東大寺司史生であった御杖連年継の名が知られる。御杖連に改姓されなかった河内画師氏については、『新撰姓氏録』河内国諸蕃に、「河内画師。上村主同祖。陳思王植之後也」（陳思王植は魏の武帝の子）とみえる。また君姓の御杖君氏もおり、『先代旧事本紀』天皇本紀に、景行天皇皇子の大稲背別命を「御杖君祖」とする。　（篠川）

御使　みつかい　三使にも作る。姓は連、のちに朝臣。御使の氏名は、御使部の伴造氏族であったことにもとづくと考えられる。『続日本紀』神護景雲二年（七六八）九月乙未条に「左京人正七位上御使連清足。御使連清成。御使連田公等十八人賜㆓姓朝臣㆒」とあるように、このときに御使連清足らが朝臣の姓を賜わった。『新撰姓氏録』左京皇別上に、「御使朝臣。出㆑自㆓諡景行皇子気入彦命之後㆒也。……」とみえる。一族の人には、ほかに天平八年（七三六）・九年当時、和泉監正正六位上勲十二等であった御使連乙麻呂、天平九年二月に正六位上より外従五位下を授けられた三使連人麻呂、斉衡元年（八五四）正月に従七位上から外従五位下を授けられた御使朝臣福子らがいる。また三河国・駿河国にも御使連氏のいたことが知られる。なお『日本書紀』応神天皇四十一年二月是月条によれば筑紫国には御使君氏がおり、天平十二年の「遠江国浜名郡輸租帳」には三使部氏の人名がみえ、『三代実録』貞観四

年（八六二）七月十日条には「安芸国高宮郡大領外正八位下三使部直弟継。少領外従八位上三使部直勝雄等十八人。復二本姓仲県国造一」とみえる。〔篠川〕

御常　みつね　出自未詳。姓は朝臣。一族の人には、『三代実録』貞観三年（八六一）七月十四日条に、伊勢国の前大掾として御常朝臣氏雄（時に正六位上）の名がみえる。同条によれば、氏雄は、これより先、伊勢国の介清原真人長統らとともに、課丁二百十八人を隠して大帳に附さなかったことを、同国安濃郡の百姓神人部東成らに訴えられ、徒以下の罪に当たるとされていたが、この日、前年十一月十六日の赦によって許された、とある。御常朝臣氏の一族の人名は、ほかにはみえない。〔篠川〕

三林　みつはやし　「ミハヤシ」とも読む。渡来系氏族。姓は公。三林公氏の旧氏姓は道祖首であり、『続日本紀』宝亀十一年（七八〇）三月辛卯条に「伊勢国大目正六位上道祖首公麻呂。白丁杖足等賜二姓三林公一」とあるように、このときに道祖首公麻呂らが三林公の氏姓を賜わった。『新撰姓氏録』大和国諸蕃に、「三林公。己智同祖。諸歯王之後也」とみえる。己智氏については同書の前条に「己智。出レ自二秦太子胡亥一也」とあり、同系氏族として、ほかに長岡忌寸・山村忌寸・桜田連氏などがあげられる。〔篠川〕

御手代　みてしろ　三手代にも作る。御手代の氏名は、朝廷の祭祀において天皇の御手に代わって奉仕する職名にもとづくと考えられる。直姓の氏族、首姓の氏族、無姓の氏族が知られる。御手代直氏は、一族の人に、天平六年（七三四）の「尾張国正税帳」に同国の史生として名のみえる御手代直男綱（時に従八位上）がいる。御手代首氏については、『新撰姓氏録』大和国神別に、「御手代首。天御中主命十世孫天諸神命之後也」とみえる。無姓の御手代氏は、一族の人に、『万葉集』（巻八―一五八八）に歌を載せる三手代人名、奈良時代中ごろの校生であった御手代平佉波都、『日本霊異記』（上巻―三十一話）に、聖武天皇の時代、法を修したために大福徳を被ったという話を載せる御手代東人らがいる。なお大倭御手代を氏名とする氏族もおり、『続日本紀』天平二十年七月丙戌条に、「従五位下大倭御手代連麻呂女賜二宿禰姓一」とみえる。〔篠川〕

三歳　みとし　大神（三輪）氏の同系氏族。姓は祝。意富多多泥古（大田田根子）を祖とする。『新撰姓氏録』未定雑姓、大和国に三歳祝を載せ、「三歳祝。大物主神五世孫意富太多根子命之後也」とある。三歳祝氏は、『延喜式』神名帳に載る大和国葛上郡の葛木御歳神社の祝であったと考えられる。一族の人名は史料にみえない。〔篠川〕

三富部　みとべ　三富部の氏名は、六人部（身人部）と同義で、部としての六人部、もしくはその伴造氏族であったことにもとづく。尾張氏の同系氏族で、火明命を祖と伝える。『新撰姓氏録』山城国神別に三富部を載せ、「三富部。同レ上（火明命之後也）」とみえる。三富部氏の一族の人名は史料にみえない。〔篠川〕

御長　みなが　皇族出自氏族。氏名を御中にも作る。天武天皇の後裔。姓は真人。天平宝字七年（七六三）八月、舎人親王の子池田親王（池田王）が上表して願い出たため、子の男女五人が御長真人の氏姓を賜わった。上表文には「其母出レ自二凶族一。臣悪二其逆党一、不レ預二王籍一」とあり、池田親王の妻は、橘朝臣奈良麻呂の繋累の者とみられる。平安朝初期の広岳（従四位下・伊勢守）・仲継（従五位下・刑部少輔）・近人（従五位上・越後守）は、この一族の者であろうが、『新撰姓氏録』には御長真人の名はみえない。〔加藤〕

三長　みなが　皇族出自氏族。天武天皇の後裔。姓は真人。天平宝字八年（七六四）に、守部王の男笠王・何鹿王・為奈王、三原王の男山口王・長津王、船王の男葦田王、孫の他田王・津守王・豊浦王・宮子王が王籍を除かれ、三長真人の氏姓を賜わり、丹後国に配流された。守部王・三原王・船王はいずれも淳仁天皇の兄弟に当たり、配流された諸王は同年の恵美押勝の乱、天皇廃位事件に連座した者たち。宝亀二年（七七一）七月に属籍を復されたが、同年九月、何鹿王・為奈王は山辺真人の氏姓を賜わり、同七年九月、再び王籍を復された。なお為奈王の孫の美能王（岑成王）は、天長十年（八三三）もしくは嘉祥二年（八四九）に清原真人の氏姓を賜わっている。〔加藤〕

南淵　みなぶち　応神天皇の皇子、稚渟毛二派王の後裔氏族。氏名は大和国高市郡南淵の地名による。本姓は息長真人。のちに母姓の槻本公を称し、宿禰姓を経て坂田宿禰・朝臣となり、弘仁十四年（八二三）十二月、坂田朝臣弘貞・永河らが南淵朝臣の氏姓を賜わる。弘貞の極官は参議・刑部卿。位は従三位。『公卿補任』天長二年条に「従四位下坂田奈弖麿二男。……（弘仁十四年）十二月乙未。改二坂田朝臣姓一。賜二南淵朝臣一」とみえ、永河については『文徳実録』天安元年十月丙子条の卒伝に「永河。右兵衛佐従五位下槻本公老之孫。散位従四位下坂田朝臣奈弖麻呂第二之子也。昔者嵯峨天皇在藩之時。与二朝野鹿取。小野岑守。菅原清人等一。共侍二読書一。……同年（弘仁十四年）十二月与二兄正五位下弘貞一陳二父先志一。賜二姓南淵朝臣一」とみえる。永河の子に年名がおり、『扶桑略記』元慶元年四月八日己卯条に、年名は左京の人で、大和守従四位下奈弖麿の孫、因幡守正四位下永河の子で、本姓は息長真人、中間に外戚の姓を冒し、槻本公となり、のちに坂田と改め、最後に南淵となったとある。年名の極官は大納言。位は正三位。『文徳実録』『貞観格』『貞観式』『左右検非違使式』の編纂に関与した。なお『日本書紀』推古天皇十六年九月辛巳条にみえる学問僧の南淵漢人請安は、皇極天皇三年正月乙亥朔条に「南淵先生」とみえるが、この南淵は氏名ではなく、大和国高市郡南淵の地名を表わし、南淵漢人とは、南淵に居住している漢人の意であろう。（佐伯）

蜷淵　みなぶち　「ニナブチ」とも読む。用明天皇の皇子殖栗王の後裔氏族。『日本書紀』用明天皇二年四月丙午条にみえる南淵（奈良県高市郡明日香村稲淵）の地名による氏名か。姓は真人。『新撰姓氏録』左京皇別に「蜷淵真人。出レ自二謚用明皇子殖栗王一也」とみえる。一族の人に蜷淵真人岡田がおり、延暦十六年（七九七）正月に従五位下より従五位上に昇叙されている。『百家系図』蜷淵真人系図には、殖栗皇子の子に衣縫王をあげ、「居二大倭国高市郡南淵里一」とし、その男、伊賀万呂のもとに「天平十一年四月。賜二蜷淵真人姓一」とある。この系図によると、上記した岡田は、伊賀万呂の四世の孫となっており、父の名は顕成。（佐伯）

源　みなもと　皇族賜姓の一つ。姓は朝臣。嵯峨源氏・仁明源氏・文徳源氏・清和源氏・陽成源氏・光孝源氏・宇多源氏・醍醐源氏・村上源氏・冷泉源氏・花山源氏・三条源氏など後代の賜姓源氏も含めると十六流ある。皇室経済の節約のため皇族を臣籍に降し源朝臣姓を与えた。歴史上活躍の顕著なものは嵯峨源氏・村上源氏・清和源氏などがあり、嵯峨源氏・村上源氏は貴族社会における政治的・文化的面で、清和源氏は武士社会に広く根を張り桓武平氏と並ぶ武士団の棟梁として活躍した。賜姓源氏の初例は嵯峨源氏である。弘仁五年（八一四）五月八日に嵯峨天皇諸王の臣籍降下・賜姓源氏の詔を出し、府庫の空費を防止しようとの意図を示している。このとき、源朝臣姓を賜わったのは、信・弘・常・明・貞姫・潔姫・全姫・善姫の八人で、信をもって戸主となし左京一条一坊に貫附されている（『新撰姓氏録』左京皇別上）。源信は参議・大納言を歴任して天安元年

(八五七)二月十九日に左大臣に任ぜられ、翌年十一月七日正二位に叙されている。貞観八年(八六六)閏三月十日の応天門炎上の事件に際しては、大納言伴善男に謀られ罪せられそうになったが、藤原良房によって無実を証せられている。源常は右大臣や皇太子傅を経て承和十一年(八四四)七月二日に左大臣に任ぜられ、嘉祥三年(八五〇)四月十七日に正二位に叙されている。『日本後紀』の編纂に藤原緒嗣らとともに参加している。嵯峨天皇の皇子で源朝臣を賜わった者は、このほかに定・生・融・勤などがいる。このうち融の子孫がもっとも盛んであった。源融は中納言・陸奥出羽按察使・大納言を経て貞観十四年(八七二)八月二十五日に左大臣に任じ、仁和三年(八八七)十一月従一位に叙されている。河原院を営み河原左大臣と称されている。東本願寺の渉成園はその遺址と伝えられる。村上源氏は村上天皇皇子為平親王および具平親王の子たちの流で、とくに具平親王流は活躍の跡が顕著である。具平親王の子師房、その子顕房の系統からは多くの大臣を輩出し、院政期における活躍はとくに著しい。顕房の娘賢子は白河天皇中宮となり堀河天皇を生んだ。顕房男雅実は保安三年(一一二二)太政大臣に至り、久我家の祖となった。雅実のころ村上源氏で公卿に列する者もっとも多くなり『中右記』康和四年(一一〇二)六月二十三日条には「近代公卿廿四人。源氏之人過半歟。未レ有二如レ此事一歟」と評されている。雅実の曾孫通親は後鳥羽院政期における実力者であり、源頼朝と結んだ九条兼実と対立しこれを失脚せしめた。土御門内大臣と称せられる。次に清和源氏は清和天皇皇子らに賜姓したのに始まるが、なかでも栄えたのは貞純親王の系統である。貞純親王の子経基、その子満仲と武門の道を歩み、満仲は摂津多田(兵庫県川西市)を本拠としながらも摂関家に奉仕して京内での活躍も多く、安和二年(九六九)の安和の変に際しては藤原氏の政敵源高明(醍醐源氏)らの排斥のために行動している。満仲の子頼光も摂関家との関係を密にし、貴族社会における立場を築いていった。同じく満仲の子頼信は平忠常の乱を鎮定し、その子頼義と孫義家も前九年の役・後三年の役を鎮圧し、これらを通じて武門の棟梁としての地歩を、東国を基盤として築きあげた。この義家の曾孫義朝の子が頼朝・範頼・全成・義経である。清和源氏の主流は武門の棟梁として繁栄したといえる。

【参考文献】　林陸朗「賜姓源氏の成立事情」「嵯峨源氏の研究」(以上『上代政治社会の研究』所収)、佐藤宗諄「美濃源氏の形成」(『岐阜県史』所収)、佐伯有清

『新撰姓氏録の研究』考証篇第一、鮎沢寿『源頼光』、川勝政太郎「河原院と源融」（『史迹と美術』二一五）、朧谷寿『清和源氏』、橋本義彦『源通親』　〔小原〕

水主　みぬし　火明命の後裔と称する氏族。姓は直。『新撰姓氏録』山城国神別条に水主直の名を掲げるので、山城国久世郡水主（みぬし）郷（京都府城陽市水主）の地を本拠とした豪族とみられるが、氏名は「もいとり」と訓むこともでき、飲料水の供御に当たった水部（もいとりべ）を管掌した伴造の一族とも考えられる。氏人は藤原宮跡出土の木簡に水主直田の名がみえるのみで、詳細は不明。大宝二年（七〇二）の「美濃国戸籍」によれば、本簀郡栗栖太里（岐阜県本巣郡穂積町・本巣町付近か）に、水主直族五百依ら数名の族姓の水主直氏の分布が認められる。

【参考文献】佐伯有清『新撰姓氏録の研究』考証篇第三　〔加藤〕

水沼　みぬま　筑後国三潴郡三潴郷（福岡県三潴郡三潴町）を本拠とした地方豪族。姓は君。氏名を水間にも作る。『先代旧事本紀』天孫本紀によれば、饒速日命十四世孫の物部阿遅古連公の後裔とする。『日本書紀』雄略天皇十年九月条には、水間君が贖罪のため、天皇に鴻（かり）十隻と養鳥人を献上したとの所伝を掲げ、また『和名抄』によれば、三潴郡に鳥養郷がある（福岡県久留米市の一部）ので、水沼氏は鳥養部を貢進する豪族であり、この氏が物部氏の同族とされたのは、物部氏が鳥養部や鳥取部を管掌する地位にあったことによるとする説がある。三潴・水沼の地名は、筑後川下流域の沼沢地帯であったことに由来し、水鳥の棲息地とみられるから、この説は妥当であろう。また『日本書紀』神代巻の瑞珠盟約の一書には、筑紫の水沼君が宗像三女神を祭ったと伝えており、水沼氏が胸肩（宗像）氏らとともに宗像三女神の祭祀集団を形成し、沖ノ島祭祀などを通して、大陸への航路（海北道中）に関与していた事実を示唆する。水沼氏にはほかに、水沼県主・水沼別の名が『日本書紀』にみえるが、水沼君との関係は不詳。ただ水沼君が、九州の地方豪族のなかでは大和政権に対する従属性が比較的強い氏族と推測されることから、水沼君と水沼県主とは同一の氏であり、三潴地方に設定された水沼県を管理した豪族と考えることもできよう。なお久留米市大善町宮本にある御塚古墳（帆立貝式前方後円墳、古墳時代中期）、権現塚古墳（円墳、古墳時代後期）は、水沼君・水沼県主の奥津城に比定されている。

【参考文献】井上辰雄「地方豪族の歴史的性格—水間君をめぐる諸問題—」（『日本歴史』二八〇）　〔加藤〕

三野　みの　天湯川田奈命（天湯河板挙命）の後裔氏族。氏名を美努・美奴・三努にも作る。姓はもと県主。天武天皇十三年（六八四）に連姓を賜わった。氏名は『古事記』崇神天皇段にみえる「河内之美努村」、および『延喜式』神名帳の河内国若江郡御野県主神社の鎮座地（大阪府八尾市上之島町南）の地名にもとづく。現在の八尾市北東部から東大阪市南東部にかけての一帯は、三野県の故地と推定されるが、三野県主はこの地を本拠とし、大和政権の支配下に県を管理した首長である。『日本書紀』の清寧即位前紀には星川皇子の従者として三野県主小根の名がみえ、贖罪のため大連大伴室屋らに田地を寄進したとあり、河内の在地勢力として、三野氏がかなりの領地を所有していた事実が窺えるが、連賜姓後のこの氏は専ら律令国家の中・下級官人を出す家柄となった。とくに大宝元年（七〇一）の遣唐使の一行に加わった岡麻呂（岡万）をはじめとして、浄麻呂（遣新羅大使・大学博士）、智麻呂（左大史・文章博士）、清庭（『日本書紀』講書の受業者・左大史）、清名（直講・在問渤海客使）など、八、九世紀の氏人には、外交・学問の分野で活躍した者が少なくない。なお、岡麻呂については、一八七二年、奈良県生駒市萩原字竜王の丘陵地から、天平二年（七三〇）十月二十日の年紀をもつ墓誌が発見されている。宝亀元年（七七〇）、財女・奥麻呂ら一族の者が宿禰姓を賜わったが、間もなく連姓に復帰。『新撰姓氏録』河内国神別に美努連の本系を載せ、「同神（角凝魂命）四世孫天湯川田奈命之後也」とある。九世紀前半には清庭が再び宿禰姓を賜わっている。ほかに承和十二年（八四五）、筑前国宗形郡人の難波部主足が美努宿禰に改氏姓し、河内国若江郡に貫附されており、難波部のなかに三野氏と同族関係をもつ者の存したことが知られる。

【参考文献】吉田晶『日本古代国家成立史論』、佐伯有清『新撰姓氏録の研究』考証篇第四、同「河内国歴名木簡の研究」（『研究と評論』五十周年記念号）、前田晴人「河内三野県主の服属儀礼について」（『日本歴史』五〇七）、同「三野県主・美努連の性格とその形成要因」（『東アジアの古代文化』六八）　（加藤）

陵辺　みはかべ　「ミササキベ」とも読む。姓は君。陵辺君は田辺史（のちに上毛野公、さらに朝臣）氏の旧氏姓。『新撰姓氏録』左京皇別下の上毛野朝臣条に「下毛野朝臣同祖。豊城入彦命五世孫多奇波世君之後也。大泊瀬幼武天皇諡雄略御世。努賀君男百尊。為二阿女産一向二聟家一犯レ夜而帰。於二応神天皇御陵辺一逢二騎馬人一相共話語。換レ馬而別。明日看二所レ換馬一。是土馬也。因負二姓陵辺君一。百尊男徳尊。孫斯羅。諡皇極御世。賜二河内山下田一。以レ解二文書一。為二田辺史一」とみえる。これによれば、雄略天皇の世に、百尊が、応神天皇の御陵辺で騎馬の人に会い、交換した馬が土馬（埴輪の馬）であったため、その御陵辺に因んで陵辺君の氏姓を負ったというが、同様の説話は『日本書紀』の雄略天皇条にもみえ、そこでは、百尊は田辺史伯孫とある。陵辺君は他の史料にみえない。なお右の『新撰姓氏録』の記述では、陵辺君（田辺史）氏は豊城入彦命を祖とするが、事実は渡来系の氏族であったと考えられる。

【参考文献】佐伯有清「上毛野氏の性格と田辺氏」（『新撰姓氏録の研究』研究篇所収）（篠川）

陵戸　みはかべ　「ミササキベ」とも読む。渡来系氏族。姓は村主。陵戸の氏名は、陵を守ることを職掌とした陵戸の名にもとづく。一族には、陵戸村主黒人がおり、黒人は、『日本後紀』大同元年（八〇六）二月庚申条に「和泉国人陵戸村主黒人賜二姓村主一」とみえるように、このときに村主の氏名を賜わった。この村主氏は、黒人が和泉国の人であったことからすると、『新撰姓氏録』和泉国諸蕃に「村主。葦屋村主同祖。大根使主之後也」とみえる村主氏と同氏であろう。葦屋村主氏については、『新撰姓氏録』和泉国諸蕃に「葦屋村主。出レ自二百済意宝荷羅支王一也」とみえる。（篠川）

御林　みはやし　別君の一族。弘仁二年（八一一）十月、摂津国人の別君（公）清名が、御林宿禰の氏姓を賜わった。出自は不詳であるが、『新撰姓氏録』和泉国皇別の別公と同族であるとすれば、日本武尊の子、稲依別王の後裔と称した一族とみられる。和泉国の別公の本拠地は、和泉郡和気村（大阪府和泉市）であるが、同じ和泉郡内に三林（みばやし）の地名（和泉市）が残り、御林の氏名は、この地名によった可能性もある。（加藤）

三原　みはら　皇族出自氏族。天武天皇の皇子、新田部親王の後裔。姓は朝臣。氏名は淡路国三原郡三原（兵庫県三原郡三原町）の地名に因むか。賜姓の時期は不明であるが、『続日本紀』延暦十年正月条・同年三月条にみえる弟平王（乙枚王）が、『日本後紀』延暦十八年二月条の三原朝臣弟平と同一人物とみられるから、延暦十年（七九一）から同十八年（七九九）の間に臣籍に下り、三原朝臣の氏姓を賜わったものとみられる。弟平の極位は従五位上。その子の春上は参議に列せられ、承和十二年（八四五）十一月、正四位下で卒した。ほかにこの一族には、数子（従五位上）・朝主（従五位下）・永道（従五位下）らがいる。

【参考文献】佐伯有清『新撰姓氏録の研究』考証篇第一　〔加藤〕

御原　みはら　敏達天皇の皇子、彦人大兄皇子の後裔と称する氏族。姓は真人。御原の氏名は、淡路国三原郡三原（兵庫県三原郡三原町）の地名によるか。御原真人の名は、『新撰姓氏録』未定雑姓、左京の部に記すのが史料にみえる唯一の例であるが、未定雑姓の部に収録された氏族は、「此等姓、祖違二古記一事漏二旧典一。雖レ加二研覈一、自然所レ不レ及」とされたものであるから、この氏が主張した出自には詐称の疑いがもたれる。天平宝字三年（七五九）六月の大和国城下郡の田地売券にみえる御原相坂は、この一族の者である可能性がある。〔加藤〕

御春　みはる　百済系渡来氏族。氏名は美称によるか。姓は朝臣。この氏の前身は河内国安宿郡（大阪府羽曳野市・柏原市の各一部）を本拠地とし、比有王・現伎・末多王ら百済王族の後裔と称した飛鳥戸造で、㈠飛鳥戸造から御春宿禰の氏姓を経て御春朝臣に改氏姓した者、㈡飛鳥戸造から百済宿禰の氏姓を経て御春朝臣に改氏姓した者、㈢飛鳥戸造から直接御春朝臣に改氏姓した者の三通りがある。㈠は承和六年（八三九）に御春宿禰春長らが朝臣姓を賜わったもので、㈡は貞観六年（八六四）に百済宿禰有世が、㈢は貞観五年に飛鳥部造豊宗らが改氏姓したものである。㈠が御春氏の本流とみられ、㈡㈢はその傍系もしくは別系統に属する一族であろう。㈠の春長が左京の人であるのに対し、㈡の有世、㈢の豊宗らは貞観四年まで、河内国安宿郡を本居としていた。なお御春氏の一族には浜主（承和七年〈八四〇〉）・峯能（貞観十年〈八六八〉）・種実（仁和二年〈八八六〉）のように、鎮守将軍に任官する者がおり、この氏が武門の家柄であったことが窺える。

【参考文献】佐伯有清『新撰姓氏録の研究』考証篇第五　〔加藤〕

御輔　みふ　安倍氏の同族。姓は朝臣。承和六年（八三九）七月、左京人で外従五位下の安倍宿禰真雄らが御輔朝臣の氏姓を賜わった。御輔の氏名は美称にもとづくか。旧姓が宿禰であることより、安倍氏のなかでも傍流の一族とみられる。真雄は承和十年（八四三）内位に進み、従五位下土左守となったが、そのほか氏人には長道（永道にも作る。極位は従五位下）・長野（外従五位下）らがいる。長道は明法博士・大判事を歴任した学者で、承和十三年（八四六）、法隆寺僧善愷が檀越の登美真人直名の不法を訴えた訴状を弁官が受理した件で、「私曲相須」の論争が起こると意見を徴せられて、讃岐朝臣永直・川枯勝成とともに公罪

説の断文を提出している。〔加藤〕

壬生　みぶ　壬生部の伴造氏族、および壬生部の後裔の氏名。壬生のほか、氏名を壬生部・生部・生壬部にも作る。この氏は畿内と七道諸国に広範に分布し、姓も公（君）・臣・臣族・連・直・造・首・吉志・使主と多様。ほかに無姓・部姓の壬生氏がいる。宮城十二門に「壬生門」（美福門）があり、したがって伴造の壬生氏のなかには、壬生部の管理とともに、大化前代より宮中に出仕し、門部的職掌についていた者の存したことが推察される。壬生部の設置は、『日本書紀』推古天皇十五年（六〇七）二月条に「壬生部を定む」とあり、一般にこのころ、従来の名代・子代の部に代わって統一的に皇子・皇女の扶養のために置かれた部と理解されている。ただ皇子・皇女全般の部とみる説のほか、皇位継承予定者（大兄、皇太子）の部とする説があり、さらに壬生部に先立って、六世紀ごろに湯坐（ゆえ）部が設置されており、壬生部はその多くを割いて厩戸皇子（聖徳太子）の太子の地位に付属する部として新たに設けられたとする説などもあって、必ずしも一定しない。なお厩戸皇子と上宮王家の壬生部には、「上宮乳部」（かみつみやのみぶ）の存したことが『日本書紀』によって知られる。『新撰姓氏録』は、河内国皇別条に「大宅（臣）同祖」と記す天足彦国押人命後裔（和珥・春日氏系）の壬生臣、未定雑姓、河内国条に崇神天皇の裔とする壬生部公を掲げるが、後者は上野国の甘楽郡や群馬郡の郡領級豪族であった壬生公氏の一族で、崇神天皇皇子の豊城入彦命を祖とする上毛野公（朝臣）氏の同族であろう。畿内にはこのほか大和に壬生造、山城に無姓の壬生氏が存する。地方では東海道の伊賀・遠江・駿河・伊豆・甲斐・相模・武蔵・安房・下総・常陸、東山道の近江・美濃・信濃・上野・下野・陸奥、北陸道の若狭・越前、山陰道の丹波・丹後・出雲・隠岐、山陽道の備中・安芸・周防、南海道の紀伊・阿波・讃岐、西海道の筑前・豊前・豊後・肥後に壬生氏・壬生部氏の分布がみられ、参河にも『和名抄』に八名郡の美夫郷の名を記すから、この氏が存したとみられる。このうち常陸国の壬生連は茨城国造、壬生直は筑波国造・那珂（仲）国造の家柄で、相模国の壬生直も大住郡・高座郡の大領の地位にあったから、相武国造の一族であろう。前掲上野国の壬生公は上毛野国造、天台宗山門派の祖円仁を出した下野の壬生氏も下毛野国造の一族とみられ、ほかにも常陸・武蔵・駿河・美濃・豊後の壬生氏に郡司に任じられた者がいる。これらは壬生部の設置にあたり、主として国造の一族の者が、その伴造とされた事実を反映するものといえよう。なお天平神護元年（七六五）に安房国平群郡の壬生美与曾・同広主が平群壬生朝臣の氏姓を賜わり、神護景雲元年（七六七）には常陸国筑波郡の壬生連（直）小家主女が宿禰に、貞観十二年（八七〇）には上野国群馬郡の壬生公石道が朝臣に、それぞれ改姓している。壬生氏には上記の諸氏のほか、稲城壬生公・高志壬生連ら複姓の氏族が存した。

【参考文献】岸俊男「光明立后の史的意義」（『日本古代政治史研究』所収）、佐伯有清『新撰姓氏録の研究』考証篇第六、早川万年「推古朝における壬生部設定について」（『古代文化』三七―八）（加藤）

御船　みふね　百済系渡来氏族。敏達朝に高麗国の烏羽の表を解説したとされる王辰爾の後裔。姓は宿禰。旧氏姓は船連で、河内国丹比郡が本拠地。貞観五年（八六三）八月に、河内国丹比郡の船連貞直が御船宿禰の氏姓を賜わっているが、御船宿禰の氏姓はすでにそれ以前から存し、おそらくは弘仁六年（八一五）から天長七年（八三〇）の間に、船連の一族の者に、御船宿禰の賜姓がなされたものと考えられる。船連の本流は、延暦十年（七九一）に宮原宿禰に改氏姓しており、そのほか同族の菅野朝臣の氏姓を賜わった者もいる。御船氏一族のなかでも、彦主・佐世・氏柄らが貞観五年八月に菅野朝臣に改氏姓している。氏主（大学博士）・佐世（大学助教・大学助・大学博士）・有行（越中国博士）ら、この一族には学者として活躍した者が少なくない。

【参考文献】佐伯有清『新撰姓氏録の研究』考証篇第五（加藤）

美作　みまさか　皇族出自氏族。天智天皇の後裔。姓は真人。美作の氏名は美作国の地名にもとづく。『日本後紀』弘仁三年六月条に、左京人の美作真人豊庭ら三人が淡海朝臣の氏姓を賜わったことを記すが、これが史料に美作真人の名がみえる唯一の例である。淡海朝臣の氏姓は、弘仁三年（八一二）以前から存するから、美作真人と淡海朝臣はおそらく同族であり、このような関係から豊庭らは淡海朝臣の氏姓を賜わったのであろう。淡海朝臣は、『新撰姓氏録』左京皇別上に「河島親王之後也」とあり、この氏と関連するとみられる淡海真人は大友皇子の子孫である。美作真人も、川嶋皇子もしくは大友皇子の後裔と考えられる。（加藤）

美麻那　みまな　朝鮮の任那国主を祖とする氏族。三間名・弥麻奈・御間名にも作る。姓は宿禰、のちに朝臣。任那は弁韓の小国家連合の成長であり、四世紀半より大和政権と政治・文化の交渉を厚くしたが、百済・新羅に次第に侵触され、五六二年に新羅に併合された。『新撰姓氏録』未定雑姓、右京に「三間名公、弥麻奈国主牟留知王之後也」とあり、また別系には同じく河内国に「三間名公、仲臣雷大臣命之後也」とする三間名氏もみえる。一族には『政事要略』第七十の寛弘六年（一〇〇九）二月八日付の勘申状に明法博士美麻那朝臣直節がみえ、『類聚符宣抄』第九の永祚二年（九九〇）三月五日付の太政官符には美麻那宿禰直節とあったから、その間に姓が宿禰から朝臣へと変わったのであろう。（浜田）

三棟　みむね　出自不詳。『日本後紀』延暦二十三年（八〇四）正月己丑条に「左京人正六位上□□朝臣今継等賜二姓三棟朝臣一」とあるが、欠字があるため原姓不詳。三棟今継については『日本後紀』延暦二十四年七月癸未条に「大宰府言。遣唐使第三船。今月四日発レ自二肥前国松浦郡庇良嶋一。指二遠値嘉嶋一。忽遭二南風一。漂二著孤嶋一。船居二巌間一。淦水盈溢。判官正六位上三棟朝臣今継等脱レ身就レ岸。官私雑物。不レ遑二下収一。射手数人。留在二船上一。纜絶船流。不レ知二何去一者。勅。使命以二国信一為レ重。船物須二人力一乃全。而今不レ顧二公途一。偏求二苟存一。泛レ船無レ人。何以能済。奉レ使之道。豈其然乎。宜下加二科責一。以峻中懲沮上」とある。（石附）

三統　みむね　三統宿禰については出自不詳。『続日本後紀』承和十一年（八四四）十月庚辰朔条に「左京人玄蕃助従六位上日置宿禰真浄。造輪田使主典大初位上継。大初位上国長。大初位上益継。無位浄里。浄海等賜二姓三統宿禰一」とあるが、日置宿禰が日置のどの流に属するかは不詳。三統朝臣は淳和天皇の後裔氏族。『三代実録』貞観五年（八六三）正月二十五日戊子条に「散事従四位上三統朝臣忠子卒。忠子。淳和太上天皇之女也。天長九年賜二姓三統朝臣一。貞観四年正月授二従四位上一」とある。摂関期には式部大輔三統理平など三統朝臣の氏人が多くみられるが、それもこの流に属するか。（石附）

御村別　みむらのわけ　景行天皇の子である武国凝別皇子の後裔と伝える氏族。『日本書紀』景行天皇四年二月甲子条に「次妃五十河媛。生二神櫛皇子。稲背入彦皇子一。其兄神櫛皇子。是讃岐国造之始祖也。弟稲背入彦皇子。是播磨別之始祖也。次妃阿倍氏木事高田媛。生二武国凝別皇子一。是伊予国御村別之始祖也」とあり、『先代旧事本紀』景行天皇本紀に「武国皇別命」の注として「伊予御城別。添御杖君之祖」とある。『和気系図』によって武国凝別皇子の後裔についての詳しい系譜が知られる。『日本書紀』景行天皇五十一年八月壬子条によると、日本武尊の子十城別王の後裔と称する氏族として伊予別があり、御村別と同一の氏族か、あるいは同族関係にある氏族であろう。
【参考文献】 松原弘宣『古代の地方豪族』 〔石附〕

御室 みむろ　出自不詳。大同～弘仁期（八〇六～八二四年）に御室朝臣今継は式部少輔・出雲介・大学頭・越後守・図書頭を歴任し、同氏継は薩摩守に、同是継は大隅権守・筑後権介になっている。貞観～元慶期（八五九～八八五年）には御室朝臣安常の活躍が注目され、彼は少外記・大外記・大監物・和泉守・左京亮・大宰少弐などを歴任している。〔石附〕

三諸 みもろ　天武天皇の孫長屋王の後裔氏族。『公卿補任』弘仁元年文室綿麿の頭注所引『日本後紀』大同元年（八〇六）十一月戊戌条逸文に「散位従四位下三諸朝臣大原卒。二品長親王之孫。従三位智努王之第九子也。智努王。天平勝宝四年賜二姓文室真人一。大原。延暦十一年改二三諸朝臣一。頻出二外任一。不レ被レ拘二解由一。遂卒二私宅一」とあるごとく、長屋王の子浄三の子である大原王が延暦十一年（七九二）に賜姓されたものである。『日本後紀』大同四年正月戊戌条、『三代実録』仁和三年八月七日戊申条、『公卿補任』弘仁元年文室綿麿の項などによると、大原王の子三諸朝臣綿麻呂らは大同四年正月に三山朝臣を賜姓されたが、同年六月に文室真人姓に復している。〔石附〕

宮 みや　渡来系氏族と考えられるが出自不詳。『続日本紀』大宝二年（七〇二）十一月庚辰条に「行至二美濃国一。授二不破郡大領宮勝木実外従五位下一」とあり、美濃国不破郡の渡来系氏族であったと考えられる。『典薬頭補任次第』によると宮勝利名が延喜十六年（九一六）八月に典薬頭に就任し、延長元年（九二三）六月に卒している。宮勝利名は『二中歴』でも二十九人の名医の一人として掲げられている。『類聚符宣抄』第九、医生試所引延長三年二月一日課試学生状に、左近衛医師従六位上宮宿禰春来・外従五位下権針博士宮宿禰忠来がみえ、同所引天暦元年（九四七）五月四日課試学生状にも従五位上医博士兼備後介宮宿禰忠来がみえ、この宮宿禰は医学を専門とする宮勝の後裔であろう。
【参考文献】 新村拓『古代医療官人制の研究』 〔石附〕

三宅 みやけ　三家にも作る。かつて屯倉の管掌者であったことに由来する氏族。連姓・史姓の三宅氏がいた。ともに渡来系氏族。連姓の三宅氏は『日本書紀』

垂仁天皇後紀に「田道間守。是三宅連之始祖也」とあり、天日槍の孫に当たる田道間守の後裔と伝える。同書安閑天皇元年十月甲子条にみえる摂津国の難波屯倉（のちの摂津国西成郡讃楊郷、現大阪市南区高津町付近）と関係のあった新羅系渡来氏族と考えられる。『新撰姓氏録』には右京諸蕃と摂津国諸蕃に「三宅連。新羅国王子天日桙命之後也」とみえる。同系譜の三宅連氏の一族には、天武天皇元年（六七二）六月、壬申の乱に際し、天武天皇が吉野より伊勢鈴鹿へ下ったとき、国司守として出迎え、五百の兵を発して鈴鹿山道を塞いだという三宅連石床らがいる。『日本紀略』延喜三年（九〇三）五月十九日条に「摂津国三宅門神、荒々神並従五位下」とみえる三宅門神は三宅連氏の氏神と考えられる。なお、三宅連氏は屯倉の管掌者として諸国に分布していたようで、『尾張国風土記』愛知郡福興寺条逸文によれば、神亀元年（七二四）三宅連麻佐は尾張国愛知郡の主政としてみえ、同郡の福興寺（三宅寺）を建立したという。また同国春部郡の主張として三宅連（欠名）がみえ、越後国蒲原郡に三宅連笠雄麻呂、備前国児嶋郡賀茂郷に三宅連乙公、筑前国早良郡に擬大領として三宅連黄金、同国那賀郡に三宅連真継がいた。『日本書紀』天武天皇十三年（六八四）十二月癸未条にみえる筑紫三宅連得許は三宅連真継の先祖と思われる。なお筑紫の三宅連氏については、『古事記』神武天皇段には神武天皇皇子の神八井耳命を祖とし、意富臣・小子部連・阿蘇君などと同族としている。『和名抄』には筑前国那珂郡三宅郷（福岡市三宅）がみえ、同氏はこの地を含む那津の官家を管理した氏族と考えられる。三宅史氏はのちの河内国高安郡三宅郷（大阪府八尾市恩智辺り）を本拠とし、同地にあった屯倉を管理した。『新撰姓氏録』河内国諸蕃に「三宅史。山田宿禰同祖。忠意之後也」とある。『続日本紀』天平勝宝八年（七五六）二月己酉条にみえる三宅寺は、三宅史氏の氏寺と察せられる。三宅史氏の一族は他の史料にみえないが、周防国玖珂郡には三家史広成・三家史小丸ら三家史の氏姓をもつ人がいた。なお、このほかに吉士姓の三宅氏がいた。三宅吉士氏は吉士氏・難波吉士氏らと同族、渡来系氏族。姓は連、のちに忌寸。『日本書紀』天武天皇十二年十月己未条に「三宅吉士。草壁吉士。……鏡作造。并十四氏。賜姓。曰連」とあり、天武天皇十二年（六八三）に連を賜姓された。三宅吉士姓の人に遣新羅副使三宅吉士入石がいる。同氏は『北山抄』巻第五、召氏々事条に「吉志舞、安倍氏、吉志、大国、日下部、三宅、難波等氏」とあるように安倍氏・吉志氏らとともに吉志舞を掌っていた。また『新撰姓氏録』摂津国皇別に「三宅人。大彦命男。波多武日子命後」とみえ、三宅人を称する氏族がいた。三宅人は三家人にも作り、その氏名は大化改新前の屯倉において事務を担当したことに由来する。安倍氏と同族と称するが、やはり吉士系の渡来系氏族と考えられる。摂津国にその一族の名はみえないが、若狭・尾張・越後・筑前国に三宅(家)人氏はいた。ことに若狭国では遠敷郡に多く分布し、なかには三家首、三宅の氏姓名を称する氏族が居住していた。

【参考文献】佐伯有清『新撰姓氏録の研究』考証篇第二・五、同「承和の遣唐使をめぐる賜姓と移貫」(『日本古代氏族の研究』所収、初出原題「承和の遣唐使をめぐる諸問題」佐伯有清編『日本古代政治史論考』所収)、三浦圭一「吉士について―古代における海外交渉」(『中世民衆生活史の研究』所収)、直木孝次郎「人制の研究」(『日本古代国家の構造』所収)、『日本思想大系　古事記』補注四二、志田諄一『古代氏族の性格と伝承』　〔荻〕

都　みやこ　崇神天皇の後裔と伝える氏族。『文徳実録』仁寿二年(八五二)五月戊子条に「主計頭従五位下都宿禰貞継卒。大和介外従五位下桑原公秋成子也。弘仁十三年与二兄正五位下文章博士腹赤一。共上請改二姓都宿禰一」とあり、崇神天皇五世孫の多奇波世君の後裔氏族である桑原公の流に属する。『三代実録』元慶元年(八七七)十二月二十五日辛卯条に「左京人従五位下行讃岐介都宿禰御酉。文章博士従五位下兼行大内記越前権介都宿禰良香。散位正六位上都宿禰因雄。正七位下都宿禰与道四人。賜二姓朝臣一。其先。御間城入彦五十瓊殖天皇之後。与二上毛野。大野。池田。佐味。車持朝臣一同祖也」とあるように、一族中の御酉らは朝臣を賜姓された。　〔石附〕

宮処　みやところ　『新撰姓氏録』和泉国神別に「宮処朝臣。大中臣朝臣同祖。天児屋命之後也」とある。現在天平六年の撰とされる『中臣宮処氏本系帳』が伝わっており、それによると天武朝の八色姓制定に際して朝臣を賜い、大宝三年の造籍に際して家居の里名をもって氏に加えて中臣宮処朝臣と注されたというが、この系図は明白な偽書であり、もと『住吉大社神代記』に「河内泉……宮処」とある地を本拠とした中臣氏の一族で、旧姓は中臣宮処連であり、朝臣賜姓の時期は不詳とすべきであろう。

【参考文献】黛弘道「『中臣宮処氏本系帳』について」(『律令国家成立史の研究』所収)　〔石附〕

宮能売　みやのめ　『新撰姓氏録』山城国神別の「神宮部造」の項に「葛木猪石岡天下

神天破命」の後裔としてみえる。それによると崇神天皇の世、天下の災に際して天破命六世孫吉足日命が派遣されて大物主神を祭ったことにより災が静まったので、「宮能売（神）」（神に仕える女性の司祭を意味するか）として「宮能売公」を賜姓された。そしてのちに『庚午年籍』に「神宮部造」と注されたという。天破命の神名も吉足日命の人名も他にはみえない。また『大三輪鎮座次第』は吉足日命の派遣を孝昭天皇の世とするが、『姓氏録』の所伝を古く遡らせたものであろう。〔石附〕

宮原　みやはら　百済系氏族である船史の後裔氏族。『続日本紀』延暦十年（七九一）正月癸酉条によると葛井連氏・船連氏・津連氏の三氏は同祖で、津連氏が朝臣を賜姓されたのを機に主税大属従六位下船連今道ら八人に宮原宿禰姓を賜わったことがわかる。また『新撰姓氏録』右京諸蕃に「宮原宿禰。菅野朝臣同祖。塩君男智仁君之後也」とある。〔石附〕

宮部　みやべ　宮部の氏名は、朝廷での神祇に携わったと考えられる宮部の伴造氏族であったことにもとづく。姓は造。『新撰姓氏録』左京神別中に宮部造を載せ、「宮部造。天壁立命子天背男命之後也」とみえる。宮部造氏の一族の人名は史料にみえない。天背男命については、『新撰姓氏録』山城国神別の今木連条に「神魂命五世孫阿麻乃西乎乃命之後也」とあり、阿麻乃西乎乃命に作る。また『先代旧事本紀』天神本紀に「天背男命。尾張中嶋海部直等祖」とみえる。〔篠川〕

三山　みやま　天武天皇の孫長屋王の後裔氏族。『日本後紀』大同四年（八〇九）正月戊戌条に「従四位上三諸朝臣真屋麻呂。従四位下三諸朝臣綿麻呂等賜二姓三山朝臣一」とあるがごとく、三諸真屋麻呂・綿麻呂らが大同四年に賜姓されたもの。三諸は延暦十一年（七九二）に長屋王の子浄三の子である大原王が賜姓されたもので、綿麻呂は大原王の子である。『三代実録』仁和三年（八八七）八月七日戊申条に「散位従四位上文屋朝臣巻雄卒。巻雄者右京人。中納言従三位綿麻呂之第九也。先祖本姓文屋真人。中間為二三諸朝臣一。至二于綿麻呂一。大同四年賜二文屋朝臣姓一也」、『公卿補任』弘仁元年（八一〇）文屋綿麿の項に「（大同四年）六月改二三山姓一賜二文屋真人一」とあるごとく、綿麻呂らは三山朝臣を賜姓されて直後の同年六月に再び文室真人姓に復している。〔石附〕

宮道　みやみち　倭武尊の後裔氏族。『古事記』景行天皇段に倭武尊の子の建貝児王の後裔として宮首之別をあげるが、「首」は「道」の略であろう。『先代旧事本紀』成務天皇本紀は稚武王の後裔として宮道君をあげ、『日本書紀』白雉五年（六五四）二月条に遣唐判官宮道（首）阿弥陀がみえる。『続日本後紀』承和二年（八三五）十一月条に「賜二主計頭従五位上宮道宿禰吉備麻呂。玄蕃少允同姓吉備継等朝臣姓一」とみえ、『三代実録』元慶六年（八八二）正月七日庚戌条に主計頭宮道朝臣弥益がみえ、平安初期に算道を専門とする氏族として栄えた。弥益は『今昔物語集』巻二十二第七、『勧修寺旧記』には山城国宇治郡の大領としてみえ、『本朝月令』上巳山科祭事に所引する延喜十一年（九一一）正月六日官符によると、「宮道氏人内蔵少允宮道良連等」の解によって宇治郡山科神二座が神祇官の帳に付され四度の官幣に与っており、宇治郡を拠点とする豪族であったことがわかる。

【参考文献】　請田正幸「平安初期の算道出身官人」（田名網宏編『古代国家の支配と構造』所収）　〔石附〕

三善　みよし　三善氏には百済系と漢族系の二系統がある。前者については『新撰姓氏録』右京諸蕃に「三善宿禰。出レ自二百済国速古大王一也」とあるが、著名な三善清行はこの系統に属し、『姓氏家系大辞典』所引の系図によると、伊予守克興なる人物のときに錦部から三善に改姓したという。克興は他にみえないが、『日本後紀』には安殿親王乳母「錦部連姉継」が三善宿禰に改姓している記事がみえ、克興の改姓の事実は信頼できる。後者に関しては貞元二年（九七七）五月十日に左少史正六位上錦宿禰時佐らに三善朝臣を賜姓する官符が『類聚符宣抄』巻七に所引されており、それによると彼らは漢の東海王の後波能志より出、応神天皇の世に葛城襲津彦に従って帰化、仁徳天皇の世に居地にしたがって名を錦織姓を賜姓されたという。

【参考文献】　所功「続類従未収本『三善氏系図』考」（『塙検校歿後百五十年記念論文集』所収）、同『三善清行』　〔石附〕

三輪　みわ　神・美和にも作る。のちの大和国城上郡大神郷（奈良県桜井市三輪町）の三輪山西麓を本拠とする氏族で、姓は君。天武朝に氏名を大三輪と改め、天武天皇十三年（六八四）十一月朝臣姓を賜わった。奈良時代には大神朝臣と表記する。三輪山信仰を背景に、氏社である大神神社（祭神は大物主神）を祭っていたことで知られる。『古事記』崇神天皇段に「僕者大物主大神。娶二陶津耳命之女活玉依毘売一。生子。名櫛御方命之子。飯肩巣見命之子。建甕槌命之子。僕意富多多泥古白。於レ是天皇大歓以詔之。天下平。人民栄。即以二意富多多泥古命一。為二神主一而。於二御諸山一拜二祭意富美和之大神前一。……此意富多多泥古命者。

神君・鴨君之祖」、『日本書紀』にも同様の伝承が記され、崇神天皇八年条に「大田々根子。今三輪君等之始祖也」とある。この意富多多泥古（大田田根子）の孫に大友主命がおり、『日本書紀』垂仁天皇三年三月条の「一云」に「三輪君祖大友主」、仲哀天皇九年二月丁未条に「大三輪大友主君」などとみえる。三輪君時代の氏人として、雄略朝の三輪君身狭、敏達・用明朝の三輪君逆、舒明朝の三輪君小鷦鷯、皇極朝の三輪文屋君の名が『日本書紀』にみえる。改新以降は、外交や対外軍事行動に参加する例が多く、孝徳朝に三輪君東人（三輪栗隈君東人にも作る）が任那に、三輪君色夫が新羅に派遣され、三輪君大口は東国国司として発遣されている。また天智朝に三輪君根麻呂が征新羅軍の中将軍に任じられ、壬申の乱では三輪君高市麻呂・子首が軍功をあげている。三輪（神）氏の同族や、部曲の後裔である神部は諸国に広く分布していた。尾張国中島郡・遠江国浜名郡・駿河国安倍郡・下野国那須郡などに美和（大神）郷および三輪（大神）神社があり、三河国渥美郡・常陸国久慈郡・美濃国賀茂郡・同席田郡・信濃国諏訪郡・丹波国氷上郡・美作国大庭郡・周防国熊毛郡などにも美和郷が存在する。神氏あるいは神部が居住したことにより、地名として残ったものであろう。直姓の神氏は『新撰姓氏録』摂津国神別に「神直。同上（大田々根子命之後也）」とあり、神亀三年（七二六）の「山背国愛宕郡出雲郷雲上里計帳」に神直近志侶の名がみえ、斉衡二年（八五五）九月に神直虎主・小並が大神朝臣を賜わっている。但馬国には朝来郡の郡領家である神部直氏がおり、粟鹿神社を奉斎し、『粟鹿大神元記』という系図を残している。

【参考文献】阿部武彦「大神氏と三輪神」（『日本古代の氏族と祭祀』所収）、樋口清之「日本神話と三輪氏」（『講座日本の神話八　日本神話と氏族』所収）、同「三輪と大神氏」（『国学院雑誌』六二―二）　〔高嶋〕

神　みわ　神の氏名はのちの和泉国大鳥郡上神郷（大阪府堺市中上神・南上神一帯）の地名に因む。姓は直。『新撰姓氏録』和泉国神別に「神直。同神（神魂命）五世孫。生玉兄日子命之後也」とあるが、和泉国には氏人の名はみえない。ただし、同族と思われる氏族に紀神直氏がいる。この氏族はもと直を氏名としていたが、宝亀八年（七七七）三月に名草郡の人直乙麻呂ら二十八人が紀神直の姓を賜わっている。神直を称する氏族は各地に居住し、神亀三年（七二六）の「山背国愛宕郡出雲郷雲上里計帳」に神直近志侶、「山背国愛宕郡某里計帳」に神直枚売、天平十二年（七四〇）の「遠江国浜名郡輪租帳」に浜名郡新居郷の人である神直老・神直黒金・神直許等比・神直安麻呂の名がみえる。美濃国には天平勝宝二年（七五〇）四月二十二日「美濃国司解」に、山県郡大神戸の戸主として神直大庭がいた。斉衡元年（八五四）十月に神直虎主・木並・己井らが大神朝臣の姓を賜わっているが、このうち虎主は右京の人で、『三代実録』貞観二年（八六〇）十二月二十九日甲戌条の卒伝に「自言二大三輪大田田根子之後一」とある。首姓の神（美和）氏もおり、「備中国大税負死亡人帳」に窪屋郡美高郷菅生里戸主の神首伯、都宇郡美和郷菅生里戸主の美和首広床などがいる。（高嶋）

美和　みわ　天武天皇の皇子高市（たけち）皇子の後裔氏族。姓は真人。神にも作る。『続日本紀』天平勝宝三年（七五一）正月条に「無位壬生王、岡屋王賜二姓美和真人一」とある。壬生王の系統は不明であるが、岡屋王は高市親王の孫であり、大納言従二位文室（ふんや）真人浄三（天武天皇の皇子長親王の子）の娘を妻とした（『続日本後紀』承和十四年〈八四七〉閏三月条）。氏人で名のわかるのは土生と清江のみである。土生は天平宝字八年（七六四）に従五位下に叙され、摂津亮・主殿頭・豊後介・伊勢介・散位頭・左少弁・駿河守などを歴任し、その間宝亀四年（七七三）に従五位上に昇叙した（『続日本紀』）。清江は貞観四年（八六二）十一月、中務省少主鈴従八位上であったとき、内印（天皇印）の盤褥を鼠がかんだことを報告した（『三代実録』）。なお天平十一年（七三九）の「備中国大税負死亡人帳」にみえる美和首は別系であり、大和の三輪氏関係の氏であろう。（前之園）

神人部　みわひとべ　神人は神社に仕える者の称で、神人部はその資養を負担する部民。神人は『新撰姓氏録』摂津国神別に「神人。大国主命五世孫大田々根子命之後也」、河内国神別に「神人。御手代首同祖。阿比良命之後也」、未定雑姓、和泉国に「神人。高麗国人許利都之後也」とあり、出自を異にする神人氏が各地に存在していたが、神人部もそれらの地域に分布したと思われる。「美濃国半布里大宝二年戸籍」に神人部弥屋売、天平十二年（七四〇）の「遠江国浜名郡輪租帳」新居郷条に「神人部安麻呂等三人」、津築郷条に「神人部稲村等四人」などとあり、また『三代実録』貞観三年（八六一）七月十四日丙戌条に伊勢国安濃郡百姓として神人部束成の名がみえる。（高嶋）

神部　みわべ　三輪（神）氏の支族で、部曲である神部を統率する氏族。姓は直。『先代旧事本紀』地祇本紀に「田田彦命。此命同朝（崇神朝）御世、賜二神部直・大神部直姓一」とある。但馬国には朝来郡の郡領家で、同郡の粟鹿神社を奉祀する神部直氏がおり、『粟鹿大神元記』という縁起書を残している。『正倉院文書』の「因幡国戸籍」に神部直広女・小広女の名がみえる。（高嶋）

む

牟義都　むげつ　牟宜都・牟下都（津）・身毛津・身毛・牟義（儀）にも作る。牟義都国（のちの美濃国武義郡、今の岐阜県美濃市・関市）を本拠地とした豪族。姓は君（公）。また君族姓・造姓・部姓・無姓の牟義都氏がおり、君姓氏族を頂点として階層的同族団を形成していた。君姓の牟義都氏は景行天皇の皇子大碓命の後裔と伝える。『先代旧事本紀』天皇本紀、景行天皇条に「弟別尊。〈牟宜都君祖。〉」とみえ、異伝がある。また『日本書紀』景行天皇四十年七月戊戌条に「大碓皇子……是身毛津君・守君、凡二族之始祖也」とあるように、守公氏と同族と称していた。『釈日本紀』に引く『上宮記』逸文に「牟義都国造、名、伊自牟良君」とみえ、牟義都君氏の祖先の一人とみなされる伊自牟良君が牟義都国造であったことを伝える。『日本書紀』雄略天皇七年八月条にみえる身毛君丈夫の伝承は、六世紀前後ころ、牟義都国造である牟義都君氏が大和政権に忠実な服属関係にあったことを物語る。こうした伝統の下で、身毛君広は大海人皇子の舎人として出仕し、壬申の乱の功臣となった。以後、八世紀末までは、牟義都君氏は在地の郡領氏としての地位にあったと推定され、関市池尻に址を遺す弥勒寺は牟義都君氏の創建と考えられている。なお君族姓以下の牟義都氏は、大宝二年「御野国加毛郡半布里戸籍」に集中して存在し、また『延喜式』主水司、御生気御井神一座祭条に「牟義都首」がみえるが、首姓なら一例である。

【参考文献】野村忠夫「村国連氏と身毛君氏―壬申の乱後における地方豪族の中央貴族化―」（『律令官人制の研究』序論第三章）、『岐阜県史』通史篇古代

（星野良作）

牟古　むこ　百済系の渡来氏族。姓は首。『新撰姓氏録』摂津国諸蕃に「牟古首。百済国人出自二汗汜吉志一也」とある。牟古という氏の名は、摂津国武庫郡武庫郷（兵庫県尼崎市武庫庄一帯）の地名にもとづくか。牟古首を称する人名は他にみえない。汗汜吉志（うしきし）の名も他にみえず、『新撰姓氏録』の柳原紀光本・色川三中乙本・昌平坂学問所本では片礼吉志に作り、色川三中甲本では片札吉志に作る。なお

『新撰姓氏録』によると、摂津国の百済系渡来氏族は牟古首のほかに、船連ら八氏がある。〔前之園〕

聟本　むこもと　倭建尊（やまとたけるのみこと）の後裔氏族の一つ。姓はない。『新撰姓氏録』和泉国皇別に「聟本。倭建尊三世孫大荒田命之後也」とある。聟本という氏の名は和泉国の地名か。聟本の氏人も祖の大荒田命も他にみえないが、和泉国大鳥郡に陶荒田（すえのあらた）神社がある。『新撰姓氏録』の写本の大多数は聟本に作るが、版本の多くは聟木に作る。聟本は聟木の誤写で聟木（むこぎ）が正しいとすると、和泉国日根郡近義（こぎ）郷（大阪府貝塚市北近義・南近義）の地名に因む氏の名である可能性がある。ただし聟木という人名も他にみえない。『新撰姓氏録』によると、和泉国には倭建尊の後裔と称する氏族に和気公と県主がある。〔前之園〕

牟佐　むさ　呉系渡来氏族。姓は村主。身狭にも作る。『新撰姓氏録』左京諸蕃上に「牟佐村主出レ自二呉孫権男高一」とある。大和国高市郡牟佐（奈良県橿原市見瀬町）が本拠地。『日本書紀』雄略天皇二年、八年、十二年条に身狭村主青は史部（ふひとべ、書記の官）として天皇の寵愛厚く、二度にわたって呉国（中国江南地方）へ派遣され、漢織（あやはとり）・呉織・衣縫らの技術者を連れてきたとあり、五世紀末の外交使節として活躍した。この青は『宋書』倭国伝の倭王武（雄略天皇）の上表文の筆者であろうとする説がある。『新撰姓氏録』未定雑姓に「呉国王子青清王之後也」とみえる牟佐呉公は、牟佐村主とは別系である。また『坂上系図』所引の『新撰姓氏録』逸文にも牟佐村主がみえ、この氏は東漢氏の祖の阿智使主が仁徳朝に本郷から呼び寄せた諸村主の一つで、高市郡に居住したと伝える。この東漢氏系の牟佐村主も右の牟佐村主とは別系であろう。〔前之園〕

武蔵　むさし　武蔵国足立郡の豪族。姓は宿禰。『続日本紀』神護景雲元年（七六七）十二月壬午条に、同郡の外従五位下丈部直不破麻呂ら六人を武蔵宿禰に改賜姓したこと、同月甲申条に武蔵宿禰不破麻呂を武蔵国造としたことがみえる。不破麻呂は同三年（七六九）八月に従五位下に叙され、宝亀四年（七七三）二月には左衛士員外佐で、修理佐保川堤使に任ぜられている。また宝亀元年（七七〇）十月に従五位下に叙せられた武蔵宿禰家刀自は、延暦五年（七八六）正月に従四位下となり、同六年（七八七）四月に没したが、時に足立郡采女掌侍兼典掃従四位下とある。『新撰姓氏録』大和国皇別の布留宿禰の項に、天足彦国押人命の後裔氏族として武蔵臣があげられており、斉明天皇の代に蘇我蝦夷によって物部直・神主首と号せられ、これによって臣の姓を失い、天武天皇の代に布瑠宿禰となったとみえる。これは『紀氏家牒』などに、蝦夷が家に多量の兵器を貯えたことから俗に「武蔵大臣」と呼ばれたとあることと関連する記事である。このほかに武蔵氏には、『日本霊異記』下巻第三十話にみえる延暦元年（七八二）二月に紀伊国名草郡能応村の弥勒寺で、老僧観規の遺言を受けて十一面観音の木像を完成させた仏師の武蔵村主多利丸（麿）がいる。ただし、これは名草郡の郡領としてみえる牟佐村主と同一ではないかとの指摘がある。（前沢）

席田　むしろだ　新羅系渡来氏族。姓は君。『続日本紀』霊亀元年（七一五）七月二十七日条に「尾張国の人外従八位上席田君邇近と新羅人七十四家とを美濃国に貫して、始めて席田郡を建つ」とある。美濃国席田郡は岐阜県本巣郡糸貫町・北方町および岐阜市の一部に当たる。邇近が席田君の氏姓を賜与された時期は不明であるが、席田郡設置時の霊亀元年かそれ以後のことであろう。筑前国にも席田郡があり、席田君は筑前国席田郡より美濃へ移住させられた渡来人の長であるという説が存する。仮りにこの説に従うと、席田君という氏姓は筑前国席田郡に居住していたときにすでに賜姓されていた可能性もある。席田君を称する人名は他にみえない。なお天平宝字二年（七五八）十月に美濃国席田郡の大領（郡司の長官）外正七位上の子人らが加羅造を賜姓されており（『続日本紀』）、当郡に渡来人の多かったことが窺える。（前之園）

陸奥　むつ　陸奥国伊具郡（宮城県伊具郡）の豪族。姓は臣、のちに阿倍陸奥臣を賜わる。一族には『続日本後紀』承和七年（八四〇）二月癸亥条にみえ、阿倍陸奥臣を賜わっている伊具郡擬大毅陸奥真成、同じく承和十五年（八四八）五月辛未条にみえ、阿倍陸奥臣を賜わった伊具郡麻続郷戸主磐城団擬主帳陸奥臣善福や色麻郡少領外正七位上勲八等陸奥臣千継らがいる。このほか『続日本後紀』承和八年（八四一）三月癸酉条にみえる柴田郡権大領外従六位下勲七等阿倍陸奥臣豊主、『三代実録』貞観十一年（八六九）三月癸酉条にみえる柴田郡権大領外正八位上阿倍陸奥臣永宗も同族であろう。一族は伊具郡から柴田郡にかけて分布し、軍団・郡衙に係わり国名を名のる名望家であるとともに、彼らのなかには千継のように蝦夷との接壌地帯に殖民した者もいた。（関口）

六人部　むとべ　「ムトリベ」とも読み、身人部にも作る。六人部（身人部）の氏名は、部としての六人部、もしくはその伴造氏族であったことにもとづく。連姓・無姓の氏族があり、諸国に分布する。六人部（身人部）連氏は、『新撰姓氏録』山城国神別に「六人部連。火明命之後也」、摂津国神別に「六人部連。同神（火明命）五世孫建刀米命之後也」、河内国神別に「身人部連。火明命之後也」とみえ、いずれも火明命を祖と伝える尾張氏の同系氏族。ただし、和泉国諸蕃にも「六人部連。百済公同祖。酒王之後也」とみえ、渡来系の六人部連氏もあった。六人部連を氏名とする人々のうち、右京の人であった六人部連門継ら五人は、天長十年（八三三）二月に高貞宿禰の氏姓を賜わっている。無姓の六人部氏は、『新撰姓氏録』右京神別下に「六人部。同レ上（火明命五世孫武礪目命之後也）」とみえるほか、美濃・伊勢・越前・紀伊・讃岐の諸国にも、その存在が知られる。美濃国厚見郡（岐阜県岐阜市・各務原市の一部）の人であった六人部永貞ら三人は、貞観四年（八六二）五月に善淵朝臣の氏姓を賜わっている。なお、美濃国には臣姓の六人部臣氏もあり、天平二十年（七四八）四月二十五日付の「写経所解」に、六人部臣身万呂・六人部臣山村の名がみえる。〔篠川〕

宗形　むなかた　胸肩・胸形・宗像とも記す。筑前国宗形郡（福岡県宗像郡）を本拠とする氏族。姓は初め君であったが、その本宗氏族は天武天皇十三年（六八四）十一月に朝臣姓を賜わっている。『新撰姓氏録』右京神別に「宗形朝臣。大神朝臣同祖。吾田片隅命之後也」と記す。胸形君徳善の女尼子娘は天武天皇に嫁して高市皇子を生んでいる。本拠である宗形郡は宗像神社の神郡で、『日本書紀』神代段は、素戔嗚尊の剣から生まれた田心姫・湍津姫・市杵嶋姫の三女神を「此則筑紫胸肩君等所レ祭神是也」と伝える。文武天皇二年（六九八）三月に出雲国意宇郡司とともに、宗形郡司も三等以上親の連任が認められている。宗形氏は同郡の郡領家で、『続日本紀』『類聚国史』などには宗形朝臣等杼・鳥麻呂・与呂志・深津・大徳・池作・秋足が郡大領としてみえる。宗形郡大領は就任と同時に宗像神社の神主を兼帯し、五位を叙される習わしであった。たとえば大領の鳥麻呂は、天平元年（七二九）四月に神斎に供奉すべき状を奏して五位に叙され、同十年二月に筑紫宗形神主と記されている。しかし、延暦十七年（七九八）三月に郡司と国造・神主との兼帯が禁止され、大領兼神主であった池作の死後、同十九年十二月に再び禁止の令が出されている。君姓のままの宗形氏もおり、『新撰姓氏録』河内国神別に「宗形君。大国主命六世孫吾田片隅命之後也」と記されるが、氏人は他にみえない。ただ、「山背国愛宕郡計帳」に宗方君族入鹿・弟桑・小桑・愛売など、宗方君族を称する氏族がみえることから、同国には移住した宗形君氏が存在していたものと考えられる。なお『西海道風土記』逸文は「大海命子孫。今宗像朝臣等是也」とするが、大海命は宗像三女神の弟と伝えられる。（高嶋）

宗高　むねたか　皇別氏族。『続日本後紀』承和五年（八三八）四月十五日条に「右京人正六位上春男王賜二姓宗高真人一」とある。宗高真人を称する人名は他の史料にみえない。春男王の系統も不明である。承和八年七月十一日に有沢真人を賜姓された春男王（天武天皇の皇子長親王の七世孫）とは別人であろう。（前之園）

村　むら　大春日朝臣（旧姓和邇臣、春日臣）の同族。姓は公（君にも作る）。『新撰姓氏録』山城国皇別に「村公。天足彦国押人命後也」とある。天足彦国押人命（あめたらしひこくにおしひとのみこと）は孝昭天皇の皇子で、和邇臣らの祖。村公という氏姓は「村の君」という意味で、村長（むらおさ）としての職名に因むものか。一族の村君東人は『続日本紀』和銅六年（七一三）七月六日条に「大倭国宇太郡波坂郷の人大初位上村君東人、銅鐸を長岡野の地に得てこれを献ず。高さ三尺、口径一尺、其の制、常に異なり、音律呂に協ふ。所司に勅して蔵せしむ」とみえる。紀伊国牟婁郡栗栖郷・岡田郷にも村君が居住しており、当郡出身の村君安麻呂は天平勝宝二年（七五〇）から同九年まで写書所の経師として出仕した（『正倉院文書』）。（前之園）

村上　むらかみ　出自未詳。姓は造。『続日本紀』宝亀二年（七七一）二月十九日条に「莫牟師正六位上村上造大宝に外従五位下を授く。高年を優すとなり」とある。莫牟師（まくむし）は莫牟の演奏者で、莫牟は高麗楽・百済楽の演奏に用いられた外来の管楽器であることから推察すると、村上造は渡来系氏族の可能性もある。村上造を称する人名は他にみえないが、『類聚符宣抄』巻七にみえる備前国の国掌（こくしょう）従七位上村上連吉里は、村上造が連を賜姓されたものか。ほかに無姓の村上があり、『播磨国風土記』餝磨郡大野里条に「志貴嶋（しきしま）宮に御宇しめしし天皇（欽明天皇）のみ世、村上足嶋らが祖恵多、此の野を請ひて居りき」とみえる。大野里は兵庫県姫路市大野町付近に当たるが、足嶋の出自は未詳で、村上造との関係も不明である。

また村上足嶋の上祖の恵多が欽明天皇朝に村上という氏の名を有していたのか明らかでない。〔前之園〕

村国　むらくに　美濃出身の中央官人氏族。出自未詳。姓は連。美濃国各務郡村国郷（岐阜県各務原市鵜沼付近）より起こる。『延喜式』当郡の村国神社・村国真墨田神社はこの氏にゆかりの社であろう。村国氏の中央進出の礎を築いた男依は六七二年の壬申の乱に軍功著しく、没後外小紫の位（従三位に相当）を贈られた。連の姓も壬申の乱後に男依に賜与された可能性があり、それ以前は無姓で村国と称していたか。男依の子孫は中央で活躍し、子の志我麻呂は従五位上、孫の嶋主は従五位下、一族の子虫は外従五位下に至ったが、天平宝字八年（七六四）の藤原仲麻呂の乱に嶋主と一族の虫麻呂・子老（いずれも外従五位下）が連坐し、村国氏は下級貴族の地位から没落していった。その後正史に表われるのは外従五位下息継（延暦十八年〈七九九〉）、外従五位下数子（貞観十七年〈八七五〉）、陰陽師正六位上業世、その子天文生春沢（仁和元年〈八八五〉）だけである。〔前之園〕

村挙　むらげ　上毛野（かみつけぬ）氏の同族。姓は首。『新撰姓氏録』の河内国皇別に「村挙首。豊城入彦命後也」とある。豊城入彦命（とよきいりひこのみこと）は崇神天皇の皇子で、『古事記』崇神天皇段に「上毛野・下毛野君の祖」と伝える。『新撰姓氏録』によると、河内国の氏族で豊城入彦命の後裔と称する者は、村挙首のほかに広来津（ひろきつ）公、止美（とみ）連、佐自努（さじぬ）公、伊気（いけ）がある。村挙という氏の名の由来は不明だが、河内国の地名によるか。村挙首の一族の人名は他の史料にみえない。ほかに姓をもたない村挙氏があり、天平五年（七三三）に皇后宮写経所に経師として出仕した村挙人足、宝亀二年（七七一）に東大寺写経所の経師であった村挙祖継の名が知られる。この村挙氏は村挙首の同族であろう。〔前之園〕

村山　むらやま　中臣氏の同族。姓は連。中臣村山連とも称した。『新撰姓氏録』河内国神別に「村山連。中臣連同祖」とある。天平二十年（七四八）の「写書所解」に河内国丹比（たじひ）郡俠（狭）山郷の戸主として村山連浜足がみえるので、村山連の本拠地は河内国丹比郡にあった可能性があり、村山という氏の名は丹比郡の地名に由来するか。一族の村山連糠麿・豊家はそれぞれ大宝二年（七〇二）、天平二年に伊勢神宮大宮司に補任されたことが『二所太神宮例文』（伊勢神宮の職員の補任事例を収録、南北朝ごろの成立）にみえ、前掲の浜足の戸口村山連首万呂は写書所に出仕して出家の願いを出しており、村山連道万呂は天平勝宝元年（七四九）に校生として出仕している。村山連豊家とその兄中臣高良比（たからひ）連千上とは同母異父兄弟の間柄にあり、『新撰姓氏録』には村山連の次に中臣高良比連を載せていることから推察して村山連と中臣高良比連は親密な氏族関係にあったらしい。〔前之園〕

室原　むろはら　大和国の中小氏族。出自未詳。姓は首、のちに造を賜姓されたか。天平十四年（七四二）に室原造具足が大養徳（やまと）国添上（そうのかみ）郡の郡司（権少領少初位上）として、国分寺の僧となるべき人物を簡試し貢進していることから推して、室原造が大和の豪族であることは間違いなく、同国城下（しきのしも）郡に室原郷（奈良県磯城郡田原本町唐古または同町村屋）があるので、この地を本拠とする氏族であろう。室原首御田は『日本書紀』白雉四年（六五三）五月条に第二回遣唐使の第一船の送使に任命されているが、この室原首がのちに造を賜姓されて室原造となった可能性がある。これとは別系の室原真人が存在する。『日本後紀』延暦二十四年（八〇五）二月十四日条に左京の十二月（しわす）王・小十二月王ら三人に室原真人を賜姓したとある。室原真人を称する人名はこの他にみえず、十二月王・小十二月王の系統も明らかでない。〔前之園〕

め

米多　めた　肥前国の豪族。姓は君。本拠地は肥前国三根郡米多郷（佐賀県三養基郡上峰村大字前牟田の米多一帯）。『古事記』応神天皇段に応神天皇の皇子若野毛二俣王の子意富々杼王は「息長坂田君（中略）・筑紫の米多君」らの祖とあり、『先代旧事本紀』国造本紀には「竺志米多国造　志賀高穴穂朝、息長公同祖、稚沼毛二俣命孫都紀女加定二賜国造一」とみえる。十五代応神天皇の曾孫に当たる都紀女加（つきめか）を志賀高穴穂朝（十三代成務天皇朝）に国造に任命したという国造本紀の記述は時代的に矛盾しているが、志賀高穴穂朝を穴穂朝（安康天皇朝）のことと解すれば時代的におかしくない。上峰村には都紀女加王の墓と称される前方後円墳（全長四九メートル）がある。氏人は文武天皇の喪礼の御装司となった従五位下米多君北助（ほぞ、『続日本紀』慶雲元年〈七〇四〉正月・同四年十月条）以外にみえない。〔前之園〕

面　めん　百済系の渡来氏族。面氏にも作る。『新撰姓氏録』（右京諸蕃）によれば、「面氏。同上

〈百済速古王孫比流王之後也〉」とある。『続日本紀』天平宝字五年（七六一）三月庚子条には面得敬ら四人が春野連の氏姓を賜わったとあるが、残された面氏の族員への賜姓記事はみあたらない。しかし『拾芥抄』に「面朝臣」の用例がみられるので、面氏も平安期ごろには賜姓されていたらしい。一族の人としては、面徳鏡が天平年間に皇后宮職写経所の写手になっているが、春野に改氏姓した得敬と同一人物であろう。ほかに『小右記』正暦六年（九九六）七月二十七日条などに「左府生面忠宗」がみえる。〔松尾〕

も

水取　もいとり　かつて宮廷の飲料水や氷の調達のことを職掌とした水取（水部）の伴造氏族。令制下においても、『延喜式』践祚大嘗祭、薦御膳尅限事条に「主水司水取連一人〈執二蝦鰭盥槽一〉」とあるように、主水司の負名氏であった。物部氏系の氏族で、姓は初め造であったが、天武天皇十二年（六八三）九月に連の姓を賜わった。『新撰姓氏録』右京神別は「水取連。同神（神饒速日命）六世孫。伊香我色雄命之後也」と記し、左京神別も同じく伊香我色乎命の後裔と伝える。氏人として、藤原宮木簡に水取連□麻□、『文徳実録』斉衡元年（八五四）正月壬辰条に水取連継雄、天安元年（八五七）正月丙午条に水取連柄仁、『三代実録』貞観二年（八六〇）二月十一日壬辰条に水取連夏子らの名がみえるが、継雄以下の三名は貞観六年八月に朝臣姓を賜わり、その直後、水取連継人・継主の両名は宿禰姓を賜わっている。無姓の水取氏は、平城宮木簡に水取継成・水取真勝、「多度神宮寺伽藍縁起資財帳」に伊勢国桑名郡主帳であった水取月足らがいる。また美濃国には部姓の水取氏がおり、大宝二年（七〇二）の「御野国加毛郡半布里戸籍」に水取部広・水取部都売・水取部古売の名が知られる。〔高嶋〕

木　もく　百済系の渡来氏族。百済では大姓八族の一つに木があり、渡来前の出身は定めがたい。継体・欽明朝のころの百済に木尹貴がおり、『日本書紀』継体天皇二十三年（五二九）三月条に百済王の使者としてみえ、安羅（大韓民国慶尚南道咸安）に赴き、継体天皇の任那再興の詔を受けている。また同書欽明天皇四年（五四三）十二月条では欽明天皇の任那再興の詔の扱いについて、群臣の一人として聖明王の諮問に答えたとある。同族関係は不明だが、百済では木劦（木羅）・木素など複姓の氏族が多くみられ、彼らも時に木のみで記されることがある。これらの木氏と日本に渡来した木氏との族的な関係は不明であるが、『新撰姓氏録』には、木吉志が飛鳥部氏の祖（左京諸蕃）、木貴公が林連・林・大石林らの祖（右京諸蕃）および林史の祖（摂津諸蕃）となったとみえる。飛鳥部は河内国安宿郡、林は山城国葛野郡上林郷・下林郷または同国紀伊郡拝志郷を本居とした氏族か。〔松尾〕

裳咋　もくい　尾張国中嶋郡の豪族。姓は臣。『続日本紀』天応元年（七八一）五月丁亥条に、裳咋臣船主の改氏姓についての奏言がある。それによると、曾祖父宇奈より以前は敢臣氏であったが、祖父得麻呂のときの『庚午年籍』の造籍に際して、誤って得麻呂の母の氏姓により裳咋臣と記されてしまった。そこで今、船主ら八人を本氏姓に戻してほしいと申請し、けっきょく敢臣の氏姓に改められた。申請どおりとすれば裳咋臣船主らとは別系の氏族となるが、おそらくは偽り。阿倍臣の族・敢臣氏に対し長く従属関係にあった裳咋臣氏が、時を経て擬制的な同族関係を主張したものであろう。『延喜式』神名帳の中嶋郡条に裳咋神社がみえ、これが奉祀した祖神であろう。現在同社の比定地には、稲沢市目比町説と一宮市今伊勢町目久井説とがある。〔松尾〕

物集　もづめ　新羅系の渡来氏族。連姓と無姓とがある。ともに秦氏の一族で、『新撰姓氏録』未定雑姓、左京に「物集連。始皇帝九世孫竺達王之後也」、同じく右京に「物集。始皇帝九世孫竹支王之後也」とある。氏族名は山城国乙訓郡物集郷の名に由来するとみられ、『続日本後紀』承和元年（八三四）二月丁酉条に、山城国葛野郡の人物集広永・豊守らが秦忌寸の氏姓を賜わったとの記事がある。〔松尾〕

物忌　ものいみ　摂津国の豪族。姓は直。『新撰姓氏録』摂津国神別に「物忌直。椎根津彦命九世孫矢代宿禰之後也」とあり、倭直の祖、椎根津彦命の後裔で、倭直の支族。物忌とは、もともと神を祀るに際して斎戒沐浴し、身を潔めることである。倭直一族のなかで、倭直氏の奉斎する倭大国魂神を祀ることを専門職として、とくに分出された氏族とみられる。ただ本居が摂津国にあるのは不審で、かつては倭直一族の中心地である大和国式下郡大和郷にあったか。なお『和名抄』尾張国海部郡条に物忌郷があり、ここにも倭直系の物忌氏の盤踞した可能性がある。〔松尾〕

物部　もののべ　饒速日命（邇芸速日命）を祖とする氏族で、大伴氏とともに大和朝廷の軍事権を管掌し、各地に設定された物部を率い、内外の征討に将軍として功業を示した。物部のモノについては、武士（もののふ）、兵（つはもの）に由来するという説と、神秘的なもの、精霊などの魂（もの）を指すという説がある。部は被支配集団を意味する和語のトモを、朝鮮の支配組織を意味する漢語に当てたもので、ここから物部氏は、伴と表記する大伴氏よりも新しい氏族と考えられている。『日本書紀』崇峻天皇即位前紀に「従二志紀郡一。到二渋河家一。（物部守屋）大連親率三子弟与二奴軍一。築二稲城一而戦」とあるので、本拠は河内国渋川郡（大阪府八尾市付近）を中心とする地域であろう。姓は初め連であったが、天武天皇十三年（六八四）十一月に朝臣姓を賜わり、その後本宗家は石上朝臣を称した。大和国山辺郡（奈良県天理市）の石上神社は物部氏の氏社で、『日本書紀』垂仁天皇八十七年条に「物部連等。至レ今治二石上神宝一」とあるように、神宝や武具が収蔵され、物部氏が管理していた。雄略朝の目連以来、大伴氏とともに大和政権の大連として勢力を振るい、物部尾輿が大伴金村を失脚させたのちは、大臣の蘇我氏とともに大和政権の最高執政官として権力を握った。継体天皇二十一年（五二七）の筑紫磐井の乱では、物部連麁鹿火が征討将軍となり、乱を鎮圧した。欽明朝の仏教受容問題では排仏派となり、崇仏派の蘇我氏と対立したと伝えるが、その一方で、物部氏も仏教を受容しており、渋川廃寺を物部氏の氏寺とする説もある。用明天皇死後の皇位継承問題にからみ、物部大連守屋が蘇我馬子に殺害され、朝廷内における勢力は衰退した。平安時代初期に著された『先代旧事本紀』は、物部氏が祖先顕彰を目的に編纂したものと推定され、第五巻の「天孫本紀」には宇摩志麻治命に始まる物部氏の系譜が記されている。物部氏は、『古語拾遺』に「饒速日命。帥二内物部一。造二備矛盾一」「物部乃立二矛盾一」とあるように、大嘗祭の斎宮の門に神矛・神楯を列立する職務を負っていたが、その職掌は石上氏となってからも継承し、『延喜式』践祚大嘗祭班幣条には「石上。榎井二氏各二人。皆朝服率二内物部卌人一〈着二紺布衫一〉立二大嘗宮南北門神楯戟一」とある。また、令制下においては、衛門府・刑部省囚獄司・東西の市司に物部が配属され、警察・司法業務に携わった。これと同族で、首姓の物部氏が平安右京・河内・丹波・出雲・伊予・豊前の諸国に分布し、『新撰姓氏録』河内国神別に「物部首。同神（神饒速日命）子。味島乳命之後也」とある。伊予国の物部首広泉は斉衡元年（八五四）十月に朝臣と改姓している。無姓の物部氏もおり、『新撰姓氏録』には左京神別・河内国神別・和泉国神別、未定雑姓右京部に載せる。また天平五年(七三三)の「右京計帳」には物部連族を称する氏族のいたことが知られる。これらとは出自を異にする物部首氏がおり、『新撰姓氏録』摂津国皇別に「物部首。大春日朝臣同祖(米餅搗大使主命之後也)」とあるほか、大和国皇別の布留宿禰条には斉明朝に武蔵臣が物部首・神主首と称したという所伝を載せているが、その本宗家は天武天皇十二年(六八三)九月に連姓を賜わっている。その同族で無姓の物部氏は『新撰姓氏録』河内国皇別・和泉国皇別に記載されている。また武蔵国には国造の一族と思われる物部直氏がいたが、神護景雲二年(七六八)七月に入間宿禰と改姓している。尾張・駿河・下総・近江・美濃・下野・越後・丹波・丹後・備前・淡路・土佐・筑後・肥前・壱岐島に物部神社が置かれ、地名に物部を冠する神社も『延喜式』神名帳に多数みえる。部民の物部が存在したことに由来しよう。

【参考文献】鎌田純一「古代物部氏とその職掌」(『先代旧事本紀の研究』研究の部所収)、志田諄一「物部連」(『古代氏族の性格と伝承』所収)、野田嶺志「物部氏に関する基礎的考察—物部氏の成立・展開過程の一試論—」(『史林』五一—二)、本位田菊士「物部氏・物部の基盤と性格」(『日本古代国家形成過程の研究』所収)、直木孝次郎「物部連に関する二、三の考察」(『日本書紀研究』二)、横田健一「物部氏祖先伝承の一考察—五十瓊敷皇子の物語考—」(『日本古代神話と氏族伝承』所収)　(高嶋)

守　もり　景行天皇の皇子大碓皇子の後裔氏族。姓は君(公)。『古事記』景行天皇段に「大碓命。〈守君。大田君。嶋田君之祖。〉」とあり、『日本書紀』景行天皇四十年七月戊戌条に「大碓皇子……遂封二美濃一。仍如二封地一。是身毛津君。守君。凡二族之始祖也」とみえる。『新撰姓氏録』には、左京皇別下と河内国皇別とに守公を載せ、前者に「牟義公同氏。大碓命之後也」、後者にも「牟義公同祖。大碓命之後也」とある。一族には、有間皇子事件で上毛野国に流され、その後許されて、百済救援軍の後将軍となり、天智天皇四年(六六五)には遣唐使に任ぜられた守君大石(時に小錦位)、持統天皇元年(六八七)正月に遣新羅使となり、同七年六月に直広肆を授けられた守君苅田、天平勝宝二年(七五〇)八月当時、造東大寺司の雑使であった守君蓑麻呂らがいる。なお、無姓の守氏もあり、天平神護二年(七六六)十月二十一日付の「越前国司解」などにみえる守黒虫らが知られる。　(篠川)

守部　もりべ　鍛冶(かぬち)造氏が改氏姓した守部連氏と、かつて守君(公)氏の部民であったと考えられる無姓の守部氏とがある。守部連氏は、『続日本紀』神亀五年（七二八）二月癸未条に「勅二正五位下鍛冶造大隅一。賜二守部連姓一」とみえるように、鍛冶造大隅がこのときに守部連の氏姓を賜わった。大隅は鍛師造大隅にも作り、『大宝律令』の撰定に参加し、養老五年（七二一）正月には明経第一博士として賞賜を受けている。『新撰姓氏録』河内国神別に「守部連。振魂命之後也」とみえる。守部連氏の一族には、前記の大隅のほかに、天平十三年（七四一）十二月に外従五位下で下総守に任ぜられた守部連牛養らがいる。無姓の守部氏は、美濃国に広く分布し、大宝二年（七〇二）の同国味蜂間郡春部里・本簀郡栗栖太里・肩県郡肩々里・山方郡三井田里・加毛郡半布里の戸籍に、一族の人名が多数みえる。なお、守部を氏名とする人名は美濃国以外にもみられる。〔篠川〕

守山　もりやま　敏達天皇の皇子難波王の後裔氏族。姓は公、のち天武天皇十三年（六八四）十月に真人と改姓した。『新撰姓氏録』左京皇別に「守山真人。路真人同祖。難波親王之後也」とあり、敏達天皇と春日老女子郎女（おみなごのいらつめ）との子、難波王を祖とする。一族の人としては、『正倉院文書』天平十七年（七四五）二月十八日付「左大舎人寮解」などに中務大允守山真人（欠名）、同じく天平勝宝三年（七五一）五月二十一日付「下総国司解」に下総少目守山真人智万侶がみえ、また『続日本紀』天平宝字八年（七六四）十月庚午条には守山真人綿麻呂が藤原仲麻呂追討に功績をあげて従五位下に昇叙されたとみえる。なお『延喜式』神名帳の伊勢国多気郡条に守山神社がみえ、未詳ながらここを本貫としたか。〔松尾〕

諸　もろ　陸奥国津軽郡の豪族。姓は君。おそらくはもと蝦夷で、大和政権に懐柔された族長の氏族であろう。『続日本紀』養老四年（七二〇）正月丙子条に渡嶋の津軽津司従七位上諸君鞍男がみえ、鞍男ら六人が靺鞨国の風俗の観察のために同国に派遣されたとある。〔松尾〕

諸県　もろあがた　日向国諸県郡（宮崎県東諸県郡・西諸県郡・北諸県郡・小林市・鹿児島県曾於郡の東部）の豪族。姓は君で、日向国造家。『日本書紀』景行天皇十八年三月条に諸県君がみえ、景行天皇が筑紫を巡狩して夷守（宮崎県小林市付近）に至ったとき、諸県君泉媛らが大御食を献って順服したと記す。また『日本書紀』応神天皇十一年条には、諸県君牛諸井の娘・髪長媛が国中でもっとも美しいと評判が立ち、二年後に応神天皇のもとに召された。しかし、その子、大鷦鷯皇子（仁徳天皇）がこれを見初め、媛を下賜されたとある。別伝があり、諸県君牛が朝庭から致仕するに当たって、麋鹿（おおじか）の格好をして応神天皇の船に近づき、娘の髪長媛を貢上したともいう。なお『国造本紀』では「日向国造。軽嶋豊明（応神）朝御世。豊国別皇子三世孫老男。定二賜国造一」とあり、また『古事記』景行天皇段では豊国別王の母を日向の美波迦斯毘売とする。美波迦斯毘売の出身は日向であり、諸県君泉媛の異称か。また美波迦斯毘売の生んだ豊国別皇子を国造家、諸県君氏発祥の祖とするのは不審であるが、皇子を貴種とみて氏祖としたものであろうか。〔松尾〕

諸井　もろい　山城国（京都府）の豪族。姓は公。もと堅井公といった。堅井氏は『新撰姓氏録』山城国皇別に「堅井公。彦坐命之後也」とあり、開化天皇の皇子彦坐命の後裔氏族。『続日本紀』天平神護二年（七六六）九月己未条に、山背国人堅井公三立ら十一人に諸井公の氏姓を賜わったと載せ、堅井氏から諸井氏が分立したことが知られる。〔松尾〕

汶斯氏　もんしし　百済系の渡来氏族。『新撰姓氏録』右京諸蕃下によれば、「汶斯氏。春野連同祖。速古王孫比流王之後也」とある。『日本書紀』欽明天皇十五年（五五四）十二月条に、百済の聖明王は、欽明天皇に使者・汶斯干奴を送ったとある。干奴の齎らした上表文には、有至臣など日本の援兵が新羅と交戦し函山（管山）城（大韓民国忠清北道沃川付近か）を抜いたなど戦況報告と、高句麗軍の南下を抑えるための増援部隊の急派を依頼する旨が記されていた。干奴の位階は杆率で、百済の十六階中の第五位。同氏族員の渡来の時期などは不詳。〔松尾〕

や

屋　や　天御行命の後裔と称する氏族。平安右京を本貫とするが、本来の居地は未詳。姓は連。『新撰姓氏録』右京神別上に、「屋連。神魂命十世孫天御行命之後也」とある。神魂命を祖神とする氏族は県犬養宿禰・久米直など多いが、天御行命の後裔と称する氏族はほかになく、同族関係も不詳。〔松尾〕

家部　やかべ　宅部にも作る。豪族に直接的に属したと考えられる家部という部民の後身氏族。家部の起源は未詳であるが、『日本書紀』の雄略天皇九年五月条に吉備上道の蛟嶋田邑（岡山市の竜ノ口山付近か、未詳）の家人部とみえ、天智天皇三年（甲子、六六四）二月丁亥条に「定二其民部・家部一」とあり、天武天皇四年（六七五）二月己丑条に「甲子年諸氏被レ給部曲、自レ今以後、皆除之」とある。八、十世紀の史料に、家部氏は丹波・丹後・出雲・美作・備前・備中・周防・阿波・豊前・肥後・対馬嶋（か）の諸国に認められ、畿内以西の西国に分布する。神護景雲三年（七六九）六月に、備前国赤坂郡（岡山県赤磐郡西半部に御津郡・岡山市の各一部を含む地域）の人で外少初位上の家部大水と美作国勝田郡（同県勝田郡に久米郡・英田郡・津山市の各一部を含む地域）の人従八位上家部国持ら六人が、また美作・備前両国の家部・母等理部二氏の全員がともに石野連の氏姓を賜わっており、この両国の家部氏がかつて磐梨別公（和気氏の本姓）氏の部民であったことを示している。

【参考文献】横田健一「上代地方豪族存在形態の一考察」（『白鳳天平の世界』所収）、北村文治『大化改新の基礎的研究』、吉田孝「イヘとヤケ」（『律令国家と古代の社会』所収）　〔星野良作〕

八木　やぎ　和泉国和泉郡八木郷または近江国愛智郡八木郷の豪族か。姓は造。『除目大成抄』『拾芥抄』などに八木宿禰がみえ、のちに一部の族員が宿禰姓を賜わったらしい。『新撰姓氏録』右京神別下に、「八木造。和多羅（和多罪）豊命児布留多摩乃命之後也」とあり、海神・綿津見神の後裔と称する。綿積命の後と称する安曇宿禰・安曇犬養・海犬養などの同族で、海人族とみられる。なお『延喜式』神名帳の和泉国和泉郡に「夜疑神社」がみえ、ここが八木造氏の本居ならば、同社を氏神としたか。〔松尾〕

八清水　やきよみず　氏名は八浄水にも作り、楊津連氏の同族であることから、摂津国河辺郡楊津郷（兵庫県川辺郡猪名川町清水付近）の地名をふまえた美称か。『新撰姓氏録』右京諸蕃上に「八清水連。出レ自二唐左衛郎将王文度之後一也」とみえ、旧姓は王。一族には天平宝字七年（七六三）四月十三日付・同八年八月二十三日付「奉写御執経所請経文」に八清水（八浄水）連城守の名がみえ、八清水連の氏姓を賜わったのは天平宝字七年四月以前である。〔前川〕

箭口　やぐち　氏名は『日本書紀』天武天皇元年（六七二）七月癸巳条にみえる八口の地名にもとづくものか。八口は乃楽山から南へ中つ道を直進して達する香久山越えの周囲と推定されている。『新撰姓氏録』左京皇別上に「箭口朝臣。宗我石川宿禰四世孫稲目宿禰之後也」とみえ、旧姓は臣とみられるが、『日本書紀』に氏名がみえない。一族には『日本書紀』持統称制前紀・朱鳥元年（六八六）十月己巳条に八口朝臣音橿、『続日本紀』天平宝字八年（七六四）二月辛巳条に箭口朝臣真弟、『三代実録』元慶元年（八七七）十二月二十七日癸巳条に箭口朝臣岑業がおり、岑業は石川朝臣木村とともに宗岳朝臣と賜姓された。〔前川〕

楊侯　やこ　氏名は楊胡・陽胡・陽侯にも作り、『漢書』地理志、河東郡条にみえる楊県の釈に「劭曰。楊侯国」とあるので、楊侯国の名に由来する。『新撰姓氏録』には左京諸蕃上に「出レ自二隋煬帝之後達率楊侯阿子王一」という楊侯忌寸と、同じく「楊侯忌寸同祖」という楊胡史と、和泉国諸蕃に「楊侯忌寸同祖。達率楊公阿了王之後也」という楊侯史がみえる。『続日本紀』文武天皇四年（七〇〇）八月乙丑条に僧通徳が陽胡史の氏姓を賜わり、神護景雲二年（七六八）三月癸丑条に楊胡毗登（史）人麻呂らが忌寸を賜姓されているので、楊侯忌寸の旧姓は史。一族に『日本書紀』推古天皇十年（六〇二）十月条にみえる百済僧観勒から暦法を学んだ陽胡史の祖の玉陳、『続日本紀』養老六年（七二二）二月戊戌条の陽胡史真身は『養老律令』の撰定に功があり、天平宝字四年（七六〇）十一月丁酉条には渤海国使を送り渤海に渡航した陽侯史玲璆がおり、学術・対外交渉に携わった者が多い。〔前川〕

八坂　やさか　渡来系氏族。八坂の氏名は山城国愛宕郡八坂郷（京都市東山区大谷・吉水・円山・祇園・建仁寺一帯）の地名に由来する。姓は造。『新撰姓氏録』山城国諸蕃に「八坂造／出レ自二狛国人之留川麻乃意利佐一也」とみえる。之留川麻乃意利佐については未詳だが、八坂神社蔵の『八坂郷鎮座大神記』にみえる伊利之と同一人物ならば、伊利之については『日本書紀』斉明天皇二年（六五六）八月庚子条に「高麗。遣二達沙等一進レ調。〈大使達沙。副使伊利之。総八十一人〉」とある。八坂造氏の一族として、天平神護二年（七六六）十一月に従七位より外従五位下に昇叙している八坂造吉日がいる。また、天平五年（七三三）の「山背国愛宕郡計帳」にみえる山城国愛宕郡戸主秦人広幡真君の戸口、八坂馬養造鯖売も八坂造氏の同族であろうか。

【参考文献】佐伯有清『新撰姓氏録の研究』考証篇第五〔荻〕

安野　やすの　旧氏姓は勇山連。『日本後紀』弘仁二年（八一一）二月戊寅条にみえる外従五位下紀伝博士勇山連文継は、弘仁九年ごろ成立の『文華秀麗集』序に「従五位下行大学助兼紀伝博士勇山連文継」とあるが、天長四年（八二七）成立の『経国集』序に「従四位下行東宮学士安野宿禰文継」とみえるので、弘仁九年から天長四年の間に勇山連氏は安野宿禰と賜姓されたとみられる。一族には文継のほか『文徳実録』斉衡二年（八五五）二月丁卯条に『続日本後紀』の修撰を命じられた安野宿禰豊道の名がみえる。〔前川〕

安原　やすはら　氏名は何にもとづくのか未詳。『三代実録』貞観六年（八六四）八月十日甲子条に、河内国丹比郡人大宰大典正六位上安原宿禰臣雄、左近衛将曹従六位下安原宿禰貞臣ら本居を改め右京職に隷すとある。『類聚国史』巻九十九、叙位、天長五年（八二八）正月甲子条に正六位下安原宿禰諸勝がみえ、外従五位下に叙せられた。〔前川〕

安峯　やすみね　氏名は何にもとづくのか未詳。『三代実録』貞観八年（八六六）正月廿六日癸卯条に、右京人正六位上安峯連小嶋、従六位下安峯連真魚ら五人に連姓を改め宿禰を賜わっており、その先は百済人とみえる。〔前川〕

矢田部　やたべ　『古事記』仁徳天皇段に「為㆓八田若郎女之御名代㆒、定㆓八田部㆒也」とあるように、八田若郎女（矢田皇女）の名代部で、その伴造氏族は矢田部造と称した。『日本書紀』崇神天皇六十年七月己酉条に「矢田部造遠祖武諸隅〈一書云。一名大母隅也〉」とあるが、この武諸隅は『先代旧事本紀』天孫本紀に饒速日尊の八世孫物部武諸隅連公とあり、その孫大別連公が仁徳朝に氏造となり、矢田部連公の姓を賜わったという所伝を載せる。氏人として『日本書紀』推古天皇二十二年（六一四）六月己卯条に矢田部造（名欠）がおり、この人物について『先代旧事本紀』帝皇本紀同日条に「詔㆓大仁矢田部御嬬連公㆒。改㆑姓命㆑造。則遣㆓大唐使㆒」とあるが、これは追記である。矢田部造の本宗家は天武天皇十二年（六八三）九月に連と改姓した。『新撰姓氏録』左京神別に「矢田部連。伊香我色乎命之後也」とある。天平宝字六年（七六二）十月七日「弥勒菩薩所問経論」題跋に矢田部連竈戸、延喜八年（九〇八）の「周防国玖珂郡玖珂郷戸籍」に矢田部連法師売・浄虫売の名がみえる。『本朝書籍目録』に「矢田部宿禰。承平六年私記作者」とあるのは、矢田部連の宿禰姓を賜わったものであろう。造姓のままの矢田部氏は摂津国におり、『新撰姓氏録』摂津国神別に「矢田部造。同上（伊香我色乎命之後也）」とあり、『東南院文書』天平勝宝八歳（七五六）十二月の「摂津職河辺郡猪名所地図」に開田使として矢田部造三田次の名がみえる。他に首を姓とする矢田部氏がおり、『新撰姓氏録』河内国神別に「矢田部首。同神（神饒速日命）六世孫。伊香我色乎命之後也」とあって、始祖を共通にするが、氏人はみえない。また、無姓の矢田部氏は東国を中心として各地に分布しており、摂津国の矢田部聡耳・貞成の兄弟らは承和二年（八三五）十月に興野宿禰の姓を賜わっている。〔高嶋〕

矢集　やつめ　氏名は箭集にも作り、のちの美濃国可児郡矢集郷（岐阜県可児郡可児町矢戸）の地名にもとづくか。矢集は矢部でその伴造氏族であったことによるとする説もある。『新撰姓氏録』左京神別上に「矢集連。同上〈伊香我色乎命之後也〉」とあり、右京神別上に「矢集宿禰。同上〈神饒速日命六世孫伊香我色雄命之後也〉」とある。この氏の旧姓は連。天武天皇十三年（六八四）十二月に宿禰の姓を賜わった。一族に大宝二年（七〇二）「御野国味蜂間郡春部里戸籍」の矢集宿禰宿奈麻呂、『続日本紀』養老五年（七二一）正月甲戌条の箭集宿禰虫万呂、天平五年（七三三）「右京計帳」の箭集宿禰石依などのほか、天平二十年（七四八）八月以来「経師等上日帳」にみえる矢集宿禰小道は、矢集小道（天平二十年正月一日始「写疏経師布施帳案」）のように無姓で記されている。武蔵国人に矢集国（武蔵国分寺瓦塼銘）、加賀国人に箭集清河子（『三代実録』仁和元年〈八八五〉十二月二十九日己卯条）などの無姓者もいた。〔前川〕

楊津　やなぎつ　氏名は摂津国河辺郡楊津郷（兵庫県川辺郡猪名川町清水付近）の地名にもとづく。『新撰姓氏録』右京諸蕃上に「楊津連。八清水連同祖。王文度之後也」とみえ、旧姓は王。『続日本紀』天平宝字五年（七六一）三月庚子条に、百済人王国嶋ら五人に楊津連を賜わったとある。一族には王国嶋のほか、『続日本後紀』承和十一年（八四四）十月癸未条に楊津連弟主・継吉がおり、このとき恒世宿禰を賜姓された。なお『続日本紀』天平宝字五年三月庚子条に「百済人……王宝受等四人楊津造」とあるが、楊津造を賜わった王宝受らも楊津連氏の一族であろう。〔前川〕

家内　やぬち　氏名は河内国にあった地名にもとづくものか未詳。『新撰姓氏録』河内国神別に「家内連。高魂命五世孫天忍日命之後也」とみえ、姓は連。一族の名は他の史料にみえない。〔前川〕

矢作　やはぎ　矢の製作に携わった矢作部の伴造氏族。『新撰姓氏録』未定雑姓、河内国に「矢作連。布都奴志乃命之後也」とみえるが、矢作連の一族の人名は他にみえない。『延喜式』神名帳、河内国若江郡条の矢作神社は、この氏の氏神社か。同族とみられる矢作造辛国（『続日本紀』宝亀元年〈七七〇〉四月癸卯条）がおり、右の条に「正八位上矢作造辛国賜二宿禰一。未レ経二歳月一。皆復二本姓一」とある。矢作・矢作部は伊豆・甲斐・相模・上総・下総・常陸などの東国諸国に分布するが、寛弘元年（一〇〇四）「讃岐国入野郷戸籍」の矢作社町や大宝二年（七〇二）「豊前国仲津郡丁里戸籍」の矢作部虫売のように、西国にもいた。『三代実録』貞観十四年（八七二）三月二十日庚寅条には、甲斐国都留郡大領矢作部宅雄、少領矢作部毎世は、矢作部連の氏姓を賜わったとある。〔前川〕

八戸 やべ　のちの河内国高安郡（大阪府八尾市東部）を本拠とした渡来系氏族。姓は史。のちに常澄宿禰、さらに高安宿禰に改姓した。『新撰姓氏録』河内国諸蕃に「八戸史。出レ自二後漢光武帝孫章帝一也」とみえる。一族のうち、八戸史礒益・弥継ら二十人は、承和三年（八三六）三月に常澄宿禰の氏姓を賜わり、その後、元慶三年（八七九）十月に常澄宿禰秋雄・八戸史野守ら六人、同五年五月に常澄宿禰藤枝・八戸史善ら四人が、高安宿禰の氏姓を賜わった。『三代実録』元慶三年十月二十二日条に載る常澄宿禰秋雄らの言上には、「先祖。後漢光武皇帝。孝章皇帝之後也。裔孫高安公陽倍。天万豊日天皇御世立二高安郡一。陽倍二字。意与二八戸両字一語相渉。仍後賜二八戸史姓一。末孫正六位上八戸史貞川等。承和三年改二八戸史一。賜二常澄宿禰一。望請改二八戸常澄両姓一。復二本姓高安一也」とある。

【参考文献】岸俊男「日本における『戸』の源流」（『日本古代籍帳の研究』所収）〔篠川〕

山 やま　氏名は山部・山守部の伴造氏族であったことによるか。『新撰姓氏録』大和国皇別に「内臣同祖。味内宿禰之後也」という山公（君）氏がいる。一族に大倭国添上郡山君郷戸主の山君平奈弥、その戸口に山君岐波豆（某年「勘籍歴名」）がおり、これらの氏名は山君郷の地名にもとづく。山君氏には味内宿禰系・大彦命系・落別王系のほか、和泉国皇別に「垂仁天皇皇子五十日足彦別命之後也」という山公氏もある。『古事記』垂仁天皇段の「春日山君」氏は右の五十日足彦別命系に属し、大和国添上郡春日郷を本拠としていたことからすると、この系統の山公氏は和泉国のみならず大和国にも居住していたとみられる。なお摂津国神別に「天御影命十一世孫山代根子之後也」という山直氏がいる。一族には『住吉大社神代記』に山直阿我奈賀がみえ、阿我奈賀が為奈川の訛であるので、摂津国河辺郡為奈郷（兵庫県尼崎市東北部）付近の人とみられる。和泉国神別には「天穂日命十七世孫日古曾乃己呂命之後也」という山直氏がおり、一族に『続日本後紀』承和三年（八三六）十二月己亥条の山直池作・山直池永がおり、両名は和泉国人であり、承和六年(八三九)十一月癸未条には山直池作ら十人は宿禰を賜姓されたとある。また未定雑姓、摂津国に「火明命十一世孫尾張屋主都久代命之後也」という山首氏がいるが、一族の名は他の史料にみえない。〔前川〕

山川　やまかわ　氏名は山河とも書き、地名にもとづくものか未詳。旧姓は造。『新撰姓氏録』河内国諸蕃に「山河連。依羅連同祖。素禰夜麻美乃君之後也」とみえ、『続日本紀』神護景雲元年(七六七)七月辛未条に、河内国志紀郡人正六位上山川造魚足ら九人に連の姓を賜わったとある。〔前川〕

山口　やまぐち　山口はのちの大和国城上郡長谷郷(奈良県桜井市初瀬)山口の地名に因む。臣姓と直姓の出自を異にする山口氏がいた。臣姓の山口氏は、神護景雲元年(七六七)九月に河内国志紀郡の人山口臣犬養ら三人が朝臣姓を賜わっている。『新撰姓氏録』河内国神別に「山口朝臣。道守朝臣同祖。武内宿禰之後也。続日本紀合」とあるように、武内宿禰の後裔氏族であるが、『越中石黒系図』では武内宿禰の子羽田矢代宿禰を祖としている。『大同類聚方』巻四十六に「河内国石川郡大国山口朝臣東雄乃家爾所伝。其元波武内宿禰乃薬也」とあり、『続日本後紀』嘉祥三年(八五〇)正月丙戌条に山口朝臣春方、『三代実録』元慶七年(八八三)正月七日甲戌条に山口朝臣岑世、同八年十一月二十五日壬午条に山口朝臣連松がみえる。直姓の山口氏は後漢霊帝の後裔氏族で、漢山口直とも称した。『日本書紀』白雉元年(六五〇)是歳条などに漢山口直大口がみえるが、のち忌寸姓となり、その本宗家は、延暦四年(七八五)六月に坂上・内蔵氏などの同族十氏とともに宿禰姓を賜わった。『新撰姓氏録』右京諸蕃に「山口宿禰。坂上大宿禰同祖。都賀直四世孫。都黄直之後也」とあり、『続日本紀』延暦元年七月丁未条にみえる山口忌寸家足が、同五年正月乙巳条に山口宿禰家足とみえる。また山口忌寸諸足・帯足は弘仁三年(八一二)六月に宿禰となり、山口忌寸永嗣は承和六年(八三九)七月に内蔵朝臣と改姓し、さらに山口忌寸豊道・奥道・貞道・周子・恒子らは承和十四年に朝臣姓を賜わっている。なお忌寸姓のままの山口氏もいたが、天安元年(八五七)正月に姓の表記を伊美吉に改めている。〔高嶋〕

山道　やまじ　氏名は越前国足羽郡(福井県足羽郡・福井市)付近にあった地名にもとづくものか。『新撰姓氏録』左京皇別に「山道真人。息長真人同祖。稚渟毛二俣親王之後也。日本紀合」とみえ、同じく右京皇別にも同様の系譜を記す。『古事記』応神天皇段に「意富富杼王者、〈三国君、山道君、……等祖也〉」とみえ、旧姓は君（公）。天武天皇十三年（六八四）十月に真人を賜姓された。一族は天平勝宝二年（七五〇）五月二十六日付「出挙銭解」に山道真人津守・三中の名がみえる。天平神護二年（七六六）十月二十一日付「越前国司解」足羽郡条に「安味郷戸主山道竹麿〈竹麻呂〉」の無姓者の名がみえる。〔前川〕

山科 やましな 山階にも作り、山城国宇治郡山階の地名にもとづくか。『日本後紀』延暦二十四年（八〇五）二月乙卯条に、八上王・八嶋王に山科真人の姓を賜わったとある。〔前川〕

山背 やましろ 山背の氏名は、山背国の地名にもとづく。『新撰姓氏録』山背国神別には、「山背忌寸。天都比古禰命子天麻比止都禰命之後也」とある。この山背忌寸氏の旧姓は直、天武天皇十二年（六八三）九月に姓連を、同十四年六月には忌寸を賜わった。一族には直姓の時代に、『日本書紀』天武天皇元年（六八二）六月甲申条に山背直小林、同五年十月甲辰条には遣新羅小使となった山背直百足、忌寸の姓を賜わってのちには、山背国造であった山背忌寸品遅、天平五年（七三三）ごろの「山背国愛宕郡計帳」にみえる山背忌寸凡海・山背忌寸嶋売、天平二十年八月以来の「経師等上日帳」には経師・校生の山背忌寸野中、天平神護二年（七六六）二月に外従五位下となった山背忌寸諸上らがいる。また珍皇寺（京都市東山区東山松原西入ル小松町所在）を創建したという山背忌寸凡海は、品遅の子か孫で、山背国造とともに愛宕郡大領の任にあったと推定されている。山代忌寸浄足・五百川らは、『続日本後紀』天長十年（八三三）四月庚辰条によれば、宿禰の姓を賜わっている。この一族には、承和の第十七次遣唐使の録事となった山代宿禰氏益らがいる。なお、忌寸姓になってからも、天平十年の「周防国正税帳」にその名のある大宰府音博士山背連靺鞨らにみられるように、連姓の山背氏もいた。また、推古天皇十年（六〇二）十月来朝した百済僧観勒に方術を学んだ人物に、山背臣日立がいる。〔佐久間〕

【参考文献】角田文衛「愛宕郷と山代国造氏」（『王朝の残映』所収）

山田 やまだ 山田の氏名は、河内国交野郡山田郷（大阪府枚方市山田・牧野一帯）の地名にもとづく。山田氏の旧姓は史。『続日本紀』天平宝字三年（七五九）十二月壬寅条によれば、山田史白金が連の姓を、山田史広名は造の姓を、さらに宝亀元年（七七〇）十一月壬戌には、山田連公足ら三十人が宿禰の姓を賜わったとある。『新撰姓氏録』によれば、山田宿禰について、河内国諸蕃には「出レ自二魏司空王昶一也」とあるが、右京諸蕃上にも「出レ自二周霊王太子晋一也」と記す。山田連は、河内国諸蕃に「山田宿禰同祖。忠意之後也」とあるが、山田造については、河内国諸蕃も右京諸蕃上も、これと全く同一の記載である。史姓の時代の人としては、明法博士で律令撰定に功のあった前記の山田史白金（銀）、周防守や大学頭を歴任し、『懐風藻』にもその名をとどめる山田史御（三）方、万葉歌人の山田史君麻呂・山田史土麻呂らの名をみることができる。連姓の人には、天平宝字四年六月八日付の「文部省経師歴名」にある山田連浄人や、宝亀四年（七七三）正月の「豊前国司解」「宇佐託宣集」にその名のある山田連韓国、大学助従五位下山田連春城（『文徳実録』天安二年六月条）らがいるが、『続日本紀』天平宝字三年（七五九）六月丙辰条の播磨大掾正六位上山田連古麻呂のように、連の姓を賜わる前より連を称していた者もいた。また、天平勝宝七歳正月には、山田史広人ら七人が山田御井宿禰の姓を与えられている。宿禰の姓をもつ人には、伊豆国掾正六位上山田宿禰豊浜（『日本後紀』延暦二十四年十一月条）、山田宿禰大庭（『類聚国史』巻九十九、叙位、弘仁五年正月条）らがいる。〔佐久間〕

八俣部　やまたべ　渡来系氏族。八俣部の氏名の由来については、太田亮『姓氏家系大辞典』では山田史氏の部曲かとするが未詳。『新撰姓氏録』未定雑姓、河内国に八俣部を載せ、「八俣部。百済国人多地多祁卿之後也」とある。八俣部氏の一族の人名は史料にみえない。ただし、八俣を氏名とする人には、天平勝宝二年（七五〇）八月当時、造東大寺司の雑使であった八俣徳太理がいる。〔篠川〕

大倭　やまと　大和とも、一時大養徳にも作る。その本拠は、大和国城下郡大和郷（奈良県天理市佐保町大和一帯）の地。『新撰姓氏録』大和国神別上によれば、神知津彦命より出ずという。その旧姓は直であったが、天武天皇十年（六八一）四月に倭直竜麻呂が連の姓を賜わり、ついで天武天皇十二年九月にはその一族が連を、同十四年六月には忌寸を与えられている。さらに天平九年（七三七）十一月には、大倭忌寸小東人・水守の二人が宿禰の姓を与えられ、『続日本紀』天平二十年（七四八）正月条によれば大倭連深田・魚名が、天平勝宝三年（七五一）十月には、大倭国城下郡人大倭連男長・古人ら八人が宿禰の姓を賜わっている。これらのうち、小東人は長岡と称し、文武天皇元年（六九七）十一月迎新羅使使に任ぜられた大倭忌寸五百足の子で、若くして刑名の学を好み、霊亀二年（七一六）に入唐、帰国後は律令撰定に功あり、民部大輔兼坤宮大忠・河内守・右京大夫などを歴任した人物である。また、玄蕃頭となった大倭宿禰清国や、大養徳宿禰麻呂女・大和宿禰斐太麻呂・大和宿禰弟守・大和宿禰西麻呂ら、多くの人の名もみることができる。なお、大和宿禰氏の一族には、承和七年（八四〇）八月に朝臣の姓を賜わった者もいる。さらに『続日本紀』天平十四年（七四二）二月戊寅条によれば、「免二中宮職奴広庭一、賜二大養徳忌寸姓一」と記されており、その一族とみられる者に、大養徳忌寸佐留・大倭伊美吉束也らがいる。（佐久間）

和　やまと　氏名は倭・養徳とも書き、大和国城下郡大和郷（奈良県天理市佐保庄町大和一帯）の地名にもとづく。『続日本紀』延暦二年（七八三）四月丙申条に和史国守ら三十五人に朝臣の姓を賜わったとあり、旧姓は史。『新撰姓氏録』左京諸蕃下に「和朝臣。出レ自二百済国都慕王十八世孫武寧王一也」とみえる。多くの一族のうち著名な人物は光仁天皇の妃となり桓武天皇・早良親王らの母であった和新笠（『続日本紀』延暦八年〈七八九〉十二月乙未・同九年正月辛亥条）と、その父の乙継（『続日本紀』延暦九年正月辛亥条）である。なお『新撰姓氏録』大和国諸蕃に「出レ自二百済国主雄蘇利紀王一也」という和連氏、同じく「日置造同祖。伊利須使主之後也」という和造氏がいた。和連氏の一族には『続日本紀』宝亀十年（七七九）正月甲子条に和連諸乙がいる。和造氏の一族の人名は他の史料にみえない。和気清麻呂が撰した『和氏譜』は、この氏族の家譜であろう。

【参考文献】伴信友「蕃神考」（『伴信友全集』二所収）、平野邦雄「イマキノアヤの諸系統」（『大化前代社会組織の研究』所収）、同『和気清麻呂』、今井啓一『百済王敬福』（前川）

和安部　やまとのあべ　和珥氏系氏族。のちの大和国十市郡安倍（奈良県桜井市阿部）の地を本拠とした。姓は臣・朝臣。孝昭天皇の皇子天帯彦国押人（あめたらしひこくにおしひと）命を始祖とする。『新撰姓氏録』左京皇別下に、和安部朝臣は「大春日朝臣同祖（天帯彦国押人命）。彦姥津（ひこおけつ）命三世孫難波宿禰之後」、和安部臣は「和安部朝臣同祖。彦姥津命五世孫米餅舂大使主（たがねつきのおおみ）命之後」とみえ、彦姥津命は天帯彦国押人命の子孫であるが、小野朝臣・和爾部宿禰・櫟井臣・葉栗臣らの祖とも伝えられる。和安部朝臣氏は旧姓臣で神護景雲二年（七六八）閏六月に平城左京の人で従六位下の和安部臣男綱ら三人が朝臣姓を賜わったのに始まるが、前記『新撰姓氏録』和安部臣条は朝臣の賜姓に与らなかった枝族の存在を物語っている。なお一族の人名は旧姓臣である和安部朝臣男綱のほかは史料に表われない。和安部の氏名は、和爾部の誤写であるとする説もある。

【参考文献】佐伯有清『新撰姓氏録の研究』考証篇第二　（星野良作）

東漢　やまとのあや　応神朝に来帰したと伝える阿知使主・都加使主を祖とする渡来系の雄族。氏名を倭漢にも作る。六世紀以降、東漢氏は複数の並立的な枝族群によって構成され、東漢の氏名もこれらをあわせた総称としての性格をもつ。『坂上系図』所引『新撰姓氏録』逸文（右京諸蕃上、坂上大宿禰条逸文）によれば、阿知使主の子都加使主には、山木直（兄腹の祖）・志努直（中腹の祖）・爾波伎直（弟腹の祖）の三人の男子があり、この三腹に属する後裔六十二氏の名を掲げる。六、七世紀ごろにはすでに二十氏近くの枝族の存在が知られるから、一般には六世紀に入って東漢氏の氏族分裂が始まり、その後さらに分裂を重ねて、九世紀初めには六十氏前後の枝族を擁するに至ったと解されている。『続日本紀』や右の『新撰姓氏録』逸文によれば、阿知使主は高市郡檜前（奈良県高市郡明日香村檜前）に居したとあり、この地はその後も長く東漢氏一族の繁衍地であった。東漢氏の枝族層は本質的に対等であったから、東漢氏の始原的形態は、むしろ逆に檜前地方に来住した渡来人たちが、地縁関係による擬制的同族結合をすすめた結果成立したものとみることもできる。のちには阿知使主は後漢霊帝の曾孫とされるが、これは「漢」の氏名にもとづき、出自を二次的に中国王室へと改変したものにすぎず、本来は朝鮮系渡来人とみられる。出身地については、百済とする説、加羅諸国中の安羅（安邪）とする説などがあるが、氏名（「アヤ」）と国名（「アラ」「アヤ」）が一致する後者の説が妥当か。大和政権の全国統一が進展する五世紀末期以降、この氏は新進の技術・知識を持って移住して来た渡来人たちを今来漢人（いまきのあやひと）として掌握し、さらに旧来の渡来人も漢人に編入することによって、種々の職域にわたって朝廷に奉仕する漢人（伴）の伴造としての地位を確保した。また六世紀以降の大和政権による屯倉設置などにも重要な役割を果たし、秦氏とともにその地方進出の尖兵となっている。漢部はこのような職務遂行のために置かれた部（べ）であろう。軍事力に優れ、大伴氏ついで蘇我氏と結んで、六、七世紀の政界に隠然たる力を保持し、そのため天武天皇六年（六七七）には、天皇から過去に犯した「七つの不可」を責められている。姓は初め直、天武天皇十一年に連、同十四年に忌寸に改姓し、延暦四年（七八五）には有力枝族十氏が宿禰姓を賜わった。枝族のなかでは、文氏・民氏・坂上氏らがとくに有力であった。

【参考文献】 関晃「倭漢氏の研究」（『史学雑誌』六二―九）、上田正昭『帰化人』、平野邦雄『大化前代社会組織の研究』、山尾幸久「秦氏と漢氏」（『地方文化の日本史』二所収）、加藤謙吉『大和政権と古代氏族』 （加藤）

倭馬飼 やまとのうまかい 『日本書紀』允恭天皇四十二年十一月条に倭馬飼部とみえ、これを率いて宮廷に上番する伴造氏族。『日本書紀』皇極天皇二年（六四三）十一月丙子朔条に倭馬飼首、天武天皇八年（六七九）十一月己亥条に倭馬飼部造、同十二年（六八三）九月丁未条には倭馬飼造に連を賜姓したとみえ、朱鳥元年（六八六）九月甲子条に倭馬飼部造は河内の馬飼部造とともに天武天皇の殯宮で誄したとある。『続日本紀』天平十一年（七三九）三月癸丑条に神馬を獲た養徳馬飼連乙麻呂がみえる。令制では馬飼を率い左右馬寮に出仕した。

【参考文献】 直木孝次郎「馬と騎兵」（『日本古代兵制史の研究』所収）、佐伯有清「馬の伝承と馬飼の成立」（森浩一編『日本古代文化の探究 馬』所収）、本位田菊士「河内馬飼部と倭馬飼部―馬文化と古代豪族の消長」（田村圓澄先生古稀記念会編『東アジアと日本』歴史編所収） （前川）

倭画師 やまとのえし 養徳画師とも書き、画工司などに属した大和在住の画師家系。『新撰姓氏録』左京諸蕃上、大崗忌寸条に、魏の文帝の後安貴公より出て、雄略天皇の世四部の衆を率い日本に帰化し、男の竜、五世孫の恵尊が画才に巧みであったため、天智天皇の世にこの氏姓を賜わったとある。『続日本紀』神護景雲三年（七六九）五月甲午条に倭画師種麻呂らに大崗忌寸を賜姓されたとみえる。大崗は大和国添上郡大岡郷（奈良県天理市櫟之本付近）の地名にもとづくので、倭画師の本貫も同地とみられる。一族に倭画師音檮（『日本書紀』天武天皇六年〈六七七〉五月甲子条）、養徳画師楯戸弁麻呂（『続日本紀』天平十七年〈七四五〉四月壬子条）、倭画師大虫（天平十八年〈七四六〉閏九月二十四日「女孺歴名木簡」）、倭画師小弓（天平宝字二年〈七五八〉七月五日「千手千眼并新羂索薬師経筆墨直充帳」）らがみえる。

【参考文献】 清水善三「造東大寺司における工人組織について」（『仏教芸術』五五） （前川）

倭太　やまとのおお　氏名は「ワダ」とも読む。前者ならば、のちの大和国十市郡飫富郷（奈良県磯城郡田原本町多）、後者ならば、和泉国大鳥郡和田郷（大阪府堺市久世・美木多・北上神一帯）の地名にもとづくことになる。『新撰姓氏録』右京神別下に「倭太。神知津彦命之後也」とみえ、「倭太は海（ワタ）にて、海神に由ありて負へるか、椎根津彦の海神に由あること、青海ノ首の条にも云へり」（栗田寛）と指摘されている。なお参河国八名郡・渥美郡、相模国大住郡に和太郷がある。この一族の人名は他の史料にみえない。

【参考文献】黛弘道「海人族と神武東征物語」（『律令国家成立史の研究』所収）〔前川〕

倭川原　やまとのかわら　氏名は『日本書紀』斉明天皇元年（六五五）元年是歳条に「飛鳥川原宮」とみえる川原宮の地、のちの大和国高市郡河原邑（奈良県高市郡明日香村川原）の地名にもとづく。『新撰姓氏録』未定雑姓、河内国に「倭川原忌寸。武甕槌神十五世孫彦振根命之後也」とあり、姓は忌寸。この一族の人名は他の史料にみえない。〔前川〕

和薬　やまとのくすし　氏名の和は大和国、薬は薬師を意味し渡来人の称号であったが、のちに姓の一つとなった使主を称した。『新撰姓氏録』左京諸蕃下に「和薬使主。出レ自二呉国主照淵孫智聡一也。天国排開広庭天皇〈諡欽明〉御世。随二使大伴佐弖比古一。持二内外典。薬書。明堂図等百六十四巻。仏像一軀。伎楽調度一具等一入朝。男善那使主。天万豊日天皇〈諡孝徳〉御世。依レ献二牛乳一。賜二姓和薬使主一。奉レ度本方書一百卅巻。明堂図一。薬臼一。乃伎楽一具。今在二大寺一也」とある。一族には弘仁十一年（八二〇）二月二十七日付太政官符にみえる和薬使主福常のほか、『三代実録』貞観六年（八六四）八月十七日辛未条の和薬使主弟雄・安主・黒麻呂は、使主を改め宿禰の姓を賜わったとある。〔前川〕

山上　やまのうえ　氏名は山於にも作り、のちの大和国添上郡山辺郷（奈良市田原一帯）の地名にもとづく。『和邇系図』の大島臣の尻付に「大倭添県山辺郷住」、子の健豆臣の尻付に「山上臣祖」とある。『続日本紀』神護景雲二年（七六八）六月壬辰条に、右京人従五位上山上臣船主らに朝臣の姓を賜わったとみえ、旧姓は臣。『新撰姓氏録』右京皇別下に「山上朝臣。同氏。日本紀合」とあり、大春日朝臣同祖という。一族に『続日本紀』大宝元年（七〇一）正月丁酉条などにみえる山於億良（山上臣憶良）のほか、右の船主、『類聚国史』巻第百四十七、天長八年（八三一）二月辛未条の山上朝臣国守がおり、無姓には神護景雲四年（七七〇）七月五日付「一切経所請経文」に山於三上、『文徳実録』嘉祥三年（八五〇）五月壬午条に山於野上がいる。山上氏には万葉歌人として有名な憶良のほか、船主が陰陽関係の職を歴任し、国守が『弘仁格式』の編纂に当たり、野上は高麗国使の通事舎人を務めた。

【参考文献】佐伯有清「山上氏の出自と性格」、同「山上憶良と粟田氏の同族」（『日本古代氏族の研究』所収）（前川）

山於　やまのえ　氏名は大和国添上郡山辺郷（奈良市法華寺町付近）の地名にもとづくものか。『新撰姓氏録』左京皇別に「山於真人。大原真人同祖」とあり、姓は真人。一族の人名は他の史料にみえない。（前川）

山辺　やまのべ　氏名は「ヤマベ」とも読み、のちの大和国山辺郡（奈良県山辺郡）の地名にもとづく。『新撰姓氏録』右京皇別下に「山辺公。和気朝臣同祖」、摂津国皇別に「山辺公。和気朝臣同祖。大鐸石和居命之後也」とみえる。旧姓は山辺之別。公（君）姓を称するようになったのは、五世紀末から六世紀初頭のころとみられる。一族には『日本書紀』天武天皇元年（六七二）六月丙戌条に山辺君安摩呂、神亀五年（七二八）九月七日付平城宮出土木簡に山辺君忍熊、天平二十年（七四八）八月以来「経師等上日帳」に山辺君諸公、宝亀四年（七七三）四月七日付「山辺千足月借銭解」に山辺公魚麻呂、『類聚国史』巻第九十九、叙位、天長五年（八二八）正月甲子条に山辺公清野、『三代実録』貞観五年（八六三）正月七日庚午条に山辺公真雄、同元慶四年（八八〇）八月六日丁亥条に山辺公善直らがみえる。（前川）

山部　やまべ　山部の氏名は、山林の産物を貢納した山部、もしくはその伴造氏族であったことにもとづく。連（のちに宿禰）姓・臣姓・直姓・無姓の氏族があった。山部連氏は、『古事記』仁徳天皇段に山部大楯連、清寧天皇段に山部連小楯の名がみえ、山部連小楯は、『日本書紀』清寧天皇二年十一月条に「山部連先祖伊予来目部小楯」とあり、顕宗天皇元年四月丁未条に「来目部小楯。……拝㆓山官㆒。改賜㆓山部連氏㆒。以㆓吉備臣㆒為㆑副。以㆓山守部㆒為㆑民」とみえる。一族は、天武天皇十三年（六八四）に八色の姓制定に際し宿禰の姓を賜わった。宿禰姓になってからの人には、万葉歌人として著名な山部宿禰赤人らがいる。山部臣氏については、宝亀三年（七七二）五月五日付の「上馬養書生貢進文」に山部臣諸人の名がみえる。山部直氏は、出雲国に分布し、天平十一年（七三九）の「出雲国大税賑給歴名帳」に山部直宇奈吾らの名がみえる。無姓の山部氏については、大和・遠江・出雲・播磨・豊後の諸国に分布していたことが知られる。なお、『日本書紀』景行天皇十八年四月壬申条に、山部阿弭古の氏姓がみえる。山部の氏名は、延暦四年（七八五）五月、桓武天皇の諱の山部を避けて、単に山と称することになる。宮城十二門号に山部門（山門）があるので、山部（山）氏は、門部の負名氏の一つであった。

【参考文献】直木孝次郎「門号氏族」（『日本古代兵制史の研究』所収）、岸俊男「古代の画期雄略朝からの展望」（『日本の古代』六所収）〔篠川〕

山村　やまむら　氏名はのちの大和国添上郡山村郷（奈良市帯解本町・田中町付近）の地名にもとづく。『続日本紀』宝亀八年（七七七）七月甲子条に山村許智大足らに忌寸の姓を賜わったとみえ、旧姓は山村許智（己智）。『新撰姓氏録』大和国諸蕃に「山村忌寸。己智同祖。古礼公之後也」とある。『日本書紀』欽明天皇元年二月条に「百済人己知部投化。置二倭国添上郡山村一。今山村己知部之先也」とみえる。一族に『続日本紀』神護景雲二年（七六八）二月癸未条の山村許智人足のほか、『三代実録』貞観六年（八六四）八月八日壬戌条の山村忌寸安野らがおり、紀朝臣を賜姓され紀角宿禰の後裔と称していた。他に山代国相楽郡（京都府相楽郡）の山村の地には、『日本書紀』欽明天皇二十六年（五六五）五月条に「高麗人頭霧唎耶陛等投二化於筑紫一、置二山背国一。今畝原、奈羅、山村高麗人之先祖也」とあって、山村曰佐氏がいた。一族には天平宝字五年（七六一）十一月二日付「山背国宇治郡矢田部造麻呂家地売券」の山村曰佐豊国、『日本後紀』延暦二十三年（八〇四）四月壬申条の山村曰佐駒養がいる。『大同類聚方』巻四十八に「山背国相賀良、山村比差人」とみえるが、山村比差人は『新撰姓氏録』山城国皇別曰佐条にみえる同国相楽郡山村曰佐氏の一族であろう。山村の現在地は未詳。〔前川〕

山守　やまもり　山守の氏名は、山林を管理した山守部、もしくはその伴造氏族であったことにもとづく。連姓・無姓・部姓の氏族があった。山守連氏は、天平六年（七三四）の「出雲国計会帳」に伯耆国久米郡（鳥取県倉吉市・東伯郡の一部）の木工であった山守連伊等志の名がみえ、久米郡山守郷を本拠とした氏族と考えられる。無姓の山守氏は、『新撰姓氏録』摂津国皇別に「山守。垂仁天皇皇子五十日足彦命之後也」とみえ、一族には、八世紀中ころの経師であった山守馬人・山守乙万呂らがいる。また山守氏は越前国にも分布し、天平神護二年（七六六）十月二十一日付の「越前国司解」に、同国足羽郡上家郷の戸主として山守五十公の名がみえる。部姓の山守部氏については、備前・備中国に分布していたことが知られ、天平十一年の「備中国大税負死亡人帳」などに一族の人名がみえる。なお、『新撰姓氏録』山城国神別に宇治山守連氏、和泉国神別に和山守首氏を載せる。〔篠川〕

ゆ

湯　ゆ　氏名は湯橋すなわち岩橋（和歌山市、岩橋千塚がある）にもとづき、この氏の本貫もしくは居地名に因んだとみられる。姓は直。『続日本後紀』天長十年（八三三）四月丙戌条に、紀伊国名草郡人正七位上湯直国立、同姓真針・国作ら三人に紀直を賜姓とみえる。名草郡には湯直のほか名草直・大宅直・邇布直などの直姓氏族が居住していたが、これらは紀直氏の同族であったと考えられる。

【参考文献】薗田香融「岩橋千塚と紀国造」（『岩橋千塚』所収）〔前川〕

湯坐　ゆえ　湯坐・湯坐部の伴造氏族。氏名を湯人にも作り、複姓の大湯坐・若湯坐・額田部湯坐・椋橋湯坐の諸氏と、単姓の湯坐氏がある。湯坐は嬰児を入浴させる婦人を意味する語で、転じて皇子・皇女の養育に携わる氏が、湯坐の名を負ったのであろう。湯坐部はその資を提供するために置かれた部で、名代・子代の部や壬生部と共通の性格をもつ。『古事記』垂仁天皇段に、本牟智和気王のため御母（乳母）を取り、大湯坐・若湯坐を定めて養育し、さらに鳥取部・鳥甘部・品遅部・大湯坐・若湯坐を設置したと伝える。大湯坐・若湯坐両氏の旧姓は連で、天武天皇十三年（六八四）に宿禰に改姓している。このうち若湯坐氏は『新撰姓氏録』『高橋氏文』『先代旧事本紀』天孫本紀を参照すると、石上朝臣と同祖で、物部意富売布連（大咩布命）を祖とする物部氏系の氏族である。若湯坐氏のなかには、天武天皇十三年以降も連姓に止まる者、養老三年（七一九）に連から宿禰に改姓した者、無姓の者があり、平安左京のほか、河内・摂津・近江・播磨に氏人が存在する。大湯坐連（宿禰）の出自は不詳。氏人も平城宮出土木簡に記す若狭国遠敷郡の大湯坐連（欠名）が唯一の例であるが、ほかに無姓の大湯坐氏がおり、これは宿禰や連の姓が省略された可能性がある。なお遠江国には大湯坐部・若湯坐部の部民の後裔である部姓者の分布が認められる。遠江という同一地域に部姓者が重複することは、大湯坐部と若湯坐部の設置が、同一時期に共通の基盤に立って行なわれたことを示唆しよう。額田部湯坐氏の姓は連。『古事記』や『新撰姓氏録』に天津日子根命の後裔と記し、名代部の一種とみられる額田部の伴造で、湯坐・湯坐部を管掌した一族であろう。『常陸国風土記』によると、茨城国造の同族に茨城郡の湯坐連があるが、茨城国造は『記』『紀』や『先代旧事本紀』国造本紀に天津日子根命の後裔とし、壬生部の伴造たる壬生連の氏姓を帯するから、この湯坐連は額田部湯坐連の同族と推測される。椋橋湯坐氏は無姓。『正倉院文書』に経師の椋橋湯坐伊賀麻呂の名がみえる。崇峻天皇の名代部の椋橋部と結びつく湯坐氏か。上記の複姓湯坐氏に対し、平城宮出土木簡には単姓の湯坐連野守の名を記し、ほかに越前の足羽郡などに無姓の湯坐氏が存する。ただ椋橋湯坐伊賀麻呂の氏名を単姓の湯坐に作る例があり、先の茨城郡の湯坐連のケースなども考慮すると、これら単姓の湯坐氏のなかには、複姓湯坐氏の氏人が存した可能性もある。このほか神護景雲三年（七六九）と貞観十二年（八七〇）の陸奥土豪層への賜姓の際に、曰理郡人の宗何部池守らが湯坐曰理連に、菊多郡人の丈部継麻呂・同浜成らが湯坐菊多臣に改姓している。また『続日本紀』によれば、宝亀元年（七七〇）、今良（ごんら）の大目東人の子秋麻呂ら六十八人に賜わった氏姓のなかに、湯坐部の名がみえる。

【参考文献】今谷文雄「湯坐部について」（『日本歴史』二四二）、早川万年「推古朝における壬生部設定について」（『古代文化』三七―八）　〔加藤〕

湯母竹田　ゆおものたけだ　氏名のうち湯母は『日本書紀』神代下に「亦云、彦火火出見尊、取二婦人一為二乳母、湯母、及飯嚼、湯坐一」とみえる乳児に湯を飲ませる役職をもつ女性で、竹田は『万葉集』巻四にみえる竹田庄（奈良県橿原市東竹田町一帯）の地名にもとづく。『新撰姓氏録』左京神別下に「湯母竹田連。火明命五世孫建刀米命之後也。男武田折命。景行天皇御世。擬レ殖賜レ田。夜宿之間。菌生二其田一。天皇聞食而賜二姓菌田連一。後改為二湯母竹田連一」という伝承がみえ、姓は連。右の伝承にみえる菌は「たけのこ」の意であるから、この所伝は竹に係わる呪術の話の断片で、氏名から察すると育児に関する呪術儀礼に端を発しているかもしれない。この一族の人名は他の史料にみえない。　〔前川〕

靫　ゆき　この氏名は『新撰姓氏録』「不レ載二姓氏録一姓」に「靫連」とみえる。「ユケヒ」と読み「ユキオヒ」の意とした説、「ユカ

ミ」と読み「靫負部の伴造たりし氏」とした説（太田亮）がある。この一族の人名は他の史料にみえない。〔前川〕

靫編　ゆきあみ　靫を製作した伴造氏族。『新撰姓氏録』未定雑姓、河内国に「靫編首。神志波移命之後也」とみえるが、一族の人名は他の史料にみえない。『貞観儀式』に「靫者。靫編氏造之」、『延喜式』四時祭条に「但靫者。靫編氏作」、同臨時祭条に「河内国……靫編戸百姓」などとみえる。〔前川〕

弓削　ゆげ　氏名は弓の製作に当たる弓削部（弓部）に由来する。弓削部は弓の製作と同時に、弓を武器とする靫負集団であり、この部民を管理・統率する伴造が弓削であった。『新撰姓氏録』（神別）には、左京の①上、②中（以上天神）、③下（地祇）、④河内国（天神）の四氏が記載されている。①は石上朝臣と同祖で、神饒速日（にぎはやひ）命の後で物部系である。『先代旧事本紀』（天孫本紀）に、物部守屋大連は弓削大連というとあり、物部弓削連守屋の後裔が弓削となった。②・④は高魂命孫、天日鷲翔（かける）矢命の後、③は天押穂根命より出自で、始祖・出自系譜は以上の三系に分かれる。この三系は、元来別族の可能性が高い。いずれも姓は連であったが、①は天武天皇十三年（六八四）に宿禰を賜与される。一族の人に、天平七年（七三五）周防掾正六位上であった興志などがいる。天慶元年（八七七）に右京人で、外従五位下陰陽権助是雄は、連から宿禰を賜与されている。②・④は河内国若江郡弓削郷（大阪府八尾市弓削）を本拠とし、皇位覬覦（きゆ）の事件で有名な道鏡の出身氏族である。道鏡の栄進により天平宝字八年（七六四）七月に、弟の授刀少志従八位上の浄人は、連から宿禰を賜与される。さらに同年九月には、弓削御浄朝臣と改氏姓される。宝亀元年（七七〇）四月には一族にも改姓が及び、従五位上牛養ら九人に朝臣、外従五位下耳高ら三十八人に宿禰が賜与されるが、同年八月に道鏡が失脚したために旧姓に復されている。一族の人には、光明皇后の護持僧から一躍、孝謙天皇の寵幸を得て法王までになった道鏡がいる。弟の浄人は若江郡出身で、天平宝字八年の仲麻呂の乱で功をあげ、衛門督従四位上となり、それ以降、道鏡の庇護で出世を重ね、宝亀元年には大納言・大宰帥・衛門督・従二位となるが、この年に土佐国に流される。天応元年（七八一）に罪を許され、若江郡に還された。『延喜式』の神名帳に載せる、若江郡所在の弓削神社二座（八尾市弓削および東弓削）は氏神社であったろう。また天平神護元年（七六五）に、称徳

（孝謙）天皇が幸した弓削寺は氏寺であろう。弓削寺には同年に食封二百戸が施入され、宝亀元年に造塔のことが詔されている。弓削寺は八尾市東弓削に旧跡を残している。

【参考文献】横田健一『道鏡』　（中村）

靫負　ゆげい　大化以前の畿内および西国豪族の後裔。

氏名は弓矢を武器として宮廷諸門の警備に当たった靫負という職掌の名による。靫負は「ゆきおい」で、矢を入れる道具である「ゆき」を背負う者の意味。この名は『新撰姓氏録』大伴宿禰条によれば、天孫降臨の際に先導役を務めた大伴氏の祖が率いた大来目部をのちに天靫部としたことに始まるというが、実際は大伴氏を管掌者として五世紀後半ころに置かれたと考えられる。「ゆげいのつかさ」と呼ばれた令制衛門府はその後身であるが、靫負の推移については、大伴氏の衰退によって、六世紀前半以降置かれなくなり名のみ衛門府に継承されたとする説や、それ以降同じ職掌の門号氏族らと一体化し、これが衛門府の組織の母体となったとする説などがある。靫負はその分布や『日本書紀』敏達紀に「火葦北国造刑部靫部阿利斯登」とあることなどから、名代を基盤とし、西国国造からとられたと考えられる。これには多くの豪族が採用されたといわれるが、靫負を氏名に含む者は靫負・靫負多治比・靫負大伴の三氏だけである。これは、多くの豪族のうち靫負氏らだけがとくに靫負を家職として世襲したことを示している。靫負氏の氏姓には靫連・靫負直・靫負がある。靫連は『新撰姓氏録』巻末未載姓の一つにみえ、靫負連に通ずる。これら相互の関係を示す史料はないが、その帯する姓から、靫（負）連は中央氏族で上番した靫負の統率に当たり、他は地方の国造級豪族で、その中心勢力が靫負直を称し居住地の靫負を管理したと推測される。靫負氏の人名は、『三代実録』元慶三年紀に靫負直継雄、延喜八年周防国玖珂郷戸籍に靫負子丸・又丸・馮丸・買売、美作国の『笠庭寺記』に靫負貞兼の名がみえるだけである。なお、『続日本紀』天平宝字八年紀の靫負宿禰嶋麻呂は、靫負多治比氏である可能性が強い。靫負氏の分布は上述のことから、靫負一般と同じく西国に多いといえよう。

【参考文献】直木孝次郎『日本古代兵制史の研究』、佐伯有清「宮城十二門号と古代天皇近侍氏族」（『新撰姓氏録の研究』本文篇所収）、原島礼二「大化前代の親衛軍をめぐる問題―舎人と靫負部について―」（『歴史学研究』二四一）　（平野）

靫負大伴　ゆげいのおおとも　靫大伴ともいう。大伴氏配下の地方豪族の後裔。姓は連。この氏姓は神護景雲三年（七六九）に陸奥国白河郡人外正七位下靫大伴部継人と黒川郡人外従六位下靫大伴部弟虫ら八人が陸奥大国造道嶋宿禰嶋足の仲介で靫大伴連を賜わったことに始まり、それ以前は靫負大伴部を称した。その後、弘仁十四年（八二三）に淳和天皇の諱である大伴を避けて大伴宿禰氏が伴宿禰に改氏したとき、同じく靫負伴連に改氏したようである。氏名は、この氏族が大伴氏の部民のうち靫負として中央に上番したものであったか、それを現地で管理した伴造であったことによる。靫負とは大化前代に弓矢を武器として宮廷諸門の警備に当たった職掌の名。大伴氏が靫負として上番すべき部民をもっていたことについては、『日本書紀』景行紀に、日本武尊が蝦夷征討の帰りに大伴氏の祖である武日に靫部を与えたという伝承がある。この氏族は、分布が陸奥に集中していることや、上述のことから陸奥国を本拠としたと考えられる。一般に靫負には国造級豪族が採用されたといわれ、また前掲の人々が位階を帯し、『続日本後紀』承和八年三月癸酉条にみえる靫伴連黒成が「陸奥国黒川郡大領」を帯していることなどから、この氏族は、陸奥の有力豪族のなかのとくに中心的地位を占めた人々の子孫であったといえよう。その祖については不明であるが、連を賜姓されていることから大伴氏と同祖と主張したと思われる。この一族には、前掲のほかに平城宮出土木簡に舎人として上番したと思われる靫大伴三竜の名がみえる（『平城宮出土木簡概報』六）。

【参考文献】志田諄一「大伴連」（『古代氏族の伝承と性格』所収）　（平野）

靫負多治比　ゆげいの たじひ　靫負丹比・靫丹比ともいう。尾張氏の同族で、のちの河内国丹比郡を本拠とする豪族の後裔。姓は連。のち天武天皇十三年（六八四）に宿禰を賜わる。氏名は、反正天皇の名代といわれる多治比部のうち靫負として朝廷に仕えた者の伴造であったことによる。靫負とは、大化前代に弓矢を武器として宮廷諸門の警備に当たった職掌の名。丹治比連氏が宮城十二門に名を残す門号氏族の一員としてみえることは、その一族である靫負多治比連氏がこうした職掌に従事したことに関係するのであろう。この氏族の祖は火明命。その発祥について『新撰姓氏録』は河内国神別の襷多治比条に火明命の十一世孫である殿諸足尼命の子に、兄男庶と弟男庶がおり、兄男庶は女性のような心をもっていたので襷を賜わって御膳部となり、弟男庶は武勇に優れていたので靫を賜わり、四十千健彦と号し、靫負（丹治比）の姓を称したという伝承を載せている。この一族の名は他の史料にみえず、またその分布も河内国以外不明である。ただし、おそらくこれと同じ一族の者と考えられる丹比靫負嶋麻呂の名が天平宝字五年のものと推定される『正倉院文書』「神祇大輔中臣毛人等百七人歴名」のなかに上総少目としてみえている。そしてこの人物は、『続日本紀』天平宝字八年十月庚午条に、藤原仲麻呂の乱における功により正六位上から外従五位下に昇叙されたとみえる靫負宿禰嶋麻呂と同一人物の可能性が強い。

【参考文献】直木孝次郎『日本古代兵制史の研究』、佐伯有清『新撰姓氏録の研究』考証篇第四　（平野）

湯原　ゆはら　氏名は何にもとづくのか未詳。『続日本紀』延暦四年（七八五）五月乙未朔条に、左京人従六位下丑山甘次猪養に湯原造の氏姓を賜わったとある。（前川）

よ

余　よ　「アグリ」とも読み、百済朝臣・百済公・百済王・高野造などの旧姓。『続日本紀』天平宝字二年（七五八）六月甲辰条に「大宰陰陽師従六位下余益人。造法華寺判官従六位下余東人等四人。賜二百済朝臣一」とみえるので、天平宝字二年に余の氏姓を改め百済朝臣を賜わった。しかし天平勝宝元年（七四九）閏五月甲辰条にみえる陸奥大掾正六位上余足人は、天平宝字元年（七五七）五月丁卯条に百済朝臣足人とあるので、足人のようにすでに勝宝元年閏五月から宝字元年五月までの間に余から百済朝臣の氏姓を賜わった者もいた。『続日本紀』天平宝字五年（七六一）三月庚子条に「百済人余民善女等四人。賜二姓百済公一」とあって、余は百済公氏の旧姓でもあった。また『続日本紀』天平神護二年（七六六）六月壬子条に「禅広因レ不レ帰レ国。藤原朝廷賜レ号曰二百済王一」とあって、余禅広（『日本書紀』持統天皇五年〈六九一〉正月己卯条）は、持統朝に百済王の号を賜わった。なお『新撰姓氏録』右京諸蕃下に「高野造。百済国人佐平余自信之後也」とみえ、高野造の旧姓は余であったが、高野造の賜姓時期は不明である。（前川）

横江　よこえ　姓は臣。越前国加賀郡大野郷畝田村（石川県石川郡大野町）の氏族。『日本霊異記』下巻第十六に、横江臣成刀自女・横江臣成人に関する説話がみえる。（外池）

依羅　よさみ　依羅の氏名は、摂津国住吉郡大羅郷（大阪市東住吉区我孫子町・庭井町一帯）と、それに接する河内国丹比郡依羅（大阪府松原市天善町一帯）の地名にもとづくという。依羅宿禰氏は、『新撰姓氏録』摂津国皇別に、「日下部宿禰同祖。彦坐命之後也」とある。その旧姓は依羅我孫。『続日本紀』天平勝宝二年（七五〇）八月辛未条には、「摂津国住吉郡人外従五位下依羅我孫忍麻呂等五人、賜二依羅宿禰姓一」とある。依羅連氏については、『新撰姓氏録』左京神別上には、「饒速日命十二世孫懐大連之後也」とあるものと、右京神別上に、「同神（神饒速日命）十世孫伊己布都大連之後也」とするものがある。この一族には、依網連稚子（『日本書紀』斉明天皇三年是歳条）・依羅連意美麻呂（「出雲国計会帳」）・依羅連国方（天平宝字八年十月「造東大寺司移文案」）らの名がみえる。さらに、河内国諸蕃には、「依羅連。出レ自二百済国人素禰志夜麻美乃君一也」ともある。この依羅連氏の旧姓は造。『続日本紀』神護景雲元年（七六七）七月辛未条には、「河内国志紀郡人従六位上依羅造五百世麻呂、丹比郡人従六位下依羅造里上等十一人依羅連」とある。このほか、無姓の人々には、経師として活躍した依羅浄川・依羅国万呂、舎人の依羅必登らがいる。（佐久間）

網部　よさみべ　物部氏の同系氏族で、伊香我色雄命の後裔と伝える。網部の氏名は、部としての網部、もしくはその伴造氏族であったことにもとづく。『新撰姓氏録』和泉国神別に網部を載せ、「網部。同レ上（饒速日命六世孫伊香我色雄命之後也）」とある。網部氏の一族の人名は史料にみえない。なお、網部を氏名の一部とする氏族に、『新撰姓氏録』和泉国皇別に載る網部物部氏があるが、網部物部氏は、孝昭天皇の皇子天足彦国押人命の後裔と伝え、網部氏とは別系の氏族である。（篠川）

吉井　よしい　姓は連・宿禰。氏名は美称にもとづくと思われる。上野国の新羅人子午足ら同族百九十三人が天平神護二年（七六六）五月に吉井連の氏姓を賜わっている。またこれとは別に、日置部の伴造氏族であった日置造氏の後裔氏族として宿禰姓の吉井氏がある。これは、宝亀八年（七七七）四月に日置造飯麻呂らが吉井宿禰の氏姓を賜わったのに始まる。『新撰姓氏録』は大和国諸蕃条に収めて「吉井宿禰。日置造同祖。伊利須主之後也」としている。（外池）

良枝　よしえ　渡来系氏族である大戸首氏の後裔氏族。姓は宿禰。旧姓は大戸首。『続日本後紀』承和元年十二月乙未条に「散位外従五位下大戸首清上。雅楽笙師正六位上同姓朝生等十三人。賜二姓良枝宿禰一。安倍氏之枝別也」とあり、承和元年（八三四）十二月に大戸首清上・大戸首朝生ら十三人が良枝宿禰の氏姓を賜わった。良枝宿禰清上は

『続日本後紀』承和元年正月辛未条に「勅授㆓外正六位上大戸首清上外従五位下㆒。清上能吹㆓横笛㆒」とあり、『三代実録』貞観七年（八六五）十月二十六日甲戌条にみえる和邇部大田麻呂の卒伝にも「始師㆓事雅楽権少属外従五位下良枝宿禰清上㆒。受㆓学吹㆑笛。清上特善吹㆑笛。音律調弄皆窮㆓其妙㆒。見㆕大田麿有㆔気骨可㆓斅習㆒。因加㆑意而教㆑之。承和之初。清上従㆓聘唐使㆒。入㆓於大唐㆒。帰朝之日。舶遭㆓逆風㆒。漂堕㆓南海賊地㆒。為㆓賊所㆑殺。本姓大戸首。河内国人也」とある。これらによると、良枝宿禰清上は河内国の人で横笛を吹くことに優れ、雅楽権少属に任ぜられ、遣唐使の一行に加わって入唐（『続日本後紀』承和三年閏五月丙子条に「遣唐音声長」とみえる）、その帰国の途中に賊に殺されたという。良枝宿禰朝生も承和元年十二月に「雅楽笙師正六位上」とみえ、同三年閏五月には「遣唐画師雅楽答（合カ）笙師」とある。このように良枝宿禰氏は音楽との係わりをもつ者が多い。良枝宿禰氏の一族として上記のほかに良枝宿禰貞行がおり、元慶七年（八八三）正月に正六位上より外従五位下に昇叙し、大和権介・尾張介を歴任している。

【参考文献】佐伯有清「承和の遣唐使をめぐる賜姓と移貫」（『日本古代氏族の研究』所収、初出原題「承和の遣唐使をめぐる諸問題」佐伯有清編『日本古代政治史論考』所収）〔荻〕

良階　よししな　阿刀氏の後裔氏族。姓は宿禰。神饒速日命の後裔と伝える。『三代実録』貞観六年八月八日壬戌条に「左京人玄蕃大允正六位上阿刀連粟麻呂。主殿大属正六位上阿刀宿禰石成。下野権大目正七位上阿刀連祢守。右京人陰陽允阿刀物部貞範等並賜㆓姓良階宿禰㆒。神饒速日命之裔孫也」とあり、貞観六年（八六四）八月に阿刀連粟麻呂・阿刀宿禰石成・阿刀連祢守・阿刀物部貞範らが良階宿禰の氏姓を賜わっている。阿刀物部貞範については同書貞観四年七月二十八日乙未条に「摂津国西成郡人陰陽允阿刀物部貞範貫㆓附左京職㆒」とみえる。良階宿禰氏の一族は上記のほかにみえない。〔荻〕

善友　よしとも　佐夜部首氏・風早直氏の後裔氏族。姓は朝臣。『続日本後紀』承和六年十月丁卯条に「摂津国人直講博士従六位下佐夜部首穎主賜㆓姓善友朝臣㆒。編㆓附左京四条二坊㆒」とみえ、同年十一月癸未条に「伊予国人外従五位下風早直豊宗等一烟。賜㆓姓善友朝臣㆒。兼除㆓刀籍㆒。貫㆓附左京四条二坊㆒。天神饒速日命之後也」とあり、承和六年（八三九）十、十一月に佐夜部首穎主・風早直豊宗らがそれぞれ善友朝臣姓を賜わった。善友朝臣穎主は『文徳実録』仁寿元年（八五一）

六月庚午条の卒伝によると、天長元年（八二四）二月に山城少目に任ぜられ、直講・助教・博士・摂津権介などを歴任、承和十二年（八四五）正月に外従五位下、同十五年正月に従五位下に叙せられた。善友朝臣豊宗は承和八年十一月に外従五位下から従五位下に昇叙し、同十年二月に大炊頭、同十五年五月に上総権介、仁寿二年二月に散位頭などに任ぜられた。善友朝臣氏の一族は上記のほかに、元慶五年（八八一）五月に右衛門府生従七位上としてみえる善友朝臣益友がいる。

【参考文献】佐伯有清『新撰姓氏録の研究』考証篇第四・六　（荻）

善根　よしね　美濃国方県郡の豪族。姓は連。『続日本後紀』嘉祥二年八月、丁未条に「美濃国方県郡前権大領外正八位下美県貞継賜姓善根連」とあり、嘉祥二年（八四九）八月に美濃国方県郡の人の美県貞継が善根連の氏姓を賜わった。善根連氏の一族の人名は他史料にみえない。　（荻）

吉野　よしの　吉野の氏名は、大和国吉野郡吉野郷（奈良県吉野郡吉野町一帯）の地名にもとづく。『新撰姓氏録』によると、左京皇別には「吉野真人。大原真人（出自諡敏達孫百済王也）同祖」とあるが、大和国神別によれば、「吉野連。加弥比加尼之後也」ともある。後者の旧姓は首であったが、天武天皇十二年（六八三）十月に連の姓を賜わった。一族には、『続日本紀』和銅三年（七一〇）正月甲子条の従五位下吉野連久治良、『続日本後紀』嘉祥元年（八四八）十一月辛未条の吉野郡大領吉野連豊益、貞観十四年（八七二）十二月十三日付の「石川滝雄家地売券」にある添上郡の権主政吉野連真雄らがいる。また、音声舎人吉野諸国・吉野百嶋ら無姓の吉野氏がみられるが、後者は、天平勝宝六年（七五四）十一月十一日付の「知牧事吉野百嶋解」より、某郡（おそらくは吉野郡）の擬少領であったことがわかる。　（佐久間）

吉原　よしはら　出自未詳。姓は宿禰。『続日本後紀』弘仁二年（八一一）閏十二月乙巳条によると、紀伊国の人、紀直祖刀自売の子嗣宗が、親母の居に因んで藤代宿禰の姓を賜わらんことを望んだが、勅により吉原宿禰の氏姓を賜わり左京に貫されている。藤代（和歌山県海南市藤白）・吉原（和歌山県和歌山市吉原）ともに紀伊国名草郡にあった地名なので、吉原の氏名は地名にもとづく。　（追塩）

善淵　よしぶち　六人部氏・越智直氏の後裔氏族。姓は朝臣・宿禰。『三代実録』貞観四年（八六二）五月十三日庚辰条によると、美濃国厚見郡の六人部永貞ら三人が善淵朝臣の氏姓を賜わっており、「天孫火明命後。少神積命之裔孫与㆓伊与部連。次田連㆒同祖也」とある。翌貞観五年（八六三）には天孫火明命の後裔と称する六人部連吉雄が善淵宿禰の氏姓を賜わっている。天孫火明命の子孫である六人部氏は六人部の伴造氏族であったことにもとづくとされる。また、『三代実録』貞観十五年（八七三）十二月二日癸巳条によると、神饒速日命の後裔である越智直広峯が善淵朝臣の氏姓を賜わっている。越智氏はかつて小市国（のちの伊予国越智郡、今の愛媛県越智郡の一部）の国造であったことにもとづく氏族で、同じ善淵朝臣とはいっても、主として美濃を基盤としていた六人部氏の後裔の善淵朝臣氏とは系譜的には異なると考えられる。

【参考文献】佐伯有清『新撰姓氏録の研究』考証篇第三　〔追塩〕

美海　よしみ　出自未詳。姓は真人。『日本後紀』延暦二十四年（八〇五）二月乙卯条に、田辺王・高槻王が美海真人の氏姓を賜わったことがみえる。他に美海真人氏の名はみえず、田辺王・高槻王の素姓も明らかではない。〔追塩〕

美見　よしみ　百済よりの渡来系氏族。姓は造。『続日本紀』延暦七年（七八八）九月丁未条によると、美濃国厚見郡の人、羿鹵（けいろ）浜倉が美見造の氏姓を賜わっている。ただ、その「美」の字は「羹（あつ）」とも考えられる。羹見は厚見（美濃国厚見郡、今の岐阜県稲葉郡の一部で、阿曇氏が開拓したのでこの名がつく）に通ずるので、地名に因んで名づけられたといえる。すると、『続日本後紀』承和三年（八三六）閏五月乙酉条の「美濃国人主殿寮少属美見造貞継改㆓本居㆒、貫㆓附左京六条二坊㆒、其先百済国人也」とみえる美見造貞継や、『大同類聚方』三十九「大甲薬美濃国厚見郡令美見造」とみえる美見造氏は羹見造とするのが正しいともいえる。〔追塩〕

吉水　よしみず　漢からの渡来系氏族。姓は連・造。旧姓は善（蓋ともされる）で、『続日本紀』天応元年（七八一）九月癸亥条によると、左京人正七位下善（蓋〈きぬがさ〉か）麻呂ら三人に吉水連、従七位下善（蓋か）三野麻呂ら三人に吉水造の氏姓を賜わっている。『新撰姓氏録』左京諸蕃下には「吉水連。出㆑自㆓前漢魏郡人蓋寛饒㆒也」とみえる。吉水の名は丹波国何鹿（いかるが）郡吉美（きみ）郷（京都府綾部市）に由来するともいわれているが、美称にもとづくとも解される。吉水造姓の氏名は他に見当たらないが、吉水連氏に関しては、吉水連唐・吉水連神徳らがおり、それぞれ侍医・医官の職についており、医学の方面で活躍していたことが窺われる。

【参考文献】 佐伯有清『新撰姓氏録の研究』考証篇第五 〔追塩〕

善道 よしみち 伊与部連氏の後裔氏族。姓は宿禰。

旧氏姓は伊与部連氏。『続日本後紀』承和十二年（八四五）二月丁酉条の伊与部連真貞の卒伝に、天長五年（八二八）に善道宿禰の氏姓を、承和三年（八三六）に朝臣姓を賜わったことが知られる。伊与部氏は『新撰姓氏録』右京神別下によると、火明命の五世孫、武礪目命（たけとめのみこと）の後裔とされている。それとは別に高皇産霊尊系の伊与部氏もあった。伊与部の伴造氏族である伊与（予）国造の部民でなく、名代部の一種かとも考えられている。

【参考文献】 佐伯有清『新撰姓氏録の研究』考証篇第三 〔追塩〕

良岑 よしみね 桓武天皇皇子安世の後裔氏族。姓は朝臣。良岑は良峯とも書く。氏名の由来は山城国乙訓郡良峯（京都市西京区大原野小塩町の善峯寺や善峯川に名を残す）の地名にもとづく。『新撰姓氏録』左京皇別上によれば、良岑朝臣氏については、桓武天皇のとき従七位下百済宿禰之（永）継が女嬬となって生んだのが安世であること、この安世が延暦二十一年（八〇二）十二月二十七日に良岑朝臣姓を賜わり右京に貫せられたことが記されている。良岑朝臣安世については『公卿補任』弘仁七年（八一六）条に「与二中納言藤冬嗣朝臣一同母弟也」とみえる。安世の母百済宿禰之（永）継は安世を生む前に藤原内麻呂に嫁していて、真夏と冬嗣を生んでいる。安世は若くして鷹犬を好み騎射につかえ多芸に秀でていたが、孝経を読むに及び、書を捨てて「名教之極。其在レ茲乎」と歎じたという。官は右近衛府の将監・少将のほか雅楽頭・丹後介・但馬介を経て蔵人頭に任じ、さらに左衛門督・左京大夫・右大弁・美作守・近江守を歴任し、参議・中納言から大納言に至って天長七年（八三〇）正三位大納言で没した。安世の男に宗貞がいる。宗貞は仁明天皇に仕えて左近衛少将・蔵人頭に任じたが、嘉祥三年（八五〇）出家した。僧正遍昭と呼ばれ六歌仙の一人でもあり、歌人としても著名である。貞観十年（八六八）京都山科に元慶寺を建立した。そのほか安世の子には木蓮・晨直、晨直の子に衆樹がおり、宗貞の子には素性・由性がいる。

【参考文献】 佐伯有清『新撰姓氏録の研究』考証篇第一、林陸朗『上代政治社会の研究』、蔵中スミ「良峯氏系図考」（『日本歴史』三七五） 〔小原〕

良棟 よしむね 神饒速日命の後裔氏族。姓は宿禰。

旧氏姓は肩野連氏。『三代実録』元慶元年（八七七）十二月二十七日癸巳条

によると、肩野連道主・乙守が良棟宿禰の氏姓を賜わっている。先祖は神饒速日命とされる。『新撰姓氏録』右京神別上に、肩野連氏の先祖については「神饒速日命六世孫伊香我色雄之後」と説明されている。肩野氏の氏名は、河内国交野郡（大阪府北河内郡の一部）の地名にもとづくとされる。

【参考文献】佐伯有清『新撰姓氏録の研究』考証篇第三　〔追塩〕

令宗　よしむね　秦氏の後裔氏族。姓は朝臣。旧氏姓は惟宗朝臣氏。惟宗氏の旧氏姓は秦宿禰・秦公・秦忌寸であったが、『三代実録』天慶七年（八八三）十二月二十五日丁巳条によると、秦宿禰永原ら男女十九人が惟宗朝臣の氏姓を賜わっており、秦氏の祖先は秦始皇帝十二世の孫、功満王の子、融通王（弓月君）であることが説明されている。令宗の氏名を賜わった年次は、長徳四年（九九八）か長保元年（九九九）ころと考えられている。令宗の名は「律令の宗師」という意にもとづく美称と考えられている。惟宗・令宗両氏は大学寮における明法博士を世襲する氏族に定まりかかっていた。令宗氏の一族としては、明法博士を務めた人として令宗朝臣允亮、その近親者とされる允正、この両人いずれかの子と目される令宗道成などがいる。

【参考文献】桃裕行『上代学制の研究』、佐伯有清『新撰姓氏録の研究』考証篇第六　〔追塩〕

善世　よしよ　掃守連氏の後裔氏族。姓は宿禰。旧氏姓は掃守連氏。『続日本後紀』承和二年（八三五）二月戊子条には、河内国人右少史掃守連豊永・少典鎰同姓豊上らが善世宿禰の氏姓を賜わっており、天忍人命の後裔である由が記されている。掃守氏は宮廷で掃除のことに携わった掃守（掃部）の伴造氏族であったことにもとづき、河内国高安郡掃守郷（大阪府八尾市高安町一帯）が本拠地であった。善世宿禰の氏姓を賜わった翌年に、豊上らは河内国の本居地を改め右京四条二坊に貫附されている。

【参考文献】佐伯有清『新撰姓氏録の研究』考証篇第四　〔追塩〕

与等　よど　姓は連。氏名は山城国乙訓郡与等（京都府京都市伏見区淀町）の地名にもとづく。『新撰姓氏録』山城国皇別に「与等連。塩屋連同祖。彦太忍信命之後也」とみえる。　〔外池〕

与努　よの　姓は忌寸。氏名は地名にもとづくものと思われるが未詳。伊賀国伊賀郡余野郷（三重県上野市予野一帯）に当てる説もある。『坂上系図』所引『新撰姓氏録』逸文は与努忌寸氏の祖を、志努直の第三子阿良直とする。　〔外池〕

丁　よぼろ　姓は勝。鑁丁（くわよぼろ）と同じ。屯倉で労働力が必要とされる時期に農耕に従事する隷属民の名称に由来する。田部と同じとする説もある。『日本書紀』安閑天皇元年十月条、閏十二月条に鑁丁のことがみえる。勝姓の丁氏は、豊前国仲津郡丁里（福岡県行橋市・京都郡付近）を本拠としていた。丁勝氏の一族で知られているのは、丁勝雄万（小麻呂）。雄万は、円仁（慈覚大師）が入唐したとき、従者として行をともにし、また円珍（智証大師）の入唐に際しては、訳語（おさ）として再び唐に渡っている。〔外池〕

夜良　やら　対馬国下県郡の在地豪族。姓は直。氏名は対馬国下県郡与良郷（長崎県下県郡厳原町与良内院）の地名にもとづく。『新撰亀相記』は、この夜良直氏が卜部氏を称していたことを記している。〔外池〕

鎧作　よろいつくり　甲作にも作る。鎧を製作することを業とした品部。霊亀二年（七一六）九月に山背甲作客小友ら二十一人が訴えて雑戸を免ぜられ、改めて山背甲作の四字を除いて客姓を賜わっている。また、『続日本紀』養老六年（七二二）三月条には鎧作名床らの雑戸を除いて公戸に従わせたとみえ、さらに同天平勝宝四年（七五二）二月条には、京畿諸国の甲作らの雑戸は天平十六年（七四四）二月十三日の詔旨によって改姓するといえども本業は免れないとある。〔外池〕

り

李　り　唐からの渡来系氏族。無姓からのちに忌寸。一族の人としては李元環が知られている。李元環は天平宝字五年（七六一）十二月に忌寸の姓を賜わり、その後さらに清宗宿禰の氏姓を賜わっているが、それは延暦十一年（七九二）以降の延暦年間のことと思われる。『新撰姓氏録』左京諸蕃上に「清宗宿禰。唐人正五位下李元環之後也」とある。〔外池〕

ろ

盧　ろ　唐からの渡来系氏族。一族の人として天平宝字五年（七六一）八月に沈惟岳らとともに渡来した盧如津が知られている。延暦五年（七八六）八月に盧如津は清川忌寸の氏姓を賜わっている。『新撰姓氏録』左京諸蕃上に「清川忌寸。唐人正六位上〈本賜緑。〉盧如津入朝焉。沈惟岳同時也」とある。〔外池〕

角　ろく　鯨とも表記する。渡来系氏族とみられる。天智天皇十年（六七一）正月に陰陽に通じた角福牟が小山上を授けられている。

また、大宝元年（七〇一）八月に僧恵耀が還俗して録兄麻呂の氏名を賜わり、さらに兄麻呂は神亀元年（七二四）五月に羽林連の氏姓を賜わっている。〔外池〕

わ

若犬養　わかいぬかい　稚犬養・若犬甘にも作る。犬を使って内蔵や宮城門の守衛に当たった犬養部の伴造氏族。氏名の「若」は、大蔵の守衛に任じた県犬養氏に対する称と考えられる。姓は初め連、天武天皇十三年（六八四）に宿禰を賜わる。『新撰姓氏録』河内国神別に「若犬養宿禰。同神（火明命）十六世孫尻綱根命之後也」、また和泉国神別に「若犬養宿禰。火明命十五世孫古利命之後也」とみえ、同祖と伝える氏族に朝廷の内蔵を管理した椋（くら）連がいることから、若犬養氏は内蔵の守衛を職掌としたことが推測される。また宮城十二門の一つに若犬養門（のち皇嘉門）があり、同氏が宮城門の守衛にも携わったことを示している。一族には乙巳の変（六四五年）で蘇我臣入鹿暗殺の実行に当たった葛城稚犬養連網田、慶雲元年（七〇四）正月に従六位下より従五位下に昇った若犬養宿禰檳榔（あじまさ）、天平十五年（七四三）五月正六位上より外従五位下に昇叙した若犬養宿禰東人らがいる。

【参考文献】黛弘道「犬養氏および犬養部の研究」（『律令国家成立史の研究』所収）〔星野良史〕

若江　わかえ　百済から渡来した張氏の後裔氏族。姓は造。氏名は河内国若江郡（大阪府中河内郡の一部）の地名にもとづく。若江造の氏姓を賜わったのは天平宝字五年（七六一）ころと推測される。一族のうち、若江造家継は大同～弘仁年間に典薬允・侍医・内薬正などを歴任している。『新撰姓氏録』右京諸蕃上に「若江造。出レ自二後漢霊帝苗裔奈率張安力一也」とある。〔外池〕

若麻続部　わかおみべ　若麻続は若麻績とも書く。若麻続部の氏名は、麻を績ぎ麻布を織ることを職掌とした部、もしくはその伴造氏族であったことにもとづく。若麻続部を氏名とする氏族は、上総国・下野国に分布していたことが知られる。上総国には、天平勝宝七歳（七五五）二月に防人として筑紫に遣わされた若麻続部諸人・若麻続部羊がおり、諸人は帳丁、羊は長柄郡（千葉県長生郡長柄町）の上丁であった。それぞれ『万葉集』巻二十に歌一首を載せる。下野国には、安蘇郡（栃木県安蘇郡・佐野市）の主帳であった若麻続部牛養がおり、牛養は延暦元年（七八二）五月に軍粮を献じたことにより外従五位下を授かっている。また下野国芳賀郡には若続郷があった。なお、若麻続（若麻績）を氏名とする人名が平城宮跡出土の木簡にみえる。（篠川）

若日下部　わかくさかべ　若日下部の氏名は、『古事記』仁徳天皇段に「此天皇之御世。……為二大日下王之御名代一。定二大日下部一。為二若日下王之御名代一。定二若日下部一」とある若日下部、もしくはその伴造氏族であったことにもとづく。若日下部を氏名とする氏族は、三河国・遠江国に分布していたことが知られ、三河国には、平城宮跡出土の木簡に八名郡（愛知県豊橋市・新城市の一部）の人として若日下部馬（欠）の名がみえ、遠江国には、伊場遺跡（静岡県浜松市）出土の木簡に若日下部五百嶋の名がみえる。（篠川）

若狭　わかさ　若狭国の豪族。氏名は若狭国（福井県）の地名にもとづく。『先代旧事本紀』国造本紀は、旧姓は膳臣氏で若狭国造であったとしている。また、若狭遠敷朝臣氏と関係があったと考えられる。（外池）

若狭遠敷　わかさおにゅう　若狭国の在地豪族。姓は朝臣。氏名は若狭国遠敷郡遠敷郷（福井県小浜市・遠敷郡一帯）の地名による。『続日本紀』宝亀元年七月庚辰条および同二年五月甲辰条に、若狭遠敷朝臣長売（長女）の名がみえる。（外池）

若桜部　わかさくらべ　「ワカサベ」とも読む。また稚桜部とも書く。履中天皇の名代と称する若桜部を統轄する伴造系氏族。臣姓・造姓があり、臣姓の一部はのち朝臣に転じた。若桜部については、『日本書紀』履中天皇三年十一月辛未条に由来を記す。すなわち磐余市磯池で船遊びがあり、膳臣余磯（あれし）が食膳に奉仕していた。そのとき天皇の盞に桜の花びらが落ちた。桜の季節でもなく不思議に思い、物部長真胆（ながまい）連を召して、どこの花かを探らせた。この希有の出来事に因んで宮を磐余稚桜宮と名づけ、ついで膳臣余磯を稚桜部臣と改氏姓し、物部長真胆連を稚桜部造と改氏姓させたという。しかしこの挿話の信憑性は薄く、氏族名は御食津国である「若狭」国の名に由来したものか。臣姓の稚桜部氏は二系ある。㈠『日本書紀』天武天皇十三年（六八四）十一月に朝臣の姓を賜わっており、『新撰姓氏録』右京皇別上には「若桜部朝臣。阿倍朝臣同祖。大彦命孫伊波我牟都加利命之後也」とある。阿倍氏の一族で、膳氏の同族。この一族では、『日本書紀』天武天皇元年六月丙戌条に稚桜部臣五百瀬がみえ、壬申の乱に際して東山道の軍を発する使者となっている。ほかに『続日本紀』天平神護元年（七六五）正月己亥条に従五位下若桜部朝臣伊毛、同じく宝亀元年（七七〇）十月甲寅条に肥後介若桜部朝臣乙麻呂、『正倉院文書』天平神護三年五月七日付「越中国東大寺墾田地検校帳」に越中掾・若桜部朝臣粳麻呂がみえる。㈡出雲臣の同族で、国造家から分かれた氏族。地方に設定された若桜部の現地管理職。『正倉院文書』天平十一年「出雲国大税賑給歴名帳」にみえ、若桜部臣伊毛売・若桜部臣稲種など多数が分布する。造姓の若桜部氏は、物部の一族である。『新撰姓氏録』右京神別上に「若桜部造。同神（神饒速日命）三世孫出雲色男命之後也」とあり、その四世の孫を物部長真胆連としている。ほかに氏人の例はみられない。〔松尾〕

若帯部　わかたらしべ　大宝二年（七〇二）「御野国戸籍」の味蜂間郡春部里・加毛郡半布里・本簀郡栗栖太里・各務郡にみえる氏族。若帯部は若帯日子命、すなわち成務天皇の名代部であるとの説があるが、成務天皇の実在性は乏しく、この説は成立しがたい。「たらし」は舒明天皇が息長足日広額天皇、皇極天皇が天豊財重日足姫天皇であることから、七世紀前期につけられたもので、「わかたらし」は若い、または次代の天皇を意味すると考えられる。若帯部はこのころに、次代の天皇あるいは皇太子に当たる皇子のために設定された、子代部の一つと推定される。大海人皇子の湯沐が、美濃国安八磨（味蜂間）郡に置かれていたこと（『日本書紀』天武天皇元年六月条）に関連する可能性がある。美濃国以外では、天平五年（七三三）八月に逃亡した出雲国雇民である若帯部村男（「出雲国計会帳」）、天平勝宝四年（七五二）八月に東大寺写経所の経紙進送を担当した舎人である若帯子竜子が知られる。（『大日本古文書』一二）。〔前沢〕

若舎人　わかとねり　常陸国茨城郡の防人に若舎人部広足がいる。天平勝宝七年（七五五）二月に交替のため筑紫に向かう防人が作った歌のなかに、広足のもの二首がある（『万葉集』巻二十）。〔前沢〕

若宮　わかみや　姓は臣・連、また無姓。臣姓の若宮氏は意布比命を始祖とする。若宮臣秀雄という人物が『三代実録』貞観三年七月十四日丙戌条にみえる。このとき、秀雄は伊勢国小目で従八位上。また、天平勝宝年間の『正倉院文書』には、大伴氏の族とみられる大伴若宮連氏や無姓の若宮氏がみえ、『万葉集』には歌人として若宮年魚麻呂がみえる。〔外池〕

若倭部　わかやまとべ　若養徳部・若山戸部・

若和部にも作る。若倭部の氏名は、名代部と考えられる若倭部、もしくはその伴造氏族であったことにもとづく。なお若倭部を名代部ではなく、倭国造の部民とする説もある。臣姓・連姓・無姓の氏族があり、諸国に分布する。若倭部臣氏は、出雲国に分布し、壬辰年（持統天皇六年〈六九二〉）の年紀のある「金銅観音菩薩造像記」に若倭部臣徳太理の名がみえるほか、天平十一年（七三九）の「出雲国大税賑給歴名帳」などに一族の人名がみえる。若倭部連氏は、『新撰姓氏録』右京神別下に「若倭部連。神魂命七世孫天筒草命之後也」とあり、一族には八世紀後半の経師であった若倭部連国梓がいる。また遠江国・出雲国・播磨国にも若倭部連氏が分布していた。無姓の若倭部氏は、『新撰姓氏録』左京神別下に「若倭部。神饒速比命十八世孫子田知之後也」、右京神別下に「若倭部。同神（火明命）四世孫建額明命之後也」とみえ、ほかにも、遠江・美濃・若狭・能登・但馬・出雲などの諸国にその存在が知られる。

【参考文献】狩野久「部民制再考―若倭部に関する憶説―」（奈良国立文化財研究所創立三十周年記念論集刊行会編『文化財論叢』、のちに『日本古代の国家と都城』所収）（篠川）

若湯坐　わかゆえ　若湯人とも書く。産児に湯をつかわせる若湯坐の伴造氏族の後裔氏族。姓は連からのちに宿禰。延暦年間に山城国の人として無姓の若湯坐氏がみえるほか、天武天皇十三年（六八四）に連姓の若湯坐氏が宿禰へ改姓されている。さらに、養老三年（七一九）五月に宿禰姓を賜わった枝氏もみられる。（外池）

和気　わけ　別にも作る。和気（別）の氏名は、四、五世紀の各地の首長の称号であった別（獲居）に由来する。朝臣姓・宿禰姓・公（君）姓・無姓・部姓の氏族があり、諸国に分布する。和気朝臣氏は、旧氏姓を磐梨（石无・石生）別公といい、のちの備前国磐梨郡和気・石生郷（岡山県和気郡和気町）を本拠とした氏族。『古事記』垂仁天皇段に「大中津日子命者。〈山辺之別。……吉備之石无別。……等祖也。〉」とあるが、『日本後紀』延暦十八年（七九九）二月乙未条に載せる和気朝臣清麻呂の薨伝には「本姓磐梨別公。……清麻呂之先出レ自二垂仁天皇々子鐸石別命一」とあり、『新撰姓氏録』右京皇別下の和気朝臣条にも「垂仁天皇皇子鐸石別命之後也」とあって、『古事記』と始祖の伝えを異にする。和気朝臣氏は『続日本紀』宝亀五年（七七四）九月甲子条に「従五位下和気宿禰清麻呂。広虫。賜二姓朝臣一」とあるのを初めとするが、清麻呂と姉の広虫（法均尼）はそれまでに、藤野別真人・吉備藤野和気真人・輔治能真人・別部・和気公・和気宿禰と改姓を重ねている。このうち一時別部の姓に貶されたのは、清麻呂が道鏡即位に反する宇佐八幡の神託を報じたためである。その後清麻呂は桓武天皇の信任を得、遷都・水利事業などに功を立て、『民部省例』『和氏譜』を撰し、従三位、民部卿兼造宮大夫・美作備前国造に昇った。清麻呂の子に和気朝臣広世・真綱らがおり、広世は一族の子弟の教育施設として弘文院を設けている。なお、旧姓が讃岐朝臣（讃岐公の後裔）の和気朝臣氏もあり、『三代実録』貞観六年（八六四）八月十七日条に「右京人散位従五位上讃岐朝臣高作。……等。賜二姓和気朝臣一。其先。出レ自二景行天皇皇子神櫛命一也」とみえる。和気宿禰氏については、清麻呂らも一時この氏姓を称したが、承和三年（八三六）二月に和泉国の人であった県主益雄らが和気宿禰の氏姓を賜わっている。和気（別）公（君）氏については、『新撰姓氏録』右京皇別下・和泉国皇別・山城国皇別に和気（別）公氏を載せ、前二者は日本武尊の後裔、後者は開化天皇の皇子彦坐命の後裔と伝える。そのほか摂津国・若狭国・播磨国・備前国・讃岐国などにも和気（別）公（君）氏の分布していたことが知られ、摂津国の人であった別君清名は弘仁二年（八一一）十月に御林宿禰の氏姓を賜わっており、また讃岐国の和気公氏は貞観八年十月に因支首秋主らが改姓した氏族であり、景行天皇の皇子武国凝別皇子の後裔と伝える。無姓の和気（別）氏については、越前国・讃岐国などに分布していたことが知られ、部姓の別部氏は、『播磨国風土記』讃容郡条に同郡の人として別部犬の名がみえ、また備前国藤野郡の人であった別部大原、同国邑久郡の人であった別部比治は神護景雲三年（七六九）六月に石生別公の氏姓を賜わっている。

【参考文献】米田雄介「古代地方豪族に関する一考察—和気清麻呂の場合—」（『続日本紀研究』九—一・二）、平野邦雄「和気清麻呂」、同「吉備氏と和気氏」（『古代の日本』四中国・四国所収）、佐伯有清「日本古代の別（和気）とその実態」（『日本古代の政治と社会』所収）、同「和気公氏の系図」（『古代氏族の系図』所収）

〔篠川〕

渡守　わたしもり　河川を渡船することを職掌としていた氏族で、宇治川の渡守を掌っていたと思われる。姓は首。氏名はその職掌にもとづく。『新撰姓氏録』山城国皇別に「度守首。村公同祖」とある。

〔外池〕

渡相　わたらい　度会とも記す。渡会・度会はのちの伊勢国度会郡（三重県度会郡）の地名に因む。伊勢神宮の外宮に奉仕した氏族で、神主を姓とし、度会神主、あるいはただ神主とのみ称した。天牟羅雲命を祖とし、『二所太神宮例文』の「豊受太神宮度会遠祖奉仕次第」に「天御中主尊十二世孫。天御雲命子」とする。同書は度会氏の系譜を載せるが、武烈朝の乙乃古命に四子あって四門に分かれ、爾来神主の姓を称した。『豊受太神宮禰宜補任次第』には「乙乃古命。二所太神宮大神主。右命阿波良波命第四子也。件命生㆓四男㆒。別㆓四門㆒。所謂一男爾波。二男飛鳥。三男水通。四男小事是也。各始賜㆓神主之姓㆒」とある。『神宮雑例集』に引く「大同本紀」によると、己酉年（大化五年、六四九）に度会郡（評）を立て、神主奈波・神主針間がそれぞれ督造・助造に任じられたという。また、この二人について「皆是大幡主命末葉。度会神主先祖也」と記す。その後も同郡の郡領に度会氏の氏人が散見する。ところで、度会氏は磯部（石部）の伴造であったと推定されており、それがため『庚午年籍』に誤って磯部（石部）姓を記される者があった。『続日本紀』和銅四年（七一一）三月辛亥条に「伊勢国人磯部祖父、高志二人。賜㆓姓渡相神主㆒」とあるが、祖父は神主奈波の男で、このとき本姓に復したのである。また『豊受太神宮禰宜補任次第』には、神主針間の三男飛鳥が『庚午年籍』で石部姓となり、弘仁朝に旧姓に復したという記事がある。度会氏は土着の氏族で独自の神を祭っていたが、雄略朝に至り伊勢の地が大和朝廷の軍事的要衝と見做され、ここに天皇家の守護神を創祀した。これが伊勢内宮で、皇祖神の天照大神を祭神とし、中臣氏と同族関係を結んだ荒木田氏がその祭祀に当たった。その結果、度会氏が祭っていた神は、天照大神の食膳に奉仕する供饌神への変質を余儀なくされた。これが外宮の豊受大神で、食物神とされる所以であるという。

【参考文献】直木孝次郎「天照大神と伊勢神宮の起源」（『日本古代の氏族と天皇』所収）、岡田精司「伊勢神宮の起源—外宮と度会氏を中心に—」（『古代王権の祭祀と神話』所収）　（高嶋）

和徳　わとこ　百済からの渡来系氏族。姓は史。氏名は祖とされる仁徳天皇のころに百済から来日した和徳の名による。和徳史竜麻呂ら三十八人は神亀二年（七二五）六月に大県史の氏姓を賜わっている。　（外池）

和珥　わに　(一)五世紀から六世紀初葉にかけて勢力を持った大豪族。丸邇・和爾・丸とも記す。氏名は大和国添上郡に所在した和爾庄（奈良県天理市和爾町）・和珥坂などの地名に因む。『日本書紀』

（孝昭紀）には、孝昭天皇の皇太子天足彦国押人命は和珥臣の始祖とされ、皇別の始祖系譜をもつ。姓は臣。早くから大和朝廷に后妃を入れる伝承をもち、開化・応神・反正・雄略・仁賢・継体などの各天皇の后妃を輩出している。応神妃には日触使主（ひふれのおみ）の娘、宮主宅媛・小甂の両名を出しているが、宮主宅媛の所生菟道稚郎子は皇太子となるも、仁徳との皇位継承に破れている。雄略妃となった童女君（深目の娘）の所生春日大娘は、仁賢の皇后となり武烈を生み、同じく妃となった糠君娘（日爪の娘）は、安閑皇后の春日山田皇女を生むなど、天皇の外戚・姻族として大きな勢力を持つようになる。雄略朝ころから春日和珥とも称するようになる。これは和邇から春日（奈良市の東部域）に本拠が移ったのか、春日居住の支族と勢力交替したのかは判然としない。やがて氏名は春日となる一方で、この春日から大宅・小野・粟田・柿本の有力氏族が分出していく。これら和珥氏の後裔氏族は、『古事記』では十六氏、『新撰姓氏録』では三十八氏に及んでいる。なお和珥氏の経済基盤となったのは和爾部で、先の春日山田皇女のために設定された春日部も、この和珥氏および春日氏の部曲（かきべ）とみる説もある。㈡君の姓をもち、和邇に作る。『先代旧事本紀』（地祇本紀）に、味歯八重事代主の八世孫、阿田賀田須の命は和邇君らの祖という。

【参考文献】岸俊男「ワニ氏に関する基礎的考察」（『日本古代政治史研究』所収）、早川万年「名代・子代の研究」（井上辰雄編『古代中世の政治と地域社会』所収）　（中村）

和仁古　わにこ　和爾古・和邇古にも作る。氏名は大和国添上郡和珥（奈良県天理市和爾の地名にもとづく。和仁（和爾）氏に隷属していた氏族と思われる。一族のうち、和邇子真麻呂は承和元年（八三四）七月に大神朝臣の姓を賜わっている。『新撰姓氏録』大和国神別に「和仁古。大国主六世孫阿太賀田須命之後也」とある。　（外池）

和爾部　わにべ　和珥氏の部民および和爾部の伴造氏族。丸部・和邇部・和珥部などにも作る。『新撰姓氏録』には、㈠和爾部宿禰、㈡丸部（左京皇別）、㈢和邇部（右京・山城国・摂津国の各皇別）の三氏族がみられる。㈠は大春日朝臣と同祖で、丸邇臣の始祖彦姥津（ひこおけつ）命の四世孫、矢田宿禰の後とする。姓はもと臣で、天平神護元年（七六五）に左京の人で甲斐員外目であった丸部臣宗人ら二人に宿禰が賜与されている。一族には壬申の乱（六七二）の功臣であった君手、その子大石などがいる。なお臣の姓をもつ和爾部も、尾張国葉粟郡（少領）・近江国滋賀郡・若狭国遠敷郡・加賀国加賀郡（主帳）・因幡国法見郡・播磨国飾磨郡（邇宗宿禰を賜姓）・讃岐国三野郡（大領）に分布する。いずれもかつては、和爾部の地方伴造であったと思われ、地位の高い者が多い。㈡彦姥津命の子、伊富都久命の後とする。中央では経師・画師など雑任にみられるが、専ら諸国に分布する。国郡で示すと、尾張国智多郡、参河国額田郡、伊豆国那賀郡（少領）、甲斐国巨麻郡、近江国坂田郡、美濃国安八・肩県・山方郡、越前国足羽・坂井（主政）郡、加賀国加賀郡、但馬国気多郡、因幡国法美郡、出雲国神門郡、播磨国讃容・宍粟郡、備前国都宇郡、讃岐国大内郡などにみえる。㈢天足彦国押人命の後裔を称す。尾張国智多郡・若狭国三方郡・備前国上道郡・周防国玖珂郡に分布する。〔中村〕

蕨野　わらびの　豊前・壹岐の在地豪族。姓は勝。『類聚国史』巻五十四、節婦、天長四年正月丁亥条に豊前国下毛郡（大分県中津市・下毛郡）の人として擬大領蕨野勝宮守がみえ、また、『続日本後紀』承和十二年六月壬午条に壹岐島の医師として蕨野勝真吉のことがみえる。〔外池〕

続々刊行予定

日本古代氏族研究叢書

古代の主要な氏族を取り上げ、研究史・氏族の起こり・伝承・職掌・系譜・同系氏族などをまとめ、さらにその盛衰に関連する政治・社会におよぼした影響等を深く追求する研究書。

最新の研究成果を取り込み、個々の氏族を中心とする視点から古代史研究を再検討する。

◎ 物 部 氏の研究※【第二版】	篠川　　賢
◎ 阿 倍 氏の研究	大橋　信弥
◎ ワ ニ 氏の研究※	加藤　謙吉
◎ 藤 原 氏の研究	倉本　一宏
◎ 出 雲 氏の研究	高嶋　弘志
◎ 紀　　氏の研究※	寺西　貞弘
◎ 賀 茂 氏の研究	中村　修也
◎ 中 臣 氏の研究	中村　英重
◎ 膳　　氏の研究	仁藤　敦史
◎ 大 伴 氏の研究	早川　万年
◎ 蘇 我 氏の研究	平林　章仁
◎ 秦　　氏の研究	北條　勝貴
◎ 上毛野氏の研究	前沢　和之
◎ 砺 波 氏の研究	大川原竜一
◎ 葛 城 氏の研究	小野里了一
◎ 大 神 氏の研究※	鈴木　正信
◎ 忌 部 氏の研究	中村　友一
◎ 百済王氏の研究	片桐　廣美

＊順不同。刊行予定は変更することがあります。
※付きが既刊の書籍となります。

日本古代氏族事典

●編者略歴●

佐伯有清（さえき・ありきよ） 文学博士

1925年　東京に生まれる

1957年　東京大学大学院修了

北海道大学教授を経て、成城大学教授。

2005年　逝去

主要著書『新撰姓氏録の研究』全9巻

『日本古代氏族の研究』

『研究史邪馬台国』

『日本の古代国家と東アジア』

『日本古代史事典』（監修）

ほか多数

平成6年11月5日初版発行

平成27年9月25日新装版発行　《検印省略》

日本古代氏族事典《にほんこだいうじぞくじてん》【新装版】

編　者　佐伯有清

発行者　宮田哲男

発行所　株式会社　雄山閣

〒102-0071　東京都千代田区富士見2－6－9

TEL 03-3262-3231 FAX 03-3262-6938

振替 00130-5-1685

http://www.yuzankaku.co.jp

印刷・製本所　株式会社ティーケー出版印刷

N.D.C. 210 558p 21cm

ISBN978-4-639-02379-1 C3521

<人 名 索 引>

凡　例

1.　氏姓の表記について。

氏姓が変わっている場合、新たな氏姓を冒頭に記し、旧氏姓を（　）内に示した。その際、下記の原則に従った。

①　氏名はそのままで姓のみが変わった場合（御使連清足→御使朝臣清足）は、旧姓のみを（　）内に示した。

〔例〕御使朝臣（連）清足

②　旧氏姓で①のように姓のみが変わった場合は、旧姓を<　>に示した。

③　旧氏姓が二度以上にわたって変わっている場合（八戸史礒益→常澄宿禰礒益→高安宿禰礒益）は、新しい氏姓の順に示した。

〔例〕高安宿禰（常澄宿禰・八戸史）礒益

2.　異字による表記がなされている場合は〔　〕で示した。

3.　別称をもつ場合は（＝　　）で示した。

4.　［　］内に読み方を示した。その際、（　）内の旧氏姓の読みは省略した。また、異なる読み方が考えられるものは《　》で示した。

5.　省略されて表記もしくは読みがなされることのあるものは、《　》内に示した。

【あ】

会津壮麻呂［あいづのさかりまろ］……3
敢朝臣安麻呂［あえのあそんやすまろ］……4
敢臣宇奈［あえのおみうな］……454
敢臣（敢磯部）忍国［あえのおみおしくに］……3
敢臣（裳咋臣）船主［あえのおみふなぬし］……3・454
青海夫人勾子［あおみのとじまがりこ］……4
赤染古万呂［あかそめのこまろ］……4
赤染佐弥麻呂［あかそめのさみまろ］……4
赤染造徳足［あかそめのみやつことくたり］……4
赤染依売［あかそめのよりめ］……4
県犬養宿禰八重［あがたいぬかいのすくねやえ］……8
県使乙麻呂［あがたつかいのおとまろ］……6
県使首今主［あがたつかいのおびといまぬし］…6
県使首利貞［あがたつかいのおびととしさだ］…6
県使首扶実［あがたつかいのおびとふみ］……6
県使部加比俵［あがたつかいべのかひひょう］…6
県主弟麻呂［あがたぬしのおとまろ］……6
県主新麿［あがたぬしのにいまろ］……6
県主安麻呂［あがたぬしのやすまろ］……6
県犬養大宿禰阿野子［あがたのいぬかいのおおすくねあやこ］……8
県犬養大宿禰（宿禰）内麻呂［あがたのいぬかいのおおすくねうちまろ］……8
県犬養大宿禰貞守［あがたのいぬかいのおおすくねさだもり］……8
県犬養宿禰石次［あがたのいぬかいのすくねいわすき］……8
県犬養宿禰石足［あがたのいぬかいのすくねいわたり］……8
県犬養宿禰（連）大伴〔侶〕［あがたのいぬかいのすくねおおとも］……7
県犬養宿禰沙弥麻呂［あがたのいぬかいのすくねさみまろ］……8
県犬養宿禰筑紫［あがたのいぬかいのすくねつくし］……8
県犬養宿禰広刀自［あがたのいぬかいのすくねひろとじ］……8
県犬養宿禰唐［あがたのいぬかいのすくねもろこし］……8
県馬養［あがたのうまかい］……5
県咋麻呂［あがたのくいまろ］……5
県志己等理［あがたのしことり］……5
県清理［あがたのせいり］……6
県仲子［あがたのなかこ］……6
県広刀自［あがたのひろとじ］……5
県造久太良［あがたのみやつこくたら］……7
県造富世［あがたのみやつことみよ］……7
県連（県主前利連）氏益［あがたのむらじうじます］……5・7・360
県若虫［あがたのわかむし］……5

商長首智麿［あきおさのおびとともまろ］………9
商長首麻呂［あきおさのおびとまろ］……………9
商長宗麿［あきおさのむねまろ］…………………9
秋篠朝臣清野［あきしののあそんきよの］………10
秋篠朝臣（土師宿禰）常磐［あきしののあそんときわ］…………………………………………………10
秋篠朝臣全継［あきしののあそんまたつぐ］……10
秋篠朝臣（宿禰、土師宿禰）安人［あきしののあそんやすひと］……………………………………9
秋篠宿禰（土師宿禰）淡海［あきしののすくねおうみ］……………………………………………9
秋篠宿禰（土師宿禰）諸主［あきしののすくねもろぬし］……………………………………………9
阿岐奈臣安継［あきなのおみやすつぐ］…………11
阿祇奈君小万［あきなのきみおま］………………11
安吉勝沢雄［あきのすぐりさわお］………………9
安吉勝真道［あきのすぐりまみち］………………9
秋原朝臣（阿比古君）道成［あきはらのあそんみちなり］…………………………………11・28
秋原朝臣（我孫公）諸成［あきはらのあそんもろなり］…………………………………11・28
阿久太［あくた］………………………………313
飽波漢人伊太須［あくなみのあやひといたす］…………………………………………………11
飽波飯成［あくなみのいいなり］…………………11
飽波男成［あくなみのおなり］……………………11
飽波主人［あくなみのぬしひと］…………………11
飽波書刀自［あくなみのふみとじ］………………11
阿具礼［あぐれ］………………………………137
浅井直筑紫雄［あさいのあたいつくしお］………12
浅井直年継［あさいのあたいとしつぐ］…………12
朝倉公家長［あさくらのきみいえなが］…………12
朝倉君時［あさくらのきみとき］…………………12
朝倉益人［あさくらのますひと］…………………12
朝明史老人［あさけのふひとおきな］……………12
朝明〔気〕史人君〔公〕［あさけのふひとひときみ］…………………………………………………12
朝来直賀須夜［あさこのあたいかすや］…………14
麻田狎賦［あさだのなるふ］………………………13
麻田連真浄［あさだのむらじまきよ］……………13
麻田連（答本）陽春［あさだのむらじやす］……………………………………………13・322
阿沙都麻首未沙乃［あさつまのおびとみさの］…………………………………………………13
朝妻造清主［あさつまのみやつこきよぬし］……13
朝妻造綿売［あさつまのみやつこわため］………13
朝妻望万呂［あさつまのもちまろ］………………13
朝野朝臣（宿禰）鹿取［あさののあそんかとり］…………………………………………13・131
朝野宿禰（忍海上連）浄永［あさののすくねきよなが］…………………………………13・131
朝野宿禰（忍海原連）嶋依［あさののすくねしまより］…………………………………………131
朝野宿禰（忍海原連）鷹取［あさののすくねたかとり］…………………………………………131
朝野宿禰（忍海原連）魚養［あさののすくねなかい］…………………………………………13・131
朝野宿禰（忍海原連）百吉［あさののすくねももよし］…………………………………………131
朝原忌寸（秦忌寸）箕造［あさはらのいみきみつくり］…………………………………………14
朝原首真糸女［あさはらのおびとまいとめ］……14
朝原宿禰（秦宿禰）世智雄［あさはらのすくねせちお］…………………………………………14
朝原宿禰（忌寸）三上［あさはらのすくねみかみ］…………………………………………………14
朝原宿禰（忌寸）諸坂［あさはらのすくねもろさか］……………………………………………14
朝原宿禰（秦忌寸）家継［あさはらのすくねやかつぐ］…………………………………………14
朝原宿禰（秦忌寸）安麻呂［あさはらのすくねやすまろ］………………………………………14
朝治（前部）貞麻呂［あさはりのさだまろ］…273
朝戸小津［あさべのおづ］…………………………14
朝戸諸〔衆〕公［あさべのもろきみ］……………14
朝宗宿禰厨子［あさむねのすくねずし］…………14
朝宗宿禰吉継［あさむねのすくねよしつぐ］……14
葦占臣東人［あしうらのおみあずまひと］………15
葦占臣人主［あしうらのおみひとぬし］…………15
葦占〔浦〕継手［あしうらのつぐて］……………15
安墀宿禰雄継［あじのすくねおつぐ］……………15
安墀宿禰（槻本連）豊額［あじのすくねとよぬか］…………………………………………15・315
安墀宿禰（槻本連）良棟［あじのすくねよしむね］…………………………………………15・315
味真公御助麻呂［あじまのきみみすけまろ］……16
葦屋倉人嶋麻呂［あしやのくらひとしままろ］…………………………………………………16
葦屋主寸浄売［あしやのすぐりきよめ］…………16
葦屋村主刀自売［あしやのすぐりとじめ］………16

飛鳥〔安宿〕種麻呂［あすかのたねまろ］……16
飛鳥虎〔刀良〕［あすかのとら］……16
飛鳥真人御井［あすかのまひとみい］……16
飛鳥稀万呂［あすかのまれまろ］……16
飛鳥命婦［あすかのみょうぶ］……17
安宿公奈杼麻呂［あすかべのきみなとまろ］…200
安宿公（飛鳥部）奈杼麻呂〔奈止丸〕［あすかべのきみなとまろ〔なとまる〕］……17
飛鳥戸造有雄［あすかべのみやつこありお］……17
飛鳥戸造清貞［あすかべのみやつこきよさだ］……201
小豆公万呂［あずきのきみまろ］……17
安坂（前部）綱麻呂［あすさかのつなまろ］…273
東人直［あずまんどのあたい］……240
阿曇宿禰継成［あずみのすくねつぐなり］……18
阿曇連頬垂［あずみのむらじつらたり］……18
阿曇連浜子［あずみのむらじはまこ］……18
阿曇連比羅夫［あずみのむらじひらぶ］……18
足羽臣黒葛［あすわのおみくろふじ］……20
阿須波臣束麻呂［あすわのおみつかまろ］……20
阿須波臣真虫［あすわのおみまむし］……20
阿素奈直［あそなのあたい］……305
阿蘇君阿伎良［あそのきみあきら］……20
阿蘇君角足［あそのきみつのたり］……20
阿蘇君豊成［あそのきみとよなり］……20
阿蘇君族刀自売［あそのきみのやからとじめ］……21
阿蘇君平田麻呂［あそのきみひらたまろ］……20
阿蘇君真里子［あそのきみまりこ］……20
阿蘇宿禰（君）広遠［あそのすくねひろとお］……20
直浦主［あたいのうらぬし］……21
直玉主売［あたいのたまぬしめ］……21
直千世麿［あたいのちよまろ］……21
直仁徳［あたいのにとこ］……21
阿多忌寸（阿多隼人）逆足［あたのいみきさかたり］……22
阿多君吉売［あたのきみきちめ］……21
阿多君古売［あたのきみふるめ］……22
阿多隼人東人［あたのはやとあずまひと］……22
阿多隼人乙麻呂［あたのはやとおとまろ］……22
阿多隼人加都伎［あたのはやとかつき］……22
阿多隼人刀自売［あたのはやととじめ］……22
阿直岐〔知吉師〕［あちき］……22
阿知使主［あちのおみ］……211
厚見連（馬毗登）中成［あつみのむらじなかなり］……23・85
厚見連（馬毗登）夷人［あつみのむらじひなひと］……23・85
阿刀宿禰大足［あとのすくねおおたり］……23
安都宿禰雄足［あとのすくねおたり］……23
阿刀宿禰田主［あとのすくねたぬし］……23
安斗〔阿刀〕宿禰（連）智徳［あとのすくねちとこ］……23
安都宿禰豊嶋［あとのすくねとよしま］……23
安刀宿禰祐万呂［あとのすくねゆまろ］……23
阿刀宿禰与佐弥［あとのすくねよさみ］……23
安斗連阿加布［あとのむらじあかふ］……23
阿刀連生羽［あとのむらじいくう］……24
阿刀連牛養［あとのむらじうしかい］……160
阿刀連馬養［あとのむらじうまかい］……160
阿刀連乙浄［あとのむらじおときよ］……24
阿刀連乙麻呂［あとのむらじおとまろ］……24
阿刀連（迹連）浄足［あとのむらじきよたり］……24
阿刀連（迹連）浄永［あとのむらじきよなが］……24
阿斗連薬［あとのむらじくすり］……23
阿刀連（上村主）百済［あとのむらじくだら］……160
阿刀連酒主［あとのむらじさかぬし］……24
阿刀連楯万呂［あとのむらじたてまろ］……160
阿刀連足嶋［あとのむらじたるしま］……24
阿刀連月足［あとのむらじつきたり］……24
阿刀連（迹連）継麻呂［あとのむらじつぐまろ］……24
迹連刀自売［あとのむらじとじめ］……23
阿刀連難毛売［あとのむらじなけめ］……24
阿刀連（迹連）成人［あとのむらじなるひと］……24
阿刀連人万呂［あとのむらじひとまろ］……23
阿刀連（上村主）通［あとのむらじみち］……160
阿刀連満主［あとのむらじみつぬし］……24
阿刀連宮麻呂［あとのむらじみやまろ］……160
阿刀連宅足［あとのむらじやかたり］……24
阿刀部安豆［あとべのあず］……24
阿刀部安倍［あとべのあへ］……24
阿刀部井手売［あとべのいてめ］……24
阿斗部小殿万呂［あとべのおとのまろ］……24
阿刀部加比売［あとべのかひめ］……24

阿刀部古都売［あとべのこずめ］……………………24
阿斗部□万呂［あとべの□まろ］……………………24
阿刀部麻呂［あとべのまろ］…………………………24
阿刀部弥奈利売［あとべのみなりめ］……………24
穴門直践立［あなとのあたいほむたち］…………26
穴臣石弓［あなのおみいしゆみ］……………………25
穴臣百嶋［あなのおみももしま］……………………25
穴君秋丸［あなのきみあきまる］……………24・25
穴君弟公［あなのきみおときみ］……………24・25
安那公御室［あなのきみみむろ］……………………25
安那豊吉売［あなのほきめ］…………………………25
穴太部阿古売［あなほべのあこめ］………………27
孔王部荒馬［あなほべのあらうま］………………26
穴太部大宅［あなほべのおおや］……………………27
孔王部志己夫［あなほべのしきふ］………………26
孔王部美努久咩［あなほべのみぬくび］…………27
孔王部山麻呂［あなほべのやままろ］……………27
阿努君具足［あぬのきみともたり］………………27
安努君広島［あぬのきみひろしま］………………27
安濃宿禰（爪工宿禰）仲業［あののすくねなかなり］……………………………………………27・372
網引公金村［あびきのきみかなむら］……………27
吾孫石村［あびこのいわむら］………………………28
阿比古汗志売［あびこのうしめ］……………………28
我孫君嶋道［あびこのきみしまみち］……………28
吾孫人主［あびこのひとぬし］………………………28
阿比古麻呂［あびこのまろ］…………………………28
阿比古部塩売［あびこべのしおめ］………………28
阿倍朝臣（狛朝臣）秋麿［あべのあそんあきまろ］……………………………………………………224
阿倍朝臣（引田朝臣）東人［あべのあそんあずまひと］…………………………………………………385
阿倍朝臣兄雄［あべのあそんあにお］……………30
阿倍朝臣（長田朝臣）太麻呂［あべのあそんおおまろ］…………………………………………………129
阿倍朝臣嶋丸［あべのあそんしままる］…………30
阿倍朝臣（阿倍引田臣）宿奈麻呂〔麿〕［あべのあそんすくなまろ］……………………29・204・385
阿倍朝臣駿河［あべのあそんするが］……………29
阿倍朝臣（長田朝臣）多祁留［あべのあそんたける］……………………………………………………129
阿倍朝臣（引田朝臣）邇閇［あべのあそんにへ］……………………………………………………………385
阿倍朝臣粳虫［あべのあそんぬかむし］…………30
阿倍朝臣広庭［あべのあそんひろにわ］……29・30
阿倍朝臣（引田朝臣）船人［あべのあそんふなひと］…………………………………………………385
阿倍朝臣（布勢朝臣）御主人［あべのあそんみうし］………………………………29・30・385・397
阿倍朝臣（久努朝臣）御田次［あべのあそんみたすき］…………………………………………………204
阿倍朝臣道守［あべのあそんみちもり］…………30
阿倍朝臣家麻呂［あべのあそんやかまろ］………29
阿倍磐城臣（磐城臣）弟成［あべのいわきのおみおとなり］……………………………………………73
阿倍磐城臣（磐城臣）雄公［あべのいわきのおみかつきみ］……………………………………………73
阿倍磐城臣（磐城臣）貞道［あべのいわきのおみさだみち］……………………………………………73
安倍他田朝臣（他田臣）麻呂［あべのおさだのあそんまろ］……………………………………………129
阿倍臣大麻呂［あべのおみおおまろ］……………29
阿倍臣鳥［あべのおみとり］…………………………29
阿倍臣人［あべのおみひと］…………………………29
阿倍臣目［あべのおみめ］……………………………29
阿倍久努朝臣（久努臣）麻呂［あべのくぬのあそんまろ］…………………………………………………204
阿倍倉梯麻呂（＝摩侶）［あべのくらはしまろ（＝まろ）］…………………………………………………29
阿倍志斐連名代［あべのしいのむらじなしろ］……………………………………………………………344
安倍晴明［あべのせいめい］…………………………30
安倍春材〔村〕［あべのはるき〔むら〕］…………30
阿倍引田臣比羅夫［あべのひけたのおみひらぶ］……………………………………………………29・385
阿倍比等古臣［あべのひとこのおみ］……………224
安倍益材〔村〕［あべのますき〔むら〕］…………30
阿倍陸奥臣（奈須直）赤竜［あべのむつのおみあかたつ］…………………………………………………353
阿倍陸奥臣（陸奥臣）千継［あべのむつのおみちつぐ］…………………………………………………448
阿倍陸奥臣豊主［あべのむつのおみとよぬし］……………………………………………………………448
阿倍陸奥臣永宗［あべのむつのおみながむね］……………………………………………………………448
阿倍陸奥臣（陸奥臣）真成［あべのむつのおみまさなり］……………………………………………448
阿倍陸奥臣（陸奥臣）善福［あべのむつのおみよしふく］……………………………………………448
安倍頼時［あべのよりとき］…………………………30

阿保朝臣（小槻山公）有緒［あほのあそんありお］……………………………………………31・133・134
阿保朝臣（小槻山公）今雄［あほのあそんいまお］……………………………………………31・133・134
阿保朝臣氏丸［あほのあそんうじまる］…………31
阿保朝臣永善［あほのあそんながよし］…………31
阿保朝臣（建部朝臣<君>）人上［あほのあそんひとかみ］……………………………………31・296
阿保朝臣広成［あほのあそんひろなり］…………31
阿保朝臣（小槻山公）良真［あほのあそんよしまさ］……………………………………31・133・134
英保首代作［あほのおびとよつくり］……………31
阿保公（建部君）黒麻呂［あほのきみくろまろ］……………………………………………………296
阿保君須祢都斗［あほのきみすねつと］…………31
海直大食［あまのあたいおおじき］………………33
海直忍立［あまのあたいおしたて］………………34
海犬養宿禰五百依［あまのいぬかいのすくねいおより］……………………………………………33
海犬養宿禰岡麿［あまのいぬかいのすくねおかまろ］……………………………………………33
海犬養豊島［あまのいぬかいのとよしま］………33
海犬養麻呂［あまのいぬかいのまろ］……………33
海犬養連勝麻呂［あまのいぬかいのむらじかつまろ］……………………………………………32
海犬甘連広足［あまのいぬかいのむらじひろたり］……………………………………………33
海犬甘連広主［あまのいぬかいのむらじひろぬし］……………………………………………33
海犬甘連万呂［あまのいぬかいのむらじまろ］……………………………………………………33
阿麻意弥［あまのおみ］…………………………334
海連馬手［あまのむらじうまて］…………………33
海連津守［あまのむらじつもり］…………………33
海部直大伴［あまべのあたいおおとも］…………33
海部直土形［あまべのあたいひじかた］…………34
海部牛麻呂［あまべのうしまろ］…………………33
海部首目列［あまべのおびともくれつ］…………33
海部公常山［あまべのきみつねやま］……………34
海部君族乎婆売［あまべのきみのやからおばめ］……………………………………………………34
海部曾□［あまべのそ□］………………………33
海部諸石［あまべのもろいわ］……………………33
阿牟公門継［あむのきみかどつぐ］………………34
阿牟公人足［あむのきみひとたり］………………34
天国古［あめくにのこ］…………………………361
綾君菅麻呂［あやのきみすがまろ］………………35
綾公武主［あやのきみたけぬし］…………………35
綾公姑継［あやのきみははつぐ］…………………35
綾公人足［あやのきみひとたり］…………………35
綾君船守［あやのきみふなもり］…………………35
漢山口忌寸（直）大口［あやのやまぐちのいみきおおぐち］……………………………………464
漢人意比止［あやひとのおびと］…………………36
漢部阿屋麻呂［あやべのあやまろ］………………37
綾部忍国［あやべのおしくに］……………………36
綾部毗登浄麻呂［あやべのひときよまろ］………36
荒木田神主公成［あらきだのかんぬしきみなり］……………………………………………………37
荒木田最上［あらきだのもがみ］…………………38
荒城朝臣広野［あらきのあそんひろの］…………37
荒城臣多都乎［あらきのおみたつお］……………37
荒木臣道麻呂［あらきのおみみちまろ］…… 37・97
荒城長人［あらきのながひと］……………………37
阿浪古首［あらこのおびと］……………241・295
荒田井直比羅夫［あらたいのあたいひらふ］……38
荒田井伊美吉乙麻呂［あらたいのいみきおとまろ］……………………………………………38
荒田井忌寸紀巨理［あらたいのいみききこり］……………………………………………………38
阿良直［あらのあたい］…………………………218
有沢真人新男［ありさわのまひとあらお］………39
有沢真人伊賀雄［ありさわのまひといがお］……39
有沢真人稲雄［ありさわのまひといなお］………39
有沢真人浄道［ありさわのまひときよみち］……39
有沢真人国雄［ありさわのまひとくにお］………39
有沢真人是雄［ありさわのまひとこれお］………39
有沢真人坂子女［ありさわのまひとさかこめ］……………………………………………………39
有沢真人真雄［ありさわのまひとさねお］………39
有沢真人多積［ありさわのまひとたつみ］………39
有沢真人並雄［ありさわのまひとなみお］………39
有沢真人春男［ありさわのまひとはるお］………39
有沢真人御津井［ありさわのまひとみつい］……39
有沢真人三守［ありさわのまひとみつもり］……39
有沢真人三輪女［ありさわのまひとみわめ］……39
有沢真人本吉［ありさわのまひともとよし］……39
有沢真人安富［ありさわのまひとやすとみ］……39
在原朝臣仲平［ありはらのあそんなかひら］……39
在原朝臣業平［ありはらのあそんなりひら］……39

在原朝臣守平［ありはらのあそんもりひら］……39
在原朝臣安貞［ありはらのあそんやすさだ］……39
在原朝臣行平［ありはらのあそんゆきひら］……39
在原朝臣善淵［ありはらのあそんよしぶち］……39
有道今出麿［ありみちのいまでまろ］……………40
有道宿禰（丈部）氏道［ありみちのすくねうじみち］……………………………………………………39
有道宿禰（丈部）継道［ありみちのすくねつぐみち］……………………………………………………39
有道宿禰（丈部）長道［ありみちのすくねながみち］……………………………………………………39
有道宿禰（丈部）福道［ありみちのすくねふくみち］……………………………………………………39
有宗宿禰（大窪）清年［ありむねのすくねきよとし］……………………………………………40・104
有宗宿禰益門［ありむねのすくねますかど］……40
有宗宿禰（大窪）峯雄［ありむねのすくねみねお］……………………………………………40・104
有良朝臣春岑［ありよしのあそんはるみね］……40
有良朝臣安岑［ありよしのあそんやすみね］……40
阿漏史［あろのふひと］……………………………213
粟田朝臣飽田麻呂［あわたのあそんあくたまろ］……………………………………………………42
粟田朝臣馬養［あわたのあそんうまかい］………42
粟田朝臣（臣）乙瀬［あわたのあそんおとせ］……………………………………………………42
粟田朝臣必登［あわたのあそんひと］……………42
粟田朝臣真人［あわたのあそんまひと］…………42
粟田朝臣（臣）道麻呂［あわたのあそんみちまろ］……………………………………………………42
粟田朝臣諸姉［あわたのあそんもろね］…………42
粟田直族伊毛売［あわたのあたいのやからいけめ］……………………………………………………43
粟田忌寸宅売［あわたのいみきやかめ］…………43
粟田細目臣［あわたのほそめのおみ］……………42
粟田家継［あわたのやかつぐ］……………………42
粟凡直豊穂［あわのおおしのあたいとよほ］……41
粟凡直若子［あわのおおしのあたいわくご］……41
粟宿禰（粟凡直）貞宗［あわのすくねさだむね］……………………………………………………41
粟宿禰（粟凡直）鱒麻呂［あわのすくねますまろ］……………………………………………………41
安貴公［あんきこう］……………………100・372
安岡上王［あんこうじょうおう］………………224
晏子欽［あんしきん］……………………………238
奄智連（造）橘売［あんちのむらじたちばなめ］……………………………………………………43

【い】

飯高朝臣（公）常比麻呂［いいたかのあそんつねひまろ］…………………………………………43
飯高朝臣（伊部造）豊持［いいたかのあそんとよもち］……………………………………………71
飯高朝臣（宿禰）全雄［いいたかのあそんまたお］……………………………………………………43
飯高君笠目［いいたかのきみかさめ］……………43
飯高宿禰（公）家継［いいたかのすくねいえつぐ］……………………………………………………43
飯高宿禰諸高［いいたかのすくねもろたか］……43
家原朝臣（宿禰・連）氏主［いえはらのあそんうじぬし］………………………………………………44
家原連（家原）音那［いえはらのむらじおんな］……………………………………………………44
家原連（家原）河内［いえはらのむらじかわち］……………………………………………………44
家原連富依［いえはらのむらじとみより］………44
五百井小宗［いおいのこむね］……………………44
盧井造鯨［いおいのみやつこくじら］……………44
五百井造豊国［いおいのみやつことよくに］……44
五百木部連（伊福）貞［いおきべのむらじさだ］……………………………………………………44
盧原朝臣（公）有子［いおはらのあそんありこ］……………………………………………………45
盧原公有守［いおはらのきみありもり］…………45
盧原君臣［いおはらのきみおみ］…………………45
盧原君足礒［いおはらのきみたるいそ］…………45
盧原君虫麻呂［いおはらのきみむしまろ］………45
猪養得足［いかいのとくたり］……………………47
膽香瓦臣安倍［いかごのおみあへ］………………46
雷大臣（＝中臣烏賊津連）［いかつおおおみ（＝なかとみのいかつのむらじ）］……………………213
伊賀都君［いかつのきみ］………………………294
伊賀朝臣果安［いがのあそんはたやす］…………46
伊賀朝臣春野［いがのあそんはるの］……………46
伊賀朝臣道虫女［いがのあそんみちむしめ］……46
伊香馬養［いかのうまかい］………………………46
伊賀臣石足［いがのおみいわたり］………………46
伊賀臣大麻呂［いがのおみおおまろ］……………46
伊賀臣真広［いがのおみまひろ］…………………46
伊香連田次麻呂［いかのむらじたすきまろ］……46

伊賀宜嶋［いがのよろしま］……………………46
壱岐直氏成［いきのあたいうじなり］……………48
壱岐直才麻呂［いきのあたいさいまろ］…………48
伊岐宿禰（卜部）是雄［いきのすくねこれお］
……………………………………………………88
伊岐宿禰（卜部）業孝［いきのすくねなりたか］
……………………………………………………88
伊岐史乙等［いきのふひとおと］…………………47
伊岐史博徳［いきのふひとはかとこ］……………47
伊吉造（史）山守［いきのみやつこやまもり］
……………………………………………………47
伊吉連古麻呂［いきのむらじこまろ］……………47
伊吉連益麻呂［いきのむらじますまろ］…………47
雪〔伊伎・伊吉〕連宅満［いきのむらじやかまろ］
……………………………………………………47
生江大国［いくえのおおくに］……………………48
生江臣安久多［いくえのおみあくた］……………48
生江臣東人［いくえのおみあずまひと］…………48
生江臣氏緒［いくえのおみうじお］………………48
生江臣金弓［いくえのおみかなゆみ］……………48
生江臣国立［いくえのおみくにたち］……………48
生江臣積多［いくえのおみせきた］………………48
生江臣安麻呂［いくえのおみやすまろ］…………48
生江佐弖［いくえのさて］…………………………48
生江民麻呂［いくえのたみまろ］…………………48
生江広生［いくえのひろお］………………………48
韋久佐直［いくさのあたい］……………………265
的臣族稲積売［いくはのおみのやからいなづみめ］……………………………………………49
的臣真嚙［いくはのおみまくい］…………………49
池上椋人大成［いけがみのくらひとおおなり］
……………………………………………………50
池上椋人浄浜古［いけがみのくらひときよはまこ］…………………………………………50
池後小東人［いけしりのこあずまひと］…………50
池田朝臣真枚［いけだのあそんまさひら］………50
池田朝臣目頬刀自［いけだのあそんめずらとじ］
……………………………………………………50
池上君（朝妻金作）大歳［いけのえのきみおおとし］……………………………………51・173
池上智恵万呂［いけのえのちえまろ］……………51
池上真人広成［いけのえのまひとひろなり］……51
池上真人広野［いけのえのまひとひろの］………51
池原朝臣安房［いけはらのあそんあわ］…………51
池原君（上毛野君）粟〔禾〕守［いけはらのきみあわもり］…………………………………………51
池辺直氷田［いけべのあたいひた］………………52
池辺直遍見［いけべのあたいへんみ］……………52
池辺秦□［いけべのはた□］………………………52
池辺史大嶋［いけべのふひとおおしま］…………52
池辺史石斛［いけべのふひとせきこく］…………52
伊居留君［いけるのきみ］………………………356
勇山伎美麻呂［いさやまのきみまろ］……………52
勇山連（勇山）国嶋［いさやまのむらじくにしま］
……………………………………………………52
胆沢公阿奴志己［いさわのきみあぬしこ］………52
石占忌寸水直［いしうらのいみきみずなお］……53
石占横立［いしうらのよこたち］…………………53
石川朝臣石足［いしかわのあそんいわたり］……54
石川朝臣河主［いしかわのあそんかわぬし］……54
石川朝臣国助［いしかわのあそんくにすけ］……55
石川朝臣年足［いしかわのあそんとしたり］……54
石川朝臣豊成［いしかわのあそんとよなり］……54
石川朝臣長津［いしかわのあそんながつ］………54
石川朝臣名足［いしかわのあそんなたり］………54
石川臣（蘇我臣）安麻呂［いしかわのおみやすまろ］……………………………………54・275
石川錦織首許呂斯［いしかわのにしごりのおびところし］……………………………………358
伊治公呰麻呂［いじ《これはる》のきみあざまろ］
……………………………………………………53
石作連大来［いしつくりのむらじおおく］………55
石津連大足［いしつのむらじおおたり］…………55
石野連（家部）大水［いしののむらじおおみず］
…………………………………………………459
石野連（家部）国持［いしののむらじくにもち］
…………………………………………………459
石野連（憶頼）子老［いしののむらじこおゆ］
……………………………………………56・127
石橋連（科野）石弓［いしばしのむらじいわゆみ］
…………………………………………………255
維成潤［いじょうかん］…………………………336
伊須久牟治使主［いすくむちのおみ］…………330
伊頭志君麻良比［いずしのきみまらひ］…………57
出石部得嶋［いずしべのとくしま］………………57
伊豆直厚明［いずのあたいあつあき］……………56
伊豆直厚正［いずのあたいあつまさ］……………56
伊豆国造伊豆直乎美奈［いずのくにのみやつこいずのあたいおみな］……………………………56
伊豆国造伊豆直少万呂［いずのくにのみやつこい

ずのあたいすくなまろ］……………………………56
伊豆国造伊豆直田万呂［いずのくにのみやつこいずのあたいたまろ］……………………………56
伊豆国造伊豆直（日下部直）益人［いずのくにのみやつこいずのあたいますひと］……………56
伊豆宿禰国盛［いずのすくねくにもり］…………56
伊豆宿禰（伊豆国造伊豆直）古麿［いずのすくねこまろ］……………………………………………56
出水連（後部）石嶋［いずみのむらじいわしま］……………………………………………57・217
出雲朝臣（宿禰・連）広貞［いずものあそんひろさだ］……………………………………………58
出雲臣阿麻爾売［いずものおみあまにめ］………58
出雲臣叡屋［いずものおみえいや］………………58
出雲臣弟山［いずものおみおとやま］……………57
出雲臣冠［いずものおみかうぶり］………………58
出雲臣門起［いずものおみかどおき］……………57
出雲臣国上［いずものおみくにかみ］……………57
出雲臣国成［いずものおみくになり］……………57
出雲臣（出雲）狛［いずものおみこま］…………58
出雲臣旅人［いずものおみたびと］………………57
出雲臣智麻留売［いずものおみちまるめ］………58
出雲臣豊持［いずものおみとよもち］……………57
出雲臣果安［いずものおみはたやす］……………57
出雲臣人長［いずものおみひとなが］……………57
出雲臣広嶋［いずものおみひろしま］……………57
出雲臣益方［いずものおみますかた］……………57
出雲臣（出雲）屋麻呂［いずものおみやまろ］……………………………………………………58
出雲宿禰（連）雄君［いずものすくねおきみ］……………………………………………………58
出雲宿禰（連）男山［いずものすくねおとこやま］……………………………………………………58
出雲宿禰（臣）祖人［いずものすくねおやひと］……………………………………………………58
出雲宿禰（連）永嗣［いずものすくねながつぐ］……………………………………………………58
伊勢朝臣（中臣伊勢連・伊勢直）大津［いせのあそんおおつ］……………………………59・341
伊勢朝臣（中臣伊勢朝臣＜連＞）老人［いせのあそんおきな］……………………………59・341
伊勢朝臣興房［いせのあそんおきふさ］…………59
伊勢朝臣菊池麿［いせのあそんきくちまろ］……59
伊勢朝臣清刀自［いせのあそんきよとじ］………59
伊勢朝臣（中臣伊勢朝臣＜連＞）小老［いせのあそんこおゆ］……………………………………59
伊勢朝臣継子［いせのあそんつぎこ］……………59
伊勢朝臣継麻呂［いせのあそんつぐまろ］………59
伊勢朝臣徳継［いせのあそんとくつぐ］…………59
伊勢朝臣徳成［いせのあそんとくなり］…………59
伊勢朝臣永嗣［いせのあそんながつぐ］…………59
伊勢朝臣福人［いせのあそんふくひと］…………59
伊勢朝臣水通［いせのあそんみみち］……………59
伊勢朝臣武良吉志［いせのあそんむらよし］……59
伊勢朝臣諸継［いせのあそんもろつぐ］…………59
伊勢朝臣諸人［いせのあそんもろひと］…………59
伊勢朝臣与子［いせのあそんよし］………………59
伊勢直族大江［いせのあたいのやからおおえ］……………………………………………………59
伊勢直藤麻呂［いせのあたいふじまろ］…………59
伊勢直者（カ）人［いせのあたいものひと］……59
伊勢大鹿首菟名子［いせのおおかのおびとうなこ］………………………………………………101
伊勢大鹿首子熊［いせのおおかのおびとおくま］……………………………………………………101
伊勢人麻呂［いせのひとまろ］……………………59
伊蘇志（楢原）内麻呂［いそしのうちまろ］…355
勤〔伊蘇志〕臣（楢原造）東人［いそしのおみあずまひと］……………………………59・252・355
伊蘇志臣（楢原）内麻呂［いそしのおみうちまろ］……………………………………………………60
伊蘇志臣（楢原造）総麻呂［いそしのおみふさまろ］………………………………………………252
石上朝臣奥継［いそのかみのあそんおくつぐ］……………………………………………………61
石上朝臣乙麻呂［いそのかみのあそんおとまろ］……………………………………………………60
石上朝臣勝男［いそのかみのあそんかつお］……60
石上朝臣（物部朝臣＜連公＞）麻呂［いそのかみのあそんまろ］……………………………………60
石上朝臣諸男［いそのかみのあそんもろお］……60
石上朝臣家成［いそのかみのあそんやかなり］……………………………………………………61
石上大朝臣（物部朝臣・石上朝臣）宅嗣［いそのかみのおおあそんやかつぐ］……………………61
板持連（史）内麻呂［いたもちのむらじうちまろ］……………………………………………………62
板持連安麻呂［いたもちのむらじやすまろ］……62
櫟井朝臣牛甘［いちいいのあそんうしかい］……62
櫟井朝臣刀自売［いちいいのあそんとじめ］……62

櫟井朝臣奈等売［いちいいのあそんなとめ］……62
櫟井石雄［いちいいのいわお］……………………62
櫟井男公［いちいいのおきみ］……………………62
櫟井臣馬養［いちいいのおみうまかい］…………62
櫟井君万呂［いちいいのきみまろ］………………62
壱演［いちえん］…………………………………341
市往伊毛売［いちきのいもめ］……………………63
市往刀自売［いちきのとじめ］……………………63
壱志君族祖父［いちしのきみのやからおや］……63
壱志君族古麻呂［いちしのきみのやからこまろ］
……………………………………………………63
壱志豊人［いちしのとよひと］……………………63
一呂比春日［いちろいのはるひ］…………………63
壹呂比麻呂［いちろいのまろ］…………………332
猪使宿禰広成［いつかいのすくねひろなり］……64
猪使連子首［いつかいのむらじこびと］…………64
井出臣広峰［いてのおみひろみね］………………64
出羽乙麻呂［いでわのおとまろ］…………………64
出庭臣乙麻呂［いでわのおみおとまろ］…………64
出庭徳麻呂［いでわのとくまろ］…………………64
糸井谷万呂［いといのたにまろ］…………………64
糸井造市人［いといのみやつこいちひと］………64
糸井造継貞［いといのみやつこつぐさだ］………64
糸媛［いとひめ］…………………………………240
稲置代首宮足［いなきしろのおびとみやたり］
……………………………………………………66
因支首思波［いなきのおびとしわ］………………65
因支首広雄（＝円珍）［いなきのおびとひろお（＝えんちん）］……………………………………66
因支首身［いなきのおびとむ］……………………66
因支首宅成［いなきのおびとやかなり］…………66
因支首宅麻呂（＝仁徳）［いなきのおびとやかまろ（＝にんとく）］……………………………………66
因支首与呂豆［いなきのおびとよろず］…………65
稲城丹生公真秀［いなきのにうのきみまほ］……67
稲城壬生公徳継［いなきのみぶのきみとくつぐ］
……………………………………………………67
稲置山守［いなきのやまもり］……………………66
韋那公磐鍬［いなのきみいわすき］………………65
猪名公高見［いなのきみたかみ］…………………65
威奈真人大村［いなのまひとおおむら］…………65
為奈真人菅雄［いなのまひとすがお］……………65
稲蜂間宿禰（連・首）醜麻呂［いなはちまのすくねしこまろ］……………………………………67
稲蜂間宿禰（連・首）仲村女〔売〕［いなはちまのすくねなかむらめ］……………………………67
因幡国造（国造）浄成女［いなばのくにのみやつこきよなりめ］……………………………67・203
因幡国造国富［いなばのくにのみやつこくにとみ］…………………………………………………67
稲葉国造気豆［いなばのくにのみやつこけず］
…………………………………………………203
因幡国造（国造）宝頭［いなばのくにのみやつこたからず《ほず》］……………………………67・203
印南野臣（馬養〔飼〕造）人上［いなみののおみひとかみ］……………………………68・86・164
犬養宿禰真老［いぬかいのすくねまおゆ］………69
犬養連五十君［いぬかいのむらじいきみ］………69
犬甘部首土方［いぬかいべのおびとひじかた］
……………………………………………………69
犬上朝臣都可比女［いぬかみのあそんつかひめ］
……………………………………………………70
犬上朝臣真人［いぬかみのあそんまひと］………70
犬上君白麻呂［いぬかみのきみしろまろ］………70
犬上君御田鍬［いぬかみのきみみたすき］………70
犬上春吉［いぬかみのはるよし］…………………70
犬部（県犬養大宿禰）姉女［いぬべのあねめ］…8
井上忌寸岡万呂［いのうえのいみきおかまろ］
……………………………………………………70
井上忌寸蜂麻呂［いのうえのいみきはちまろ］
……………………………………………………70
井上忌寸麻呂［いのうえのいみきまろ］…………70
井於枚麻呂［いのえのひらまろ］…………………70
井於連（甘尾）雪麻呂［いのえのむらじゆきまろ］
……………………………………………………70
伊部禰万呂［いべのねまろ］………………………71
伊部造社麻呂［いべのみやつここそまろ］………71
伊部造子水通［いべのみやつここみずち］………71
今木直粳［いまきのあたいうるち］………………71
今木稲売［いまきのいなめ］………………………71
今木連安万呂［いまきのむらじやすまろ］………71
射水臣常行［いみずのおみつねゆき］……………71
伊弥頭臣真益［いみずのおみまます］……………71
伊余部連馬飼〔養〕［いよべのむらじうまかい］
……………………………………………………72
伊与部連家守［いよべのむらじやかもり］………72
郎子王［いらつこのおう］………………………103
伊利斯沙礼斯［いりしされし］…………………106
伊利〔理〕須使主〔意弥〕［いりすのおみ］
………………………258・334・404・467・479

入間宿禰（物部直）広成［いるまのすくねひろなり］……72
磐城臣千□［いわきのおみち□］……73
磐城臣藤成［いわきのおみふじなり］……73
石瀬朝臣富主［いわせのあそんとみぬし］……73
磐瀬朝臣長宗［いわせのあそんながむね］……73
磐瀬朝臣（吉弥侯部）人上［いわせのあそんひとかみ］……73
石生別公（別部）大原［いわなすわけのきみおおはら］……73・490
石生別公（財部）黒士［いわなすわけのきみくろし］……73
石生別公（忍海部）興志［いわなすわけのきみこし］……73
石生別公長貞［いわなすわけのきみながさだ］……74
石生別公（別部）比治［いわなすわけのきみひじ］……73・490
石生別公（物部）麻呂［いわなすわけのきみまろ］……73
石生別公諸上［いわなすわけのきみもろかみ］……74
石村乙万呂［いわれのおとまろ］……74
石村宿奈麻呂［いわれのすくなまろ］……74
石村鷹万呂［いわれのたかまろ］……74
石村角［いわれのつの］……74
石村布勢麻呂［いわれのふせまろ］……74
石村部熊鷹［いわれべのくまたか］……74
諱〔忌〕部首作斯［いんべのおびとさかし］……74
忌部首多夜須子［いんべのおびとたやすこ］……41
忌部首真貞子［いんべのおびとまさだこ］……41
忌部宿禰（連）方麻呂［いんべのすくねかたまろ］……41・75
忌部宿禰（連）須美［いんべのすくねすみ］……41・75
斎部宿禰（忌部宿禰）高善［いんべのすくねたかよし］……74
忌部宿禰鳥麻呂［いんべのすくねとりまろ］……75
斎部宿禰（忌部宿禰）浜成［いんべのすくねはまなり］……74
忌部宿禰（連、忌部）毘登隅〔須美〕［いんべのすくねひとすみ］……75
斎部宿禰広成［いんべのすくねひろなり］……75
忌部宿禰虫名［いんべのすくねむしな］……75
忌部連（忌部）越麻呂［いんべのむらじこしまろ］……75
忌部連（首）子人〔首〕［いんべのむらじこびと］……74
忌部連（首）色弗〔夫知・布知〕［いんべのむらじしこふち］……74
忌部（神奴）百継［いんべのももつぐ］……183

【う】

殖槻連（高）昌武［うえつきのむらじしょうぶ］……216
宇閉直弓［うえのあたいゆみ］……76
於伊美吉子首［うえのいみきこびと］……76
於宿禰（忌寸）弟麻呂［うえのすくねおとまろ］……76
於宿禰乙女［うえのすくねおとめ］……76
鵜甘子君［うかいのこきみ］……77
鵜甘部乙麻呂［うかいべのおとまろ］……77
鵜養部目都良売［うかいべのめずらめ］……77
宇漢米公阿多奈麿［うかめのきみあたなまろ］……77
宇漢迷公宇屈波宇［うかめのきみうくはう］……77
宇漢米公何毛伊［うかめのきみかもい］……77
宇漢迷公色男［うかめのきみしこお］……77
宇漢米公毛志［うかめのきみもし］……77
兎子直［うさぎこのあたい］……243
宇佐公池守［うさのきみいけもり］……77
宇佐君貴文［うさのきみたかふみ］……78
宇佐宿禰相規［うさのすくねあいのり］……78
牛鹿恵〔画〕師足嶋［うじかのえしたるしま］……79
宇自賀〔可〕臣山道［うじかのおみやまじ］……79
牛鹿小道［うじかのこみち］……79
汗汜吉志［うしきし］……446
宇治宿禰常永［うじのすくねつねなが］……78
宇治宿禰丹生麻呂［うじのすくねにうまろ］……78
宇治宿禰春宗［うじのすくねはるむね］……78
牛守部小成［うしもりべのおなり］……79
太秦公宿禰是雄［うずまさのきみのすくねこれお］……80
太秦公宿禰（秦宿禰<寸忌・公>、秦下）嶋麻呂［うずまさのきみのすくねしままろ］……79・370
大秦公宿禰（秦忌寸）永岑［うずまさのきみのすくねながみね］……80
太秦公宿禰眉刀自［うずまさのきみのすくねまゆとじ］……80

太秦公宿禰相益［うずまさのきみのすくねみます］……80
太秦公宿禰宅守［うずまさのきみのすくねやかもり］……80
太秦公宿禰行康［うずまさのきみのすくねゆきやす］……80
菟田首大魚［うだのおびとおおうお《おおな》］……80
内臣東人［うちのおみあずまひと］……81
内臣石敷［うちのおみいわしき］……81
内臣咋麻呂［うちのおみくいまろ］……81
内臣田次［うちのおみたすき］……81
内真人石田［うちのまひといしだ］……81
内真人糸井［うちのまひといとい］……81
内真人等美［うちのまひととみ］……81
宇智真人（完人）豊公［うちのまひととよきみ］……164
内原直真玉売［うちはらのあたいまたまめ］……81
内原直牟羅［うちはらのあたいむら］……81
台直須弥［うてなのあたいすみ］……82
台忌寸国依［うてなのいみきくにより］……82
台忌寸是真［うてなのいみきこれまさ］……82
台忌寸助範［うてなのいみきすけのり］……82
台忌寸麻呂［うてなのいみきまろ］……82
台忌寸家継［うてなのいみきやかつぐ］…82・194
台忌寸八嶋［うてなのいみきやしま］……81
海上真人清〔浄〕水［うなかみのまひときよみず］……82
海上真人真直［うなかみのまひとまさなお］……82
海上真人三狩［うなかみのまひとみかり］……82
菟名手［うなて］……202
雲梯造（伯徳）諸足［うなてのみやつこもろたり］……82
雲梯連（伯徳）広足［うなてのむらじひろたり］……82
雲梯連（伯徳）広道［うなてのむらじひろみち］……82
海原造（金）五百依［うなはらのみやつこいおより］……83
海原連（金）肆順［うなはらのむらじしじゅん］……83
宇奴首男人［うぬのおびとおひと］……83
畝火宿禰清〔浄〕永［うねびのすくねきよなが］……83
畝火豊足［うねびのとよたり］……84
采女朝臣竹羅［うねめのあそんちくら］……84
采女朝臣人〔比等〕［うねめのあそんひと］……84
采女朝臣（臣）家足［うねめのあそんやかたり］……85
采女朝臣（臣）家麻呂［うねめのあそんやかまろ］……85
采女直玉手売［うねめのあたいたまてめ］……85
采女直真嶋［うねめのあたいましま］……85
采女臣国嶋［うねめのおみくにしま］……85
采女臣摩礼志［うねめのおみまれし］……84
茨木〔城〕角万呂［うばらきのつのまろ］……85
馬飼首歌依［うまかいのおびとうたより］……86
馬飼首名瀬氷［うまかいのおびとなせひ］……86
馬飼首守石［うまかいのおびともりいし］……86
馬史伊麻呂［うまのふひといまろ］……85・295
浦上臣（去返公）嶋子［うらがみのおみしまこ］……87
浦田臣史闔儺［うらたのおみしこな］……87
浦田臣山人［うらたのおみやまひと］……87
卜部赤男［うらべのあかお］……88
卜部恵比［うらべのえひ］……88
卜部乙屎麻呂［うらべのおぐそまろ］……88
卜部首羊［うらべのおびとひつじ］……88
卜部川知麻呂［うらべのかわともまろ］……88
卜部久良麻呂［うらべのくらまろ］……88
卜部志都麻呂［うらべのしつまろ］……88
占部宿禰（卜部）雄貞［うらべのすくねおさだ］……88
卜部宿禰平麿［うらべのすくねひらまろ］……88
卜部乃母曽［うらべののもそ］……88
羽林連（鯨）兄麻呂（＝恵耀）［うりんのむらじえまろ（＝えよう）］……486
漆島大名［うるしじまのおおな］……89
漆島清貞［うるしじまのきよさだ］……89

【え】

詠［えい］……243・280
永興［えいこう］……63
衛満公［えいまんこう］……399
会賀臣（私）吉備人［えがのおみきびひと］……90
会賀臣（私）真縄〔綱〕［えがのおみまつな］…90
殖栗連息麻呂［えぐりのむらじおきまろ］……90
殖栗連浄成［えぐりのむらじきよなり］……90
殖栗連（殖栗占連）咋麻呂［えぐりのむらじくいまろ］……90

殖栗連（殖栗物部）名代［えぐりのむらじなしろ］……90
殖栗連宗継［えぐりのむらじむねつぐ］……90
依知秦公門守［えちのはたのきみかどもり］……91
朴市秦造田来津［えちのはたのみやつこたくつ］……91
江沼臣入鹿［えぬまのおみいるか］……91
江沼臣大海［えぬまのおみおおみ］……91
江沼臣武良士［えぬまのおみむらじ］……91
江渟臣裾代［えぬ（ま）のおみもしろ］……91
榎井朝臣大嶋［えのいのあそんおおしま］……92
榎井朝臣（連）拤麻呂［えのいのあそんかせきまろ］……92
榎井朝臣（春世宿禰）嶋公［えのいのあそんしまきみ］……382
榎井朝臣（春世宿禰）嶋長［えのいのあそんしまなが］……382
榎井朝臣（春世宿禰）嶋人［えのいのあそんしまひと］……92・382
榎井朝臣種人［えのいのあそんたねひと］……92
榎井朝臣倭麻呂［えのいのあそんやまとまろ］……92
衣君県［えのきみあがた］……89
衣君弖自美［えのきみてじみ］……89
榎本直虫麻呂［えのもとのあたいむしまろ］……93
榎本勝牟久提売［えのもとのすぐりむくてめ］……93
榎原忌寸全吉［えはらのいみきたけよし］……93
榎原忌寸良員［えはらのいみきよしかず］……93
円興［えんこう］……165
袁常照［えんじょうしょう］……378
延挐王［えんだおう］……216
延典王［えんてんおう］……223
袁濤塗［えんとうと］……197
円仁［えんにん］……437
燕怒利尺干［えんぬりしゃくかん］……394
役優婆塞［えんのうばそく］……94
役君小角［えんのきみおづぬ］……94
役連豊足［えんのむらじとよたり］……94

【お】

王安高［おうあんこう］……250
王孫許里公［おうそんこりのきみ］……227・400
王多宝［おうたほう］……418
王仲〔中〕文（＝東楼）［おうちゅうもん（＝とうろう）］……94
王文度［おうぶんたく］……317・459・462
淡海朝臣（真人）秋野［おうみのあそんあきの］……351
淡海朝臣（永世朝臣）有守［おうみのあそんありもり］……95・351
淡海朝臣（真人）最弟［おうみのあそんいろと］……351
淡海朝臣（永世真人）志我［おうみのあそんしが］……95・351
淡海朝臣（真人）高主［おうみのあそんたかぬし］……351
淡海朝臣（美作真人）豊庭［おうみのあそんとよにわ］……437
淡海朝臣（永世真人）仲守［おうみのあそんなかもり］……351
淡海朝臣（真人）浜成［おうみのあそんはまなり］……95・351
淡海朝臣（永世朝臣）宗守［おうみのあそんむねもり］……351
淡海朝臣（真人）安江［おうみのあそんやすえ］……351
淡海真人御船［おうみのまひとみふね］……95
大県主黒海［おおあがたぬしのくろあま］……97
大県宿禰安永［おおあがたのすくねやすなが］……97
大県史（和徳史）竜麻呂［おおあがたのふひとたつまろ］……96・491
大県史末呂［おおあがたのふひとまろ］……97
大県道継［おおあがたのみちつぐ］……97
大県連百枝女［おおあがたのむらじももえめ］……97
大県連百枚女［おおあがたのむらじももひらめ］……97
大荒木臣（荒木臣）忍国［おおあらきのおみおしくに］……37・97
大荒木臣忍山［おおあらきのおみおしやま］……97
大荒木臣浄川［おおあらきのおみきよかわ］……97
大荒木臣玉刀自［おおあらきのおみたまとじ］……97
大石忌寸福麻呂［おおいしのいみきふくまろ］……98
大市首益山［おおいちのおびとますやま］……98
大市造小坂［おおいちのみやつこおさか］……98
大市部歳女［おおいちべのとしめ］……98

大炊刑部縄万呂［おおいのおさかべのなわまろ］……98
大炊刑部造蓑麿［おおいのおさかべのみやつこみのまろ］……98
大井連（後部高）呉野［おおいのむらじくれの］……217
大枝朝臣朝綱［おおえのあそんあさつな］……99
大枝朝臣氏雄［おおえのあそんうじお］……99
大枝朝臣氏子［おおえのあそんうじこ］……99
大枝朝臣氏麻呂［おおえのあそんうじまろ］……99
大枝朝臣（高野朝臣）乙継［おおえのあそんおとつぐ］……98
大枝朝臣（広江連）乙枚〔枝〕［おおえのあそんおとひら〔え〕］……99・390
大枝朝臣音人［おおえのあそんおとんど］……99
大枝朝臣維時［おおえのあそんこれとき］……99
大枝朝臣（土師）菅麻呂［おおえのあそんすがまろ］……98
大枝朝臣直臣［おおえのあそんただおみ］……99
大枝朝臣継吉［おおえのあそんつぐよし］……99
大枝朝臣長人［おおえのあそんながひと］……99
大枝朝臣永山［おおえのあそんながやま］……99・390
大枝朝臣広元［おおえのあそんひろもと］……99
大枝朝臣福成［おおえのあそんふくなり］……99
大枝朝臣総成［おおえのあそんふさなり］……99
大枝朝臣（土師宿禰）真妹［おおえのあそんまいも］……98
大枝朝臣匡衡［おおえのあそんまさひら］……99
大枝朝臣匡房［おおえのあそんまさふさ］……99
大枝朝臣（菅原）真仲［おおえのあそんまなか］……98
大枝朝臣諸上〔土カ〕［おおえのあそんもろうえ］……99
大枝朝臣（土師宿禰）諸士［おおえのあそんもろし］……9
大枝朝臣万麻呂［おおえのあそんよろずまろ］……99
大崗忌寸（倭画師）恵尊［おおおかのいみきえそん］……100・469
大岡忌寸（倭画師）種麻呂［おおおかのいみきたねまろ］……100・469
大崗宿禰（忌寸）豊継［おおおかのすくねとよつぐ］……100
大麻部猪万呂［おおおみべのいまろ］……100
大麻部古万呂［おおおみべのこまろ］……100
大麻部鳥万呂［おおおみべのとりまろ］……100
大春日朝臣赤兄［おおかすがのあそんあかえ］……149
大春日朝臣穎雄［おおかすがのあそんえいお］……102・149
大春日朝臣（春日臣・春日部）雄継［おおかすがのあそんおつぐ］……102
大春日朝臣清足［おおかすがのあそんきよたり］……149
大春日朝臣真野麻呂［おおかすがのあそんまのまろ］……102
大春日朝臣家主［おおかすがのあそんやかぬし］……149
大春日朝臣安永［おおかすがのあそんやすなが］……102
大春日朝臣（壱志宿禰<公>）吉野［おおかすがのあそんよしの］……63・102
大春日朝臣善道［おおかすがのあそんよしみち］……102
大春日朝臣良棟［おおかすがのあそんよしむね］……102
大鹿石別［おおかのいしわく］……101
大鹿臣子虫［おおかのおみこむし］……101
意宝荷羅支王［おおからきおう］……16・270・434
大辛刀自売［おおからのとじめ］……103
大私直真継［おおきさきべのあたいまつぐ］……103
大私部首足国［おおきさきべのおびとたるくに］……103
大私造上麻呂［おおきさきべのみやつこかみまろ］……103
大分君恵尺［おおきたのきみえさか］……103
大分君稚見〔臣〕［おおきたのきみわかみ］……103
大国忌寸木主（＝景国）［おおくにのいみききぬし（＝けいこく）］……103
大国忌寸福雄［おおくにのいみきふくお］……103
大窪史阿古［おおくぼのふひとあこ］……104
大窪史五百足［おおくぼのふひといおたり］……104
大蔵朝臣（忌寸）善行［おおくらのあそんよしゆき］……105
大蔵直広隅［おおくらのあたいひろすみ］……105
大蔵春実［おおくらのはるざね］……105
大狛連（造）足坏［おおこまのむらじあしつき］……106
大狛連（狛造）千金［おおこまのむらじちかね］

……106
大狛連（造）百枝［おおこまのむらじももえ］
……106
大坂広川［おおさかのひろかわ］……106
大坂広成［おおさかのひろなり］……106
大貞連貞岡［おおさだのむらじさだおか］……106
大貞連（大俣連）千継［おおさだのむらじちつぐ］
……106
大貞連（大俣連）福貴麻呂［おおさだのむらじふきまろ］……106
大貞連（大俣連）福山［おおさだのむらじふくやま］……106
大貞連（大俣連）三田次［おおさだのむらじみたすき］……106
大〔凡〕海宿禰麁浦［おおしうみのすくねあらかま］……108
凡海連興志［おおしうみのむらじこし］……108
凡海連豊成［おおしうみのむらじとよなり］…108
大河内直味張［おおしこうちのあたいあじはり］
……108
凡河内直香賜［おおしこうちのあたいかたぶ］
……108
凡河内忌寸石麻呂［おおしこうちのいみきいしまろ］……108
凡公（直）千継［おおしのきみちつぐ］……245
凡人部大足［おおしひとべのおおたり］……109
凡人部万呂［おおしひとべのまろ］……109
凡人部安万呂［おおしひとべのやすまろ］……109
大鈴［おおすず］……289
大隅直坂麻呂［おおすみのあたいさかまろ］…109
大隅忌寸公〔君〕足［おおすみのいみききみたり］
……109
大住忌寸三行［おおすみのいみきみゆき］……109
大住隼人黒売［おおすみのはやとくろめ］……109
大住隼人縵売［おおすみのはやとゆめめ］……109
大滝宿禰（奈良己智）豊継［おおたきのすくねとよつぐ］……355
大田祝山直男足［おおたのはふりやまのあたいおたり］……110
大父直［おおちのあたい］……84
大津宿禰（造）大浦［おおつのすくねおおうら］
……110
大津造広人［おおつのみやつこひろひと］……110
大津連（造）船人［おおつのむらじふなひと］
……110
大津連（造）元休［おおつのむらじもとひさ］
……110
大伴直（大伴山前連）方麻呂［おおとものあたいかたまろ］……113
大伴大田宿禰（連）沙弥麻呂［おおとものおおたのすくねさみまろ］……113
大伴大連金村［おおとものおおむらじかなむら］
……111・335・348
大伴大連室屋［おおとものおおむらじむろや］
……111・231
大伴語連［おおとものかたりのむらじ］……231
大伴加爾古連［おおとものかにこのむらじ］…348
大伴宿禰旅人［おおとものすくねたびと］……111
大伴宿禰家持［おおとものすくねやかもち］…111
大伴連磐［おおとものむらじいわ］……111
大伴連談［おおとものむらじかたり］……111
大伴連（大伴山前連）清滝［おおとものむらじきよたき］……113
大伴連咋［おおとものむらじくい］……111
大伴連狭手彦［おおとものむらじさでひこ］…111
大伴連高樹［おおとものむらじたかき］……113
大伴連長徳（＝馬飼）［おおとものむらじながとこ（＝うまかい）］……111
大伴連吹負［おおとものむらじふけい］……111
大伴連馬来田［おおとものむらじまぐた］……111
大伴連御行［おおとものむらじみゆき］……111
大伴連安麻呂［おおとものむらじやすまろ］…111
大伴部（糸井部）袁胡［おおともべのおこ］……65
大鳥足［おおとりのあし］……114
大鳥国益［おおとりのくにます］……114
大鳥倉人［おおとりのくらひと］……114
大鳥真高［おおとりのまたか］……114
大鳥道足［おおとりのみちたり］……114
大鳥連大麻呂［おおとりのむらじおおまろ］…114
大鳥連祖足［おおとりのむらじおやたり］……114
大鳥連高［おおとりのむらじたかし］……114
大鳥連高人［おおとりのむらじたかひと］……114
大鳥連千足［おおとりのむらじちたり］……114
大鳥連春人［おおとりのむらじはるひと］……114
大鳥連史麻呂［おおとりのむらじふみまろ］…113
大鳥連夜志久爾［おおとりのむらじやしくに］
……114
大中臣朝臣（中臣朝臣）伊度人［おおなかとみのあそんいとひと］……115
大中臣朝臣（中臣朝臣）清麻呂［おおなかとみの

あそんきよまろ]……………………………114
大中臣朝臣子老［おおなかとみのあそんこおゆ]
……………………………………………115
大中臣朝臣（中臣朝臣）坂田麻呂［おおなかとみのあそんさかたまろ]………………………115
大中臣朝臣（中臣朝臣）定成［おおなかとみのあそんさだなり]…………………………………114
大中臣朝臣（中臣朝臣）鷹主［おおなかとみのあそんたかぬし]…………………………………114
大中臣朝臣淵魚［おおなかとみのあそんふちうお]……………………………………………115
大中臣朝臣（中臣朝臣）船長［おおなかとみのあそんふななが]…………………………………114
大中臣朝臣諸魚［おおなかとみのあそんもろお]
……………………………………………115
大中臣朝臣（中臣朝臣）宅成［おおなかとみのあそんやかなり]…………………………………114
大中臣朝臣安則［おおなかとみのあそんやすのり]……………………………………………115
大中臣朝臣良臣［おおなかとみのあそんよしおみ]……………………………………………115
大庭臣（白猪臣）證人［おおにわのおみあかしひと]…………………………………115・262
大庭臣（白猪臣）大足［おおにわのおみおおたり]
…………………………………………115・262
大庭由布足［おおにわのゆふたり]……………115
意保尼王（＝大根使主）［おおねおう（＝おおねのおみ)]……………………………………………412
大根使主［おおねのおみ]………………………270
多朝臣犬養［おおのあそんいぬかい]……………95
多朝臣入鹿［おおのあそんいるか]………………96
太〔多〕朝臣（金刺舎人）貞長［おおのあそんさだなが]…………………………………96・157
多朝臣人長［おおのあそんひとなが]……………96
太朝臣安麻呂［おおのあそんやすまろ]…………95
於保磐城臣（丈部）山際［おおのいわきのおみやまぎわ]……………………………………73・96
多臣蔣敷［おおのおみこもしき]…………………95
多臣品治［おおのおみほんち]……………………95
多宿禰（臣）自然麻呂［おおのすくねじねんまろ]
……………………………………………96
大野朝臣東人［おおののあそんあずまひと]…116
大野君果安［おおののきみはたやす]…………116
大原祖父麻呂［おおはらのそふまろ]…………117
大原史魚次［おおはらのふひとうおつぎ]……117
大原史国持［おおはらのふひとくにもち]……117
大原真人赤麻呂（＝忍坂王）［おおはらのまひとあかまろ（＝おしさかおう)]……………………117
大原真人今木〔城〕［おおはらのまひといまき]
……………………………………………116
大原真人門部［おおはらのまひとかどべ]……116
大原真人桜井［おおはらのまひとさくらい]…116
大原真人高安［おおはらのまひとたかやす]…116
大原真人美気［おおはらのまひとみけ]………117
大原連家主［おおはらのむらじやかぬし]……117
大御田足尼〔意富弥多宿禰〕［おおみたのすくね]
……………………………………………319
大神朝臣伊可保［おおみわのあそんいかほ]…118
大神朝臣（大神波多公）石持［おおみわのあそんいしもち]……………………………………119
大神朝臣（大神私部公）猪養［おおみわのあそんいのかい]……………………………………119
大神朝臣忍人［おおみわのあそんおしひと]…119
大神〔三輪〕朝臣（神直）己井［おおみわのあそんおのい]……………………………119・445
大神朝臣（神直）木並［おおみわのあそんこなみ]
…………………………………………119・444
大神〔三輪〕朝臣高市麻呂［おおみわのあそんたかいちまろ]……………………………………119
大神朝臣（大神）田麻呂［おおみわのあそんたまろ]……………………………………………119
大神朝臣（大神引田公）足人［おおみわのあそんたるひと]……………………………119・385
大神朝臣（神直）虎主［おおみわのあそんとらぬし]……………………………………119・444
大神朝臣（真神田朝臣）全雄［おおみわのあそんまたお]……………………………………119・410
大神朝臣（和邇子）真麻呂［おおみわのあそんまろ]……………………………………119・492
大神朝臣（大神）杜女［おおみわのあそんもりめ]
……………………………………………119
大神朝臣安麻呂［おおみわのあそんやすまろ]
……………………………………………119
大神朝臣（真神田朝臣）良臣［おおみわのあそんよしおみ]…………………………………410
大三輪大友主君［おおみわのおおともぬしのきみ]……………………………………………444
大神楉田朝臣（楉田勝）愛比［おおみわのしもとだのあそんえひ]……………………………261
大神宅女［おおみわのやかめ]…………………119

大三輪真上田子人君［おおみわまかんだのこびとのきみ］……410
大村直福吉〔善〕［おおむらのあたいふくよし］……119
大宅朝臣家長［おおやけのあそんいえなが］…120
大宅朝臣馬長［おおやけのあそんうまなが］…120
大宅朝臣大国［おおやけのあそんおおくに］…120
大宅朝臣小国［おおやけのあそんおくに］……120
大宅朝臣賀是麻呂［おおやけのあそんかぜまろ］……120
大宅朝臣金弓［おおやけのあそんかなゆみ］…120
大宅朝臣兼麻呂［おおやけのあそんかねまろ］……120
大宅朝臣君子［おおやけのあそんきみこ］……120
大宅朝臣浄統［おおやけのあそんきよむね］…120
大宅朝臣近直［おおやけのあそんちかなお］…120
大宅朝臣年雄［おおやけのあそんとしお］……120
大宅朝臣人成［おおやけのあそんひとなり］…120
大宅朝臣広麻呂［おおやけのあそんひろまろ］……120
大宅朝臣（臣）福主［おおやけのあそんふくぬし］……120
大宅朝臣麻呂［おおやけのあそんまろ］………120
大宅朝臣宗永［おおやけのあそんむねなが］…120
大宅朝臣諸姉［おおやけのあそんもろね］……120
大宅朝臣宅女［おおやけのあそんやかめ］……120
大宅首小万呂［おおやけのおびとこまろ］……121
大宅首佐波［おおやけのおびとさわ］…………121
大宅首鷹取［おおやけのおびとたかとり］……121
大宅首童子［おおやけのおびとわらわこ］……121
大宅臣軍［おおやけのおみいくさ］……………120
大宅臣鎌柄［おおやけのおみかまつか］………120
大宅臣園継［おおやけのおみそのつぐ］………120
大宅臣広足［おおやけのおみひろたり］………120
大宅臣美都良［おおやけのおみみずら］………120
大宅酒名［おおやけのさかな］…………………120
大宅立足［おおやけのたてたり］………………120
大宅恒行［おおやけのつねゆき］………………120
大宅年足［おおやけのとしたり］………………120
大宅豊宗［おおやけのとよむね］………………120
大宅人上［おおやけのひとがみ］………………120
大宅広方［おおやけのひろかた］………………120
大宅広門［おおやけのひろかど］………………120
大宅真人（国見真人）真城［おおやけのまひとまき］……121・204
大宅諸上［おおやけのもろかみ］………………120
大山忌寸（大石村主）男足［おおやまのいみきおたり］……97・121
大網君広道［おおよさみのきみひろみち］……121
大別君［おおわけのきみ］………………………72
岡田秋麻呂［おかだのあきまろ］………………122
岡田臣（佐婆部首）牛養［おかだのおみうしかい］……122・246
岡田村主石人［おかだのすぐりいわひと］……122
岡田村主姑女［おかだのすぐりおばめ］………122
岡上連弟継［おかのえのむらじおとつぐ］……122
丘上連（刀利）甲斐麻呂［おかのえのむらじかいまろ］……122・333
岡上連綱［おかのえのむらじつな］……………122
岡真人細川［おかのまひとほそかわ］…………122
岡真人和気［おかのまひとわけ］………………122
岡連（市往）泉麻呂［おかのむらじいずみまろ］……63・122
岡連君子［おかのむらじきみこ］………………122
岡屋首今麿［おかのやのおびといままろ］……123
岡屋君石足［おかのやのきみいわたり］………122
岡屋君大津万呂［おかのやのきみおおつまろ］……122
岡屋公麻呂［おかのやのきみまろ］……………122
岡原真人岡山［おかはらのまひとおかやま］…123
岡原真人広岡［おかはらのまひとひろおか］…123
小鹿火宿禰［おかひのすくね］…………………317
岡本忌寸（台忌寸）小麻呂［おかもとのいみきおまろ］……123
岡本忌寸（台忌寸）宿奈麻呂［おかもとのいみきすくなまろ］……82
岡本真人愛智［おかもとのまひとえち］………123
岡本真人継成［おかもとのまひとつぐなり］…123
岡本真人浜名［おかもとのまひとはまな］……123
岡本真人船城［おかもとのまひとふなしろ］…123
置始臣鯛女［おきそめのおみたいめ］…………123
置始連秋山［おきそめのむらじあきやま］……123
置始連菟［おきそめのむらじうさぎ］…………123
置始連大伯〔多久〕［おきそめのむらじおおく］……123
息長丹生真人大国［おきながのにうのまひとおおくに］……125
息長真人忍麻呂［おきながのまひとおしまろ］……124
息長真人臣足［おきながのまひとおみたり］…124

息長真人老［おきながのまひとおゆ］…………124
息長真人刀禰麻呂［おきながのまひとととねまろ］
……………………………………………………124
息長真人福麿［おきながのまひとふくまろ］…124
息長真人真野売［おきながのまひとまのめ］…124
息長山田公［おきながのやまだのきみ］………124
興野宿禰（矢田部）貞成［おきののすくねさだなり］……………………………………126・462
興野宿禰（矢田部）聡耳［おきののすくねふさみみ］……………………………………126・462
雄儀連（手人造）石勝［おぎのむらじいわかつ］
……………………………………………123・320
興原宿禰（物部中原宿禰・物部）敏久［おきはらのすくねとしひさ］……………………………126
興道宿禰（門部連）名継［おきみちのすくねなつぐ］……………………………………126・156
興統公（小槻山公）家嶋［おきむねのきみいえしま］……………………………126・133・134
興世朝臣（吉田宿禰）高世［おきよのあそんたかよ］……………………………………126・188
興世朝臣（吉田宿禰）書主［おきよのあそんふみぬし］…………………………………126・187
憶徳［おくとく］………………………………217
憶礼福留［おくらいふくる］………………56・126
雄坂造（上部）君足［おさかのみやつこきみたり］
……………………………………………………262
刑部首弟宮子［おさかべのおびとおとみやこ］
……………………………………………………128
刑部首夏継［おさかべのおびとなつつぐ］……128
刑部造韓国［おさかべのみやつこからくに］…128
刑部靫部阿利斯登［おさかべのゆげいのありしと］………………………………15・128・476
他田臣国足［おさだのおみくにたり］…………128
他田臣万呂［おさだのおみまろ］………………128
他田小豊［おさだのこ《お》とよ］……………129
他田舎人国麻呂［おさだのとねりくにまろ］…128
他田豊足［おさだのとよたり］…………………129
他田日奉部直神護［おさだのひまつりべのあたいじんご］…………………………………………128
他田水主［おさだのみぬし］……………………129
他田山足［おさだのやまたり］…………………129
他田部君足人［おさだべのきみたるひと］……128
意薩連（公）広足［おさつのむらじひろたり］
……………………………………………………129
意薩連（公）持麻呂［おさつのむらじもちまろ］
……………………………………………………129
他戸首千与本［おさべのおびとちよもと］……129
他戸平麻呂［おさべのひらまろ］………………129
牡鹿連猪手［おしかのむらじいて］……………130
牡鹿連息継［おしかのむらじおきつぐ］………130
忍坂直大摩侶［おしさかのあたいおおまろ］…130
忍坂忌寸乙万呂［おしさかのいみきおとまろ］
……………………………………………………130
忍坂忌寸成麻呂［おしさかのいみきなりまろ］
……………………………………………………130
忍坂冠［おしさかのかんむり］…………………130
忍坂清売［おしさかのきよめ］…………………130
忍坂古万呂［おしさかのこまろ］………………130
刑坂宿禰本継［おしさかのすくねもとつぐ］…130
忍坂墨坂［おしさかのすみさか］………………130
忍坂友依［おしさかのともより］………………130
忍坂広浜［おしさかのひろはま］………………130
忍坂万呂［おしさかのまろ］……………………130
忍坂連秋子［おしさかのむらじあきこ］………130
忍海上連薬［おしぬみのかみのむらじくすり］
……………………………………………………131
忍海造小竜［おしぬみのみやつこおたつ］……131
忍海《原》連広次［おしぬみ《はら》のむらじひろすき］……………………………………………131
忍海部造細目［おしぬみべのみやつこほそめ］
……………………………………………………131
億斯富使主［おしふみのおみ］…………………386
小須須［おすす］………………………………289
雄蘇利紀王［おそりきおう］……………………467
小田臣豊郷［おだのおみとよさと］……………132
小田臣根成［おだのおみねなり］………………132
小田臣枚床［おだのおみひらとこ］……………132
小田遂津［おだのもろつ］………………………132
越智直飛鳥麻呂［おちのあたいあすかまろ］…132
越智直東人［おちのあたいあずまひと］………132
越智直入立［おちのあたいいりたち］…………133
越智直蜷淵［おちのあたいになぶち］…………132
越智直広江［おちのあたいひろえ］……………132
越智直広国［おちのあたいひろくに］…………132
越智宿禰（直）年足［おちのすくねとしたり］
……………………………………………………133
越智宿禰（直）広成［おちのすくねひろなり］
……………………………………………………133
落別王［おちわけおう］…………………………134
小槻宿禰奉親［おづきのすくねともちか］……133

小槻宿禰（阿保朝臣）当平［おづきのすくねまさひら］……133
小槻山君広虫［おづきのやまのきみひろむし］……133・134
尾津君阿久多［おつのきみあくた］……133
尾津君荒鷹［おつのきみあらたか］……133
音太部東人［おとほべのあずまひと］……134
音太部乙嶋［おとほべのおとしま］……134
音太部子虫［おとほべのこむし］……134
音太部鳥万呂［おとほべのとりまろ］……134
音太部野上［おとほべののがみ］……134
小野朝臣石根［おののあそんいわね］……135
小野朝臣牛養［おののあそんうしかい］……135
小野朝臣馬養［おののあそんうまかい］……135
小野朝臣毛人［おののあそんえみし］……136
小野朝臣小贄［おののあそんおにえ］……135
小野朝臣老［おののあそんおゆ］……135
小野朝臣毛野［おののあそんけの］……135
小野朝臣滋野［おののあそんしげの］……135
小野朝臣篁［おののあそんたかむら］……135
小野朝臣田守［おののあそんたもり］……135
小野朝臣竹良［おののあそんちくら］……135
小野朝臣永見［おののあそんながみ］……135
小野朝臣当岑［おののあそんまさみね］……136
小野朝臣岑守［おののあそんみねもり］……135
小野臣妹子［おののおみいもこ］……135
小野臣袁射比売［おののおみおいひめ］……136
小橋公石正［おばしのきみいわまさ］……136
小橋豊嶋［おばしのとよしま］……136
小泊瀬造粟麻呂［おはつせのみやつこあわまろ］……137
小長谷連常人［おはつせのむらじつねひと］…137
小治田朝臣水内［おはりたのあそんみずうち］……137
小治田朝臣諸成［おはりたのあそんもろなり］……137
小治田朝臣諸人［おはりたのあそんもろひと］……137
小治田朝臣安麻呂［おはりたのあそんやすまろ］……137
小墾田猪手［おはりたのいて］……137
小墾田臣麻呂［おはりたのおみまろ］……137
小治田宿禰年足［おはりたのすくねとしたり］……137
小治田宿禰人君〔公〕［おはりたのすくねひときみ］……137
麻績連公豊世［おみのむらじのきみとよよ］…138
麻績連広背［おみのむらじひろせ］……138
小山部真成［おやまべのまなり］……139
男捄連（高）益信［おゆかのむらじやくしん］……139・216
意里都解［おりつげ］……321
乎留和斯知［おるわしち］……168
尾治国造族伊加都知［おわりのくにのみやつこのやからいかつち］……140
尾治国造族意弥奈売［おわりのくにのみやつこのやからおみなめ］……140
尾治宿禰（連）牛麻呂［おわりのすくねうしまろ］……139
尾張宿禰大隅［おわりのすくねおおすみ］……139
尾張宿禰小倉［おわりのすくねおぐら］……140
尾張宿禰乎己志［おわりのすくねおこし］……139
尾張宿禰弟広［おわりのすくねおとひろ］……139
尾張宿禰久玖利［おわりのすくねくくり］……139
尾張宿禰（小治田連）薬［おわりのすくねくすり］……137・139
尾張宿禰人足［おわりのすくねひとたり］……139
尾張宿禰（連）馬身［おわりのすくねまみ］…139
尾張宿禰安郷［おわりのすくねやすさと］……139
尾張宿禰安文［おわりのすくねやすふみ］……139
尾張宿禰（小塞宿禰）弓張［おわりのすくねゆみはり］……140
尾治宿禰（連）若子麻呂［おわりのすくねわかごまろ］……139
尾張益城宿禰（尾張）豊国［おわりのましきのすくねとよくに］……140
尾張連吾襲［おわりのむらじあそ］……139
尾張連石弓［おわりのむらじいしゆみ］……139
尾張連牛養［おわりのむらじうしかい］……140
尾張連草香［おわりのむらじくさか］……139
尾張連田主［おわりのむらじたぬし］……139
尾張連族酒虫売［おわりのむらじのやからさかむしめ］……140
尾張連族刀自売［おわりのむらじのやからとじめ］……140
尾張連宮守［おわりのむらじみやもり］……139
恩地神主広人［おんちのかんぬしひろひと］…140
恩地貞吉［おんちのさだよし］……140

【か】

蓋寛饒［がいかんじょう］……482
亥陽君［がいようくん］……312
楓朝臣（若倭部）氏世［かえでのあそんうじよ］……141
楓朝臣（若倭部）貞氏［かえでのあそんさだうじ］……141
楓朝臣（若倭部）貞道［かえでのあそんさだみち］……141
楓朝臣広永［かえでのあそんひろなが］……141
各牟宿禰隆成［かがみのすくねたかなり］……141
各牟勝小牧［かがみのすぐりおまき］……141
各牟勝族田弥売［かがみのすぐりのやからたやめ］……141
賈義持［かぎじ］……145
柿本朝臣市守［かきのもとのあそんいちもり］……141
柿本朝臣猪養［かきのもとのあそんいのかい］……141
柿本朝臣枝成［かきのもとのあそんえだなり］……142
柿本朝臣弟兄［かきのもとのあそんおとえ］…142
柿本朝臣弟足［かきのもとのあそんおとたり］……142
柿本朝臣（臣）猨〔佐留〕［かきのもとのあそんさる］……141
柿本朝臣建石［かきのもとのあそんたていわ］……141
柿本朝臣浜名［かきのもとのあそんはまな］…141
柿本朝臣人麻呂［かきのもとのあそんひとまろ］……141
柿本朝臣安吉［かきのもとのあそんやすよし］……142
柿本臣大足［かきのもとのおみおおたり］……142
柿本臣佐賀志［かきのもとのおみさがし］……142
柿本小玉［かきのもとのこだま］……142
柿本刀自女［かきのもとのとじめ］……142
柿本船長［かきのもとのふねなが］……142
柿本安永［かきのもとのやすなが］……142
柿本若子［かきのもとのわくご］……142
香山宿禰（連）清貞［かぐやまのすくねきよさだ］……142
賀祜臣祖継［かこのおみおやつぐ］……143
賀佐［かさ］……250
笠品宿禰（清友宿禰）魚引［かさしなのすくねうおひき］……195
笠品宿禰（清友宿禰）真岡［かさしなのすくねまおか］……195
笠朝臣（三尾臣）息長［かさのあそんおきなが］……418
笠朝臣金村［かさのあそんかなむら］……144
笠朝臣吉備麻呂［かさのあそんきびまろ］……144
笠朝臣（臣）気多麻呂［かさのあそんけたまろ］……144
笠朝臣（宇自可臣）武雄［かさのあそんたけお］……79
笠朝臣（三尾臣）永主［かさのあそんながぬし］……418
笠朝臣麻呂［かさのあそんまろ］……144
笠朝臣（印南野臣）宗雄［かさのあそんむねお］……68
笠臣今子売［かさのおみいまこめ］……423
笠臣乙売［かさのおみおとめ］……423
笠臣（三財部毗登）方麻呂［かさのおみかたまろ］……144・422
笠臣垂［かさのおみしだる］……144
笠臣田作［かさのおみたつくり］……423
笠臣諸石［かさのおみもろいわ］……144
蓋高麻呂［かさのたかまろ］……143
蓋〔笠〕人成［かさのひとなり］……143
風速直乙虫［かざはやのあたいおとむし］……145
風速直益吉女［かざはやのあたいますよしめ］……145
笠原直小杵［かさはらのあたいおき］……145
笠原直使主［かさはらのあたいおみ］……145
加志伎県主都麻理［かしきのあがたぬしつまり］……145
加志公嶋麻呂［かしのきみしままろ］……145
加志君和多利［かしのきみわたり］……145
柏原村主（桉作）磨心［かしはらのすぐりましん］……146・209
柏原広山［かしはらのひろやま］……146
柏原造種麻呂［かしはらのみやつこたねまろ］……146
柏原造奈兄佐［かしはらのみやつこなえさ］…146
膳東人［かしわでのあずまひと］……147
膳石別［かしわでのいしわけ］……147
膳臣余磯［かしわでのおみあれし］……147
膳臣斑鳩［かしわでのおみいかるが］……147

膳臣大丘［かしわでのおみおおおか］…………147
膳臣大伴［かしわでのおみおおとも］…………147
膳臣大麻呂［かしわでのおみおおまろ］………147
膳臣傾子［かしわでのおみかたぶこ］…………147
膳臣立岡［かしわでのおみたつおか］…………147
膳臣常道［かしわでのおみつねみち］…………147
膳臣長野［かしわでのおみながの］……………147
膳臣巴提便［かしわでのおみはすひ］…………147
膳臣広国［かしわでのおみひろくに］…………147
膳臣広売［かしわでのおみひろめ］……………147
膳臣百手売［かしわでのおみももてめ］………147
膳長屋［かしわでのながや］……………………147
春日小野臣大樹［かすがのおののおみおおき］
……………………………………………………135
春日日抓臣［かすがのひつめのおみ］…………148
春日真人田部［かすがのまひとたべ］…………148
春日和珥臣童女君［かすがのわにのおみおみなぎみ］…………………………………………102
春日和珥臣深目［かすがのわにのおみふかめ］
…………………………………………102・148
上総宿禰（檜前舎人直）建麻呂［かずさのすくねたけまろ］……………………………150・387
縵造忍勝［かずらのみやつこおしかつ］………150
縵連宇陀麻呂［かずらのむらじうだまろ］……150
縵連道継［かずらのむらじみちつぐ］…………150
縵連家継［かずらのむらじやかつぐ］…………150
堅井国足［かたいのくにたり］…………………150
肩野文主［かたののふみぬし］…………………151
片野連足島［かたののむらじたるしま］………151
語直蓑［かたりのあたいみの］…………………151
語臣猪麻呂［かたりのおみいまろ］……………151
語君小村［かたりのきみおむら］………………151
語部小衣［かたりべのおぎぬ］…………………152
語部小君［かたりべのおぎみ］…………………152
語部□支□［かたりべの□き□］………………152
語部君瓔［かたりべのきみえい］………………152
語部君族猪手［かたりべのきみのやからいて］
……………………………………………………152
語部首木［かたりべのくびき］…………………152
語部□子［かたりべの□こ］……………………152
語部刀自売［かたりべのとじめ］………………152
語部成主［かたりべのなりぬし］………………152
語部弘足［かたりべのひろたり］………………152
語部弘主［かたりべのひろぬし］………………152
語部広麻呂［かたりべのひろまろ］……………152
語部麻呂［かたりべのまろ］……………………152
語部三山［かたりべのみやま］…………………152
語部山麻呂［かたりべのやままろ］……………152
勝首益万呂［かちのおびとますまろ］…………152
葛木直貞岑［かづらきのあたいさだみね］……153
葛城直歳足［かづらきのあたいとしたり］……153
葛城臣烏那羅〔烏奈良・小楢〕［かづらきのおみおなら］…………………………………………154
葛城韓媛［かづらきのからひめ］………………154
葛木宿禰（毘登）立人［かづらきのすくねたちひと］…………………………………………153
葛木宿禰（連）戸主［かづらきのすくねへぬし］
……………………………………………………153
葛城円大臣［かづらきのつぶらのおおおみ］…154
葛城稚犬養連網田［かづらきのわかいぬかいのむらじあみた］…………………………………486
葛野飯刀自売［かどののいいとじめ］…………155
葛野大連馬甘［かどののおおむらじうまかい］
……………………………………………………155
葛野大連夫人売［かどののおおむらじおとひとめ］…………………………………………155
葛野大連小虫売［かどののおおむらじおむしめ］
……………………………………………………155
葛野大連古刀自売［かどののおおむらじことじめ］…………………………………………155
葛野大連玉売［かどののおおむらじたまめ］…155
葛野大連継足売［かどののおおむらじつぐたりめ］…………………………………………155
葛野大連継人［かどののおおむらじつぐひと］
……………………………………………………155
葛野大連縄売［かどののおおむらじなわめ］…155
葛野大連真虫売［かどののおおむらじまむしめ］
……………………………………………………155
葛野大連瓱麻呂［かどののおおむらじみかまろ］
……………………………………………………155
葛野大連虫麻呂［かどののおおむらじむしまろ］
……………………………………………………155
葛野臣広麻呂［かどののおみひろまろ］………155
葛野公維隻［かどののきみいそう］……………155
葛野羽衝［かどののはねつき］…………………155
葛野真咋女［かどののまくいめ］………………155
葛野連伊良売［かどののむらじいらめ］………155
葛野連乙麻呂［かどののむらじおとまろ］……155
葛野連古刀自売［かどののむらじことじめ］…155
葛野連古麻呂［かどののむらじこまろ］………155

葛野連古良売［かどののむらじこらめ］………155
葛野連古売［かどののむらじふるめ］…………155
葛野部伊志売［かどのべのいしめ］……………155
門部金［かどべのかね］…………………………156
門部連（直）大嶋［かどべのむらじおおしま］
……………………………………………………156
門部連御立［かどべのむらじみたて］…………156
香取連五百嶋［かとりのむらじいおしま］……156
金刺公成［かなさしのきみなり］………………157
金刺辰〔竜〕万呂［かなさしのたつまろ］……157
金刺舎人祖父麻呂［かなさしのとねりおおじまろ］……………………………………………157
金刺舎人連（金刺舎人）若嶋［かなさしのとねりのむらじわかしま］…………………………157
金刺舎人広名［かなさしのとねりひろな］
………………………………………………157・158
金刺舎人麻自［かなさしのとねりまじ］
………………………………………………157・158
金刺舎人八麻呂［かなさしのとねりやまろ］…157
金作部東人［かなつくりべのあずまひと］……158
金作部牟良［かなつくりべのむら］……………158
掃守首飯主女［かにもりのおびといいぬしめ］
……………………………………………………159
掃守首弟身［かにもりのおびとおとみ］………159
掃守首国勝［かにもりのおびとくにかつ］……159
掃守首女足女［かにもりのおびとめたりめ］…159
掃守首和爾太理［かにもりのおびとわにたり］
……………………………………………………159
掃守宿禰阿賀流［かにもりのすくねあかる］…159
掃守連小麻呂［かにもりのむらじおまろ］……159
掃守連角麻呂［かにもりのむらじつのまろ］…159
掃守連（連族）広山［かにもりのむらじひろやま］
……………………………………………………158
掃守部麻呂［かにもりべのまろ］………………159
掃守部夜和［かにもりべのやわ］………………159
賀禰公雄〔小〕津麻呂［かねのきみおつまろ］
……………………………………………………159
神麻績宿禰（連）子老［かみおみのすくねこおゆ］
……………………………………………………180
神麻績宿禰（連）足麻呂［かみおみのすくねたるまろ］…………………………………………180
神麻績宿禰（連）広目［かみおみのすくねひろめ］
……………………………………………………180
神社忌寸石嶋［かみこそのいみきいわしま］…161
神社忌寸老麿［かみこそのいみきおいまろ］…161
神社忌寸祖父麻呂［かみこそのいみきおおじまろ］……………………………………………161
神社忌寸河内［かみこそのいみきかわち］……161
神社福草［かみこそのさきくさ］………………161
上毛野阿曾美□［かみつけののあそみ□］……162
上毛野朝臣甥［かみつけののあそんおい］……162
上毛野朝臣小足［かみつけののあそんおたり］
……………………………………………………162
上毛野朝臣穎人［かみつけののあそんかいひと］
……………………………………………………303
上毛野朝臣足人［かみつけののあそんたるひと］
……………………………………………………162
上毛野朝臣（公、田辺史）難波［かみつけののあそんなにわ］…………………………51・162・303
上毛野胆沢公（胆沢公）毛人［かみつけののいさわのきみえみし］……………………………52
上毛野公大川［かみつけののきみおおかわ］…303
上毛野君形名［かみつけののきみかたな］……162
上野公竹合〔多奇波世・竹葉瀬〕［かみつけののきみたかはせ］……………………………51・272
上毛野君三千［かみつけののきみみち］………162
上毛野君稚子［かみつけののきみわくこ］……162
上毛野佐位朝臣（檜前部）老刀自［かみつけののさいのあそんおいとじ］………………………388
上毛野名取朝臣（吉弥侯部）大成［かみつけののなとりのあそんおおなり］……………………353
上毛野名取朝臣（吉弥侯部）老人［かみつけののなとりのあそんおゆひと］……………………353
上道朝臣千若［かみつみちのあそんちわか］…163
上道朝臣（臣）斐太都（＝正道）［かみつみちのあそんひたつ（＝まさみち）］……………………163
上道朝臣広成［かみつみちのあそんひろなり］
……………………………………………………163
上道臣息長借鎌［かみつみちのおみおきながのかしかま］………………………………………163
上道臣意穂［かみつみちのおみおほ］…………163
上道臣千代［かみつみちのおみちよ］…………163
上道臣牟射志［かみつみちのおみむさし］………68
上日佐玉売［かみのおさたまめ］………………161
賀美能宿禰（大秦公忌寸）浜刀自女［かみのすくねはまとじめ］………………………………80
上村主虫麻呂［かみのすぐりむしまろ］
………………………………………………160・285
神野真人（完人）浄主［かみののまひときよぬし］
……………………………………………………164

神野真人（完人）真依女［かみののまひとまよりめ］……164
上連（村主）五百〔十〕公［かみのむらじいお〔そ〕きみ］……160
上連稲実［かみのむらじいなみ］……160
賀室王［かむろおう］……422・426
鴨県主賀弖［かものあがたぬしかて］……166
賀茂県主（鴨禰宜真髪部）津守［かものあがたぬしつもり］……166
賀茂朝臣（鴨部）氏成［かものあそんうじなり］……165
賀茂朝臣（君）蝦夷［かものあそんえみし］…165
鴨朝臣堅麿［かものあそんかたまろ］……165
鴨朝臣吉備麻呂［かものあそんきびまろ］……165
賀茂朝臣（宿禰）関守［かものあそんせきもり］……165
賀茂朝臣成継［かものあそんなりつぐ］……165
賀茂朝臣根足［かものあそんねたり］……165
鴨朝臣治田［かものあそんはりた］……165
賀茂朝臣（宿禰）春成［かものあそんはるなり］……165
賀茂朝臣（鴨部）船主［かものあそんふなぬし］……165
賀茂朝臣真継［かものあそんまつぐ］……165
賀茂直秋麻呂［かものあたいあきまろ］……165
賀茂伊予朝臣（賀茂直）馬主［かものいよのあそんうまぬし］……165
賀茂伊予朝臣（賀茂直）人主［かものいよのあそんひとぬし］……165
賀茂役君（首）石穂［かものえんのきみいしほ］……94
賀茂貞子［かものさだこ］……165
賀茂刀自女［かものとじめ］……165
鴨部君（酒部君）大田［かもべのきみおおた］……236
賀夜［かや］……313
賀陽朝臣（臣）小玉女［かやのあそんこだまめ］……167
賀陽朝臣豊年［かやのあそんとよとし］……167
蚊屋忌寸木間［かやのいみきこのま］……167
賀陽王［かやのおう］……421
蚊屋宿禰（忌寸）浄足［かやのすくねきよたり］……167
辛海倭万呂［からあまのやまとまろ］……170
辛犬甘秋子［からいぬかいのあきこ］……168
韓鍛冶首法麻呂［からかぬちのおびとのりまろ］……168
韓鍛首広富［からかぬちのおびとひろとみ］…168
韓鍛冶杭田［からかぬちのくいた］……168
韓鍛冶百嶋［からかぬちのももしま］……168
韓鍛冶百依［からかぬちのももより］……168
韓嶋勝裟婆［からしまのすぐりさば］……170
賀羅造吾志［からのみやつこあし］……168
賀羅造子人［からのみやつここひと］……168
辛矢田部君弓張［からのやたべのきみゆみはり］……170
辛矢田部造米麻呂（＝徳道）［からのやたべのみやつこよねまろ（＝とくどう）］……170
韓人足奈売［からひとのすくなめ］……171
韓人智努女［からひとのちぬめ］……171
韓人山村［からひとのやまむら］……171
鴈高宿禰氏成［かりたかのすくねうじなり］…172
鴈高宿禰笠継［かりたかのすくねかさつぐ］…172
鴈高宿禰（昆解宿禰）沙弥麻呂［かりたかのすくねさみまろ］……172・228
鴈高宿禰松雄［かりたかのすくねまつお］……172
狩高造（須布呂）比満麻呂［かりたかのみやつこひままろ］……172
刈田首今雄［かりたのおびといまお］……171
刈田首氏雄［かりたのおびとうじお］……171
苅田首種継［かりたのおびとたねつぐ］……171
軽我孫継人［かるのあびこつぐひと］……172
軽阿比古果安［かるのあびこはたやす］……172
軽我孫広吉［かるのあびこひろよし］……172
軽我孫福貴成［かるのあびこふきなり］……172
軽我孫吉長［かるのあびこよしなが］……172
借馬秋庭女［かるまのあきにわめ］……173
借馬乎治米売［かるまのおじめめ］……173
借馬時虫女［かるまのときむしめ］……173
借馬虫子［かるまのむしこ］……173
軽間連鳥麻呂［かるまのむらじとりまろ］……173
苅間連養徳［かるまのむらじやまと］……173
河合君（朝妻金作）河麻呂［かわいのきみかわまろ］……173
川相君溝麻呂［かわいのきみみぞまろ］……173
河上朝臣（錦部）浄刀自子［かわかみのあそんきよとじこ］……174
川上梟帥［かわかみのたける］……174
河上真人永嗣［かわかみのまひとながつぐ］…174
川枯首勝成［かわかれのおびとかつなり］……174

川枯首吉守［かわかれのおびとよしもり］……174
河瀬少村［かわせのすくなむら］………………175
川背舎人高市［かわせのとねりたけち］………175
川背舎人立人［かわせのとねりたてひと］……175
河内直鯨［かわちのあたいくじら］……………175
西漢人志卑売［かわちのあやひとしひめ］……175
西漢人部事无売［かわちのあやひとべのことむめ］………………………………………………175
西漢人部麻呂［かわちのあやひとべのまろ］…175
川内漢人衆万呂［かわちのあやひともろまろ］………………………………………………175
川内漢部伊提志［かわちのあやべのいていし］………………………………………………176
川内漢部佐美［かわちのあやべのさみ］………176
河内漢部隅田［かわちのあやべのすみた］……176
河内民首安古麻呂［かわちのたみのおびとあこまろ］…………………………………………176
川内民首長万呂［かわちのたみのおびとおさまろ］…………………………………………176
河内民首古刀自［かわちのたみのおびとことじ］………………………………………………176
川内連（直）県［かわちのむらじあがた］……175
河内連清利［かわちのむらじきよとし］………175
河内連田村麻呂［かわちのむらじたむらまろ］………………………………………………175
河内連広生［かわちのむらじひろお］…………175
河内連広継［かわちのむらじひろつぐ］………175
河内連三立麻呂［かわちのむらじみたてまろ］………………………………………………176
川造石弓［かわのみやっこいわゆみ］…………179
川原史石庭［かわはらのふひといわ《し》にわ］………………………………………………177
河原史（川原椋人）子虫［かわはらのふひとこむし］…………………………………………177
川原史継麻呂［かわはらのふひとつぐまろ］…177
川原民直宮［かわはらのみたみのあたいみや］………………………………………………424
河原連犬養［かわはらのむらじいぬかい］……178
川原連（蔵人・史）凡［かわはらのむらじおおし］………………………………………………178
河原連（毗登）堅魚［かわはらのむらじかつお］………………………………………………178
川原連加尼［かわはらのむらじかに］…………177
河原連貞雄［かわはらのむらじさだお］………178
川原連嶋古［かわはらのむらじしまこ］………177
河原連（蔵人）人成［かわはらのむらじひとなり］………………………………………………178
河原連渡津［かわはらのむらじわたつ］………178
川人秋売［かわひとのあきめ］…………………178
川人麻呂［かわひとのまろ］……………………178
川人部大伴［かわひとべのおおとも］…………178
河辺臣子首［かわべのおみこびと］……………178
河辺臣瓊缶［かわべのおみにへ］………………178
河辺臣禰受［かわべのおみねず］………………178
河辺臣麻呂［かわべのおみまろ］………………178
河辺臣百枝［かわべのおみももえ］……………178
川部酒麻呂［かわべのさかまろ］………………179
川部牟酒売［かわべのむさかめ］………………179
川辺連刀自［かわべのむらじとじ］……………294
川俣県造継成［かわまたのあがたのみやつこつぐなり］………………………………………179
川俣県造藤継女［かわまたのあがたのみやつこふじつぐめ］…………………………………179
河俣連人麻呂［かわまたのむらじひとまろ］…179
韓王信［かんおうしん］…………………………390
漢智［かんきょう］………………………………215
神前連（賈）受君［かんざきのむらじじゅくん］……………………………………………145・180
韓氏鄧徳［かんしとうとく］……………………401
神門臣伊加曾然［かんどのおみいかそね］……180
神門臣古禰［かんどのおみふるね］……………180
巫部宿禰鎌取［かんなぎべのすくねかまとり］………………………………………………181
巫部宿禰博士［かんなぎべのすくねはかせ］…181
甘南備真人伊香［かんなびのまひといかご］…181
甘南備真人池上［かんなびのまひといけがみ］………………………………………………181
甘南備真人神前［かんなびのまひとかんざき］………………………………………………181
甘南備真人清〔浄〕野［かんなびのまひときよの］………………………………………………181
甘南備真人高城［かんなびのまひとたかしろ］………………………………………………181
甘南備真人文成［かんなびのまひとふみなり］………………………………………………181
神主（石部）飛鳥［かんぬしのあすか］………491
神主石敷［かんぬしのいわしき］…………………38
神主小事［かんぬしのおごと］…………………491
神主首名［かんぬしのおびとな］………………182
神主（荒木田神主）首麻呂［かんぬしのおびとま

ろ]……………………………………………………37
神主奈波［かんぬしのなわ］……………………491
神主爾波［かんぬしのにわ］……………………491
神主針間［かんぬしのはりま］…………………491
神主水通［かんぬしのみずみち］………………491
神服連清継［かんはとりのむらじきよつぐ］…182
神服連貞代［かんはとりのむらじさだよ］……182
神服連公俊正［かんはとりのむらじのきみとしまさ］……………………………………………182
神服連公道尚［かんはとりのむらじのきみみちなお］……………………………………………182
神宮部造安比等［かんみやべのみやつこやすひと］……………………………………………183
神露命［かんろのみこと］………………………188

【き】

義淵［ぎえん］…………………………23・63・121
私部飯虫［きさいべのいいむし］………………186
私部稲麻呂［きさいべのいなまろ］……………186
私部大嶋［きさいべのおおしま］………………185
私部大富［きさいべのおおとみ］………………185
私部意嶋［きさいべのおきしま］………………185
私部長麻呂［きさいべのおさまろ］……………186
私部男足［きさいべのおたり］…………………185
私部乙麻呂［きさいべのおとまろ］……………185
私部首身売［きさいべのおびとみめ］…………186
私部黒奈倍［きさいべのくろなべ］……………186
私部黒人［きさいべのくろひと］………………185
私部黒麻呂［きさいべのくろまろ］……………186
私部酒主［きさいべのさかぬし］………………185
私部足国［きさいべのたるくに］………………185
私部継人［きさいべのつぐひと］………………185
私部得麻呂［きさいべのとくまろ］……………185
私部智国［きさいべのともくに］………………185
私部知丸［きさいべのともまる］………………185
私部知万呂［きさいべのともまろ］……………185
私部弘道［きさいべのひろみち］………………185
私部真蔵［きさいべのまくら］…………………185
私部真呰［きさいべのまし］……………………185
私部真鳥［きさいべのまとり］…………………185
私部守刀自［きさいべのもりとじ］……………186
私部諸石［きさいべのもろいし］………………185
私部弓束［きさいべのゆづか］…………………186
私部弓手［きさいべのゆみて］…………………185
私部弓取［きさいべのゆんで］…………………186
私部米刀自［きさいべのよねとじ］……………186
義慈王［ぎじおう］………………………………201
岸田朝臣継手［きしだのあそんつぐて］………187
岸田朝臣全継［きしだのあそんまたつぐ］……187
岸田臣麻呂［きしだのおみまろ］………………186
岸田臣耳高［きしだのおみみみたか］…………186
鬼室集斯［きしつしゅうし］……………………187
鬼室集信［きしつしゅうしん］…………………187
鬼室福信［きしつふくしん］……………………187
吉士木蓮子［きしのいたび］……………………186
吉士訳語彦［きしのおさひこ］…………………186
吉士小鮪［きしのおしび］………………………186
吉士雄摩呂［きしのおまろ］……………………186
吉士金［きしのかね］……………………………186
吉士金子［きしのかね］…………………………186
吉士岐弥［きしのきみ］…………………………186
吉士黒麻呂［きしのくろまろ］…………………186
吉士駒［きしのこま］……………………………186
吉士長丹［きしのながに］………………………186
吉士（＝難波吉士）雄成［きしの（＝なにわのきし）おなり］……………………………………186
吉士（＝難波吉士・草壁吉士）磐金［きしの（＝なにわのきし・くさかべのきし）いわかね］……………………………………………………186
城篠連（支母末）吉足［きしののむらじきちたり］……………………………………………………187
吉士針間［きしのはりま］………………………186
貴仁［きじん］……………………………………251
貴首〔須〕王［きすおう］……172・229・267・312
吉田宿禰（連）宮麻呂［きちだのすくねみやまろ］……………………………………………………187
吉田連古麻呂［きちだのむらじこまろ］………188
吉田連（吉）智首［きちだのむらじともおび］……………………………………………………187
吉田連斐太麻呂［きちだのむらじひだまろ］…188
吉田連（吉）宜（＝恵俊）［きちだのむらじよろし（＝えしゅん）］………………………………187
吉大尚［きちのおおなお］………………………188
吉小尚［きちのこなお］…………………………188
木津忌寸（倭漢忌寸木津）吉人［きつのいみききちひと］…………………………………………188
紀朝臣（山村許智）人足［きのあそんひとたり］……………………………………………………472
紀朝臣益人［きのあそんますひと］………………81
紀朝臣（苅田首）安雄［きのあそんやすお］…171

紀朝臣（山村忌寸）安野［きのあそんやすの］
……472
紀直五百友［きのあたいいおとも］……184
紀直菟道彦〔宇豆比古〕［きのあたいうじひこ〔うずひこ〕］……184
紀直国栖［きのあたいくず］……184
紀直（湯直）国立［きのあたいくにたち］……473
紀直（湯直）国作［きのあたいくにつくり］…473
紀直祖刀自女［きのあたいそとじめ］……482
紀直豊嶋［きのあたいとよしま］……184
紀直豊成［きのあたいとよなり］……184
紀直豊耳［きのあたいとよみみ］……184
紀直摩祖［きのあたいまそ］……184
紀直（湯直）真針［きのあたいまはり］……473
紀直岑生［きのあたいみねお］……184
紀忌垣直（直）秋人［きのいがきのあたいあきひと］……21
木曰佐新足［きのおさあらたり］……185
木曰佐継主［きのおさつぐぬし］……185
木曰佐諸骨［きのおさもろぼね］……185
紀臣奈率弥麻沙［きのおみなそちみまさ］……183
紀辛梶宿禰［きのからかじのすくね］……189
紀国造押勝［きのくにのみやつこおしかつ］…184
紀宿禰高継［きのすくねたかつぐ］……184
紀宿禰（直）継成［きのすくねつぐなり］……184
紀宿禰（伊蘇志臣）人麻呂［きのすくねひとまろ］
……60
紀宿禰（伊蘇志臣）広成［きのすくねひろなり］
……60
紀宿禰福雄［きのすくねふくお］……184
木勝宇治麻呂［きのすぐりうじまろ］……185
木勝浄麻呂［きのすぐりきよまろ］……185
木勝族小玉売［きのすぐりのやからこたまめ］
……185
紀名草直（直）諸弟［きのなぐさのあたいもろと］
……21
紀野朝臣（曰佐）方麻呂［きののあそんかたまろ］
……127
紀野朝臣（曰佐）人上［きののあそんひとがみ］
……127
紀神直（直）乙麻呂［きのみわのあたいおとまろ］
……21・444
城原連継直［きはらのむらじつぐただ］……189
城原連三仲［きはらのむらじみなか］……189
吉備朝臣（下道朝臣）真備［きびのあそんまきび］
……260
吉備臣（岡田毗登）稲城［きびのおみいなき］
……122
吉備上道臣兄君［きびのかみつみちのおみえきみ］……163
吉備上道臣弟君［きびのかみつみちのおみおときみ］……163・190
吉備上道臣田狭［きびのかみつみちのおみたさ］
……163・190
吉備下道臣前津屋［きびのしもつみちのおみさきつや］……190・260
吉備藤野別宿禰（藤野別公）子麻呂［きびのふじののわけのすくねこまろ］……395
黄文川主［きふみのかわぬし］……191
黄書造大伴［きふみのみやつこおおとも］……191
黄書造本実［きふみのみやつこほんじつ］……191
黄文連乙麻呂［きふみのむらじおとまろ］……191
黄文連黒人［きふみのむらじくろひと］……191
黄文連備［きふみのむらじそなう］……191
黄文連粳麻呂［きふみのむらじぬかまろ］……191
黄文連水分［きふみのむらじみずわけ］……191
黄文連牟禰［きふみのむらじむね］……191
紀部秋庭売［きべのあきにわめ］……192
紀部千虫［きべのちむし］……192
吉弥侯部衣良由［きみこべのいらゆ］……192
吉弥侯部奥家［きみこべのおくやか］……192
吉弥侯部良佐閇［きみこべのらさへい］……192
支母末恵遠［きもまつえおん］……187
清井冬行［きよいのふゆゆき］……193
行基［ぎょうき］……218・373
清内宿禰雄行［きようちのすくねおゆき］……193
清内宿禰（凡河内忌寸）紀主［きようちのすくねのりぬし］……193
清内宿禰（凡河内忌寸）紀麻呂［きようちのすくねのりまろ］……193
清内宿禰（凡河内忌寸）福長［きようちのすくねふくなが］……193
清内宿禰御国［きようちのすくねみくに］……193
清海忌寸（沈）庭勗［きようみのいみきていきょく］……193
清海宿禰（沈）惟岳［きようみのすくねいがく］
……193
清海真人駿河［きようみのまひとするが］……194
清海真人広益［きようみのまひとひろます］…194
清海造（斯臈）国足［きようみのみやつこくにた

り]……………………………………………193・264
清海造（斯臈）行麻呂［きようみのみやつこゆきまろ]……………………………………193・264
清海吉則［きようみのよしのり]………………194
清江宿禰貞成［きよえのすくねさだなり]……194
清江宿禰（台忌寸）善氏［きよえのすくねよしうじ]……………………………………………82・194
清岡（下部）奈弖麻呂［きよおかのなでまろ]
…………………………………………………160
清岡（下部）文代［きよおかのふみよ]
……………………………………………160・194
清岳真人石野［きよおかのまひといわの]……194
清岳真人坂野［きよおかのまひとさかの]……194
浄〔清〕岡連広嶋［きよおかのむらじひろしま]
…………………………………………………194
浄上連（壹難）乙麻呂［きよかみのむらじおとまろ]……………………………………………194
清川忌寸是麻呂［きよかわのいみきこれまろ]
…………………………………………………194
清科朝臣弟主［きよしなのあそんおとぬし]…194
清科朝臣殿子［きよしなのあそんでんし]……195
清科朝臣普子［きよしなのあそんふし]………195
清科朝臣全棟［きよしなのあそんまたはり]…195
清科朝臣良行［きよしなのあそんよしゆき]…195
清篠連（甘良）東人［きよしののむらじあずまひと]……………………………………………195
清住造（新良木舎姓）県麻呂［きよずみのみやつこあがたまろ]…………………………195・264
清住造（新良木舎姓）前麻呂［きよずみのみやつこさきまろ]……………………………195・264
清滝朝臣上野［きよたきのあそんうえの]……195
清滝静平［きよたきのしずひら]………………195
清滝真人易野［きよたきのまひとえきの]……195
清滝真人清淵［きよたきのまひときよふち]…195
清滝真人高枝［きよたきのまひとたかえ]……195
清滝真人滝子［きよたきのまひとたきこ]……195
清滝真人長宗［きよたきのまひとながむね]…195
清滝真人広宗［きよたきのまひとひろむね]…195
清滝真人安継［きよたきのまひとやすつぐ]…195
清滝真人良氏［きよたきのまひとよしうじ]…195
清滝真人良雄［きよたきのまひとよしお]……195
清滝真人良長［きよたきのまひとよしなが]…195
清田造（科野）友麻呂［きよたのみやつこともまろ]……………………………………………255
清津造（莫位）真士麻呂［きよつのみやつこましまろ]…………………………………………410
清津造（莫位）百足［きよつのみやつこももたり]
…………………………………………………410
浄額真人貞原［きよぬかのまひとさだはら]…195
浄額真人真貞［きよぬかのまひとまさだ]……195
清根忌寸松山［きよねのいみきまつやま]……195
清根宿禰（阿直史）福吉［きよねのすくねさきよし]……………………………………………23
清根宿禰（阿直）核公［きよねのすくねさねきみ]
…………………………………………………195
清根宿禰（阿直）史福［きよねのすくねふみふく]
…………………………………………………195
浄野朝臣（宿禰）夏嗣［きよののあそんなつつぐ]
…………………………………………………196
浄野朝臣宮雄［きよののあそんみやお]………196
浄野宿禰（文忌寸）最弟［きよののすくねいろと]
…………………………………………………195
浄野宿禰（文忌寸）歳主［きよののすくねとしぬし]……………………………………………196
浄野宿禰（文忌寸）三雄［きよののすくねみつお]
…………………………………………………196
浄野連（高）牛養［きよののむらじうしかい]
…………………………………………………216
清原真人家衡［きよはらのまひといえひら]…196
浄原真人浄貞（＝大原真人都麻呂）［きよはらのまひときよさだ（＝おおはらのまひととまろ)]
…………………………………………………196
清原真人清衡［きよはらのまひときよひら]…196
清原真人真衡［きよはらのまひとさねひら]…196
清原真人武則［きよはらのまひとたけのり]…196
清原真人武衡［きよはらのまひとたけひら]…196
清原真人夏野［きよはらのまひとなつの]……196
清原真人長谷［きよはらのまひとはせ]………196
清原真人（中原真人）正基［きよはらのまひとまさもと]…………………………………………349
清原真人（山辺真人）美能（＝岑成王）［きよはらのまひとみの（＝みねなりおう)]……………429
清原連（高）禄徳［きよはらのむらじろくとく]
……………………………………………196・216
清春真人坂井［きよはるのまひとさかい]……196
清水連国［きよみずのむらじくに]……………197
清道連（造）岡麻呂［きよみちのむらじおかまろ]
…………………………………………………197
清岑朝臣（宿禰、竹田臣）門継［きよみねのあそんかどつぐ]…………………………197・293

清岑朝臣（竹田臣）田継［きよみねのあそんたつぐ］……197
浄村宿禰浄豊［きよむらのすくねきよとよ］…379
浄村宿禰是嶺［きよむらのすくねこれみね］…379
浄〔清〕村宿禰（浄村・袁）晋卿［きよむらのすくねしんけい］……197・378
浄村宿禰秀［きよむらのすくねひで］……379
浄村宿禰弘［きよむらのすくねひろむ］……379
金氏尊［きんしそん］……410
金庭興［きんていこう］……83
金加志毛礼［きんのかしもれ］……83

【く】

空海［くうかい］……230
鞠智足人［くくちのたるひと］……198
草鹿酒人宿禰水女［くさかのさかひとのすくねみずめ］……198
日下部直御立［くさかべのあたいおたて］……56
櫛代造池守［くしろのみやつこいけもり］……199
国栖小国栖［くずのおくず］……199
国栖意世古［くずのおせこ］……199
国栖茂則［くずのしげのり］……199
国栖世古［くずのせこ］……199
国栖忠宗［くずのただむね］……199
百済朝臣（余）東人［くだらのあそんあずまひと］……200・478
百済朝臣（余）河成［くだらのあそんかわなり］……200
百済朝臣（余）足人［くだらのあそんたるひと］……200・478
百済朝臣（余）益人［くだらのあそんますひと］……478
百済公永通［くだらのきみながみち］……200
百済公（余）民善女［くだらのきみみよしめ］……193・200・478
百済君倭〔和〕麻呂［くだらのきみやまとまろ］……187・200
百済王貴命［くだらのこにきしきめい］……201
百済王敬福［くだらのこにきしきょうふく］…201
百済王俊哲［くだらのこにきししゅんてつ］…201
百済王（余）禅広〔善光〕［くだらのこにきしぜんこう］……201・478
百済王明信［くだらのこにきしみょうしん］…201
百済宿禰（飛鳥部造）弥道［くだらのすくねいやみち］……17・201
百済宿禰之〔永〕継［くだらのすくねこれ〔なが〕つぐ］……17・200・483
百済宿禰（飛鳥戸造）名継［くだらのすくねなつぐ］……17・201
百済宿禰（飛鳥戸造）善宗［くだらのすくねよしむね］……17・201
百済土羅羅女［くだらのとららめ］……201
百済人成［くだらのひとなり］……201
百斉連弟人［くだらのむらじおとひと］……200
百斉連弟麻呂［くだらのむらじおとまろ］……200
国前臣竜麿［くにさきのおみたつまろ］……202
国中連（国）公〔君〕麻呂［くになかのむらじきみまろ］……202
久爾君［くにのきみ］……400
久爾能古使主［くにのこのおみ］……160
国《造》古丸［くにのこまろ］……67
国造雄万［くにのみやつこおま］……203
国造難磐［くにのみやつこかたいわ］……67・203
国造勝磐［くにのみやつこかついわ］……67
国造千代［くにのみやつこちよ］……203
国覔忌寸弟麻呂［くにまぎのいみきおとまろ］……204
国覔忌寸勝麻呂［くにまぎのいみきかつまろ］……204
国覔忌寸八嶋［くにまぎのいみきやしま］……204
国覔連高足［くにまぎのむらじたかたり］……204
国見真人阿〔安〕曇［くにみのまひとあずみ］……204
国見真人川田［くにみのまひとかわだ］……204
国見連今虫［くにみのむらじいまむし］……204
国看連（金）元吉［くにみのむらじげんきつ］……204
国看連（金）宅良［くにみのむらじたくりょう］……204
熊凝朝臣（中臣熊凝朝臣）五百嶋［くまこりのあそんいおしま］……205・343
熊道足禰［くまじのすくね］……13
熊野直広浜［くまののあたいひろはま］……205
久米都彦［くめつひこ］……247
久米直（忍海手人）広道［くめのあたいひろみち］……206
久米直麻奈保［くめのあたいまなほ］……206
蔵垣忌寸家麻呂［くらかきのいみきいえまろ］……208
椋垣忌寸（連・直）子人［くらかきのいみきこひ

と]……………………………………………208
鞍部堅貴［くらつくりのけんき］………………208
鞍作嶋（＝善信尼）［くらつくりのしま（＝ぜんしんに）］……………………………………………209
鞍作村主司馬達等［くらつくりのすぐりしばたっと］……………………………………………208
鞍作多須奈（＝徳斉法師）［くらつくりのたすな（＝とくせいほうし）］………………………209
鞍部徳積［くらつくりのとくしゃく］…………209
鞍作鳥［くらつくりのとり］……………………209
内蔵朝臣（大蔵宿禰）雄継［くらのあそんおつぐ］……………………………………………105
内蔵朝臣（宿禰）影子［くらのあそんかげこ］……………………………………………208
内蔵朝臣（民忌寸）国成［くらのあそんくになり］……………………………………………424
内蔵朝臣（檜原宿禰）聡通［くらのあそんさとみち］……………………………………………388
内蔵朝臣（宿禰）高守［くらのあそんたかもり］……………………………………………208
内蔵朝臣（大蔵忌寸）継長［くらのあそんつぐなが］……………………………………………105
内蔵朝臣（山口忌寸）永嗣［くらのあそんながつぐ］……………………………………………464
内蔵忌寸縄麻呂［くらのいみきただまろ］……207
内蔵忌寸全成［くらのいみきまたなり］………207
倉首於須美［くらのおびとおすみ］……………207
倉臣小屎［くらのおみおくそ］…………………207
内蔵宿禰（忌寸）帯足［くらのすくねおびたり］……………………………………………208
内蔵宿禰（忌寸）秀嗣［くらのすくねひでつぐ］……………………………………………208
蔵史乙継［くらのふひとおとつぐ］……………207
蔵史宮雄［くらのふひとみやお］………………207
椋椅〔崎〕連（柏原公）広足［くらはし〔さき〕のむらじひろたり］……………………………146
椋橋湯坐伊賀麻呂［くらはしのゆえのいがまろ］……………………………………………474
倉橋部直氏嗣［くらはしべのあたいうじつぐ］……………………………………………209
椋椅部首入鹿［くらはしべのおびといるか］…209
倉橋部造麻呂［くらはしべのみやつこまろ］…209
椋橋部連人□□［くらはしべのむらじひと□□］……………………………………………209
椋人大田［くらひとのおおた］…………………210
倉人大田［くらひとのおおた］…………………210
倉人大立［くらひとのおおたて］………………210
椋人足嶋［くらひとのたるしま］………………210
椋部男□［くらべのお□］………………………210
椋部千足［くらべのちたり］……………………210
栗隈采女黒女［くりくまのうねめくろめ］……210
栗隈首徳万［くりくまのおびととこまろ］……210
栗前真人永子［くりくまのまひとながこ］……211
栗前造咋麻呂［くりくまのみやつこくいまろ］……………………………………………211
栗前連東麻呂［くりくまのむらじあずままろ］……………………………………………210
栗前連枝女［くりくまのむらじえだめ］………210
栗前連広耳［くりくまのむらじひろみみ］……211
栗栖浄麻呂［くりすのきよまろ］………………211
栗栖史大成［くりすのふひとおおなり］………211
栗栖史多禰女［くりすのふひとたねめ］………211
栗原宿禰（勝）乙姝女［くりはらのすくねおといもめ］……………………………………………211
栗原宿禰（勝）浄足［くりはらのすくねきよたり］……………………………………………211
呉服西素［くれはとりのさいそ］………………213
呉服部息人［くれはとりべのおきひと］………213
黒媛娘［くろひめのいらつめ］…………………210
桑田玖賀媛［くわたのくがひめ］………………213
桑田広刀自女［くわたのひろとじめ］…………213
桑名牛養［くわなのうしかい］…………………214
桑名吉備麿［くわなのきびまろ］………………214
桑名倭万呂［くわなのやまとまろ］……………214
桑原直（史）年足［くわはらのあたいとしたり］………………………………………36・215
桑原直（史）人勝［くわはらのあたいひとかつ］………………………………………36・215
桑原公秋成［くわはらのきみあきなり］………………………………………214・441
桑原公（直）新麻呂［くわはらのきみあらたまろ］……………………………………………215
桑原公（村主）岡麻呂［くわはらのきみおかまろ］……………………………………………214
桑原公（直）訓志必登［くわはらのきみくしひと］……………………………………………215
桑原公（村主）足床［くわはらのきみたりとこ］……………………………………………214
桑原公（連）真嶋［くわはらのきみましま］…214
桑原連（村主）訶都［くわはらのむらじかつ］

……………………………………………………214

【け】

荊員常［けいいんじょう］……………………142
荊軌武［けいきむ］…………………………142
気太連（気太）十千代［けたのむらじとちよ］
……………………………………………………216
堅祖為智［けんそいち］………………216・269
堅祖州耳［けんそしゅうじ］…………216・269
現養臣［げんようしん］………………………17

【こ】

光栄［こうえい］………………………………160
甲可臣乙麿［こうかのおみおとまろ］…………217
甲可臣男［こうかのおみおのこ］………………217
甲可臣真束［こうかのおみまつか］……………217
甲可公是歳［こうかのきみこれとし］…………217
高金蔵（＝信成）［こうきんぞう（＝しんじょう）］
……………………………………………………216
孝日王［こうじつおう］………………112・310
高受王［こうじゅおう］………………………270
光定［こうじょう］……………………………357
高助斤［こうじょきん］………………………216
公孫淵［こうそんえん］………………………324
高道士［こうどうし］…………………………139
孝徳王［こうとくおう］………………………392
高庄子［こうのしょうし］……………………418
後部能鼓兄［こうほうのうこけい］………57・217
後部乙牟［こうほうのおつむ］………………217
後部高千金［こうほうのこうちかね］…………217
功満王［こうまんおう］………………323・484
広陵高穆［こうりょうこうぼく］
……………………………97・121・243・280
郡造族石勝［こおりのみやつこのやからいしかつ］……………………………………………218
郡造族足嶋［こおりのみやつこのやからたるしま］……………………………………………218
胡亥［こがい］…………………………222・428
久賀朝臣三常［こがのあそんみつね］…………218
久賀朝臣三夏［こがのあそんみなつ］…………218
呉伎側［ごきそく］……………………………219
国骨富［こくこつふ］…………………………202
呉氏（吉士）長丹［ごしながに］………………219
高志毗登久美咩［こしのひとくみめ］…………218
高志史羊（＝才智）［こしのふひとひつじ（＝さいち）］……………………………………………218
高志連継俊［こしのむらじつぐとし］…………219
高志連（毗登）若子麻呂［こしのむらじわかこまろ］……………………………………………218
午定君［ごじょうくん］………………………312
古衆連（狛）祁乎理和久［こすのむらじけおりわく］……………………………………………220
巨勢朝臣邑治［こせのあそんおおじ］…………220
巨勢朝臣河守［こせのあそんかわもり］………237
巨勢朝臣堺〔関〕麻呂［こせのあそんせきまろ］
……………………………………………………221
巨勢朝臣奈氐麻呂［こせのあそんなてまろ］…221
巨勢朝臣野足［こせのあそんのたり］…………221
巨勢朝臣（味酒首）文雄［こせのあそんふみお］
…………………………………………87・221
巨勢朝臣（味酒首）文主［こせのあそんふみぬし］
……………………………………………………221
巨勢朝臣（味酒首）文宗［こせのあそんふみむね］
……………………………………………………221
巨勢朝臣麻呂［こせのあそんまろ］……………220
許勢臣稲持［こせのおみいなもち］……………220
許勢臣大麻呂［こせのおみおおまろ］…………220
巨勢臣薬［こせのおみくすり］…………………220
許勢臣猿［こせのおみさる］……………………220
巨勢臣紫檀［こせのおみしたの］………………220
巨勢臣徳太［こせのおみとこだ］………………220
巨勢臣徳禰［こせのおみとこね］………………220
巨勢臣人〔比等〕［こせのおみひと］……………220
許勢奈率奇麻［こせのなそちがま］……………220
巨勢斐太朝臣（臣）大男［こせのひたのあそんおおお］……………………………………………221
巨勢斐太朝臣嶋村［こせのひたのあそんしまむら］……………………………………………222
巨勢槭田朝臣（臣）大男［こせのひたのあそんもとお］……………………………………………386
古曾父佐［こそふさ］…………………………333
巨曾倍朝臣足人［こそべのあそんたるひと］…222
巨曾倍朝臣難波麻呂［こそべのあそんなにわまろ］……………………………………………222
許曾倍朝臣陽麻呂［こそべのあそんひなたまろ］
……………………………………………………222
社戸臣大口［こそべのおみおおぐち］…………222
己智伊香豆［こちのいかつ］……………………222
巨智田主［こちのたぬし］………………………222
己知部［こちふ］………………………………127

子部衣売［こべのきぬめ］……………………………222
子部宿禰（子部）氏雄［こべのすくねうじお］
……………………………………………………223
子部宿禰小宅女［こべのすくねおやけめ］……223
子部宿禰（子部）貞成［こべのすくねさだなり］
……………………………………………………222
子部宿禰（子部）貞本［こべのすくねさだもと］
……………………………………………………222
子部連乙万呂［こべのむらじおとまろ］………223
子部連田作［こべのむらじたつくり］…………223
巨万朝臣（肖奈王＜公＞）大山［こまのあそんおおやま］…………………………………224・262
高倉朝臣（高麗朝臣）殿継〔嗣〕［こまのあそんとのつぐ］…………………………………224・282
高麗朝臣（肖奈王＜公＞）広山［こまのあそんひろやま］…………………………………224・262
狛氏守［こまのうじもり］…………………………224
狛首乙山［こまのおびとおとやま］……………224
高麗王若光［こまのきみじゃくこう］…………224
狛広氏［こまのひろうじ］…………………………224
狛人万呂［こまひとのまろ］………………………225
薦集部首登弭［こもつめべのおびととみ］……225
古頼小僧［こらいのおそう］………………………226
古頼比得万侶［こらいのひとこまろ］…………226
古頼比虫万呂［こらいのひむしまろ］…………226
許利都［こりつ］……………………………………445
古礼公［これいこう］………………………………472
惟岳宿禰（中臣朝臣）福成［これおかのすくねふくなり］……………………………………………226
惟原朝臣秋実［これはらのあそんあきざね］…226
惟原朝臣有相［これはらのあそんありみ］……226
惟原朝臣今恒［これはらのあそんいまつね］…226
惟原朝臣浄恒［これはらのあそんきよつね］…226
惟原朝臣恒並［これはらのあそんつねなみ］…226
惟原朝臣恒秀［これはらのあそんつねひで］…226
惟原朝臣恒身［これはらのあそんつねみ］……226
惟原朝臣恒世［これはらのあそんつねよ］……226
惟原朝臣俊実［これはらのあそんとしざね］…226
惟原朝臣春淑［これはらのあそんはるよし］…226
惟原朝臣秀範［これはらのあそんひでのり］…226
惟原朝臣峯兄［これはらのあそんみねえ］……226
惟原朝臣峯永［これはらのあそんみねなが］…226
惟原朝臣峯安［これはらのあそんみねやす］…226
惟原朝臣峯行［これはらのあそんみねゆき］…226
惟原朝臣峯良［これはらのあそんみねよし］…226
惟原朝臣峯依［これはらのあそんみねより］…226
惟原朝臣良並［これはらのあそんよしなみ］…226
惟原朝臣善益［これはらのあそんよします］…226
惟道宿禰（道祖史）高直［これみちのすくねたかなお］…………………………………227・400
惟道宿禰（道祖史）豊富［これみちのすくねとよとみ］…………………………………227・400
惟道宿禰（道祖史）永主［これみちのすくねながぬし］…………………………………227・400
惟宗朝臣公方［これむねのあそんきみかた］…227
惟宗朝臣（秦忌寸）越雄［これむねのあそんこしお］……………………………………………227
伊統朝臣（秦忌寸）善子［これむねのあそんぜんし］……………………………………………227
惟宗朝臣（秦公）直宗［これむねのあそんなおむね］……………………………………………227
惟宗朝臣（秦公）直本［これむねのあそんなおもと］……………………………………………227
惟宗朝臣（秦宿禰）永原［これむねのあそんながはら］…………………………………227・484
惟宗朝臣（秦忌寸）永宗［これむねのあそんながむね］……………………………………………227
伊統宿禰福代［これむねのすくねふくしろ］…227
伊統宿禰（秦忌寸）安雄［これむねのすくねやすお］……………………………………………227
惟良宿禰貞道［これよしのすくねさだみち］…228
惟良宿禰高尚［これよしのすくねたかなお］…228
惟良宿禰春道［これよしのすくねはるみち］…228
惟良宿禰（錦部連）三宗麻呂［これよしのすくねみむねまろ］……………………………228・359
惟良宿禰（錦部連）安宗［これよしのすくねやすむね］……………………………………………228
琨〔混〕伎王［こん《こに》きおう］
…………………………………………17・201・435
昆解宮成［こんけのみやなり］…………………229

【さ】

佐為〔狭井〕方万呂［さいのかたまろ］………229
佐為尺万呂［さいのしゃく（せき）まろ］……229
狭井宿禰尺麻呂［さいのすくねしゃく（せき）まろ］……………………………………………229
佐為広国［さいのひろくに］………………………229
狭井連檳榔［さいのむらじあじまさ］…………229
狭井連佐夜［さいのむらじさよ］………………229
佐伯景弘［さえきのかげひろ］…………………230

佐伯宿禰伊多智［さえきのすくねいたち］……230
佐伯宿禰今毛人［さえきのすくねいまえみし］……230
佐伯宿禰石湯［さえきのすくねいわゆ］………230
佐伯宿禰真守［さえきのすくねまもる］………230
酒井宿禰友宗［さかいのすくねともむね］……231
酒井宿禰真人［さかいのすくねまひと］………231
栄井宿禰（日置造）道〔通〕形［さかいのすくねみちかた］……231
栄井宿禰（日置造）蓑麻呂［さかいのすくねみのまろ］……231・404
酒井勝小常［さかいのすぐりおつね］…………231
境部臣雄摩侶［さかいべのおみおまろ］………232
境部臣摩理勢［さかいべのおみまりせ］………232
坂合部宿禰唐［さかいべのすくねから］………232
坂合部連稲積［さかいべのむらじいなつみ］…232
坂合部連磐〔石〕鍬〔布・敷〕［さかいべのむらじいわすき］……232
坂合〔境〕部連磐〔石〕積［さかいべのむらじいわつみ］……232
坂合部連薬［さかいべのむらじくすり］………232
坂田朝臣（酒田宿禰・槻本宿禰<公>）奈弖麿〔麻呂〕［さかたのあそんなでまろ］……315・429
坂田池主［さかたのいけぬし］……………………233
坂田大跨王［さかたのおおまたのおおきみ］…233
坂田乙麻呂［さかたのおとまろ］………………233
坂田公雷［さかたのきみいかずち］……………233
坂田国益［さかたのくにます］…………………233
坂田酒人公田狭［さかたのさかひとのきみたさ］……233
坂田酒人真人新良貴［さかたのさかひとのまひとあらき］……233
坂田酒人真人乙刀麻呂［さかたのさかひとのまひとおとまろ］……233
坂田真人茜麻呂［さかたのまひとあかねまろ］……232
坂田真人須我而［さかたのまひとすがて］……232
坂田耳子王〔郎君〕［さかたのみみこのおおきみ〔いらつきみ〕］……233
坂名井子縄麻呂［さかないのこただまろ］……234
坂上直老［さかのうえのあたいおゆ］…………235
坂上直国麻呂［さかのうえのあたいくにまろ］……235
坂上直熊毛［さかのうえのあたいくまけ］……235
坂上忌寸（石村村主）石楯［さかのうえのいみきいわたて］……74
坂上忌寸（石村村主）押縄［さかのうえのいみきおしなわ］……74
坂上大宿禰明兼［さかのうえのおおすくねあきかね］……235
坂上大宿禰明政［さかのうえのおおすくねあきまさ］……235
坂上大宿禰明基［さかのうえのおおすくねあきもと］……235
坂上大宿禰明盛［さかのうえのおおすくねあきもり］……235
坂上大宿禰兼成［さかのうえのおおすくねかねしげ］……235
坂上大宿禰（大忌寸）苅田麻呂［さかのうえのおおすくねかりたまろ］……234
坂上大宿禰浄野［さかのうえのおおすくねきよの］……235
坂上大宿禰是則［さかのうえのおおすくねこれのり］……235
坂上大宿禰田村麻呂［さかのうえのおおすくねたむらまろ］……235
坂上大宿禰範政［さかのうえのおおすくねのりまさ］……235
坂上大宿禰望城［さかのうえのおおすくねもちき］……235
坂上宿禰（蔵人）真野［さかのうえのすくねまの］……210
坂原連竹志麻呂［さかはらのむらじちくしまろ］……316
酒人忌寸刀自古［さかひとのいみきとじこ］…236
酒人真人々上［さかひとのまひとひとかみ］…236
酒人連鳥木売［さかひとのむらじとりきめ］…236
酒部造家刀自［さかべのみやつこいえとじ］…237
酒部造上麻呂［さかべのみやつこかみまろ］…237
酒部連相武［さかべのむらじさがむ］…………237
相模宿禰阿古麻呂［さがみのすくねあこまろ］……237
相模〔摸〕宿禰（漆部直）伊波［さがみのすくねいわ］……237・363
相模宿禰魚麻呂［さがみのすくねうおまろ］…237
相模宿禰門主［さがみのすくねかどぬし］……237
相模宿禰仁麻呂［さがみのすくねにまろ］……237
相模真人［さがみのまひと］……………………237
坂本朝臣（臣）糸麻呂［さかもとのあそんいとまろ］……238

坂本朝臣宇頭麻佐［さかもとのあそんうずまさ］……238
坂本朝臣鹿田［さかもとのあそんしかた］……238
坂本臣糠手［さかもとのおみあらて］……238
坂本臣（韓鉄師部）牛養［さかもとのおみうしかい］……168・189
《坂本臣》甘美媛［《さかもとのおみ》うましめ］……238
坂本臣（韓鉄師毗登）毛人［さかもとのおみえみし］……168・189
坂本臣勝守［さかもとのおみかつもり］……238
坂本臣財［さかもとのおみたから］……238
栄山忌寸（王）維倩［さかやまのいみきいせい］……238
栄山忌寸（王）朱政［さかやまのいみきしゅせい］……238
栄山忌寸千嶋［さかやまのいみきちしま］……238
栄山忌寸諸依［さかやまのいみきもろより］…238
三枝直平麻呂［さきくさのあたいひらまろ］…239
三枝部阿尼売［さきくさべのあにめ］……239
三枝部伊良売［さきくさべのいらめ］……239
三枝部古奈［さきくさべのこな］……239
三枝部古与理売［さきくさべのこよりめ］……239
三枝部母知［さきくさべのもち］……239
前君乎佐［さきのきみおさ］……239
辟秦法麻呂［さくはたののりまろ］……239
辟秦諸上［さくはたのもろうえ］……239
桜井男子［さくらいのおとこ］……240
桜井臣和慈古［さくらいのおみわじこ］……240
桜井観蔵［さくらいのかんぞう］……240
桜井黒万呂［さくらいのくろまろ］……240
桜井田部連胆渟［さくらいのたべのむらじいぬ］……240
桜井田部連男鉏［さくらいのたべのむらじおさひ］……240
桜井持万呂［さくらいのもちまろ］……240
桜井右弼［さくらいのゆうすけ］……240
桜嶋宿禰忠信［さくらしまのすくねただのぶ］……241
桜嶋連（横度）春山［さくらしまのむらじはるやま］……241
桜田連春山［さくらだのむらじはるやま］……241
酒王［さけのきみ］……128・201・449
雀部朝臣東女［さざきべのあそんあずまめ］…241
雀部朝臣祖道［さざきべのあそんおやみち］…241
雀部朝臣広持［さざきべのあそんひろもち］…241
雀部朝臣真人［さざきべのあそんまひと］……241
雀部朝臣陸奥［さざきべのあそんむつ］……241
雀部連乙麻呂［さざきべのむらじおとまろ］…242
佐々貴山君親人［ささきやまのきみおやひと］……242
佐々貴山公賀比［ささきやまのきみかひ］……242
佐々貴山君足人［ささきやまのきみたるひと］……242
佐々貴山公宮子［ささきやまのきみみやこ］…242
佐々貴山公由気比［ささきやまのきみゆげひ］……242
作自努公美豆太［さじぬのきみみずた］……243
佐自努前守［さじぬのさきもり］……243
佐須岐君夜麻等久々売［さすきのきみやまとくくめ］……243
沙宅己婁［さたくころ］……244
沙宅紹明［さたくじょうみょう］……244
沙宅千福［さたくせんぷく］……244
沙宅万首［さたくまんしゅ］……244
沙宅万福［さたくまんぷく］……244
貞朝臣（源朝臣）登（=深寂）［さだのあそんのぼる（=しんじゃく）］……244
佐太忌寸味村［さたのいみきあじむら］……243
佐太忌寸老［さたのいみきおゆ］……243
佐太忌寸意由売［さたのいみきおゆめ］……244
佐太忌寸豊長［さたのいみきとよなが］……244
薩麻君宇志々［さつまのきみうしし］……244
薩麻君福志麻呂［さつまのきみふくしまろ］…244
薩妙観［さつみょうかん］……174
讃岐朝臣（公）永直［さぬきのあそんながなお］……245
讃岐朝臣（公）永成［さぬきのあそんながなり］……245
讃岐公（凡直）千継［さぬきのきみちつぐ］…107
讃岐公全雄［さぬきのきみまたお］……245
佐婆部広万呂［さばべのひろまろ］……246
佐味朝臣賀佐麻呂［さみのあそんかさまろ］…246
佐味朝臣虫麻呂［さみのあそんむしまろ］……246
佐味君宿那麻呂［さみのきみすくなまろ］……246
佐味君浪麻呂［さみのきみなみまろ］……246
左李金〔佐利己牟〕［さりきむ《こん》］……171・331
佐和良臣静女［さわらのおみしずめ］……248

【し】

椎田連嶋麻呂［しいだのむらじしままろ］……248
椎野連（四比）河守［しいののむらじかわもり］
………………………………………………248・256
椎野連（四比）忠勇［しいののむらじちゅうゆう］
………………………………………………248・256
椎野連長年［しいののむらじながとし］………248
塩屋都夫羅古娘［しおやのつぶらこのいらつめ］
…………………………………………………249
塩屋連吉〔古〕麻呂［しおやのむらじきち〔こ〕まろ］……………………………………………249
塩屋連鯯魚［しおやのむらじこのしろ］………249
塩屋牟漏連［しおやのむろのむらじ］…………249
志賀忌寸（大友民日佐）竜人［しがのいみきたつひと］……………………………………………249
志賀忌寸（錦日佐）周興［しがのいみきちかおき］
…………………………………………………249
志賀忌寸（錦日佐）名吉［しがのいみきなよし］
…………………………………………………249
志賀忌寸（大友村主）広道［しがのいみきひろみち］……………………………………………249
志賀忌寸（穴太村主）真杖［しがのいみきまつえ］
…………………………………………26・249・250
志賀忌寸（穴太村主）真広［しがのいみきまひろ］
…………………………………………26・249・250
志何史堅魚麻呂［しがのふひとかつおまろ］…249
志賀真人池原［しがのまひといけはら］………250
志賀真人嶋原［しがのまひとしまはら］………250
志我戸連（造）東人［しがへのむらじあずまひと］
…………………………………………………250
志我閉連阿弥陀〔太〕［しがへのむらじあみだ］
…………………………………………………250
氏韓法史［しかんほうし］…………………………12
志紀宿禰氏経［しきのすくねうじつね］………251
志紀宿禰（県主）貞成［しきのすくねさだなり］
…………………………………………………250
志紀宿禰永成［しきのすくねながなり］………251
志紀宿禰（県主）福主［しきのすくねふくぬし］
…………………………………………………250
志紀宿禰（県主）福依［しきのすくねふくより］
…………………………………………………250
志紀松取［しきのまつとり］………………………251
滋岳朝臣（刀岐直）雄貞［しげおかのあそんおさだ］…………………………………………251・323
滋岳朝臣（刀岐直）川人［しげおかのあそんかわひと］…………………………………………251・323
滋岳朝臣（刀岐直）永継［しげおかのあそんながつぐ］…………………………………………251・323
滋生宿禰（伊吉史）豊宗［しげおのすくねとよむね］……………………………………………48・251
滋生宿禰春山［しげおのすくねはるやま］……251
滋生宿禰峯良［しげおのすくねみねよし］……251
滋生宿禰行兼［しげおのすくねゆきかね］……251
滋野朝臣（宿禰、伊蘇志臣）家訳［しげののあそんいえおさ］……………………………………59・252
滋野朝臣奥子［しげののあそんおくこ］………252
滋野朝臣（宿禰）貞雄［しげののあそんさだお］
……………………………………………60・252
滋野朝臣（宿禰、伊蘇志臣）貞主［しげののあそんさだぬし］…………………………………59・252
滋野朝臣縄子［しげののあそんただこ］………252
滋野朝臣（名草宿禰<直>）豊成［しげののあそんとよなり］……………………………………353
滋野朝臣岑子［しげののあそんみねこ］………252
滋野朝臣（名草宿禰<直>）安成［しげののあそんやすなり］…………………………………252・352
滋原宿禰（佐太忌寸）道純［しげはらのすくねみちずみ］…………………………………244・252
滋原宿禰（佐太忌寸）道成［しげはらのすくねみちなり］…………………………………244・252
滋水朝臣（源朝臣）清実［しげみずのあそんきよみ］………………………………………………252
滋善宿禰（西漢人）宗人［しげよしのすくねむねひと］……………………………………176・253
滋世宿禰（於公）浦雄［しげよのすくねうらお］
……………………………………………76・253
滋世宿禰（於公）主雄［しげよのすくねかずお］
……………………………………………76・253
滋世宿禰（於公）菅雄［しげよのすくねすがお］
……………………………………………76・253
師建王［しけんおう］……………………………270
色夫古娘［しこふこのいらつめ］………………131
宍人連（造）老［ししひとのむらじおゆ］……253
思須美［しすみ］………………………51・272・303
信太連（物部）国依［しだのむらじくにより］
…………………………………………………254
志太連宮持［しだのむらじみやもち］…………254
科野阿比多［しなののあひた］…………………255
科野次酒［しなののししゅ］……………………255

志摮直［しぬのあたい］……………………………310
篠井（前部）秋足［しのいのあきたり］………273
柴原宿禰（勝）乙妹女〔弟妹・乙女〕［しばはらのすくねおとめ］……………………………………256
柴原宿禰（勝）浄足［しばはらのすくねきよたり］……………………………………………………256
四比信紗［しひのしなさ］…………………………256
四比福夫［しひのふくぶ］…………………………256
志斐連国守［しひのむらじくにもり］…………257
志斐連（＝中臣志斐連）猪養［しひのむらじ（＝なかとみのしひのむらじ）いかい］…………257
志斐連三田次［しひのむらじみたすき］………256
四比元孫［しひのもとひこ］………………………256
慈宝［じほう］…………………………………………14
嶋木史真［しまきのふひとまこと］……………257
嶋田朝臣（臣）清田［しまだのあそんきよた］……………………………………………………257
嶋田朝臣良臣［しまだのあそんよしおみ］……257
嶋田臣村田［しまだのおみむらた］……………257
嶋古麻呂［しまのこまろ］…………………………257
嶋千嶋［しまのちしま］……………………………257
嶋野連（朝日連・達沙）牛養［しまののむらじうしかい］…………………………………………258
嶋野連（朝日連・達沙）仁徳［しまののむらじひととこ］…………………………………………258
嶋毗登浄〔清〕浜［しまのひときよはま］……257
嶋麻呂［しまのまろ］………………………………257
嶋安麻呂［しまのやすまろ］………………………257
嶋吉事［しまのよごと］……………………………257
下毛野朝臣（志賀忌寸）田舎麻呂［しもつけののあそんいなかまろ］……………………………249
下毛野朝臣子〔古〕麻呂［しもつけののあそんこまろ］…………………………………………259
下毛野朝臣（吉弥侯）横刀［しもつけののあそんたち］…………………………………………260
下毛野朝臣（公）田主［しもつけののあそんたぬし］……………………………………………260
下毛野公（大麻続部）嗣吉［しもつけののきみつぐよし］…………………………………………100
下毛君奈良［しもつけののきみなら］…………259
下毛野公（吉弥侯）根麻呂［しもつけののきみねまろ］……………………………………………260
下毛野公（大麻続部）総持［しもつけののきみふさもち］…………………………………………100
楉田勝麻呂（＝勢麻呂）［しもとだのすぐりまろ（＝せまろ）］……………………………………261
下訳（河内手人）大足［しものおさおおたり］……………………………………………176・258
下訳語諸田［しものおさもろた］………………258
下村主弟村売［しものすぐりおとむらめ］……176
下村主浄足［しものすぐりきよたり］…………176
下村主通勢部麿［しものすぐりつせべまろ］…176
下村主人長［しものすぐりひとおさ］…………176
下村主（河内手人刀子作）広麻呂［しものすぐりひろまろ］……………………………176・258
下村主道主［しものすぐりみちぬし］…………176
下村主（烏）安麿［しものすぐりやすまろ］…259
釈吉王［しゃくきつおう］……………………………82
準〔淮〕［じゅん］…………………………13・322
淳武止等［じゅんむしとう］………………………404
淳武微子［じゅんむみし］…………………………404
汝安祁王［じょあんきおう］………………………279
庄員［しょういん］…………………………………151
小君王［しょうくんおう］…………………………288
肖奈公行文［しょうなのきみこうもん］………262
肖奈福徳［しょうなのふくとく］…224・261・281
上部高城守［じょうほうのこうしろもり］……262
上部古理［じょうほうのこり］……………………262
上部木［じょうほうのしけ］………………………262
上部真善［じょうほうのまよし］…………………262
徐公卿［じょこうけい］……………………………238
斯羅［しら］…………………………………………303
白猪奈世［しらいのなせ］…………………………112
白猪与呂志女［しらいのよろしめ］……………263
白髪王［しらかのおう］……………………………172
白髪部直三田麻呂［しらかべのあたいみたまろ］……………………………………………………263
白髪部首智麻呂［しらかべのおびとともまろ］……………………………………………………409
白髪部臣真虫売［しらかべのおみまむしめ］…409
白髪部紲売［しらかべのきずなめ］……………409
白髪部波伎自［しらかべのはきじ］……………409
白髪部連鐙［しらかべのむらじあぶみ］………263
白髪部連鎧［しらかべのむらじよろい］………409
新羅《人》飯麻呂［しらぎのいいまろ］………264
新羅伯麻呂［しらぎのおじまろ］………………264
新羅子牟久売［しらぎのこむくめ］……………264
白鳥小田万呂［しらとりのおだまろ］…………265
白鳥香珮［しらとりのこうはい］………………265
白鳥村主牛養［しらとりのすぐりうしかい］…264

白鳥村主頭麻呂［しらとりのすぐりかみまろ］……264
白鳥村主清岑［しらとりのすぐりきよみね］…264
白鳥村主元麻呂［しらとりのすぐりもとまろ］……264
白鳥斐他人［しらとりのひたひと］……265
白鳥史老人［しらとりのふひとおきな］……265
之留川麻乃意利佐［しるつまのいりさ］……460
白原連（白鳥村主）馬人［しろはらのむらじうまひと］……264・265
白原連（白鳥椋人）広［しろはらのむらじひろ］……264・265
白原連三成［しろはらのむらじみなり］……265
真雅［しんが］……230
慎近王［しんきんおう］……293・377
辛臣君［しんしんくん］……391
沈清朝［しんせいちょう］……198
辰孫王［しんそんおう］……312
尽達王［じんたつおう］……289
秦羅君［しんらのきみ］……321

【す】

末使主逆麿［すえのおみさかまろ］……266
末《使主》蘇比麿［すえの《おみ》そひまろ］……266
末使主山依［すえのおみやまより］……266
末使主□良［すえのおみ□ら］……266
菅生朝臣忍人［すがおのあそんおしひと］……267
菅生朝臣国桙［すがおのあそんくにほこ］……267
須賀君古麻比留［すがのきみこまひる］……266
菅野朝臣（御船宿禰）有行［すがののあそんありゆき］……437
菅野朝臣池成［すがののあそんいけなり］……268
菅野朝臣（御船宿禰）氏柄［すがののあそんうじがら］……437
菅野朝臣（御船宿禰）氏主［すがののあそんうじぬし］……437
菅野朝臣（御船宿禰）佐世［すがののあそんすけよ］……437
菅野朝臣高世［すがののあそんたかよ］……268
菅野朝臣永岑［すがののあそんながみね］……268
菅野朝臣庭主［すがののあそんにわぬし］……268
菅野朝臣（御船宿禰）彦主［すがののあそんひこぬし］……437
菅野朝臣人数［すがののあそんひとかず］……268
菅野朝臣（津朝臣<連>）真道［すがののあそんまみち］……267・312
菅原朝臣（日置首）今津［すがわらのあそんいまつ］……269
菅原朝臣（日置臣）岡成［すがわらのあそんおかなり］……269
菅原朝臣（秋篠朝臣）雄継［すがわらのあそんおつぐ］……10
菅原朝臣清岡［すがわらのあそんきよおか］…268
菅原朝臣清公［すがわらのあそんきよきみ］…268
菅原朝臣清人［すがわらのあそんきよひと］…268
菅原朝臣（日置造）久米麻呂〔麿〕［すがわらのあそんくめまろ］……269・405
菅原朝臣（百済王）元信［すがわらのあそんげんしん］……201
菅原朝臣（葛井連）居都成［すがわらのあそんことなり］……394
菅原朝臣是善［すがわらのあそんこれよし］…269
菅原朝臣（百済王）仁貞［すがわらのあそんじんてい］……201
菅原朝臣（中科宿禰）直門［すがわらのあそんただかど］……338
菅原朝臣（百済王）忠信［すがわらのあそんちゅうしん］……201
菅原朝臣（中科宿禰）継門［すがわらのあそんつぐかど］……338
菅原朝臣（蕃良朝臣）豊村［すがわらのあそんとよむら］……376・394
菅原朝臣（日置首）永津［すがわらのあそんながつ］……269
菅原朝臣道真［すがわらのあそんみちざね］…269
菅原朝臣（宿禰）道長［すがわらのあそんみちなが］……9・268
菅原朝臣（出雲朝臣）峯嗣［すがわらのあそんみねつぐ］……58
菅原朝臣（葛井連）宗之［すがわらのあそんむねゆき］……376・394
菅原朝臣（秋篠朝臣）吉雄［すがわらのあそんよしお］……10
菅原宿禰（土師宿禰）古人［すがわらのすくねふるひと］……268
吹田生磐［すきたのおいわ］……269
次田成俊［すきたのしげとし］……269
次田隼人［すきたのはやと］……269
次田連（次田倉人）石勝［すきたのむらじいしか

つ]……………………………………………269
次田連（次田倉人）槻足［すきたのむらじむくたり］……………………………………………269
須敬［すきょう］………………………………390
足奈公麻呂［すくなのきみまろ］………………270
足奈太〔多〕須［すくなのたす］………………270
足奈真己［すくなのまこ］………………………270
村主（陵戸村主）黒人［すぐりのくろひと］…434
村主宿禰（村主）経遠［すぐりのすくねつねとお］……………………………………………270
村主岑村［すぐりのみねむら］…………………270
勝部味女［すぐりべのあじめ］…………………270
勝部稲女［すぐりべのいなめ］…………………270
勝部首荒海［すぐりべのおびとあらうみ］……271
勝部首墨田［すぐりべのおびとすみだ］………271
勝部首比枳［すぐりべのおびとひき］…………271
勝部臣赤麻呂［すぐりべのおみあかまろ］……270
勝部臣弟麻呂［すぐりべのおみおとまろ］……270
勝部臣法麻呂［すぐりべのおみのりまろ］……270
勝部臣緑売［すぐりべのおみみどりめ］………271
勝部臣虫麻呂［すぐりべのおみむしまろ］……270
勝部小売［すぐりべのおめ］……………………270
勝部公（造）真上［すぐりべのきみまかみ］…271
勝部建島［すぐりべのたけしま］………………270
勝部鳥女［すぐりべのとりめ］…………………270
習宜朝臣毛人［すげのあそんえみし］…………271
習宜佐官［すげのさかん］………………………271
習宜連諸国［すげのむらじもろくに］…………271
須々岐（卦婁）真老［すすきのまおゆ］………215
嵩山忌寸（孟）恵芝［すせのいみきけいし］…271
嵩山忌寸（張）道光［すせのいみきどうこう］……………………………………………271
簀秦《画師カ》大〔千カ〕嶋［すはたの《えし》おお〔ち〕しま］………………………………272
簀秦画師豊次［すはたのえしとよすき］………272
簀秦恵師麻呂［すはたのえしまろ］……………272
簀秦画〔恵カ〕師道足［すはたのえしみちたり］……………………………………………272
簀秦大市［すはたのおおいち］…………………272
簀秦男山［すはたのおやま］……………………272
簀秦君麻呂［すはたのきみまろ］………………272
簀秦豊敷［すはたのとよしき］…………………272
簀秦麻呂［すはたのまろ］………………………272
簀秦宮足［すはたのみやたり］…………………272
周敷伊佐世利宿禰（周敷連・丹治比連）真国［すふのいさよりのすくねまくに］………………272
住吉朝臣（池原公）綱主［すみよしのあそんつなぬし］……………………………………51・272
須牟祁王［すむけおう］……………………225・334
住道小粳［すむじのこぬか］……………………273
鄒牟（＝朱蒙）［すむ（＝しゅもう）］…………339
頭霧唎耶陛（＝長背王カ）［ずむりやへ（＝ながせのきみカ）］……………………………127・339

【せ】

斉王肥［せいおうひ］……………………………387
青清王［せいせいおう］…………………………447
聖明王［せいめいおう］…………………………200
善射［ぜんしゃ］…………………………………404
善珠［ぜんじゅ］……………………………………23
全成［ぜんせい］…………………………………431
善那使主［ぜんなのおみ］………………………470
前部能婁［ぜんほうのうる］……………………398
前部宝公［ぜんほうほうこう］…………………273

【そ】

匝瑳宿禰末守［そうさのすくねすえもり］……274
添県主（県主）石前［そうのあがたぬしいわさき］…………………………………………6・274
曾県主岐直志自羽志［そおのあがたぬしきのあたいしじはし］………………………………275
曾県主麻多［そおのおがたぬしまた］…………275
曾公足麻呂［そおのきみたりまろ］……………274
曾君細麻呂［そおのきみほそまろ］……………274
贈唹〔曾乃〕君多理志佐［そおの〔その〕きみたりしさ］……………………………………274
宗岳朝臣（箭口朝臣）岑業［そがのあそんみねわざ］……………………………………………460
蘇我石川宿禰［そがのいしかわのすくね］………………………………………53・275
蘇我稲目［そがのいなめ］…………137・239・275
蘇我馬子［そがのうまこ］…………………54・275
宗我馬背宿禰［そがのうませのすくね］………418
蘇我臣赤兄［そがのおみあかえ］…………54・275
蘇我臣入鹿［そがのおみいるか］………………276
蘇我臣蝦夷［そがのおみえみし］………………275
《蘇我臣》堅塩媛［《そがのおみ》きたしひめ］……………………………………………240
蘇我臣倉麻呂［そがのおみくらまろ］…………276
蘇我臣果安［そがのおみはたやす］………………54

蘇我臣連子［そがのおみむらじこ］………54・275
蘇我韓子［そがのからこ］……………………………275
蘇我倉山田石川麻呂［そがのくらやまだのいしかわまろ］……………………………………………276
蘇我高麗［そがのこま］………………………………275
蘇我田口臣川堀（＝蝙蝠臣）［そがのたぐちのおみかわほり（＝かわほりのおみ）］………………291
蘇我田口臣筑紫［そがのたぐちのおみちくし］……………………………………………………………291
蘇我刀自古郎女［そがのとじこのいらつめ］…276
蘇我法提郎女［そがのほていのいらつめ］……276
蘇我満智［そがのまち］………………………………275
速古王（＝肖古王）［そくこおう（＝しょうこおう）］…………………………226・358・414・443
素性［そせい］…………………………………………483
曾根造〔連カ〕牛養［そねのみやつこうしかい］……………………………………………………………277
曾根連韓犬［そねのむらじからいぬ］…………276
曾根連（椋部）夏影［そねのむらじなつかげ］…………………………………………………210・277
曾根連（椋部）安成［そねのむらじやすなり］……………………………………………………………210
曾根連（椋部）吉麿［そねのむらじよしまろ］……………………………………………………………210
園部禅師麿［そのべのぜんじまろ］……………277
園部八月［そのべのはづき］…………………………277
薗部広公［そのべのひろきみ］………………………277
薗部広足［そのべのひろたり］………………………277
曾里支冨主人［そりしほうし］………………………314
孫高［そんこう］………………………………………447

【た】

太阿郎王［たあろうおう］……………………………312
平朝臣家世［たいらのあそんいえよ］…………278
平朝臣清盛［たいらのあそんきよもり］………278
平朝臣潔行［たいらのあそんきよゆき］………278
平朝臣維盛［たいらのあそんこれもり］………278
平朝臣是世［たいらのあそんこれよ］…………279
平朝臣惟世［たいらのあそんこれよ］…………279
平朝臣定相［たいらのあそんさだみ］…………279
平朝臣貞盛［たいらのあそんさだもり］………278
平朝臣実世［たいらのあそんさねよ］…………279
平朝臣助世［たいらのあそんすけよ］…………278
平朝臣住世［たいらのあそんすみよ］…………278
平朝臣高居［たいらのあそんたかい］…………279
平朝臣高蹈［たいらのあそんたかふみ］………279
平朝臣高棟［たいらのあそんたかむね］………278
平朝臣高望［たいらのあそんたかもち］………278
平朝臣忠盛［たいらのあそんただもり］………278
平朝臣継世［たいらのあそんつぐよ］…………278
平朝臣経世［たいらのあそんつねよ］…………279
平朝臣時身［たいらのあそんときみ］…………278
平朝臣利世［たいらのあそんとしよ］…………279
平朝臣尚世［たいらのあそんなおよ］…………279
平朝臣並世［たいらのあそんなみよ］…………279
平朝臣房世［たいらのあそんふさよ］…………279
平朝臣将門［たいらのあそんまさかど］………278
平朝臣正盛［たいらのあそんまさもり］………278
平朝臣益世［たいらのあそんますよ］…………278
平朝臣基世［たいらのあそんもとよ］…………278
平朝臣保世［たいらのあそんやすよ］…………279
平朝臣幸身［たいらのあそんゆきみ］…………278
平朝臣行世［たいらのあそんゆきよ］…………279
平朝臣良文［たいらのあそんよしぶみ］………278
平朝臣善棟［たいらのあそんよしむね］………278
平朝臣良茂［たいらのあそんよしもち］………278
高丘宿禰（連）比良麻呂［たかおかのすくねひらまろ］……………………………………243・280
高丘連（楽浪）河内［たかおかのむらじかわち］………………………………………………243・280
高生朝臣（嶋脚臣）真行［たかおのあそんまゆき］……………………………………………………280
高尾忌寸（寺）浄麻呂［たかおのいみききよまろ］……………………………………………………279
高尾忌寸（寺）浄麻呂［たかおのいみききよまろ］……………………………………………………321
高尾連賀比［たかおのむらじかひ］……………279
高尾張宿禰（甚目連）公宗［たかおわりのすくねきみむね］………………………………………280
高尾張宿禰（甚目連公）冬雄［たかおわりのすくねふゆお］………………………………………280
高尾張宿禰（甚目連公）冬雄［たかおわりのすくねふゆお］………………………………………373
高尾張宿禰松影［たかおわりのすくねまつかげ］……………………………………………………………280
高賀茂朝臣（賀茂朝臣）萱草［たかがものあそんかやくさ］…………………………165・281
高賀茂朝臣（賀茂朝臣）清浜［たかかものあそんきよはま］…………………………………………94
高賀茂朝臣（賀茂朝臣）清浜［たかがものあそん

きよはま]……………………………165・281
高賀茂朝臣（賀茂朝臣）田守［たかがものあそんたもり]……………………………165・281
高賀茂朝臣（賀茂朝臣）諸雄［たかがものあそんもろお]……………………………165・281
高狩忌寸（物部首）縵麻呂［たかかりのいみきかずらまろ]……………………………281
竹城公金弓［たかきのきみかなゆみ]…………281
高城連（竹城公）音勝［たかきのむらじおとかつ]……………………………281
高倉朝臣（高麗朝臣）石麻呂［たかくらのあそんいわまろ]……………………………282
高倉朝臣（高麗朝臣・肖奈王<公>）福信［たかくらのあそんふくしん]…………224・261・281
高貞宿禰（六人部連）門継［たかさだのすくねかどつぐ]……………………………449
高里連（後部王）安成［たかさとのむらじやすなり]……………………………282
高里連（後部王）安成［たかさとのむらじやすなり]……………………………217
高階朝臣（真人）成忠［たかしなのあそんなりただ]……………………………282
高階真人（豊野真人）沢野［たかしなのまひとさわの]……………………………282
高階真人（豊野真人）沢野［たかしなのまひとさわの]……………………………332
高階真人後相［たかしなのまひとちかすけ]…282
高階真人成相［たかしなのまひとなりすけ]…282
高篠清蔭［たかしののきよかげ]………………282
高篠連（衣枳首）広浪〔波〕［たかしののむらじひろなみ]……………………………282
高代造（陽）麻呂［たかしろのみやつこまろ]……………………………283
高田首首名［たかだのおびとおびとな]………283
高田首新家［たかだのおびとにいのみ]………283
高田首根麻呂［たかだのおびとねまろ]………283
高田臣（川人部）広井［たかだのおみひろい]……………………………178・284
高田公刀自女［たかだのきみとじめ]…………283
高田醜［たかだのしこ]…………………………284
高田宿禰（忌寸）家守［たかだのすくねやかもり]……………………………283
高田毗登足人［たかだのひとたるひと]………283
高田部安古［たかだべのあこ]…………………284
高額真人多米［たかぬかのまひとため]………284
高根朝臣（広階宿禰<連>・上村主）真象［たかねのあそんまかた]………………160・284・392
高野朝臣（和）新笠［たかののあそんにいがさ]……………………………285
高〔竹〕野広成［たかののひろなり]…………285
多可連（高麗使主）馬養［たかのむらじうまかい]……………………………224・279
多可連（高麗使主）浄日〔女〕［たかのむらじきよひ〔め〕]……………………………224・279
高橋朝臣乎具須比［たかはしのあそんおぐすび]……………………………286
高橋朝臣笠間［たかはしのあそんかさま]……286
高橋朝臣波麻呂［たかはしのあそんなみまろ]……………………………286
高橋朝臣安麻呂［たかはしのあそんやすまろ]……………………………286
高原連（韓国連）源［たかはらのむらじみなもと]……………………………169・286
高円朝臣（石川朝臣）広成［たかまどのあそんひろなり]……………………………286
高円朝臣（石川朝臣）広世［たかまどのあそんひろよ]……………………………286
高道宿禰（連、玉作）鯛釣［たかみちのすくねたいつり]……………………………287・306
高峰〔岑〕朝臣（宿禰、松川造）貞嗣〔継〕［たかみねのあそんさだつぐ]…………………287・413
高峰〔岑〕宿禰（松川造）家継［たかみねのすくねいえつぐ]……………………………287・413
高宮村主部大富売［たかみやのすぐりべのおおとみめ]……………………………287
高宮春人［たかみやのはるひと]………………287
高向朝臣麻呂［たかむこのあそんまろ]………288
高向臣宇摩［たかむこのおみうま]……………288
高向（漢人）玄理［たかむこのくろまろ]……288
高向調使万呂［たかむこのつきのつかいまろ]……………………………288
高村宿禰清直［たかむらのすくねきよなお]…288
高村宿禰武主［たかむらのすくねたけぬし]…288
高村宿禰武人［たかむらのすくねたけひと]…288
高村宿禰（忌寸、春原連・高宮村主）田使［たかむらのすくねたつかい]…………287・288・381
高村宿禰（忌寸、春原連・高宮村主）真木山［たかむらのすくねまきやま]……………………381
高安忌寸伊可麻呂［たかやすのいみきいかまろ]……………………………289

高安宿禰（常澄宿禰）秋雄［たかやすのすくねあきお］……289・317・463
高安宿禰（常澄宿禰）秋常［たかやすのすくねあきつね］……317
高安宿禰（常澄宿禰）秋原［たかやすのすくねあきはら］……317
高安宿禰（常澄宿禰）季道［たかやすのすくねすえみち］……317
高安宿禰（常澄宿禰）常主［たかやすのすくねつねぬし］……317
高安宿禰（八戸史）野守［たかやすのすくねのもり］……289・317・463
高安宿禰（常澄宿禰）藤枝［たかやすのすくねふじえだ］……289・317・463
高安宿禰（常澄宿禰）宗雄［たかやすのすくねむねお］……317
高安宿禰（常澄宿禰）宗吉［たかやすのすくねむねよし］……317
高安宿禰（八戸史）善［たかやすのすくねよし］……289・317・463
高安村主三事［たかやすのすぐりみこと］……289
高安造（毗登戸）東人［たかやすのみやつこあずまひと］……289
財田直常人［たからだのあたいつねひと］……290
財田稲富［たからだのいなとみ］……290
財田祖麻呂［たからだのおおじまろ］……290
財臣磯足［たからのおみいそたり］……290
財部造住田［たからべのみやつこすみた］……290
財部造継麻呂［たからべのみやつこつぎまろ］……290
当麻品遅部君前玉［たぎまのほむちべのきみさきたま］……278
卓素［たくそ］……168
託多〔陁〕真玉［たく《とう》たのまたま］……321・346
田口朝臣大戸［たぐちのあそんおおべ］……291
田口朝臣益人［たぐちのあそんますひと］……291
田口朝臣御負［たぐちのあそんみおい］……292
工石主［たくみのいわぬし］……292
工石弓［たくみのいわゆみ］……292
工笠麻呂［たくみのかさまろ］……292
工君真久弥売［たくみのきみまくやめ］……292
工〔巧〕清成［たくみのきよなり］……292
工造嶋人［たくみのみやつこしまひと］……292
工造広岡［たくみのみやつこひろおか］……292
武丘広立［たけおかのひろたて］……293
竹田川辺連秀雄［たけだのかわべのむらじひでお］……294
竹田大徳［たけだのだいとく］……293
竹田部荒当［たけだべのあらまさ］……293
竹田部首伊佐理売［たけだべのおびといさりめ］……293
高市県主許梅［たけちのあがたぬしこめ］……294
武乳遺命［たけちのこりのみこと］……274
高市連黒人［たけちのむらじくろひと］……294
竹首元勝［たけのおびともとかつ］……292
竹宿禰（首）乙〔弟〕女［たけのすくねおとめ］……292
竹福命［たけのふくみょう］……292
竹原乙万呂［たけはらのおとまろ］……294
竹原連国吉［たけはらのむらじくによし］……294
竹原連安麿［たけはらのむらじやすまろ］……294
建日臣［たけひのおみ］……238
武生宿禰（文忌寸）最弟［たけふのすくねいろと］……295
武生宿禰（連）真象［たけふのすくねまかた］……23・295
武生連（馬毗登）国人［たけふのむらじくにひと］……23・86・295
武生連（馬毗登）益人［たけふのむらじますひと］……23・86・295
建部公弟益［たけるべきのきみおとます］……350
建部朝臣（公）伊賀麻呂［たけるべのあそんいがまろ］……296
建部臣（神門臣）古禰［たけるべのおみふるね］……296
建部君意保賀斯［たけるべのきみおおかし］……31
建部君豊足［たけるべのきみとよたり］……31
建部公文万呂［たけるべのきみふみまろ］……31
多高子使主［たこうしのおみ］……283・307
多治比真人県守［たじひのまひとあがたもり］……297
多治比真人池守［たじひのまひといけもり］…297
多治比真人嶋［たじひのまひとしま］……297
多治比真人広足［たじひのまひとひろたり］…297
多治比真人広成［たじひのまひとひろなり］…297
蝮王部犬手［たじひのみぶべのいぬて］……298
蝮王部乙山［たじひのみぶべのおとやま］……298
蝮王首真土売［たじひのみぶべのおびとまとめ］……298

瓊王部臣公楯［たじひのみぶべのおみきみたて］……298
丹比靫負嶋麻呂［たじひのゆげいのしままろ］……478
忠宗朝臣（吹〔次〕田連）魚麻呂［ただむねのあそんうおまろ］……269・299
忠宗是貞［ただむねのこれさだ］……299
忠宗宿禰（尾張連）年長［ただむねのすくねとしなが］……140・299
忠宗宿禰（尾張連）豊野［ただむねのすくねとよの］……140・299
忠宗宿禰（尾張連）豊山［ただむねのすくねとよやま］……140・299
忠世宿禰（筑紫火公）貞雄［ただよのすくねさだお］……384・299
忠世宿禰（筑紫火公）貞直［ただよのすくねさだなお］……384・299
多々良息人［たたらのおきひと］……299
多々良公秋男［たたらのきみあきお］……299
田又利君鼻留［たたりのきみひる］……299
多地多祁卿［たちたけきょう］……466
大刀主［たちのぬし］……395
刀佩首広刀自［たちはきのおびとひろとじ］…299
橘朝臣氏公［たちばなのあそんうじきみ］……300
橘朝臣嘉智子［たちばなのあそんかちこ］……300
橘朝臣清野［たちばなのあそんきよ《すが》の］……40
橘朝臣清友［たちばなのあそんきよとも］……300
橘朝臣奈良麻呂［たちばなのあそんならまろ］……300
橘朝臣逸勢［たちばなのあそんはやなり］……300
橘朝臣広雄［たちばなのあそんひろお］……40
橘朝臣広相［たちばなのあそんひろみ］……300
橘朝臣（宿禰）諸兄［たちばなのあそんもろえ］……300
橘朝臣安雄［たちばなのあそんやすお］……40
橘宿禰佐為［たちばなのすくねさい］……300
橘宿禰（県犬養宿禰）三千代［たちばなのすくねみちよ］……7・300
橘戸〔部〕高志〔越〕麻呂［たちばなべのこしまろ］……318
橘守金弓［たちばなもりのかなゆみ］……301
竜田真人葦原［たつたのまひとあしはら］……301
多弖使主［たでのおみ］……136
立野首斐太麻呂［たてののおびとひだまろ］…301
立野連安麻呂［たてののむらじやすまろ］……301
蓼原藤成［たではらのふじなり］……302
竪部使主石前［たてべのおみいわさき］……302
竪部使主人主［たてべのおみひとぬし］……302
田中朝臣浄足［たなかのあそんきよたり］……303
田中朝臣多太麻呂［たなかのあそんただまろ］……303
田中朝臣（臣）足麻呂〔麿〕［たなかのあそんたるまろ］……302
田中朝臣法麻呂［たなかのあそんのりまろ］…303
田中臣鍛師［たなかのおみかぬち］……302
田中真人広虫〔忠〕女［たなかのまひとひろむし〔ただ〕め］……303
田辺史大隅［たなべのふひとおおすみ］……303
田辺史首名［たなべのふひとおびとな］……303
田辺史（陵辺君）斯羅［たなべのふひとしら］……434
田辺史（陵辺君）徳尊［たなべのふひととくそん］……303・434
田辺史鳥［たなべのふひととり］……303
田辺史伯孫［たなべのふひとはくそん］……303
田辺史百枝［たなべのふひとももえ］……303
谷直塩手［たにのあたいしおて］……304
谷直根麻呂［たにのあたいねまろ］……304
谷忌寸家刀自［たにのいみきやかとじ］……304
谷忌寸野主［たにのいみきやぬし］……304
多褹直加理伽［たねのあたいかりか］……305
多褹後国造安志託［たねのしりへのくにのみやつこあした］……305
田部忌寸櫟子［たべのいみきいちいこ］……306
田部宿禰男足［たべのすくねおたり］……305
田部宿禰足嶋［たべのすくねたるしま］……305
田部連国忍［たべのむらじくにおし］……305
玉勝山代根古命［たまかつやましろねこのみこと］……241
玉作造子綿［たまつくりのみやつここわた］…306
玉作部鯽魚女［たまつくりべのふなめ］……306
玉手朝臣道足［たまてのあそんみちたり］……306
玉祖宿禰公麻呂［たまのやのすくねきみまろ］……306
玉陳［たまふる］……460
民忌寸（漢人部）乙理［たみのいみきおとり］……37
民使石山［たみのつかいのいしやま］……307
民使古麻呂［たみのつかいのこまろ］……307

民使毗登日理［たみのつかいのひとわたり］…307
民使麻呂［たみのつかいのまろ］………………307
田村臣（高田首）清足［たむらのおみきよたり］
………………………………………………283・307
多米貞成［ためのさだなり］……………………308
多米宿禰弟益［ためのすくねおとます］………308
多米連福雄［ためのむらじさきお］……………308
田蓑見宿禰〔手搓足尼〕［たもみのすくね］……319
多夜加［たやか］…………………………………36
帯部益国［たらしべのますくに］………………309
足国乃別君［たりくにのわけのきみ］……………72
太〔多〕利須須［たりすす］………152・161・292
垂水公黒人［たるみのきみくろひと］…………309
垂水君（大津造）広人［たるみのきみひろひと］
……………………………………………………309
段姓夫公（＝冨等）［だんせいふこう（＝ふと）］
……………………………………………………218
丹波朝臣（宿禰）忠明［たんばのあそんただあき］
……………………………………………………310
丹波直足島［たんばのあたいたるしま］………309
丹波直広麻呂［たんばのあたいひろまろ］……309
丹波直真養［たんばのあたいまかい］…………309
丹波宿禰（史）康頼［たんばのすくねやすより］
……………………………………………………310
丹波史千足［たんばのふひとちたり］…………310
但波史族酒美［たんばのふひとのやからさかみ］
……………………………………………………310

【ち】

小子部三委売［ちいさこべのみいめ］…………311
小部連鉏鉤［ちいさこべのむらじさいち］……311
少〔小〕部連蜾蠃（＝雷）［ちいさこべのむらじすがる（＝いかずち）］…………………………310
税部古麻呂［ちからべのこまろ］………………311
力部広万呂［ちからべのひろまろ］……………311
智光［ちこう］…………………………………160
知豆神［ちずしん］……………………………277
知宗［ちそう］…………………………………123
珍県主深麻呂［ちぬのあがたぬしふかまろ］…311
珍県主倭麻呂［ちぬのあがたぬしやまとまろ］
……………………………………………………311
千葉国造大私部直善人［ちばのくにのみやつこおおきさいべのあたいよしひと］………………103
道守朝臣（臣）息虫女［ちもりのあそんいこむしめ］………………………………………………312
道守男食［ちもりのおじき］……………………312
道守乙虫女［ちもりのおとむしめ］……………312
道守臣（寺人）小君［ちもりのおみおきみ］
……………………………………………312・321
道守臣麻呂［ちもりのおみまろ］………………312
道守床足［ちもりのとこたり］…………………312
忠意［ちゅうい］………………………………347
張安力［ちょうあんりき］………………………486
長王周［ちょうおうしゅう］……………217・282
陳思王曹植［ちんしおうそうち］
………………………160・316・363・389・427

【つ】

通徳［つうとく］………………………………460
津王［つおう］…………………………………392
舂米連広国［つきしねのむらじひろくに］……314
都黄直［つきのあたい］………………………464
調首新麻呂［つきのおびとにいまろ］…………313
調首弥和［つきのおびとみわ］…………………313
調吉士伊企儺［つきのきしいきな］……………313
調使首難波麻呂［つきのつかいのおびとなにわまろ］…………………………………………314
調使家令［つきのつかいのかりょう］…………314
調連（首）淡海［つきのむらじおうみ］………313
槻本公石村［つきもとのきみいわむら］………315
槻本公老［つきもとのきみおゆ］…………315・429
槻本公転戸［つきもとのきみまろこ］…………315
槻本連大食［つきもとのむらじおおくい］……315
槻本連（村主）勝麻呂［つきもとのむらじかつまろ］…………………………………………315
槻本連蓑麻呂［つきもとのむらじみのまろ］…315
槻本連若子［つきもとのむらじわくご］………315
筑紫君磐井［つくしのきみいわい］……………315
筑紫君葛子［つくしのきみくずこ］……………315
筑紫君薩野馬［つくしのきみさちやま］………315
筑紫三宅連得許［つくしのみやけのむらじとくこ］…………………………………………440
都久君［つくのきみ］…………………………169
懐大連［つくるのおおむらじ］…………………256
津嶋朝臣家道［つしまのあそんいえみち］……316
津嶋朝臣雄子［つしまのあそんおのこ］………316
津嶋朝臣（対馬連）堅石［つしまのあそんかたしわ］…………………………………………316
津嶋朝臣小松［つしまのあそんこまつ］………316
津嶋朝臣真鎌［つしまのあそんまかま］………316

都奴加阿羅志等〔都怒賀阿羅斯止〕[つぬがあらしと]……98・197・389
敦賀直石川［つぬがのあたいいしかわ]……317
敦賀直嶋麻呂［つぬがのあたいしままろ]……316
角鹿直綱手［つぬがのあたいつなて]……316
敦賀公麻呂［つぬがのきみまろ]……317
角鹿嶋公［つぬがのしまきみ]……317
常澄宿禰（八戸史）礒益［つねすみのすくねいそます]……317・463
常澄宿禰（八戸史）弥継［つねすみのすくねいやつぐ]……317・463
常澄宿禰（八戸史）貞川［つねすみのすくねさだかわ]……463
常道真人兄守［つねみちのまひとえもり]……317
恒世宿禰（楊津連）弟主［つねよのすくねおとぬし]……317・462
恒世宿禰（楊津連）継吉［つねよのすくねつぐよし]……317・462
津宿禰（連）吉道［つのすくねよしみち]……313
角朝臣家主［つののあそんやかぬし]……317
都努臣牛甘〔飼〕[つののおみうしかい]……317
津史（船史）牛（＝麻呂）[つのふひとうし（＝まろ)]……267・338
津史主治麻呂［つのふひとすじまろ]……313
津史真麿［つのふひとまろ]……313
津連（史）秋主［つのむらじあきぬし］……267・312・338
津連山守［つのむらじやまもり]……268
角山君家足［つのやまのきみいえたり]……317
角山君内麻呂［つのやまのきみうちまろ]……317
椿戸門主［つばきべのかどぬし]……318
椿戸宮成［つばきべのみやなり]……318
都布江安倍［つぶえのあべ]……318
都保大人［つほのうし]……319
都保臣古良比［つほのおみこらひ]……319
都菩臣足嶋［つほのおみたるしま]……319
津守宿禰大海［つもりのすくねおおあま]……320
津守宿禰吉祥［つもりのすくねきっしょう]…320
津守宿禰己麻奴跪［つもりのすくねこまなこ］……320
津守宿禰広麿［つもりのすくねひろまろ]……320
津守連豊吾田［つもりのむらじとよあた]……320
津留牙使主［つるがのおみ]……185・266
津留木［つるき]……185
都留使主［つるのおみ]……13

【て】

手嶋連広成［てしまのむらじひろなり]……320
豊島最上麿［てしまのもがみまろ]……320
手嶋部加都自［てしまべのかつじ]……320
手嶋部羊［てしまべのひつじ]……320
寺史乙丸［てらのふひとおとまろ]……321

【と】

道鏡［どうきょう]……419・475
道昭［どうしょう]……401
答他斯智［とうたしち]……321・346
答他乙麻呂［とうたのおとまろ]……321・346
答他虫麻呂［とうたのむしまろ]……321・346
答他戸広万呂［とうたべのひろまろ]……321・346
答本〔炑〕春初［とうほんしゅんしょ]…13・322
答本忠節［とうほんちゅうせつ]……322
登万貴王［とうまんきおう]……426
遠胆沢公秋雄［とおいさわのきみあきお]……52
遠胆沢公母志［とおいさわのきみもし]……52
遠田臣人綱［とおだのおみひとつな]……322
遠田君押人［とおだのきみおしひと]……322
遠田君雄人［とおだのきみかつひと]……322
遠田公五月［とおだのきみさつき]……322
遠田連（公）広楯［とおだのむらじひろたて］……322
刀岐直浄浜［ときのあたいきよはま]……251・323
時原朝臣（宿禰、秦忌寸）春風［ときはらのあそんはるかぜ]……323
時原宿禰（秦忌寸）諸長［ときはらのすくねもろなが]……323
時統宿禰当世［ときむねのすくねまさよ]……324
時統宿禰（久美公）全氏［ときむねのすくねまたうじ]……324
時統宿禰諸兄［ときむねのすくねもろえ]……324
徳佐王［とくさおう]……202
常世連（赤染）帯縄［とこよのむらじおびなわ］……4
常世連（赤染）国持［とこよのむらじくにもち］……4
常世連（赤染）高麻呂［とこよのむらじたかまろ］……4
常世連（赤染）長浜［とこよのむらじながはま］……4
常世連（赤染）人足［とこよのむらじひとたり］

……………………………………………………4
常世連（赤染造）広足［とこよのむらじひろたり］
……………………………………………………4
鳥取石持［ととりのいわもち］…………………325
鳥取首嶋足［ととりのおびとしまたり］………325
鳥取臣稲足［ととりのおみいなたり］…………325
鳥取国嶋［ととりのくにしま］…………………325
鳥取古万呂［ととりのこまろ］…………………325
鳥取羊［ととりのひつじ］………………………325
鳥取益万呂［ととりのますまろ］………………325
鳥取真山［ととりのまやま］……………………325
鳥取連国麻呂［ととりのむらじくにまろ］……325
鳥取連嶋麻呂［ととりのむらじしままろ］……325
鳥取宅麻呂［ととりのやかまろ］………………325
鳥取部造大羽売［ととりべのみやつこおおは《わ》め］……………………………………………325
捕鳥部万［ととりべのよろず］…………………325
利波臣志留志［となみのおみしるし］…………326
利波臣山万呂［となみのおみやままろ］………326
刀禰直［とねのあたい］…………………………208
舎人吉年［とねりのきね］………………………327
舎人連（造）糠虫［とねりのむらじぬかむし］
……………………………………………………326
殿来豊足［とのくのとよたり］…………………327
迹見首赤檮［とみのおびといちい］……………328
登〔等〕美賀〔加〕是［とみのかせ］…………328
登美真人直名［とみのまひとただな］…………328
登美真人藤津［とみのまひとふじつ］…………327
止美連吉男［とみのむらじよしお］……………328
止弥若虫［とみのわかむし］……………………328
伴朝臣（宿禰）保平［とものあそんやすひら］
……………………………………………………329
伴大田宿禰（大伴大田宿禰<連>）沙弥麻呂［とものおおたのすくねさみまろ］………………329
伴宿禰氏上［とものすくねうじかみ］…………329
伴宿禰（林連）馬主［とものすくねうまぬし］
……………………………………………………375
伴宿禰国道［とものすくねくにみち］…………328
伴宿禰健岑［とものすくねこわみね］…………329
伴宿禰（伴大田宿禰）常雄［とものすくねつねお］
…………………………………………113・329
伴宿禰中庸［とものすくねなかつね］…………329
伴宿禰成益［とものすくねなります］…………329
伴宿禰善男［とものすくねよしお］……111・329
豊井連安智［とよいのむらじやすとも］………330
豊岡宿禰継雄［とよおかのすくねつぐお］……330
豊岡宿禰真黒麻呂［とよおかのすくねまぐろまろ］……………………………………………330
豊国真人（岡本〔岳基〕真人）秋篠［とよくにのまひとあきしの］…………………123・330
豊階公（河俣公）御影［とよしなのきみみかげ］
……………………………………………………179
豊階真人（公、河俣公）安人［とよしなのまひとやすひと］…………………………………330
豊住朝臣永貞［とよすみのあそんながさだ］…331
豊住朝臣綿成［とよすみのあそんわたなり］…331
豊滝宿禰（韓人）真貞［とよたきのすくねまさだ］
……………………………………………171・331
豊田造（調）阿気麻呂［とよたのみやつこあきまろ］……………………………………………331
豊田造信女［とよたのみやつこしなめ］………331
豊津造（韓人）稲村［とよつのみやつこいなむら］
……………………………………………171・331
豊津造弥嗣［とよつのみやつこいやつぐ］……331
豊津造吉雄［とよつのみやつこよしお］………331
豊野真人出雲［とよののまひといずも］………332
豊原造（上部王）弥夜大理［とよはらのみやつこみやたり］…………………………262・332
豊原連（壱礼比）福麻呂［とよはらのむらじふくまろ］………………………………………63
豊原連（上部王）虫麻呂［とよはらのむらじむしまろ］……………………………262・332
豊峯真人広永［とよみねのまひとひろなが］…332
豊峯真人益永［とよみねのまひとますなが］…332
豊宗宿禰（竪部使主）広人［とよむねのすくねひろひと］………………………………302・332
豊村家長［とよむらのいえなが］………………333
豊山忌寸乙麻呂［とよやまのいみきおとまろ］
……………………………………………………333
豊山忌寸真足［とよやまのいみきまたり］……333
虎王［とらおう］…………………………………404
鳥井宿禰（日置造）雄三成［とりいのすくねおみなり］…………………………………334・405
刀利宣令［とりのせんりょう］…………………333
止利〔理〕帯麻呂［とりのたらしまろ］………333
刀利康嗣［とりのやすつぐ］……………………333

【な】

直道宿禰（狛人）氏守［なおみちのすくねうじもり］…………………………………225・334

直道宿禰（韓部）広公［なおみちのすくねひろきみ］……171
直道宿禰守永［なおみちのすくねもりなが］…334
長井忌寸（維）敬宗［ながいのいみきたかむね］……336
長岡朝臣岡成［ながおかのあそんおかなり］…337
長岡朝臣秀雄［ながおかのあそんひでお］……337
長岡忌寸（楢日佐）河内［ながおかのいみきかわち］……337・355
永岡藤津［ながおかのふじつ］……395
長丘連（賓難）大足［ながおかのむらじおおたり］……336
長丘連（蓋田）蓑［ながおかのむらじみの］…336
長尾直真墨［ながおのあたいますみ］……336
長尾忌寸金村［ながおのいみきかなむら］……336
中麻続公（麻続部）愚麻呂［なかおみのきみおろかまろ］……337
中麻続公（麻続部）広永［なかおみのきみひろなが］……337
永国忌寸（吾〔五〕）税児［ながくにのいみきぜいじ］……337
中科宿禰雄庭［なかしなのすくねおにわ］……338
中科宿禰（津連）巨都雄［なかしなのすくねことお］……313・338
中科宿禰善雄［なかしなのすくねよしお］……338
中篠忌寸豊次［なかしののいみきとよすき］…339
中嶋連東人［なかじまのむらじあずまひと］…339
中嶋連足人［なかじまのむらじたるひと］……339
中嶋連千嶋［なかじまのむらじちしま］……339
中島由多気［なかじまのゆたけ］……339
長背連（狛）浄成［ながせのむらじきよなり］……339
長背連氷魚主［ながせのむらじひお《うお》ぬし］……339
長背連（狛）広足［ながせのむらじひろたり］……339
長背若万呂［ながせのわかまろ］……339
仲県国造（三使部直）弟継［なかつあがたのくにのみやつこおとつぐ］……428
仲県国造（三使部直）勝雄［なかつあがたのくにのみやつこかつお］……428
中津波手［なかつはて］……68
中臣朝臣大島［なかとみのあそんおおしま］…341
中臣朝臣意美麻呂［なかとみのあそんおみまろ］……340
中臣朝臣清麻呂［なかとみのあそんきよまろ］……340
中臣朝臣宅守［なかとみのあそんやかもり］…340
中臣殖栗連楫取［なかとみのえぐりのむらじかとり］……342
中臣殖栗連時風［なかとみのえぐりのむらじときかぜ］……342
中臣殖栗連豊日［なかとみのえぐりのむらじとよひ］……342
中臣殖栗連秀行［なかとみのえぐりのむらじひでゆき］……342
中臣片岡連五百千麻呂［なかとみのかたおかのむらじいおちまろ］……342
中臣可多能祜大連公［なかとみのかたのこのおおむらじのきみ］……114
中臣葛野連飯麻呂［なかとみのかどののむらじいいまろ］……343
中臣葛野連広江［なかとみのかどののむらじひろえ］……343
中臣葛野連（中臣部連）千稲麻呂［なかとみのかどののむらじほしいまろ］……343
中臣国子大連公［なかとみのくにこのおおむらじのきみ］……114
中臣熊凝朝臣（連）古麻呂［なかとみのくまこりのあそんこまろ］……205・343
中臣栗原連（栗原勝）子公［なかとみのくりはらのむらじこきみ］……211・256・343
中臣栗原連年名［なかとみのくりはらのむらじとしな］……343
中臣酒人宿禰久治良［なかとみのさかひとのすくねくじら］……344
中臣酒人宿禰古麻呂［なかとみのさかひとのすくねこまろ］……344
中臣酒人宿禰虫麻呂［なかとみのさかひとのすくねむしまろ］……344
《中臣》志斐猪甘〔養〕［《なかとみの》しひのいかい］……344
《中臣》志斐国守［《なかとみの》しひのくにもり］……345
《中臣》志斐春継［《なかとみの》しひのはるつぐ］……345
《中臣》志斐（志斐）広守［《なかとみの》しひのひろもり］……345
中臣志斐連（中臣部）加比［なかとみのしひのむらじかい］……345

中臣志斐連（漢人）法麻呂［なかとみのしひのむらじのりまろ］……………………………345
《中臣》志斐安善［《なかとみの》しひのやすよし］……………………………………………345
中臣習〔摺〕宜朝臣（習宜朝臣）阿曾麻呂［なかとみのすげのあそんあそまろ］………………345
中臣習宜朝臣（連）笠麻呂［なかとみのすげのあそんかさまろ］……………………271・345
中臣習〔摺〕宜朝臣（習宜朝臣）山守［なかとみのすげのあそんやまもり］………………271・345
中臣高良比連新羅［なかとみのたからひのむらじしらぎ］……………………………………345
中臣高良比連（高良比連）千上［なかとみのたからひのむらじちかみ］……………………345・452
中臣常磐大連公［なかとみのときわのおおむらじのきみ］……………………………………114
中臣殿来連竹田売［なかとみのとのくのむらじたけだめ］……………………………………327
中臣東連益人［なかとみのひがしのむらじますひと］…………………………………………346
中臣美濃連（均田勝）浄長［なかとみのみののむらじきよなが］……………………………274
中臣美乃連益長［なかとみのみののむらじますなが］…………………………………………274
中臣宮処連東人［なかとみのみやところのむらじあずまひと］………………………………346
中臣宮処連摩呂（＝鳥摩侶）［なかとみのみやところのむらじまろ（＝うまろ）］………………346
中臣連可多能古［なかとみのむらじかたのこ］…………………………………………………340
中臣連金［なかとみのむらじかね］……………………340
中臣連国子［なかとみのむらじくにこ］………340
中臣連国足［なかとみのむらじくにたり］……341
中臣連糠手古［なかとみのむらじぬかてこ］……………………………………………114・340
中臣連御食子［なかとみのむらじみけこ］……………………………………………114・340
長直大富売［ながのあたいおおとみめ］………335
長直〔費〕人立［ながのあたいひとたて］……335
長直〔費〕救〔枚カ〕夫［ながのあたいひら〔カ〕ふ］………………………………………………335
長我孫縄主［ながのあびこただぬし］…………348
長忌寸意吉〔奥〕麻呂［ながのいみきおきまろ］……………………………………………………335
長公広雄［ながのきみひろお］…………………………336
仲宿禰（仲丸子連）乙成［なかのすくねおとなり］…………………………………………335・348
仲宿禰（仲丸子連）真当［なかのすくねまたぎ］…………………………………………335・348
永野忌寸石友［ながののいみきいわとも］……347
永野忌寸吉雄［ながののいみきよしお］………347
永野浄津［ながののきよつ］……………………347
永野宿禰（忌寸）賀古〔加祜〕麻呂［ながののすくねかこまろ］…………………………………347
永野宿禰（忌寸）春貞［ながののすくねはるさだ］……………………………………………………347
永野宿禰（忌寸）福成［ながののすくねふくなり］……………………………………………………347
永野宿禰（忌寸）真雄［ながののすくねまさお］……………………………………………………347
中野造（答他）伊奈麻呂［なかののみやつこいなまろ］………………………………321・346
永野連公足［ながののむらじきみたり］………347
仲真人石伴［なかのまひといわとも］…………335
仲丸子国足［なかのまるこのくにたり］………348
長幡部福良女［ながはたべのふくらめ］………349
中原朝臣（宿禰、十市宿禰＜首＞）有象［なかはらのあそんありかた］……………………323・349
永原朝臣（藤原朝臣）最弟〔乙〕麻呂［ながはらのあそんいろとまろ］……………………………349
永原朝臣門継［ながはらのあそんかどつぐ］…349
永原朝臣（藤原朝臣）恵子［ながはらのあそんけいこ］…………………………………………349
永原朝臣貞主［ながはらのあそんさだぬし］…350
永原朝臣末継［ながはらのあそんすえつぐ］…350
永原朝臣亭子［ながはらのあそんていし］……350
永原朝臣永岑［ながはらのあそんながみね］…350
永原朝臣（藤原朝臣）子伊太比［ながはらのあそんねいたひ］……………………………………349
永原朝臣真殿［ながはらのあそんまさとの］…349
永原朝臣岑雄［ながはらのあそんみねお］……349
中原朝臣（宿禰、十市宿禰＜首＞）以忠［なかはらのあそんもちただ］……………………323・349
中原真人長城［なかはらのまひとながしろ］…349
永道朝臣末継［ながみちのあそんすえつぐ］…350
長岑宿禰（民首）氏主［ながみねのすくねうじぬし］……………………………………………350
長岑宿禰（白鳥村主）高名［ながみねのすくねたかな］……………………………………………350
長岑宿禰（白鳥村主）茂智麻呂〔麿〕［ながみねの

すくねもちまろ]……………………………264・350
長統朝臣（建部公）弟益［ながむねのあそんおとます］……………………………………………296
長統朝臣河宗［ながむねのあそんかわむね］…351
長統朝臣三助［ながむねのあそんみすけ］……351
長宗宿禰（長我孫）葛城［ながむねのすくねかづらき］……………………………………347・350
中村男村［なかむらのおむら］…………………351
永世宿禰公足［ながよのすくねきみたり］……351
名草直弟日［なぐさのあたいおとひ］…………352
名草直嶋守［なぐさのあたいしまもり］………352
那須直意斯麻呂［なすのあたいいしまろ］……352
那須直韋提［なすのあたいいで］………………352
夏身今世［なつみのいまよ］……………………353
夏身金村［なつみのかなむら］…………………353
夏身貞宗［なつみのさだむね］…………………353
名取朝臣（公）竜麻呂［なとりのあそんたつまろ］……………………………………………353
難波忌寸氏主［なにわのいみきうじぬし］……354
難波忌寸浜勝［なにわのいみきはまかつ］……354
難波忌寸船人［なにわのいみきふなひと］……354
難波王［なにわのおおきみ］……………………425
難波吉師日香蛟〔香〕［なにわのきしひかか］……………………………………………353
名張息長［なばりのおきなが］…………………354
名張浄野［なばりのきよの］……………………354
奈良忌寸（秦忌寸）長野［ならのいみきながの］……………………………………………355
奈羅訳語恵明［ならのおさえみょう］…‥337・355
奈良日佐浄足［ならのおさきよたり］…………355
奈良日佐広公［ならのおさひろきみ］…………355
楢日佐広足［ならのおさひろたり］……………355
奈良日佐牟須万呂［ならのおさむすまろ］……355
楢日佐諸君［ならのおさもろきみ］………337・355
《楢》己知〔許智〕蟻石［《ならの》こちのありいし］……………………………………2・222
《楢》己知蟻羽〔許智安利芳〕［《ならの》こちのありはね］……………………………………2・222
奈良許知伊加都［ならのこちのいかつ］………355
柞巨智賀那［ならのこちのかな］………………222
奈良許知麻呂［ならのこちのまろ］……………355
楢原造総麻呂［ならはらのみやつこふさまろ］……………………………………………355

【に】

新生連清雄［にいおのむらじきよお］…………356
新生連清継［にいおのむらじきよつぐ］………356
新生連清成［にいおのむらじきよなり］………356
新生連清人［にいおのむらじきよひと］………356
新田部宿禰入加［にいたべのすくねいるか］…356
新田部宿禰安河［にいたべのすくねやすかわ］……………………………………………356
新田部連米麻呂［にいたべのむらじこめまろ］……………………………………………356
新家連阿久多［にいのみのむらじあくた］……356
新家連公人丸［にいのみのむらじのきみひとまる］……………………………………………356
新治直大直［にいはりのあたいおおね］………357
新治直子公［にいはりのあたいこぎみ］………357
丹生真人安麻呂［にうのまひとやすまろ］……357
贄首石前［にえのおびといわさき］……………357
贄首広前［にえのおびとひろさき］……………357
贄土師国嶋［にえのはじのくにしま］…………357
贄土師連忍勝［にえのはじのむらじおしかつ］……………………………………………357
贄土師連佐美万里〔沙弥麻呂〕［にえのはじのむらじさみまり〔さみまろ〕］……………………357
爾散南公阿波蘇［にさなのきみあわそ］………358
爾散南公延多孝［にさなのきみえたこう］……358
爾散南公沢成［にさなのきみさわなり］………358
錦部連（毗登）石次［にしごりのむらじいわつぐ］……………………………………………359
錦織連（造）小分［にしごりのむらじおきだ］……………………………………………358
錦部連道麻呂［にしごりのむらじみちまろ］…359
日羅［にちら］……………………………………15
爾利久牟王［にりくむおう］……………………299
丹羽臣真咋［にわのおみまくい］………………359

【ぬ】

額田首呰人［ぬかたのおびとあざひと］………361
額田宿禰（額田国造）今足［ぬかたのすくねいまたり］……………………………………203・361
額田部臣伊去美［ぬかたべのおみいこみ］……361
額田部臣押嶋［ぬかたべのおみおししま］……361
額田部宿禰（額田部川田連）三富［ぬかたべのすくねみとみ］……………………………………361
抜田白城君［ぬきたしろきのきみ］……………225

布師首磐［ぬのしのおびといわ］………………362
布師首岡万呂［ぬのしのおびとおかまろ］……362
布敷首常藤［ぬのしのおびとつねふじ］………362
布師首麻知麻呂［ぬのしのおびとまちまろ］…362
布師首家守［ぬのしのおびとやかもり］………362
布師千尋［ぬのしのちひろ］……………………362
努〔乃〕理使主（＝奴理能美）［ぬ〔の〕りのおみ（＝ぬりのみ）］………………………71・313・421
漆部直墨足［ぬりべのあたいすみたり］………363
漆部宿禰道麻呂［ぬりべのすくねみちまろ］…362
漆部造兄［ぬりべのみやつこあに］……………362
漆部造麿［ぬりべのみやつこまろ］……………363

【ね】

根連金身［ねのむらじかねみ］…………………363
念林老人［ねんりんのおゆひと］………………363
念林宅成［ねんりんのやかなり］………………363

【の】

納比旦止［のうひたんと］………………………197
野上連（筑紫史）広嶋［のがみのむらじひろしま］……………………………………………316・363
能祁王［のけおう］………………………………257
濃宜公水通［のげのきみみずみち］……………363
能登臣馬身竜［のとのおみまむたつ］…………363

【は】

買〔賈ヵ〕文会［ばい〔かヵ〕ぶんかい］……145
伯禽［はくきん］……………………264・266・350
伯太造畳売［はくたのみやつこたたみめ］……364
百千［はくち］……………………………………255
伯尼姓光金［はくねせいこうきん］……………365
伯禰広地［はくねのひろち］……………………364
羽栗馬長［はくりのうまなが］…………………365
羽栗臣伊賀万呂［はくりのおみいがまろ］……365
羽栗臣国足［はくりのおみくにたり］…………365
羽栗臣（羽栗）翼［はくりのおみつばさ］……365
葉栗臣人麻呂［はくりのおみひとまろ］………365
羽栗翔［はくりのかける］………………………365
羽栗吉麻呂［はくりのきちまろ］………………365
白竜王［はくりゅうおう］……………36・81・109
土師娑婆連猪手［はじのさばのむらじいて］…365
土師宿禰馬手［はじのすくねうまて］…………365
土師宿禰根麻呂［はじのすくねねまろ］………365
土師宿禰和麻呂［はじのすくねやまとまろ］…366
土師連猪手［はじのむらじいて］………………365
土師連菟［はじのむらじうさぎ］………………366
土師連馬手［はじのむらじうまて］……………366
土師連長兄高［はじのむらじながえたか］……177
間人宿禰鷁甘［はしひとのすくねうかい］……367
間人宿禰大浦［はしひとのすくねおおうら］…367
間人宿禰鷹養［はしひとのすくねたかかい］…367
間人連大蓋［はしひとのむらじおおふた］……366
間人連塩蓋［はしひとのむらじしおふた］……366
間人連御厩［はしひとのむらじみうまや］……366
馬清朝［ばせいちょう］…………………………356
丈部直牛養［はせつかべのあたいうしかい］…367
丈部竜麻呂［はせつかべのたつまろ］…………367
丈部造子虫［はせつかべのみやつここむし］…368
長谷忌寸金村［はせのいみきかなむら］………367
長谷真人小田村［はせのまひとおたむら］……367
長谷真人金江［はせのまひとかなえ］…………367
長谷真人河原［はせのまひとかわはら］………367
長谷真人田村［はせのまひとたむら］…………367
長谷真人真殿［はせのまひとまとの］…………367
長谷連貞長［はせのむらじさだなが］…………367
長谷連貞成［はせのむらじさだなり］…………367
長谷部呰［はせべのあざ］………………………368
長谷部東人［はせべのあずまんど］……………368
長谷部池主［はせべのいけぬし］………………368
長谷部稲持［はせべのいなもち］………………368
長谷部馬甘［はせべのうまかい］………………368
長谷部公真子［はせべのきみまこ］……………369
長谷部公三宅麻呂［はせべのきみみやけまろ］……………………………………………………368
長谷部小宮売［はせべのこみやめ］……………368
長谷部貞宗［はせべのさだむね］………………368
長谷部千松［はせべのせんまつ］………………368
長谷部比奈麻呂［はせべのひなまろ］…………368
長谷部寛麻呂［はせべのひろまろ］……………368
長谷部文選［はせべのもんぜん］………………368
爪工宿禰飯足［はたくみのすくねいいたり］…372
爪工造五百足［はたくみのみやつこいおたり］……………………………………………………372
爪工造三仲［はたくみのみやつこみなか］……372
八多朝臣（岡屋公）祖代［はたのあそんおやしろ］…………………………………………122・371
八多朝臣（岡屋公）貞介［はたのあそんさだすけ］……………………………………………………122
八多朝臣（岡屋公）貞幹［はたのあそんさだみき］

……………………………………………122・371
八多朝臣足人［はたのあそんたるひと］………371
八多朝臣広足［はたのあそんひろたり］………371
八多朝臣斉〔牟後閇・牟胡閇〕［はたのあそんむこへ］……………………………………………371
八多朝臣虫麻呂［はたのあそんむしまろ］……371
幡文広足［はたのあやのひろたり］……………372
幡文造（幡文）通［はたのあやのみやつこみち］……………………………………………372
秦伊美吉（秦）老［はたのいみきおゆ］………370
秦忌寸（物集）豊守［はたのいみきとよもり］……………………………………………454
秦忌寸（秦人）広立［はたのいみきひろたて］……………………………………………373
秦忌寸（物集）広永［はたのいみきひろなが］……………………………………………454
秦伊侶具［はたのいろぐ］………………………369
秦（広幡）牛養［はたのうしかい］……………392
秦大蔵造万里［はたのおおくらのみやつこまり］……………………………………………104
秦大津父［はたのおおつち］……………………369
八多臣広庭［はたのおみひろにわ］……………371
八多公八国［はたのきみやくに］………………371
秦酒公［はたのさけのきみ］………………79・370
秦勝（辟秦）仲主［はたのすぐりなかぬし］…239
秦勝（辟秦）真身［はたのすぐりまみ］………239
八多真人継手［はたのまひとつぐて］…………371
八多真人余〔与〕謝［はたのまひとよさ］……371
秦造川〔河〕勝［はたのみやつこかわかつ］……………………………………………79・369
秦人広庭売［はたひとのひろにわめ］…………373
秦人広幡石足［はたひとのひろはたのいわたり］……………………………………………373
秦人虫麻呂［はたひとのむしまろ］……………372
蜂田在人［はちだのありひと］…………………373
蜂田老人［はちだのおびと］……………………373
蜂田首古爾比売［はちだのおびとこにひめ］…373
蜂田首虎身［はちだのおびととらみ］…………373
蜂田広道［はちだのひろみち］…………………373
蜂田連滝雄［はちだのむらじたきお］…………373
服部呰女［はとりのあさめ］……………………374
服部否持［はとりのいなもち］…………………374
服部於田［はとりのおた］………………………374
服部子虫［はとりのこむし］……………………374
服部連阿閇［はとりのむらじあへ］……………374
服部連功子［はとりのむらじくうし］…………374
服部連佐射［はとりのむらじさざ］……………374
波努〔能〕志［はのし］……………………359・443
祝部（鴨県主）宇志［はふりべのうし］…166・374
祝部惟成［はふりべのこれなり］………………375
祝部友永［はふりべのともなが］………………375
祝部成房［はふりべのなりふさ］………………375
祝部宮麿［はふりべのみやまろ］………………375
祝部義輝［はふりべのよしてる］………………375
食〔播美〕朝臣息〔奥〕人［はみのあそんおきひと］……………………………………………375
食朝臣三田次［はみのあそんみたすき］………375
林朝臣（臣）海主［はやしのあそんあまぬし］……………………………………………375
林朝臣久麻［はやしのあそんくま］……………375
林朝臣嶋国［はやしのあそんしまぐに］………375
林朝臣（臣）野守［はやしのあそんのもり］…375
林忌寸稲麻呂［はやしのいみきいなまろ］……376
林宿禰（連）佐比物［はやしのすくねさひもの］……………………………………………375
林宿禰（連）広山［はやしのすくねひろやま］……………………………………………375
蕃良朝臣（葛井宿禰）鮎川［はらのあそんあゆかわ］……………………………………376・394
蕃良朝臣（葛井宿禰）石雄［はらのあそんいわお］……………………………………376・394
治〔開〕田連石麻呂［はりたのむらじいわまろ］……………………………………………376
治田連熊田［はりたのむらじくまた］…………376
治田連宮平［はりたのむらじみやひら］………376
蓁原公高按［はりはらのきみたかくら］………376
蓁原藤成［はりはらのふじなり］………………377
播磨直弟兄［はりまのあたいおとえ］…………377
針間国造荒熊［はりまのくにのみやつこあらくま］……………………………………203・377
針間国造小君［はりまのくにのみやつこおぎみ］……………………………………………203
針間国造国守［はりまのくにのみやつこくにもり］……………………………………203・377
播磨宿禰徳子［はりまのすくねとくこ］………377
播磨伝野［はりまのつたえの］…………………377
播磨成信［はりまのなりのぶ］…………………377
春江宿禰（浮穴直）千継［はるえのすくねちつぐ］……………………………………77・378
春江宿禰（浮穴直）永子［はるえのすくねながこ］

……77・378
春江宿禰（浮穴直）真徳［はるえのすくねまとこ］……77・378
春江宿禰安主［はるえのすくねやすぬし］……378
春江宿禰良並［はるえのすくねよしなみ］……378
春岡真人広海［はるおかのまひとひろみ］……378
春岳真人冬通［はるおかのまひとふゆみち］…378
春科宿禰（浄村宿禰）道直（＝源）［はるしなのすくねみちなお（＝みなもと）］……197・378
春澄朝臣魚水［はるずみのあそんうおみず］…379
春澄朝臣高子（＝洽子）［はるずみのあそんたかこ（＝とうこ）］……379
春澄朝臣具瞻［はるずみのあそんともみ］……379
春澄朝臣（宿禰、猪名部造）善縄［はるずみのあそんよしただ］……68・379
春苑宿禰（宍人首）玉成［はるそののすくねたまなり］……380
春滝宿禰（下村主）氏成［はるたきのすくねうじなり］……176・259・380
春滝宿禰春岳〔岡〕［はるたきのすくねはるおか］……380
春滝宿禰（下村主）三仲［はるたきのすくねみなか］……176・259・380
春永連（叩）綿麻呂［はるながのむらじわたまろ］……380
春庭宿禰（宇自可臣）良宗［はるにわのすくねよしむね］……79・380
春朝臣（源）保［はるのあそんたもつ］……377
春朝臣（源）尋［はるのあそんひろ］……377
春朝臣（源）泰［はるのあそんやすし］……377
春野聡哲［はるののさとあき］……380
春野広卿〔郷カ〕［はるののひろさと］……380
春野連（面）得敬〔徳鏡〕［はるののむらじとくきょう］……380・453
春原朝臣五百枝［はるはらのあそんいおえ］…380
春原朝臣永世［はるはらのあそんながよ］……381
春原朝臣広宗［はるはらのあそんひろむね］…381
春原連（高宮村主）真木山［はるはらのむらじまきやま］……287・288
春淵朝臣（文部谷直）忠直［はるぶちのあそんただなお］……304・381
春淵朝臣（文部谷直）永世［はるぶちのあそんながよ］……381
春道宿禰（川上造）吉備成［はるみちのすくねきびなり］……381
春道宿禰（川上造）永蔵［はるみちのすくねながくら］……382
春岑朝臣（出□臣）広津麻呂［はるみねのあそんひろつまろ］……64・382
春海連奥雄［はるみのむらじおくお］……381
春海連貞吉［はるみのむらじさだよし］……381
春宗連継縄［はるむねのむらじつぐただ］……382
春良宿禰（大友村主）弟継［はるよしのすくねおとつぐ］……383
春良宿禰（錦部村主）薬麻呂［はるよしのすくねくすりまろ］……383
春良宿禰（志賀史）常継［はるよしのすくねつねつぐ］……249・382
春良宿禰（錦部主寸）人勝［はるよしのすくねひとかつ］……383
春良宿禰諸世［はるよしのすくねもろよ］……383

【ひ】

稗田阿礼［ひえだのあれ］……384
薭田海子［ひえだのうみこ］……384
稗田福貞子［ひえだのふくさだこ］……384
氷上娘［ひかみのいらつめ］……384
氷上真人川継［ひかみのまひとかわつぐ］……384
氷上真人塩焼［ひかみのまひとしおやき］……384
氷上真人志計志麻呂［ひかみのまひとしけしまろ］……384
氷上真人陽侯［ひかみのまひとやこ］……384
樋田臣（稲持臣）荒人［ひたのおみあらひと］……221・385
飛騨国造石勝［ひだのくにのみやつこいわかつ］……386
飛騨国造祖門［ひだのくにのみやつこおやかど］……203・386
飛騨国造高市麻呂［ひだのくにのみやつこたけちまろ］……203・386
飛騨道足［ひだのみちたり］……386
肥君猪手［ひのきみいて］……383
肥君宇志麻呂［ひのきみうしまろ］……383
肥君広竜［ひのきみひろたつ］……383
檜前村主阿古麻呂［ひのくまのすぐりあこまろ］……387
檜前村主稲麻呂［ひのくまのすぐりいな《ね》まろ］……387
檜前民使首志豆米売［ひのくまのたみのつかいのおびとしずめめ］……307

檜前民使博徳［ひのくまのたみのつかいのはかとこ］……307
檜前調使案麻呂［ひのくまのつきのつかいのあまろ］……387
檜前調使百戸（═行表）［ひのくまのつきのつかいのももと（═ぎょうひょう）］……387
檜前舎人石前［ひのくまのとねりいわさき］…387
檜前舎人直由加麿［ひのくまのとねりのあたいゆかまろ］……387
檜前舎人連馬養［ひのくまのとねりのむらじうまかい］……387
檜前舎人連安麻呂［ひのくまのとねりのむらじやすまろ］……387
檜前舎人部諸国［ひのくまのとねりべのもろくに］……387
桧〔檜〕前部君賀美麻呂［ひのくまべのきみかみまろ］……388
桧前部黒麻呂［ひのくまべのくろまろ］……388
比〔毗〕有王［ひゆうおう］…11・17・201・435
平田宿禰（忌寸）枝麻呂［ひらたのすくねえだまろ］……389
比流王［ひるおう］……122・380・389・453・458
広井宿禰（連・造）真成［ひろいのすくねまなり］……389
廣海造（韓）真成［ひろうみのみやつこしんせい］……390
廣海連（造、韓）男成［ひろうみのむらじだんせい］……390
広岡朝臣（橘朝臣）古那可智［ひろおかのあそんこなかち］……390
広岡造（沙良）真熊［ひろおかのみやつこまくま］……390
尋来津荒馬［ひろきつのあらうま］……391
尋来津息人［ひろきつのおきひと］……391
尋来津首月足［ひろきつのおびとつきたり］…391
尋来津首倭万呂［ひろきつのおびとやまとまろ］……391
尋来津公関麻呂［ひろきつのきみせきまろ］…390
尋来津広浜［ひろきつのひろはま］……391
尋来津船守［ひろきつのふなもり］……391
広篠連（前部）虫麻呂［ひろしののむらじむしまろ］……273・391
広澄宿禰（物部）福麻呂［ひろすみのすくねふくまろ］……391
広瀬臣光［ひろせのおみひかる］……129
広田連（辛）男床［ひろたのむらじおゆか］…391
広根朝臣倉麿［ひろねのあそんくらまろ］……391
広根朝臣諸勝［ひろねのあそんもろかつ］……391
広野宿禰（昆解）河継［ひろののすくねかわつぐ］……229・392
広野宿禰（昆解）宮継［ひろののすくねみやつぐ］……229・392
広野連（山田史）君足［ひろののむらじきみたり］……391
広階宿禰（河原連）貞雄［ひろはしのすくねさだお］……160
広階宿禰（上村主）貞成［ひろはしのすくねさだなり］……160
広階宿禰（連）宮雄［ひろはしのすくねみやお］……160
広階宿禰（上村主）八釣［ひろはしのすくねやつり］……160
広幡造広女［ひろはたのみやつこひろめ］……392
廣宗宿禰糸継［ひろむねのすくねいとつぐ］…392
廣宗宿禰平麻呂［ひろむねのすくねひらまろ］……392
廣宗宿禰安人［ひろむねのすくねやすひと］…392
廣宗連（東部）黒麻呂［ひろむねのむらじくろまろ］……321・392
弘村連（役連）豊足［ひろむらのむらじとよたり］……393
弘世連諸統［ひろよのむらじもろすぶ］……393
弘世連弥足［ひろよのむらじやたり］……393

【ふ】

笛有忠［ふえのありただ］……393
笛吹丈万呂［ふえふきのたけまろ］……393
笛吹申万呂［ふえふきのもうしまろ］……393
笛吹部少足［ふえふきべのすくなたり］……393
深根宿禰（蜂田薬師）安遊［ふかねのすくねあゆ］……373・394
深根宿禰（蜂田薬師）文主［ふかねのすくねふみぬし］……373・394
深根宿禰宗継［ふかねのすくねむねつぐ］……394
深根輔仁［ふかねのすけひと］……394
福貴王［ふくきおう］……106
福地造（伊志）麻呂［ふくちのみやつこまろ］……394
福徳王［ふくとくおう］……376・408
夫差［ふさ］……414

夫子［ふし］……………………………………229
葛井宿禰（連）道依［ふじいのすくねみちより］……………………………………394
葛井史味沙［ふじいのふひとみさ］……………312
葛井連（白猪史）阿麻留［ふじいのむらじあまる］……………………………………263
葛井連（白猪史・王）胆津［ふじいのむらじいつ］……………………………263・394
葛井連（白猪史）広成［ふじいのむらじひろなり］……………………………………263
葛井連（白猪史）宝然〔骨〕［ふじいのむらじほうねん〔ほね〕］……………………………263
葛江我孫馬養［ふじえのあびこうまかい］……395
葛江我孫良津［ふじえのあびこよしつ］………395
葛江我孫良伴［ふじえのあびこよしとも］……395
葛津貞津［ぶじつのさだつ］……………………395
藤原朝臣宇合［ふじわらのあそんうまかい］…396
藤原朝臣緒嗣［ふじわらのあそんおつぐ］……396
藤原朝臣（中臣朝臣）意美麻呂［ふじわらのあそんおみまろ］……………………………114
藤原朝臣雄友［ふじわらのあそんかつとも］…396
藤原朝臣（中臣朝臣＜連＞）鎌足［ふじわらのあそんかまたり］……………………114・396・341
藤原朝臣薬子［ふじわらのあそんくすこ］……396
藤原朝臣是公［ふじわらのあそんこれきみ］…396
藤原朝臣種継［ふじわらのあそんたねつぐ］…396
藤原朝臣継縄［ふじわらのあそんつぐただ］…396
藤原朝臣豊成［ふじわらのあそんとよなり］…396
藤原朝臣仲成［ふじわらのあそんなかなり］…396
藤原朝臣浜成［ふじわらのあそんはまなり］…396
藤原朝臣広嗣［ふじわらのあそんひろつぐ］…396
藤原朝臣房前［ふじわらのあそんふささき］…396
藤原朝臣不比等［ふじわらのあそんふひと］……………………………………114・396
藤原朝臣冬嗣［ふじわらのあそんふゆつぐ］…396
藤原朝臣麻呂［ふじわらのあそんまろ］………396
藤原朝臣道長［ふじわらのあそんみちなが］…396
藤原朝臣宮子［ふじわらのあそんみやこ］……396
藤原朝臣武智麻呂［ふじわらのあそんむちまろ］……………………………………93・396
藤原朝臣基経［ふじわらのあそんもとつね］…396
藤原朝臣百川［ふじわらのあそんももかわ］…396
藤原朝臣良継［ふじわらのあそんよしつぐ］…396
藤原朝臣良房［ふじわらのあそんよしふさ］…396
藤原恵美朝臣（藤原朝臣）朝狩［ふじわらのえみのあそんあさかり］……………………………93
藤原恵美朝臣（藤原朝臣）押勝（＝仲麻呂）［ふじわらのえみのあそんおしかつ（＝なかまろ）］……………………………………93・396
藤原恵美朝臣（藤原朝臣）辛加知［ふじわらのえみのあそんからかち］…………………………93
藤原恵美朝臣（藤原朝臣）訓儒〔久須〕麻呂［ふじわらのえみのあそんくずまろ］………………93
藤原恵美朝臣（藤原朝臣）刷〔薩〕雄［ふじわらのえみのあそんさちお］…………………………93
藤原恵美朝臣（藤原朝臣）執弓（＝真光〔先カ〕）［ふじわらのえみのあそんとりゆみ（＝まさき）］……………………………………93
布勢朝臣色布智［ふせのあそんいろふち］……397
布勢朝臣清直［ふせのあそんきよなお］………398
布勢朝臣国足［ふせのあそんくにたり］………397
布勢朝臣人主［ふせのあそんひとぬし］………398
布勢臣麻呂古［ふせのおみまろこ］……………397
布勢君足人［ふせのきみたるひと］……………398
布世君族市麻呂［ふせのきみのやからいちまろ］……………………………………398
布勢君家麻呂［ふせのきみやかまろ］…………398
福當（前部）倉主［ふたぎのくらぬし］……………………………………273・398
福當造（前部）志發［ふたぎのみやつこしはつ］……………………………………398
福當連（前部高）文信［ふたぎのむらじもんしん］……………………………………398
二田物部広［ふたたのもののべのひろ］………399
筆男公［ふでのおきみ］…………………………399
筆乙公［ふでのおときみ］………………………399
筆浜成［ふでのはまなり］………………………399
船木秋麻呂［ふなきのあきまろ］………………400
船木直馬養［ふなきのあたいうまかい］………399
船木直麻呂［ふなきのあたいまろ］……………399
船木直安麻呂［ふなきのあたいやすまろ］……399
船木王［ふなきのおう］…………………………336
船木臣東君［ふなきのおみあずまきみ］………399
船木臣宿奈麻呂［ふなきのおみすくなまろ］…399
船木宿禰一麻呂［ふなきのすくねいちまろ］…400
船木立麻呂［ふなきのたちまろ］………………400
船木刀自女［ふなきのとじめ］…………………400
船木孫足［ふなきのまごたり］…………………400
船木麻〔万〕呂［ふなきのまろ］………………400
船木連宇麻呂［ふなきのむらじうまろ］………399

船木連鼠緒［ふなきのむらじそお］……………399
船木連弓手［ふなきのむらじゆみて］…………399
船木部積万呂［ふなきべのつみまろ］…………400
鯽魚戸直［ふなどのあたい］……………………400
武寧王［ぶねいおう］……………………………467
船史恵尺［ふねのふひとえさか］………………400
船史王辰爾［ふねのふひとおうしんに］
…………………………267・312・338・400・437
船史王平［ふねのふひとおうへい］……………400
船史竜［ふねのふひとたつ］……………………400
史戸〔部〕赤万呂［ふひとべのあかまろ］……401
史戸〔部〕木屋麻呂［ふひとべのきやまろ］…401
史部虫麻呂［ふひとべのむしまろ］……………401
書直県［ふみのあたいあがた］…………………402
書直薬［ふみのあたいくすし］…………………402
文直成覚［ふみのあたいじょうかく］…………402
書直智〔知〕徳［ふみのあたいちとこ］………402
文忌寸馬養〔甘〕［ふみのいみきうまかい］……177
文忌寸（文部）黒麻呂［ふみのいみきくろまろ］
……………………………………………………402
文忌寸（文部）此人［ふみのいみきこれひと］
……………………………………………………402
文忌寸塩麻呂［ふみのいみきしおまろ］………402
文〔書〕忌寸（首）禰麻〔根摩〕呂［ふみのいみきねまろ］……………………………………177
文忌寸博勢［ふみのいみきはかせ］……………402
文忌寸広田［ふみのいみきひろた］……………402
文忌寸広麻呂［ふみのいみきひろまろ］………402
書首阿斯高［ふみのおびとあしたか］…………177
書首栴檀高［ふみのおびとおうちたか］………177
書首韓会古［ふみのおびとかんえこ］…………177
書首支弥高［ふみのおびとしみたか］…………177
書首羊古［ふみのおびとようこ］………………177
文部奈之末呂［ふみべのなしまろ］……………402
文屋朝臣（豊峯真人）広竜［ふみやのあそんひろたつ］…………………………………………332
文屋朝臣巻雄［ふみやのあそんまきお］………442
文室朝臣（三山朝臣・三諸朝臣）綿麻呂［ふみやのあそんわたまろ］………………403・439・442
文室真人（長谷真人）於保［ふみやのまひとおお］
…………………………………………367・403
文屋真人大市［ふみやのまひとおおいち］……402
文室真人智努（＝浄三）［ふみやのまひとちぬ（＝きよみ）］…………………………402・439・442
文室真人（有沢真人）春則［ふみやのまひとはるのり］………………………………………………39
文室真人与伎［ふみやのまひとよき］…………402
古市浄人［ふるいちのきよひと］………………404
古市黒麻呂［ふるいちのくろまろ］……………404
古市村主寸食［ふるいちのすぐりきはむ］……404
古市倭万呂［ふるいちのやまとまろ］…………404
布瑠宿禰今道［ふるのすくねいまみち］………403
布瑠宿禰清貞［ふるのすくねきよさだ］………403
布瑠宿禰浄野［ふるのすくねきよの］…………403
布瑠宿禰高庭［ふるのすくねたかにわ］………403
布瑠宿禰（物部首）日向［ふるのすくねひむか］
……………………………………………………403
布瑠宿禰道永［ふるのすくねみちなが］………403
夫連王［ふれんおう］……………………………224

【へ】

平群朝臣広成［へぐりのあそんひろなり］……405
平群味酒臣（味酒部）稲依［へぐりのうまさけのおみいなより］……………………………………87
平群臣宇志［へぐりのおみうし］………………405
平群臣神手［へぐりのおみかみて］……………405
平群臣子首［へぐりのおみこびと］……………405
平群臣鮪［へぐりのおみしび］…………………405
平群臣真鳥［へぐりのおみまとり］……………405
平郡都久〔木菟〕宿禰［へぐりのづくのすくね］
……………………………………………………87
平群壬生朝臣（壬生）広主［へぐりのみぶのあそんひろぬし］………………………………………436
平群壬生朝臣（壬生）美与曾［へぐりのみぶのあそんみよそ］………………………………………437
戸憶志［へのおくし］……………………………413
戸貴善［へのきぜん］……………………………413
戸令貴［へのりょうき］…………………………413

【ほ】

法縁［ほうえん］…………………………………49
豊貴王［ほうきおう］……………………………38
豊璋［ほうしょう］………………………………201
宝徳公［ほうとくこう］…………26・82・250・307
宝輪王［ほうりんおう］…………………………415
星川建彦宿禰［ほしかわたけひこのすくね］…241
星川朝臣黒麻呂［ほしかわのあそんくろまろ］
……………………………………………………407
星川臣麻呂［ほしかわのおみまろ］……………406
星川君虫麿［ほしかわのきみむしまろ］………407

星川嶋守［ほしかわのしまもり］……………………407
細川私小牛甘［ほそかわのきさいべのおうしかい］……………………………………………………407
細川椋人五十君［ほそかわのくらひとのいきみ］……………………………………………………407
細川豊足［ほそかわのとよたり］……………………407
穂積朝臣老人［ほづみのあそんおいひと］……407
穂積朝臣老［ほづみのあそんおゆ］……………407
穂積朝臣虫麻呂［ほづみのあそんむしまろ］…407
穂積朝臣山守［ほづみのあそんやまもり］……407
穂積磐弓臣［ほづみのいわゆみのおみ］………407
穂積臣五百枝［ほづみのおみいおえ］…………407
穂積臣押山［ほづみのおみおしやま］…………407
穂積臣百枝［ほづみのおみももえ］……………407
穂積臣百足［ほづみのおみももたり］…………407
穂積咋臣［ほづみのくいのおみ］………………407
火焔王［ほのおのおう］……………………………65

【ま】

前田臣市成［まえだのおみいちなり］…………408
真神宿禰氏長［まかみのすくねうじなが］……408
真神宿禰真糸［まかみのすくねまいと］………408
真髪部公吉人［まかみべのきみよしひと］……263
真髪部宿禰守忠［まかみべのすくねもりただ］……………………………………………………409
真髪部成道［まかみべのなりみち］……………409
勾五百足［まがりのいおたり］……………………409
勾葦橋［まがりのいはし］…………………………409
勾猪万呂［まがりのいまろ］………………………409
《勾カ》大伴乃福主［《まがりの》おおとものふくぬし］……………………………………………409
勾興志［まがりのこし］……………………………409
勾羊［まがりのひつじ］……………………………409
真城史（金城史）山守［まきのふひとやまもり］……………………………………………………410
良臣豊田麿［まことのおみとよたまろ］………410
良弘重［まことのひろしげ］………………………411
万昆石万呂［まこんのいわまろ］…………………411
万昆神恵［まこんのかむえ］………………………411
万昆公万呂［まこんのきみまろ］…………………411
当野忌寸〔伊美吉〕平麻呂［まさののいみきひらまろ］………………………………………………411
当道朝臣（道公）広持［まさみちのあそんひろもち］…………………………………………411・424
当道朝臣（道公）安野［まさみちのあそんやすの］………………………………………………411・424
当宗宿禰（忌寸）家主［まさむねのすくねいえぬし］………………………………………………412
当世宿禰（巫部宿禰）公成［まさよのすくねきみなり］……………………………………181・412
当世宿禰（巫部連）継足［まさよのすくねつぐたり］………………………………………181・412
当世宿禰（巫部連）継麻呂［まさよのすくねつぐまろ］……………………………………181・412
当世宿禰（巫部宿禰）諸成［まさよのすくねもろなり］……………………………………181・412
当世宿禰（巫部連）吉継［まさよのすくねよしつぐ］………………………………………181・412
益田直金鐘［ますだのあたいこんしょう］……412
益田忌寸満足［ますだのいみきみちたり］……412
益田乙万呂［ますだのおとまろ］………………412
益田君倭麻呂［ますだのきみやまとまろ］……412
益田連（益田）縄手［ますだのむらじなわて］……………………………………………………412
真苑宿禰（玉作）雑物（＝孝成）［まそののすくねさいもち（＝こうせい）］………………306・412
末多王［またおう］…………………………17・435
松井連（戸）浄道［まついのむらじきよみち］……………………………………………………413
松井連（戸）浄山［まついのむらじきよやま］……………………………………………………413
麻弖臣［まてのおみ］……………………………231
万徳使主［まとこのおみ］…………………………215
真野首弟子［まののおびとていし］……………414
真野臣（和珥部臣）忍勝［まののおみおしかつ］……………………………………………………414
真野臣（和珥部臣）鳥［まののおみとり］……414
真野臣（民首）広門［まののおみひろかど］…414
真野宿禰（臣）永徳［まののすくねながとく］……………………………………………………414
真野宿禰（臣）道緒［まののすくねみちお］…414
真春真人池子［まはるのまひといけこ］………414
真春真人小長谷［まはるのまひとおはつせ］…414
真春真人鳥嶋［まはるのまひととりしま］……414
真春真人長谷［まはるのまひとはつせ］………414
麻利［まり］………………………………………313
丸子大国［まるこのおおくに］……………………425
丸子連大歳［まるこのむらじおおとし］………415
丸子連多麻呂［まるこのむらじおおまろ］……415
丸子連宮麻呂［まるこのむらじみやまろ］……415

客（山背甲作客）小友［まろうどのおとも］
……………………………………………………415・485
客君狛麻呂［まろうどのきみこままろ］………415
客公成人［まろうどのきみなるひと］…………415
茨田勝男泉［まんだのすぐりおいずみ］………416
茨田枚野宿禰（茨田）弓束［まんだのひらののすくねゆみつか］……………………………………416
茨田連衫子［まんだのむらじさんし］…………416
茨田連（茨田）足島［まんだのむらじたるしま］
……………………………………………………416

【み】

御池造（卓）杲智［みいけのみやつこりょうち］
……………………………………………………417
御井朝臣（秋篠朝臣）上子［みいのあそんかみこ］
………………………………………………10・416
御井朝臣（秋篠朝臣）清子［みいのあそんきよこ］
………………………………………………10・416
御井朝臣（秋篠朝臣）室成［みいのあそんむろなり］……………………………………10・416
御井朝臣（秋篠朝臣）宅成［みいのあそんやかなり］……………………………………10・416
御井（高麗）家継［みいのいえつぐ］…………417
御井（高麗）継楯［みいのつぐたて］…………417
御井原史浄氏［みいはらのふひときようじ］…417
三尾公恵□［みおのきみえ□］…………………418
三尾公乙吉［みおのきみおとよし］……………418
三尾君堅槭［みおのきみかたどい］……………417
水尾公真熊［みおのきみまくま］………………418
三尾君倭媛［みおのきみやまとひめ］…………417
三尾角折君［みおのつのおりのきみ］…………417
三尾稚子媛［みおのわかごひめ］………………417
三笠連秋虫［みかさのむらじあきむし］………418
三笠連（高）正勝［みかさのむらじしょうしょう］
……………………………………………216・418
御炊朝臣人麻呂［みかしきのあそんひとまろ］
……………………………………………………418
御方大野［みかたのおおの］………………217・418
御方宿禰（御方）広名［みかたのすくねひろな］
……………………………………………217・418
甕玉大魚売［みかたまのおおなめ］……362・418
美賀取東人［みかとりのあずまひと］…………419
三河今土［みかわのいまつち］…………………419
三川戸赤万呂［みかわべのあかまろ］…………419
三国公麻呂［みくにのきみまろ］………………420
三国真人浄乗［みくにのまひときよのり］……420
三国真人友足［みくにのまひとともたり］……420
三国真人野守［みくにのまひとのもり］………420
三国真人三吉［みくにのまひとみよし］………420
御坂造（前部）安人［みさかのみやつこやすひと］
……………………………………………………420
御坂連（前部）白公［みさかのむらじしらきみ］
……………………………………………………420
御坂連（御犬連）広額［みさかのむらじひろぬか］
……………………………………………………420
三嶋県主（県主）飯粒［みしまのあがたぬしいいぼ］……………………………………………6・421
三嶋公嶋継［みしまのきみしまつぐ］…………421
三嶋宿禰（三嶋県主）広調［みしまのすくねひろつき］…………………………………………6・421
三嶋宿禰（三嶋県主）宗麻呂［みしまのすくねむねまろ］………………………………………6・421
三島〔嶋〕真人垂水［みしまのまひとたるみ］
……………………………………………………421
三嶋部百足［みしまべのももたり］……………421
水海連（毗登）清成［みずうみのむらじきよなり］
……………………………………………………421
三園真人多［みそののまひとおお］……………421
三園真人登美［みそののまひととみ］…………421
三園真人藤子［みそののまひとふじこ］………422
三始朝臣奴可女［みそめのあそんぬかめ］……422
御高真人賀我［みたかのまひとかが］…………422
御高真人真薬［みたかまひとまくす］…………422
御立宿禰維宗［みたちのすくねこれむね］……423
御立連清道［みたちのむらじきよみち］………423
御立連（呉粛）胡明［みたちのむらじこみょう］
……………………………………………………423
道田連安麻呂［みたちのむらじやすまろ］……426
三田兄人［みたのえひと］………………………422
三田首五瀬［みたのおびといつせ］……………422
三田首袁末呂［みたのおびとおまろ］…………422
三田塩籠［みたのしおこ］………………………422
三田部牛麻呂［みたべのうしまろ］……………422
三田部麻呂［みたべのまろ］……………………422
民直大火［みたみのあたいおおひ］……………424
民忌寸（連・直）小鮪〔袁志比〕［みたみのいみきおしび］……………………………………424
道嶋宿禰赤龍［みちしまのすくねあかたつ］…426
道嶋宿禰大楯［みちしまのすくねおおたて］…426
道嶋宿禰（牡鹿宿禰<連>・丸子）嶋足［みちし

まのすくねしまたり]……………129・415・426
道嶋宿禰三山［みちしまのすくねみやま］……426
道田連（三田毗登）家麻呂［みちたのむらじいえまろ］………………………………………422・426
道田連桑田［みちたのむらじくわた］…………426
道君伊羅都売［みちのきみいらつめ］…………424
道君首名［みちのきみおびとな］…………411・424
路足麻呂［みちのたりまろ］……………………425
路真人迹見［みちのまひとあとみ］……………425
路真人大人［みちのまひとうし］………………425
御杖連（河内画師）祖足［みつえのむらじおやたり］……………………………………………………427
御杖連年継［みつえのむらじとしつぐ］………427
御使朝臣（連）清足［みつかいのあそんきよたり］……………………………………………………427
御使朝臣（連）清成［みつかいのあそんきよなり］……………………………………………………427
御使朝臣（連）田公［みつかいのあそんたきみ］……………………………………………………427
御使朝臣福子［みつかいのあそんふくこ］……427
御使連乙麻呂［みつかいのむらじおとまろ］…427
三使連人麻呂［みつかいのむらじひとまろ］…427
御常朝臣氏雄［みつねのあそんうじお］………428
三津首浄足［みつのおびときよたり］…………427
三津首広野（＝最澄）［みつのおびとひろの（＝さいちょう）］………………………………………426
御津首持麻呂［みつのおびともちまろ］………427
三津首百枝［みつのおびとももえ］……………427
三津広前［みつのひろさき］……………………427
三津若万呂［みつのわかまろ］…………………427
三林公（道祖首）公麻呂［みつはやしのきみきみまろ］……………………………………400・428
三林公（道祖首）杖足［みつはやしのきみつえたり］……………………………………400・428
御手代東人［みてしろのあずまひと］…………428
御手代直男綱［みてしろのあたいおつな］……428
三手代乎伎波都［みてしろのおきはつ］………428
三手代人名［みてしろのひとな］………………428
御長近人［みながのちかひと］…………………429
御長中継［みながのなかつぐ］…………………429
御長広岳［みながのひろおか］…………………429
三長真人葦田［みながのまひとあしだ］………429
三長真人他田［みながのまひとおさだ］………429
三長真人笠［みながのまひとかさ］……………429
三長真人津守［みながのまひとつもり］………429
三長真人豊浦［みながのまひととようら《とゆら》］……………………………………………429
三長真人長津［みながのまひとながつ］………429
三長真人宮子［みながのまひとみやこ］………429
三長真人山口［みながのまひとやまぐち］……429
弥奈曾〔那子〕富意弥［みなそほのおみ］………83
南淵朝臣（坂田朝臣・槻本公・息長真人）年名［みなぶちのあそんとしな］……………………430
南淵朝臣（坂田朝臣）永河［みなぶちのあそんながかわ］………………………………………429
南淵朝臣（坂田朝臣）弘貞［みなぶちのあそんひろさだ］………………………………………429
南淵漢人請安［みなぶちのあやひとしょうあん］……………………………………………………429
蜷淵真人伊賀万呂［みなぶちのまひといがまろ］……………………………………………………430
蜷淵真人岡田［みなぶちのまひとおかた］……430
源朝臣顕房［みなもとのあそんあきふさ］……431
源朝臣明［みなもとのあそんあきら］…………430
源朝臣潔姫［みなもとのあそんきよひめ］……430
源朝臣賢子（＝中宮賢子）［みなもとのあそんけんし（＝ちゅうぐうけんし）］……………………431
源朝臣貞姫［みなもとのあそんさだひめ］……430
源朝臣定［みなもとのあそんさだむ］…………431
源朝臣高明［みなもとのあそんたかあきら］…431
源朝臣勤［みなもとのあそんつとむ］…………431
源朝臣経基［みなもとのあそんつねもと］……431
源朝臣融［みなもとのあそんとおる］…………431
源朝臣常［みなもとのあそんときわ］…………430
源朝臣生［みなもとのあそんなる《あれ》］…431
源朝臣範頼［みなもとのあそんのりより］……431
源朝臣弘［みなもとのあそんひろむ］…………430
源朝臣信［みなもとのあそんまこと］……377・430
源朝臣雅実［みなもとのあそんまさざね］……431
源朝臣全姫［みなもとのあそんまたひめ］……430
源朝臣通親［みなもとのあそんみちちか］……431
源朝臣満仲［みなもとのあそんみつなか］……431
源朝臣師房［みなもとのあそんもろふさ］……431
源朝臣義家［みなもとのあそんよしいえ］……431
源朝臣義経［みなもとのあそんよしつね］……431
源朝臣義朝［みなもとのあそんよしとも］……431
源朝臣善姫［みなもとのあそんよしひめ］……430
源朝臣頼朝［みなもとのあそんよりとも］……431
源朝臣頼信［みなもとのあそんよりのぶ］……431
源朝臣頼光［みなもとのあそんよりみつ］……431

源朝臣頼義［みなもとのあそんよりよし］……431
水主直田［みぬしのあたいた］……………………432
水主直族五百依［みぬしのあたいのやからいおより］……………………………………………432
三野県主小根［みののあがたぬしおね］………433
三野宿禰（連）清庭［みののすくねきよにわ］……………………………………………………433
美努宿禰（難波部）主足［みののすくねぬしたり］……………………………………………………433
三野連岡万〔麻呂〕［みののむらじおかまろ］……………………………………………………433
三野連（宿禰・連）奥麻呂［みののむらじおくまろ］……………………………………………433
三野連清名［みののむらじきよな］……………433
三野連浄麻呂［みののむらじきよまろ］………433
三野連（宿禰・連）財女［みののむらじたからめ］……………………………………………………433
三野連智麻呂［みののむらじともまろ］………433
陵辺君百尊［みはかべのきみはくそん］………433
美波夜王［みはやおう］………………………26・250
御林宿禰（別君）清名［みはやしのすくねきよな］……………………………………………………490
三原朝臣朝主［みはらのあそんあさぬし］……434
三原朝臣弟平（＝乙枚王）［みはらのあそんおとひら（＝おとひらおう）］………………………434
三原朝臣数子［みはらのあそんかずこ］………434
三原朝臣永道［みはらのあそんながみち］……434
三原朝臣春上［みはらのあそんはるかみ］……434
御原相坂［みはらのおうさか］……………………435
御春朝臣（百済宿禰）有世［みはるのあそんありよ］……………………………………………435
御春朝臣種実［みはるのあそんたねざね］……435
御春朝臣（飛鳥部造）豊宗［みはるのあそんとよむね］……………………………………………435
御春朝臣浜主［みはるのあそんはまぬし］……435
御春朝臣（宿禰）春長［みはるのあそんはるなが］…………………………………………17・435
御春朝臣峯能［みはるのあそんみねよし］……435
御船宿禰（船連）貞直［みふねのすくねさだなお］……………………………………………………437
壬生朝臣（公）石道［みぶのあそんいわみち］……………………………………………………437
御輔朝臣長野［みふのあそんながの］…………435
御輔朝臣長〔永〕道［みふのあそんながみち］……………………………………………………435
御輔朝臣（安倍宿禰）真雄［みふのあそんまさお］……………………………………………………435
壬生宿禰（連・直）小家主女［みぶのすくねこやかぬしめ］……………………………………437
美麻那朝臣（宿禰）直節［みまなのあそんなおふし］……………………………………………438
三棟朝臣（□□朝臣）今継［みむねのあそんいまつぐ］……………………………………………438
三統朝臣忠子［みむねのあそんただこ］………438
三統宿禰（日置宿禰）浄海［みむねのすくねきようみ］……………………………………………438
三統宿禰（日置宿禰）浄里［みむねのすくねきよさと］……………………………………………438
三統宿禰（日置宿禰）国長［みむねのすくねくになが］……………………………………………438
三統宿禰（日置宿禰）継［みむねのすくねつぐ］……………………………………………………438
三統宿禰（日置宿禰）真浄［みむねのすくねまきよ］……………………………………………438
三統宿禰（日置宿禰）益継［みむねのすくねますつぐ］……………………………………………438
三統理平［みむねのまさひら］……………………438
御室朝臣今継［みむろのあそんいまつぐ］……439
御室朝臣氏継［みむろのあそんうじつぐ］……439
御室朝臣是継［みむろのあそんこれつぐ］……439
御室朝臣安常［みむろのあそんやすつね］……439
三諸朝臣（文室真人）大原［みもろのあそんおおはら］…………………………402・439・442
三宅吉士入石［みやけのきしいりし］…………440
三家史小丸［みやけのふひとこまる］…………440
三家史広成［みやけのふひとひろなり］………440
三宅連石床［みやけのむらじいわとこ］………440
三宅連乙公［みやけのむらじおときみ］………440
三宅連笠雄麻呂［みやけのむらじかさおまろ］……………………………………………………440
三宅連黄金［みやけのむらじこがね］…………440
三宅連麻佐［みやけのむらじまさ］……………440
三宅連真継［みやけのむらじまつぐ］…………440
都朝臣（宿禰、桑原公）貞継［みやこのあそんさだつぐ］……………………………214・441
都朝臣（宿禰、桑原公）腹赤［みやこのあそんはらか］……………………………214・441
都朝臣（宿禰）御酉［みやこのあそんみとり］……………………………………………………441
都朝臣（宿禰）良香［みやこのあそんよしか］

……………………………………………………441
都朝臣（宿禰）与道［みやこのあそんよみち］
……………………………………………………441
都朝臣（宿禰）因雄［みやこのあそんよりお］
……………………………………………………441
宮手古別君［みやてこのわけのきみ］……………72
宮宿禰忠来［みやのすくねただき］……………439
宮宿禰春来［みやのすくねはるき］……………439
宮勝木実［みやのすぐりこのみ］…………404・439
宮勝利名［みやのすぐりとしな］………………439
宮原宿禰（船連）今道［みやはらのすくねいまみち］…………………………………401・442
三山朝臣（三諸朝臣）真屋麻呂［みやまのあそんまやまろ］…………………………………………442
宮道朝臣弥益［みやみちのあそんいやます］…443
宮道朝臣（宿禰）吉備継［みやみちのあそんきびつぐ］…………………………………………443
宮道朝臣（宿禰）吉備麻呂［みやみちのあそんきびまろ］…………………………………………443
宮道首阿弥陀［みやみちのおびとあみだ］……443
宮道良連［みやみちのよしつら］………………443
三善朝臣（錦宿禰）時佐［みよしのあそんときすけ］…………………………………………443
三善清行［みよしのきよゆき］…………………443
三善宿禰（錦部連）姉継［みよしのすくねあねつぐ］…………………………………………443
三善宿禰（錦部）克興［みよしのすくねかつき］
……………………………………………………443
神直大庭［みわのあたいおおにわ］……………445
神直老［みわのあたいおゆ］……………………445
神直黒金［みわのあたいくろがね］……………445
神直許等比［みわのあたいことひ］……………445
神直近志侶［みわのあたいちかしろ］…………444
神直枚売［みわのあたいひらめ］………………444
神直安麻呂［みわのあたいやすまろ］…………445
神首伯［みわのおびとはく］……………………445
美和首広床［みわのおびとひろゆか］…………445
三輪君東人［みわのきみあずまひと］…………444
三輪君大口［みわのきみおおくち］……………444
三輪君小鷦鷯［みわのきみおさざき］…………444
三輪君子首［みわのきみこびと］………………444
三輪君逆［みわのきみさかう］…………………444
三輪君色夫［みわのきみしこぶ］………………444
三輪君高市麻呂［みわのきみたけちまろ］……444
三輪君根麻呂［みわのきみねまろ］……………444
三輪君身狭［みわのきみむさ］…………………444
三輪引田君難波麻呂［みわのひきたのきみなにわまろ］…………………………………………385
三輪文屋君［みわのふみやのきみ］……………444
美和真人岡屋［みわのまひとおかや］…………445
美和真人清江［みわのまひときよえ］…………445
美和真人土生［みわのまひとひじお］…………445
美和真人壬生［みわのまひとみぶ］……………445
神人部稲村［みわひとべのいなむら］…………445
神人部束成［みわひとべのつかなり］…………445
神人部弥屋売［みわひとべのみやめ］…………445
神人部安麻呂［みわひとべのやすまろ］………445
神部直小広女［みわべのあたいおひろめ］……446
神部直広女［みわべのあたいひろめ］…………446

【む】

身毛君広［むげ《つ》のきみひろ］……………446
身毛君丈夫［むげ《つ》のきみますらお］……446
武蔵宿禰家刀自［むさしのすくねいえとじ］…447
武蔵宿禰（丈部直）不破麻呂［むさしのすくねふわまろ］…………………………………………447
武蔵村主多利丸〔麿〕［むさしのすぐりたりまろ］
……………………………………………………448
武射臣（春日部）奥麻呂［むさのおみおくまろ］
……………………………………………………149
身狭村主青［むさのすぐりあお］………………447
席田君邇近［むしろだのきみにきん］…………448
武勢［むせい］……………………………………210
陸奥安達連子押麻呂［むつのあだちのむらじこおしまろ］…………………………………………224
陸奥石原連（石原公）多気志［むつのいしはらのむらじたけし］…………………………………56
陸奥磐井臣（白石公）千嶋［むつのいわいのおみちしま］…………………………………………265
陸奥磐井臣（白石公）真山［むつのいわいのおみまやま］…………………………………………265
陸奥小倉連（小倉公）真禰麻呂［むつのおぐらのむらじまねまろ］……………………………126
陸奥意薩連（遠田公）浄継［むつのおさつのむらじきよつぐ］…………………………129・322
陸奥意薩連（意薩公）継麻呂［むつのおさつのむらじつぐまろ］……………………………129
陸奥白河連（狛造）智成［むつのしらかわのむらじともなり］…………………………………224
陸奥高城連（竹城公）多知麻呂［むつのたかきの

むらじたちまろ]……………………………………281
陸奥高城連（荒山）花麻呂［むつのたかきのむらじはなまろ]………………………………38・281
六人部臣身万呂［むとべのおみみまろ]………449
六人部臣山村［むとべのおみやまむら]………449
宗形朝臣秋足［むなかたのあそんあきたり]…449
宗形朝臣池作［むなかたのあそんいけつくり]
……………………………………………………449
宗形朝臣大徳［むなかたのあそんだいとく]…449
宗形朝臣等杼［むなかたのあそんとひ]………449
宗形朝臣鳥麻呂［むなかたのあそんとりまろ]
……………………………………………………449
宗形朝臣深津［むなかたのあそんふかつ]……449
宗形朝臣与呂志［むなかたのあそんよろし]…449
胸形君尼子［むなかたのきみあまこ]…………449
胸形君徳善［むなかたのきみとくぜん]………449
宗方君族入鹿［むなかたのきみのやからいるか]
……………………………………………………450
宗方君族小桑［むなかたのきみのやからおくわ]
……………………………………………………450
宗方君族弟桑［むなかたのきみのやからおとくわ]………………………………………………450
宗方君族愛売［むなかたのきみのやからやめ]
……………………………………………………450
宗高真人春男［むねたかのまひとはるお]……450
旨広使主朝戸［むねひろのおみあさへ]…………14
村上（前部）黒麻呂［むらかみのくろまろ]…273
村上足嶋［むらかみのたるしま]………………450
村上造大宝［むらかみのみやつこたいほう]…450
村上連吉里［むらかみのむらじよしさと]……450
村国連息継［むらくにのむらじおきつぐ]……451
村国連男依［むらくにのむらじおより]………451
村国連数子［むらくにのむらじかずこ]………451
村国連子老［むらくにのむらじこおゆ]………451
村国連子虫［むらくにのむらじこむし]………451
村国連志我麻呂［むらくにのむらじしがまろ]
……………………………………………………451
村国連嶋主［むらくにのむらじしまぬし]……451
村国連業世［むらくにのむらじなりよ]………451
村国連春沢［むらくにのむらじはるさわ]……451
村国連虫麻呂［むらくにのむらじむしまろ]…451
村挙祖継［むらげのおやつぐ]…………………451
村挙人足［むらげのひとたり]…………………451
村君東人［むらのきみあずまひと]……………450
村君安麻呂［むらのきみやすまろ]……………451
村部福雄［むらべのふくお]……………………207
村部岑雄［むらべのみねお]……………………207
村山連首万呂［むらやまのむらじおびとまろ]
……………………………………………………452
村山連豊家［むらやまのむらじとよいえ]……451
村山連糠麿［むらやまのむらじぬかまろ]……451
村山連浜足［むらやまのむらじはまたり]……451
村山連道万呂［むらやまのむらじみちまろ]…452
牟留知王［むるちおう]…………………………438
室原首御田［むろはらのおびとみた]…………452
室原真人小十二月［むろはらのまひとおしわす]
……………………………………………………452
室原真人十二月［むろはらのまひとしわす]…452
室原造具足［むろはらのみやつこともたり]…452

【め】

名進［めいしん]…………………………………284
米多君北助［めたのきみほぞ]…………………452
面忠宗［めんのただむね]………………………453

【も】

水取朝臣（連）柄仁［もいとりのあそんえひと]
……………………………………………………453
水取朝臣（連）継雄［もいとりのあそんつぐお]
……………………………………………………453
水取朝臣（連）夏子［もいとりのあそんなつこ]
……………………………………………………453
水取少嶋［もいとりのこしま]……………………47
水取宿禰（連）継主［もいとりのすくねつぐぬし]
……………………………………………………453
水取宿禰（連）継人［もいとりのすくねつぐひと]
……………………………………………………453
水取月足［もいとりのつきたり]…………47・453
水取継成［もいとりのつぐなり]………………453
水取真勝［もいとりのまさかつ]………………453
水取連□麻□［もいとりのむらじ□ま□]……453
水取部都売［もいとりべのとめ]………………453
水取部広［もいとりべのひろ]…………………453
水取部古売［もいとりべのふるめ]……………453
裳咋臣得麻呂［もくいのおみとくまろ]………454
木貴公［もくきのきみ]…………………………454
木姓阿留素西姓令貴［もくせいあるそさいせいれいき]……………………………………………117
木吉志［もくのきし]……………………………454
毛甲姓加須流気［もこうせいかするけ]………132

百舌鳥連土徳［もずのむらじつちとこ］………365
物部朝臣（首）広泉［もののべのあそんひろずみ］……………………………………………………455
物部荒猪連公［もののべのあらいのむらじのきみ］……………………………………………………92
物部馬古連公［もののべのうまこのむらじのきみ］……………………………………………………60
物部大連尾輿［もののべのおおむらじおこし］……………………………………………………455
物部大連守屋［もののべのおおむらじもりや］……………………………………………………455
物部小事連［もののべのおごとのむらじ］……256
物部加佐夫連公［もののべのかさふのむらじのきみ］……………………………………………………92
物部金連公［もののべのかねのむらじのきみ］……………………………………………………173
物部韓国連（韓国連）広足［もののべのからくにのむらじひろたり］…………………………169
物部志太連大成［もののべのしだのむらじおおなり］……………………………………………254
物部匝瑳宿禰（連）熊猪［もののべのそうさのすくねくまい］……………………………………274
物部匝瑳連足継［もののべのそうさのむらじたるつぐ］…………………………………………274
物部多芸宿禰（多芸連）国足［もののべのたぎのすくねくにたり］………………………………290
物部多芸連（物部）坂麻呂［もののべのたぎのむらじさかまろ］…………………………………290
物部多都彦連公［もののべのたつひこのむらじのきみ］…………………………………………92
物部長目連公［もののべのながめのむらじのきみ］……………………………………………173
物部二田造塩［もののべのふたたのみやつこしお］……………………………………………399
物部麻作連公［もののべのまつくりのむらじのきみ］……………………………………………173
物部連（伯〔柏〕原連）阿古［もののべのむらじあこ］…………………………………………146
物部連麁鹿火［もののべのむらじあらかひ］…455
物部連目《大連》［もののべのむらじめ《おおむらじ》］……………………………………………455
物部屋形（笛吹部）高継［もののべのやかたのたかつぐ］…………………………………………393
物部弓削連守屋［もののべのゆげのむらじもりや］……………………………………………475
物部弓梓連公［もののべのゆみあずさのむらじのきみ］…………………………………………92
守君大石［もりのきみおおいわ］…………456
守君苅田［もりのきみかりた］……………456
守君嚢麻呂［もりのきみみのまろ］………456
守黒虫［もりのくろむし］…………………456
守部連牛養［もりべのむらじうしかい］………457
守部連（鍛冶〔師〕造）大隅〔角〕［もりべのむらじおおすみ］……………………159・457
守山真人智万侶［もりやまのまひとともまろ］……………………………………………………457
守山真人綿麻呂［もりやまのまひとわたまろ］……………………………………………………457
諸県君泉媛［もろあがたのきみいずみひめ］…457
諸県君牛［もろあがたのきみうし］………458
諸県君牛諸井［もろあがたのきみうしもろい］……………………………………………………457
諸県君髪長媛［もろあがたのきみかみながひめ］……………………………………………………457
諸井公（堅井公）三立［もろいのきみみたて］………………………………………150・458
諸君鞍男［もろのきみくらお］……………457
諸歯王［もろはおう］………241・337・428
汶淵王［もんえんおう］……………………200
汶休奚［もんきゅうけい］…………………226
汶斯干奴［もんしかんぬ］…………………458

【や】

八清〔浄〕水連城守［やきよみずのむらじしろもり］……………………………………………459
八口朝臣音橿［やぐちのあそんおとかし］……459
箭口朝臣真弟［やぐちのあそんまおと］………460
楊胡忌寸（史）人麻呂［やこのいみきひとまろ］……………………………………………………460
陽胡史真身［やこのふひとまみ］…………460
陽侯史玲璆［やこのふひとれいきゅう］………460
八坂馬養造鯖売［やさかのうまかいのみやつこさばめ］……………………………………………460
八坂造吉日［やさかのみやつこよしひ］………460
安野宿禰豊道［やすののすくねとよみち］……461
安野宿禰（勇山連）文継［やすののすくねふみつぐ］……………………………………52・460
安野造（刀西）他麻呂［やすののみやつこたまろ］……………………………………………………324
安原宿禰臣雄［やすはらのすくねおみお］……461

安原宿禰貞臣［やすはらのすくねさだおみ］…461
安原宿禰諸勝［やすはらのすくねもろかつ］…461
安峯宿禰（連）小嶋［やすみねのすくねこじま］……………………………………………………461
安峯宿禰（連）真魚［やすみねのすくねまうお］……………………………………………………461
矢田部造三田次［やたべのみやつこみたすき］……………………………………………………461
矢田部連竈戸［やたべのむらじかまどべ］……461
矢田部連浄虫売［やたべのむらじきよむしめ］……………………………………………………461
矢田部連法師売［やたべのむらじほうしめ］…461
箭集清河子［やつめのきよかわこ］……………462
矢集国［やつめのくに］…………………………462
箭集宿禰石依［やつめのすくねいしより］……462
矢集宿禰（矢集）小道［やつめのすくねこみち］……………………………………………………462
矢集宿禰宿奈麻呂［やつめのすくねすくなまろ］……………………………………………………462
箭集宿禰虫万呂［やつめのすくねむしまろ］…462
楊津造（王）宝受［やなぎつのみやつこほうじゅ］……………………………………………………462
楊津連（王）国嶋［やなぎつのむらじくにしま］……………………………………………………462
矢作宿禰（造）辛国［やはぎのすくねからくに］……………………………………………………462
矢作社町［やはぎのやしろまち］………………463
矢作部虫売［やはぎべのむしめ］………………463
矢作部連（矢作部）毎世［やはぎべのむらじつねよ］……………………………………………463
矢作部連（矢作部）宅雄［やはぎべのむらじやかお］……………………………………………463
八戸史（高安公）陽倍［やべのふひとやべ］……………………………………………289・463
山川連（造）魚足［やまかわのむらじうおたり］……………………………………………………464
山口朝臣東雄［やまぐちのあそんあずまお］…464
山口朝臣（臣）犬養［やまぐちのあそんいぬかい］……………………………………………………464
山口朝臣（忌寸）奥道［やまぐちのあそんおくみち］……………………………………………464
山口朝臣（忌寸）貞道［やまぐちのあそんさだみち］……………………………………………464
山口朝臣（忌寸）周子［やまぐちのあそんちかこ］……………………………………………………464
山口朝臣（忌寸）恒子［やまぐちのあそんつねこ］……………………………………………………464
山口朝臣連松［やまぐちのあそんつらまつ］…464
山口朝臣（忌寸）豊道［やまぐちのあそんとよみち］……………………………………………464
山口朝臣春方［やまぐちのあそんはるかた］…464
山口朝臣岑世［やまぐちのあそんみねよ］……464
山口宿禰（忌寸）帯足［やまぐちのすくねおびたり］……………………………………………464
山口宿禰（忌寸）諸足［やまぐちのすくねもろたり］……………………………………………464
山口宿禰（忌寸）家足［やまぐちのすくねやかたり］……………………………………………464
山科真人八上［やましなのまひとやかみ］……465
山科真人八嶋［やましなのまひとやしま］……465
山道竹麿〔麻呂〕［やまじのたけまろ］…………465
山道真人津守［やまじのまひとつもり］………465
山道真人三中［やまじのまひとみなか］………465
山背直小林［やましろのあたいこばやし］……465
山背直百足［やましろのあたいももたり］……465
山背忌寸凡海［やましろのいみきおおみ］……465
山背忌寸嶋売［やましろのいみきしまめ］……465
山背忌寸（漢人）刀自売［やましろのいみきとじめ］……………………………………………36
山背忌寸野中［やましろのいみきのなか］……465
山背忌寸（漢人）広橋［やましろのいみきひろはし］……………………………………………36
山背忌寸品遅［やましろのいみきほむち］……465
山背忌寸諸上［やましろのいみきもろかみ］…465
山背大国不遅［やましろのおおくにのふじ］…104
山背臣日立［やましろのおみひたち］…………465
山代宿禰（忌寸）五百川［やましろのすくねいおかわ］……………………………………………465
山代宿禰氏益［やましろのすくねうじます］…465
山代宿禰（忌寸）浄足［やましろのすくねきよたり］……………………………………………465
山代連靺鞨［やましろのむらじまっかつ］……465
山田宿禰大庭［やまだのすくねおおば］………466
山田宿禰（連）公足［やまだのすくねきみたり］……………………………………………………465
山田宿禰豊浜［やまだのすくねとよはま］……466
八俣徳太理［やまたのとこたり］………………466
山田史君麻呂［やまだのふひときみまろ］……466
山田史土麻呂［やまだのふひとつちまろ］……466
山田史御〔三〕方［やまだのふひとみかた］…466

山田御井宿禰（山田史）広人［やまだのみいのすくねひろひと］……466
山田造（史）広名［やまだのみやつこひろな］……465
山田連韓国［やまだのむらじからくに］……466
山田連浄人［やまだのむらじきよひと］……466
山田連古麻呂［やまだのむらじこまろ］……466
山田連（史）白金〔銀〕［やまだのむらじしろかね］……465
山田連春城［やまだのむらじはるき］……466
和朝臣乙継［やまとのあそんおとつぐ］……467
和朝臣（史）国守［やまとのあそんくにもり］……467
和朝臣新笠［やまとのあそんにいかさ］……467
和安部朝臣（臣）男綱［やまとのあべのあそんおづな］……467
東漢直駒［やまとのあやのあたいこま］……35
東漢草忌寸（連・直）足嶋［やまとのあやのかやのいみきたるしま］……167
倭漢坂上直［やまとのあやのさかのうえのあたい］……235
東漢坂上直子麻呂［やまとのあやのさかのうえのあたいこまろ］……235
大倭忌寸五百足［やまとのいみきいおたり］…466
大養徳忌寸佐留［やまとのいみきさる］……467
大倭伊美吉東也［やまとのいみきつかなり］…467
大養徳忌寸広庭［やまとのいみきひろにわ］…467
養徳馬飼連乙麻呂［やまとのうまかいのむらじおとまろ］……469
倭画師大虫［やまとのえしおおむし］……469
倭画師音檮［やまとのえしおとかし］……100・469
倭画師小弓［やまとのえしこゆみ］……469
養徳画師楯戸弁麻呂［やまとのえしたてべのへまろ］……100・469
和乙継［やまとのおとつぐ］……285
和薬使主福常［やまとのくすしのおみふくつね］……470
和薬宿禰（使主）弟雄［やまとのくすしのすくねおとお］……470
和薬宿禰（使主）黒麻呂［やまとのくすしのすくねくろまろ］……470
和薬宿禰（使主）安主［やまとのくすしのすくねやすぬし］……470
大倭宿禰（連）魚名［やまとのすくねうおな］……466
大和宿禰弟守［やまとのすくねおともり］……467
大倭宿禰（連）男長［やまとのすくねおなが］……466
大倭宿禰清国［やまとのすくねきよくに］……467
大倭宿禰（忌寸）小東人（＝長岡）［やまとのすくねこあずまんど（＝ながおか）］……466
大和宿禰西麻呂［やまとのすくねにしまろ］…467
大和宿禰斐太麻呂［やまとのすくねひだまろ］……467
大倭宿禰（連）深田［やまとのすくねふかた］……466
大倭宿禰（連）古人［やまとのすくねふると］……466
大養徳宿禰麻呂女［やまとのすくねまろめ］…467
大倭宿禰（忌寸）水守［やまとのすくねみずもり］……466
大倭御手代宿禰（連）麻呂女［やまとのみてしろのすくねまろめ］……428
倭連（直）竜麻呂［やまとのむらじたつまろ］……466
大和連（倉人）水守［やまとのむらじみもり］……210
和連諸乙［やまとのむらじもろおと］……467
山直阿我奈賀［やまのあたいあがなが］……463
山直池永［やまのあたいいけなが］……463
山上朝臣国守［やまのうえのあそんくにもり］……471
山上朝臣（臣）船主［やまのうえのあそんふなぬし］……470
山上〔於〕臣憶良［やまのうえのおみおくら］……470
山於野上［やまのうえののがみ］……471
山於三上［やまのうえのみかみ］……471
山君乎奈弥［やまのきみおなみ］……463
山君岐波豆［やまのきみきわず］……463
山宿禰（直）池作［やまのすくねいけつくり］……463
山辺公魚麻呂［やまのべのきみうおまろ］……471
山辺君忍熊［やまのべのきみおしくま］……471
山辺公清野［やまのべのきみきよの］……471
山辺公真雄［やまのべのきみさねお］……471
山辺君諸公［やまのべのきみもろきみ］……471
山辺君安摩呂［やまのべのきみやすまろ］……471
山辺公善直［やまのべのきみよしなお］……471
山辺真人（三長真人）何鹿［やまのべのまひとい

かるが]……………………………………………429
山辺真人（三長真人）為奈［やまのべのまひといな］……………………………………………429
山部直宇奈吾［やまべのあたいうなご］………472
山部大楯連［やまべのおおだてのむらじ］……471
山部臣諸人［やまべのおみもろひと］…………471
山部宿禰赤人［やまべのすくねあかひと］……471
山部連（来目部）小楯［やまべのむらじおだて］……………………………………………206・471
山村曰佐駒養［やまむらのおさこまかい］……………………………………………127・472
山村曰佐豊国［やまむらのおさとよくに］……………………………………………127・472
山村許〔己〕智忌寸（山村許智）大足［やまむらのこちのいみきおおたり］……………………472
山村比差人［やまむらのひさひと］……………472
山守五十公［やまもりのいきみ］………………473
山守馬人［やまもりのうまひと］………………472
山守乙麻呂［やまもりのおとまろ］……………472
山守連伊等志［やまもりのむらじいとし］……472

【ゆ】

湯人廬城部連武彦［ゆえのいおきべのむらじたけひこ］…………………………………………45
湯坐菊多臣（丈部）継麻呂［ゆえのきくたのおみつぐまろ］……………………………………474
湯坐菊多臣（丈部）浜成［ゆえのきくたのおみはまなり］……………………………………474
湯坐連野守［ゆえのむらじのもり］……………474
湯坐日理連（宗何部）池守［ゆえのわたりのむらじいけもり］………………………………474
靫負直継雄［ゆげいのあたいつぐお］…………476
靫大伴三竜［ゆげいのおおとものみたつ］……477
靫大伴連（靫大伴部）弟虫［ゆげいのおおとものむらじおとむし］……………………………477
靫大伴連（靫大伴部）継人［ゆげいのおおとものむらじつぐひと］……………………………477
靫負買売［ゆげいのかいめ］……………………476
靫負子丸［ゆげいのこまろ］……………………476
靫負貞兼［ゆげいのさだかね］…………………476
靫負宿禰嶋麻呂［ゆげいのすくねしままろ］…476
靫伴連黒成［ゆげいのとものむらじくろなり］……………………………………………………477
靫負又丸［ゆげいのまたまろ］…………………476
靫負馮丸［ゆげいのよりまろ］…………………476
弓削朝臣（連）牛養［ゆげのあそんうしかい］……………………………………………………475
弓削宿禰興志［ゆげのすくねこし］……………475
弓削宿禰（連）是雄［ゆげのすくねこれお］…475
弓削宿禰（連）耳高［ゆげのすくねみみたか］……………………………………………………475
弓削御浄〔清〕朝臣（弓削宿禰＜連＞）浄人［ゆげのみきよのあそんきよひと］…………419・475
弓削御浄〔清〕朝臣（弓削宿禰＜連＞）広方［ゆげのみきよのあそんひろかた］………………419
弓削御浄〔清〕朝臣（弓削宿禰＜連＞）広田［ゆげのみきよのあそんひろた］…………………419
弓削御浄〔清〕朝臣（弓削宿禰＜連＞）広津［ゆげのみきよのあそんひろつ］…………………419
由性［ゆせい］……………………………………483
弓月君（＝融通王）［ゆづきのきみ（＝ゆうずうおう）］……………………107・279・369・372・484
湯原造（丑山甘次）猪養［ゆはらのみやつこいかい］……………………………………………478

【よ】

陽貴文［ようきもん］……………………………283
陽古［ようこ］……………………………………283
楊侯阿子王［ようこうあしおう］………………460
楊公阿了王［ようこうありょうおう］…………460
横江臣成刀自女［よこえのおみなりとじめ］…478
横江臣成人［よこえのおみなりひと］…………478
依羅浄川［よさみのきよかわ］…………………479
依羅国万呂［よさみのくにまろ］………………479
依羅宿禰（依羅我孫）忍麻呂［よさみのすくねおしまろ］…………………………………………479
依羅必登［よさみのひと］………………………479
依羅連（造）五百世麻呂［よさみのむらじいおせまろ］……………………………………………479
依羅連意美麻呂［よさみのむらじおみまろ］…479
依羅連国方［よさみのむらじくにかた］………479
依羅連（造）里上［よさみのむらじさとかみ］……………………………………………………479
依網連稚子［よさみのむらじわくご］…………479
依羅物忌（神奴）意志奈［よさみのものいみのおしな］……………………………………………183
吉井宿禰（日置造）飯麻呂［よしいのすくねいいまろ］…………………………………405・479
吉井連子午足［よしいのむらじねごたり］……479
良枝宿禰（大戸首）朝生［よしえのすくねあさお］

………………………………………………118・479
良枝宿禰（大戸首）清上［よしえのすくねきよかみ］………………………………………117・479
良枝宿禰貞行［よしえのすくねさだゆき］……480
良階宿禰（阿刀連）粟麻呂［よししなのすくねあわまろ］……………………………………………480
良階宿禰（阿刀宿禰）石成［よししなのすくねいわなり］……………………………………………480
良階宿禰（阿刀物部）貞範［よししなのすくねさだのり］……………………………………………480
良階宿禰（阿刀連）祢守［よししなのすくねねもり］………………………………………………480
余自信［よじしん］……………………………285・478
善友朝臣（佐夜部首）穎主［よしとものあそんえいぬし］…………………………………247・480
善友朝臣（風早直）豊宗［よしとものあそんとよむね］……………………………………144・480
善友朝臣益友［よしとものあそんますとも］…481
善根連（美県）貞継［よしねのむらじさだつぐ］
……………………………………………………481
吉野連久治良［よしののむらじくじら］………481
吉野連豊益［よしののむらじとよます］………481
吉野連真雄［よしののむらじまさお］…………481
吉野百嶋［よしののももしま］…………………481
吉野諸国［よしののもろくに］…………………481
吉原宿禰（紀直）嗣宗［よしはらのすくねつぐむね］………………………………………………482
善淵朝臣（六人部）永貞［よしぶちのあそんながさだ］……………………………………449・481
善淵朝臣（越智直）広峰〔峯〕［よしぶちのあそんひろみね］……………………………133・482
善淵宿禰（六人部連）吉雄［よしぶちのすくねよしお］……………………………………………482
吉水造（蓋）三野麻呂［よしみずのみやつこみのまろ］……………………………………………482
吉水連神徳［よしみずのむらじかみとこ］……482
吉水連唐［よしみずのむらじから］……………482
吉水連（蓋）麻呂［よしみずのむらじまろ］…482
善道朝臣（宿禰、伊与部）真貞［よしみちのあそんまささだ］………………………………………483
良岑朝臣木蓮［よしみねのあそんいたび］……483
良岑朝臣晨直［よしみねのあそんときなお］…483
良岑朝臣宗貞（＝僧正遍昭）［よしみねのあそんむねさだ（＝そうじょうへんじょう）］…………483
良岑朝臣衆樹［よしみねのあそんもろき］……483
良岑朝臣安世［よしみねのあそんやすよ］……483
美海真人高槻［よしみのまひとたかつき］……482
美海真人田辺［よしみのまひとたなべ］………482
美見造貞継［よしみのみやつこさだつぐ］……482
美見造（羿鹵）浜倉［よしみのみやつこはまくら］
…………………………………………216・482
令宗朝臣（惟宗朝臣）允亮［よしむねのあそんただすけ］…………………………………227・484
良棟宿禰（片野連）乙守［よしむねのすくねおともり］……………………………………151・485
良棟宿禰（片野連）道主［よしむねのすくねみちぬし］……………………………………151・485
令宗道成［よしむねのみちなり］………………484
善世宿禰（掃守連）豊上［よしよのすくねとよかみ］………………………………………158・484
善世宿禰（掃守連）豊永［よしよのすくねとよなが］………………………………………158・484
丁勝雄万〔小麻呂〕［よぼろのすぐりおまろ］
……………………………………………………485
鎧作名床［よろいつくりのなとこ］……………485

【り】

利加志貴王［りかしきおう］……………………327
李元環［りげんかん］……………………197・485
季明（＝恵王）［りみょう（＝けいおう）］……200
李牟意弥［りむのおみ］…………………………128
隆海［りゅうかい］………………………………194
劉家楊雍［りゅうかようよう］………47・62・251
劉琮［りゅうそう］………………………………288
良源［りょうげん］………………………………188

【る】

累［るい］…………………………………………36

【ろ】

良弁［ろうべん］…………………………………201
角福牟［ろくのふくむ］…………………………485
盧如津［ろじょしん］……………………194・485

【わ】

若犬養宿禰檳榔［わかいぬかいのすくねあじまさ］………………………………………………486
若犬養宿禰東人［わかいぬかいのすくねあずまひと］………………………………………………486
若江造家継［わかえのみやつこいえつぐ］……486

若麻続部牛養［わかおみべのうしかい］………486
若麻続部羊［わかおみべのひつじ］……………486
若麻続部諸人［わかおみべのもろひと］………486
若日下部五百嶋［わかくさかべのいおしま］…487
若日下部馬□［わかくさかべのうま□］………487
若狭遠敷朝臣長売〔女〕［わかさおにゅうのあそんながめ］……………………………………………487
若桜部朝臣乙麻呂［わかさくらべのあそんおとまろ］……………………………………………488
若桜部朝臣伊毛［わかさくらべのあそんいけ］……………………………………………………488
若桜部朝臣粳麻呂［わかさくらべのあそんうるちまろ］……………………………………………488
稚桜部臣五百瀬［わかさくらべのおみいおせ］……………………………………………………487
若桜部臣伊毛売［わかさくらべのおみいけめ］……………………………………………………488
若桜部臣稲種［わかさくらべのおみいなたね］……………………………………………………488
稚桜部造（物部連）長真胆［わかさくらべのみやつこながまい］……………………………………487
若帯子竜子［わかたらしこのたつこ］…………488
若帯部村男［わかたらしべのむらお］…………488
若舎人部広足［わかとねりべのひろたり］……488
若宮年魚麻呂［わかみやのあゆまろ］…………488
若宮臣秀雄［わかみやのおみひでお］…………488
若倭部臣徳太理［わかやまとべのおみとこたり］……………………………………………………489
若倭部連国梓［わかやまとべのむらじくにほこ］……………………………………………………489
和気朝臣（宿禰＜公＞、別部・輔治能真人・吉備藤野和気真人・藤野別真人）清麻呂［わけのあそんきよまろ］…………………………395・489
和気朝臣（讃岐朝臣）高作［わけのあそんたかなす］………………………………………245・490
和気朝臣（讃岐朝臣）時雄［わけのあそんときお］……………………………………………………245
和気朝臣（宿禰＜公＞、別部・輔治能真人・吉備藤野和気真人・藤野別真人）広虫（＝法均尼）［わけのあそんひろむし（＝ほうきんに）］……………………………………………395・489
和気朝臣広世［わけのあそんひろよ］…………490
和気朝臣真綱［わけのあそんまつな］…………490
和気公（因支首）秋主［わけのきみあきぬし］……………………………………………65・490
和気宿禰（県主）文貞［わけのすくねふみさだ］………………………………………………………6
和気宿禰（県主）益雄［わけのすくねますお］……………………………………………6・490
別部犬［わけべのいぬ］…………………………490
和興［わこう］……………………………………257
渡相神主（磯部）祖父［わたらいのかんぬしおおじ］……………………………………………61・491
渡相神主（磯部）高志［わたらいのかんぬしこし］……………………………………………61・491
和徳［わとこ］……………………51・272・303
王仁［わに］……………………………211・218
丸部臣大石［わにべのおみおおいし］…………492
丸部臣君手［わにべのおみきみて］……………492
丸部宿禰（臣）宗人［わにべのすくねむねひと］……………………………………………………492
蕨野勝真吉［わらびののすぐりまきち］………493
蕨野勝宮守［わらびののすぐりみやもり］……493

執筆者紹介（五十音順・刊行当時）

石附敏幸（いしづき・としゆき）
早稲田大学大学院生

追塩千尋（おいしお・ちひろ）
北海道教育大学釧路校助教授

大橋信弥（おおはし・のぶや）
滋賀県文化財保護協会企画調査課長

大山真充（おおやま・まさみつ）
香川県埋蔵文化財調査センター係長

荻　美津夫（おぎ・みつお）
新潟大学人文学部教授

小原　仁（おばら・ひとし）
聖心女子大学文学部教授

加藤謙吉（かとう・けんきち）
共立女子第二高等学校教諭

川崎　晃（かわさき・あきら）
ＮＨＫ学園専攻科教諭

佐伯有清（さえき・ありきよ）
成城大学文芸学部教授

佐久間竜（さくま・りゅう）
東海学園女子短期大学教授

篠川　賢（しのかわ・けん）
成城大学短期大学部教授

関口　明（せきぐち・あきら）
静修短期大学教授

高嶋弘志（たかしま・ひろし）
釧路公立大学経済学部助教授

外池　昇（といけ・のぼる）
調布学園女子短期大学助教授

中村英重（なかむら・ひでお）
札幌市史主任編集員

浜田耕策（はまだ・こうさく）
九州大学文学部教授

平野友彦（ひらの・ともひこ）
旭川工業高等専門学校助教授

星野良史（ほしの・よしふみ）
長野県信濃美術館学芸員

星野良作（ほしの・りょうさく）
昭和音楽大学短期大学部教授

前川明久（まえかわ・あきひさ）
法政大学文学部兼任講師

前沢和之（まえざわ・かずゆき）
横浜市ふるさと歴史財団学芸課長

前之園亮一（まえのその・りょういち）
共立女子短期大学助教授

松尾　光（まつお・ひかる）
神奈川学園中学校・高等学校教諭